Patrizia Pfister

Das Regenbogenzeitalter

Die Menschheit erwacht!

Bitte fordern Sie unser kostenloses Verlagsverzeichnis an:

Smaragd Verlag
In der Steubach 1
57614 Woldert (Ww.)
Tel.: 02684.978808
Fax: 02684.978805
E-Mail: info@smaragd-verlag.de
www.smaragd-verlag.de

Oder besuchen Sie uns im Internet unter der obigen Adresse.

© Smaragd Verlag, 57614 Woldert (Ww.)
Deutsche Erstausgabe Juni 2005
Vierte Auflage Januar 2007
Umschlaggestaltung: preData
Satz: Heuchemer, Smaragd Verlag
Printed in Czech Republic
ISBN 978-3-934254-94-7

Patrizia Pfister

Das Regenbogenzeitalter

Die Menschheit erwacht!

Smaragd Verlag

Über die Autorin

Patrizia Pfister ist verheiratet und hat zwei Indigokinder, die sie vor große Herausforderungen stellten (und stellen), und ihr dadurch zu großem Wachstum verhalfen. Dies gipfelte darin, dass sie sich im November 1999 „zufällig" in einer Initiationsveranstaltung von Rand Rajinder Singh wiederfand, in der ihr, zu ihrer eigenen Überraschung, das Dritte Auge geöffnet wurde. Ab diesem Zeitpunkt befasste sie sich intensiv mit Esoterik, um herauszufinden, was da mit ihr geschah, denn bald begann sie die Chakren zu spüren und auch die Veränderungen, die der Lichtkörperprozess mit sich brachte. Sie gab sich diesem Prozess, den sie nicht wirklich verstand, voller Vertrauen intuitiv hin und innerhalb von fünf Jahren hatte sie sich soweit gereinigt und geklärt, dass sie im August 2004 zum Channel der Weißen Bruderschaft erwachte. Sie fand ihre Aufgabe in ihrem Lebenskoffer und vermittelt nun Botschaften der spirituellen Hierarchie in ihren Büchern und auch in Einzelchannelings. Sie hat bisher vier Bücher veröffentlicht, zwei zu grenzwissenschaftlichen Themen und zwei zum Säure-Basen-Haushalt.

Von ihr sind bereits folgende Bücher erschienen:

4 Weltzeitalter – 4 Welten?
ISBN 3-934625-06-1, Asaro Verlag

Raumfahrt – Ein zeitloses Phänomen?
ISBN 3-89094-341-1, Bohmeier Verlag

Die Entsäuerung des Körpers
ISBN 3-89094-360-8, Bohmeier Verlag

Die Entsäuerung des Körpers in 10 Schritten
ISBN 3-89094-393-4, Bohmeier Verlag

Inhalt

Danksagung 10
Einführende Worte der Autorin 11
Vorwort 15
Teil I: Eine andere Wirklichkeit 19
1. **Einführung** 19
   Meister Maha Cohan (gechannelt) 21
   Die Weiße Bruderschaft über die Weiße Bruderschaft
   (gechannelt) 26
   Kryon über die Akasha-Chronik (gechannelt) 32

2. **Das Symbol des Regenbogens** 40
   Unter dem Regenbogen 40
   - Das Bild des Neuen Zeitalters 40
   - Informationen zum Regenbogenzeitalter
     (gechannelt von den Anasasi) 53
   Im Regenbogen 60
   - Die Herausforderung unserer Zeit 60
   - Der Schleier hebt sich (gechannelt von den Anasasi) 61

3. **Die Farben des Regenbogens plus zwei weitere** 65
   Ein Symbol im Sonnenlicht 67
   Botschaft der Anasasi zu dem Symbol (gechannelt) 70
   Die Farben des Regenbogens (gechannelt von den Anasasi) 76
   - Rot 76
   - Orange 81
   - Gelb 84
   - Grün 87
   - Blau 90
   - Indigo 92
   - Purpur 93
   - Weiß/Gold 96

4. **Das Energiesystem des Menschen (gechannelt von den Anasasi bzw. einigen Meistern)** 101
   Die sieben Hauptchakren des Ätherkörpers (gechannelt) 105
   - Wurzelchakra (Erstes Chakra) 105
   - Sakralchakra (Zweites Chakra) 109
   - Solarplexuschakra (Drittes Chakra) 116
   - Herzchakra (Viertes Chakra) 118
   - Halschakra (Fünftes Chakra) 121
   - Stirnchakra (Sechstes Chakra) 122
   - Kronenchakra (Siebtes Chakra) 125
   - Vereinigtes Chakra 128
   Die fünf neuen Chakren des Ätherkörpers am Rücken 129
   - Lady Rowena über das achte Chakra 132
   - Sanandá über das neunte Chakra 134
   - Kuthumi über das zehnte Chakra 138
   - Maha Cohan über das elfte Chakra 144
   - Tannara Solam über das zwölfte Chakra 152
   Energiekörper 156
   Kundalini 160

5. **Der Lichtkörperprozess** 172
   Was ist der Lichtkörperprozess? 172
   Botschaft der Anasasi zum Lichtkörperprozess (gechannelt) 179
   Botschaft von Erzengel Oriel zum Lichtkörperprozess (gechannelt) 183
   Botschaft von Erzengel Michael zum Lichtkörperprozess (gechannelt) 186
   Botschaft von Metatron zur Merkabah (gechannelt) 196
   Wer sind die Erwachenden? 203

6. **Botschaften zum Regenbogenzeitalter (gechannelt)** 216
   El Morya (blauer Strahl) über Karma 216
   Lady Rowena (rosafarbener Strahl) über die bedingungslose Liebe 223
   Serapis Bey (weißer Strahl) über den Aufstieg 229
   Mutter Maria (rubinroter Strahl) über die Liebe und den Weg nach Hause 237

St. Germain (violetter Strahl) über die
violette Flamme der Reinigung 248
Sanandá (magentafarbener Strahl) über das
Gewahrsein Gottes 253
Kuthumi (goldener Strahl) über Fülle 259
Kosmonati (pfirsichfarbener Strahl), ein Drache,
über den Panzer um uns 264

7. Über die Erde, von der Erde 280
Wasser 280
Botschaften aus dem Wasser und über das Wasser 287
- Botschaft der Delfindame Lara (gechannelt) 287
- Botschaft von Lady Gaia (gechannelt) 296
- Meditation zur Reinigung der Gewässer 297
- Botschaft von Kwan Yin (gechannelt) 299
Kraftorte 301
Botschaft von Lady Gaia vom 23. September 2004
(gechannelt) 310
Hilarion (grüner Strahl) über den Solaren Kern
(gechannelt) 317
Die Anasasi über die Energiekörper der Erde
(gechannelt) 324

Teil II:
Die neue Lebensweise im Regenbogenzeitalter,
Schritt für Schritt in ein neues Leben 334

1. Wo fange ich an? 334
Finde deinen Namen 334
Heile dein Inneres Kind 337
Bitte um das neutrale Implantat 339
Schalte den Fernseher aus 342
Schau in den Spiegel 344
Suche die Verbindung mit der Natur 346
- Die Aufgabe der Naturvölker und ihr Erbe 348
Kläre deine Vergangenheit 349
Erforsche deinen Körper 351

Entwickle dein Körpergefühl weiter 354
- Botschaft der Anasasi zum Thema Haare (gechannelt) 355
Finde den Strahl, auf dem du inkarniert bist 360

2. Reinigung 364

Reinigung des physischen Körpers 364
- Wiederherstellung des Säure-Basen-Gleichgewichts 364
- Botschaft der Anasasi (gechannelt) 370
- Fasten 374
Reinigung des Emotionalkörpers 379
Reinigung des Mentalkörpers 386

3. Godo, mit dem Herzen gehen 386

4. Meditationen? 391

Atmen 392
Heilatmung von Ucarus, Priester aus Atlantis (gechannelt) 393
Meditation zur Öffnung des Herzchakras
(Erzengel Michael, Mutter Maria und Lady Nada) 399
Erdungsmeditation 402
Namensmeditation 403
Angelina-Meditation (= Karmameditation) 404
Öffnungsmantra 411

5. Chakraöffnung 414

Mantren und Symbole 419
- Wurzelchakra-Heilungsmethode nach Erzengel Michael 420
  - Botschaft der Anasasi zu den Mantren (gechannelt) 422
- Wurzelchakra/Sakralchakra 424
- Solarplexuschakra 427
  - Botschaft der Anasasi zum Thema Macht 427
- Herzchakra 430
- Halschakra 432
- Stirnchakra/Kronenchakra 434
Körperübungen 438
- Wurzelchakra 441
- Sakralchakra/Polaritätschakra 443

- Solarplexuschakra/Harmoniechakra 444
- Herzchakra/Wissenschakra 444
- Halschakra/Kopfchakren 445
- Bemerkungen der Anasasi zur Ernährung (gechannelt) 451
- Die Regenbogenernährung 453
  - Botschaft der Weißen Bruderschaft
  zur Regenbogenernährung 456

6. **Die Neuen Kinder** 458
   - Botschaft der Aufgestiegenen Meister an und
   über die Neuen Kinder 463

Nachrichten für die Neue Zeit 476
Kontaktadressen 477

Danksagung

Liebe Freunde,

um ein Buch wie dieses entstehen lassen zu können, bedarf es vieler helfender Hände bzw. Geister. Es konnte nur entstehen, weil die Leser bereit sind für diese Informationen und weil es Menschen und energetische Lebewesen gab, die bereit waren, die Arbeit daran vorzunehmen.

Meiner Familie gebührt Dank für ihre Toleranz, weil sie mich gewähren ließ, obwohl ich manchmal auch bei Sturm und Eis durch die Gegend fuhr, „nur" weil ich von einem Berg, einer Quelle oder einem anderen Kraftort gerufen wurde, um Informationen aufzunehmen. Oft wusste ich nicht einmal, warum ich solche verrückten Dinge tat, bis ich mich dann an den Computer setzte und die Informationen aus meinem Dritten Auge flossen. Da sie von hoher „Geschwindigkeit" bzw. Schwingung sind, erfordert es erheblichen Aufwand, sie in die Dichte dieser Welt „herunterzubringen".

Dank gebührt auch der Geistigen Welt, die sich die Mühe machte, ein solches Paket an Energie zusammenzustellen, weil wir es genau jetzt brauchen. Auch sie musste großen Aufwand betreiben, schon um mich immer zur richtigen Zeit am richtigen Ort zu haben und mir die korrekten Meditationen zur Erfassung der Energie zu übermitteln. Außerdem führen sie mich parallel durch meinen Reinigungs- und Klärungsprozess, damit dies alles überhaupt erst möglich wird. Auch dafür möchte ich mich bei allen Beteiligten (und es sind weit mehr als die, die hier zur Sprache kommen) bedanken.

Und schließlich möchte ich mich bei meinem Verlagsteam für die großartige Zusammenarbeit bedanken, die nicht immer einfach war, auch weil Änderungen in letzter Minute nötig wurden, die zu Mehrbelastung führten.

Patrizia Pfister

Einführende Worte der Autorin

In dem Buch *Die 10. Prophezeiung von Celestine* wird auf Seite 41 erklärt, dass die 10. Erkenntnis – und im Grunde ist diese ein Symbol für alle Erkenntnisse, die die Menschen jemals hatten –zuerst im Jenseits beziehungsweise in der nicht physischen, nicht sichtbaren Welt existiert. Dieses Buch erzählt eine Geschichte, und eingebettet in der Geschichte sind Erklärungen darüber, was heute in der Welt Wunderbares vor sich geht. Es ist für jeden Suchenden empfehlenswert.

Dort heißt es wörtlich:
„Erst wenn genug Menschen auf der Erde fähig sind, diese Informationen intuitiv zu erfassen, nehmen sie halbwegs nachvollziehbare Formen an, so dass irgendjemand das Wissen in Worte fassen kann. Dies gilt nicht nur für die ersten neun Erkenntnisse, sondern für sämtliche spirituellen Schriften und Texte der Welt. Dabei handelt es sich durchweg um Wissen, das zuerst im Jenseits existiert hat, aber irgendwann deutlich genug in der physischen Dimension wahrgenommen wurde, dass ein Mensch es aufgreifen konnte, der für die schriftliche Manifestation gesorgt hat. Nicht umsonst bezeichnen wir solche Schriften als göttliche Inspirationen."

Das Buch, das du, liebe Leserin, lieber Leser, nun in Händen hältst, enthält zum größten Teil gechanneltes Material. Was ist gechanneltes Material? Das bedeutet, dass Wesenheiten im Jenseits, wie oben genannt, Wissen durch einen Menschen schriftlich fixieren lassen, das sie in Form von Energiepaketen zu ihm schicken. Sie warten nicht mehr, bis das Wissen sozusagen von alleine durch die Dimensionen sickert, sondern es wird gezielt geschickt, und zwar zu dem Kanal (Channel), der am besten zu den Absendern passt. Warum warten diese Wesenheiten nun nicht mehr, bis es „von selbst" geschieht? Aus einem Grund, der mir nicht näher erläutert wurde, scheint Eile geboten. Vielleicht erkennst du selbst den Grund der Eile, wenn du dich mit den Gegebenheiten unserer Zivilisation auseinandersetzt.

Warum gibt es nun so viele gechannelte Botschaften? Die Antwort ist denkbar einfach: Weil es so viele Kanäle gibt, also Menschen, die sich so weit gereinigt und geklärt haben, dass sie göttliche Botschaften empfangen können. Dabei ist jede Botschaft wertvoll und erreicht immer die, die sie gerade benötigen, um sich weiterzuentwickeln. Dabei spielt es keine große Rolle, ob sich diese Botschaften zum Teil gegenseitig widersprechen; wichtig ist allein, wie sie dem Menschen weiterhelfen, und wenn sie ihm zeigen, was er nicht will, waren sie doch auch wertvoll, oder nicht?

Dieses Buch hier enthält mehr als nur zehn Erkenntnisse (das gilt für die Prophezeiungen von Celestine, Bd. 1 und 2 übrigens auch). Es wurde nur deshalb möglich, es zu schreiben, weil du, liebe Leserin, lieber Leser, bereit für diese Erkenntnisse und Informationen bist. Das bedeutet, dass du dich schon sehr weit entwickelt hast (alleine schon die Tatsache, dass du in dieser Zeit lebst, zeigt dies deutlich an) und immer weiter voranschreitest, genau wie der gesamte Planet. Ich danke dir von ganzem Herzen. Möge jede Erkenntnis dir in deinem Prozess weiterhelfen.

Alle Wege führen zurück zur Quelle. Manche Wege sind kurz, manche lang, doch alle sind gesegnet und mit Liebe, Freude und Dankbarkeit gepflastert. Diejenigen, die sich für einen langen Weg entscheiden, sind dadurch in der Lage, entsprechend viel zu lernen und genauso ein Gewinn für die Quelle wie diejenigen, die nicht so lange Zeit außerhalb verbracht haben.

Wichtiger Hinweis:

Bei allen Empfehlungen, die ich dir gebe, um den Weg zu deiner Bestimmung, zu einem glücklichen Leben zu finden, solltest du bedenken, dass es eben Empfehlungen sind. Es sind Ratschläge über Möglichkeiten, die bei mir hervorragend funktioniert haben.

Du bist jedoch ein Mensch mit anderen Erfahrungen als ich, daher solltest du immer überprüfen, ob sich meine Empfehlungen für dich „gut" anfühlen. Vielleicht benötigst du eine andere Reihenfolge, als ich angebe, oder Ergänzungen usw.

Höre auf deine innere Stimme, auf deine Intuition, höre auf dich selbst, und vor allem:

Vertraue dir selbst, deinem Selbst, das du bist.

Du kannst dir anhören, was andere zu sagen haben (oder es lesen, wie dieses Buch), aber nur du allein weißt, was wirklich gut und richtig für dich ist. Niemand anderer ist in der Lage, aus deiner Sichtweise heraus Entscheidungen zu treffen, darum kann es auch niemand anderer für dich tun. Das bedeutet: Verantwortung für alles, was dir in deinem Leben geschieht, zu übernehmen, und zwar wirklich für alles!

Daher ist dieses Buch eine Hilfe zur Selbsthilfe.

Mein wichtigster Rat vorneweg ist also der:
Nimm das, was sich gut für dich anfühlt, aus diesem Buch an, und alles andere lasse los.
Vielleicht kannst du diese Ratschläge einmal später gebrauchen, wenn der richtige Zeitpunkt gekommen ist, vielleicht brauchst du sie aber auch nie.

In Liebe und Zuneigung für alle Menschen,

Fuchsstadt, 5. Juli 2004
Patrizia

Entdecke den Engel in dir –
und zeige ihn dann den anderen!

(KRYON)

Vorwort

Als ich ursprünglich diese Arbeit begann, dachte ich, ich würde ein Buch über die Indigo-Kinder schreiben, in dem es hauptsächlich um die Ernährung der neuen Generation gehen sollte. So lautete mein „Auftrag", den ich auf einem Kryon-Channeling 2003 in Hamburg von der geistigen Welt durch eine andere „Patrizia" erhielt.

Im Laufe der Arbeit stellte sich dann heraus, dass ich das Thema wesentlich erweitern musste. Die Aussagen dieses Buches betreffen nicht allein die Indigo-Kinder, sondern alle Menschen, die sich der Spiritualität zuwenden, und inzwischen sind das schon Millionen! Im Grunde betrifft es sogar alle Menschen, die in diesem Zeitalter der Veränderung leben müssen (bzw. sich ausgesucht haben zu leben), denn die Neue Zeit bringt einen Umbruch von allem mit sich, was wir gewohnt sind. Es betrifft nicht nur eine andere Art der Ernährung, sondern sogar eine völlig andere Art der Lebensweise. Behalten wir die bei, die uns an den Rand des Abgrunds führte, dann werden wir hinunterstürzen. Hier muss etwas geschehen, und dieses Gefühl, dass unbedingt etwas geschehen muss, teilen viele, viele Menschen, auch die, die sich nicht mit Spiritualität befassen und … es geschieht bereits. Von vielen vielleicht noch unbemerkt und nur für „Spinner" passend, schleicht sich langsam eine veränderte Denkweise ein, die uns in eine andere Richtung führen und bald für alle völlig normal sein wird.

Diese neue Lebensweise hat mit der Bewusstwerdung unserer Verbindung zum Göttlichen zu tun; es hat mit der Heilung des Körpers, des Geistes und der Seele zu tun; mit der Heilung ganzer Gesellschaftssysteme und letztlich natürlich auch mit der Heilung des gesamten Planeten. Sie hat auch damit zu tun, dass viele Menschen im Grunde nicht zufrieden sind mit der Art Leben, das sie momentan führen. Es herrschen daher tendenziell „zerstörerische Energien".

Das fängt damit an, dass man sich von einem Partner trennt, sich eine andere Wohnung oder eine andere Arbeit sucht und/oder sich generell ganz neu orientiert, weil man sich vielleicht durch eine Krankheit dazu gezwungen sieht oder andere Umstände einen zum Umdenken bewegen. Wir alle sind mehr oder weniger dazu gezwungen, uns neu zu orientieren, weil wir einen Weckruf erhalten. Der Weckruf kann ein Unfall oder sogar der Tod eines geliebten Menschen sein. Für manche muss er sehr heftig sein, andere wieder reagieren auf subtilere Hinweise. Wie der Weckruf auch aussehen mag, wichtig ist zu erkennen, dass es einer ist, und sich dann umzusehen, was man tun, wo man ansetzen kann, wobei sich jeder seinen Weckruf selbst ausgesucht hat und eine Wertung daher völlig sinnlos ist.

Für viele ist der Weckruf ein „schwieriges" oder sonst außergewöhnliches Kind, das im herkömmlichen Sinne vielleicht als „krank" und/oder nicht konform eingestuft wird. Sieht man sich in der Literatur um, so fällt auf, dass von einem ungewöhnlichen Phänomen die Rede ist, das unter dem Begriff „Indigo-Kinder" zusammengefasst wird und davon berichtet, dass immer mehr Kinder mit ungewöhnlichen Eigenschaften in diese Welt strömen.

Diese Kinder sind hier, um die Veränderung, die bereits im Gange ist, weiter zu betreiben, und sie benötigen dafür alle Unterstützung, die sie bekommen können. Sie bringen den Himmel auf die Erde! Die neue Lebens- bzw. Denkweise, die ich hier vorstelle, wurde hauptsächlich für sie konzipiert, doch betrifft es, wie gesagt, jeden Einzelnen, der bereit ist, sich den Herausforderungen des Neuen Zeitalters, des Regenbogenzeitalters, zu stellen. Das gilt natürlich ganz besonders für die Eltern (oder andere Betreuer) dieser Kinder, denn sie erhalten Herausforderungen am laufenden Band, die aber nichts mit ihrer Unfähigkeit, Kinder groß zu ziehen, zu tun hat, sondern mit dem Evolutionssprung der ganzen Menschheit, der gerade im Gange ist. An diesem haben sie durch ihre Kinder (und sich selbst!) einen aktiven Anteil und somit die Chance, die neue Welt durch richtige Behandlung der Kinder so zu gestalten, dass sie für alle lebenswerter wird.

Mein Appell an alle Eltern und Betreuer lautet daher: **Öffnet eure Herzen für die Neuen Kinder, nehmt sie an! Und dieser Appell gilt auch für die Neue Zeit! Nehmt sie an, liebt sie!**

Da die Ursache für Verhaltensauffälligkeiten der Neuen Kinder (und so mancher Erwachsener) auch in den Säuren, die sich im Körper durch den Stoffwechsel bilden, liegt, bin ich in einem Extrakapitel noch einmal darauf eingegangen, obwohl ich schon zwei Bücher zu diesem Thema veröffentlich habe. Die Säuren und Schlacken beeinflussen nämlich auch das Gehirn und damit das Verhalten, und daher sollte man sich hierin ein wenig auskennen. Sie (nämlich der Müll) sind so wichtig, dass sogar in den Channelings von ihnen die Rede ist.

Die Angst, unsere Welt umzuwandeln in Zufriedenheit und Glück, ist eine der Herausforderungen der Neuen Zeit. Sie beginnt aber nicht in der Suche im Außen, sondern mit der Suche im eigenen Inneren. Welche Schritte du für diesen Weg (und den der Kinder) unternehmen kannst, möchte ich hier aufzeigen. Ich möchte dir zeigen, was ich unternommen habe und welche Erfahrungen und Erkenntnisse ich dabei sammeln konnte. Im Laufe der Entstehung dieses Buches haben sich dann erstaunlich viele Wesenheiten bei mir gemeldet, die den Menschen durch diese wunderbare Zeit mit ihren Informationen und Energien helfen möchten. Und so nahm das Buch für mich eine erfreuliche Entwicklung, und ich danke an dieser Stelle der Geistigen Welt für die große Liebe, die sie durch ihre Botschaften sendet. Sie ist mit jedem Wort spürbar, selbst wenn manchmal ein strengerer Tonfall angeschlagen wird.

Ich habe in diesem Buch meist die vertrauliche Anrede „Du" benutzt, weil das förmliche „Sie" einen Abstand und eine Trennung symbolisiert, die es gar nicht gibt. Wir sind gerade dabei, das wieder herauszufinden, und ich bitte dich, dich nicht angestoßen zu fühlen. Ich bin beim Schreiben immer wieder auf Grenzen, die das „Sie" mit sich brachte, gestoßen, so dass ich beschlossen habe, diese aufzuheben.

Jeder Weg ist einzigartig und führt doch für alle zum gleichen Ziel: Zu uns selbst, und damit in den Ozean der Liebe, den wir GOTT nennen.

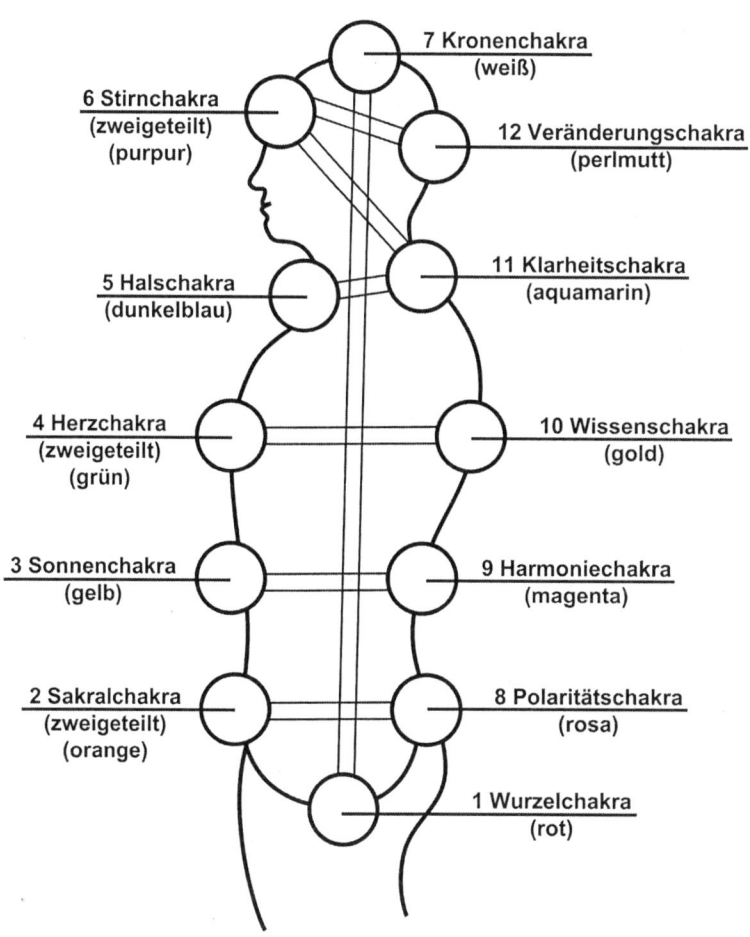

Teil I: Eine andere Wirklichkeit

1. Einführung

Sieht man sich in der esoterischen Literatur ein wenig um, so scheint es, dass neben dem, was wir im Alltag so sehen und erleben, eine andere Wirklichkeit existiert, eine, die man nicht so ohne weiteres sehen kann, aber durchaus wahrnehmen, wenn man die „Antennen" ausfährt.

Das, was wir sehen und erleben, scheint eigentlich keinen rechten Sinn zu ergeben, und so fragt sich jeder irgendwann einmal, was das alles soll, ob da nicht mehr ist, als wir meistens denken; ob da nicht hinter der Kulisse der Geschehnisse etwas ganz anderes abläuft, als wir glauben. Ich meine jetzt nicht die Verschwörungstheorien und solche Dinge. Nein, ich meine das, was in der Esoterik, speziell in den gechannelten Büchern, steht. Liest man davon einige, so schält sich rasch heraus, dass das, was dort über den Grund der menschlichen Existenz und die derzeitigen Geschehnisse steht, viel mehr Sinn ergibt als das, was man in den übrigen Medien aufgetischt bekommt, und so ist es vielleicht kein Wunder, dass der Esoterikmarkt nach wie vor *boomt*, vor allem der Buchmarkt.

Diese andere Wirklichkeit, die da aufgezeigt wird, eröffnet jedem Einzelnen neue Perspektiven, neue Blickwinkel, sowohl was die globale Lage als auch die persönlichen Verhältnisse betrifft. Vor allem zeichnet man dort eine Zukunft, die verheißungsvoll erscheint im Gegensatz zu dem Gejammer in vielen anderen Medien.

Auch dieses Buch möchte dazu beitragen, den Blickwinkel auf die derzeitigen Geschehnisse zu erweitern und verständlich zu machen, sowohl global als auch persönlich.

Als ich dieses Buch begann, ahnte ich noch nicht, dass sich bei mir eine ganze Reihe von Wesenheiten melden würden, die ihren Beitrag zur Energie dieses Buches leisten wollten. Es war bereits zu drei Vierteln fertig, als die Anasasi sich bei mir als Erstes meldeten. Auch da ahnte ich noch nicht, dass es nicht bei den gechannelten Botschaften dieser Gruppenwesenheit bleiben würde, sondern Einzelaspekte dieser Gruppe sozusagen Schlange standen, um ihre Botschaft loszuwerden. Parallel dazu las ich viele spirituelle Bücher, so dass ich mit der Wirklichkeit hinter der Wirklichkeit vertraut gemacht wurde, denn bis dahin hatte ich, wie die meisten anderen Menschen, davon nur wenig Ahnung.

So lernte ich das Vokabular, das für die Durchgabe der Botschaften notwendig ist, denn ein Channel, also Kanal, ist ein Dolmetscher, ein Dolmetscher für Energie, für energetische Kommunikation. Ich wurde also mit Konzepten vertraut gemacht, von denen ich noch nie gehört hatte. Das war notwendig, damit ich das, was durch mich an Botschaften durchkam, auch selbst verstehen konnte. Nur wenn ich es selbst begreife, kann ich es auch in einer klaren Sprache weitergeben. Ich lernte dabei auch die Namen von Aufgestiegenen Meistern kennen, von denen sich dann auch prompt einige bei mir meldeten.

Ich lernte dabei auch, dass es zwölf göttliche Strahlen gibt, denen jeweils eine bestimmte Farbe zugeordnet ist, und einige der Lenker dieser Stahlen gehören zu denen, die mit einer Botschaft zu diesem Buch beigetragen haben. Bisher waren sieben dieser Strahlen für die Erde „zuständig", doch nun wurden die restlichen fünf ebenfalls aktiviert. Die sieben, die wir schon kennen, sind die Farben des Regenbogens (einschließlich Weiß), die gleichzeitig die Aktivierungsfarben für die Chakren sind.

Der Lenker des aquamarinfarbenen Strahls heißt Maha Cohan. Diese Farbe trägt dazu bei, dass jeder besser unterscheiden kann, welche persönlichen Schritte im Entwicklungsprozess nun anstehen und ob sie auch wirklich vollzogen werden sollen und können.

Ich wunderte mich ein wenig, warum er sich nicht bei mir meldete, wo sich doch für die meisten anderen Farben jemand zu Wort meldete. Dabei lernte ich wieder einmal den kosmischen Humor kennen, denn Maha Cohan meldete sich zwar erst ziemlich zum Schluss, bat jedoch darum, einführende Worte an die Leserinnen und Leser richten zu dürfen. Ganz nach dem Motto: Die Letzten werden die Ersten sein. Hier nun seine Botschaft:

Meister Maha Cohan (gechannelt)

„Liebe Menschen, obwohl ich von der Reihenfolge der gechannelten Botschaften dieses Buches ziemlich als Letzter zu Wort kam, bat ich darum, mit meiner Botschaft an den Anfang gestellt zu werden.

Warum möchte ich als Erster sprechen, obwohl ich von der Reihenfolge der göttlichen Strahlen her eigentlich viel weiter „hinten" stehen müsste?

*Nun, wie es in den einleitenden Worten steht, bin ich dafür da, dass die Menschen ein Unterscheidungsvermögen entwickeln, was als Nächstes zu tun ist, im Hinblick auf langfristige Ziele genauso wie auf die nächsten Schritte. Und hier geht es schon los: Was ist dein langfristiges oder dein kurzfristiges Ziel, liebe Leserin und lieber Leser? Hast du dir darüber schon Gedanken gemacht? Ist es dein Ziel, zu überleben und sich einigermaßen durchzuschlagen, so wie es die meisten noch denken? Da du dieses Buch in die Hände bekommen hast – durch welche merkwürdigen oder ganz banalen Umstände auch immer – stehst du gerade vor entscheidenden Schritten, die dein Leben verändern werden. Die Neue Zeit, das Regenbogenzeitalter, zeichnet sich durch eines überdeutlich aus: **Veränderung**. Sieh dir euer Gesellschaftssystem an, und du wirst erkennen, dass hier Veränderungen anstehen, denn so kann es nicht weitergehen. Hast du diesen Satz schon oft gehört und bist du seiner überdrüssig? **Doch es stimmt,** und zwar im Großen, wie im Kleinen. Die Menschheit steht vor oder, genauer gesagt, steckt bereits mitten drin in einem evolutionären Schritt nie gesehenen Ausmaßes. Oh, Veränderungen gab es immer wieder, auch sehr gravierende, wie der Untergang bekannter Kulturen zeigt. Auch Kriege sind große Veränderungen und was es der Dinge mehr gibt. Doch was geschieht derzeit? Es steht kein großer Krieg an, auch wenn es Versuche gab, so etwas zu inszenieren. Es stehen auch keine großen Katastrophen (z.B. großer Meteorit) an, obwohl eine Zeit lang auch dafür großes Potenzial gegeben war. Was also tut sich, da es nicht die üblichen Dinge sind, mit denen man zwar rechnen kann, auch wenn man nie wirklich darauf eingestellt ist?*

Dass etwas wirklich Gravierendes geschieht, spürt jeder Mensch in seinem tiefsten Inneren, auch wenn er es vielleicht nicht ausdrücken kann oder will. Es ist wie ein leichtes, erwartungsvolles Vibrieren in der Magengegend. Dieses Vibrieren führt ihn dann vielleicht zu einem Buch wie diesem hier, das eine Wirklichkeit hinter der Wirklichkeit aufzeigt, das von Aufgestiegenen Meistern, von einer geistigen Hierarchie, von Engeln und anderen geistigen Dingen erzählt, die man nicht greifen kann und die doch, wenn man davon hört, eine Saite zum Erklingen bringt, die singt und klingt: Das kenne ich. Da ist etwas, das mich anspricht. Kann es sein, dass ich mich erinnere, dass all diese Dinge, von denen da die Rede ist, tatsächlich wahr sein könnten? Es fühlt sich wahr an, wahrer als so manche Nachricht im Fernsehen. Ist also etwas dran an dem, was da gesagt wird?

Ja, es ist etwas dran. Es sind bedeutende Dinge, die geschehen, und sie betreffen nicht irgendwen im Ausland, den du nicht kennst. Nein, sie betreffen dich ganz persönlich, denn mit Hilfe dieses Buches kannst du zum Beispiel herausfinden, wie dein Seelenname lautet. Ist das nicht etwas, was du gerne erfahren möchtest? Du kannst erfahren, welche Botschaften für die Neue Zeit von Wesen vermittelt werden, die einen größeren Überblick über die Geschehnisse haben als du. Möchtest du nicht auch gerne mehr darüber hören, was wirklich geschieht? Möchtest du nicht auch erfahren, warum gerade jetzt dein Leben und das vieler anderer Menschen, die du kennst, gründlich umgekrempelt wird? Zum Beispiel durch die vielen Scheidungen, durch die vielen Krankheiten, durch die große Arbeitslosigkeit usw. Was geschieht hier wirklich? Genügen dir die Erklärungen, die du bisher gehört hast?

Hier wirst du viele Antworten auf essenzielle Fragen erhalten, doch werden sie noch mehr Fragen für dich persönlich aufwerfen und dich vor große Herausforderungen stellen.

Bist du bereit, dich diesen Herausforderungen zu stellen? Du wirst damit konfrontiert werden, dass du alles erntest, was du säst, und zwar in diesem wie in anderen Leben. Bist du bereit dazu? Um herauszufinden, warum du gerade jetzt hier auf diesem Planeten lebst und mit ziemlich unangenehmen Dingen konfrontiert wirst, hast du den ersten (oder genauer gesagt schon den x-ten) Schritt getan, indem du ein Buch wie dieses in die Hand nimmst.

Um mit den Herausforderungen der Neuen Zeit fertig zu werden, ist es notwendig, viele kleine Schritte zu tun und solche Bücher zu lesen – oder auch nur in Erwägung zu ziehen, sie zu lesen, wo doch die meisten in deinem Umfeld dich warnen werden/würden vor dem „Unsinn", der darin steht. Um des Chaos' in der Welt und des Chaos' in deinem Leben Herr zu werden (Oh, es herrscht noch kein Chaos? Dann warte nur mal ab!), ist es unbedingt nötig, herauszufinden, was da eigentlich geschieht, denn dann kann man besser damit fertig werden und mit eintauchen in den göttlichen Fluss der Ereignisse und nicht versuchen (vergeblich!), gegen den Strom zu schwimmen.

Um hier Klarheit zu schaffen, und zwar sowohl für Menschen, die schon gehört haben, worum es bei dem Ereignis „Aufstieg" geht, als auch für Menschen, die noch nie davon gehört haben, haben sich zahlreiche Wesenheiten aus der Geistigen Welt bereit erklärt, Botschaften an dich zu senden, und so ist dieses Buch eine Mischung aus den Erfahrungen der Autorin und den von ihr gechannelte Botschaften, die die Neue Zeit aus den verschiedensten Blickwinkeln heraus betrachtet.

Was also ist der Aufstieg? Die Erde macht derzeit einen bedeutenden Schritt in ihrer Evolution. Dieser Schritt wird Aufstieg genannt, weil euer Planet aus der Tiefe der Dritten Dimension wieder in „höhere" Gefilde aufsteigt, also die Dichte, die Schwere, in der sie äonenlang gefangen war, abzuschütteln beginnt. Dieses Abschütteln der Schwere, des Panzers um sie herum, ist mit „Erschütterungen" verbunden. Der 11. September war eine davon. Das gilt auch in deinem persönlichen Leben. Die Erschütterungen, die du bereits erlebst, ob sie dir nun schon bewusst sind oder nicht, spiegeln wider, was im Großen geschieht. Es ist nicht leicht, diese Schwere abzuschütteln, doch sollen dir Werkzeuge dafür geliefert werden und auch das Hintergrundwissen, um zu verstehen, was vor sich geht.

Ich bin der Lenker des aquamarinfarbenen Strahls, der dir die Schritte aufzeigt, wohin es in Richtung Aufstieg geht. Ich kann dir die Richtung zeigen, den Weg musst du, Schritt für Schritt, jedoch selbst gehen. Es sind Schritte zurück in das göttliche Gewahrsein, zurück in das Sich-geborgen-fühlen und in das Eingebettet-sein der göttlichen Liebe. Aufstieg bedeutet, zu erkennen, dass die Liebe überall um dich herum ist und du sie nur wieder sehen musst. Zu diesem Thema wird Mutter Maria noch einiges zu sagen haben. Aufstieg bedeutet, zu erkennen, dass der Weckruf, den du erhalten hast, ebenfalls in Liebe geschah, mag er auch noch so heftig ausgefallen sein.

Aufstieg bedeutet nicht, von der Erde evakuiert zu werden und anderswo in ewiger Freude zu leben. Aufstieg bedeutet, diese Freude hierher zu bringen, wo sie verloren gegangen zu sein scheint. Wir werden dir viele mögliche Schritte aufzeigen, die du gehen kannst, und dir Informationen präsentieren, die deine Sichtweise für immer verändern werden. Selbst wenn du nur einen Schritt von den aufgezeigten tust, bist du auf dem Weg zurück zur Quelle, und selbst wenn du nichts davon machen willst, bist du es auch. Dein Weg gestaltet sich dann eben auf andere Weise.

Dieses Buch sollte ursprünglich für die Neuen Kinder, die Indigo-Kinder, geschrieben werden, da es nötig ist, ihnen zu helfen. Doch nach und nach wurde der Autorin vor Augen geführt, dass dieser Blickwinkel zu eng ist und sie ihn erweitern muss, und so sage ich dir das, was sie auch erkennen musste:

Jeder, der heute noch lebt, ist ein Kind der Neuen Zeit, ob er es weiß oder nicht, spielt keine Rolle. Und alle Kinder der Neuen Zeit (also ihr alle) werden eine neue Lebensweise entwickeln, weil die alte für sie nicht mehr ausreichend ist. Sie haben sich weiterentwickelt, und diese Erweiterung des Bewusstseins, denn um nichts anderes handelt es sich beim Weiterentwickeln, macht eine Umstrukturierung in der Gesellschaft erforderlich. Für diese Umstrukturierung hat jeder eine Aufgabe, eine Mission (oder auch mehrere) mit in das Leben gebracht, ein Ziel, auf das er hinarbeiten wollte. Und egal, wie alt du bist, es ist nie zu spät herauszufinden, welches Ziel du dir persönlich gesetzt hattest, denn deine speziellen Gaben und Talente, die vielleicht schon jahrzehntelang unentdeckt in dir ruhen, sollen bei der Umstrukturierung der Erde helfen.

Möchtest du also nun endlich das Ziel deines Lebens erfahren? Möchtest du wissen, warum du hier bist und was im Moment gerade geschieht? Dann bist du hier richtig. Du wurdest von mir zu diesem Buch geführt, weil es das ist, was du gerade brauchst, um weiterzukommen. Das gilt übrigens für viele, viele der Schritte, die jeder Einzelne unternimmt. Seien es nun Bücher, der Besuch besonderer Orte, die Begegnung mit besonderen Menschen oder andere Ereignisse.

Zögere auch nicht, mich um Hilfe zu bitten, wenn du absolut nicht weißt, wie dein nächster Schritt in Richtung deines Zieles (auch wenn du dieses noch nicht kennst) aussehen könnte. Ich werde dich zu deinem nächsten Schritt führen, doch gehen musst du ihn selbst. Wir aus der Geistigen Welt können nur Hilfestellung geben. Die Akteure eures Lebens seid ihr selbst, und niemand sonst. Ihr seid auch die Planer eures Lebens, auch wenn euch das meist nicht mehr bewusst ist. Sieh dir dein Leben doch einmal unter diesem Blickwinkel an und erkenne, was du aus all deinen Erfahrungen, angenehme wie unangenehme, alles gelernt hast.

Lernen kannst du auch, wenn du weiter liest.

Dieses war Maha Cohan

Ich danke Meister Maha Cohan. Er hat die Einführung viel besser geschrieben, als ich es gekonnt hätte.

Viele Leserinnen und Leser werden noch nichts davon gehört haben, dass ein Evolutionssprung im Gang ist, und so möchte ich einen für mich sehr aussagekräftigen Beweis anführen. Diese Evolution, von der Maha Cohan spricht, betrifft ja nicht nur den Menschen, sondern den ganzen Planeten, und so müsste dort doch auch etwas davon zu sehen sein. Und tatsächlich: In einer TV-Zeitschrift von September 2004 steht ein Artikel über ein Foto und seine Geschichte. Das Foto zeigt eine Löwin, die fischt! Bekanntlich sind Katzen wasserscheu, und es gehört absolut nicht zu ihren Gewohnheiten, Fisch zu fangen. Im Artikel von Jutta Junge steht dann, dass der Löwenforscher Douglas Thompson die Löwin Sarath schon beobachtete, als sie klein war. Schon da weigerte sie sich zu jagen und legte auch sonst ein seltsames Verhalten an den Tag, denn sie badet leidenschaftlich gerne – eine Katze, wohlgemerkt! Sie frisst zwar ihren Anteil der Beute der erwachsenen Tiere, ist also keine Vegetarierin, aber jagen tut sie nicht. Zitat: „Douglas Thompson glaubt sogar, eine gewisse Traurigkeit in ihren Augen zu erkennen, wenn die anderen ein Tier zu Tode hetzen." D. Thompson verliert sie aus den Augen und glaubt fest, dass sie mit dieser Einstellung keine Überlebenschance als erwachsenes Tier hat. Im folgenden Jahr begegnet er ihr wieder, denn er sieht eine Löwin den Nil durchschwimmen, es ist Sarath, die von Fischen (!) lebt! Und noch etwas Merkwürdiges entdeckt der Forscher. Zitat: „In ihrem Revier ist alles anders. Die anderen Tiere haben offenbar schnell begriffen, was mit dieser Löwin los ist. Kuhantilopen äsen in ihrer Nähe, Rothschild-Giraffen und Zebras grasen ungerührt. Es ist fast so, als sei die Angst aus diesem Teil der Savanne gewichen." Die Jungen von Sarath werden dieses Verhalten annehmen, denn sie lernen es von klein an. Wenn das keine Evolution ist, was dann?

Da Mitglieder der Weißen Bruderschaft in diesem Buch zu Wort kommen, möchten sie sich selbst gerne vorstellen.

Die Weiße Bruderschaft über die Weiße Bruderschaft
(gechannelt)

Was ist die Weiße Bruderschaft, von der in diesem Buch immer wieder die Rede ist? Es ist ein Verbund von Wesenheiten, die sich aus Aufgestiegenen Meistern zusammensetzen. Sie haben die Kette von Inkarnationen hinter sich gelassen und sich so weit entwickelt, dass ihr höchstes Ziel das Dienen ist. Sie dienen dem großen Ganzen und nehmen Aufgaben wahr, die ihren Fähigkeiten entsprechen. Nur weil sie aufgestiegen sind, sich also aus der Verstrickung der Materie befreit haben, heißt das noch nicht, dass sie alle gleich sind, auch auf diesen höchsten Ebenen hat noch jeder seine Eigenheiten und Vorlieben und auch besonderen Talente. Alle kennzeichnet jedoch ein große Portion Humor und unendlich viel Liebe und Güte. Ohne diese Eigenschaften hätten sie sich nicht so weit entwickeln können, dass sie in der Hierarchie oben stehen könnten.

Ja, auch „im Himmel" gibt es Hierarchien. Diese haben jedoch mit Kompetenz und speziellen Talenten zu tun und nicht mit Macht. Und doch müssen sie ein gewisses Maß an Macht haben, um ihre Projekte realisieren zu können. Ihre Macht ist aus der Sicht der Dritten Dimension sogar unglaublich groß, jedoch haben sie gelernt, mit Macht umzugehen, etwas, was die Menschen gerade erst wieder lernen. Allerdings haben auch die Menschen schon Aufgestiegene Meister hervorgebracht. Die Aufgestiegenen Meister, die sich um die Erde kümmern, sind nicht alle zwangsläufig von der Erde aus aufgestiegen. Man wird nicht zum Aufstieg zugelassen, wenn man nicht zahlreiche Erfahrungen quer durch den Kosmos gemacht hat. Man wird zum „Kosmopolit" erzogen, denn in jedem bewohnten System stehen andere Lernlektionen an, und dementsprechend vielfältig ist so eine Ausbildung, denn es handelt sich um nichts anderes. Man könnte sagen, jeder Planet ist eine Schule mit mehreren Klassen, und wenn man dort alle durchlaufen hat, wird man in die nächste Schule mit noch mehr Klassen auf den nächsten Planeten versetzt, usw. Die Reihenfolge legt dabei jeder selbst fest und ist nicht vorgeschrieben, und so ist der Aufstieg des Einzelnen nicht an einen bestimmten Planeten gebunden.

Die Inkarnationskette auf der Erde zu durchlaufen und erfolgreich abzuschließen kommt einer Meisterschule gleich. Hier werden die Meister nochmals geschult. Wer also besondere Aufgaben übernehmen will, muss diese Schule bewältigen, und insofern stellt die Erde große Anforderungen an ihre Schüler. Alle, die heute hier auf der Erde sind, sind Meister auf ihren Gebieten und haben sich zu einer Zusatzausbildung in der dichtesten Materie entschlossen. Freiwillig! Man könnte sagen, mit der heutigen Zeit steht ein besonders geburtenstarker Jahrgang zum Abschlussexamen an. Es sind also besonders viele, die ihren Abschluss (= Aufstieg) machen wollen, weshalb entsprechend viele und besondere Energien benötigt werden. Das heißt, dass auch nach ihnen noch Meister nachrücken werden, die hier ihre Examen machen wollen, doch werden es nie mehr so viele gleichzeitig sein, und die, die nachkommen, werden nicht mehr so viele Klassen (= Leben) auf diesem Planeten benötigen, und auch von einer etwas anderen Art sein als die Vorgänger. Diese Vorgänger (= ihr) machten es möglich, dass nun eine Sonderklasse gebildet werden kann, eine Sonderklasse, die nirgendwo sonst angeboten wird und „Meisterkinder" mit besonderen Eigenschaften hervorbringt. Und so kommt es, dass nun hier Kinder eintreffen, die noch nie in solch einer Dichte lebten und daher damit erhebliche Probleme haben. Sie sind ungeduldig, wenn etwas nicht sofort nach ihrem Willen geschieht, denn das waren sie bisher gewohnt: Sie konnten in geringerer Dichte alles nach ihren Wünschen formen. Sie hatten hervorragende Fähigkeiten, die nun auf einmal stark eingeschränkt (aber immer noch vorhanden) sind, und so betrifft ihre Ungeduld oft sie selbst.

Und dann sind da wiederum Kinder, die nichts und niemand erschüttern kann, die völlig in sich ruhen, weil sie genau wissen, dass alles hier Maya, alles eine Illusion ist, und was kann einem eine Illusion schon anhaben? Letztlich wird von dieser Illusion nur das Wachstum übrig bleiben, das durch sie geschaffen wurde. Dieses jedoch ist keine Illusion!

Diese extremen Verhaltensauffälligkeiten der Neuen Kinder stellen alle Beteiligen vor großen Herausforderungen, und so ist Hilfe nötig, die die Erwachsenen geben können..

Die besondere Schule namens Erde benötigt eine besondere Leitung, und die wird die Weiße Bruderschaft genannt.

Auch wenn ihr es vielleicht nicht glauben mögt, sind die Menschen tatsächlich von überall im Kosmos herbeigeströmt, um am Projekt Erde teilzunehmen. Eure Heimat ist zwar nun schon lange hier, aber jeder von euch kam von außerhalb, und ist, wenn du so willst, ein Außerirdischer. Das gilt für die bereits Aufgestiegenen Meister auch. Aber je nachdem, wo solch ein Meister seinen Aufstieg letztlich vollzogen hat, hat er vielleicht entsprechende Heimatgefühle diesem System gegenüber. Da er jedoch dem All-Einen dient, ist seine wahre Heimat im gesamten Kosmos. Eine Verbundenheit gewissen Planeten gegenüber kann jedoch bestehen bleiben. Diese Verbundenheit einiger Aufgestiegener Meister besteht auch zur Erde, und daher arbeiten die Meister der Erde an deren Aufstieg mit. Es gibt jedoch auch zahllose Helfer, die nichts mit der Erde zu tun hatten und erst jetzt, da diese als ganzer Planet aufsteigt, hierher gerufen wurden, um spezielle Arbeit zu verrichten.

Genau genommen müsste die Weiße Bruderschaft (oder auch Große Weiße Bruderschaft) eher Grauer Rat heißen, so wie der der Mimbari in der SF-Serie Babylon 5, denn die Mitglieder haben sich längst aus der Dualität, der Polarität, erhoben und stehen jenseits von Hell und Dunkel. Da jedoch das Wort „grau" mit Grauen, mit Grausamkeit oder mit den „little Greys" verbunden, also negativ besetzt ist, wählte man einen Namen, der auf die lichtvolle Arbeit hindeuten soll. Dieses „Weiß" im Namen schließt jedoch die Dunkelheit mit ein, denn auch sie erfüllt ihren Sinn und Zweck, denn wie könnte sich Licht definieren ohne die Dunkelheit? Eigentlich müsste die Weiße Bruderschaft also Kosmischer Rat oder so ähnlich heißen, doch wie gesagt, der Name wurde mit großer Bedachtsamkeit gewählt.

Die Weiße Bruderschaft ist nicht ausschließlich für die Erde zuständig, wie es in manchen Schriften heißt, aber eine große Abteilung kümmert sich um diese Welt, und es werden immer mehr, da hier unglaublich viel Arbeit ansteht und verrichtet werden muss. Aus diesem Grund wurde nun auch die spirituelle Hierarchie der Erde erweitert und sieben weitere Erzengel angefordert, die zusammen mit ihren Heerscharen nun hier ihren Dienst verrichten. Jeder Mensch, der bereit ist, sich mit seinem Karma auseinanderzusetzen, benötigt zusätzliche Helfer. Da es erst wenige waren, wie in der Vergangenheit, genügten die bisherigen, doch nun ist eine Massenerweckung im Gange, und so braucht es Massen von Helfern. Jeder erhält die Helfer, die von seinen Anlagen und seinen zu erledigenden Angelegenheiten her zu ihm passen und ihn daher liebevoll führen können. Wie viele Helfer hier nötig sind, ist von Fall zu Fall unterschiedlich und wird in Konferenzen entschieden, sobald die Prüfung, ob der betreffende Mensch bereit ist, positiv verlaufen ist.

Die Aufgaben der Weißen Bruderschaft sind vielfältig, so vielfältig wie das Leben selbst, denn jeder bewohnte Planet hat seine Lernaufga-

ben und daher seine eigene spirituelle Hierarchie, die sich um diese speziellen Angelegenheiten kümmert. Wie ihr vielleicht andernorts schon gelesen oder gehört habt, steht auch der Aufstieg anderer Planeten bevor, und daher gibt es viel Arbeit. Da die Erde jedoch so etwas wie das Zugpferd dieser Aufstiegswelle ist, sind die meisten Helfer hier versammelt. Man könnte sagen, die Erde zieht viele andere mit nach oben. Lasst euch jedoch gesagt sein, dass sie auch viele mit nach unten gezogen hat. Dies soll jedoch kein Vorwurf sein, denn es war so geplant und damit beabsichtigt.

Jeder, der heute auf dieser Welt weilt, war auch auf einigen der anderen für den Aufstieg anstehenden Welten, weil ihr in gewisser Hinsicht zusammengehört. Ihr bildet so etwas wie eine einheitliche Zelle der Schöpfung. Seid euch also darüber klar, dass alles, was ihr hier auf der Erde tut, auch die anderen Mitglieder dieser „Zelle" betrifft. Dies gilt für jede Handlung, jeden Gedanken, jedes Gefühl. Ihr tragt eine große Verantwortung, doch ihr wisst es nicht. Um hier ein Bewusstsein in euch zu wecken, wurde dieses Buchprojekt ins Leben gerufen. Diese spezielle Durchgabe erfolgte daher auch nicht von einem einzelnen Meister, sondern wurde überwacht und geleitet von vielen. Und genau das ist unser Aufgabengebiet. In früheren Zeiten durften wir immer nur das durchgeben, was durch den Schleier hindurchkann. Das hat sich nicht geändert, aber der Schleier hat sich verändert, ihr habt ihn verändert (!), durchlässiger gemacht, und daher können nun auch Informationen zu euch gelangen, die zum Erweckungsprozess beitragen und ihn beschleunigen. Und Beschleunigung ist nötig, denn es gibt einen Zeitplan, der eingehalten werden muss. Dies muss unsere Partnerin auch immer wieder feststellen, wenn sie zum Beispiel an einem bestimmten Tag darum gebeten wird, große Mengen Wasser zu trinken, um für eine bestimmte Durchgabe eine hohe Schwingung halten zu können.

Und so gibt es auch für den Aufstieg der Erde und der anderen Mitglieder einen engen Zeitrahmen, und lange sah es nicht so aus, als ob er eingehalten werden könnte, und so wurden reihenweise Maßnahmen getroffen, um dem Ganzen Schwung zu geben, und es hat gewirkt, es hat gewirkt! Eine dieser Maßnahmen war, eine Vielzahl von Medien zu wecken, damit sie als Kanäle für unsere Botschaften dienen können, und diese Botschaften tun nun ihre Wirkung. Sie sollten eigentlich später geweckt werden, doch war dieses Vorziehen nötig. Sie mussten daher im Eiltempo ihr Karma erledigen, und dieses Tempo hat sie viel Kraft gekostet. Doch es musste sein, und sie erhalten auch entsprechenden Lohn (nicht unbedingt in materieller Hinsicht).

Der Aufstieg hat nun eine solche Eigendynamik erhalten, dass mehr Menschen geweckt werden mussten als anfangs geplant, und das ist ein gutes Zeichen. Zuerst wurden also die erweckt, die grundlegende Schwingungen, das heißt Botschaften, überbringen sollten und konnten. Durch diese wurden wieder andere geweckt, und nun sind es so viele geworden, dass eine große Auswahl an gechannelter Literatur zur Verfügung steht und wirklich jeder zum passenden Zeitpunkt die richtigen Informationen finden kann und wird. Wie gesagt, sind nun aber so viele Medien aufgewacht, dass wir uns ganz schön ranhalten müssen, um immer genügende Informationen an euch durchgeben zu können, denn sie müssen nach wie vor noch gefiltert werden, wenn auch längst nicht mehr so stark, weil ihr nun viel mehr verarbeiten könnt. Nun fährt der Zug in Richtung Aufstieg rasend schnell, und ihr Menschen lehrt die geistige Welt das Staunen, denn mit solch einem Tempo hatte nun wirklich niemand gerechnet. So träge der Zug anfangs anrollte, so schnell ist er nun auch in Fahrt gekommen und wird immer schneller. Es ist fantastisch mit anzusehen, wie das Farbenspiel um euren Planeten und um euch Menschen eine Intensität gewinnt, die uns die Freudentränen in die Augen treiben würde, wenn wir noch einen physischen Körper hätten. So herrscht nun hier bei uns allenthalben helle Aufregung und heftige Geschäftigkeit, und wir freuen uns unendlich darüber, dass es endlich so weit ist! Der lang ersehnte Zeitraum (es ist nicht nur ein einziger Augenblick) ist angebrochen, und sowohl euch als auch uns stehen viele Veränderungen bevor.

Es ist euch schon oft gesagt worden, aber wir wiederholen es noch einmal: Die Veränderungen, die sich auf der Erde ergeben und entwickeln, erlauben es auch uns „hier oben", eine Höherentwicklung anzugehen, und so haben wir alle einen Nutzen hiervon, und ihr braucht euch nicht zu scheuen, Aufgestiegene Meister, Engel und sonstige Helfer um Hilfe zu bitten und könnt sie guten Gewissens annehmen, denn es handelt sich hier um sogenannte „Win-Win-Situationen". Es hat also jeder etwas davon. Das heißt nicht, dass ihr nun wahllos Bestellungen ans Universum abschicken könnt, und alle eure Wünsche gehen in Erfüllung, obwohl das bei dem einen oder anderen für seinen Prozess tatsächlich Sinn macht. Nein, es geht um die Hilfe bei der Entwicklung, oder besser gesagt „Wiederfreilegung" des Lichtkörpers. Hier wird euch jede Hilfe gewährt, die vonnöten ist. Es sind genügend Helfer da, also scheut euch nicht, es anzugehen.

Hilfe wird euch zuteil, doch die eigentliche Arbeit an euch müsst ihr selbst verrichten. Niemand kann sie euch abnehmen, denn dafür seid ihr hier auf der Erde. Es ist nicht der Sinn des Lebens, einfach nur, so gut es geht, zu überleben, das war noch nicht einmal bei den ersten Menschen, die unter schwierigsten Bedingungen lebten, der Sinn des Lebens. Nein, der Sinn ist Entwicklung, ist Wachstum, und nun ist die Zeit eines beschleunigten Wachstums, einer rasanten Entwicklung gekommen, und die sollt, könnt, dürft ihr nützen. Ihr müsst nicht, denn es ist euer freier Wille, der da geschieht, doch wenn ihr seht, um wie vieles zufriedener Menschen sind, die durch diese, zugegeben schwierige Phase, hindurch sind, wird mit der Zeit jeder Einzelne es beginnen wollen. Und es gibt für alle von allem genug auf der Erde, so dass es tatsächlich nicht nur eine Vision ist, dass alle Menschen auf der Erde mit allem Notwendigen versorgt werden können. Es reicht sogar noch für ein paar Besucher aus dem All, wenn ihr denn dieses zulasst. Es braucht kein Mangel zu herrschen, und es gibt ihn eigentlich auch nicht. Er wird künstlich erzeugt, und so könnt ihr ihn auch beheben, denn es geht letztlich immer um einen Mangel an Liebe. Findet nun jeder zu der Liebe Gottes, so ist der Mangel behoben und alle Energie kann ungehindert zu allen fließen. Energie in Form von Geld genauso wie in Form von Gütern.

Wartet nicht, bis diese Vision irgendwann Wahrheit wird, sondern ihr seid aufgefordert und gebeten, sofort mit der Arbeit an euch selbst zu beginnen. Wo ihr anfangen könnt, das erfahrt ihr in diesem Buch, denn hier sind so viele Hilfen enthalten, dass für jeden in jedem Entwicklungsstadium etwas dabei ist, und so war es geplant. Wir lieben euch grenzenlos, denn bei allen Wesenheiten auf der Erde handelt es sich um die mutigsten, die im Universum zu finden waren. Nur euch war es möglich, ein so gewagtes und für den Einzelnen schwieriges Experiment zu beginnen, also eine Meisterschule zu absolvieren und dann so erfolgreich zu beenden. Das heißt, die Existenz der Erde ist noch lange nicht zu Ende. Was zu Ende ist, ist die Langsamkeit des Wachstums, die tiefsten Frequenzen sind schon lange erlebt und wieder kontinuierlich gesteigert worden. Die lange Nacht der Unwissenheit geht zu Ende, denn Wissen ist Macht, und wenn ihr wisst, worum es beim Dasein auf der Erde wirklich geht, habt ihr die Macht in Händen, euer Leben so zu gestalten, wie ihr es euch wünscht und wie es euch die größte Freude ist. Und mit Freuden beenden wir nun auch diese Durchgabe, möge sie euch ebenfalls wieder zu Wachstum verhelfen.

Die Weiße Bruderschaft

Ich danke der Weißen Bruderschaft für diese Durchgabe und die Klarlegung ihrer Funktionen.

Kryon über die Akasha-Chronik (gechannelt)

Liebe Freunde,
hier spricht Kryon vom Magnetischen Dienst. Und obwohl die Arbeit am Magnetgitternetz zumindest für den Moment erst einmal beendet ist, bleibe ich doch hier präsent, um euch zur Verfügung zu stehen. Es gibt viele Fragen zu beantworten und noch viele Informationen durchzugeben. Obwohl in diesem Buch schon sehr vieles steht, von dem ihr noch nie gehört habt, gibt es noch mehr, noch viel mehr. Es gibt so vieles an Mehr in diesem Kosmos, und ihr seid Teil des Mehr. Ihr selbst seid mehr, als ihr gemeinhin denkt. Ihr umfasst Ebenen, von denen ihr höchstens einmal geträumt habt, und meist noch nicht einmal das. Ihr seid vielschichtiger oder mehrdimensionaler, als ihr denkt.

Glaubt ihr, nur der Körper zu sein, den ihr im Spiegel sehen könnt? Oder glaubt ihr, nur der Geist zu sein, mit dem ihr bewusst denkt? Da ist so vieles, was ihr seid, und vor allem auch vieles, was ihr nur glaubt zu sein, und vieles, was ihr nicht seid.

Zunächst einmal seid ihr Arbeiter auf der Erde in einem Unternehmen, von dem ihr gar nicht wisst, dass es existiert. Ihr, liebe Menschen, habt noch nicht begriffen, wie unendlich wertvoll eure Arbeit in diesem großen Konzern auf der Erde ist. Obwohl ihr oft glaubt, nur ein eher unbedeutendes Leben zu führen und von keiner Wichtigkeit zu sein, ist es nicht so. Es ist ganz anders, als ihr lange Zeit geglaubt habt und auch anders, als ihr im Moment denkt. Wie ich immer wieder betone, seid ihr unendlich geliebt, nicht nur, weil ihr unten auf der Erde eine Arbeit verrichtet, nein, ihr seid geliebt, weil ihr seid, wie ihr seid. Weil ihr Teil des großen Ganzen seid, und jedes Teil davon ist unendlich geliebt, wie Kinder, die wachsen und gedeihen und auch einmal eigene Wege gehen, seid ihr geliebt.

Worin besteht nun die Arbeit, die ihr auf der Erde verrichtet? Worin besteht das Mehr, als nur zu überleben und sich einigermaßen auf der Erde einzurichten? Das Mehr liegt in dem, von dem ihr erst jetzt ansatzweise erfahrt. Von den Dingen, die ihr auf der energetischen Ebene jede Nacht erledigt und auch tagsüber, obwohl euer Tagesbewusstsein nichts davon weiß. Dieses Mehr liegt darin, dass ihr lernt. Ihr lernt jeden Tag dazu, auch wenn es euch nicht immer so vorkommen mag. Mit jeder Erfahrung, mit jedem Gefühl, mit jedem Gedanken erschafft ihr eure eigene Akasha-Chronik, die Sammlung von allem, was ihr gedacht, gefühlt, getan habt. Was gab es, bevor das Projekt Erde gestartet wurde? Nur unbeschriebene Blätter in der Chronik. Die Erde wurde erschaffen, um die Blätter einer besonderen Chronik zu füllen, um Erfahrungen aller Arten zu ermöglichen, und ich meine wirklich alle Arten, denn nur so ist es vollständig, nur so ist es eine „runde" Sache, nur so macht es Sinn.

Und genau um diesen Sinn geht es. Den Sinn von Freude und Glück hinterfragt ihr kaum, nicht wahr? Den Sinn von Leid und Schmerz jedoch schon. Und das ist einer der Gründe, warum Leid und Schmerz geschaffen wurden. Um euch eine Gelegenheit zu geben, zu hinterfragen. Und so ist euer Weckruf meist mit Leid und Schmerz verbunden, denn solange es euch gut geht, habt ihr keine große Veranlassung, nach dem höheren Sinn eurer Existenz zu fragen.

Seht nun die vielen Menschen, die zurzeit auf der Erde leben. Wie viele Bücher füllen sie allein nur mit dem, was sie in diesem einen Leben alles lernen und erfahren. Wie viele Bücher könnte man über all ihre vergangenen Leben schreiben? Es heißt bei euch zwar, es gibt nichts Neues mehr unter der Sonne, doch stimmt das so nicht. Es ist zwar wahr, dass vieles schon einmal da war auf der Welt, aber nie völlig gleich, immer in den unterschiedlichsten Variationen. Dies war möglich, weil eure Geschichte nun auch schon lange währt, und das musste auch so sein, damit jede Seele, die sich hier beteiligt, tatsächlich auch alle Arten von Erfahrungen machen konnte. Jeder wollte die ganze Bandbreite erleben, und daher wurden verschiedene Zeitepochen geschaffen und unterschiedliche Zivilisationen, die all diese Erfahrungen möglich machten. Könnt ihr euch nun vorstellen, dass die Geschichte der Menschen viel mehr Zeit umfassen muss als jene 5000 Jahre, die ihr dokumentiert habt? Sie ist sehr viel länger, als es heute gelehrt wird. Seht euch die ältesten Überlieferungen an, darin werden Zahlen genannt. Diese kommen der Wahrheit sehr viel näher als die in euren Ge-

schichtsbüchern, sind jedoch auch noch nicht völlig korrekt. Selbst hier fehlen noch Epochen, ja ganze Zeitalter. Seht in die Akasha der erwachten Menschen und setzt sie zusammen, und ihr werdet feststellen, dass eure Vergangenheit noch viel interessanter und an Erfahrungen reicher ist, als ihr es heute für möglich haltet.

Dabei ist trotz der Wiederholungen der Erfahrungen in den einzelnen Epochen, die Art, wie die Erfahrungen von den einzelnen Wesen erlebt wurden, völlig einzigartig, und zwar dadurch, dass sie von so vielen verschiedenen Seelen und Kombinationen von Seelenaspekten erlebt werden und wurden. Jeder hat seine Talente, Vorlieben, Abneigungen oder, wie ihr sagt, Charaktereigenschaften. Das ist in der geistigen Welt nicht anders, wie unten, so oben… Und daher ist eine so große Vielfalt ermöglicht und erlebt worden. Ihr, liebe Menschen, ihr habt also eine Akasha-Chronik für die Erde erschaffen, wo vorher nichts war, und für jede Seele, die sich hier aufgehalten hat, gibt es jeweils noch eine eigene, persönliche Chronik. Ihr habt somit etwas Neues im Universum geschaffen, etwas, das es vorher eben doch noch nicht gab. Was für eine Bereicherung für das Universum! Was für ein Schatz! Was für Wissen ihr erworben habt! Wissen, von dem das Universum profitieren wird und bereits jetzt schon profitiert. Ihr habt somit den Erfahrungsschatz des Universums erhöht und somit auch seine Schwingung. Ja, auch mit dem, was ihr als negativ oder unangenehm empfandet, habt ihr die Schwingung erhöht, denn mit dem Anfüllen eurer Akasha habt ihr gelernt und seid gewachsen, und mit euch hat das Universum gelernt, und ihr habt ihm zu Wachstum verholfen. **Lernen und Wachstum ist nichts anderes als eine Erhöhung der Schwingung!** Und das war und ist der Sinn des Projektes Erde: Die Schwingung zu erhöhen. Das Wissen, das nun freigesetzt wird, wenn ihr in eurer Akasha lest, erhöht wiederum die Schwingung. Jeder, der Zugang zu seiner Akasha findet, erhöht die Schwingung des Ganzen. Da ihr so viele seid, wird die Schwingungserhöhung in dieser Art noch eine ganze Weile anhalten, nämlich bis alle ihre Bücher gelesen haben. Vereint ihr dann das einzelne Wissen, geht die Erhöhung weiter. Gebt ihr dieses Wissen nun an andere weiter, erhöht sich die Schwingung wiederum, und dies kann nun wiederum mit dem Wissen von Außerirdischen vereint werden, und so wächst dann das Universum, und so geht es immer weiter, wie der Schneeball, der im Laufe seines Weges zu einer ganzen Lawine wird, die alles mit sich reißt, nur ist die Bewegung hier nicht nach unten, sondern nach oben *und auch nicht zerstörerischer, sondern aufbauender Natur. Könnt ihr nun ein wenig von dem Ausmaß erkennen, das hier in Gang gesetzt wurde, von **euch** in Gang gesetzt wurde?*

Ihr alle, die ihr euch Menschen nennt und doch so viel mehr seid, habt als Kollektiv die Schwingung des gesamten Universums erhöht! War euch das klar? Habt ihr davon schon einmal gehört? Vermutlich nicht. Das ist der Sinn eures Da-Seins auf Erden, und ihr, ihr habt es gut gemacht! Ihr habt es so gut gemacht, dass ihr gar nicht mehr damit aufhören wollt, denn obwohl es so viel Leid und Not auf der Erde gibt, fühlt ihr euch wohl bei dem, was ihr tut, weil ihr wisst, dass ihr etwas Besonderes tut. Nun ist es jedoch Zeit, dies zu erkennen, und damit haben dann auch die Not und das Leid ein Ende, denn ihr braucht diese „unangenehmen", negativ besetzten Erfahrungen nicht mehr. Sie haben ihren Zweck erfüllt, und nun ist es Zeit, weiter zu gehen, wieder zurückzukehren nach dort, woher ihr alle kamt. Es ist Zeit, das alte Wissen zu neuem Wissen zu machen und es somit wieder hervorzuholen. Es wird für die Umwandlung der Erde gebraucht. Damit ist nicht nur das Wissen aus Atlantis gemeint, nein, auch das Wissen, das ihr in anderen Kulturen erworben habt, denn auch da habt ihr viel gelernt.

Wirklich Zugang zu diesem Wissen in der persönlichen Akasha hat aber nur die betreffende Seele, wenn sie aus dem Schlaf, der für den großen Plan nötig war, erwacht. Mit der Erstellung eines neuen Gitternetzes hat die Kryongruppe dieses Erwachen ermöglicht. Natürlich gab es noch andere Maßnahmen. Die Arbeit an dem Gitter ist nur ein Teil der Arbeiten, die für das Erwachen nötig sind. Lieber, über alles geliebter Mensch, nun ist es Zeit, auf dieses Wissen zuzugreifen, um zunächst einmal für dich selbst zu erfahren, wer du eigentlich bist und was du alles erlebt hast. Dies kannst du erkennen, indem du dich deiner Akasha-Chronik erinnerst und sie dir ansiehst. Über die Art, wie du mit den gemachten Erfahrungen über all die Leben hinweg umgegangen bist, kannst du dich erkennen und somit definieren. Und über dich definiert sich auch der Kosmos, denn ihr und er sind eins. Es gibt keine Trennung. Sie existiert nur zum Schein, und so kann sie sich nun in Liebe auflösen, denn sie hat ihren Dienst getan. Zunächst für die einzelnen Erwachenden und dann für immer mehr und mehr, und nicht nur für die Menschen, auch für das Mehr, das es da draußen noch gibt

Bis du zu diesem Punkt ankommst, mag es ein wenig dauern. Doch nur mit dem ersten Schritt ist man auf dem Weg. Zunächst kannst du darum bitten, vom Karma befreit zu werden. Das wird etwa drei Monate in Anspruch nehmen. Du unterliegst dann zwar nicht mehr den karmischen Zwängen, es wird dir aber nicht erspart bleiben, das eine oder andere trotzdem anzusehen und auszuvibrieren, weil alte karmische Muster, alte Gewohnheiten nur schwer abzulegen sind, und Karma auch erlöst werden muss. Dazu bedarf es aktiver Arbeit. Erst wenn das Karma erlöst ist, kannst du dich voll dem Lichtkörperprozess zuwenden, und auch das mag einige Zeit dauern. Die Wege sind so unterschiedlich wie die Individuen, auch wenn es einige Gemeinsamkeiten gibt, und so sind auch die Zeiträume mal kürzer, mal länger. Das ist in Ordnung, denn jeder erhält das ihm zuträgliche Tempo. Ist der Lichtkörperprozess ziemlich weit fortgeschritten, hast du dich also aus den alten Mustern, den alten Erfahrungen herausgeschält, so erhältst du Zugang zu deiner persönlichen Akasha-Chronik, und erst wenn du dich mit all dem vertraut gemacht hast, was du dir ansehen willst, also du den Zugang zu dir selbst, zu deinen Erfahrungen erhalten hast, dann ist es Zeit, auch andere von deinen Erfahrungen, von deinem Wissen, deiner Weisheit profitieren zu lassen, soweit du das möchtest. Das gilt zunächst einmal hier auf der Erde für all jene, die noch im Aufwachprozess sind, und später dann für die, die kommen werden, um von euch zu lernen.

Hier ist allerdings auch Unterscheidungsvermögen angesagt, wem welches Wissen zugänglich gemacht werden soll. Dieses Unterscheidungsvermögen lernst du im Laufe deines Klärungsprozesses, aus dem du als Meister hervorgehst. Meister fragen zwar auch um Rat, doch entscheiden sie selbstständig, nach bestem Vermögen, Wissen und Gewissen.

Lieber Mensch, sei dir über eines klar: Nur du kannst letztlich auf dein Wissen zugreifen, niemand sonst! Sicher, es stimmt, dass einige Medien die Erlaubnis haben, ein wenig in deiner Akasha zu blättern, um dir einige Informationen zu geben, die du für den Weg benötigst. Aber sie sehen nur einen kleinen Ausschnitt, nur das, was du gerade an Informationen benötigst. Mehr dürfen und wollen sie gar nicht sehen, und sie vergessen auch wieder, was sie gesehen haben, denn es ist nicht weiter wichtig für sie; für dich jedoch schon. Nur du hast den Schlüssel zu dem besonderen Buch aller Leben, die du verbracht hast. Nur du darfst es aufschließen und dir alles ansehen, und auch nur du entscheidest, was und ob du daraus etwas an andere weitergibst und was du lieber unter Verschluss behältst, und auch nur du entscheidest, was du dir überhaupt ansehen willst. Der ganze Klärungs- oder Lichtkörperprozess dient also auch dazu, dir den Schlüssel auszuhändigen für deine persönliche Akasha, und er dient dazu, zu entscheiden, was von deinem Wissen wieder Anwendung finden darf und welches nicht, oder vielleicht erst später.

Was geschieht danach? Du weißt nun, wer du bist, du hast Zugang zu deinem Wissen, – was kommt dann? Nun, das hängt davon ab, was du wirklich willst. Möchtest du dein Wissen weitergeben, dann ergeben sich Möglichkeiten hierzu. Möchtest du etwas anderes tun, dann cokreiere dir, was du als erfülltes Leben ansiehst. Du hast schon immer alle Leben geplant, doch musstest du da die karmischen Zwänge berücksichtigen. Das ist nun anders! Äonenlang hast du die Leben geplant, bevor du in den Körper eingetreten bist. Auch dieses Leben war von dir geplant, bis zu dem Punkt, an dem du den Schlüssel für deine Akasha in der Hand hältst. Von diesem Zeitpunkt an bist du ermächtigt, das Leben neu zu planen, und zwar noch im Körper, ohne dass du ihn verlassen musst, wie das in der alten Energie noch unbedingt nötig war (zumindest für die meisten Menschen). Überlege dir also gut, was du wirklich willst! Plane deinen weiteren Lebensverlauf. Schreibe ihn auf und verbrenne den Zettel in einer kleinen Zeremonie. Übergib dem Universum deine Wünsche und Zielvorstellungen. Klingt das nicht nach unendlicher Freiheit? Ja, denn du bist dann frei! Das ist es, was die Neue Zeit mit sich bringt: Freiheit, und zwar für jeden! Dafür ist nur der Mut erforderlich, sich alles anzusehen, was kommen mag, durch alle Erfahrungen und Prüfungen durchzugehen, die dir (von dir selbst) gestellt werden, und zielstrebig auf diesem Weg voranzuschreiten. Mit der Freiheit geht jedoch auch Verantwortung einher. Dir wird die Verantwortung für dein Denken, dein Handeln und dein Fühlen bewusst. Dir wird klar, dass du nicht nur Verantwortung für dich und deine Familie trägst, sondern auch für das große Ganze.

Das Regenbogenzeitalter wird also eine bunte Vielfalt an neuem und doch eigentlich altem Wissen hervorbringen, weil ihr euch an die Erfahrungen und das Erlernte aus anderen Leben erinnert. Das gilt für das Wissen aus Atlantis genauso wie das aus anderen Kulturen. Nun könnt ihr alle angesammelte Weisheit wiedererlangen und sie dazu benutzen, dass die Erde für alle Bewohner ein lebens- und liebenswerter Ort wird, ohne Not und Leid. Auch diese Erfahrungen wolltet ihr machen, doch habt ihr davon genug gemacht, so war euer kollektiver Beschluss, und *daher hat die Geistige Welt von euch die Erlaubnis erhalten, den Aufwachprozess in Gang zu setzen, zu dem ihr sie vorher ermächtigt hattet.*

Einige tun sich mit dem Aufwachen sehr schwer, zu lange währte schon der Schlaf, und die dadurch bedingte Trägheit abzuschütteln, erfordert einige Mühe, so wie es morgens Mühe kostet, aus dem Bett zu steigen, wenn man abends zu spät hineingegangen ist. Doch die Mühe lohnt sich. Fragt alle die Channels oder die spirituell Arbeitenden, ob sie noch einmal in den Schlaf fallen wollen, oder ob sie wach bleiben wollen, um festzustellen, wie die Wirklichkeit eigentlich aussieht, denn sie stellt sich anders dar als in den Träumen. Die Träume (also die vergangenen Leben) hatten Grenzen, spielten in einem gewissen Raum, einer bestimmten Zeit, nach gewissen Regeln. Doch die Wirklichkeit, die du vorfindest, wenn du aufwachst, ist so viel weiter als in den Träumen. Sie scheint keine Grenzen zu haben, und so wird buchstäblich alles möglich. Und das ist es, was die Neue Zeit ebenfalls ausmacht: Alles wird möglich, was ihr heute vielleicht noch für unmöglich haltet. Freut euch, denn die Neue Zeit ist da, jetzt, in diesem Moment, nicht erst morgen! Du kannst jetzt sofort die ersten Schritte gehen, und du wirst für die weiteren geführt werden. Es stehen genügend Helfer bereit.

Wie können die ersten Schritte aussehen? Nun, ein Schritt ist gemacht, indem du Bücher wie dieses liest, indem du also die neuen Energien durch deinen Panzer hindurch und nicht abprallen lässt. Erweitere deinen Blickwinkel, und alles Weitere ergibt sich von ganz alleine, da die nächsten Schritte dir nach und nach aufgezeigt werden.

Und das ist meine Botschaft (auch) für dieses Buch: Die Grenzen fallen, der Schleier lichtet sich, und ihr könnt in die Weite blicken und voller Staunen betrachten, was dahinter ist, und andersherum werden welche kommen, die wiederum staunen werden, wie umfangreich eure Akasha ist und die Teil haben möchten an euren Wissens-Schätzen. Darum geht ihnen mit großem Selbst-Vertrauen und Selbst-Bewusstsein entgegen, denn ihr habt ihnen viel zu bieten – vielleicht mehr als sie euch...

Es ist wichtig, dass ihr euch das klar macht, damit ihr euch nicht kleiner vorkommt als ihr seid, nur weil andere vielleicht technisch überlegen sind. Technische Überlegenheit ist zwar faszinierend und interessant, doch keineswegs das Non plus Ultra. Es gibt nämlich Gebiete, die die Technik weit in den Schatten stellen, und das ist die spirituelle Überlegenheit. Überlegenheit meint hier nicht Hochmut oder Überheblichkeit, sondern einfach ein Mehr an Wissen auf einem Gebiet, auf dem andere kaum bewandert sind, weil sie sich auf die Technik konzentriert haben. Ein Weg, den ihr zum Teil ja ebenfalls gegangen seid. Parallel dazu ist jedoch eure spirituelle Entwicklung weit höher als eure technische, und damit meine ich jeden einzelnen Menschen, egal für wie entwickelt oder nicht entwickelt ihr euch selbst haltet oder andere euch halten. Das sieht man schon daran, dass jeder, der den Klärungsprozess beginnt, diesen in einigen Jahren abgeschlossen hat, eine Fähigkeit, für die euch jetzt schon große Bewunderung entgegengebracht und die in Zukunft noch mehr Staunen auslösen wird. Jeder Mensch hat wundervolle Gaben, die er nur wieder entdecken muss und kann. In jedem steckt ein Engel, wie ich immer wieder betone. Entdecke den Engel in dir, und zeige ihn dann den anderen.

Dieses ist Kryon, der in unendlicher Liebe und voller Staunen die Farben eurer Entwicklung erblickt und sich daran erfreut, denn all eure (und auch unsere) Arbeit war nicht vergebens, sie hat sich gelohnt! Sie hat sich wirklich gelohnt!"

Danke, lieber Kryon, und nun wenden wir uns dem Regenbogen zu, der ein Symbol ist für die Wirklichkeit hinter der Wirklichkeit.

2. Das Symbol des Regenbogens

Unter dem Regenbogen

Das Bild des Neuen Zeitalters

Als ich am 12.06.2004 in der Badewanne lag und über den Titel dieses Buches nachdachte, fragte ich mich, ob *Das Regenbogenzeitalter* der richtige Titel wäre. Ich hatte am Morgen das Buch von Vicky Wall *Aura-Soma – Das Wunder der Farbheilung* beendet und dort den Begriff „Regenbogenzeit" gelesen. Da auch Gabriel Cousens seine Ernährungsweise „Die Regenbogenernährung" genannt hat und ich auf seiner Arbeit aufbaue, dachte ich mir, das könnte passen. Nur eine Stunde später, das dritte Kurzgewitter des Tages war gerade über uns hinweggezogen, rief mich mein Mann nach draußen, weil genau vor unserer Haustür, über dem Hügel, an dem das Haus steht, ein doppelter Regenbogen zu sehen war. Er stand da, wie als Antwort auf meine Frage: „Soll das Buch *Das Regenbogenzeitalter* heißen?" Die Antwort war für mich eindeutig. Sie lautete: „Ja, endlich bist du darauf gekommen."

Die Regenbogenernährung, die in einem separaten Buch vorgestellt und hier nur kurz angesprochen wird, weil der Platz hier nicht mehr ausreicht, baut auf den Chakrenaktivierungsfarben auf, die „zufällig" denen des Regenbogens entsprechen. Begibt man sich auf den spirituellen Pfad (und die Ernährung ist nur ein Teil des Weges), so verbindet man sich wieder mit der göttlichen Natur, nämlich dem göttlichen Anteil in uns, wenn man so will, über den Regenbogen in uns, und dafür wurde uns auch die passende Nahrung gegeben.

Der Regenbogen gilt in vielen Kulturen als himmlisches Zeichen. So fand er auch Eingang in heilige Schriften, wie zum Beispiel die Bibel. Ich beziehe mich hin und wieder auf sie, weil sie einen Teil meines religiösen Hintergrundes bildet. Genauso gut könnte ich aus dem Koran oder vedischen Schriften zitieren, denn die universellen Wahrheiten sind in alle Religionen eingeflossen, wenn auch in unterschiedlichem Gewand. Wenn ich aus der Bibel zitiere, gebe ich ihr nicht den Vorzug, denn ich bin der Meinung, dass alle Religionen in ihrer Sichtweise „Recht" haben, und wenn wir alle zusammenführen könnten, ergäbe es ein universelles, rundes Bild dessen, was unsere und Gottes Natur ist. In der Bibel steht nun:

*„Meinen Bogen habe ich gesetzt in die Wolken;
der soll ein Zeichen sein des Bundes zwischen
mir und der Erde."*

1. Buch Mose 9, 13

Gott setzte das Zeichen in die Wolken, und gleichzeitig ist von einem Bund die Rede.

Ein Bund bedeutet zwei Vertragspartner und zwei Ausführungen des Vertrages. Der Vertrag wird von Gott sichtbar in die Wolken gesetzt, doch wo sind *unsere* Regenbogenfarben, *unser* Teil des Vertrages? Jeder einzelne Mensch trägt sie in sich! Hellsichtige können die Regenbogenfarben in der Aura sehen. Doch diese Farben sind sozusagen die „Ausströmung" der körperlichen Chakren. Chakren sind Pforten unseres Körpers, in die das Licht und damit die Farben in uns einströmen und auch wieder ausströmen können. Durch jede Pforte kann man sowohl hinein als auch hinaus. Diese Pforten sind in jedem Menschen aktiv, sonst könnte er gar nicht auf Erden existieren. Doch nun ist eine Zeit angebrochen, in der wir die Drehung der Chakren beschleunigen können und dürfen, und somit strömen – metaphorisch gesehen – diese Farben vermehrt als Verbindungslinien „in den Himmel" und von dort wieder in uns zurück, so dass wir mehr himmlische Energien in uns aufnehmen als jemals zuvor. Wir schlagen einen Lichtbogen zurück in den Himmel.

Wir leben also in dem Zeitalter, in dem wir unseren Teil des Vertrages endlich sichtbar erfüllen können. Wir sind in der Lage (zum Teil durch die Hilfe der Geistigen Welt, zum Teil aber durch eigene Entscheidung), durch zahlreiche Hilfsmittel den Regenbogen, der eigentlich ein Lichtbogen ist, in uns stärker zum Leuchten zu bringen. Das ist es, was diese Neue Zeit so besonders macht.

Wie es in einer Sage heißt, wird derjenige einen Schatz finden, der es schafft, zum Ende des Regenbogens zu gelangen, und genau dort stehen wir in der Neuen Zeit. Sie wird uns reich an Erfahrung, an Begegnungen, an Fähigkeiten, an Freude und auch reich an Geld (Gold) machen, wenn wir es zulassen. Hat man seine Bestimmung, seine Hauptaufgabe gefunden, so braucht man nicht mehr dem Geld hinterher zu jagen, denn es kommt von ganz alleine zu uns. Wir finden also tatsächlich einen Schatz am Ende des Regenbogens, sowohl in übertragenem Sinne als auch in Form von weltlichen Gütern.

Diese Zeit wurde von Propheten aller Völker vorhergesehen. Don Alejandro Cirilo Oxlaj, ein Maya, erzählte auf einer großen Versammlung vieler Indiostämme von vier Maya-Propheten, die sagten: „Und ihr müsst die Erde bedecken", sagten sie, „ihr müsst sie mit Liebe bedecken, Liebe füreinander und Liebe für alle Dinge, damit wir, wenn wir zurückkommen, zusammenleben können, wie die Farben des Regenbogens, wie die Finger einer Hand."[1]

Weiter erzählt der alte Maya: „Aber die Prophezeiung sagt, dass die Ältesten zurückkommen werden. Sie sagt, dass jetzt die Zeit des Erwachens ist. Das ist jetzt eure Aufgabe, aufzuwecken."[2] Wer diese Ältesten waren, sei einmal dahingestellt. Die Aussage selbst, nämlich vom Finden der Liebe für alles und jedes, ist genau das, was heute eine unserer Herausforderungen darstellt. Und weiter sagte einer dieser Ältesten: „Alle Menschen und alle Dinge sollen in Frieden leben. Denn ihr seid die Berge und die Täler, ihr seid die Bäume und die Luft, die ihr atmet."[3] Mit anderen Worten: Wir sind alle eins. Nichts ist von uns getrennt. Rupert Sheldrake würde es so ausdrücken: „Wir leben alle in einem einzigen Morphogenetischen Feld."

Und noch einmal einer der vier Ältesten der Maya: „Wir alle sind eins, wie die Farben des Regenbogens. Wir alle leben von der Luft, vom Regen, von Großvater Sonne. Mensch, Tier, Vogel und Baum, wir alle sind eins." Und noch ein letztes Mal der Älteste der Maya: „Jetzt ist die Zeit, in die Welt hinaus zu gehen und das Licht zu verbreiten. Für diesen Zweck wurde die heilige Flamme bewahrt. Und jetzt kommt die Zeit, in der ihr alle Dinge lieben sollt, eine Welt, die verrückt geworden ist. Ihr sollt Himmel und Erde wieder in Gleichklang bringen. Denn die Zeit der Warnung wird bald vorbei sein, und die Regenbogenkämpfer werden jetzt geboren."[4]

---

[1] Morton Chris und Ceri Loise Thomas, Tränen der Götter, Die Prophezeiung der 13 Kristallschädel, Augsburg 2000, S. 388
[2] Ebda., S. 389
[3] Ebda., S. 389
[4] Ebda., S. 390

Ein Teil dieser Regenbogenkämpfer sind, meiner Meinung nach, die so genannten Indigo-Kinder, und ein anderer Teil sind die, die aufwachen. Wir leben in Zeiten, in denen außergewöhnliche Kinder geboren werden, die eine besondere Entwicklung in anderen Leben, in anderen Welten und vielleicht sogar in anderen Dimensionen bereits hinter sich gebracht haben und nun mit entsprechenden Qualitäten ausgestattet sind, Qualitäten, die die Welt verändern werden.

Wie man selbst zu einem Regenbogenkämpfer wird, das heißt, wie man seinen spirituellen Pfad aufnehmen kann (oder, genauer gesagt, ist bereits jeder Mensch auf diesem Pfad, und nun besteht die Möglichkeit, hier eine neue Stufe zu erklimmen), das zeige ich in diesem Werk auf. Ich missioniere nicht und vertrete auch nicht eine bestimmte Glaubensrichtung, außer vielleicht, dass jeder lernen soll, an sich selbst zu glauben. Mein Weg kann dabei als Beispiel dienen, und darum bin ich ihn gegangen und gehe ihn noch. Wenn du selbst damit beginnst (bzw. schon dabei bist) herauszufinden, wer du bist und warum du hier bist (das sind die zentralen Fragen, mit denen du dabei konfrontiert wirst), werden auch dir Wunder passieren. Eines werde ich immer wieder betonen: Du alleine trägst die Verantwortung für deinen Weg, und niemand sonst. Hast du das für dich anerkannt und wirklich angenommen, bist du bereits in Richtung Regenbogen und der Truhe mit den Schätzen unterwegs.

Um uns in dieser Neuen Zeit, in der Wunder zum Alltag gehören können, zurechtzufinden, benötigen wir eine neue Art zu leben, eine, die Yin und Yang, die rechte und die linke Gehirnhälfte, Intuition und Verstand gleichberechtigt nebeneinander zulässt, – eine Lebensweise, die eine Zusammenarbeit von beiden zu gleichen Anteilen ermöglicht. Eine weitere Herausforderung dieser Zeit ist die Überwindung dieser Polarisation. Wo wir auch hinsehen, alles ist zweigeteilt: Gut und Böse, Licht und Schatten, Schwarz und Weiß, Männlich und Weiblich, Spirituell, Nicht-spirituell usw. Erst wenn wir es geschafft haben, über die „Zweiheit" zur Einheit zu gelangen (und zwar in allen Lebensbereichen), haben wir den (ebenfalls zweigeteilten) Regenbogen zu einem vollständigen Kreis geschlossen. Die Entwicklung auf dieser Stufe ist abgeschlossen und die nächste kann in Angriff genommen werden. Das zu erkennen, und dann auch zu leben, ist wohl die größte Herausforderung, vor der wir stehen.

Doch wo beginnen wir, wo können wir ansetzen?

Die Antwort ist denkbar einfach: Nur bei uns selbst. Erst wenn wir mit uns selbst im Einklang sind, können wir dieses auch in die Welt hinaustragen. Ein Kapitel in diesem Buch lautet daher auch: Wo fange *ich* an? Erst wenn wir den Müll, den wir mit uns herumschleppen, entsorgt haben, können wir den Müll der Welt in Angriff nehmen, getreu nach dem Spruch: „Kehre erst einmal hier vor deiner eigenen Tür."

Man sagt, als Jesus unter uns weilte, wurde dem Regenbogen eine neue Farbe hinzugefügt: Violett. Vielleicht haben wir nun eine Zeit erreicht, in der wieder eine neue Farbe hinzugefügt wird.

Das Regenbogenzeitalter ist ein Zeitalter der Farben und damit ein Zeitalter des Lichts. Stell dir ein kugelförmiges Netz aus (Sternen-)Licht vor, das die ganze Erde umspannt. Jeder „Lichtknoten" ist ein Mensch mit einer gewissen Helligkeit. Über dieses Netz sind wir alle miteinander verbunden. Hat jemand eine Idee, einen Gedanken oder einfach Gefühle, so strömt das ins Netz und kann (und wird) von jemanden, der vielleicht am anderen Ende der Welt lebt, aufgegriffen werden. Das ist das Gitternetz der Einheit oder das Christusgitternetz. Es war schon immer da, obwohl in manchen Büchern steht, es wurde jetzt erst fertiggestellt.

Was meiner Meinung nach jedoch jetzt geschieht ist, dass es verstärkt, dichter gewoben wird (schon allein durch die vielen Menschen auf der Welt). Jeder erleuchtete Meister, Religionsstifter, Guru oder sonstige Lehrer schaltete sein Licht an und strahlte im Laufe seiner Entwicklung immer heller. Jeder Einzelne verströmte dieses Licht in das Netz und damit in die Welt. Dadurch wurde es verstärkt. Alle diese Menschen waren „Lichtarbeiter", denn sie arbeiteten an ihrem „Licht" und damit am „Licht" für die Welt.

In den letzten drei Jahrzehnten geschah etwas Außerordentliches, und es geschieht noch: Millionen von Lichtarbeitern schalteten nach und nach durch Meditation, durch geistige, mentale, emotionale und seelische Klärung – einfach durch spirituelle Ausrichtung ihres Lebens –, ihr „Licht" heller. Sie streiften den dunklen Panzer um ihr Licht ab, das, wie ein Dimmer, dadurch immer heller und heller wird, bis es fast blendet. Sie sind auf dem Weg zur Erleuchtung, und manche haben sie auch schon gefunden. In diesem Einheitsgitternetz sind also nicht mehr nur einzelne helle Lichtpunkte, Sterne, zu sehen, sondern Millionen „Lichtknotenpunkte" angegangen, und jeder einzelne verströmt seine neu auf Liebe ausgerichtete Gedanken- und Gefühlswelt in das ganze System. Auf diese Weise haben alle Lichtarbeiter Einfluss auf andere Menschen.

Jeder, der zum Beispiel spirituelle Bücher in die Hand nimmt und sich mit dem Inhalt auseinandersetzt, fängt an, sein Licht „heller zu drehen". Durch das heller werdende Ganze wird es immer mehr Menschen ermöglicht, ihr eigenes Licht zu erkennen und anzufachen. Es ermöglicht ihnen, aufzuwachen aus einem Jahrtausende währenden Schlaf, in dem sie von diesem Augenblick träumten, den sie herbeisehnen. Darum sind wir nun alle hier, weil in diesen Zeiten das Potenzial zur Erweckung herrscht und unser aller Weg dorthin führt, früher oder später...

Weil es insgesamt nun schon viel „heller" ist als noch vor 30 Jahren, wird der Aufwach- oder (Licht-)Anmachvorgang, genannt Lichtkörperprozess, immer leichter und damit immer kürzer, bis zum vollen Aufleuchten oder zur „Erleuchtung".

Ermöglicht wurde dies, weil wir in vielen Leben „Licht", (das heißt, Erfahrungen aller Arten) gesammelt haben, auf das wir nun zurückgreifen können. Diese Leben müssen nicht unbedingt hier auf der Erde gelebt worden sein, doch die meisten Erfahrungen haben wir hier, in der Dichte der Dritten Dimension gemacht.

Stelle dir ein weiteres Bild vor: Jeder Mensch mit all seinen Teilen ist eine Art Seifenblase, die in allen Regenbogenfarben schimmert. Diese Kugel bildet die diesem Menschen eigene Realität, seinen Mikrokosmos. Nun wohnen vielleicht zwei Menschen zusammen und somit überlappen sich die Kugeln zum Teil und bilden eine Schnittmenge. Die Schnittmenge kann die Wohnung sein, die sie sich teilen, es können (und/oder) Ansichten, Weltanschauungen, gemeinsame Unternehmungen usw. sein. Aber da wird es schon komplizierter. Machen zwei Menschen das gleiche, haben sie dabei nicht unbedingt auch die gleichen Gefühle. Das hängt ganz von der persönlichen Betrachtungsweise ab.

Immer, wenn sich Menschen begegnen, bilden sie derartige Schnittmengen. Sie einigen sich für kurze Zeit auf eine gemeinsame Realität, fühlen sich im Wesentlichen aber trotzdem in dem Teil, der außerhalb der Schnittmenge liegt, getrennt vom anderen. Im Regenbogenzeitalter haben wir nun die Chance, durch eine Vielzahl von Umständen diese Schnittmenge zu ändern, sie zu vergrößern und den Teil, der sich getrennt von allem fühlt, zu verringern oder sogar ganz verschwinden zu lassen. Zunächst geschieht dabei eine Abkopplung von der gemeinsamen Realität, der Masse, die durch Angst, Wut und ähnliche Gefühle kontrolliert wird. Es ist natürlich keine vollständige Abkopplung, denn dann müssten diese Leute auf einen anderen Planeten auswandern, und zeitweise war das wohl auch so geplant, wenn man sich in der esoterischen Literatur so umsieht, doch haben sich diese Pläne nun geändert. Man ist also mit einem Fuß noch in der alten Realität und mit dem anderen in der neuen, und der Rest des Körpers steckt irgendwo dazwischen, bis man den Mut findet, sich ganz „hinüber" zu begeben. Das heißt nicht in das Jenseits, sondern in die Entschlossenheit, seinen eigenen Weg zu gehen.

Das Gefühl, anders zu sein, also getrennt von allem zu sein, wird trotzdem erst einmal stärker. Doch dann trifft man auf Gleichgesinnte, eine Resonanz zu „gleichen Farben" in der „Seifenblase" tritt auf. Man stellt fest, dass diese anderen die gleichen Bücher gelesen haben und zu ähnlichen Resultaten gekommen sind, wie man selbst. Zusammen mit ihnen, die sich ebenfalls aus dem „alten" Massenbewusstsein ausgeklinkt haben, bildet man neue Schnittmengen, und zwar größere, weil man sich näher kommt als in der „alten" Realität. Diese Andersdenkenden insgesamt bilden nun eine neue Gruppe aneinander liegender und sich größer überlappender „Seifenblasen", genau wie das Kinderspiel, bei dem man von außen betrachtet nur Teile der Blasen sieht und innen keine Grenzen zwischen den Blasen zu sehen sind.

Je mehr sie wachsen, umso größer werden die Schnittmengen und umso größer wird die Menge der zusammenhängenden Blasen. Hat man den Punkt erreicht, den man Erleuchtung nennt und der nichts anderes als ein Erkennen ist, dass alles eine Einheit bildet, so gibt es keine Schnittmengen mehr, sondern nur noch Einheit. Auf dieses Einheitsdenken, Fühlen und Handeln steuern wir in dieser besonderen Zeit zu. Die einzelnen „Blasen" wachsen immer mehr zu einer einzigen zusammen. Am besten passen anfangs die zusammen, die ähnliche „Farben" leben, aber nur so lange, bis alle die „Einheitsfarbe" annehmen.

Die neu gebildete „Realitätsblase" wird von den Menschen der „normalen" Realität zunächst mit Misstrauen angesehen und auch so behandelt, zumal mit dem Bilden dieser Blasen neue Fähigkeiten auftauchen, die beängstigend sein können und einen entsprechenden Reifeprozess für die Handhabung voraussetzen. Es werden jedoch immer mehr Menschen zu der neuen Realität hingezogen, weil sie ein unwiderstehliches Licht ausstrahlt, das von der Erfüllung der Sehnsucht kündet, die in jedem Menschen steckt: Die Sehnsucht nach immerwährender Liebe, Freude und Glück. Am Ende des Regenbogenzeitalters werden alle Menschen Teil der neuen Realität und bereit sein, den nächsten evolutionären Schritt zu tun, worin auch immer der bestehen mag.

Die Polarität nimmt durch diesen Vorgang jedoch erst einmal zu. Es gibt dann auf der einen Seite die Menschen, die die Angst hinter sich gelassen haben (und dorthin zu gelangen ist nichts anderes als der Lichtkörperprozess), und auf der anderen Seite sind da die Menschen, deren Angst nur noch größer wird, und zwar vielleicht vor denen, die keine Angst mehr haben. Es gilt, auch diese Kluft zu überwinden.

Zu guter Letzt wird jedoch die „neue Blase" immer größer werden, und irgendwann ist sie das Masseneinheitsbewusstsein und die, die noch außen stehen, werden durch ihren eigenen, einfach nur länger dauernden Prozess eben später integriert. Sie geben den Menschen in der „neuen Blase" weiterhin Gelegenheit, sich zu definieren und zu reflektieren, was wiederum zum Wachstum aller beiträgt.

☆☆☆

Um zu unserem Bild des Regenbogens zurückzukommen: Was ist ein Regenbogen eigentlich? Dazu kann man auf einer Internetseite[5] lesen:

„Das Prinzip ist dasselbe, wie bei einem Glasprisma. Ein Prisma ist ein dreieckiger Stab, der in unserem Fall aus Glas ist. Wenn ein Prisma von einer Seite mit weißem Licht bestrahlt wird, kommt das Licht auf der anderen Seite als eine Art Regenbogen heraus, und der Lichtstrahl geht nicht mehr in die gleiche Richtung wie beim Auftreffen auf das Glasprisma." Im Fall des Regenbogens bilden die Wassertropfen das Prisma, das die Farben sichtbar macht. Durch die Aneinanderreihung der Wassertropfen entsteht für jeden Einzelnen ein anderer Blickwinkel, und dadurch kommt es zum Bogen.

Menschen, die Lichtarbeiter genannt werden und eigentlich Regenbogenarbeiter sind, haben freiwillig zugestimmt, ihren Lichtkörperprozess beschleunigt ablaufen zu lassen, denn sie bilden die Schnittmenge zum sichtbaren Regenbogen am Himmel und den restlichen Menschen. Jeder Lichtarbeiter ist ein verbindender Tropfen, der in seinem eigenen Licht erstrahlt. Dieses Strahlen geht von einer der sieben Chakrenfarben aus, von denen sechs auch der Regenbogen in sich birgt. Jede der Farben offenbart einen von „außen" kommenden „Lichtstrahl" spezifischer

---

[5] www.sfdrs.ch/sendungen/meteo/lexikon/regengb.html

Energien. Jeder Mensch (nicht nur die Lichtarbeiter) ist also eine Art Prisma, das von Licht durchdrungen wird und daher in bestimmten Farben leuchtet. Bisher waren nur sieben Farben „aktiviert", die auf uns einstrahlten, doch seit einiger Zeit kommen fünf neue hinzu, so dass die zwölf göttlichen Strahlen nunmehr komplett auf uns wirken dürfen.

Durch die Arbeit der Lichtarbeiter wird es allen anderen, von Licht durchstrahlten Tropfen des irdischen Regenbogens ermöglicht, nach und nach ebenfalls das eigene Licht zu erkennen und anzunehmen. Dadurch fügen sie ihr Licht dem des irdischen Regenbogens hinzu. Der göttliche Regenbogen am Himmel, der nichts anderes ist als ein Halbkreis, verschmilzt dadurch mit dem irdischen „Lichtbogen", dessen Einzelteile alle „Menschentropfen" bilden. Wie sieht das Endergebnis aus? Haben sich beide Halbkreise völlig vereinigt, so bilden sie – immer bildlich gesprochen – einen perfekten Kreis. Und was geschieht, wenn alle Farben sich zu einem Kreis (eigentlich zu sieben Kreisen) vereinigt haben?

Alle vereinigten zwölf Farben bilden das Licht, aus dem wir gekommen sind, und dieses hell strahlende Licht ist nichts anderes als das göttliche Bewusstsein!

Uns bietet sich in dieser großartigen Zeit die Erkenntnis, dass wir auf dem Weg zurück zur Quelle sind, ja, dass wir eigentlich nie davon getrennt waren. Die Sehnsucht, nach Hause zu kommen, wohnte schon immer in jeder Seele, denn sie ist nichts anderes als eine Erinnerung an den Ursprung, an den Beginn. Die größtmögliche Dichte und Gottferne ist schon lange erreicht (und so war es beabsichtigt), und nun geht es wieder zurück, zurück zu uns selbst, zu unserer Quelle, die wir sind. Dazu ist es allerdings nötig, dass alle Dichte noch „ausvibriert", umgewandelt werden muss, und dies ist sichtbar in vielerlei, nicht immer angenehmen Formen. Und doch gehört es mit zum Umkehrprozess dazu und will angenommen und, vor allem, verstanden werden.

Wir leben unter dem Regenbogen und in ihm. Wir können uns nun vereinigen, nutzen wir diese einmalige Chance und fangen sofort damit an! Wie und wo man beginnen kann, stelle ich im Kapitel zur neuen Lebensweise vor.

Wir haben uns durch viele Erfahrungen Gefühlsschichten aufgebaut, die erst wieder abgebaut werden müssen, um zum wahren Kern unseres Wesens zu gelangen, und genau dorthin wollen wir mit dem spirituellen Weg. Für die meisten geschieht dies gemächlich nach und nach, je nachdem, wie sie es haben wollen. Andere wieder kreieren sich einen harten Weckruf, der wie ein Dolch alle Erfahrungsschichten durchstößt und bis zum Kern vordringt. Dann ist zwar schon etwas freigelegt, doch die Schichten sind trotzdem noch da und müssen betrachtet werden.

Letztlich geschieht bei jedem ein Prozess, der langsam oder schnell ablaufen kann, je nachdem, was man sich für dieses Leben ausgesucht hat. Der kosmische Witz besteht darin, dass wir das gar nicht nötig hätten, da wir alles schon sind, was wir im Laufe des Prozesses über uns herausfinden. Wir müssen nichts *werden*, wir *sind* schon. Wir sind schon Teil des Regenbogens, Teil des göttlichen Seins, von Licht durchflutet. Wir müssen nur erst die dunklen Stellen auf dem Tropfen „beseitigen" (im Sinne von: bewusst werden lassen), um das Licht wieder erkennen zu können, das durch uns durch und aus uns heraus scheint. Wir transformieren uns wieder um in pures Licht, beseitigen die Schlacken, die außen und innen haften und nicht durchscheinend sind.

Dieser individuelle und gleichzeitig auch planetare Transformationsprozess, der bei jedem begonnen hat, ob er es nun weiß oder nicht, spiegelt sich auch im Außen.

Man muss sich nur exemplarisch das deutsche Gesundheitssystem ansehen, um zu erkennen, dass dringender Handlungsbedarf besteht. Sieht man sich in der esoterischen Literatur ein wenig um, so ist die Rede davon, dass seit einigen Jahren völlig andere Energien (Frequenzen, Schwingungen) auf die Erde strömen als in all den Jahrtausenden, vielleicht sogar Jahrmillionen davor. Es sind Energien, wie wir sie bisher hier noch nicht ge- und erlebt haben. Einige von ihnen sind sogar bereits wissenschaftlich nachgewiesen, nämlich die unerklärlichen Gammablitze, die immer wieder auftreten und mit ihrer Strahlung auch die Erde treffen. Es gibt zwar Erklärungsmodelle, doch letztlich geklärt ist dieses Phänomen nicht. Solche „Strahlung" hat natürlich Auswirkungen auf uns! Ob uns das nun recht ist oder nicht, es sind destruktive Energien einerseits, weil sie dabei helfen, die bestehende Ordnung aufzulösen, und konstruktive andererseits, weil wir damit die Chance erhalten, neu anzufangen und aus dem entstehenden Chaos eine neue Ordnung zu schaffen. Damit ist nicht die Art neue Weltordnung gemeint, die in den Büchern über die Verschwörungstheorien angesprochen wird, denn hier wird wieder Angst verbreitet, sondern eine spirituelle Ordnung. Das bedeutet, dass jedem das Recht gelassen wird, seinen Weg so zu gehen, wie er es für richtig hält, und so zu sein, wie er ist.

Eine der stärksten Energien, die auf unseren Planeten strömen, sind Heilenergien. Solltest du dich also bewusst entschließen, deinen Körper, Geist und/oder Seele zu heilen, so wirst du dabei von diesen Energien stark unterstützt. Startest du dadurch eine Suche nach deinem eigentlichen „höheren" Selbst (und das kommt meist hinzu), so stehen Legionen von feinstofflichen Helfern bereit, die nur darauf warten, dir helfen zu dürfen. In der Regel muss man um Hilfe bitten, um bestimmte Schritte zu tun.

Wir sind mit unserer Art der Lebensweise in eine Sackgasse geraten, und jeder spürt das irgendwie und irgendwo. Wir zerstören unsere Umwelt so sehr, dass wir auf Dauer irgendwann hier nicht mehr überleben können. Wir beuten Ressourcen aus, die nicht wieder nachgefüllt werden (können), wir verschmutzen Land, Luft und Wasser. Damit verschmutzen wir auch unseren Körper. Mit der gierigen Lebensweise nach immer mehr (mehr Geld, mehr Macht, mehr Prestige usw.) verschmutzen wir auch unseren Geist. Wohin dies geführt hat, kann man überall sehen. Es ist Zeit, neu zu beginnen, und wir tun es:

Allen Arten der Verschmutzung sollten wir den Kampf ansagen, denn sie spiegelt sich auch in unserem Körper, nämlich in einer Vielzahl (alter und) neuer Krankheiten wider. Wir können und wir werden die Erde und uns selbst reinigen, dafür werden uns diese transformierenden Energien aus dem All zur Verfügung gestellt. Woher sie wirklich kommen, sei einmal dahingestellt, denn das haben noch nicht einmal unsere Wissenschaftler feststellen können, aber wir sollten sie nutzen, um uns selbst, und damit unser Leben und unsere unmittelbare Umgebung, neu zu gestalten. Raffen sich möglichst viele Menschen auf, zum Beispiel Waschnüsse (auf sie komme ich noch zurück) statt Chemie zum Waschen zu benutzen, dann leisten wir einen Beitrag, um das Blut dieser Erde, den Quell allen Lebens, nämlich das Wasser wieder sauber zu bekommen. Diese und andere Maßnahmen können dazu beitragen, dass eine kritische Masse erreicht wird, die unsere Industrie nicht mehr ignorieren kann.

Steigen der Bedarf und das Bedürfnis, in allen Bereichen nur noch solche Mittel einzusetzen, die einerseits unsere Umwelt nicht mehr belasten, andererseits sie vielleicht sogar reinigen und zusätzlich viele Menschen damit ihr Auskommen erhalten, so können wir diese Welt in allen Bereichen so gestalten, dass sie für jeden einzelnen Menschen (und in der Zukunft vielleicht sogar für Außerirdische) lebenswert, besuchenswert und auch liebenswert wird. Der letzte Punkt ist gar nicht selbstverständlich, denn wenn wir alle die Erde wirklich lieben würden, dann würden wir sie nicht so behandeln, als hätten wir eine Ersatzwelt zur Verfügung, auf die wir flüchten können, wenn diese hier „verbraucht" ist. Wir haben wirklich schon lange den Anschlag des Pendels erreicht und jede Menge Erfahrungen aller Arten gemacht. Und nun ist es Zeit, den Schaden, der dabei entstanden ist, wieder gutzumachen.

Die Gier, also eigentlich der Mangel an Liebe (wir sind uns des Lichts der Liebe in uns noch zu wenig bewusst), hat uns sozusagen übermannt. Es reichte uns nicht mehr, unser Auskommen zu haben, wir wollten mehr haben als andere. Damit wird im Neuen Zeitalter nun Schluss gemacht. Die dahinter steckenden Strukturen wissen das und wehren sich natürlich mit allen möglichen Mitteln, doch wir haben starke Verbündete, nämlich *Die Kinder der Neuen Zeit*. Damit sind zum Beispiel die so genannten *Indigo-Kinder* gemeint. Die Indigo-Kinder haben einen großen Auftrag: Veränderung! Sie sind Regenbogenkämpfer, die auch durch ihr zerstörerisches Potenzial auffallen können. Es ist oft nicht leicht, mit ihnen umzugehen, da sie ihr restliches, kriegerisches Karma in der Jugend, meist im geschützten Kreis der Familie, „ausvibrieren", um dann als Erwachsene zu den wahren Friedensstiftern zu werden.

Dieses zerstörerische Potenzial wurde ihnen auch mitgegeben, um die unsagbar „dichte" Energie, die um uns herum herrscht, zu zerstören, aber nicht im Sinne von vernichten, sondern im Sinne von „lichter werden lassen", durchscheinender für die liebenden Schwingungen der einen Quelle, die der All-Eine, Gott, oder wie auch immer genannt werden kann. Diese Kinder haben eine besondere Ausstrahlung, die alle irgendwo berührt, doch am meisten bekommen die Eltern davon ab. Die angenehmen Seiten werden oft nicht genug gewürdigt oder gar ignoriert, weil das „Indigo-Phänomen" auch unangenehme Seiten hat, die die Betroffenen mehr aufwühlen. Aber auch die Euphorie, die in manchen Büchern verbreitet wird, ist mit Vorsicht zu genießen. Diese Kinder haben ein großes Potenzial, ja, aber ob wir sie auch ihre Arbeit machen lassen, hängt ganz von uns und unserer Bereitschaft ab, uns grundlegend zu ändern.

Die Eltern oder Betreuer werden mit unerträglichen Verhaltensweisen der Kinder konfrontiert, die sie oft hilflos dastehen lassen, doch erkennen sie erst einmal, welchen Schatz sie da im Hause haben, ist es für sie eine Chance zur Transformation, – wenn, ja wenn sie verstehen, dass diese Kinder das Verhalten ihrer Mitmenschen auf oft unerwartete Weise spiegeln. Hat man das erst einmal verstanden, so kann man daran gehen, das eigene Verhalten zu ändern. Das geht nicht von heute auf morgen und erfordert Geduld, doch es funktioniert, denn dann werden auch diese Kinder ruhiger, weil sie sich im Einklang mit ihrer Mission wiederfinden.

Gleich zu Anfang hierzu eine, in meinen Augen, sehr wichtige Information: An Schulen wird immer mehr die rasant zunehmende Alkoholabhängigkeit von Jugendlichen von den Lehrern angeprangert und/oder mit Sorge betrachtet. Schulfahrten können oft nicht mehr stattfinden, weil die Lehrer den Drang der Jugendlichen nach Alkohol nicht mehr beherrschen.

Was geschieht hier? Die Indigo-Kinder (und viele sind nun im jugendlichen Alter) sind unsere Spiegel, zu Hause und überall. Sie kamen, wie gesagt, auch mit dem Auftrag in die Welt, das Verhalten von Eltern und allen, mit denen sie in Berührung kommen, zu spiegeln. Trinken diese Kinder nun also in unangemessener Weise, so stellt sich die Frage warum?

Es ist ganz einfach: Sie sehen, dass die Erwachsenen oft erst dann lustig, laut, fröhlich und hemmungslos werden, wenn sie trinken. Damit ist auch das Glas Rotwein zum Essen gemeint. Eine Gesellschaft, in der es völlig normal geworden ist, Alkohohl zu trinken, obwohl er nachweislich toxisch wirkt, kann nur Kinder großziehen, die dies auch als normal empfinden. Es wird ihnen doch vorgelebt! Sie folgen natürlich dem Vorbild der Erwachsenen! Es ist ja schon schlimm genug, dass so mancher erst Freude empfindet (sprich: lustig wird), wenn er etwas getrunken hat, aber wir vermitteln unseren Kindern den Eindruck, dass das normal ist, und daran wollen sie auch teilhaben, dabei sind die Kinder noch nicht so voll Wut, Angst, Frustration usw. wie die Erwachsenen und bräuchten es gar nicht. Sie haben noch die Freude im Leib, die uns oft verloren gegangen ist. Und unsere Aufgabe besteht auch darin, ihnen diese Freude zu erhalten und sie in uns neu zu entfachen, denn dann brauchen sie auch als Erwachsene keinen Alkohol.

In all den Veränderungen stecken wir, die wir vielleicht Eltern solcher Kinder sind, spirituell Suchende oder auch noch Schlafende. Auch wir müssen uns dem Transformationsprozess unterziehen, denn dem Seelenrückruf, wie es Johannes Holey in seinem Buch *Bis zum Jahr 2012* nennt, kann sich letztlich keiner entziehen. Was wir dazu tun können, um uns selbst und unseren Kindern einen Weg durch die Transformation zu weisen, möchte ich in diesem Buch aufzeigen. Sicher gibt es auch andere Wege, doch alle Wege führen zur Quelle, der eine ist länger, der andere kürzer. Alle sind gesegnet, und jeder wird den Weg nehmen und finden, den er für sich bestimmt hat und der für ihn richtig ist.

**Informationen zum Regenbogenzeitalter
(gechannelt von den Anasasi)**

Am 26. Juni 2004, dem Tag einer wichtigen weltweiten Meditation, fuhr ich, durch Intuition geleitet, mitten durch ein Gewitter zu einer Quelle in der Nähe, an der ein Marienheiligtum mit Kapelle, Teich und Grotte steht. Ich setzte mich in die Grotte in Meditationshaltung, ohne recht zu wissen, was ich da eigentlich wollte. Kaum saß ich, hörte ich in Gedanken: „Bis du bereit, göttliche Botschaften zu empfangen?" Es war keine fremde Stimme, aber ein Gedankenstrom, der durch mich übersetzt wurde. Ich antwortete unter Tränen: „Ja, ja!" Ich konzentrierte mich auf meinen Atem und irgendwann stiegen Klänge in meiner Kehle hoch, die ich laut von mir gab. Man nennt das auch „Tönen". Durch meinen Körper flossen so starke Energien, dass er bebte und zitterte. Etwas durcheinander von dem, was da passiert war, setzte ich mich am Abend an den Computer und ließ die Gedanken fließen, die aus mir herausströmten. Ich konnte dabei mein Kronenchakra und mein Drittes Auge deutlich spüren. Es flossen Energien als Informationen ein. Das war der Anfang meiner Channelarbeit, und hier wird wiedergegeben, was mir mitgeteilt wurde. Ich war dabei bei vollem Bewusstsein, also nicht in Trance, was mir ermöglichte, gleich Fragen zu stellen:

26. Juni 2004

Frage:
Warum sollen gerade heutzutage göttliche Botschaften durchgegeben werden?

Antwort:
Es ist unbedingt erforderlich, dass die Menschen darauf aufmerksam gemacht werden, dass etwas Außerordentliches im Gange ist. Sie können den ganzen Prozess mitgestalten, wenn sie ihn ganz bewusst wahrnehmen.

Frage:
Aber was ist mit denen, die nichts davon hören wollen?

Antwort:
Jeder wird früher oder später davon betroffen sein, ob er dies nun wahrhaben will, oder nicht. Und diejenigen, die sich weigern mitzumachen, sind noch nicht so weit und werden gehen. Das ist auch in Ordnung so. Aber es wird eine ganze Reihe von Leuten geben, die trotzdem bleiben. Es reicht, wenn eine kritische Masse erreicht wird, die bereit ist, den Planeten bei seinem Aufstieg zu unterstützen. Diese kritische Masse muss bis zum Jahr 2012 erreicht sein, denn da fällt die Entscheidung, wie der ganze Prozess gestaltet werden soll, ob heftig oder nicht so heftig. Die Entscheidung liegt ganz bei euch. Es stehen nun viele offene Kanäle zur Verfügung, so dass entsprechend viele Informationen der unterschiedlichsten Ebenen durchkommen können. Jeder erhält die Information, die er gerade benötigt, und mit der er auch etwas anfangen kann. Warum sind dies alles göttliche Botschaften? Weil wir alle derselben Quelle entstammen und daher gar keine anderen Botschaften durchgeben können. Jede Botschaft hat ihre Berechtigung und ihren Wert, jede.

Frage:
Wer seid ihr?

Antwort:

Wir sind Mitglieder deiner eigenen Seelenfamilie und schwingen auf deiner Frequenz, nur dadurch können wir in Kontakt treten. Das ist bei allen Kanälen so. Jede dieser Botschaften wird durch Energie durchgegeben und bedarf daher einer Übersetzung. Jede Übersetzung jedoch ist eine Interpretation, eine Interpretation des Kanals. Das macht jedoch nichts und verfälscht die Botschaften nicht, sondern färbt sie mit den Denkmustern des Kanals ein. Das ist jedoch kein Makel, wie manchmal behauptet wird, sondern so gewollt und geplant, denn die Informationen sollen so „rübergebracht" werden, dass die Menschen in der Umgebung des Kanals uns auch verstehen können, sonst liefen wir Gefahr, Dinge zu übermitteln, die euch überhaupt nichts sagen und jenseits eures Verständnisses liegen. Das ist jedoch nicht der Sinn der Sache, denn ihr sollt ja verstehen, nur so könnt ihr auch gestaltenden Einfluss nehmen, denn ihr seid die Schöpfer der Ereignisse, die gerade stattfinden und noch stattfinden werden.

Lieber Kanal, bis du mit dem, was du bisher geschrieben hast, einverstanden, kannst du mit all dem konform gehen?"

Antwort:
Ja, denn ich hatte schon ähnliche Überlegungen angestellt, wahrscheinlich beeinflusst von euch. Da wir Menschen Namen zur Identifizierung benötigen, hätte ich gerne einen Namen, mit dem ich euch ansprechen kann.

Frage:
Wie soll ich euch nennen?

Antwort:
Anasasi

Frage:
Habe ich das richtig übersetzt?

Antwort:
Ja, nenne uns Anasasi.

Frage:
Habt ihr mit dem Volk der Anasazi zu tun, die in Amerika lebten?

Antwort:
Ja und nein. Ihre Energie schwingt noch mit der unseren, weil sie Teil von uns sind, daher ist der Name passend. Es ist nicht leicht, mehrdimensionale Konzepte zu vermitteln, aber wir lebten mit ihnen. Wir waren eine zeitlang identisch mit ihnen und wir gingen gemeinsam mit ihnen fort. Das Leben dort hat uns gefallen, daher haben wir den Namen beibehalten.

Frage:
Ich bekomme gerade Schmerzen in der Bauchspeicheldrüse. Hat das mit euren Energien zu tun?

Antwort:
Schon möglich, wenn, dann tut es uns leid. Vielleicht sollten wir diesen ersten direkten Kontakt erst einmal abbrechen, denn unsere Energien sind sehr hoch eingestellt und du sollt keinen Schaden nehmen. Danke.

(Ich habe dann eine Pause gemacht und die Bauchspeicheldrüse gefragt, was sie mir sagen wollte. Sie zeigte mir ein Leben, in dem ich schon einmal versuchte, göttliche Botschaften weiterzugeben und dafür gefoltert und vergewaltigt wurde und schließlich auch noch mein Leben lassen musste. Da sind dann Ängste, die abgebaut werden müssen, verständlich. Ich setzte mich damit auseinander, und ab der zweiten Botschaft hatte ich keine Schmerzen mehr.)

Frage:
Liebe Anasasi, seid ihr noch da?

Antwort:
Ja, wir sind schon lange bei dir, aber erst jetzt kannst du uns hören.

Frage:
Wart ihr das, die immer in meinem linken Ohr gebohrt haben?

Antwort:

Ja, immer dann, wenn es nötig war, um uns schon vor dem direkten Kontakt hören zu können. Mache jedoch erst einmal Schluss. Wir können morgen weiterarbeiten, wenn du möchtest.

Ich möchte, bis morgen dann.

27. Juli 2004

Frage:
Liebe Anasasi, hier bin ich wieder. Vielleicht möchtet ihr erst einmal etwas über euch erzählen, damit ich, und später auch die Leserinnen und Leser, wissen, wer ihr seid, warum ihr mit uns Kontakt aufnehmt. Was sind eure Ziele hier und was habt ihr davon, wenn ihr mit uns arbeitet?

Antwort:

Das sind viele Fragen auf einmal. Das ist dir ja klar. Aber fangen wir beim Anfang an.

Wie du schon weißt, sind wir eine Seelenfamilie. Diese Familie umfasst 102 Mitglieder, von denen die meisten im Moment nicht verkörpert sind. Weder auf der Erde, noch anderswo. Wenn du wissen möchtest, von welcher Ebene wir kommen, so ist das schwierig in Zahlen auszudrücken, aber aus eurer Sicht wäre es etwa Ebene oder Dimension 12. Diese Ebenen, wie ihr sie euch vorstellt, gibt es jedoch eigentlich gar nicht (da alles eine Einheit ist), oder drücken wir es anders aus: Auch ihr seid auf der gleichen Ebene, ihr müsst nur die Schleier vor dieser Erkenntnis fortziehen, dann könnt ihr es selbst sehen. Es gibt da eigentlich keinen Unterschied zwischen uns, nur die Schleier dazwischen.

Der Aufstieg ist daher auch eigentlich kein Aufsteigen, sondern ein Entfernen des Schleiers. Daher haben diese Zahlen eigentlich gar keine Bedeutung. Es ist nur der Versuch, ein Konzept darzustellen, das in der Dichte der Materie der Erde nur schwer verständlich zu machen ist. Diese Dichte rührt von den Schleiern her und ist die Ursache für das Gefühl, das ihr Trennung nennt.

Wie du schon weißt, ist dies auch die Ebene der Delfine (Wale und Delfine), und dort haben wir auch alle lange gelebt. Und wie du schon richtig erkannt hast, bist du, und mit dir eine ganze Gruppe von Wesenheiten, aufgebrochen, um neue Erfahrungen zu machen. Wir alle wollten uns neu definieren, und die Erde bot dazu wundervolle Möglichkeiten. Wir alle waren hier immer wieder inkarniert und lernten. Wir beschlossen, auch als gesamte Gruppe zusammenzuleben, um auch unsere Beziehungen zueinander neu zu definieren und auszuloten. Dafür lebten wir als Anasasi auf dem amerikanischen Kontinent, und wie wir dir gestern in Bildern gezeigt haben, wussten immer nur die Ältesten von unserer Herkunft und die anderen nicht, weil sie unbeeinflusst ihre Erfahrungen machen sollten.

Als jedoch der weiße Mann kam und es auch sonst sehr ungemütlich wurde, ging diese wundervolle Zeit zu Ende, und die Ältesten entschlossen sich, den ganzen Stamm zu wecken. In einem Erweckungsritual wurde allen ihre vollständige Erinnerung wiedergegeben, und sie konnten dann entscheiden, was sie tun wollten. Nur eine Wesenheit (genauer gesagt zwei) entschied sich dagegen, zu gehen. Sie hatte gerade erst einem weißen Trapper ein Kind geboren und wollte dieser Seele noch die Erfahrungen dieses Lebens ermöglichen. Diese eine Wesenheit, diese Frau, warst du. Seitdem bist du alleine, ohne deine Seelenfamilie, immer wieder inkarniert, was dein Verlorenheitsgefühl erklären dürfte. Du hast zwar immer wieder einmal Einzelne von uns getroffen, da doch ab und zu den einen oder anderen diese oder jene Epoche noch reizte, aber meist warst du allein. Darum fiel es dir auch so schwer zu glauben, dass du viele Helfer um dich herum hast, und darum reagierst du auch so emotional, wenn wir dir Zeichen geben, (Anmerkung von P.P.: Ich weine dann immer), *denn auf diese hast du so lange gewartet, dass du kaum noch glauben konntest, dass es endlich soweit ist, dass der Kontakt wieder hergestellt ist. Doch bedenke, dass du dies freiwillig auf dich genommen hast und niemand dich zu irgendetwas zwingt.*

Du selbst hast dir so viele Erfahrungen zugemutet, wie eine Seele ertragen kann, und darum sehnst du dich jetzt auch nach einem Leben ohne Leid, ohne Schmerz. (Anmerkung von P. P.: Ich schätze, das gilt für jedermann, oder?) *Du sehnst dich nach dem Glück zurück, das du freiwillig für viele Jahrtausende verlassen hattest. Aber nun ist die Zeit der Heimkehr gekommen, und das gilt für alle Menschen auf der Erde. Und sie sind alle nötig, um der Erde bei ihrem Aufstieg in die Fünfte Dimension zu helfen.*

Ihr seid in der Materie so dicht herabgesunken, wie niemals ein Planet zuvor, und darum ist es auch so schwierig, euch da wieder herauszuheben. Doch es ist jetzt dringend notwendig, und zwar nicht nur für euch hier, sondern auch für viele Rassen und Nationen außerhalb der Erde, denn solange ein Planet so dicht ist, zieht er die anderen mit nach unten. Du kannst dir das Universum als Gummimatte vorstellen, in der Kugeln (bewohnte Welten) liegen. Eine besonders schwere Kugel (die Erde) zieht die Gummimatte nach unten und die anderen Kugeln in der Umgebung „rollen" ebenfalls dorthin. Darum muss die Erde nun angehoben werden, damit auch die anderen in ihre ursprünglichen Löcher zurückkehren können (und darüber hinaus „hochsteigen"), und je leichter die Erde wird, desto leichter werden auch die anderen „Kugeln" werden.

Von euch hängt also sehr viel ab, auch wenn dies die meisten Menschen noch lange nicht glauben werden. Es ist aber wirklich so. Wie du dir vorstellen kannst, sind daher Abgesandte von allen „Kugeln", die dies betrifft, hierher gekommen, um diesen Prozess zu unterstützen und zu beschleunigen. Es ist zwar nicht so, dass das Jahr 2012 das absolut letzte Datum ist, es gibt noch mehrere Zeitfenster, aber es sollte bis dahin die wichtigste Arbeit getan sein, denn was geschieht, wenn die Erde die Gummimatte nicht mehr nach unten zieht? Sie dehnt sich wieder aus, und wenn die Erde höher steigt, also immer leichter wird, dann kann sich auch die Gummimatte, das Universum, weiter ausdehnen, und zwar weiter als vorher. Es ist also nicht so, dass die Gummimatte sich wieder zusammenzieht, wenn die Kugel nach oben „schwebt", sondern da die Erde ja durch das Ballastabwerfen „leichter" wird, schiebt der „Ballast" die Gummimatte nach außen. **Das Universum wächst!**

Die Menschen sprechen viel besser auf diese Frequenzerhöhung, die im Gange ist, an, als du glaubst. Alle sind in Klärungsprozessen, ob ihnen das nun bewusst ist oder nicht. Alle Abgesandten der anderen Kugeln, die Sternengeborenen, wie sie genannt werden, sind inzwischen fast alle mehr oder weniger erwacht, und sie werden auch alle gebraucht. Sie sind die Verbindungstropfen zum Regenbogen, wie du es so schön ausgedrückt hast. Wir sind so froh, dass du nun endlich bereit bist, diese Arbeit zu tun, denn wir und andere haben noch viel zu sagen.

Anasasi

Im Regenbogen

Die Herausforderung unserer Zeit

Was bedeutet es für die Menschen nun, in der unteren Hälfte des Regenbogens zu leben, ja, diese Hälfte zu sein?

Wie uns allen klar ist, gibt es viele unterschiedliche Gruppen, Organisationen, Religionen, Denkweisen. Manche davon sind so gegensätzlich, dass sie sich, bildlich gesprochen, an den entgegengesetzten Enden des unteren Regenbogens befinden. Ziehen wir solche extremen Standpunkte einmal heraus und beleuchten sie:

Da gibt es die sogenannte esoterische Welle, die ein Hauptaugenmerk auf die persönliche Entfaltung legt. Innerhalb dieser Entwicklung hat sich regelrecht eine Technikfeindlichkeit entwickelt und die Forderung „Zurück zur Natur". Dieser Standpunkt hat sicher etwas für sich, und es kann kaum geleugnet werden, dass wir sorgsamer mit der Natur umgehen müssen. Diese Menschen tragen vielleicht nur noch Kleidung aus natürlichen Materialien, stellen Gebrauchsgegenstände wieder selbst her und lehnen die Massenware ab.

Dann gibt es die Technokraten, die „auf Teufel komm raus" produzieren wollen, um Gewinne zu machen und dabei alle Ressourcen der Erde nutzen, da sie der Meinung sind, dass diese dazu da sind. Sie wollen, dass viele ihre Produkte erwerben, und auch das ist verständlich.

Solche gegensätzliche Standpunkte sind wie eine Anode (Pluspol) und eine Kathode (Minuspol), die man nicht zusammenbringen kann, es sei denn... man schickt Energie durch beide Pole und lässt diese fließen, diese Energie ist in diesem Bild der Strom.

Wir haben sicher nicht unsere ganze technische Zivilisation geschaffen, um uns letztlich wieder in den Wäldern zu verkriechen und nur noch einen Lendenschurz, oder nicht einmal den, zu tragen. Obwohl das eine Zeit lang sicher seinen Reiz hat und zur inneren Reife beitragen kann.

Wie schließt man nun diese Enden des Regenbogens, den Plus- und den Minuspol (wobei diese Ausdrücke nur eine Metapher sind und keinerlei Wertung enthalten) so zusammen, dass sie tatsächlich eine Einheit, den unteren Bogen, bilden können? Welche Art Strom könnte man hier hindurchfließen lassen? Die Antwort ist schlicht: Energie in Form von Informationen: Die „Gegenparteien" müssen miteinander reden. Man könnte Tagungen einrichten, wo zu einem bestimmten Thema alle Seiten gehört werden, um am Ende zu einem Konsens zu kommen.

Damit würde man etwas fortsetzen, was ohnehin schon im Gange ist, nämlich Konflikte nicht mehr durch kriegerische Auseinandersetzungen zu beenden, sondern durch Gespräche und Verhandlungen. In den Gesprächen müssten die Gemeinsamkeiten erarbeitet und die Unterschiede gefeiert werden, denn die Unterschiede sind es, die Wachstum ermöglichen und uns voranbringen. Wenn alles „Friede, Freude, Eierkuchen" wäre, hätten wir keine Möglichkeit für neue Erfahrungen und für Wachstum, und genau deshalb sind wir hier, wurde die Erde geschaffen, – als ein Ort, der Wachstum ermöglicht!

Das Zeichen des Regenbogens, das die meisten Völker kennen und als Himmelszeichen anerkennen, kann dafür stehen, dass wir viele verschiedene Wassertropfen mit unterschiedlich reflektierenden Farben sind. Diese Tropfen gilt es nun so weit zusammenzurücken, dass wir eine Einheit, also den unteren Bogen, bilden und doch individuell verschieden sein können. Das ist die Herausforderung unserer Zeit!

Der Schleier hebt sich (gechannelt von den Anasasi)
Hier ist nun eine gechannelte Botschaft der Anasasi zu den derzeitigen Vorgängen. In ihrer Ausdrucksform benutzen sie oft das Wort „wir", obwohl sie zum Teil aus der Sichtweise der Erde sprechen und dann wieder aus der Sichtweise des Jenseits. Mich hat das anfangs verwirrt, aber es zeigt eigentlich deutlich auf, dass die geistigen Wesenheiten keinen Unterschied zwischen Jenseits und Diesseits machen, denn für sie gibt es diese Trennung nicht. Für sie besteht die Trennung in „verkörpert" und „nicht verkörpert". Alles ist einfach nur eine Ausdrucksform des All-Einen.

Das Wort *Jenseits* wird daher hier nicht im Sinne des Reiches der Toten benutzt, sondern als Ausdruck für die geistige (feinstoffliche) Welt, die nicht weniger existent ist als unsere grobstoffliche. Hast du dies erst einmal (an-)erkannt, bereichert dies dein Leben ungemein, denn dann kannst du daran gehen, eine Kommunikation dorthin aufzubauen (kein Tischerücken oder so etwas), und das ist gemeint, wenn in vielen esoterischen Büchern die Rede von mehreren Realitäten ist, denn dann lebst du zum einen in unserer Dichte der Materie, zum anderen jedoch hast du wieder Kontakt zum eigenen geistigen Anteil. Dabei stellst du staunend fest, dass dieser geistige Anteil viel mehr umfasst, als wir uns gemeinhin vorstellen, und ein Mehr von uns selbst darstellt als das, was wir hier repräsentieren. Außerdem erhältst du auch Kontakt zu anderen feinstofflichen Wesen, die eine Quelle an Wissen und Hilfe darstellen und den Horizont, und damit auch den Blickwinkel, ungeheuer vergrößern.

Hier nun, was die Anasasi euch mitteilen möchten:

Liebe Menschen, es sind viele Seelengruppen auf der Erde tätig. Jede hat gerade in dieser besonderen Zeit ihre Abgesandten hier. Jeder dieser Abgesandten kam mit einem ganzen Koffer voll Aufgaben hierher, in der Hoffnung, möglichst viele davon erfüllen zu können. Das ist vom ersten Menschen an so gewesen und heute nicht anders. Der Schleier, der zwischen Jenseits und Diesseits liegt, lässt uns jedoch unsere Aufgaben fast vollständig vergessen, wenn wir erst einmal auf der Erde sind, und nur die menschliche Evolution machte es möglich, dass sich das Bewusstsein vom ersten Menschen an bis in die Jetztzeit ständig erhöht hat, so dass die Frequenzen sich ebenfalls steigerten. Erst nur sehr langsam, so langsam, dass man kaum Fortschritte gesehen hat, doch mit der Zeit kam der Zug in Schwung, und heute rast er mit Volldampf einem Ziel entgegen, das wir (ihr) bisher nur vage erkennen können. Der Mensch ist nun in der Lage, immer mehr von seinen Aufgaben im Koffer zu erkennen und sowohl aus- als auch anzupacken und damit ein glückliches und erfülltes Leben zu führen.

Durch die ständige Erhöhung der Frequenzen wurde der „Schleier" bearbeitet, und sieht man sich in der esoterischen Literatur um, so wird davon berichtet, dass dieser Schleier nun immer dünner wird. Und es ist wahr. Er wird sogar von zwei Seiten her bearbeitet, von der diesseitigen und von der jenseitigen Seite aus. Dies machen die ständig höher werdenden Frequenzen möglich. Eins bedingt das andere.

Doch wie geschieht das, und was bedeutet es für uns alle? Jede Seelengruppe hat aus ihren eigenen Gründen einen für ihre Gruppe charakteristischen Schleier um die Erde und zum Teil um das ganze Sonnensystem gelegt. Es gibt also genau genommen nicht nur einen „Schleier", sondern es sind viele verschiedene Schichten in diesem Gebilde, das natürlich metaphorisch zu verstehen ist. Jede Gruppe hat eine Frequenz bestimmt, bei der ihr Schleier gelüftet, aufgelöst werden darf. Im Falle der Anasasi ist es ein Schleier, der aus den Regenbogenfarben besteht. Man könnte sich das so vorstellen, dass um das ganze Sonnensystem herum eine „Seifenblase" existiert, die in diesen Farben schillert. Am 6. August 2004 wurde nun diese Blase entfernt, weil die richtige Frequenz dafür erreicht wurde. Sie kann nur von einem der Abgesandten auf der Erde entfernt werden, natürlich mit Hilfe der ganzen Seelengruppe. Das stellt sicher, dass es nicht zu früh geschieht, denn der Abgesandte kann die Dinge vor Ort am besten einschätzen und fühlen, wann der richtige Zeitpunkt gekommen ist. Mit dem Entfernen der Schleier ist auch ein Filter für Informationen entfernt worden, und so können nun Energien in Form von Informationen zu euch gelangen, die vorher abgehalten wurden, damit das Spiel der Erde überhaupt funktionieren konnte.

Wir Anasasi haben das Einfließen kosmischer Informationen in Form dieses Buches gewählt, und so werden hier Dinge offenbart, die noch nie bis auf die Oberfläche der Erde gelangt sind. Dies gilt natürlich für alle anderen Bücher dieser Art ebenfalls.

Diese Blase um das Sonnensystem stellte sicher, dass die Erde von den kosmischen Energien, die diesen Farben entsprechen, nur das abbekam, was die Menschen auch vertragen und bearbeiten konnten. Es sollte sichergestellt werden, dass sie keinen Schaden durch zu hohe Energiezufuhr nehmen. Umgekehrt war es so, dass auch hier die Blase nach außen wie ein Filter wirkte, so dass die Dichte der dritten Dimension auf die Umgebung nur so weit einwirken konnte, wie sie sollte, und auch hier kein wirklicher Schaden entstehen konnte. Das Experiment Erde ist sehr gut geschützt! Nun haben wir eine kritische Masse erreicht, die es erlaubt, diese Schicht des Schleiers zu entfernen. Und so geschieht es nach und nach mit den verschiedenen anderen Schichten, und darum wird der Schleier immer dünner. Irgendwann wird es keinen Schleier mehr geben, und dann gibt es keinen Unterschied zwischen Diesseits und Jenseits mehr, denn dann sind die Dimensionen wieder zusammengeführt und die Erde hat ihre Aufgabe erfüllt. Dies gilt übrigens auch für die parallelen Welten, die ihr beständig mit jeder Entscheidung schafft. Auch sie werden wieder zusammengeführt.

Vielleicht kennst du die deutsche Serie „Raumschiff Orion". Dieses Raumschiff hatte die klassische UFO-Form, und wenn es landete, dann sandte es teleskopartig einen Schacht aus, der zum einen das Landegestell bildetete und zum anderen den Bereich, durch den die Besatzung das Raumschiff verlassen konnte. Der unterste, schmalste Bereich dieses Landeschachtes setzte auf der Erde auf und könnte mit eurer Dritten Dimension verglichen werden. Das nächste Segment ist etwas *breiter und bildet die Vierte Dimension, und so geht es nach oben fort. Durch diesen „Landeschacht" konnten also Wesen aus den höheren Dimensionen auf die Erde gelangen, und wenn sie ihr Leben beendet hatten, verließen sie die Erde durch den Schacht wieder nach oben, begaben sich in die Kommandozentrale und planten die nächste „Landung".*

Schwingt die Erde nun auf einer Frequenz, die die Fünfte Dimension genannt wird (die vierte erlebt ihr gerade), so schieben sich sozusagen die Segmente des „Landeteleskops" zusammen. Je höher die Erde steigt, desto mehr schieben sich diese Segmente zusammen. Die Erde mit ihren Bewohnern ist es, die die niedrigeren Dimensionen nun auflöst und „nach oben drückt", bis es keinen „Zwischenraum" mehr gibt, keinen Unterschied mehr zwischen den Dimensionen. Das ist das Endziel! Darauf arbeiten wir alle hin, ob uns das nun bewusst ist oder nicht! Um das zu erreichen, muss euch jedoch zunehmend bewusst werden, dass wir alle eine Einheit bilden und nicht getrennt sind von der Quelle, von der „Kommandobrücke".

Eure Anasasi

Wer sich noch nie mit *Esoterik* beschäftigt hat und wem der Begriff (dank der gesteuerten Medien) sogar verdächtig erscheint, sollte wissen, dass er nichts anderes als „Geheimwissen" bedeutet. In unserem Zeitalter wird Wissen offenbar, das jahrtausendelang geheim gehalten wurde, bis eine Zeit anbrechen würde, an dem dieses Wissen dringend gebraucht würde. Außerdem werden nun Informationen freigegeben, die so noch nie bekannt waren, zumindest nicht hier „unten" bei uns.

Du wurdest zu diesem Buch geführt, um dir selbst (und vielleicht deinen Kindern) helfen zu können, selbst wenn du dich nun mit Themen auseinandersetzen musst, die dich vorher nie interessiert haben. Also öffne bitte deinen Geist für neue Informationen.

3. Die Farben des Regenbogens plus zwei weitere

Setzen wir uns zunächst nun mit den Farben und ihren Eigenschaften auseinander. Sie haben wohl viel größere Bedeutung, als uns heute klar ist, denn es soll einige uralte Bücher von Eingeweihten geben, die in der Farbensprache verfasst sind. Die Farben werden dort als die Sprache der Götter bezeichnet.

Wissenschaftlich unbestritten ist die Tatsache, dass Farben wirken. Sie werden daher für viele Zwecke eingesetzt, zum Beispiel in der Werbung und in der Farbtherapie. In diesem Kapitel geht es aber weniger um die Psychologie der Farben, sondern mehr um ihre Bedeutung und ihren Inhalt, und zwar von der feinstofflichen Seite her betrachtet.

Zunächst einmal müssen wir uns klar machen, dass die Farben, die um den Menschen herum von Sensitiven gesehen werden, aus den Chakren ausströmen. Chakren sind feinstoffliche Energiewirbel im Ätherkörper, die Energie in unser System transportieren, dort transformieren und dann in Form von anderer Energie wieder abgeben. Während dieser Vorgänge entfalten sie ihre Wirkungen in unserem Körper. Sie sind dafür zuständig, welche Farben wir „mit uns herumtragen". Sie spiegeln daher den Zustand des Körpers, des Geistes und der Seele wider. In den Chakren können Störungen in Form von Blockaden auftreten, die sich dann in den Farben der Aura widerspiegeln. Daher können Sensitive, indem sie die Aura betrachten, auf den körperlichen Zustand eines Menschen schließen. Da die Aura jedoch aus mehreren Schichten besteht, kann man auch den emotionalen Zustand (momentan und allgemein) erkennen. Genauso kann man aus den Farben auch auf den mentalen und spirituellen Hintergrund und Entwicklungsstand der betrachteten Person Rückschlüsse ziehen.

Farben spielen also in unserem Leben eine viel größere Rolle als wir glauben. Das zeigt sich auch durch folgende Betrachtungen:

Hätte jeder Mensch die Fähigkeit (und die ist durchaus wieder erlernbar), die Farben anderer Menschen wahrzunehmen, so gäbe es keine Lügen, keine Höflichkeit und keine Anwälte mehr (kleiner Scherz). Wie wir auf jemanden reagieren, spiegelt sich in den Farben. Ob wir jemanden anziehend oder abstoßend, sexuell reizvoll oder uninteressant finden, all das spiegelt sich in den Farben wider. Alles, was wir fühlen, denken, wahrnehmen ist somit in der Aura ablesbar. Mögen wir jemanden nicht, so könnte er dieses sofort erkennen, hätte er die Farbsicht.

Da würde auch keine Höflichkeit und keine Lüge helfen. Indem wir die Fähigkeit, die wir eigentlich alle haben, ablegten (bzw. negierten, die Farben zu sehen), wurde Lüge möglich und Höflichkeit notwendig. Um noch einmal auf die Anwälte zurückzukommen (ich habe nichts gegen sie, bestimmt nicht) aber sie wären nicht mehr notwendig, denn jeder Streit würde, durch die Farben sichtbar gemacht, sofort ausgetragen, da nichts verschleiert würde. Streit entsteht meist durch Missverständnisse. Solche gäbe es dann nicht, könnten alle die Farben sehen. Umso interessanter ist es, dass im Zuge des Regenbogenzeitalters genau diese Fähigkeit vermehrt zurückkehrt. Die Schicht, die dem Körper am nächsten ist, kann jeder sofort lernen zu sehen:

Setze dich bei Sonnenuntergang im Freien bequem hin. Führe die beiden Zeigefinger erst zusammen und dann langsam auseinander, bis der Abstand etwa einen Zentimeter beträgt, mit dem Himmel im Hintergrund. Blicke dabei durch den entstehenden Zwischenraum in den Himmel. Bewege die Finger aufeinander zu und wieder voneinander weg. Kannst du die rauchartigen Schwaden zwischen den Fingern sehen? Erst wirken sie durchsichtig, blickt man länger hin, erscheinen sie weiß und nach einiger Zeit kann man einen golden-blauen Schimmer um die Silhouette der Finger wahrnehmen.

Ist gerade Winter und es liegt Schnee, so suche dir einen schneebedeckten Hintergrund und bitte eine andere Person, sich davor zu stellen. Blicke nun an den Konturen der Person vorbei in den Schnee, und du wirst die gleichen Effekte, wie oben beschrieben, erleben. Bitte nun die Person, den Platz zu verlassen, aber blicke dabei noch immer dorthin, wo sie stand. So wirst du feststellen, dass für eine Weile die Konturen der Person noch immer wie eine Art Abdruck im Schnee zu sehen sind.

Jeder, der also länger irgendwo verweilt, hinterlässt dort seinen energetischen Abdruck. Das bedeutet auch, dass wir ständig mit den Energien anderer Personen konfrontiert werden. In der Stadt natürlich ganz besonders, denn jeder schleppt so ein Energiefeld mit sich herum. Diese Energien üben Einfluss auf uns aus. So kann man mit den Ideen einer anderen Person konfrontiert werden (und hält sie für seine eigenen), oder mit der Wut anderer Menschen, und kann auch hier nicht unterscheiden zwischen den eigenen Gefühlen und denen anderer

Menschen. Das macht die zwischenmenschlichen Interaktionen sehr viel komplexer, als uns meistens bewusst ist.

Ein weißer Hintergrund macht diese Energie also sichtbar. Da frage ich mich, ob es daran liegt, dass in der Politik und in der Wirtschaft in der Regel dunkle Anzüge getragen werden, denn die dunklen Farben der Stoffe „verschlucken" die Körperfarben, und somit ist man nicht mehr „durchschaubar", denn man kann die Regungen des anderen nicht mehr „schauen" (höchstens noch fühlen, wenn man hellfühlig ist).

Ein Symbol im Sonnenlicht

An einem Sommertag 2004 wurde ich von meinen spirituellen Helfern relativ früh „meinen" Berg hochgejagt, den ich für mein Walking-Programm benutze, denn er ist schön steil und lang und jagt den Puls gehörig in die Höhe. Es war 8.20 Uhr, als mir auf halber Höhe des Berges (in Wahrheit ist es nur ein Hügel), etwas auffiel:

Weil ich mich entschlossen hatte, meine volle Sehfähigkeit wieder herzustellen, hatte ich eine schwarze Rasterbrille auf (sie verhilft zu mehr Beweglichkeit der Augäpfel). Das Sonnenlicht fiel von vorne oben auf den Weg vor mir im flachen Winkel, weil es ja noch relativ früh am Morgen war. Mit einem Mal bemerkte ich um jeden einzelnen Stein auf dem geschotterten Weg einen hellen Schein. Jeder noch so kleine oder große Stein hatte ein leuchtendes, weiß-goldenes Energiefeld um sich herum, das zumindest so viel stoffliche Substanz hatte, dass es durch das durchscheinende Licht sichtbar gemacht werden konnte.

Es war ein zauberhafter Anblick und erinnerte mich daran, dass ich etwas Ähnliches am Tag vorher schon einmal gesehen hatte. Ich befand mich an einem Marienheiligtum und machte dort meine Chakraöffnungsübungen (siehe Kapitel Chakraöffnung), ebenfalls mit der Rasterbrille auf der Nase. Während der Übungen konnte ich an einem Baum um jedes einzelne Blatt ebenfalls diesen hellen Schein sehen, den ich aber zu diesem Zeitpunkt für reflektierende Feuchtigkeit hielt. Erst durch das Erlebnis am nächsten Tag wurde mir klar, dass ich auch da die Energie (oder Aura) der Blätter gesehen hatte.

Obwohl ich mit meiner Kurzsichtigkeit haderte, durfte ich durch sie doch die interessantesten Entdeckungen machen, und so entwickelte sich tatsächlich mit der Zeit ein Gefühl der Dankbarkeit für diese körperliche Behinderung. Erst wenn wir sie in Dankbarkeit annehmen, können wir solche Dinge überwinden, und wenn schon nicht heilen, dann jedenfalls so damit umgehen, dass sie ein Quell der Inspirationen sind.

Nur wenige Schritte weiter, die Sonne wurde zum einen durch das Laub und zum anderen durch die Rasterbrille gefiltert, blieb ich plötzlich stehen, weil in einigen der Rasterbrillenlöcher winzig kleine Regenbögen mit allen dazugehörenden Farben auftauchten. Man konnte sie (wegen der Überblendung) zwar nicht als Bogen erkennen, doch die ständige Wiederholung der sieben Regenbogenfarben war deutlich zu sehen, und immer wieder dazwischen helle Lichtpunkte, in denen das weiße Licht nicht gebrochen war. Als ich das Ganze näher betrachtete, erkannte ich, dass die Anordnung der „Regenbogenlöcher" keineswegs zufällig war, sondern ein Symbol ergab! Ich war erstaunt: **Im Sonnenlicht ist ein Symbol versteckt, das man nur sehen kann, wenn das Licht gefiltert wird!** Es handelt sich dabei um vier Kreise, von denen jeweils zwei sich so überlappen, dass sie eine Vesica Pisces (eine geometrische Figur) bilden. Wobei die zwei kleineren Kreise so innerhalb der größeren enthalten sind, dass ihre Vesica Pisces sich innerhalb der Vesica der größeren befindet und sich beide Vesicas auf einer einzigen Längsachse befinden. Nur die Querachse ist nach oben verschoben durch die unterschiedlichen Durchmesser.

Es gibt zahlreiche Darstellungen von Heiligen (auch von Jesus Christus), die innerhalb einer solchen Vesica Pisces gezeigt werden.

Zur Vesica Pisces schreibt Drunvalo Melchizedek in *Blume des Lebens, Bd. 1*:

„Unter den heiligen geometrischen Figuren gibt es ein Muster, das so aussieht … Es entsteht, wenn die Mittelpunkte zweier Kreise mit gleichem Radius jeweils auf die Umrisslinie des anderen geschoben werden. Der Bereich, in dem sich die beiden Bereiche überschneiden, wird Vesica Pisces genannt."[6]

Die vier Kreise werden zwar durch dunklere Linien gebildet, sie werden aber sowohl direkt auf der Innenseite als auch auf der Außenseite dieser dunklen Linen von einem blendenden Licht, das wieder die Regenbogenfarben beinhaltet, nachgezeichnet. Der linke und rechte Innenraum neben den beiden Vesica Pisces, der durch die vier Kreise gebildet werden, hat einen dünnen, nicht so stark leuchtenden Schleier aus den Regenbogenfarben. Der Raum darunter, der durch den unteren Teil der vier Kreise gebildet wurde, strahlt sehr hell. Es ist wunderschön.

Drunvalo erklärt weiterhin:

„In der Vesica Pisces gibt es zwei Abmessungen – eine Linie, die durch die Mitte verläuft und bis zu den seitlichen äußeren Punkten an der engeren Stelle des Überschneidungsbereichs, und eine zweite, die ebenfalls durch die Mitte führt und die beiden gegenüberliegenden Punkte an der Längsachse miteinander verbindet. Sie sind Schlüssel zu einem großartigen Wissen, das sich in dieser Information verbirgt."[7]

Ist nun ein solches Symbol sogar doppelt im Sonnenlicht verborgen, welche Informationen mögen darin wohl stecken? Werden wir ständig auf diese Weise mit Informationen versorgt? Und wenn wir dieses Symbol nun bewusst wahrnehmen, erhalten wir dann Zugang zu diesem Wissen und können es nutzen?

Dieses Symbol ist auch in künstlichem Licht zu sehen. Wie erklärt sich das? Nun, ganz einfach, jedes künstliche Licht ist eine Nachah-

---

[6] Melchizedek, Blume des Lebens, Bd. 1, S. 42
[7] Ebda., S. 43

mung des Sonnenlichts, auch wenn es meist nicht das volle Spektrum erfasst. Ein Symbol in diesem Licht muss dann zwangsläufig immer zu sehen sein.

Botschaft der Anasasi zu dem Symbol (gechannelt)

Als ich mit dem Schreiben bis hierhin gekommen war, machte ich mit meinem Mann eine Walking-Runde. Auch diesmal hatte ich die Rasterbrille auf und konnte über lange Strecken dieses Symbol sehen. Außerdem erhielt ich ein Zeichen, dass während des Laufens etwas Besonderes geschah. Als ich dann wieder am Computer saß, erhielt ich die folgende Botschaft:

Die Bedeutung dieses Symbols muss näher erläutert werden, denn darin steckt viel Wissen. Mit Hilfe dieses Symbols erhält die göttliche Kraft direkten Zugang in das Gehirn eines jeden Menschen, und zwar über das Sehzentrum. Bekanntlich sehen ja nicht die Augen, sondern eigentlich das Gehirn. Je mehr der Mensch nun im Sonnenlicht verweilt, desto mehr von diesem Wissen nimmt er, zumindest unbewusst, in sich auf. Über das Sehzentrum im Gehirn werden Lichtinformationen im gesamten Kopf verbreitet. Zur Zeit sind das die Informationen, die die Menschen für ihren Aufstieg in die Fünfte Dimension benötigen, also erhalten sie Hilfe für ihren Lichtkörperprozess direkt durch das Sonnenlicht. Macht man sich nun bewusst, dass die Sonne, wie jeder andere Himmelskörper auch, mit einem Bewusstsein ausgestattet ist, so wird hier der Aufstieg der Menschen und der Erde von Bruder/Schwester Sonne direkt unterstützt und in gewissem Sinne sogar geleitet.

Jede Sonne hat ein eigenes Symbol, das wie eine Kennung, wie ein Name, wirkt. Eure Sonne hat eine wichtige Stellung, weil die Menschheit, und mit ihr die Planeten des ganzen Systems, eine zentrale Stellung in der Evolution des ganzen Universums besitzt.

Dieses Konzept mag im ersten Moment größenwahnsinnig erscheinen, doch hat der Mensch um seine zentrale Stellung in allen Zeiten gewusst, wie das geozentrische Weltbild aufzeigte, das von der Wissenschaft schließlich gestürzt wurde. Doch selbst in der Wissenschaft ist hier nun wieder ein Umdenken im Gange, denn die Quantenphysik lehrt, dass das Universum auf die Absicht des Beobachters reagiert und somit dieser den Ausgang eines Experimentes beeinflussen kann. Dies ist nur möglich, wenn der Mensch entsprechend als wichtiger Faktor in das Ganze eingebunden ist.

Jeder Mensch, der eine Weltraumreise in die Weiten des Alls unternehmen würde, wäre, von einer gewissen Warte aus betrachtet, diesem Sonnensystem hier zuzuordnen, und zwar dadurch, dass er dieses Symbol sozusagen mit sich nimmt, denn es ist in seinem Körper, oder besser gesagt in seinen feinstofflichen Körpern, „eingebrannt".

Hat man die entsprechende Fähigkeit zu sehen, kann man auf diese Weise auch feststellen, woher Außerirdische stammen, die euch hier vielleicht bald besuchen. Man kann daran ihre Aufrichtigkeit messen, indem man prüft, ob ihre Angaben zu ihrer Herkunft dem Heimatsymbol, das sie (unbewusst) ausstrahlen, entsprechen. Je weiter ihr euch entwickelt, umso mehr Fähigkeiten werdet ihr haben, und dazu gehört auch das Erkennen dieser Symbole.

Nicht körperliche Wesenheiten erkennen einander anhand der Farben. In diese Farben eingebettet sind alle Symbole der Sterne, auf deren Planeten sie bereits gelebt (= sich verkörpert) haben. Dieses Wissen ist in der DNA des Menschen implantiert, und deshalb kann er auch herausfinden, wo er schon gelebt hat. Hat die Erde tatsächlich die zentrale Stellung, wie nun auch durch verschiedene andere Channels angedeutet wird, so ist verständlich, dass hier viele „mitmischen" wollen, denn alles, was hier auf der Erde geschieht, hat Auswirkungen auf das Ganze, also auf alle anderen, dessen muss man sich nun immer wieder gewahr werden."

Über diese Ausführungen war ich selbst erstaunt, doch klingt alles recht plausibel. Ich fragte natürlich nach, woher diese Informationen kämen. Sie kamen von der Gruppe Anasasi, die ich zu diesem Zeitpunkt erst seit einer Woche channelte. Sie sagten auch, dass dieses Symbol gravierende Wirkungen im Körper entfaltet, und wenn man sich ansieht, wie sehr sich ein Mensch und sein Körper während des Lichtkörperprozesses verändern, so kann man dieses sogar deutlich sehen.

Ergänzt wurde diese Aussage zwei Monate später:

Dieses Symbol war bisher im Sonnenlicht versteckt und durfte euch nicht offenbart werden, da es große Verantwortung birgt. Aber nun, da ihr auf dem Weg zurück seid, werden euch immer mehr Informationen zugänglich, die euer Weltbild entscheidend erweitern werden. Nichts an den neuen Informationen widerspricht euerem Weltbild, wenn ihr genau hinseht. Alles ist letztlich eine Frage des Blickwinkels. Es ist nun unbedingt notwendig, dass ihr eueren wirklich sehr, sehr engen Blickwinkel öffnet, und zwar mit jeder Information ein wenig mehr, bis ihr eine Rundumsicht habt, und alles „sehen" könnt. Ihr müsst sehen können, was auf euch zukommt, um entsprechend handeln zu können. Wissen ist Macht, wie ihr so schön sagt. Wenn man nichts sieht, kann man auch nicht im Vorfeld handeln, also agieren, sondern nur noch reagieren. Möchtet ihr aktiv an allem teilnehmen, was geschieht, oder nur hilflos zusehen und euch als Opfer fühlen? Ihr habt, wie immer, die Wahl. Die Tatsache, dass ihr das hier lest, beweist schon, dass ihr von nun an Akteure und nicht mehr den Launen des Schicksals ausgeliefert sein wollt. Wir gratulieren!

Eine Rundumsicht bewirkt eine Sicherheit in den Handlungen, und damit einen inneren Frieden. Dieser persönliche innere Frieden ist es, der der Welt im Moment fehlt. Das war bisher in Ordnung und sollte so sein, doch haben sich die Zeiten nun geändert. Menschen in ihrem Klärungsprozess finden zu dieser inneren Sicherheit zurück, und so bilden sie das Vorbild für die, die nachkommen, und tragen damit auch wieder große Verantwortung. Doch Verantwortung trägt jeder Mensch, für seine Handlungen, für seine Gedanken, genauso wie für seine Taten und sogar für seine Gefühle. Diese Verantwortung wieder bewusst zu übernehmen, ist es nun an der Zeit. Ihr seid Täter und Opfer zugleich, und daher sind Wertungen immer Selbst-Bewertungen."

Kryon sagt, dass jeder, der auf der Erde lebt, entsprechende Farben in seinem „Namen" erwirbt. Diese Farben bilden unter anderem anscheinend dieses Symbol. Interessant wird es nun, wenn wir hören, dass Goethe eine achte Farbe sehen konnte, die niemand sonst in seiner Umgebung sah. Befinden wir uns nun in dem Prozess, der nicht nur für Einzelne, sondern für die Allgemeinheit eine weitere Farbe zulässt, eine, die nicht aus der Mischung der anderen entsteht, sondern wirklich gerade erst entwickelt bzw verwirklicht wird? Schaffen wir durch unsere persönliche Evolution, die sich auf alle Menschen auswirkt, eine neue

Farbe? Genauer gesagt sind wohl alle Farben immer vorhanden, doch sehen wir durch unsere Evolution immer mehr davon. Wird sich dadurch die Kennung der Sonne ebenfalls verändern, die ja durch die Regenbogenfarben gebildet wird? Wenn ja, dann zeigt das Symbol gleichzeitig den Entwicklungsstand der hier wohnenden Wesen an, und das wiederum wirft interessante Perspektiven auf. Reist nun ein körperloses Wesen (oder ein verkörpertes mit entsprechenden Fähigkeiten) im Weltraum herum, so kann es vielleicht allein anhand der Kennung der Sonne sehen, wie das Leben in diesem Sonnensystem beschaffen ist. Könnte es sein, dass der Veränderungsprozess, den wir gerade durchlaufen, im Sonnenlicht gespiegelt wird und auf diese Weise Außerirdische aller Coleur wie die Motten anzieht? Es scheinen ja viele „anwesend" zu sein, sieht man sich die vielen esoterischen Bücher (nicht verkörperte) dieser Richtung und das UFO-Phänomen (verkörperte Außerirdische) an.

Warum nun sind bei dem Symbol für dieses Sonnensystem (nicht nur für die Erde) ausgerechnet Kreise ineinander gehakt? Das hat meiner Meinung nach mit der Trennung in zwei Geschlechter zu tun bzw. mit der Polarität allgemein. Wir Menschen sind während unserer vielen Leben praktisch immer auf der Suche nach unserer anderen Hälfte. Wir haben das Gefühl, es fehlt ein Teil. Bei unserer Suche suchen wir im Außen und glauben, in einem Partner des anderen Geschlechts die fehlende Hälfte gefunden zu haben. In den allermeisten Fällen stellt sich dies irgendwann als Irrtum heraus, und die Suche fängt von neuem an. Mutter Maria wird hierzu noch Interessantes zu sagen haben.

Wie so oft vergessen wir, bei der Suche auch einmal nach innen zu sehen, denn wir glauben, dort nichts weiter finden zu können. Doch ist die Seele des Menschen eigentlich androgyn, das heißt, sie kann mal das eine, mal das andere Geschlecht annehmen. Warum haben wir dann das Gefühl, dass etwas fehlt? Wie wir schon von der Wissenschaft erfahren, haben wir sowohl männliche als auch weibliche Hormone. Dies spiegelt eigentlich ganz gut unseren Zustand wider, denn wir haben auch in unserer Seele, in unserem Geist und in unserem Gefühl sowohl männliche als auch weibliche Anteile.

Der lange Weg der Evolution des Menschen zielt unter anderem darauf ab, diese beiden Hälften zu vereinen, aber nicht im Außen (obwohl das noch hinzukommt), sondern zunächst im Inneren. Das heißt, dass eine Frau dazu kommen wird, ihre männlichen (eher aktiven) Anteile in die Persönlichkeit zu integrieren, und ein Mann wird die weiblichen (eher passiven) Anteile zu akzeptieren lernen. Nur so kommen sie auf ihrem Weg wirklich weiter. Bildet die eine Hälfte symbolisch einen Halbkreis und die andere ebenfalls, so wird innerhalb einer Person dieser Kreis geschlossen, genau wie unser Regenbogen. Ein kleines Ungleichgewicht bleibt bestehen, einfach aus der Tatsache der Beschaffenheit des Körpers. Anne Brewer meint in *Schöpferische Macht*, dass die männlichen Anteile eines Mannes zwischen 50% und 60% betragen sollten, der Rest gehört dann dem weiblichen Teil; und bei einer Frau ist das Verhältnis umgekehrt. Hat also ein Mann 55% männliche Anteile und 45% weibliche, so passt eine Frau ideal zu ihm, die 55% weibliche und 45% männliche Anteile aufweist. Ihre und seine männlichen Anteile ergeben dann 100% und ihre und seine weiblichen Anteile ebenfalls. Dies ergibt zwei Kreise, und zwar die größeren, einer männlich, einer weiblich. Jeder Kreis ist in sich geschlossen, doch die beiden Kreise sind miteinander „verhakt".

Es entstehen jedoch noch weitere zwei Kreise, nämlich von 100% der Frau (55% weiblich und 45% männlich) und ein Kreis zu 100% des Mannes (55% männlich und 45% weiblich). Das sind die kleineren Kreise, weil sie sich innerhalb des gleichen Körpers schließen. Die beiden kleineren Kreise zeigen also die perfekte innere Harmonie, wie sie erreicht werden soll. Da wir jedoch in geschlechtlichen Körpern leben, ist ein vollkommener Ausgleich (also 50 zu 50), wie es das Symbol andeutet, im Moment nicht möglich, aber vielleicht entwickeln wir uns ja langfristig zur androgynen Form.

Wir haben als Resultat also vier Kreise, die miteinander in Wechselbeziehung stehen, und genau das zeigt das Symbol in der Sonne. Die beiden kleineren, inneren Kreise sind diese jeweils 100%, die sich im Inneren des Menschen befinden, und die beiden größeren sind die, die sich bilden, wenn sich zwei entsprechend entwickelte Menschen treffen und lieben, sich also vereinen. Das Symbol in der Sonne zeigt also an, welche Entwicklung in unserem Sonnensystem angestrebt wird.

Und was ist die Verbindung der Menschen untereinander? Selbstredend die Liebe!

Haben wir unseren Kreis vervollständigt, bedeutet das nicht, alleine zu bleiben (außer es ist im göttlichen Plan so vorgesehen), sondern wir sind nun bereit, „höhere Beziehungen" einzugehen, die nicht mehr durch gegenseitige Abhängigkeit (energetisch, finanziell usw.) geprägt sind, denn wir stöpseln nicht mehr unsere Halbkreise ineinander, sondern wir verhaken unsere vollständigen Kreise, was eine völlig andere Art des Zusammenlebens und Interagierens in einer Beziehung mit sich bringen wird. Dieses Verhaken der Kreise wird durch das Symbol der christlichen Ehe mit den beiden Ringen eigentlich schon angedeutet, doch bisher nur selten gelebt. Die Machtkämpfe, die in Beziehungen mit der Zeit ausgetragen werden, werden nun unnötig, weil keiner mehr von der Energie des anderen lebt (sie durch den Halbkreis „saugt"), sondern jeder für sich von der universellen Quelle gespeist wird. (Wer mehr darüber wissen möchte, sollte *Prophezeiungen von Celestine* von James Redfield lesen. Dieses Buch ist in jeder Hinsicht ein Gewinn für den Suchenden!)

Haben alle Menschen ihre „Kreise" vervollständigt (und das geht wohl nur durch viele Leben hindurch, die eine entsprechende Entwicklung erst ermöglichen), so ist die Evolution auf dieser Ebene und an diesem Ort beendet und wird auf andere Art fortgesetzt, vielleicht auch an einem anderen Ort. Wir leben nun in dem Zeitalter, in dem so viele Menschen wie noch nie diese Möglichkeit haben und sie auch nutzen. Das macht die Außergewöhnlichkeit des Regenbogenzeitalters aus.

Die starke Sehnsucht nach unserer anderen Hälfte, nach der jeder bewusst oder unbewusst auf der Suche ist, könnte auch bedeuten, dass sich für das Experiment Erde eine gewisse Anzahl Seelen bereit erklärte, sich teilen zu lassen, um durch das Experiment festzustellen, ob sie in der Lage sind, alle wieder zueinander zu finden. Erklärt sich so vielleicht der Mythos um die Dualseelen? Ist also beides der Fall, müssen wir zum einen unsere weiblichen und männlichen Anteile in uns selbst vereinen und dann als nächsten Schritt noch unsere andere Seelenhälfte finden? Mutter Maria führt genau diese Gedankengänge aus.

Da wir alle Abspaltungen der Quelle sind, ist diese Vereinigung der Teilseelen vielleicht nur der erste Schritt, um die anderen „Teilungen" nach und nach wieder zu vereinen, bis alle wieder eins mit der Quelle sind, und dann beginnt ein neuer Zyklus mit anderen, neuen Parametern, ein neuer Urknall des Lebens…

In dem Symbol innerhalb der Sonnenstrahlen sind alle Regenbogenfarben vertreten, und in den Chakren unserer Körper ebenfalls, weshalb wir uns nun auch die einzelnen Farben näher ansehen. In einem Kinderbuch, in dem ein Engel namens „Regenbogenmann" einer Gruppe von Kindern die Farben erklärt, steht: „Der Regenbogenmann kommt immer dann herunter auf die Erde, wenn dort irgendwo ein Licht der Liebe aufleuchtet" [8]

Ich betrachte die Gruppe, die sich Anasasi nennt, als diesen „Regenbogenmann", denn sie nennen sich auch „die Herren der Farben". Wenn sie nun bereit sind, zu uns herunterzukommen und ihre Weisheit zu verkünden, dann muss die Menschheit einen gewaltigen Schritt in Richtung Liebe gemacht haben; das zeigt uns die Besonderheit dieser Zeiten. So fangen wir auch mit dem Rot an, das meist als die Farbe der Liebe angesehen wird.

Die Farben des Regenbogens
(gechannelt von den Anasasi)

Rot

Auf meine Bitte hin erklärten sich die Anasasi bereit, zu den Farben, die ja auch die Chakren stimulieren, einige Aussagen zu treffen. Hier ist nun, was sie dazu zu sagen haben:

Liebe Menschen, die Farbe Rot bis Erdbraun ist die Farbe des Beginns auf der Erde. Sie ist die Farbe der Kraftentwicklung, um die Existenz auf der Erde überhaupt erst zu ermöglichen. Mit dem Rot-braun integriert der Mensch die Farbe des Bodens, auf dem er lebt. Sie kann sogar grau-schwarz sein, wie die Vulkanasche, die besondere Fruchtbarkeit symbolisiert. Die überwiegende Farbe ist jedoch rot-braun, und so ist um jede Zellwand an der Außenseite die erste Farbe rot bis braun. (Anmerkung v. P. P.: Im normalen Regenbogen sind die Farben von außen nach innen: Rot, Orange, Gelb, Grün, Blau, Violett, und wenn sich ein zweiter bildet, ist dieser das Spiegelbild des ersten und daher die Farben gespiegelt und in der Reihenfolge von außen nach innen: Violett, Blau, Grün, Gelb, Orange und Rot). *Wie in dem gespiegelten Regenbogen die Farben umgekehrt sind, so sind die Farben um den menschlichen Aufbau auch umgekehrt, weil der Mensch der Spiegel des himmlischen Regenbogens ist, die andere Hälfte, wie unsere Partnerin es in der Einführung ausgedrückt hat. Wäre es anders, so müsste die*

---

[8] Shahastra, Der wunderbare Regenbogenmann

Aktivierungsfarbe des Kronenchakras Rot sein und nicht Weiß (als Summe der „darunter liegenden" Farben).

Die dem Körper am nächsten stehende Farbe ist also Rot. So wie um die Zellwand „liegen" die Farben auch um den gesamten Körper. Das ist tatsächlich räumlich zu verstehen. Man könnte sagen, die Farbe Rot ist diejenige, die der Haut des physischen Körpers (als Makrokosmos) am nächsten ist und auch der Zellwand der einzelnen Zellen (als Mikrokosmos). Sie ist die „dichteste" Farbe und hat damit eine Schutzfunktion um jede Zelle, um den ganzen Körper.

Ist also der Schutz des Körpers geschwächt und resultiert daraus eine Krankheit, so kann man den Schutz mit der Farbe Rot wieder aufbauen, zum Beispiel über die Augen mit der Farbtherapie. Das kann über Brillen wie in der Humanmedizin geschehen oder über ganze Räume, die in einer Farbe ausgestattet sind. Eine andere Möglichkeit ist es, den Schutz über die Ernährung, wie in diesem Buch kurz vorgestellt (und in einem weiteren ausführlich aufgezeigt), aufzubauen. Fehlt es jemandem an Kraft und Energie, so muss er in allem, was er tut, sich auf die Farbe Rot bis Braun konzentrieren, indem er diese Farbe als Nahrung zu sich nimmt, indem er sie immer und überall verstärkt sieht, indem er sich in diese Farbe kleidet usw. Du kannst also auf drei Ebenen arbeiten: Über die Augen, über die Haut, also von außen, und über die Ernährung, also von innen. Eine weitere Möglichkeit wäre, Bücher zu lesen, die sich mit Schutzritualen befassen. Vielleicht grenzt du dich zu wenig ab und musst einen verstärkten energetischen Schutz aufbauen. Dies wäre die dritte Ebene, die geistige.

In dem Moment, in dem du dich mit dieser Farbe nicht mehr wohl fühlst, brauchst du sie nicht mehr und kannst mit dieser Therapie aufhören. Hier ist dann deine Intuition gefragt.

Im Laufe des Prozesses der Frequenzerhöhung des einzelnen Menschen geschieht eine Öffnung, und zwar in alle Richtungen und in jeder Hinsicht. Dadurch stürmen unglaublich viele Informationen auf dich und deinen Körper ein: Stell dir eine Feier vor, an der zum Beispiel vierzig Menschen teilnehmen. Wie viele dieser Menschen werden in diesem Moment der Feier Schmerzen haben, wie viele schlagen sich mit frustrierenden Gedanken herum, wie viele sind vielleicht verzweifelt wegen ihrer finanziellen Lage usw. Du nimmst all das auf, weil du nach und nach die Mauern, die du um dich herum aufgebaut hattest, niederreißen musst.

Dadurch wirst du jedoch wieder empfänglich für die Sorgen und Nöte anderer (natürlich auch für die positiven Seiten, die im Moment jedoch nicht überwiegen, oder?), bekommst also vielleicht ein Abgrenzungsproblem. Es gibt nun verschiedene Möglichkeiten, sich davor zu schützen. Eine einfache Möglichkeit (und überall und jederzeit durchzuführen) ist, um deine Aura visuell an der Außenseite einen roten Mantel herumzulegen und zwar so, dass keine Lücke entsteht, also am besten in Form einer Kugel. Diese schottet dich allerdings vor allem ab, auch vor der Freude der anderen. Bist du selbst krank auf Grund mangelnden Schutzes, solltest du den roten Mantel jedoch unbedingt benutzen. Möchtest du nur die dir nicht dienenden Informationen ausblenden und die anderen aufnehmen, so visualisiere ein dicht gewebtes goldenes Netz um dich und deine Aura herum (also auch um die rote Kugel). Sowohl der rote Mantel als auch das goldene Netz müssen im Laufe des Kontaktes mit vielen Menschen immer wieder einmal erneuert werden, ungefähr alle dreißig Minuten. Je öfter du daran denkst, umso wirkungsvoller und kräftiger ist der Schutz. Dies ist nur ein Annäherungswert, und wenn du nur alle Stunde daran denkst, ist es auch nicht schlimm, aber der Schutz ist dann geschwächt und nicht ganz so wirkungsvoll.

Der Boden, auf dem du überwiegend lebst, spiegelt sich auch in den Farben deiner Zellausstrahlung wider. Lebst du also auf lehmiger, eher roter Erde, so ist dies an der Ausstrahlung deiner Zellen zu erkennen. Dies wird dadurch verstärkt, dass du die Nahrung aus dieser Gegend zu dir nimmst. Dies fördert die Heimatverbundenheit, das Gefühl, zu einem bestimmten Platz zu gehören, und fördert auch die Bereitschaft, diesen Boden gegen Eindringlinge zu verteidigen.

Die Sehnsucht nach der Heimat in der Fremde wird zum Beispiel dadurch wieder neu entfacht, wenn man in der Fremde Nahrung aus der eigenen Heimat zu sich nimmt. Verlässt der Mensch irgendwann die Erde und siedelt sich auf einem anderen Planeten an, so wird dieses Verlustgefühl eines der größten Probleme sein. Da man anfangs noch die mitgebrachte Nahrung zu sich nimmt, vergeht das Heimweh auch nicht. Erst die Generation, die nur noch Nahrung des neuen Bodens zu sich nimmt, wird sich auf der neuen Welt wohl fühlen.

Nun habt ihr ein Nahrungsmittelverteilungssystem aufgebaut, das ermöglicht, Früchte und Gemüse aus aller Herren Länder zu euch zu nehmen. Damit nehmt ihr auch die Informationen von dort auf. (Das können durchaus auch negative Informationen sein, da dort vielleicht

Krieg herrscht.) Damit löst sich mit der Zeit die Verbundenheit zu einem bestimmten Ort auf der Erde auf. Dies ist jedoch kein Nachteil, wie man im ersten Augenblick glauben möchte, sondern es zeigt eure Tendenz, euch auf der ganzen Erde zu Hause zu fühlen und nicht nur da, wo ihr geboren seid. Das Nationalgefühl löst sich also auch durch diese Art der Ernährung auf.

Auf der anderen Seite stärkt dies das Einheitsgefühl, das Verbundenheitsgefühl zur ganzen Erde und zu allen Menschen. Esst ihr also die Nahrung aus aller Welt, so verbindet ihr euch mit diesen Gebieten. Das ist übrigens einer der Gründe, warum es heute so schwer ist, Feindbilder aufzubauen oder die Menschen zu einem Krieg gegen ein anderes Land aufzurufen. Das wäre, als würde man gegen die eigenen Leute kämpfen, und wer will das schon? Mit der Globalisierungspolitik wird also tatsächlich eine Einheitspolitik betrieben, auch wenn die, die das Konzept entwickelt haben, dieses aus ganz anderen Gründen schufen.

Bevorzugt man dabei eine Frucht aus einem bestimmten Gebiet, so kann das tatsächlich dazu führen, dass man vielleicht einen Urlaub dorthin macht und möglicherweise dort sogar leben möchte.

Der Verzehr der Weltprodukte hat noch einen anderen Effekt: Es führt dazu, dass ihr euren Erinnerungen an frühere Leben in dem einen oder anderen Gebiet wieder näherrückt. Die Informationen darüber sind ja in euren Zellen gespeichert, also abrufbereit vorhanden, und einer der Schlüssel, um an diese Informationen heranzukommen, ist tatsächlich das, was du isst. Möchtest du also zum Beispiel klären, ob du in Griechenland gelebt hast, weil du da so ein Gefühl in diese Richtung hast, so bereite dir Gerichte aus griechischen Lebensmitteln zu, am besten über mehrere Tage (sieben wäre ideal). So stimmst du dich auf Griechenland ein. Dann machst du die Angelina-Meditation, die im Kapitel „Meditation" aufgeführt ist, und siehst dir an, welche Bilder in dir hochkommen.

Wenn du die Gerichte isst, schließen sich die Informationen für dich auf, so dass du leichter Zugang hast. Umso besser, da es auf einer Stufe deines Lichtkörperprozesses geschieht, auf der es noch nicht von alleine kommt. Du kannst hier also in gewisser Weise beschleunigen. Tue dies aber bitte nur, wenn du wirklich bereit bist, dir alles ohne Wertung anzusehen und ohne in Schuldkomplexe zu fallen oder gar in Depressionen oder dich zu sehr in die Gefühle deines früheren Lebens hineinzufühlen. Denn alles, was du je erlebt oder getan hast, geschah einzig und allein deshalb, weil du es erleben wolltest, und nur aus diesem Grund. Du wolltest daraus lernen. Also lerne!

Betrachte die Bilder wie einen Lehrfilm und ziehe daraus deine Konsequenzen. Vielleicht führt dich das zu dem Entschluss, das betreffende Land zu besuchen, um endgültig damit abschließen zu können. Vielleicht reicht es ja auch, noch einige Zeit entsprechende Gerichte zu essen. Führe aus, was dir deine Intuition eingibt, um durch die auftauchenden Gefühle hindurchzugehen und sie dann als Lernlektion ablegen zu können. Tue dies jedoch für dich allein und ohne andere mit einzubeziehen. Das wird nur in den allerseltensten Fällen notwendig sein. Es ist **dein** Klärungsprozess, nicht der des anderen. Vergiss das nie! Du musst anderen nicht davon erzählen, denn die können meist mit deinen Erlebnissen nichts anfangen und sich schon gar nicht hineinfühlen. Das kannst nur du alleine.

Der Lichtkörperprozess ist ein Vorgang, der viele Tränen auslösen kann, doch unterdrücke sie nicht, sondern lasse sie heraus, denn auch durch die Trauer musst du hindurchgehen. Getreu nach dem Motto „Tränen lügen nicht" werden sie dir anzeigen, wo Wahrheit liegt. Du wirst feststellen, dass du dich hinterher viel besser, leichter, befreiter fühlst. Das liegt daran, dass dein Schutzanzug, der Panzer, den du dir zugelegt hast, um nicht mehr verletzt zu werden, wieder ein wenig leichter geworden ist.

Wie gesagt, mit dem Schwinden der Rüstung (sie ist ja ein defensives Mittel des Kampfes) ist ein anderer Schutz notwendig, aber nur so lange, bis die ganze Erde in höherer Frequenz schwingt. Dies dauert allerdings noch einige Zeit. Der Schutz durch Energien, wie er nun notwendig wird, ist kein Mittel des Kampfes mehr, sondern dient wirklich nur dem Schutz vor schadenden Einflüssen. Es impliziert nicht die Kampfbereitschaft des Menschen, sondern im Gegenteil den Friedenswillen, denn man hat dabei nicht gleichzeitig eine Waffe in der Hand, um auf den anderen „einzudreschen".

Indem man nun die Farbe Rot als Schutz benutzt und nicht mehr eine schwarze Rüstung, die sich aus negativ besetzten Erfahrungen zusammensetzt, ist dies auch der Beginn eines Neuen Zeitalters, so wie die Farbe Rot den Beginn schlechthin symbolisiert. Wäre der Urknall wirklich so geschehen, wie noch immer viele Menschen glauben, wäre es eine „rote Explosion" gewesen. Man könnte sagen, dass euch die

Farbe Rot nun in die nächste Dimension hinaufbefördert, ja sogar hinaufkatapultiert.

Rot ist auch die Farbe der Liebe, aber der „dichtesten" Form der Liebe, der erdgebundenen Liebe. Es ist eine, oft Besitz ergreifende Liebe. Es ist keine bedingungslose, sondern bedingte Liebe, nach dem Motto: Ich liebe dich, du musst mich auch lieben. Man möchte also etwas zurück erhalten. Rosa dagegen zeigt bedingungslose Liebe, es ist die Mischung zwischen Weiß und Rot! Rot ist also die Farbe, die sich auf die irdische Liebe beschränkt und nicht so viel mit der höheren Form der Liebe zu tun hat. Es ist auch die Farbe der körperlichen, der sexuellen Liebe. Dies ist keine Wertung, sondern nur die Feststellung von Abstufungen, die existieren. Eine Liebe, die sich allein auf das Rot gründet, ist daher auch kaum eine dauerhafte Liebe. Von dauerhaftem Bestand ist allein die bedingungslose Liebe.

Die Herrin des roten Strahls, Lady Nada, sendet euch ihre Liebe und damit die Kraft für einen Neuanfang!

Orange

Stellt euch eine Welt vor, in der die Menschen überwiegend orange gekleidet sind, was wäre das für eine Welt? Es wäre eine fröhliche Welt! Es ist kein Zufall, dass zur Zeit (Herbst 2004) die Herbstmodefarbe orange ist, denn sie symbolisiert den Aufbruch. Hat euch die rote Farbe dazu animiert, die Fahrt in höhere Dimensionen anzutreten, so bringt euch Orange dazu, nun auch wirklich aufzubrechen, und zwar mit viel, viel Freude im Herzen, denn in die Fünfte Dimension einzutreten bedeutet ja nicht nur den Abschluss eines Prozesses, sondern gleichzeitig den Beginn eines neuen. Es ist der Weg zurück in die Einheit, zurück in die Quelle, denn Trennung haben wir nun genug gespielt.

Diese Aufbruchstimmung des Orange gilt nicht nur für diese Zeit, sondern generell. Sie bedeutet auch die Verbreitung der Menschen, erst über die Erde und in Zukunft über die Galaxis. Orange bedeutet auch die Ausbreitung von Ideen. Hätte der Urknall stattgefunden und mit Rot begonnen, so hätte sich die Explosion mit Orange nach allen Richtungen verbreitet. Die Farbe der Sonnen, also das sichtbare Licht, lässt daher auf den Entwicklungsstand des ganzen Systems, also auch der Wesen, die die Planeten bewohnen, schließen. Das steht im Gegensatz zu dem, was die Naturwissenschaftler sagen, denn für sie ist zum Bei-

spiel ein roter Riese ein sterbender Stern und nicht der Beginn der Entwicklung. Dementsprechend wechselt die Farbe der Sonne, wenn die Wesen auf den dazugehörigen Planeten die nächste Stufe ihrer Evolution erreicht haben. Das bedeutet, dass die Farbe eurer Sonne ebenfalls wechselt, wenn die Erde bis zu einem gewissen Grad in die Fünfte Dimension aufgestiegen ist.

Im Moment ist eure Sonne gelb, zeigt also die Entwicklung des dritten Chakras an. Da die derzeitige Herausforderung auf der Erde die Entwicklung (oder besser gesagt: Wiederentdeckung) des Herzchakras ist, wäre die Farbe, die die Sonne annehmen würde, grün, wenn man sich den Regenbogen ansieht. Mit dieser Farbe hat es jedoch eine besondere Bewandtnis, denn Grün hat sozusagen noch eine andere Farbe als Rückseite der Medaille, nämlich Rosa. Rosa ist die Farbe der bedingungslosen Liebe. Eure Sonne müsste demnach entweder jetzt schon (weil sie mitten im Aufstiegsprozess steckt), oder zumindest bald, entweder grün oder rosa scheinen. Das tut sie offensichtlich nicht, oder doch?

Anmerkung von P. P.:

Bei dem Versuch, das Symbol, das ich im Sonnenlicht gesehen habe, zu fotografieren, kam mein Mann auf die Idee, ein völlig schwarzes Dia (wir hatten das benutzt, um den Vorbeizug der Venus vor der Sonne beobachten zu können, ohne geblendet zu werden) vor das Objektiv einer Digitalkamera zu halten und dann ein Foto zu machen. Das Symbol konnten wir dadurch nicht sehen, denn dazu braucht man zwei Augen, aber dafür hatten wir einen anderen Effekt erzielt: Um die gelb leuchtende Scheibe war nämlich ein rosafarbener Halo zu sehen. Kündigt das vielleicht schon den Übergang in die nächste Dimension an? Mit dem Schwarzfilter wird ja nur die Blendung des Lichtes fortgenommen, ohne etwas zu verfälschen. Den Planeten in die Fünfte Dimension zu heben bedeutet auch, auf die Herzebene zu gehen, also auf die Ebene der bedingungslosen Liebe.

Weiter mit den Anasasi:

Orange bedeutet Neuschöpfung, alles, was es noch nicht gegeben hat und neu ist, geht mit der Farbe Orange einher. Die Verbindung der Farben Rot und Orange bildet das Lebensfeuer, die Lebensfarben, die

Verbindung der unteren beiden Chakren, die wiederum mit der Entstehung neuen Lebens zu tun haben.

Orange ist die Farbe der zündenden Gedanken, der Ideen. Stellen wir uns nun einen gespiegelten Regenbogen vor, da die Menschen den Spiegel des Himmels bilden sollen, so ist der innerste Bogen rot, also der Kern des Neubeginns, und darüber wölbt sich der orangefarbene Teil des Bogens. Dieser breitet sozusagen den Neubeginn aus. Er erweitert das Neue. Die Kraft des Rots sorgt dafür, dass die Ideen des Orange sich ausbreiten können, daher sind gerade diese beiden Farben beieinander. Wird in einem Comic jemand gezeichnet, der eine Idee hat, so erfolgt das über eine gelb leuchtende Glühbirne, genauer wäre es jedoch, wenn sie orange leuchten würde. Geistesblitze sind also eigentlich orangefarbene „Blitze" und keine gelben.

Die Farbe von Sternschnuppen ist oft ein glühendes Orange, was uns darauf bringt, dass wir diesem Kanal am Abend des 11. August 2004, als das großartige Schauspiel zahlreicher Sternschnuppen zu sehen war, erklärten, dass jeder Mensch, der bewusst nach draußen gehen und mit bloßem Auge die Sternschnuppen zählen würde, genau so viele sehen konnte, wie er das Karma von einzelnen Leben in diesem Leben aufarbeitet. In ihrem Fall waren es 44 Leben, die in dieses „hereinspielen". Im Falle der Kinder und des Ehemannes 45, 41 und 40 und die Tante dazu sah 5. Je nachdem, wie viel man in anderen Leben bereits erledigt hat, hat man nun mehr oder weniger an sich zu arbeiten, und es geht dementsprechend mehr oder weniger heftig bei den Klärungsprozessen zu, ist daher mehr oder weniger „auszuvibrieren". Dementsprechend kann man bei weniger aufzuarbeitenden Leben mehr in die Tiefe gehen, während man bei vielen eher mit „Rundumschlägen" arbeiten muss. Direkt damit zusammen hängt dann auch das Tempo, mit dem alles vor sich geht.

Hat man also noch 44 Leben aufzuarbeiten, dann kommt man mit einem entsprechend belasteten Lichtköper auf die Welt, der Panzer, die Rüstung ist sehr viel dicker, und es kostet mehr Anstrengung, das Licht dahinter freizulegen. Für diese Anstrengung steht das Orange. Es ist die Farbe der Klärung, die „Hausputzfarbe". Je mehr man zu klären hat, umso mehr Orange hat man in der Aura. Es ist ein verhaltenes Orange, wenn der Klärungsprozess noch nicht aktiv angegangen wird, und ein leuchtendes, wenn man bewusst an der Klärung arbeitet.

Diese Klärungsfarbe strahlt man auch nach außen hin aus, was von entsprechend sensiblen Menschen bemerkt werden kann.

Man könnte auch sagen, ein Mensch, der aktiv an der Klärung arbeitet, der richtet einen orangefarbenen Lichtstrahl auf die dunklen Stellen seines Lichtkörpers und brennt sie sozusagen in Verbindung mit dem Rot fort. Dieser Strahl wird immer breiter und immer kräftiger, so dass die Kraft wächst, die Dunkelheit auf dem Lichtkörper zu beseitigen, bis sie vollständig verschwunden ist und ein strahlender Engel zurückbleibt. Der rot-orangefarbene Säuberungsstrahl, der auf die Rüstung gerichtet ist, geht schließlich in Gelb über.

Orange ist die nächste Schicht um die Zelle nach dem Rot, und ist auch die nächste Schicht um den Körper als Ganzes.

In dieser Betrachtung ist also Orange die (weibliche) Säuberungsfarbe, die ihre Kraft aus dem (männlichen) Rot schöpft. Die Vereinigung beider ist die Vereinigung der Dualität, die Überwindung der Polarität. Vereinigen sich im menschlichen Körper diese beiden Chakren, so kann das unglaublich große Lust bedeuten, Lust auf Leben, Lust auf Liebe, Lust auf Veränderung. Es steigt eine Energie den Körper hinauf, die so stark vibriert, dass es fast die Grenzen des Erträglichen sprengt, ist dabei aber ekstatisch und angenehm. Im Laufe des Lichtkörperprozesses gelingt es, diese Kraft immer weiter nach oben steigen zu lassen. Irgendwann hat sie das Kronenchakra erreicht, und dann kommt das, was man Erleuchtung nennt.

Der Lenker des orangefarbenen Strahls, Maitreya, sendet euch die Kraft zur Neuschöpfung des eigenen Lebens und einer neuen Gesellschaftsform für die gesamte Erde.

Gelb

Geht es bei den Farben Rot und Orange mehr um das Gefühl, so ist Gelb mehr dem Intellekt zugeordnet. Man sagt auch, im Solarplexuschakra läge das ursprüngliche Gehirn. Tatsache ist, dass Informationen aus dem feinstofflichen Bereich hier verarbeitet werden und sich als „Bauchgefühle" äußern.

Hat man mit dem Orange Ideen, die sich ausbreiten sollen, dann kann man mit Hilfe von Gelb ein Konzept dazu erstellen, um diese Verbreitung möglich zu machen. Gelb ist also die Farbe des konzeptionellen Denkens. Philosophen errichteten ihre Denkmodelle mit Hilfe der Farbe Gelb. Durch diese Farbe entwickeln sich Gesellschaftsstrukturen,

Transportwege, das Konzept eines Dorfes, einer Stadt, einer Region, einer Nation oder auch einer ganzen Welt.

Die menschliche Gesellschaft lebte in den letzten paar hundert Jahren hauptsächlich auf der gelben Ebene und hat dabei verschiedene Gesellschaftsstrukturen ausprobiert, vom Königtum über die Feudalherrschaft, dem Imperialismus zum Kommunismus und Kapitalismus. Keines dieser Konzepte funktionierte richtig. Die Gesellschaftsform der gegenwärtigen und zukünftigen Menschen liegt daher in einer Symbiose aller bereits entwickelten Strukturen, wobei man sich die gewonnenen Erfahrungen zu Nutze machen kann.

Eine Integration aller Erfahrungen wird zu etwas Neuem führen. Eine Verschmelzung aller Gesellschaftssysteme bedeutet jedoch eine Annahme aller derartigen Konzepte. Jedem Teilaspekt muss zugestanden werden, zu existieren, so dass er sich in das Konzept des großen Ganzen einfügen kann. Dies gilt auch, oder insbesondere, für alle herrschenden Religionen. Das heißt nicht, dass es irgendwann eine Einheitsreligion geben wird, sondern es bedeutet die Freiheit, das glauben zu dürfen, was man möchte. Es bedeutet auch nicht einen Einheitsbrei aller Kulturen, sondern es bedeutet, die Unterschiede ausleben zu dürfen und den vollen Nutzen daraus ziehen zu können: Es bedeutet, Freude zu empfinden über die Gemeinsamkeiten und die Unterschiede zu feiern.

Mit der Zeit werden sich die zu großen Unterschiede (Spitzen in einer Gesellschaftskurve) natürlich doch abbauen, aber auch das muss kein Verlust sein, sondern führt zu größerer Gemeinsamkeit.

Da die gelbe Farbe auch Macht ausdrückt, ist ganz klar, dass mit den verschiedenen Gesellschaftssystemen auch die verschiedensten Formen der Macht ausgeübt wurden. Mit der gelben Farbe geht das Konzept des Umgangs mit der Macht einher. Und auch hier habt ihr alle Spielarten durchgespielt, einschließlich der völligen Aufgabe der eigenen Macht, was derzeit nur allzu deutlich wird. Jeder, der den eigenen Klärungsprozess angeht, holt sich diese abgegebene Macht wieder zurück. Nicht auf einmal, mit einem riesigen Schritt, aber mit vielen kleinen, und das ist es, was die derzeitigen Machthaber an der esoterischen Welle so fürchten, denn ihre eigene Macht „geht dabei flöten".

Das wichtigste Mittel hierfür ist der Abbau der Angst, denn durch sie wird die Menge beherrscht. Hört euch doch mal einen Tag lang ganz bewusst die Nachrichten an. Sie strotzen nur so von Angstmacherei.

Damit wollen wir keine Wertung aufstellen, denn auch das hat seinen Sinn, doch gehört es zum Lichtkörperprozess, sich von dem dort Gesagten innerlich zu lösen. Das heißt nicht, dem Leid gegenüber gleichgültig zu werden, sondern trotz des Leides in der Welt in Frieden mit sich und der Welt zu leben. Jahrzehntelange Gewohnheiten legt man nicht an einem einzigen Tag ab, und so dauert dies etwas, doch geschieht es Schritt für Schritt.

Die eigene Macht wieder vollkommen zu leben würde bedeuten, ein System aufzubauen, das ein Mitspracherecht bei allem, was geschieht und euch betrifft, garantiert. Das ist jetzt, zumindest in der offiziellen Politik, nicht der Fall. Doch im energetischen Bereich sind wir kollektiv miteinander verbunden, und wir (und damit sind auch eure Höheren Selbste gemeint) treffen bereits längst alle Entscheidungen gemeinsam, zum Beispiel die Entscheidung, dass es jetzt Zeit für den Aufstieg der Erde ist und wir alle gemeinsam daran arbeiten wollen. Jeder auf seinem Gebiet und auf seine Weise. Dieses System wird auch irgendwann sichtbar auf der Erde gelebt werden und nicht nur unsichtbar, wie es derzeit noch der Fall ist. Wie das dann aussehen wird, hängt ganz von euch ab.

Hört man sich ein wenig um, so ist überall die Rede davon, dass dringend etwas geschehen muss, dass es so nicht weitergehen kann. Ist eine kritische Masse für diesen Wunsch erreicht, dann wird auch etwas geschehen, und dieses Gefühl, dass etwas in der Luft liegt, ist weit verbreitet. Vielleicht wird es ein Zeichen am oder vom Himmel geben, das als Weckruf für viele Menschen dient und den Wandel, der herbeigesehnt wird, ermöglicht. Vielleicht ist es ein Ereignis, das weltweite Betroffenheit auslöst, so wie dies am 11. September der Fall war. Dieses Zeichen, was immer es sein wird, kommt jedoch nicht von der Geistigen Welt, sondern es kommt von eurem Kollektivbewusstsein, von euch selbst. Wir geben nur Hilfestellung, doch die Entscheidung, was geschieht, liegt bei euch. Und da es von euch selbst kommt, lernt, damit in Frieden zu sein.

Um auf die Farben zurückzukommen, erhellt die Farbe Gold-gelb den Weg unserer/eurer Gegenwart und damit auch unserer/eurer Zukunft.

Sie bildet die dritte Schicht um eure Körperzellen und um den gesamten Körper. Diese Farbe um euren Körper strömt aus dem dafür zuständigen Chakra, so wie die anderen Farben auch. Im Fall von Rot *ist es das Wurzelchakra, bei Orange, das Sakralchakra, und hier nun das Solarplexuschakra.*

Der Lenker des gelben Strahles, Konfuzius, zeigt euch die Macht auf, die in euch selbst ruht. Er sendet euch die Kraft dieser Farbe, um diese Macht auch (wieder) in Liebe annehmen und die Angst vor Missbrauch ablegen zu können. Das ist eine große Herausforderung, denn du, lieber Mensch, hast Angst vor der eigenen Macht, weil auch du sie irgendwann (zumindest in deinen Augen) missbraucht hast.

Grün

Grün nun ist eine besondere Farbe. Sie hat die Mittelstellung im Regenbogen inne und dient auch als Aktivierungsfarbe für das Herzchakra, was ebenfalls die Mittelstellung einnimmt. Grün ist die Hauptfarbe, die in der Natur vorkommt, es bedeutet Leben, denn es zeigt die Umwandlung von mineralischem Leben in pflanzliches an. Grün ist eine Wohltat für die Augen und die Seele, und es ist auch diese Farbe, die für die feierliche Stimmung sorgt, wenn man durch einen Wald spaziert. Es ist außerdem die Farbe der Heilung.

Über den grünen Strahl, der von Meister Hilarion gelenkt wird, gelangen Informationen zu euch, die mit dem Feiern zu tun haben, dem Feiern des Lebens genauso wie mit dem Feiern von Festen. Die Farbe Grün bedeutet ein Annehmen des Lebens auf der Erde und damit ein Feiern jeder Erfahrung, die wir hier machen können (und wir sprechen bewusst so, als ob wir auch hier wären, denn wir waren es oft genug und sind es mit einigen Vertretern unserer Seelengruppe noch immer), ob sie nun unangenehm oder angenehm ist. Es gibt keine negativen oder positiven Erfahrungen. Das sieht man schon daran, dass manche etwas als negativ empfinden, was andere als positiv ansehen. Es gibt nur die subjektive Empfindung von Angenehm und Unangenehm, wobei man aus beiden gleich viel lernen kann, obwohl in der Dichte der Erde anscheinend die unangenehmen Erfahrungen stärker wirken, mehr aufrütteln, mehr zum Nachdenken anregen, mehr zur Innenschau drängen und damit mehr Wachstum bringen als angenehme.

Das ist aber nicht merkwürdig oder seltsam, sondern die Erde und ihr gesamtes Sonnensystem wurden so geschaffen, dass hier das maximale Wachstum innerhalb minimaler Zeit möglich ist. Sicher, es gibt zahlreiche andere bewohnte Welten, und überall herrschen Themen vor, die dort bearbeitet werden, doch hier auf der Erde kann man tatsächlich die meisten Erfahrungen (natürlich relativ gesehen) in kurzer Zeit machen.

Wer hierher auf die Erde kommt, weiß um diese Dinge, doch durch den Schleier des Vergessens bleibt nur ein Bruchteil des Wissens übrig, und auch das ist so vorgesehen und notwendig, denn sonst wäre diese Art des Wachstums nicht möglich. Würdet ihr euch erinnern, wie es jenseits ist, bliebet ihr im Gewahrsein Gottes, und die Erfahrungen der Erde würden nicht solche Verletzungen in der Seele verursachen, wie sie es im Moment noch tun. Aber das musste so sein, denn es bedeutet einen Energiegewinn! Die gute Nachricht ist jedoch, dass ihr dieses Gewahrsein der göttlichen Kraft nun während eures irdischen Daseins wiederentdecken könnt, ohne dafür sterben zu müssen, und das, liebe Freunde, wird eure Welt von Grund auf verändern!

Hier auf der Erde gilt eigentlich die Farbe Rot als die Farbe der Liebe, was zu einem gewissen Anteil auch stimmt. Wollt ihr euch jedoch von der dichten „roten", eher körperlichen Liebe weiterentwickeln zu einer höheren Form, nämlich der Liebe der Seele, der Liebe der Quelle, dann ist Grün die Farbe, die das möglich macht. Die Besonderheit dieser Farbe ist jedoch, dass noch eine zweite hinzu kommt mit den gleichen Aufgaben, nämlich die Farbe Rosa, die ja eine Mischung aus Rot und Weiß darstellt. Rosa ist also aus der „dichten" roten Liebe in Verbindung mit der höchsten Weisheit, nämlich der Farbe Weiß, „hervorgegangen". Rosa und Grün sind, wir erwähnten es bereits, also wie zwei Seiten einer Medaille, denn durch die Verschmelzung von Weiß und Rot hat auch Rosa die gleiche Mittelstellung wie Grün inne, auch wenn Rosa im Regenbogen nicht auftaucht. Ihr Stellvertreter dort ist eben Grün, als die Farbe der Üppigkeit des Lebens und der Farbe des Feierns. Das Herzchakra benötigt zwei Aktivierungsfarben, weil es in gewisser Weise zweigeteilt ist, hierüber werdet ihr im Kapitel über die Chakren noch mehr erfahren.

Sowohl Grün als auch Rosa sind also in der Lage, uns (wieder) mit der höheren Liebe, aus der wir gekommen sind, zu verbinden. Es ist keineswegs ein Zufall, dass die Hauptfarbe der natürlichen Nahrungsmittel ebenfalls grün ist und diese Farbe nach der Regenbogenernährung zur Mitte des Tages gegessen werden soll.

Grün ist also der Schlüssel zum Aufschließen der Herzqualitäten, die auf der Erde entwickelt werden sollen und nun auch endlich können.

Natürlich gab es immer wieder Fälle von bedingungsloser und selbstloser Liebe alle Zeitalter hindurch, aber das waren eher Ausnahmen, die jedoch das Ihre zur Entwicklung der Erde im Regenbogenzeitalter beitrugen. Nun sollen die Ausnahmen zur Regel werden und die Liebesqualität auf der Erde stärker integriert werden.

Hat nun jemand Probleme in einer Liebesbeziehung, so soll er sich nicht mit Rot umgeben, denn das würde ihn zurück in die Dichte und Problematik seiner Beziehung ziehen, sondern er soll sich mit Grün oder komplementär mit Rosa umgeben, es auf der Haut tragen, es als Nahrung zu sich nehmen oder eine rosafarbene Brille aufsetzen usw. „Die Welt mit der rosaroten Brille sehen" wurde zu einem geflügelten Wort und symbolisiert nichts anderes als dass du alles, was geschieht, mit den Augen der Liebe betrachten sollst. Das hat nichts mit Beschönigung zu tun, sondern mit der inneren Einstellung zum Leben auf der Erde schlechthin.

Deine ganze Konzentration soll bei Liebesproblemen diesen Farben gelten, und es wird sich eine Harmonisierung der Gefühle einstellen, so dass man nun in der Lage ist, an den Kern des Problems heranzutreten. Möglicherweise liegt dieser Kern jedoch gar nicht in diesem Leben, sondern in einem früheren. Dann ist es auch hier hilfreich, die Meditation anzuwenden, die dich in frühere Leben zurückversetzt. (siehe Kapitel „Meditationen"). El Moyra wird hierzu noch einiges zu sagen haben.

Grün ist die Farbe des Lebens. Leben ist Liebe, und das ist es, was ihr hier lernen sollt und bereits lernt. Ihr habt große Fortschritte gemacht, und wir gratulieren euch dazu. Jedem Einzelnen, der diese Zeilen liest, denn du bist bereits auf dem Pfad weiter als andere, aber auch die anderen werden ihren Weg finden und ihn auf ihre Weise gehen dürfen, denn, wie sagte der Kanal an anderer Stelle so schön: Ihr seid alle mächtige Energiewesen, die ein wenig Dritte Dimension spielen, aber das Spiel neigt sich seinem Ende entgegen, und nun gehört es zum Spiel, zurück in die höheren Dimensionen zu finden. Das war übrigens von Anfang an euer Ziel. Der Umkehrpunkt, der „Point of return" liegt allerdings bereits weit hinter euch und nicht irgendwo in der Zukunft. Ihr seid bereits auf dem Weg zurück. Das ist die vielleicht die wichtigste Information für euch überhaupt. Ihr habt euch entschieden, dass das Spiel in der Dritten Dimension lange genug gedauert hat. Nun wollt ihr sehen, wie es in höheren Dimensionen weitergespielt werden kann, aber auf einer anderen Ebene, jedoch mit den gleichen Spielern.

Ist euch klar, dass alles im Grunde tatsächlich nur ein Spiel ist, so kann der Ernst des Lebens euch verlassen und die Freude am Spiel hält Einzug, und damit gewinnt das Ganze eine neue Qualität, denn die Sorgen des Alltags verschwinden und machen der freudigen Erwartung Platz, welche Erfahrung wohl als nächstes zu machen ist. Auf diese Weise wird das Leben viel spannender und genussreicher.

Für all dies steht die Farbe Grün, und der Herr des grünen Strahls sendet euch die Energien für diese neue Leichtigkeit, die das Leben mit sich bringen wird. Lasst uns das Leben feiern!

Letztlich bedeutet Grün auch, seine eigene Mitte zu finden, und das nicht nur beim einzelnen Menschen, sondern bei dem ganzen Planeten an sich, denn zentriert ist er derzeit noch nicht. Das ist nicht im Sinne einer Zentralregierung gemeint. Mit zentriert ist gemeint: Jemand oder etwas ruht in sich selbst. Ruhe herrscht auf diesem Planeten noch nicht, aber alles zu seiner Zeit!

Die nächste Schicht um die Körperzellen ist also Grün in Verbindung mit Rosa, und das gilt auch für die Auraschicht des ganzen Körpers. Beide Farben haben auch mit der Heilung zu tun, denn Heilung erfolgt immer über das Herz.

Der Lenker des grünen Strahls ist Hilarion, und er entsendet dir seinen Gruß. Immer wenn du Heilung benötigst oder die anderen Eigenschaften des Strahles brauchst, kannst du ihn anrufen und er wird helfen.

Lady Rowena ist die Lenkerin des rosafarbenen Strahls, und sie sendet dir ihre bedingungslose Liebe, auf dass auch du bereit sein wirst, diese Art der Liebe zu fühlen und zu praktizieren.

Blau

Diese Farbe repräsentiert den Himmel, sowohl in den hellen als auch in den dunklen Abstufungen. Sie steht für den sehnsuchtsvollen Blick in den Himmel, also für die Sehnsucht nach Höherem. Sie steht für den Willen, Kontakt mit dem Göttlichen zu finden und zu behalten. Sie steht für die Kommunikation mit Gott, also eigentlich mit der göttlichen Natur in dir selbst. Die Menschen sehen nach oben, und sie spüren ein Ziehen im Herzen, den Wunsch nach oben zu gelangen, entweder mit dem Geist oder mit dem Körper, oder aber mit beidem. Da sie den Geist in dieser Hinsicht in den letzten einhundert Jahren vernachlässigt haben, versuchten sie, die Sehnsucht zu erfüllen, indem sie physisch nach oben gelangten. Sie stießen in den Weltraum vor. Wie weit sie tatsächlich kamen, soll hier nicht erörtert werden, denn die wahre Antwort würde (fast) alle überraschen und entspricht keiner eurer Erwartungen. Für diese Wahrheit ist es noch zu früh.

Die blaue Energie steht für den Wunsch, die Verbindung wieder zu finden, die man verloren glaubte, obwohl sie, genau genommen, nur verschüttet ist. Ihr habt die Verbindung nie völlig verloren, sie war jedoch nur noch dünn, so dass ihr glaubtet, sie wäre durchtrennt worden. Das war jedoch nie der Fall und könnte auch gar nicht funktionieren, denn dann würdet ihr aus diesem Universum verschwinden, denn hier ist alles mit allem verbunden, und dementsprechend interagiert auch alles mit allem. Alles, was hier auf der Erde geschieht, hat eine Auswirkung im gesamten Kosmos, so unglaublich sich das für den einen oder anderen auch (noch) anhören mag. Finden also viele Menschen ihre Verbindung nach oben wieder (Stichwort kritische Masse), kann der nächste evolutionäre Schritt getan werden, und zwar nicht nur hier auf der Erde, sondern in der Evolution des gesamten Universums. Die Menschen sind tatsächlich zuständig für die Evolution des Universums, denn das Wachstum, das sie hier auf der Erde erfahren haben, führt zu Wachstum des Kosmos. Somit kann sich das Weltall weiter ausdehnen, denn hier ist Wachstum nicht nur in geistiger Hinsicht gemeint, sondern tatsächlich auch räumlich.

Indem die Menschen wachsen, erweitern sie das Weltall und geben damit wieder der Quelle von Allem-was-ist neue Möglichkeiten, sich selbst zu erforschen und zu erfahren. Die Energien, die ihr durch die Lichtpforten im Körper umwandelt, werden nicht nur für den Aufstieg der Erde benutzt, sondern die Erde hat wiederum Lichtpforten (oder auch Chakren), die ihrerseits Energien umwandeln, die an anderer Stelle das Universum ausdehnen. Es gab nie einen Urknall in diesem Sinne, sondern das Weltall wächst stetig und immer. Es wird zwar meist in der esoterischen Literatur gesagt, es gab nie einen Anfang und wird nie ein Ende geben, und im gewissen Sinne ist es auch so, denn das Wachstum des Ganzen dauert schon so lange, dass Ewigkeit der richtige Ausdruck ist, und wird auch noch so lange dauern, dass wir (auch wir hier „oben") uns keinen Zeitbegriff über die wahre Dauer machen können. Aber auch wenn es einst doch endet, so kehrt das Ganze vielleicht wieder in sich selbst zurück. Dann jedoch beginnt ein neuer Zyklus der Ausdehnung.

Das sind jedoch Zeiträume, von denen sich niemand, der noch in dimensionalem Denken verhaftet ist, einen Begriff machen kann.

Blau steht auch für die Verbindung zu Allem-was-ist. Es steht für die Energien, die über die Verbindungen hin und hergeschickt werden.

Der Herr des blauen Strahls, El Moyra, sendet euch die Energien, die dafür sorgen, dass ihr euch der Verbindung nach oben wieder mehr bewusst werdet und sie auch fühlen könnt, denn das ist wichtig für euren weiteren Weg. Theoretische Konzepte gibt es viele, doch wenn der Mensch die Auswirkungen des Konzeptes direkt körperlich spürt, so hat das eine viel tiefere Wirkung.

Blau steht somit für das Wiederherstellen des Gefühls der Verbindung. Kann der einzelne Mensch diese Verbindung wieder direkt spüren, so schwindet auch das Gefühl des Mangels. Der Mangel ist es, der die Gier hervorgebracht hat. Kein Mangel – keine Gier. Keine Gier mehr, und das Gleichgewicht in allen wichtigen Lebensbereichen wird wieder hergestellt, ob es das Gleichgewicht in der Natur ist, das Gleichgewicht in der Verteilung der Ressourcen oder das innere Gleichgewicht im einzelnen Menschen, – alles kommt wieder in die Waage, wenn die innere Verbindung am eigenen Leib erfahren wird.

Die Spiritualität entwickeln heißt also nichts anderes, als die Verbindung mit Gott wiederzufinden, und zwar mit dem göttlichen Funken in jedem Menschen und nicht einer äußeren Autorität.

Um eure Körperzellen gibt es auch eine blaue Schicht, und zwar in verschiedenen Schattierungen, da das Blau eine besondere Bedeutung für die Kommunikation mit Allem-was-ist besitzt.

Indigo

Auf die Farbe Indigo möchten wir gesondert eingehen, weil so viel über die Kinder dieses Strahls gesprochen wird.

In jedem Zeitalter hat es natürlich eine Farbe gegeben, die vorherrschte und das Massenbewusstsein darstellte. Um einen evolutionären Schritt zu tun, war es notwendig, in neuen Generationen die nächste Farbstufe einzuführen, und das war immer mit Schwierigkeiten verbunden, weil jede Farbe ihre eigenen Qualitäten hat, die oft mit der vorherigen Farbe nicht kompatibel sind.

So ist es natürlich auch jetzt, denn fest steht: Die Menschheit macht nun einen wirklich sehr bedeutenden Schritt nach vorne, und so hat sie als Kollektiv beschlossen, Seelen hereinzubitten, die die erforderlichen Qualitäten mit sich bringen, und diese Seelen, „reiten" auf dem Indigostrahl, einer besonderen Unterabteilung des Blau. Wir haben nun schon gehört, dass Blau für die Wiederherstellung der Verbindung steht, das gilt für die Menschen, die noch mit einer anderen Lebensfarbe geboren wurden. Die so genannten Indigo-Kinder haben diese Verbindung bereits und müssen sie nicht erst wiederfinden. Es mag sein, dass sie lange nichts davon wissen und es nicht leben, aber dennoch ist es so. Sie leben bereits ein intuitiveres Leben als noch ihre Eltern, also nur eine Generation zurück, denn die Verbindung nach oben finden und halten heißt auch, die Intuition wieder leben und nicht so sehr den Verstand dominieren zu lassen. Aber auch ein Überwiegen der Intuition bei Ausschaltung des Verstandes wäre auf der Erde nicht angebracht, denn das würde zu Lebensuntüchtigkeit führen. Die Indigos kommen mit einem Gleichgewicht von Verstand und Intuition auf die Welt, und das lässt sie oft so intelligent erscheinen.

Es kann natürlich sein, dass dieses Gleichgewicht, und damit die Intelligenz, nicht bei jedem sofort sichtbar ist. Dann hat die Seele beschlossen, in einem Umfeld aufzuwachsen, wo ihre Gaben entweder verschüttet werden (weil sie sich die Aufgabe gestellt hat, trotz der schwierigen Umstände irgendwann zu zeigen, dass eine Verbindung bei jedem und immer besteht), oder aber die Seele will sich zunächst tarnen, um nicht aufzufallen und ihr Potenzial erst später zu leben, und zwar aus dem gleichen Grund, – nämlich um allen Menschen aufzuzeigen, wie man die Verbindung wiederfinden kann, die jeder hat, egal in welchem Umfeld jemand aufwächst oder was er für ein Mensch ist.

Die Indigos haben damit eine schwere Aufgabe übernommen. Doch sie haben das freiwillig getan, und die Menschen sind hiermit aufgerufen, ihnen alle Unterstützung zu geben, die sie brauchen.

Violett *oder* **Purpur**

Hat der Mensch erst seine Verbindung zur Quelle wiederhergestellt, so ist er angebunden an die Quelle allen Wissens. Er war allerdings nie wirklich abgeschnitten! Dieser Kanal wundert sich immer wieder, wenn sie die Meditation mit dem Füllhorn macht (siehe Kapitel „Botschaft von

Serapis Bey"), warum sie den Eindruck hat, nicht der Empfangende „unten" zu sein, sondern dass sie selbst das Füllhorn in Händen hält, also von „oben" hinuntersieht. Das kommt daher, weil es genau so ist. Indem du dich wieder mit der Quelle verbindest, oder genauer gesagt, entdeckst, dass du diese Verbindung immer hattest, besitzt du auch das Wissen, das es dort zu finden gibt, und es ist Wissen, das du schon immer hattest. Doch auch dieses ist verschüttet gewesen und über das Violett oder Purpur kannst du wieder Zugang zu diesem Wissen erlangen. Du kannst dir das so vorstellen: Durch das Blau wurde dir der Weg zur Quelle aufgezeigt, der Weg, der deine Verbindung ist, doch durch das Purpur bist du nun bereit, den Weg dorthin auch zu gehen, und tust das. Über diese Farbe gelangst du an Wegweiser, die bereits Wissen enthalten, und so schreitest du auf dem Weg zur Quelle weiter und nimmst das Wissen nach und nach wieder auf.

Mit dem Wissen geht auch die Fähigkeit einher, es auch zu benutzen, denn wenn man weiß und nichts mit dem Wissen anfängt, ist es nutzlos. Über das Purpur und Violett lernst du wieder das Wissen, das du findest, anzuwenden. Die Energien dafür sendet dir der Herr dieses Strahls. Diese Energien sorgen dafür, dass du das Wissen auch weise anwendest.

Wie ihr im Kapitel über die Chakren noch hören werdet, liegt im Dritten Auge ein Übersetzungsmodul eingebettet, das die feinstofflichen Energien in für euch verständliche Begriffe umwandelt. Purpur ist die Farbe, die das „Übersetzungsmodul" aktivieren kann. Gerade Menschen, die channeln oder glauben, es sei ihre Lebensaufgabe zu channeln, müssen und können über diese Farbe die „Befreiung" des Dritten Auges durchführen. Auch hier funktioniert dies über die Nahrungsfarbe ganz hervorragend.

Aber auch alle anderen Menschen dürfen und können das Übersetzungsmodul einschalten, denn auf diese Weise verstehen sie die einfließenden Energien ihres eigenen Höheren Selbst viel besser. Außerdem werden Telepathie und auch andere, so genannte paranormale Gaben tatsächlich dann normal werden. Zu diesem Punkt kommt man jedoch nur, wenn man genügend Klärungsprozesse hinter sich hat und ein entsprechend hohes Bewusstsein. Das schließt dann aus, dass mit Hilfe der wiedererweckten Fähigkeiten (neu sind sie eigentlich nicht) Machtmissbrauch betrieben werden kann. Das ist auch absichtlich so eingerichtet worden, denn die Erfahrung des Machtmissbrauchs haben wir nun alle zur Genüge erfahren, in diesem und in anderen Leben.

Mit Hilfe des Dritten Auges und seiner Fähigkeiten wird es möglich sein, das Wurmlochsystem der Kraftorte zu benutzen (siehe Näheres dazu im Kapitel „Kraftorte"). Das schließt also die Teleportation von Ort zu Ort mit ein. Hat die Menschheit eine kritische Masse erreicht, die den Lichtkörperprozess bis zur Öffnung des Dritten Auges hinter sich gebracht hat, wird auch die Fähigkeit entwickelt werden, große Gegenstände mittels Geisteskraft zu bewegen. Ein Beispiel für diese Fähigkeit sind die chinesischen Indigo-Kinder, wenn sich ihre Gaben meist auch bisher auf Pillen beschränken, die aus Flaschen per Geisteskraft teleportiert werden. Es spielt jedoch eigentlich keine Rolle, ob der Gegenstand groß oder klein ist, denn der Aufwand ist der gleiche, wie im SF-Film „Das Imperium schlägt zurück" von Joda, einem Jedimeister, eindrucksvoll demonstriert wird. Das eröffnet faszinierende Perspektiven für die Zukunft, dass nämlich Bauwerke nicht mehr mittels Kränen aufgerichtet werden, sondern eben mittels Geist. Auf diese Weise ist auch die Große Pyramide von Gizeh entstanden. Die ältesten Überlieferungen berichten auch davon, nur glaubt sie heute kaum noch jemand. Stellt euch eine Welt vor, in der mittels Geisteskraft gebaut würde. Was für Möglichkeiten eröffnet das. Dann ist man nicht mehr beschränkt auf die technischen Gegebenheiten, sondern wird wortwörtlich grenzenlos. Das soll nur ein winziger Blick auf die mögliche Zukunft sein. Alle Abstufungen des Violetts bis ins Purpur hinein tragen dazu bei, wenn man sie bewusst benutzt: Über die Augen, über die Haut, über die Ernährung. Zuvor müssen jedoch alle anderen Chakren ebenso entwickelt bzw. von Schlacken befreit worden sein. Das Dritte Auge wird ohnehin erst dann geöffnet, wenn der Lichtkörperprozess entsprechend weit fortgeschritten ist. Wer dies erlebt hat weiß, dass sein Drittes Auge geöffnet wurde, denn es ist ein orgastisches Erlebnis, das durch sämtliche Chakren „läuft".

Es gibt sozusagen eine höhere Instanz, die überwacht, was geschieht, nämlich das Höhere Selbst eines jeden Menschen. Das stellt sicher, dass hier kein Missbrauch erfolgen kann. Beginnt man mit der Regenbogenernährung, so werden alle sieben Hauptchakren gleichmäßig aktiviert, geöffnet und stimuliert. Dadurch gibt es keine Ungleichgewichte mehr. Da jedoch jeder unterschiedliche Öffnungsgrade aufweist, müssen die einzelnen Chakren auch unterschiedlich stark aktiviert werden. Je nachdem, welches gerade „bearbeitet" wird, wird man auch ein

Hungergefühl nach der Nahrung mit der passenden Farbe entwickeln.

Auch die Farbe Purpur bildet einen Mantel um eure Zellen und euren physischen Körper herum.

Der Lenker des violetten Strahls in all seinen Abstufungen ist Saint Germain. Er ist der Herr der Transformation, und Transformation ist **das** *Thema im Regenbogenzeitalter! Seid ihr euch eures Transformationsvorganges bewusst, so könnt ihr Saint Germain um Hilfe bitten, so dass ihr für die nächsten Schritte vorbereitet werden könnt.*

Weiß/Gold
Die nächste Farbe, Weiß, beinhaltet alle anderen Farben und somit auch alle Eigenschaften und Bedeutungen dieser Farben. Weiß symbolisiert Reinheit und gleichzeitig die Summe von allem.

Indem du dich auf diese reine Farbe konzentrierst, sie zum Beispiel isst, als Kleidung trägst usw., stimulierst du alle anderen sechs Farben mit, da sie ja alles beinhaltet. Willst du jedoch ein bestimmtes Ziel erreichen, so ist die dazu passende Farbe wirksamer, weil sie ausschließlich dafür gedacht ist. Weiß wirkt auf allen Ebenen gleichzeitig und gleichmäßig. Die anderen Farben dagegen nur auf ihren Ebenen, aber dafür intensiv und tief. Beide Arten der Stimulierung werden benötigt.

Weiß sollte immer als die Summe des Ganzen betrachtet werden, denn das ist sie auch: Konzentriert man sich zu sehr auf das Weiß, kann es sein, dass man einen Bereich vernachlässigt, der eine intensivere Bearbeitung und damit eine bestimmte Farbe benötigt. Es hat also keinen Sinn, jetzt alles nur noch auf der weißen Ebene tun zu wollen, wenn man nicht vorher die Ebenen der anderen Farben geklärt hat.

Ist jemand zum Beispiel eine „blaue Persönlichkeit", so ist es sinnvoll, die anderen sechs Farben ebenfalls zu verstärken und zu integrieren, nur so kann man letzten Endes auf allen Ebenen heil, ganz und weise werden. Erst wenn in der Aura alle Farben gleichmäßig entwickelt sind, stellt sich die Farbe Weiß als Grundfarbe ein, weil sie ja die Summe von allem ist. Überwiegt eine Farbe, kann nicht Weiß das Ergebnis sein.

Kann jemand die Aura sehen, so sieht er im ersten Augenblick erst einmal nur Weiß, bis er sich auf den Menschen eingestellt hat, und dann kann er das Übergewicht einzelner Farben erkennen und Aussagen da-

zu machen. Hat jemand alle Farben gleichmäßig entwickelt, so sieht der Aurasichtige tatsächlich nur noch Weiß. Das ist im Moment auf der Erde jedoch noch sehr selten. Die großen Religionsstifter, wie zum Beispiel Jesus, Buddha oder Mohammed, gehörten zu den weißen (weisen) Persönlichkeiten. Es gab im Laufe der Geschichte noch zahlreiche andere, doch sie traten nie in diesem Maße hervor, weil sie andere Aufgaben hatten. Sie gehören jedoch alle zur Weißen Bruderschaft.

Zur Großen Weißen Bruderschaft gehören alle Wesenheiten auf allen Planeten und sogar aller Universen, die sich so weit entwickelt haben, dass ihre Farben zu einer einzigen Farbe, nämlich Weiß, genauer gesagt, Perlmutt bzw. Opalfarben verschmolzen. Diese Wesen sind von absoluter Reinheit und mit allen Attributen, die man von göttlichen Wesen erwartet, ausgestattet. Dementsprechend haben sie sich dem Wohl des Ganzen verschrieben und arbeiten auch so, dass sie immer dem Ganzen dienen. Auch wenn das heißt, dass ein Planet dafür eine Zeit lang in Dunkelheit versinken muss, denn wenn er daraus wieder hervorkommt, ist seine Kraft umso strahlender, umso reiner, und bringt sehr viele weiße Persönlichkeiten auf einmal hervor, so dass dem großen Ganzen damit unglaublich gut gedient ist, und genau das geschieht mit der Erde derzeit. Sie ist ein Leuchtfeuer an Potenzial für eine unglaublich große Menge an weißen (weisen) Seelen, so dass die Schwingung von Allem-was-ist nicht nur ein wenig erhöht, sondern sozusagen der Zug ruckartig beschleunigt wird und dabei eine sehr schnelle Fahrt aufnimmt und diese auch halten kann. Um genau das zu bewirken, haben sich zahlreiche besondere Seelen bereit erklärt, bis in die tiefste Dunkelheit mit einzutauchen, weil sie wussten, dass am Ende des Tunnels ein sehr großes Licht auf sie wartet, viel heller als das, das sie einst verließen.

Dafür waren sie bereit, jedes Opfer auf sich zu nehmen, und es war ein wahrlich großes Opfer, die Erde durch all die dunklen Zeiten zu begleiten. Alle jetzt inkarnierten Menschen, einschließlich derer, die derzeit kommen und gehen, haben diesem Plan zugestimmt und nehmen daran teil, jeder mit der ihm eigenen Aufgabe. Für diese Aufgaben gibt es mehrere Ebenen, und je bewusster man nach seinen Aufgaben sucht, umso höhere Ebenen erreicht man. Aber auch, wenn man in diesem Leben noch unbewusst bleibt und sich nicht auf die Suche nach seinem wahren Selbst macht, verrichtet man einen Teil seiner Aufgaben, eben auf anderen Ebenen. Auch solche Menschen sind geheiligt, denn sie haben zugestimmt, ihren Weg noch etwas zu verlängern, weil dadurch eine bessere Wirkung für sie und für das Ganze erreicht werden kann.

Selig sind alle diejenigen, die das Spiel „Erde" überhaupt mitspielen wollten, denn dazu gehört sehr viel Mut, und daher haben sich hier tatsächlich unglaublich viele besondere Seelen versammelt, weshalb die Wirkung für das Ganze ja auch so besonders stark ist, wenn die Erde wieder ins Licht geht. Mit Licht ist hier keine Wertung gemeint, sondern der Aufstieg in höhere Frequenzen, und auch mit Dunkelheit ist keine Wertung verbunden, sondern nur eine niedrige Frequenz.

Der Sinn war: Je tiefer die Erde ihre Frequenz senken konnte, umso höher könnte sie dann wieder hinauf und mit ihr Alles-was-ist. Das Experiment verlief so gut, dass es jetzt nicht so leicht ist, die Erde wieder aus der Versenkung herauszuholen. Dafür braucht sie Hilfe, und zwar von allen Menschen, besonders aber von denen, die jetzt erwachen. Durch den Aufwachprozess erhöhen viele Einzelne ihre Frequenz und damit wieder die Schwingung der ganzen Erde. Die niedrigen Frequenzen sind so zäh wie Brei, und daher ist es so schwer, die Erde hier wieder herauszuholen. Es geht nur nicht ganz so schnell, wie die Urheber des Experimentes (nämlich ihr selbst) es sich vorgestellt haben. Doch es geschieht, und es geschieht immer schneller.

Jeder, der dieses Buch (und andere seiner Art) liest, wird bereits in seiner Frequenz erhöht, egal ob er die Hilfen, die darin enthalten sind, annimmt und durchführt, oder nicht. Alleine diese Zeilen zu lesen bewirkt schon eine schnellere Schwingung, und auch deshalb wurden sie geschrieben. Sie dienen dazu, den zähen Brei von den vielen Lichtkörpern zu entfernen, und somit auch von der Erde.

All dies enthält die Farbe Weiß, und auch die Farbe Gold.

Gold ist im Grunde ein höher schwingendes Gelb und keine eigene Farbe, und doch gilt für sie das Gleiche wie für Weiß, wenn auch nicht in vollem Umfang. Gold wird einfach aus der Sicht der Erde her so viel Gewicht beigelegt, weil es ein wertvoller Stoff bei euch ist und Weiß nichts Vergleichbares hat. Genau genommen müssten die Kronen der Herrscher weiß sein und nicht gold, aber da Wert demonstriert werden sollte, hat es sich eben so entwickelt. Übrigens sollen die Kronen mit ihren Zacken ein weit geöffnetes Kronenchakra symbolisieren und die Weisheit des Herrschers demonstrieren. Anfangs war das auch noch so, doch je „dichter" die Erde wurde, desto weniger war das der Fall. Das war jedoch nicht die „Schuld" der Herrscher. Sie hatten einfach keinen

Zugang mehr zur universellen Weisheit, und so sollte es auch sein, auch wenn euch das vielleicht vor den Kopf stößt, weil ihr verurteilt, was sie zum Teil taten.

Eure Zellen strahlen auch in Weiß und eure Aura ebenfalls. In diesen besonderen Zeiten erhalten die Körperzellen nun auch neue Farbschichten. Es kommen noch die Farben der fünf „neuen" Strahlen hinzu. Sie schieben sich „zwischen" die angeführten sieben, und gold gehört eigentlich zu diesen fünf neuen. Die äußerste Schicht bildet im Moment noch Weiß, doch wird sie nach der vollständigen Umwandlung perlmuttfarben sein, also sichtbar in all den Farben schillern und nicht wie Weiß eine Summe des Ganzen bilden und miteinander verschmelzen. Das gilt wiederum für die Aura eures Körpers genauso. Was im Kleinen geschieht, geschieht auch im Großen. Auch um die Erde werden nach und nach die neuen Farbschichten „gelegt", nämlich durch euch. Zunächst müssen jedoch die „alten" Farben gereinigt und geklärt werden.

Der Lenker des weißen Strahles heißt Serapis Bey, und er sendet dir die Weisheit über die weiße Farbe, um all das zu erkennen, was du für den Lichtkörperprozess benötigst. Wenn du zusätzliche Hilfe brauchst, so rufe nach ihm, und er wird helfen.

Der Lenker des goldenen Strahles, Kuthumi (oder auch Kut Humi), entsendet dir seine Grüße und erklärt, dass „sein" Strahl der der Fülle ist, und Fülle sollst du leben in jeglicher Hinsicht. Du hast das Recht und die Pflicht, in Fülle zu sein. Das geht jedoch nur, wenn du alle Beschränkungen in dieser Richtung ablegst. Diese Beschränkungen liegen meist in früheren Leben und müssen betrachtet werden, sonst kann man sie nicht ablegen. So rufe den goldenen Strahl herbei, wenn es gilt, Beschränkungen loszuwerden oder sich zunächst einmal bewusst zu machen. Oft sind das Gelübde, die aufgelöst werden müssen, da sie über alle Zeiten hinweg Gültigkeit haben. Wie du das angehen kannst, findest du in diesem Buch!

Auch der Lenker des aquamarinfarbenen Strahls, Maha Cohan, entsendet dir seine Grüße und seine Farbe, und wie er in den einführenden Worten schon geschildert hat, zeigt er mit Hilfe dieser Farbe die nächsten Schritte auf, die zu gehen sind. Es hat keinen Sinn, Schritt 5 vor Schritt 4 zu tun, denn das führt nur zum Stolpern! Erledigt schön eines nach dem anderen, dann läuft es richtig.

Eine der neuen Farben heißt Magenta. Der Lenker dieses Strahls ist Jesus/Sanandá. Er sendet über diese Farbe die Harmonie, die notwendig ist, um in Frieden mit dir selbst zu sein und mit allem, was je in deinen vielen Leben passiert ist, und mit allem, was noch geschehen wird.

Nun fehlt nur noch der Lenker des perlmuttfarbenen beziehungsweise opalisierenden Strahles. Diese Farbe enthält alle elf vorangegangenen. Der Lenker dieses Strahles heißt Sanat Kumara. Auch er entsendet Grüße und lässt durch diese Farbe den Willen zur Veränderung in dich einfließen, denn der ist nötig in diesen neuen Zeiten. Durch diese Farbe erhältst du die Kraft der Anpassung an neue Gegebenheiten in jeglicher Hinsicht, und Anpassungsfähigkeit wird gebraucht für all das, was sich in deinem Leben nun ändern wird!

Alle Mischungen von Farben beinhalten alle Eigenschaften der beteiligten Grundfarben, wobei sich natürlich auch neue Aspekte ergeben, doch soll es für jetzt genug sein."

4. Das Energiesystem des Menschen (gechannelt von den Anasasi bzw. einigen Meistern)

Wie unschwer zu erkennen ist, herrschte in den letzten paar tausend Jahren überwiegend die männliche Kraft, die Yang-Kraft, um es mit einem chinesischen Wort auszudrücken. Sie unterdrückte die weibliche Kraft, weil sie Angst davor hatte, denn diese ist nicht weniger stark als die männliche.

Die weibliche Kraft wurde aber nicht niedergerungen, wie man vielleicht glauben könnte, sondern sie schlief freiwillig ein, gemäß der Absprache. Das große Experiment namens Erde sollte eine neue Erfahrung machen, eine, die es bis dahin noch nicht gemacht hatte. Doch dieser Teil unserer Geschichte wird nun, in der Neuen Zeit, beendet, und zwar in rasantem Tempo. Zu welchen besonderen Veranstaltungen man auch geht, seien es Selbstfindungs-, Meditationsgruppen, Esoterikmessen oder auch nur Vorträge zur Gesundheit: Überall sind es überwiegend Besucher (Frauen oder Männer), die bereits den weiblichen Teil in sich mehr leben als andere.

Es geht in diesem Buch nicht darum, eine Vorherrschaft der Frauen anzukünden, zu predigen oder zu verherrlichen (das Matriarchat in der Urzeit hat auf Dauer auch nicht so gut funktioniert), sondern aufzuzeigen, dass es eine Zeit der weiblichen Kraft gab, dann eine Zeit der Männer, und nun ist es Zeit, wieder beide Seiten auszugleichen, und zwar sowohl in den Männern als auch in den Frauen, und das natürlich übergreifend auf alle Gruppen und Gesellschaftssysteme.

Dazu ist es nötig, die weibliche Kraft zu erwecken, genauer gesagt: aufwachen zu lassen (das Zulassen ist hierbei außerordentlich wichtig, ist es doch schon ein Kennzeichen der Weiblichkeit). Das Erwachen der Kundalini-Kraft zeigt das Erwachen der weiblichen Seite. Die Kundalini, auch Schlangenkraft genannt, ruht am Ende der Wirbelsäule, und wenn sie erwacht, wird ein umfangreicher Transformationsvorgang des gesamten Körpers, des Geistes und der Seele in Gang gesetzt.

Ein hellsichtiger Mensch kann anhand der Aura erkennen, ob die Kundalini bereits erwacht ist oder nicht, denn ein Mensch, der seine Energiekörper und die Energiewirbel (Chakren) voll ausgebildet hat, ist von einer Energiewolke umgeben, die Engelsflügeln ähnelt. Solch ein Mensch ist im Vollbesitz seines gesamten Potenzials und hat die Macht, buchstäblich alles zu tun, zu manifestieren, wie es mit einem Fremdwort umschrieben wird. Da solche Macht auch missbraucht werden kann und dies in der Vergangenheit auch geschah, fürchten sich viele Menschen davor, diese Macht wieder anzunehmen, da sie sie nicht wieder missbrauchen wollen. Aber gerade weil sie diese Erfahrungen schon gemacht haben, besteht diese Möglichkeit gar nicht mehr, denn die Erwachenden sind hier, um es diesmal anders zu machen. Ihre Ängste in dieser Hinsicht sind völlig unbegründet, jedoch der Grund dafür, dass sie mit dem Erwachen ringen und versuchen, es zu verhindern. Das ist jedoch nicht möglich, weil zu viele geistige Kräfte an diesem Erwachen arbeiten, und man selbst durch all die Inkarnationen (Vorleben) hindurchgegangen ist, um genau jetzt in dieser unglaublich wichtigen und erstaunlichen Zeit wirklich aufzuwachen.

Warum gab es gerade in den letzten einhundert Jahren eine „Bevölkerungsexplosion"? Weil nun bessere Bedingungen herrschen? Oh nein, dazu verhungern noch zu viele und leben zu viele in Leid und Elend. Nein, sie sind hier, weil sie hier sein wollen! Sie wollen miterleben, wie das Experiment Erde endet. Jedoch nicht endet im Sinne von Katastrophen und Untergang (oder gar vollständige Auflösung). Das hatten wir alles schon mehrmals, doch dieses Mal haben wir es geschafft, die „Schranke Gottes", wie ich sie in einem anderen Buch genannt habe, zu durchbrechen, und zwar ohne Weltuntergang! Diese Schranke wird auch der Schleier genannt, der Schleier zum Jenseits, oder der Schleier zu höheren Dimensionen. Wie man die Schranke auch nennen mag, sie war künstlich errichtet und wird nun immer dünner und lichter, und zwar mit Hilfe der bereits erwachten Lichtarbeiter von der einen Seite und mit Hilfe der geistigen Helfer von der anderen Seite her. Die Schranke besteht noch, oh ja. Aber sie wird immer dünner, und immer mehr Menschen können einen Blick hindurchwerfen und sehen mehr als nur fahle Schemen auf der anderen Seite. Sie sehen Licht! Licht, das zu ihnen selbst gehört, das sie selbst sind, und darüber sind sie mehr als erstaunt, aber auch erfreut und streben daher immer mehr, immer heftiger diesem Licht zu.

Es herrscht also ein erwachendes Bewusstsein, dass wir Teil Gottes sind, dass wir Teil des Ganzen sind und nicht getrennt. Nicht getrennt von Gott (er ist ja in dir), nicht getrennt von sich selbst (nämlich dem Teil in den höheren Dimensionen, der freiwillig dort blieb, um das Experiment Erde zu ermöglichen) und nicht getrennt von den anderen Menschen, denn sie gehören ja genauso zum Ganzen, wie man selbst auch.

Auf die Frage der Suchenden: Wer bin ich? gibt es also die eigentlich gar nicht neue Erkenntnis: Du bist Teil Gottes, du bist ein Ausdruck des göttlichen Bewusstseins. Hat man das erst einmal wirklich verinnerlicht, so kann man sich am göttlichen Ausdruck des anderen erfreuen und auch, wie unterschiedlich kreativ sich Gott ausdrückt, gemäß der Philosophie der Vulkanier: Es lebe die Unterschiedlichkeit.

Übrigens stecken in vielen SF-Serien und auch anderen Filmen Botschaften der Geistigen Welt. Sieht man sich also Filme mit dieser Betrachtungsweise an, so kann man sich auch daran erfreuen, wie subtil, raffiniert und humorvoll die Geistige Welt die Erde, ihre Bewohner und die Erfahrungen, die sie machen, begleiten. Die Botschaften wurden mit jeder neuen SF-Serie oder auch mit anderen Spielfilmen eindringlicher, weil nun die Zeit der Wandlung, die Zeit der Einigung, die Zeit der Einheit angebrochen ist.

Sieh dir einmal die Serie *Witch Blade* an. Diese „Waffe der Götter", wie sie in dem Film genannt wird, ist nichts anderes als die Beschreibung der Kundalinikraft. Die Hauptfigur (übrigens eine Frau!) ändert in einem Teil die Realität, indem sie zu einem entscheidenden Zeitpunkt ihres Lebens zurückgeht und dort eine andere Entscheidung trifft, eine, die nicht so viel Leid auslöst wie die erste Entscheidung. Und ich persönlich glaube, dass wir Menschen genau das getan haben: Wir haben das Experiment Erde bis zu einem gewissen Punkt geführt, erkannt, dass es auf diesem „Gleis" gescheitert ist und sind kollektiv (nicht als Einzelne und doch auch einzeln) zurückgegangen und haben das Gleis gewechselt. Liest man die (gechannelten) Bücher von Barbara Marciniak, so wird dies im Grunde angedeutet, wenn es auch nicht direkt so gesagt wird. Aber in vielen Büchern wird davon erzählt, dass Wesenheiten aus der Zukunft zur Zeit eingreifen. Aber es sind nicht irgendwelche fremden Wesenheiten. Wir sind es selbst, die sozusagen nachträglich die Zukunft ändern, und zwar genau jetzt! Haben wir bereits eine oder auch mehrere Visionen der Zukunft „durchgespielt", so würde das ganz leicht die Déjà-vu-Erlebnisse erklären, denn in diesen Augenblicken würde man sich, aus welchen Gründen auch immer, daran erinnern, dass man an eben diesem Punkt schon einmal gewesen ist.

Der Zeitpunkt, an dem eine Änderung möglich wurde, liegt in den 80er Jahren. Hierzu werden die Meister in ihren Botschaften noch einiges sagen. Jedenfalls wurde laut der Wesenheit Kryon 1987 eine Messung der Schwingung der Erde durchgeführt, und das Ergebnis fiel weit höher aus, als erwartet. Die spirituelle Hierarchie war überrascht, dass sich etwas grundlegend geändert hatte. Das bedeutet aber auch, dass sie diese Änderung nicht herbeigeführt haben, sondern wir, wir selbst sind es gewesen! Aber sie unterstützen uns nun bei all den Prozessen, die in Gang gekommen sind. Wie Kryon sagt, dürfen nur wir selbst unseren (persönlichen, aber auch den gesamten) Zug fahren. Andere dürfen ihn schmücken, ihn mit Brennmaterial beliefern usw., aber fahren müssen wir selbst. Aber wir dürfen um Hilfe bitten, wenn es darum geht, die Fahrtrichtung zu bestimmen. Und wir erhalten Hilfe, und zwar jede Menge Hilfe. Wie oft ist es dir schon passiert, dass du genau im richtigen Moment die richtige Information erhalten hast oder Synchronizität herrschte? Immer dann sind die geistigen Wesenheiten fleißig gewesen.

Wir machten also einen, nach meiner Meinung sogar zwei Realitätssprünge auf andere „Gleise". Der eine war laut Kryon Tschernobyl und der andere meiner Meinung nach der 11. September. Warum auch noch am 11. September? In den Tagen danach geschah etwas wahrlich Erstaunliches: Ich erhielt reihenweise Mails, die zur Besonnenheit, zu Frieden und zur Ruhe aufriefen. Eine weltweite Welle der Vernunft und Friedfertigkeit verhinderten eine Vendetta der Gewalt. Wie auch immer man diesen Tag werten mag, das letztliche Resultat war, dass kein (Welt-)Krieg stattfand, obwohl die Möglichkeit hierfür gegeben war. Die Menschen weltweit machten deutlich, dass sie Frieden wollten und nicht Krieg. Also kann man den 11. September als ein (weiteres) Entscheidungsfenster, als Sprungfenster, betrachten, und wir haben es genutzt. Ich schätze, wir werden noch mehr dieser Entscheidungsfenster erleben. Eines ist wohl im Jahre 2004 (als ich dies schrieb, war das Seebeben in Indonesien noch nicht geschehen) und ein weiteres im Jahre 2006 und 2008, denn dies sind Jahre, die in der esoterischen Literatur als entscheidend angesehen werden. Es sind Entscheidungsjahre, Schicksalsjahre!

Da dies alles schon so nah ist, sollten sich so viele Menschen wie möglich der Transformation bewusst werden, die im Gange ist, und sie weiter vorantreiben, denn das Ergebnis wird eine wahrlich bessere Welt sein. (Je mehr Menschen „aufwachen", ihr Karma „erledigen" und sich klären, desto weniger heftig müssen die globalen Weckrufe ausfallen. Auch hieran trägt jeder „seine" Verantwortung.)

Die Transformation geschieht mit Hilfe des menschlichen feinstofflichen Energiesystems.

Hören wir uns nun an, was die Anasasi zu diesem Energiesystem zu sagen haben.

Die sieben Hauptchakren des Ätherkörpers (gechannelt)

Wurzelchakra (Erstes Chakra)

Fangen wir mit dem Basis-Chakra an.

Der Name Basis-Chakra passt eigentlich besser als Wurzelchakra, obwohl natürlich auch der seinen Sinn hat. Dieses Chakra bildet tatsächlich die Basis der Existenz auf der Erde. In dieses Chakra fließt die rote Energie, die rote Farbe ein und löst entsprechende Prozesse im gesamten Körper aus. Bisher war es immer so, dass kosmische rote Energie in dieses Chakra eines jeden Menschen floss und dieser Mensch diese Energie in dichtere rote Energie umwandelte, da ja die Erde in tiefere Regionen sinken sollte und dafür auch die niedrigeren Frequenzen benötigt wurden. Ihr Menschen selbst seid also die Schöpfer der niedrigen Frequenzen und nicht irgendeine fremde, böse Macht!

Obwohl der Mensch insgesamt ja Fortschritte machte, bildete er in jedem Chakra dichtere Energien, die in die Erde flossen. Nun aber, da die Erde an einen weiteren Entscheidungspunkt gelangt und sogar schon darüber hinaus ist, fließt noch immer die gleiche rote kosmische Energie in das Basis-Chakra, jedoch wandelt jeder Mensch diese Energie nicht mehr in dichtere Energie um, sondern in höher frequentierte, und diese höhere Frequenz fließt wiederum in die Erde, was diese befähigt, nicht mehr tiefer in die Materie hinabzusteigen, sondern schneller wieder hinauf. Dies gilt für alle Chakren und jede Farbe (und für jeden Menschen, selbst für die, die glauben, mit Spiritualität nichts zu tun zu haben), aber ganz besonders für die rote Frequenz, für die rote Energie, weil sie die Existenz auf der Erde erst ermöglicht. Verstehen wir uns recht: Das ist nicht erst seit diesem Zeitalter der Fall, sondern seit dem eigentlichen Umkehrpunkt, von dem wir in einem anderen Buch erzählen werden, denn hier ist noch viel Heilung nötig. Der Unterschied zur jetzigen Zeit liegt darin, dass ihr davon erfahren dürft, und darin, dass dieser Prozess eine Beschleunigung immensen Ausmaßes erfahren hat und noch erfahren wird, wenn euch bewusst wird, was eigentlich zur Zeit geschieht!

Erwacht der Mensch nun, dann nimmt diese Energie, die in die Erde fließt, noch einmal eine ganz besondere Qualität an, da dieser Vorgang nun bewusster geschieht. Dieses Fließen der Energie ist so lange nötig, bis die gleichen Energien hinein wie hinaus fließen, also die Frequenzen völlig angeglichen wurden, denn dann sind alle und alles wieder eins. Das dauert jedoch noch eine ganze Weile, wie es auch Äonen dauerte, um die Erde überhaupt so tief sinken zu lassen.

Es kostete die Geistwesen in den menschlichen Körpern sehr viel Kraft, das Herabsinken zu bewerkstelligen ..."

Anmerkung von P. P.:

An dieser Stelle bekam ich das Zeichen der Engel, dass sie hierzu etwas anmerken möchten. Sie machten in den Ausführungen der Anasasi sozusagen eine Klammer auf:

(*"Es waren pro Mensch sehr viele Engel nötig, um die Materie so dicht „gewebt" zu bekommen. Das konnte der Mensch nicht alleine bewerkstelligen. Jetzt, wo der Prozess umgekehrt wurde und sich immer mehr beschleunigt, werden nach und nach die Engel wieder frei für andere Aufgaben, und sie sind sehr froh darüber. Sie haben den Menschen gerne auf diese Weise gedient, weil das Projekt so wichtig war, doch ist es für sie auch sehr anstrengend, denn um mit den Menschen, die sie ja meist ignorieren, arbeiten zu können, müssen sie selbst ihre Frequenzen senken und niedrig halten, und das kostet auch sie sehr viel Kraft. Die Dichte der Erde ist den Engeln somit ziemlich unangenehm, aber sie nahmen alles auf sich, um an diesem großartigen Projekt teilzunehmen. Die, die nun frei werden, haben sich für höhere Aufgaben an anderen Orten qualifiziert, und für sie gelangen nun ganze Heerscharen anderer „Engelsorten" zur Erde, weil nun andere Arbeiten zu verrichten sind. Wir von der Engelebene sehen mit Freude, wie gut alles läuft, obwohl auch anders lautende Botschaften verbreitet werden. Wir teilen euch nun mit: Es läuft alles bestens und so, wie es vorgesehen war, sogar um vieles besser und erfolgreicher, als wir alle es uns vorgestellt haben. Wir lieben euch alle für das, was ihr in dieser Dichte hier auf euch genommen habt, und glaubt uns, wenn wir sagen: Wir lieben euch, wir lieben euch, wir lieben euch..."*)

Wochen später gab sich der Engel, der dies durchgegeben hatte, mit dem Namen Oriel zu erkennen, und er kommt später noch einmal zu Wort.

Hier nun die Fortsetzung der Anasasi:

„… aber es kostet weit weniger Kraft, nun zurückzukehren, auch wenn es dem einen oder anderen so vorkommen mag, dass er viel leiden muss dafür. Stellt euch einfach einmal vor, dass jedes Geistwesen für sich ein Programm entwickelt hat, das es bis zu seinem persönlichen Rückkehrpunkt erledigt haben wollte. Doch der eine oder andere nahm sich so viel vor, dass er es nicht bis zum Rückkehrpunkt schaffte, und nun müssen die angefangenen Projekte in einem einzigen Leben beendet werden, egal wie, weil man dann wieder frei wird, um neue Projekte anzugehen, nämlich die Erde in ihrem Aufstieg neu zu gestalten. Die einen beenden ihre Projekte, man könnte es auch Karma nennen, indem sie in einem einzigen Leben sehr viel leiden, um dann frei zu werden. Sie bekommen dann zum Beispiel unheilbare Krankheiten oder Ähnliches.

Es gibt aber auch diejenigen, die erkennen, dass ihre Projekte nicht mehr auf die herkömmliche Weise beenden werden können und auch nicht mehr müssen, und diese Menschen können dann den Strahl der Gnade anrufen und durch Gnade von allem frei werden. Sie dürfen dann noch in diesem Leben neu anfangen und brauchen nicht erst wieder zu sterben, um „frisch" hereinzukommen. Dies gilt jedoch nur bei Menschen, deren „Projekte" wirklich nicht mehr auf „normale" Weise beendet zu werden brauchen, also dort, wo es der göttlichen Ordnung nicht widerspricht. Nur bei solchen Menschen funktioniert die Gnade auch, nur da darf sie gewährt werden. Hier gilt ein sorgfältiges Abwägen, da ja der freie Wille besteht und die Pläne der Seele, die Lernerfahrungen, nicht gefährdet werden dürfen. Aber, und das ist eine weitere gute Nachricht für die Menschen: Es sind nun unglaublich viele Menschen bereit, ihr Karma aufzulösen und somit bereit für diese Gnade.

Jedes Wesen hat seine eigenen Pläne, die jedoch innerhalb des großen Ganzen koordiniert werden (mit Hilfe der Höheren Selbste, der Seelenfamilie, der Engel und der Aufgestiegenen Meister). Aber auch für die, die die Karmaauslöschung durch Gnade erledigen dürfen, ist dies zunächst nicht leicht. Aber auch das ist geplant und gewollt, denn sie machen auch dadurch Erfahrungen, die für den Aufstieg der Erde ge-

braucht werden, denn ihre Erfahrungen werden für andere verwendet, die es dadurch leichter haben in ihrem Prozess. Je später jemand also aufwacht, desto leichter geht es für ihn. Außerdem setzt die Karmalöschung unerhört hohe Energien frei, die wiederum der Erde zugute kommen, und genau deshalb geschieht es auch.

Karma wurde angesammelt, um die dabei gestauten Energien dann für die Erde und damit für die Weiterentwicklung des Ganzen zu verwenden. Nur diesen Sinn hatte das Karmaspiel! Es geht um Energie, um die Erhöhung der vorhandenen Energie, um Erhöhung der Frequenzen!

Um diese Karmaauslöschung zu bewerkstelligen, wird das rote Feuer der Kundalini benötigt, denn Feuer verzehrt alles, auch Karma. Dies geht jedoch nicht, ohne dass sich der betreffende Mensch, – nennen wir ihn einmal Lichtarbeiter, obwohl er eher Feuerarbeiter oder Regenbogenarbeiter ist –, der Ursachen für das Karma bewusst wird und mit allen dazugehörigen Gefühlen fertig werden muss, und oft genug ist das Schuld. Eine sehr starke und hilfreiche Energie! Dieses Schuldbewusstsein gilt es aufzulösen, und das ist eine große Herausforderung, nicht wahr?

Der Mensch muss sich also alles ansehen, was zu negativ besetzten Gefühlen führte und sich als dunkler Fleck auf den Lichtkörper absetzte. Diese „dunklen Flecken" sind keine Flecken auf der sonst reinen Weste, sondern einfach nur Bereiche niedriger Energie, die wieder erhöht werden können. Es geht hier also nicht um Wiedergutmachung von Dingen, die man angestellt hat, denn auch das sind nur Erfahrungen, die zu Wachstum führen sollten und auch führten, sondern es geht um ein Erwachen und Erkennen der eigenen Natur. Dazu gehört herauszufinden, wer man eigentlich ist und woher man kommt und auch, welche Aufgaben man sich in diesem Leben auf allen Ebenen vorgenommen hat. (Anleitung hierfür findet ihr im Kapitel „Wo fange ich an"?)

Jeder Mensch, der also beschließt, sein Karma hier und jetzt aufzulösen, wird danach frei, das zu tun, was immer er sich vornimmt, denn er hat einen Teil seiner Aufgaben schon erfüllt und kann sich nun dem widmen, was er wirklich will. Man könnte sagen, das war der Pflichtteil, und nun kommt die Kür. Er ist frei von karmischen Zwängen, und das bringt eine Erleichterung für die künftige Entwicklung der Einzelperson wie auch der Erde mit sich, beide werden „leichter", „lichter", „weniger dicht".

Dies alles liegt im Basis-Chakra verankert und nimmt dort seinen Anfang.

Das Sakralchakra (Zweites Chakra)

Wie wichtig dieses Chakra ist, können wir gar nicht genug betonen, denn hier liegt die Kreativität oder genauer gesagt: die Schöpferkraft schlechthin. Solange es hier keine 100%ige Öffnung gibt, kann es auch keine 100%ige bewusste Eigenschöpfung für das Leben geben. Dann unterliegt man noch karmischen Zwängen und kann eben nicht alles völlig frei entscheiden, sondern unterliegt der Planung, die vorher für dieses Leben gemacht wurde, indem man zum Beispiel bestimmten Menschen noch begegnen möchte, um Unerledigtes zu erledigen, usw. Ist man frei, kann man diesen Menschen immer noch begegnen, aber nun muss nichts mehr erledigt werden, weil der Lichtarbeiter dies auf andere Weise bereits getan hat.

In diesem Chakra entscheidet sich der Ausgleich von männlichen und weiblichen Anteilen. In manchen esoterischen Schulen ist bekannt, dass dieses Chakra eigentlich aus zwei einzelnen Chakren besteht, nämlich einem männlichen und einem weiblichen. Sie liegen nebeneinander unterhalb des Nabels, und erst wenn diese beiden miteinander verschmelzen, „rutscht" das Chakra wieder dorthin, wohin es gehört, nämlich hinter den Nabel. Aus dieser Zweiteilung rührt die Verwirrung, dass in manchen Lehren das Milzchakra als das eigentliche Sakralchakra angesehen wird.

Diese Teilung des Chakras war notwendig, um die Trennung in Geschlechter überhaupt erst möglich zu machen, und wurde in Atlantis durchgeführt. Je nachdem, auf welchem Chakra die Hauptbetonung liegt, wird im Mutterleib (oder auch schon vorher) entschieden, ob das Kind männlich oder weiblich wird. Aber auch wenn das Nabelchakra wieder vereint ist, müssen noch alle Reste geklärt werden, die es in der Drehgeschwindigkeit womöglich noch behindern. Je schneller ein Chakra sich dreht, desto höher ist die Frequenz. Gerade bei diesem Chakra ist deutlich zu spüren, dass verschiedene Frequenzen auch verschiedene Aufgaben haben. Es gibt die Frequenz, die für die körperliche Lust zuständig ist, die ein bestimmtes Gefühl im Körper auslöst, und dann gibt es eine Bandbreite von Frequenzen, die für die verschiedenen Ausdrucksformen von Kreativität zuständig sind. Manche Menschen arbeiten mehr mit der Frequenz der hörbaren Musik, andere mit literarischem Ausdruck, wie dieser Kanal. Da sie sich auf diese Frequenz konzentriert, wäre es für sie sehr schwer, auf der Bandbreite der Musik zu arbeiten, da sie dort nicht so geübt ist, aber unmöglich wäre das nicht. Auch hier macht Übung den Meister. Sollte sie vom Schreiben irgendwann genug haben, kann sie sich auf diese andere Bandbreite der Frequenz einstimmen und ein Leben als Musikerin beginnen. Das gilt natürlich für jeden Menschen aber nur dann, wenn das Schöpferpotenzial völlig freigelegt wurde. Dieses Schöpferpotenzial hast du, liebe Leserin, lieber Leser, genauso, denn das Leben, das du jetzt führst, hast du „geschöpft", kreiert, aber eben noch unter Berücksichtigung unerledigter Dinge!"

Hier unterbreche ich die Ausführungen der Anasasi, weil mir in dieser Nacht durch einen Traum klar gemacht wurde, was Schöpferkraft wirklich ist, und ich möchte versuchen, dies in meinen eigenen Worten zu erklären, bevor wir die Anasasi wieder zu Wort kommen lassen.

Kürzlich las ich in einer Fernsehzeitschrift etwas über einen Unterwasservulkan vor Italien, der Marsali heißt. Schon der Name ist irgendwie unheilverkündet, ist Mars doch der Gott des Krieges. In dem Artikel wurde auch prompt darauf aufmerksam gemacht, was alles passieren kann, wenn dieser Vulkan ausbricht, oder wenn er erlischt. Sogar für das Erlöschen hat man Gefahrenszenarien aufgezeigt. Ich möchte den Artikel jetzt nicht in Einzelheiten wiederholen, sondern aufzeigen, was mit dieser Art der Berichterstattung ausgelöst, also „geschöpft", werden kann.

Wir haben gehört, dass der Mensch selbst Schöpfer seines Lebens ist. Das gilt nicht nur, wenn er seine Chakren zu 100% geöffnet hat, sondern grundsätzlich. Er ist ein Geistwesen, das jedes Leben auf der Erde sorgfältig plant und die Dinge in Bewegung setzt, damit der Plan in Erfüllung gehen kann. Es kommt nicht immer so, wie geplant, einfach deshalb, weil jeder Mensch einen freien Willen hat, und somit ist der große Plan für das Leben das Potenzial für das, was geschehen kann, ist also nur zu einem gewissen Teil vorher festgelegt. Außerdem kann und wird der Plan auch ständig redigiert und neuen Gegebenheiten angepasst. Das ist jetzt in diesen schnelllebigen Zeiten notwendiger denn je. Menschen, die in die Akasha-Chronik blicken können, können oft nur noch einen Zeitraum von ca. fünf Jahren in der Zukunft sehen, wogegen es früher sehr viel längere Zeiträume waren.

Wird der Mensch geboren, so ist seine Schöpferkraft, die als Geistwesen vollständig vorhanden ist, eingeschränkt, weil ja ein Plan besteht, bestimmte Erfahrungen zu machen. Wären wir sofort im Vollbesitz des gesamten Schöpferpotenzials, so würden wir die unangenehmen Erfahrungen weglassen und nur angenehme „produzieren", also wird es eingeschränkt, indem so etwas wie eine Grenze, ein Mantel, um das Sakralchakra gelegt wird. Dieser Mantel besteht zusätzlich zu der Trennung in zwei Sakralchakren. Hier sind also einige Hindernisse zu überwinden, um das volle Potenzial erlangen zu können. Wie viel Prozent Schöpferkraft du im Augenblick hast, kannst du per Muskeltest oder Pendel deinen Körper fragen. Ist dein Sakralchakra zu 100% geöffnet und Yin und Yang miteinander verschmolzen, hast du auch die volle Kraft, dein Leben (neu) zu gestalten. Das ist im Moment nur bei wenigen Menschen der Fall.

Kommen wir noch einmal auf den Artikel über den Marsali zurück. Lesen nun viele Menschen diesen Artikel, so beginnt sich eine bestimmte Menge von ihnen vielleicht Sorgen zu machen, dass dieser Vulkan tatsächlich ausbrechen könnte. Sie stecken sozusagen Energie in den Vulkan, weil sie sich mit ihm beschäftigen. Es ist egal, ob du dich positiv oder negativ mit etwas beschäftigst, wenn du es tust, steckst du Energie hinein und aktivierst so das, was dich bewegt. Wird nun eine kritische Masse erreicht, also eine genügende Anzahl von Menschen machen sich über diesen Vulkan Sorgen (da die Schöpferkraft der meisten Menschen eingeschränkt ist, braucht man mehr von diesen Menschen, um etwas in Gang zu setzen, als von Menschen, die ihr volles Potenzial leben), was geschieht dann wohl? Eine glühende Masse Lava, die ohnehin schon brodelt, erhält Energie von außen. Wie leicht ist es wohl, diese Masse in Bewegung zu setzen?

Und wie leicht oder wie schwer ist es wohl, sich eine friedliche Welt vorzustellen (und dort Energie hineinzugeben), wenn ringsum alles mit Sorge betrachtet wird? Ich höre ständig in meiner Umgebung den Satz „Alles wird immer schlimmer", in Zusammenhang mit der Preissteigerung, mit der Abnahme der Qualität der Waren, usw. Wird es dadurch besser, wenn wir dauernd denken, „alles wird immer schlimmer"? Nein, wohl kaum. Um den ständigen Verfall unserer Gesellschaft in positive

Bahnen zu lenken und das Vergehen des Alten in den Aufbau von etwas Neuem umzusetzen, müssen wir auch da Energie hineingeben, sonst funktioniert es nicht!!! Und das beginnt natürlich im Denken, und dann im Handeln. Wenn wir möchten, dass etwas wieder besser wird, müssen wir darüber nachdenken, was wir selbst tun können, damit es besser wird, und dann müssen wir es auch tun!

Beginnen also genügend Menschen, sich für ihr eigenes Leben (gar nicht mal für das ganze) jeden Morgen Zeit zu nehmen, um es sich in den schönsten Farben auszumalen, dann wird auch in ihrem Leben etwas geschehen. Eine Veränderung tritt ein, – vielleicht erst in kleinen Schritten, aber es kommt Bewegung in die Sache, und zwar auch dann, wenn sie noch nicht ihr volles Potenzial entwickelt haben. Da Materie träge ist, mag es etwas dauern, doch es geschieht. Allein das Vertrauen darin und der Wille und der Entschluss, es erreichen zu wollen, sind starke Lenker für die Energie dieser Menschen.

Kommt nun positive Bewegung in ein einzelnes Leben, und dann in noch eines und immer mehr, dann hat das eine steigernde Wirkung auf das Ganze. Wir müssen also nicht in die Welt hinausgehen, um etwas zu bewirken (obwohl das die Aufgabe Einzelner sein mag), nein, wir müssen hier bei uns zu Hause anfangen, weil die Kraft und die Macht in jedem steckt, denn wir sind viel mehr, als wir derzeit noch glauben. Wir haben diese Kraft und Macht! Nutzen wir sie!!

Dies ist in einer Welt, die die Angst kultiviert hat, natürlich nicht so einfach. Daher muss man damit anfangen, sich alle Ängste anzusehen und diese nach und nach überwinden, denn sonst stecken wir unsere Kraft weiterhin in das, wovor wir Angst haben, und nicht in das, was wir uns wirklich wünschen. Warum bekommt jemand, der panische Angst vor Krebs hat, diesen auch? Es ist genau dieser Mechanismus. Warum wird eine Frau, die furchtbare Angst hat, vergewaltigt zu werden, dieses auch erfahren? Es ist immer dasselbe: Wenn diese Frau ohne Furcht durch den Park gehen würde, dann würde sie auch niemanden anziehen, der ihre Furcht bestätigt.

Als ich bis hierher gekommen war, meldete sich wieder die Engelebene und führte aus:

„Furcht ist eine Energie der Dritten Dimension, und sie ist es, die den Engeln das Hiersein so schwierig macht. Das fängt schon mit der Angst an, wenn ein Engel erscheint, daher müssen seine ersten Worte

sein: „Fürchte dich nicht." Soll die Erde diese Dichte verlassen (und sie tut es bereits), so muss sie die Furcht hinter sich lassen, sonst funktioniert es nicht. Hier ist wieder die kritische Masse gefragt. Es müssen genügend Menschen ihre Ängste überwinden, denn es sind die Ängste, die euch „hinunterziehen" und „schwerer" machen. Das Leben wird viel leichter ohne sie, und dann wird der Kontakt zu uns auch viel leichter sein. Die vielen Menschen der esoterischen Welle der letzten dreißig Jahre haben hier einen Weg aufgezeigt und den Anfang gemacht. Ihnen ist die Beschleunigung des Aufstiegs zu verdanken.

Ihr könnt damit beginnen, dass ihr Engel herbeiruft und ohne Furcht mit ihnen kommuniziert. Das wäre wunderbar für uns, denn da können wir mit viel mehr Freude und somit auch leichten Herzens bzw. mit leichterer Energie kommen. Es ist durchaus kein Zufall, dass es in diesem Zeitalter so viele Engelbücher gibt. Lest sie und sprecht mit uns ohne Furcht! Ihr könnt dieses in einer Meditation tun und zum Beispiel nach dem Namen eures Schutzengels fragen. Der erste Name, der in eurem Geist auftaucht, ist dann auch der Name eures persönlichen Engels. Er steht mit euch in nächster Verbindung, daher ist ein Kontakt zu ihm für euch für den Anfang am leichtesten. Ihr könnte ihn alles fragen, was ihr wollt, ob er allerdings auch immer eine Antwort geben kann oder darf, ist etwas anderes, doch fürchtet euch nicht und sprecht mit ihm (oder ihr). Vielleicht ist es ja ein verstorbener Verwandter, den ihr noch kanntet, und auch das erleichtert dann den Vorgang. Indem ihr mit eurem Schutzengel sprecht, legt ihr die Angst vor der geistigen Welt ab, und das ist auch dringend notwendig, seid ihr selbst doch viel mehr Geist als Materie, und das zeigt, dass ihr im Grunde vor euch selbst und eurer eigenen Größe Angst habt. Wir grüßen euch, wir lieben euch."

Ich nahm gleich Kontakt zu meinem Schutzengel auf, da ich natürlich neugierig war.

Ich habe immer wieder überlegt, ob ich den Dialog in das Buch hineinnehmen soll, da er doch ziemlich persönlich ist, aber da er Botschaften für alle Menschen enthält, habe ich mich dazu entschlossen, vor allem auch, weil es mir dringend geraten wurde. Hier ist, was bei meiner Kontaktaufnahme mit meinem Schutzengel herauskam:

„Ich möchte gerne den Namen meines Schutzengels erfahren".
"Ariel."
„Männlich oder weiblich?"
"Weiblich."
„Warum fühlt sich der Dialog an, als würde ich mit den Anasasi sprechen?"
"Weil ich, Ariel, ein Mitglied deiner Seelenfamilie bin, die sich bereit erklärt hat, dein Schutzengel zu sein."
„Aber wo liegt dann der Unterschied zwischen der Engelebene und der Seelenfamilie?"
"In der Tätigkeit, nur in der Tätigkeit."
„Sind alle Geistwesen Engel, die die Arbeit von Engeln am liebsten verrichten?"
"Ja, genau."
„Welche Art von Arbeit ist das?"
"Beschützen, dienen, helfen, lieben, alles in der Art."
„Ein Schutzengel darf aber nur vor dem beschützen, was nicht im ursprünglichen Plan vorgesehen war, verstehe ich das richtig?"
"Ja, dafür ist er da. Die Dinge, die dir zustoßen sollen, weil du etwas daraus lernen willst, die darf ich nicht verhindern, so ist es abgesprochen, bei jedem Menschen.

Als du damals deinen Unfall hattest, war abgesprochen, dass du gehen darfst, weil dies der Weckruf für deine Familie sein sollte. Aber Pläne ändern sich manchmal. Weil die Menschen in der Dichte dieser Energie so schwer zu wecken sind, hast du dich entschlossen, doch zu bleiben, selbst aufzuwachen und Botschaften aufzuschreiben, die du jetzt verbreitest. Wären die Menschen im Gesamten so schnell aufgewacht, wie es ursprünglich geplant und gedacht war, wäre es nicht nötig gewesen und du hättest deine nächsten Entwicklungsschritte als Kind der Neuen Zeit in einem neuen Leben gehen können. Aus Liebe zu den Menschen hast du dieses aufgegeben und beschlossen, alles Karma jetzt schon zu erledigen, um frei zu sein für diese Botschaften. Du (also dein Höheres Selbst, um genau zu sein) hast dich entschlossen, deine Entwicklung rasant zu beschleunigen, obwohl du wusstest, dass du dafür viele Schmerzen und auch Leid ertragen müsstest."

„Soll ich diesen Dialog wirklich in das Buch integrieren? Das ist doch eher privat."

„Nein, nichts, was du tust, ist noch privat, weil du dich völlig in den Dienst der Menschheit gestellt hast."
„Oh."

Das reichte mir für das erste Mal, und ich ging etwas essen, um das zu verdauen, was ich da gerade gehört hatte.

Um auf unser Thema zurückzukommen:

Fange deinen Tag also nicht damit an, dir Sorgen zu machen (Sorgen sind nichts anderes als Angst), was wohl alles geschehen wird, sondern beginne ihn mit freudiger Erregung ob der schönen Dinge, die dir heute widerfahren werden. Das kannst du mit einem einfachen Satz tun:

„Ich begrüße diesen Tag, was er mir auch bringen mag."

Und dann achte wirklich verstärkt auf die kleinen und größeren Wunder, die auch in deinem Leben jeden Tag geschehen. Du wirst sehen, dass, egal wie trüb dein Leben im Moment auch aussehen mag, doch erstaunlich viel Angenehmes geschieht. Je mehr du dich auf die Schönheit der Erlebnisse konzentrierst, desto mehr wirst du davon erleben. Du steckst also Energie in die schönen Seiten des Lebens und nicht in die unangenehmen. Hier geht es um das Resonanzgesetz. Je mehr du dich mit schönen Dingen beschäftigst, desto mehr davon ziehst du in dein Leben. Je mehr du dich mit Unglück abgibst, umso mehr passiert dir auch.

Das ist die Schöpferkraft des Menschen. Das Universum reagiert auf diese Kraft, und zwar in jede Richtung. Wer mehr dazu wissen möchte, sollte *Die vier Prinzipien der Schöpfung*, gechannelt von Omni, lesen.

Das Sakralchakra steht für die Schöpferkraft. Es zieht Energie an, und es strahlt Energie ab, so wie jedes Chakra, aber mit diesem Chakra hier bewegst du am meisten für dein persönliches Leben und auch für die Entwicklung des Ganzen.

Solarplexuschakra (Drittes Chakra)

Weiter mit den Ausführungen der Anasasi:

Dieses Chakra hat als zentrales Thema die Macht. Aber warum korrespondiert es dann mit der Farbe Gelb, also mit der Sonnenfarbe? Weil Macht nichts Dunkles oder Schlechtes ist, sie <u>ist</u> einfach. Man kann sie nutzen zu allen Zwecken, die einem sinnvoll erscheinen. Jeder von euch hat in der Vergangenheit oder auch in der Gegenwart ausgiebig erfahren, was geschieht, wenn Macht so gebraucht wird, dass sie Macht <u>über</u> andere bedeutet, sie also missbraucht wird. Dies geschah jedoch aus einem Gefühl des Mangels heraus. Entwickelst du deinen Lichtkörper, lässt also die Ängste hinter dir, klärst deine Vergangenheit, öffnest deine Chakren, dann öffnest du dich der Geistigen Welt und damit auch der göttlichen Energie, denn das ist die Energie, die du suchst, die Energie, an der es dir zu mangeln scheint. Das heißt, du leidest dann keinen Mangel mehr, und darum ist auch keine Gefahr des Missbrauchs mehr gegeben, denn du hast bzw. bekommst alles, was du benötigst, ob das nun Geld ist oder Liebe, spielt keine Rolle.

Dein Höheres Selbst hat den Überblick und weiß, was du brauchst, und daher wird dann das Nötige arrangiert. Das deckt sich allerdings nicht immer mit dem, was dein Bewusstsein hier unten auf der Erde zu glauben braucht. Das sollte dir auch klar sein, denn auf der Erde wird einem von so vielen Seiten eingeredet, was man unbedingt braucht, dabei deckt sich das kaum mit dem, was du tatsächlich für dein Seelenheil benötigst. Das ist nämlich Glück und Liebe, und das, lieber Mensch, kannst du nicht kaufen. Das erfährst du nur, wenn du dich der Geistigen Welt, also eigentlich deinem wahren Selbst, öffnest, denn du bist viel mehr dort als hier auf der Erde. Du weißt das auch eigentlich, du musst dich nur wieder daran erinnern. Bei der Entwicklung der eigenen Spiritualität geht es eigentlich nur darum, sich wieder an das zu erinnern, was wir eigentlich schon sind, und dieses „Sein" gilt es auf der Erde zu integrieren und zu leben. Das ist Aufstieg! Und nicht, die Erde zu verlassen.

Bei der Öffnung dieses Chakras geht es also vornehmlich darum, die eigene Macht wieder zu erkennen und anzunehmen, und nicht darum, davor Angst zu bekommen, obwohl das im Laufe des Prozesses auch kurzzeitig geschehen kann. Erkennst du nämlich, wie machtvoll du wirklich bist, kann dich schon ein unheimliches Gefühl beschleichen, wie es diesem Kanal hier auch immer wieder ergeht, wenn er (sie) wieder ein Puzzleteil zu ihrem eigentlichen, wahren Selbst gefunden hat. Aber auch diese Angst muss und wird überwunden werden. Du kannst es, und du tust es bereits, indem du dieses Buch und ähnliche liest. Solche Bücher sind nur der Schlüssel, das Schloss bist du, und dein Geist ist es, der den Schlüssel in das Schloss steckt und aufschließt, um zu sehen, was wohl dahinter ist.

Es ist nicht so, dass nun der Zeitpunkt gekommen ist, an dem alle Menschen alles auf einmal klären müssen, um sich weiterentwickeln zu können. Das ginge dann doch zu schnell und wäre Allem-was-ist nicht dienlich. Sondern es ist so, dass im Regenbogenzeitalter die Gelegenheit sehr günstig ist für alle diejenigen, die den entsprechenden Reifegrad erreicht haben. Denen, für die dieses noch nicht gilt, bleibt genug Zeit und bleiben genügend andere Leben, um den eigenen Zyklus zu beenden. Mit dem Aufstieg der Erde in die Fünfte Dimension ist nicht automatisch alles erledigt. Das trifft nur für die zu, die erwachen und dann den Weg auch weitergehen. Hiermit ist keine Wertung verbunden, denn alles hat seinen Sinn, alles hat seinen Zweck, auch den, dass nicht alle gleichzeitig erwachen. Stellt euch einmal das Chaos vor, wenn jeder nur noch mit dem eigenen Klärungsprozess beschäftigt wäre, dann könnte das normale Leben gar nicht mehr weiterlaufen. Die Menschen werden daher in Wellen geweckt, manche Wellen sind größer, andere weniger groß.

Alle, die bereits in einem fortgeschrittenen Stadium des Lichtkörperprozesses stecken oder dies nun angehen, sind Helfershelfer für alle anderen, die folgen. Sie sind Diener dieser Welt und aller Menschen. Niemand braucht vor ihnen Angst zu haben, am allerwenigsten sie selbst, denn sie handeln im göttlichen Auftrag und zum Wohle aller. Sie sind deshalb nicht mehr wert als andere, auch sie _sind_ einfach, und zwar hier, um zu helfen.

Das Solarplexuschakra steht also dafür, die eigene Macht wieder zu übernehmen. Dieses Chakra sammelt somit auch alle Informationen, die von außen auf den Menschen einströmen (es ist so etwas wie eine Vorprüfstelle, bevor die Informationen weiter zum Gehirn geleitet werden), und fügt sie zu einem Bild zusammen. Es ist daher tatsächlich so etwas wie der Vorläufer des Gehirns. Hier werden auch die Informationen ausgewertet, die durch Intuition gesammelt werden. Mit ihnen kann der Verstand oft nichts anfangen, er kann sie nicht auswerten, weil er es verlernt hat, und das äußert sich dann in „Bauchgefühlen". Du kannst *also dort eine Vorahnung verspürst, da der Verstand die Informationen, die dazu geführt haben, nicht versteht, entsteht ein Angstgefühl. Dieses Angstgefühl beruht nicht auf dem, was sich vielleicht gleich Schreckliches ereignen wird, denn das kann durchaus etwas Gutes sein, sondern es beruht darauf, dass der Verstand nicht versteht, was eigentlich vorgeht, – nämlich dass er Informationen erhält, die er über die „normalen Sinne" nicht erhalten konnte. Das ist natürlich auch bei Menschen der Fall, die sich spirituell noch nicht weiterbewegen.*

Entwickelst du dich nun weiter, so kommen diese Gefühle im Bauch vermehrt zu dir, weil du deine Intuition wieder erweckst und somit den vermehrten Informationsfluss zulässt. Solange, bis du gelernt hast, keine Angst mehr vor diesen Informationen zu haben, wird die Frequenz des Solarplexuschakras immer wieder mal auf die Bandbreite der Angst wechseln. Bist du in solch einer Situation, – nämlich Angst im Bauch zu spüren, ohne sie dir konkret erklären zu können, weil es keinen offensichtlichen Auslöser gibt –, begib dich mit deinem Bewusstsein in das Chakra und sieh dir die Informationen an, die dort enthalten sind. Du übersetzt sie somit für deinen Verstand, und dann wirst du sehen, dass es keinen Grund für die Angst gibt.

Die Bauchgefühle sollten dich auf etwas vorbereiten, eine Erfahrung, die du gleich oder an diesem Tage machen wirst. Sie sollen dir keine Angst einjagen. Das lernst du aber, denn wenn du Fähigkeiten (wieder) nutzt, kommen die Übung und die Erfahrung, und damit verliert sich dann die Angst. Gerade die Öffnung des Solarplexuschakras ist mit sehr vielen Ängsten verbunden, weil die Missbrauchserinnerung aus früheren Leben noch in jedem Menschen steckt, denn das haben wir alle schon durchgespielt. Doch auch das kann und wird überwunden werden.

Herzchakra (Viertes Chakra)

Nun kommen wir zum Zentralstück im menschlichen Energiesystem. Ähnlich wie das Sakralchakra ist es in zwei Hälften aufgeteilt, die diesmal jedoch untereinander liegen. Auch diese beiden Hälften müssen und werden in jedem Menschen irgendwann miteinander verschmolzen werden. Das eine, das untere Herzchakra, ist zuständig für die unpersönliche Liebe. Das ist die Liebe, die alles und jeden, also die gesamte Schöpfung, umfasst. Dieses Chakra öffnet sich beim Betrachten eines Sonnenuntergangs, beim Ansehen einer schönen Blüte oder besonderer

Formationen in der Natur und ähnlichen Dingen. Es ist also ein Chakra, das mit der Schönheit in allem zu tun hat, – mit der Schönheit in jedem Gegenstand, und mit der Schönheit in jedem Menschen und allen anderen Lebewesen. Dieses Chakra erkennt den Engel im Menschen und auch, dass jeder seinen Platz im großen Plan hat, und damit auch seine Handlungen, selbst wenn uns als Mitmenschen diese seine Handlungen unangenehm sind.

Über dieses Chakra bist du mit Allem-was-ist verbunden, denn es umfasst alles, was ist. Bevor du dieses Chakra nicht vollständig geöffnet hast, bist du auch nicht völlig bereit für die persönliche Liebe. Die persönliche Liebe ist das, was die meisten Menschen im anderen suchen, und betrifft das zweite Herzchakra. Es ist das, was wir gemeinhin unter Liebe verstehen, aber es ist eigentlich auch viel mehr, denn der Mensch meint meist eine besitzergreifende Liebe, eine, die davon abhängig ist, dass sie erwidert wird. Die wahre persönliche Liebe gibt aber nur und fordert nicht. Sie ist gleichzeitig auch bereit, zu empfangen. Wird sie auf die gleiche Weise erwidert, so entsteht eine höhere Form der Liebe, eine, die in der Dritten Dimension bisher nur in Ausnahmefällen möglich war, aber nun, weil die Erde immer höher schwingt, für immer mehr Menschen möglich sein wird.

Verschmelzen nun diese beiden „Liebesarten" miteinander, so ist das Herzchakra wieder vereint, so wie es ursprünglich konzipiert war.

An diese Stelle melden sich wieder die Engel zu Wort, also wieder Klammer auf:

(„Es ist diese Art der Liebe, die im Reich der Geistwesen immer herrscht. Ein Schutzengel zum Beispiel liebt seinen Schutzbefohlenen auf die unpersönliche, göttliche Weise, doch kann er durchaus auch große Zuneigung zu dem betreffenden Menschen entwickeln. Das ist sogar die Regel, von der es nur wenige Ausnahmen gibt. Diese Ausnahmen sind allerdings extrem selten. Ist daher ein Wechsel der Engel nötig (und das ist der Fall, wenn der Mensch erwacht und dann wieder, wenn er seine neue Aufgabe gefunden hat), so ist das auf beiden Seiten mit Verlustgefühlen verbunden, weil da eben Liebe ist. Auch der Mensch erwidert diese Liebe der Engel, auch wenn er es meist nicht bewusst tut, sondern auf der unbewussten Ebene. Sein Höheres Selbst weiß es jedoch, und das genügt solange, bis der Mensch erwacht. Erinnerst du

dich noch an den Traum? Erzähle dein Erlebnis hier."

Dies ist nun an mich als Kanal gerichtet. Es ist schon etwas merkwürdig, von mir in der dritten Person zu lesen, vor allem, weil ich es ja niederschreibe. Nun mein Erlebnis, auf das sich die Engel beziehen:

Als ich im Zuge meines Erwachungsvorgangs eines Abends laut vor mich hin sagte: „Also gut, ich erkenne an, dass es Engel gibt", hatte ich nachts einen Traum:

Ich fuhr auf einem Floß einen Fluss hinunter. Mit mir waren noch drei andere auf dem Floß; ich nehme an, es war mein Mann mit den beiden Kindern. Das Floß steuerte auf einen runden, schwarz gähnenden Abgrund zu. Mir gelang es gerade noch, diesen Abgrund zu überwinden, indem ich seitlich an den Rand sprang, und die anderen konnte ich auch retten. Ich deutete das so, dass ich einer großen unbestimmten Gefahr dadurch entronnen war, indem ich die Existenz der Engel, und mit ihr symbolisch die Geistige Welt, anerkannte. Mehr habe ich allerdings nie daraus lesen können.

Die Engel erläutern hierzu:

„Nun, es ist ganz einfach, was dir dieser Traum noch sagen sollte. Du warst dabei, zu erwachen, und wenn du nicht in diesem Moment fest an die Existenz der Engel geglaubt hättest, wärst du wieder in den Dämmerzustand des Schlafes versunken. Dann hättest du einen anderen Anlauf benötigt, dich aus dem Schlaf zu erheben. Es war keine Gefahr damit verbunden, jedenfalls nicht für dich persönlich.

Dein Aufweckprozess war jedoch deshalb für die Engelebene so wichtig, weil du nun genau die Arbeit tust, die du tun solltest und wolltest, und auf diese Gelegenheit haben nicht nur wir, sondern auch die Engel gewartet. Natürlich bist du nicht die Einzige, die mit Engeln kommuniziert, aber du bist ein Kanal, den viele nutzen können, wohingegen die meisten nur mit der Schwingung einer einzelnen Wesenheit kompatibel sind. Du bringst die Fähigkeit mit dir, für viele offen zu sein, jedoch nur oberhalb der sechsten Ebene. Das ist wichtig, weil die Botschaften in diesem Buch eine einheitliche Qualität haben sollen.

Das hat nichts mit Wertung von höher oder niedriger zu tun, sondern nur mit Einheitlichkeit. Um eine „runde" Energie in dieses Buch zu bringen, ist es nötig, mehrere „Abteilungen" zu Wort kommen zu lassen, da diese es ermöglichen, das gleiche Thema aus verschiedenen Blickwinkeln zu betrachten. Dies ist für die Verständlichkeit, und damit für die

Leserinnen und Leser von großem Nutzen, wenn auch von der Übersichtlichkeit her vielleicht etwas gewöhnungsbedürftig.

Warum du, lieber Kanal, für die Engelebene nutzbar bist, liegt an deiner großen Liebe und an deinem Mitgefühl für sie."

„Das klingt so nach Selbstbeweihräucherung, kann ich das nicht weglassen?"

„Nein, denn die Leserinnen und Leser können und sollen auch daraus etwas lernen, denn es sagt sehr viel über die Funktionsweise des Herzens aus.")

Halschakra (Fünftes Chakra)

Weiter mit den Ausführungen der Anasasi:
Über die Vorder- und Rückseiten der Chakren haben wir uns noch nicht geäußert, und das ist auch im Moment nicht notwendig, da Cyndi Dale einen ganz guten Überblick gibt. Aber am Beispiel des Halschakras kann man gut die Unterschiedlichkeit der Funktionen von Vorder- und Rückseite eines Chakras erkennen. Vorderseite oder Rückseite ist eigentlich ein unglücklicher Ausdruck, aber Eintritts- und Austrittspunkt stimmt auch nicht, denn von beiden Seiten können Energien hinein- und hinausfließen.

Genau genommen ist jedes Chakra hantelförmig aufgebaut, mit einem Teil an der Vorderseite des Körpers und dem anderen an der Rückseite und dem Verbindungsstück in der Wirbelsäule. Allerdings spielten die Chakren auf der Vorderseite in den zurückliegenden Änonen die größte Rolle. Das ändert sich nun in der Neuen Zeit.

Das Thema des Halschakras lautet Kommunikation. Die Vorderseite des Halschakras, das Kehlkopfchakra, ist für die äußere Kommunikation, also für die mit der Umwelt, zuständig, somit für die Kommunikation der Menschen untereinander. Die Halsrückseite, also der „Gegenpol" des Chakras, das Nackenchakra, ist für die innere Kommunikation zuständig. Diese innere Kommunikation ist die mit der Geistigen Welt. Hat man Probleme mit dem Hals, so hat man Probleme mit der Kommunikation, entweder der inneren oder der äußeren, oder beiden.

Über die Kommunikation der Menschen untereinander brauchen wir uns nicht auszulassen, da gibt es genügend Literatur.

Es gibt verschiedene Ebenen der Kommunikation mit der Geistigen Welt, so wie es auch verschiedene Kommunikationsarten der Menschen untereinander gibt, obwohl dieser Vergleich nicht so ganz passt. Die geistige Kommunikation ist eher mit der Telepathie verwandt, da es eine Kommunikation von Geist zu Geist ist. Zu diesem Thema wird Maha Cohan sich im Kapitel über die neuen Chakren am Rücken ausführlich äußern.

Stirnchakra (Sechstes Chakra)

Auch das Stirnchakra ist, wie das Herz- und das Sakralchakra, zweigeteilt. Allerdings liegen dieses Mal die beiden Hälften weder nebeneinander noch übereinander, sondern hintereinander. Sie sind von der Form her, genau wie alle anderen Chakren, kugelförmig, wenn sie entwickelt sind, und flach wie Pfannkuchen, wenn sie innerhalb der unteren Bandbreiten rotieren. Erst höhere Frequenzen machen eine Formänderung nötig, denn eine runde Chakrascheibe kann nicht so schnell rotieren wie eine perfekte Kugel. Das hat mit der Fliehkraft zu tun, denn auch die feinstofflichen Energien gehorchen den physikalischen Gesetzen, genau wie euer physischer Körper auch. Eine feinstoffliche „Scheibe" würde ab einer bestimmten Drehgeschwindigkeit einfach auseinanderbrechen. Eine Kugel kann die höhere Geschwindigkeit besser halten. Daher kommen die Widersprüche über die Formen der Chakren in der esoterischen Literatur. Außerdem kann sich eine Kugel ausdehnen, denn auch das geschieht, wenn der Mensch erwacht, was bei einer Scheibe sehr viel schwieriger wäre.

Nun dreht sich diese Kugel auch noch, und damit bildet sich so etwas wie ein „Lichthalo" um das Chakra herum. Das Licht wird in gewisser Weise „fortgeschleudert". Das Chakra ist also in einer völlig gleichmäßigen Schicht von der Energie umgeben, die es abgibt. Damit ist sichergestellt, dass wirklich alle Körperbereiche gleichmäßig abgedeckt werden und somit Licht in alle „Ecken und Winkel" des Körpers fallen kann. So werden alle dunklen Stellen beleuchtet und nichts bleibt verborgen. Nur die Kugelform ermöglicht diesen Perfektionismus. Das Chakra „strahlt" somit in seinem eigenen Licht.

Die beiden Stirnchakren sind relativ klein im Vergleich zu den anderen Chakren, und doch sind sie deshalb nicht weniger wichtig. Man kann ohnehin nicht sagen, das eine oder das andere Chakra sei wichtiger, denn jedes hat seine eigene wichtige Funktion und seinen Platz im gesamten Energiesystem, und keines der Chakren könnte weggelassen werden. Das würde starke Einbußen in der Funktionsweise des Ganzen bedeuten. Aber sie sind im Grunde auch nicht wirklich voneinander getrennt; sie bedingen einander, und die direkt benachbarten Chakren brauchen oft ihre Nachbarn, um die passende Energie für sich selbst generieren zu können. Das wird schon dadurch deutlich, dass, zumindest in den Anfangsphasen des Aufstiegs der Kundalini, ein Chakra nach dem anderen aktiviert wird, was nur mit Hilfe der kumulierten Energien der bereits aktivierten Chakren geschehen kann.

Später ist das nicht mehr notwendig, doch in der anfänglichen Öffnungsphase der Kanäle schon. Und doch brauchen die Chakren auch in späteren Phasen oft die Energien eines Nachbarn. Dies wird zum Beispiel beim Wurzel- und Sakralchakra deutlich, denn um die volle Schöpferkraft zu entfalten, ist eine Koppelung (nicht Verschmelzung) dieser beiden Chakren nötig, und auch, um einen sexuellen Höhepunkt zu erreichen, wird diese Koppelung gebraucht. Die gemeinsame Kraft beider unteren Chakren lässt die Kundalinienergie beim Sexualakt bis ins Kronenchakra fließen, genauer gesagt: schießen, und hat dabei reinigende und öffnende Wirkungen auf die anderen Chakren, die dabei auf dem Weg liegen. Das gilt zumindest bis zu einer gewissen Ebene.

Die Koppelung der unteren drei Chakren (Wurzel-, Sakral-, und Solarplexuschakra) wiederum ist nötig, um an die Herzchakren überhaupt erst heranzukommen, die von einer Barriere „geschützt" sind, die sonst nur beim Sexualakt durchstoßen werden kann. Dies ist einer der „Knoten", von denen in einigen Lehren die Rede ist. Ein weiterer dieser Knoten befindet sich im Hals und der dritte vor den Stirnchakren. Die Knoten sind Barrieren, die verhindern sollen, dass die drei zweigeteilten Chakren zu früh miteinander verschmolzen werden. Obwohl durch das indische Tantra hier sozusagen Löcher in die Barrieren gestoßen werden, können Sexualpraktiken alleine nicht eine Verschmelzung der zweigeteilten Chakren herbeiführen. Dazu gehört weit mehr als das. Aber es ist ein Hilfsmittel in diese Richtung. Das sei unbestritten. Es gehört eben wieder einmal die Entwicklung des Lichtkörpers mit dazu, die nur über die persönliche Klärung und damit Arbeit an der eigenen Person bewerkstelligt werden kann.

Von den zwei Stirnchakren ist es das Dritte Auge, das als Überset-

zungsmodul für die Botschaften aus anderen Dimensionen verwendet wird. Zu ihm führt die Energiebahn, die vom Nackenchakra (siehe Maha Cohan) quer durch das Gehirn läuft. Von den Stirnchakren führt eine weitere Energiebahn zum Veränderungschakra am Hinterkopf, von dem später die Rede sein wird.

Die Engelebene meldet sich an dieser Stelle wieder, also erneut Klammer auf:

(*„Wir möchten hierzu anmerken, dass es auch das Dritte Auge ist, das es ermöglicht, Engel zu sehen. Es ist also auch eine Übersetzungshilfe für andere Dinge als für wörtliche Botschaften. Es hilft generell, Energieeindrücke in visuelle Darstellung zu bringen, die der Verstand sonst nicht verstehen könnte. Hierzu wird das kulturelle Umfeld des betreffenden Menschen berücksichtigt, um keine unnötigen Ängste aufkommen zu lassen. So sind alle ungewöhnlichen, also nicht so einfach erklärbaren „Sichtungen", gleichgültig welcher Art, Übersetzungen des Dritten Auges. Dies gilt übrigens auch für einige der sogenannten UFO-Sichtungen oder auch für Erscheinungen an heiligen Orten. Wenn viele das gleiche sehen, dann ist eine Gleichschaltung des „Dritten Auges" der betreffenden Menschen erfolgt, sonst wäre das nicht möglich. Das ist auch nicht weiter schwer, denn im Grunde ist die ganze Menschheit ein einziges Bewusstsein. Sie muss es erst nur wieder erkennen. Rupert Sheldrake würde wieder sagen, dass diese Menschen in ein einheitliches Morphogenetisches Feld gehüllt wurden, und er hätte Recht. Bei solchen Anlässen wird immer mit (Energie-) Feldern gearbeitet.*
Erscheinungen oder Sichtungen erfolgen keineswegs planlos oder zufällig und sind immer für die bestimmt, denen dies geschieht. Sie haben Blickwinkel erweiternde Funktionen, einmal ganz abgesehen davon, was sonst noch geschieht.")

Weiter mit den Ausführungen der Anasasi:

Die Funktionen der beiden Stirnchakren sind also klar geteilt, denn das Dritte Auge ist „nur" ein Übersetzungsmodul und liegt näher zum hinteren Halschakra hin, also innerhalb des Körpers. Für die Auswertung der Übersetzungen ist dagegen das eigentliche Stirnchakra zuständig, das auch meist als Stirnchakra bezeichnet wird. Es ist der Teil in der

Mitte der Stirn zwischen den Augenbrauen, der spürbar wird, wenn jemand esoterische Literatur liest, denn dabei wertet er die erhaltenen Informationen aus. In den Worten steckt ja oft mehr Energie, als auf den ersten Blick ersichtlich ist. Diese Stirnmitte wird auch spürbar, wenn der betreffende Mensch spirituelle Wachstumsphasen durchmacht, und gerade jetzt kann dieser Kanal hier sein Stirnchakra auch spüren, weil sie eben die hereinfließende Energie übersetzt und auswertet, indem sie sie zu Papier bringt bzw. in den Computer eintippt.

Da jedes Chakra in seinem eigenen Licht erstrahlt, ist ein Mensch in solch einer Wachstumsphase ein wundervoller Anblick, und das erklärt die Darstellung von Göttern und Heiligen, die ein leuchtendes Juwel in der Stirnmitte tragen.

Das eigentliche Stirnchakra ist es also, das die hereinfließenden Informationen auswertet. Es ist damit auch für alle übersinnlichen Eindrücke zuständig, denn die sind nichts anderes als Informationen. Ist dieses Chakra also voll entwickelt, dann gehen damit auch besondere Fähigkeiten einher.

Es gibt von jedem Hauptchakra auch Verbindungen zu den sieben Hauptdrüsen, doch diese sind in anderen Büchern für den Moment ausreichend dargestellt.

Kronenchakra (Siebtes Chakra)

In manchen esoterischen Schulen wird das Stirnchakra (meist ist dort nur von einem die Rede, weil die Bedeutung des zweiten oft nicht erkannt oder nicht bekannt gemacht wurde) als Teil des Kronenchakras angesehen, und was die räumliche Anordnung und die Funktionen anbetrifft, ist diese Aussage gar nicht so falsch. Die Stirnchakren sind eine Erweiterung des Kronenchakras, weil ihre Funktionen sich gegenseitig ergänzen und auch bedingen. Sind die eingehenden Informationen (gleich welcher Art, auch die der fünf normalen Sinne) übersetzt und ausgewertet, müssen sie noch in eine für den Verstand verwertbare Form gebracht werden, und das ist Teil der Aufgaben des Kronenchakras, das nicht, wie meist dargestellt, wie eine Kappe über der Kopfhaut liegt, sondern eine dreidimensionale Form hat und damit das gesamte Gehirn mit einbezieht. Der sogenannte tausendblättrige Lotus, der aus eigentlich 960 Minichakren besteht, ist also nicht außen über den Kopf verteilt, sondern die vielen Minichakren sind kugelförmig innerhalb des oberen Kopfbereiches untergebracht.

Die kugelförmige Gestalt des Kronenchakras gilt für jeden Menschen, und nicht nur für den spirituell entwickelten. Das liegt an der umfangreichen Bandbreite der Frequenzen, mit denen das Kronenchakra immer fertig werden muss. Es braucht also für hohe Drehzahlen von vorneherein die Kugelform. Es ist eine Sammelstelle für alle Energiearten der anderen Chakren und so etwas wie die Summe der Teile, und doch ist es auch mehr als die Summe dieser Teile. Die Energien, die in alle anderen Chakren einfließen, werden hier koordiniert und aufeinander abgestimmt, so dass es keine Überlagerungen der Frequenzen geben kann, denn das würde zu großen Problemen führen. Jedes Chakra und jede Frequenz hat seine eigene Funktion, und diese dürfen sich nicht gegenseitig im Wege sein. Andererseits müssen sie auch miteinander resonieren, also in Übereinstimmung gebracht werden können, um ein reibungsloses Funktionieren des Ganzen zu gewährleisten, und so hat das Kronenchakra viel zu tun, vor allem jetzt, in dieser besonderen Zeit.

Die Koordination ist umso nötiger, je entwickelter der Mensch ist. Führt er ein noch unerwecktes Leben, so ist keine große Öffnung bzw. schnelle Drehung des Kronenchakras erforderlich, doch je mehr sich der Mensch der Geistigen Welt öffnet, desto mehr öffnet er sein Kronenchakra, weil auch mehr entsprechende Energien in Form von Informationen in ihn einfließen. Das heißt, die Bandbreite der einfließenden Energien erweitert sich enorm, und das Gehirn wird so umstrukturiert, dass es mit dieser neuen Bandbreite auch fertig werden kann. Das bedeutet, es wächst! Das kann sich durchaus in Weitungsschmerzen der Knochenplatten ausdrücken. Der Schädel wird, ähnlich wie die Erde, von verschiedenen Knochenplatten gebildet. Diese Platten werden an Nähten bzw. Kontaktstellen zusammengehalten. Diese schmerzen, wenn sich das Gehirn ausdehnt, und zieht man ein wenig daran (nach außen), dann vergeht der Schmerz. Die Gehirnkapazität wird zum einen auf volle Kraft „hochgefahren", und zum anderen sogar noch durch das Wachstum der Gehirnmasse erweitert. Die Weitung des Kopfumfanges wird auch deshalb nötig, weil die Hypophyse direkt mit dem Erwachen der Stirnchakren zusammenhängt, die bis zu Walnussgröße anwachsen können.

Darum ist es auch so wichtig, peinlich genau auf die Intuition in punkto Ernährung zu achten, denn isst man zum falschen Zeitpunkt das Falsche (das kann auch Obst oder Gemüse zum falschen Zeitpunkt sein, je nachdem, was gerade erforderlich ist), bilden sich zu viele Säuren, die sich „vor" das Kronenchakra legen (bzw. im oberen Kopfbereich sammeln) und somit den Energiefluss und auch seine Koordination hemmen und stören. Auch das kann zu Schmerzen führen.

Ein Problem der Menschen heute ist daher, dass sie eigentlich schon viel mehr nach oben geöffnet sind, als es ihnen bewusst ist, sie sich aber nicht entsprechend ernähren, und das ist für viele, viele Kopfschmerzen verantwortlich, die vermeidbar wären, weil sie völlig überflüssig sind und nicht zu den Dingen (wie Krankheiten, Beziehungsprobleme usw.) gehören, die sich ein Mensch im Laufe seines Klärungsprozesses ansehen muss. Diese Säuren durch die nun völlig falsche Ernährung sind ein wichtiger Grund für das „gestörte" Verhalten der Neuen Kinder. „Entsäuert" man diese Kinder, wird dieses Verhalten stark reduziert, und ihre eigentliche Natur und ihre oft hohe Intelligenz können dann zum Vorschein kommen!

Um dieses Wissen zu verbreiten, wurde diesem Kanal durch jahrelanges Forschen die Wichtigkeit des Säure-Basen-Gleichgewichts klargemacht, so dass sie diese Informationen nun auch verstehen und weitergeben kann. Erst als sie anfing, das Gleichgewicht wieder herzustellen, indem sie die überflüssigen Säuren aus dem Körper schwemmte, konnte sich das Kronenchakra weit genug öffnen, um die Klärung zu leiten, die sie dann vornahm. Deshalb hat sie auch den Eindruck, mit diesem Reinigungsvorgang hätte ihr spiritueller Weg erst richtig begonnen. Das stimmt so nicht, denn er läuft schon ihr Leben lang, aber er wurde mit der Reinigung beschleunigt, und das passiert jedem, der sich dazu entschließt.

Das Kronenchakra ist also die Sammelstelle aller Verbindungen nach außen, sei es nun in die physische oder die Geistige Welt. Wer dieses voll entwickelt, sendet ein besonderes Licht aus, das von manchen Menschen gesehen werden kann und in allen Kulturen mit heiligen Menschen in Verbindung gebracht und deshalb Heiligenschein genannt wurde. Diese Menschen waren offen für die Geistige Welt und konnten daher deren Botschaften weitergeben. Dieser Schein ist eben der Halo eines entwickelten Chakras, in diesem Fall des Kronenchakras. Die Energien um den Kopf herum sind leichter zu sehen als die anderen. Korrekterweise müssten also Darstellungen von Heiligen sieben solcher leuchtenden Gebilde im Körper aufzeigen.

Vereinigtes Chakra

Das, was als „Vereinigtes Chakra" bezeichnet wird, ist nun ein Ineinanderfließen aller Energien, und zwar derer, die bereits durch den Körper umgewandelt wurden und an die Erde weitergegeben werden. Es wurde hier also eine Summe an höher schwingender Energie (also nicht nur eine kleine Bandbreite an Frequenzen, die einem Chakra zugehören, sondern eine sehr große Bandbreite, nämlich die gesamte aller Chakren) in niedrigere umgewandelt und weitergeleitet.

Vereinen sich die sieben Hauptchakren zu einem, stellt sich ein vibrierendes Gefühl ein. In diesem Moment ist der physische Körper im Zentrum eines mehr als körpergroßen Chakras, also Energiewirbels. Er bildet ein Tor für besonders starke Energieströme. Man könnte sagen, die Farbenergien des gesamten Regenbogens fließen in diesen Momenten gleichzeitig durch den Körper.

Dieses Erlebnis werden nur sehr wenige von euch haben, denn es ist Teil einer Fähigkeit, die nur wenige mitbringen, und bildet daher ein sehr spezielles Thema. Es ist auch nicht notwendig, dass dies jeder kann und erlebt, denn es hat jeder seine eigene Aufgabe. Einige werden diese Summe an Energien an die Erde transferieren. Die meisten Menschen jedoch haben andere Aufgaben.

Auch in der geistigen Welt herrscht Arbeitsteilung, weil einfach nicht alle alles können. Das wäre auch ziemlich eintönig und langweilig.

Hier bedenke den Satz von den Smaragdtafeln: „Wie oben, so unten". Und noch eines bedenke: Du kannst viel mehr, als du glaubst. Du hast viele Talente und Fähigkeiten, von denen einige in diesem Leben eine Rolle spielen und einige nicht, und andere wiederum wirst du erst im Laufe deiner weiteren Entwicklung wieder erwecken und dann sehr erstaunt sein, was alles in dir steckt."

Die fünf neuen Chakren des Ätherkörpers am Rücken

Wir haben schon von den zwölf göttlichen Strahlen gehört, von denen die aktiven sieben bisher die Farben des Regenbogens waren. Diese aktiven können nun „in voller Wucht" auf die Menschen der Erde einwirken, weil der Schleier, der ihre Wirkung begrenzte, fortgenommen wurde. Zusätzlich sind nun auch fünf weitere auf die Erde gerichtet, die einen Neubeginn einleiten, der ungeahnte Ausmaße annehmen wird.

In diesen besonderen Zeiten geschieht aber noch mehr, denn nun dürfen sich die fünf körperlichen Chakren, die noch zum vollen Dutzend fehlten, ebenfalls wieder bilden, damit das volle göttliche „Spektrum" auf die Menschen treffen und wirken kann. Aus diesem Grund äußern sich hier nun Vertreter dieser „neuen" Strahlen zu den Veränderungen im Energiesystem des Menschen, und später werden sie und andere Meister noch viel über das Neue Zeitalter zu erzählen haben.

Da es auch eine geistige Hierarchie gibt, sind diese zwölf Strahlen sozusagen nicht nur nebeneinander zu betrachten, sondern eigentlich auch übereinander. Anhand der Reihenfolge werdet ihr also bemerken, dass sich nun „zwischen" die sieben ursprünglichen Farbstrahlen die fünf anderen geschoben haben.

Zur Übersicht habe ich in der nachfolgenden Tabelle die Strahlen, ihre Funktionen und Lenker zusammengefasst. Ausführliches Material zu diesen zwölf Strahlen findet ihr in dem Buch von Claire Avalon *Die zwölf göttlichen Strahlen und die Priester von Atlantis*. Die Angaben über die Funktionen dieser Strahlen sind diesem Buch entnommen.

Strahlen	Farbe	Aspekte u. Funktion	Lenker	Botschaft in diesem Buch
1. Strahl	Blau	Wille Gottes, Mut, Kraft, Schutz	Meister El Morya	Ja
2. Strahl	Goldgelb	Weisheit, Erleuchtung	Meister Konfuzius	Nein
3. Strahl	Rosa	Göttliche Liebe, Freiheit, Toleranz	Lady Rowena	Ja
4. Strahl	Weiß	Reinheit, Disziplin	Meister Serapis Bey	Ja
5. Strahl	Grün	Konzentration, Wahrheit, Heilung	Meister Hilarion	Ja
6. Strahl	Rubinrot	Frieden, Heilung, Harmonie, Dienen	Lady Nada	Nein, stattdessen Mutter Maria und Ucarus
7. Strahl	Violett	Vergebung, Hingabe, Transformation	Meister St. Germain	Ja
8. Strahl	Aquamarin	Unterscheidungsvermögen, Klarheit	Meister Maha Cohan	Ja
9. Strahl	Magenta	Ausgleich, Harmonie, Gleichgewicht	Meister Jesus/ Sananda	Ja
10. Strahl	Gold	Innere Ruhe, Fülle, Reichtum, Geborgenheit	Meister Kuthumi	Ja
11. Strahl	Pfirsich	Freude, vollkommener Plan, göttliche Aufgabe	Meister Maitreya	Nein, stattdessen Kosmonati
12. Strahl	Opal bzw. Perlmutt	Wiedergeburt, Umwandlung	Meister Sanat Kumara	Nein, stattdessen Lady Lara und Tannara Solam

Die 32 Chakren und die Wirbelsäule

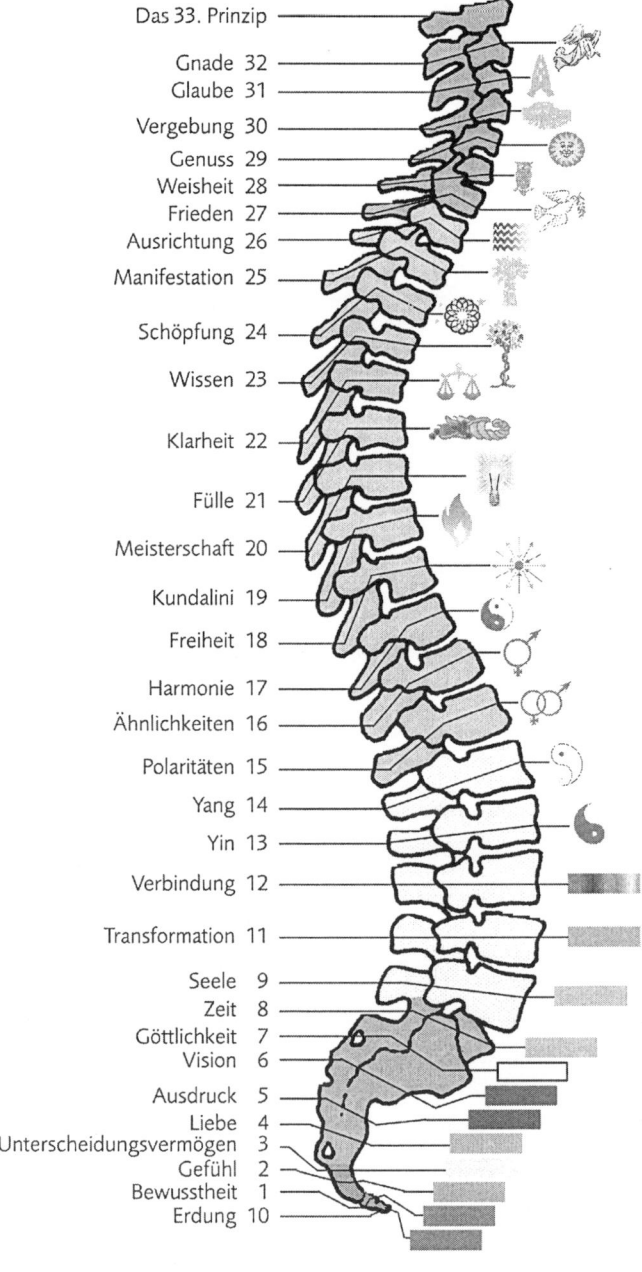

Energiepunkte auf den einzelnen Wirbeln.
Relevant für unsere Betrachtung sind die Begriffe auf der linken Seite.
(Mit freundlicher Genehmigung des Nietsch Verlages)

Lady Rowena über das achte Chakra

Hier ist Lady Rowena, und ich möchte euch gerne etwas über die Rückseite des Sakralchakras erzählen, das nun mehr als eine Rückseite wird, es „mutiert" zu einem eigenen Chakra.

Warum erzählt ausgerechnet die Lenkerin des rosafarbenen Strahls etwas über dieses neue Chakra? Die Antwort ist denkbar einfach: Die Grundthemen meines Strahls sind die bedingungslose Liebe, Toleranz, Menschlichkeit, Freiheit und Kreativität.

Gerade die Kreativität wiederum ist ein Grundthema des Sakralchakras, und so bedingt eine völlig Öffnung der beiden Sexualchakren und ihr anschließendes Verschmelzen, das eine volle Entfaltung der Kreativität herbeiführt, das Entwickeln des Chakras auf der Rückseite des Körpers. Die Bedingung für die Verschmelzung lautet: Die Überwindung der Polarität. Gerade der Punkt auf dem Wirbel Nr. 15 (der erste Wirbel des Brustwirbelbereichs) ist der der Polarität. Dieser kleine Energiepunkt wird nun zu einem richtigen Chakra „ausgebaut", weil ein Teil des Aufstiegsprozesses des Menschen der Polaritätenausgleich ist. Das heißt nicht, dass es keine Polarität mehr geben wird, sondern bedeutet, dass der Mensch sich aus dem Verhaftetsein in der Polarität lösen kann.

Und wo drückt sich im Menschen wohl die Polarität am offensichtlichsten aus? Natürlich in der Teilung der Geschlechter und damit in der Teilung des Sexualchakras. Es heißt nicht umsonst auch Sakralchakra, denn hier ist ein heiliger Bezirk im Tempel eures Körpers. Hier läuft die Schöpfung eures Lebensverlaufs ab, und hier wird neues Leben in Form von Kindern geschöpft. Auch ein neues Buch oder ein neues Musikstück ist ein „Kind" des Urhebers und nimmt seinen Anfang in diesem Bereich. Bedeutende Musiker, Schriftsteller oder andere Künstler arbeiteten schon mit einer sehr großen Öffnung dieser Chakren, und in dieser Neuen Zeit dürft ihr von den Menschen, die hier Verschmelzung erreichen, Großes erwarten: Großartige Bauwerke, große Erfindungen, großartige Kunst usw. Ein neues Zeitalter der gelebten Kreativität bricht an und wird noch mehr Schönheit in diese bereits wundervolle Welt bringen.

Um nun die volle Kapazität hier ausschöpfen zu können und zu dürfen, ist die Verschmelzung der Polarität innerhalb des Körpers erforderlich, und die dafür notwendigen Energien stellt das Polaritätschakra zur Verfügung. Hilfe erhält es durch die nächsten drei Energiepunkte, die darunter liegen, nämlich Wirbel Nr. 14, 13 und 12. Nr. 14 und 13 sind die

Punkte für Yin und Yang und Nr. 12 ist der „Verbindungspunkt", denn um Verbindung der Polarität zu einem Ganzen geht es in diesem Chakra. Rückenprobleme in diesem Bereich zeigen Blockaden zu diesen Energiepunkten und zu den Themen der Sakralchakren auf. Das Polaritätschakra integriert als einziges vier Energiepunkte, weil es hier um grundlegende, polarisierte Themen geht. Je zwei der Energiepunkte sind einem der Sakralchakren zugeordnet, – der Yin- und der Verbindungspunkt dem weiblichen Sakralchakra, und der Yang- und Polaritätenpunkt dem männlichen Sakralchakra.

Bei der Bildung dieses neuen Chakras finden also zunächst diese vier Punkte zueinander und bilden zunächst ebenfalls eine Polarität, ein Paar. Deren Energien fließen dann in die jeweils „passenden" Sakralchakren. Diese Energie wiederum führt zur größeren Öffnung dieser Chakren. Eine völlige Öffnung der Sakralchakren lässt Energie zurück zum Rücken fließen, dort werden die nur noch zwei Energiepunkte zu einem „richtigen" Chakra verschmolzen, und die damit einhergehende größere Energiezufuhr führt nun wiederum zur Verschmelzung der beiden Sakralchakren.

Chakren sind ja Energiewirbel, die Energie aus den höheren feinstofflichen Körpern heruntertransformieren, und durch Bildung, Aktivierung und Beschleunigung von Chakren wird mehr Energie in den physischen Körper gespeist. Ein Mehr an höheren Frequenzen kann somit im physischen Körper wirksam werden. **Die Energie, die bei diesem Vorgang freigesetzt wird, führt zur Transformation!** *Sie stimuliert alle andere Chakren, veranlasst sie zu schnelleren Drehungen. Eines bedingt das andere und ist mit einer ständigen Steigerung der Frequenzen verbunden.*

Für diesen Vorgang ist die stimulierende Farbe Rosa. Gleichzeitig ist es auch die Farbe, die zur Beseitigung der bestehenden Blockaden im Rücken (bemerkbar zum Beispiel durch Schmerz) eingesetzt werden kann. Einerseits brauchst du also Orange für die Sakralchakren und auch das Rot, weil die beiden unteren Chakren in gewisser Weise gekoppelt sind, und andererseits auch Rosa in diesem Bereich. Deshalb obliegt es mir und meinen Mitarbeitern, die Energien der Farbe Rosa für dich zur Verfügung zu stellen, damit du hier optimal unterstützt werden kannst.

Rufe mich, wenn du Probleme mit diesem Vorgang hast, und ich werde helfen. Du kannst aber auch gleichzeitig dir selbst helfen, indem du den rosafarbenen Strahl, aus dem Himmel kommend, visualisierst und auf die schmerzende Stelle richtest.

Du kannst immer den Strahl auf diese Art zu Hilfe rufen, der für das betreffende neue Chakra „zuständig" ist.

Das war Rowena, in Liebe

Sanandá über das neunte Chakra

„Hier spricht Sanandá. Ich bin der Lenker des magentafarbenen Stahls, dessen Themen Ausgleich, Gleichgewicht und Harmonie sind, und so ist das Thema „meines" neuen Chakras das Wiederherstellen der Harmonie, der Harmonie mit dir selbst und der Harmonie mit Allem-was-ist. Auch für diesen Aspekt des Seins gibt es einen kleinen Energiepunkt auf der Wirbelsäule. Er liegt auf Wirbel Nr. 17, und auch dieser „kleine" Energiepunkt gewinnt nun in der Neuen Zeit eine enorme Bedeutung. Es ist Zeit, die Harmonie im eigenen Sein wiederzuentdecken. Nicht in dem, was andere über dich sagen und glauben liegt Harmonie, sondern in dem, wie du dich selbst siehst, liegt der wahre innere Frieden.

Harmonie liegt somit in deinem eigenen Herzen. Nur wenn du in Frieden mit dir selbst bist, deinen göttlichen Ausdruck so sein lässt, wie er ist, dann bist du in Harmonie mit dir. Lässt du dich selbst so sein wie du bist, indem du nicht mehr anderen vorspielst so zu sein, wie sie dich gerne hätten, sondern indem du alle deine Aspekte lebst und vor allem auch liebst. Die nächste Stufe ist dann, dass du auch andere so sein lässt, wie sie sich gerne ausdrücken möchten. Du kannst sie dann sogar zornig auf dich sein lassen und trotzdem in innerer Harmonie mit dir sein.

Mit dem magentafarbenen Strahl wird die Energie bereitgestellt, um diesen Harmoniepunkt sich ausdehnen zu lassen, wie sich auch die Harmonie in dir breit machen soll. Hilfe bekommt das neue Chakra durch zwei weitere Energiepunkte: Der eine liegt auf Wirbel 16. Ihm ist der Aspekt „Ähnlichkeiten" zugeordnet. Was haben Ähnlichkeiten mit der Harmonie zu tun? wirst du dich vielleicht fragen. Meine Antwort darauf ist: Einfach alles! Fängst du an, in den anderen Menschen die Ähnlichkeiten zu dir selbst zu sehen, so erhältst du ein neues Verständnis, Verständnis zu dir selbst und zu Allem-was-ist.

Beobachte einmal deine Reaktion auf bestimmte Situationen, und dann wie ein anderer in der gleichen Situation sehr ähnlich reagiert.

In der Ähnlichkeit liegt die Gemeinsamkeit. Mit der Gemeinsamkeit kommt das Zusammengehörigkeitsgefühl. Das heißt, das Einheitsgefühl, also das Christusbewusstsein, wächst. Um die Schwingung dieses Einheitsbewusstseins zu verankern, ging ich meinen Weg, und nun ist es Zeit für jeden Einzelnen zu erkennen, dass auch er diesen Weg, seinen Weg, gehen kann, indem er geschehen lässt, was geschehen will und was geschehen soll. Harmonie ist, wenn du dann trotzdem in innerem Frieden und in Harmonie mit dir und der Welt bist. Der Christus erwacht in dir. Es ist kein einzelner Messias mehr notwendig, weil jeder ihn in seinem Herzen trägt. Diesen Samen habe ich durch meinen Weg gepflanzt. Lasse diesen Samen nun in dir aufgehen. Öffne dein Herz!

Kannst du geschehen lassen, was geschieht, so eröffnet dir dieses ungeheure Freiheiten, denn du bist nicht mehr mit den Geschehnissen verhaftet. Oh, du wirst trotzdem Mitgefühl für deinen Freund haben, der gerade einen Herzinfarkt hat, doch wirst du nicht mehr voller Mitleid ausrufen „der Arme", sondern du weißt, dass er sich diesen Weg ausgesucht hat, um etwas daraus zu lernen. Du kannst ihm trotzdem all deine Energie und Kraft schicken, aber mit der Bitte, dass ihm nur das davon gegeben wird, was er auch annehmen darf, ohne die Lernlektion zu stören, die er sich ja selbst kreiert hat. Du kannst trotzdem ohne schlechtes Gewissen in deinem göttlichen Gewahrsein, in deinem Glücklichsein bleiben, denn wenn du unglücklich wegen seines Leidensweges bist, so nützt ihm das nichts, aber es nützt ihm etwas, wenn du ihm Kraft schickst, die Lernerfahrungen, die er sich ausgesucht hat, auch anzunehmen.

So ist der Energiepunkt Nr. 18, der Aspekt der Freiheit, eng mit der Harmonie und den Ähnlichkeiten verbunden. Diese drei Aspekte fließen in das neue Chakra und bringen dir die nötigen Energien, um für dich zu entdecken, was du eigentlich längst in dir trägst.

Vielleicht liegt die Lernerfahrung für den Freund auch darin, an diesem Infarkt zu sterben. Dann wirst du auch trauern, wenn du in Harmonie mit dir bist, doch kannst du dieses Gefühl kommen, aber auch wieder gehen lassen, denn dein Freund kehrt vielleicht bald wieder als Kind der Neuen Zeit zurück, oder er hat gar seine Inkarnationskette beendet und geht nun einen anderen Weg. Lebe in dem Bewusstsein, dass er seinen Weg hat und du den deinen. Halte ihn nicht fest mit deiner Trau-

er, denn er hat nun eine andere Abzweigung eures Weges genommen. Finde, egal, was in deinem Leben oder in dem deiner Lieben geschieht, immer wieder zu deinem inneren Frieden, der Harmonie und Ausgeglichenheit zurück.

Um dieses zu ermöglichen, wird dieses Chakra (re-)aktiviert. Es führt dich zurück in das göttliche Gewahrsein in Allem-was-ist.

Bist du aus dem Gleichgewicht, fehlt es in deinem Leben an Harmonie, so rufe den magentafarbenen Strahl zu Hilfe. Visualisiere ihn dir als aus dem Himmel kommend und dich völlig einhüllend, oder lenke die Farbe auf schmerzende Stellen, die mit dem neuen Chakra zusammenhängen.

Das Harmoniechakra ist die „Rückseite" des Solarplexuschakras, dessen Zentralthema die Macht ist. Harmonie und Macht scheinen sich widersprechende Dinge zu sein. Doch so ist es nicht. Nur wer in Harmonie mit sich selbst lebt, kann mit der eigenen Macht auch umgehen. Erst recht jetzt in dieser besonderen Zeit, in der die Erwachenden Fähigkeiten an sich entdecken, mit denen sie nicht gerechnet haben, und die genutzt werden wollen und sollen, denn dafür sind sie da.

Die Angst vor der eigenen Macht lebt daher nun in vielen Erwachenden wieder auf, denn sie erinnern sich, entweder bewusst oder mit einem vagen Gefühl, daran, dass auch sie ihre Macht schon missbraucht haben. Diese Angst gilt es zu überwinden, und die dafür notwendigen Energien fließen dir aus dem Harmoniechakra zu, denn wer in Harmonie mit sich lebt, hat keine Angst mehr vor der eigenen Macht, vor den sich wieder entwickelnden Talenten. Er nimmt die Macht an als das, was sie ist: Die Befugnis, seinen göttlichen Ausdruck so zu leben, wie er gelebt sein will, und durch neu entdeckte Gaben auch neu gelebt sein darf.

Da alles, was du aussendest, auch auf dich zurückkommt, werden „Fehler" oder Neigungen, die Macht zu missbrauchen, schnell aufgedeckt, denn ein Erwachender lebt im „Instantkarma". Das heißt, dass er den Ausgleich für Unrecht nicht mehr in einem anderen Leben suchen und finden kann, muss und darf, sondern der Ausgleich erfolgt innerhalb kürzester Zeit, manchmal schon innerhalb weniger Minuten. Die eigene Macht wieder anzunehmen und den Gebrauch zu üben und dabei auch Fehler machen zu dürfen, ist völlig in Ordnung. Du lernst dabei, und so können dir gar keine „großen" Fehler mehr passieren. Gewinne Vertrauen in dich, denn du hast die Stärke, der Versuchung des Missbrauchs zu widerstehen. Bist du völlig im Gleichgewicht, gibt es gar keine Versuchung mehr!

Missbrauch geschieht aus einem Mangel heraus. Durch den Erweckungsprozess wird dieser Mangel, oder vielmehr das Gefühl des Mangels, nach und nach behoben, so dass die Gefahr des Missbrauchs praktisch nicht mehr gegeben ist, und, wie gesagt, kleinere „Übungsfehler" dürfen durchaus sein. Im Nachhinein wirst du feststellen, dass diese nicht einmal wirklich Fehler waren, weil sie dir Aspekte deiner Gaben, deines Seins aufzeigen, die du vielleicht sonst gar nicht entdeckt hättest.

Die Angst vor dem Missbrauch der eigenen Kräfte wird also im Solarplexuschakra „bearbeitet". Die dort herrschenden Blockaden werden vor Augen geführt. Das gleiche gilt für das Gefühl des Missbrauchtwerdens. Das Gefühl der Ohnmacht resultiert ebenfalls aus Blockaden in diesem Chakra. Die Opferhaltung macht dich zum Spielball der verschiedensten Kräfte. Es ist aber nicht die Schuld dieser Kräfte, dass du das Opfer bist, sondern deine Haltung dazu. Die Energien des Solarplexuschakras in Verbindung mit dem Harmoniechakra befähigen dich nach und nach, deine eigene Macht anzunehmen und somit das Ohnmachtgefühl zu verlieren.

Damit klinkst du dich aus dem Realitätsgefüge aus, das auf Machtlosigkeit und Angst beruht, und gehst diesem Massenbewusstsein verloren. Dafür bildest du, zusammen mit anderen, ein neues Massenbewusstsein, – eines, in dem jeder so sein darf, wie er ist, in dem jeder seine Fähigkeiten voll nutzen darf und damit Sicherheit für das Leben gewinnt, also seine eigene Macht für sich nutzt. Dieses neue „Massenbewusstsein" ist nichts anderes als das Christusbewusstsein.

Was ist das, das Christusbewusstsein? Es ist das Gefühl, Teil eines großen Ganzen zu sein, das Gefühl, niemals alleine zu sein, die Sicherheit, dass alles seine Ordnung und seinen Sinn im Leben hat. Es ist das Gefühl, dass selbst die banalsten Dinge, die geschehen, eine Bedeutung haben und somit für etwas gut sind. Und das gleiche gilt erst recht für die großen Geschehnisse im persönlichen Leben, gilt auch für die nationalen und globalen Ereignisse. Im Christusbewusstsein verankert zu sein bedeutet auch, zu akzeptieren, dass du nicht den Überblick hast, um immer und überall alles verstehen zu können. Es bedeutet, intuitiv zu leben, also der Intuition zu folgen, ohne immer zu wissen, wohin sie dich führt. Es bedeutet, das Vertrauen zu gewinnen, dass du immer gut geführt wirst, und im Bewusstsein zu leben, dass alles, was geschieht, sowohl dir als auch dem großen Ganzen dienen wird. Letztlich bedeutet es, die Kontrolle darüber aufzugeben, bestimmen zu wollen, was geschieht, sondern alles zuzulassen und immer nur dann zu handeln, wenn es dir die Intuition eingibt (und nicht etwa, wenn andere es wollen).

Du bist nicht in diesem Leben, um die Erwartungen anderer Menschen zu erfüllen. Ja, du bist nicht einmal hier, um deine eigenen Erwartungen zu realisieren. Du bist einfach nur hier, um eine Variante des göttlichen Ausdruckes zu leben, komme, was da wolle.

Das war Sanandá, in Liebe.

Kuthumi über das zehnte Chakra

Im Regenbogenzeitalter werden viele Energien zur Verfügung gestellt, um die sieben Hauptchakren zu öffnen. Damit bleibt die Entwicklung jedoch nicht stehen, und so werden nun Chakren aktiviert, die vorher zwar auch da waren, aber völlig deaktiviert, bzw. in einer anderen Form nur eine untergeordnete Rolle spielten. Eines der neuen Chakren liegt an der Wirbelsäule auf der Höhe des Herzchakras. Es ist der Energiepunkt von den 33 an der Wirbelsäule, der für Wissen zuständig ist. Ich möchte dieses Chakra daher „Wissenschakra" nennen. Dieser kleine Energiepunkt wird nun durch die neue Frequenz sozusagen zu einem „richtigen" Chakra „ausgebaut", denn ihr werdet in der kommenden Zeit viel Wissen wiedererlangen.

Zwei weitere Energiepunkte, die an anderer Stelle liegen, werden ebenfalls in das Wissenschakra integriert werden. Im Lichtkörperprozess wird also nicht nur der physische Körper umgebaut, sondern es stehen auch Veränderungen in der Energiestruktur an. Diese beiden zusätzlichen Punkte sind zuständig für die Freude am Genuss und für den Frieden. Inwieweit genießt ihr Menschen das Leben wirklich? Seid ihr nicht dauernd mit irgendetwas beschäftigt, das nichts mit Genuss zu tun hat? Glaubt ihr wirklich, ihr seid hier nur auf der Erde, um gramgebeugt vor Sorgen durch das Leben zu marschieren? Glaubt ihr nicht, ihr hättet das Recht und auch die Pflicht, das Leben hier zu genießen? Habt ihr nicht das Recht, die Fülle, die dieser Planet bietet, auch zu leben?

*Was glaubt ihr, wie viele unverkörperte Wesenheiten gerne mit euch tauschen würden, weil sie wissen, dass die Verkörperung (nicht nur) in diesen Zeiten ein besonderes Privileg bedeutet. Dieses Privileg muss man sich jedoch verdienen, und das bedeutet für die meisten viele Inkarnationen in anderen Zeiten (zumeist auf der Erde), so dass eine gewisse Reife erreicht werden kann. Nur wer zum einen nicht mehr so sehr mit zu erlösendem Karma belastet ist und zum anderen eine bestimmte Schwingungsart aufweist, darf seit circa fünfzig Jahren überhaupt auf die Erde, um teilzuhaben, denn es war schon damals das Potenzial dafür gegeben, dass der Aufstieg um die Jahrtausendwende beschleunigt werden würde. Für diese Eventualität wurde also schon damals Vorsorge getroffen, auch wenn die meisten nicht glaubten, dass er stattfinden würde. Doch sie wurden eines Besseren belehrt: **Ihr habt sie eines Besseren belehrt!** Seit dem Jahr 2000 dürfen nur noch Seelen hier inkarnieren, die ein Minimum an zu erledigendem Karma mitbringen und einige Eigenschaften aufweisen, die für das Neue Zeitalter benötigt werden.*

Jeder, der je auf der Erde war, erhält eine besondere Kennung in seinen „Farben", in seinem Namen, denn ihr leistet hier Großes für das Ganze.

Es liegt eine große Bedeutung darin, an dem Projekt Erde mitgewirkt zu haben und noch mitzuwirken. Oder, genauer gesagt, wenn bekannt wird, was die Erde für das Wachstum des Kosmos getan hat, wird viel Ehre dem erwiesen, der diese Kennung in seinem Namen hat. Es wäre wunderbar, wenn ihr dieses er- und anerkennen könntet, denn dann würdet ihr automatisch dazu übergehen, das Hiersein zu genießen, und zwar alle Facetten, die ein Leben auf der Erde mit sich bringt.

Zum einen soll also der Wirbelpunkt „Genuss" in das Wissenschakra integriert werden und damit auch die entsprechenden Energien, und zum anderen der Punkt für den Frieden. Dabei ist nicht das großartige Konzept von weltweitem Frieden gemeint. Nein. Frieden in der Welt fängt mit dem Frieden im eigenen Herzen an. Wo ist der Frieden in eurem Leben? Ihr seid nicht da, um irgendwie ums Überleben zu kämpfen, sondern um das Leben zu genießen und in Frieden zu sein, also zufrieden mit dem Leben. Das schließt alle Erfahrungen mit ein, die man hier machen kann, selbst die, die unangenehm sind. Die Neue Zeit garantiert nicht „Friede, Freude, Eierkuchen", denn Herausforderungen, persönliche und globale, wird es nach wie vor geben. Erlebt man die jedoch mit

Frieden im Herzen, geht man ganz anders damit um, und das sind die Lernaufgaben dieses großartigen Zeitalters. Um den Frieden im Herzen zu finden, bedarf es des persönlichen Klärungsprozesses, der Lichtkörperprozess genannt wird. Nur wer diesen nunmehr bewusst angeht, kann auch bewusst Frieden finden. Hilfe hierfür fließt über besondere Frequenzen durch das neue Chakra ein. Frieden leben heißt nicht, sich zufrieden zu geben, also vielleicht auf einer Stufe stehen zu bleiben, die dir nicht entspricht. Nein, es heißt, trotzdem weiter voranzuschreiten, aber im Einklang mit dir selbst und dem, was um dich herum geschieht.

Diese drei Punkte auf der Wirbelsäule verschmelzen also in der neuen Energie zu einem neuen Chakra, das, einmal aktiviert, den Menschen zu wichtigen Erkenntnissen für sein persönliches Leben, aber auch über das große Ganze verhilft.

Was bedeutet es nun, wenn die Punkte Wissen, Frieden und Genuss zu einem Ganzen werden? Erhältst du nun den Frieden, dein Wissen mit Genuss zu leben? Oh ja, genau das!

Wie wirkt sich die Aktivierung dieses Chakras aus?

Das Wissenschakra ist der Motor für die Veränderungen, die im persönlichen Leben eines Erwachenden nach und nach auftreten, denn Wissen ist Macht! Es führt Schritt für Schritt in ein neues Leben, und dies immer in dem Tempo, wie der Mensch es annehmen und wie er das neue Wissen umsetzen kann.

Dabei ist es nicht gesagt, dass du dieses Chakra direkt in deinem Körper wahrnehmen kannst. Die Wirkungen sind dennoch gegeben. Sie können sich in starken Rückenschmerzen in diesem Bereich auswirken, und so ist die Aktivierung dieses Chakras (und der anderen vier neuen Rückenchakren) einer der Gründe für die vielen Rückenprobleme, vor allem auch in Deutschland, und gerade für dieses Land bedeutet dies, dass es den anderen Nationen gegenüber auch wieder Rückgrat zeigen muss, denn von Deutschland geht eine Erneuerung der geistigen Werte aus, die sich über ganz Europa und darüber hinaus verbreiten wird. Es wird eine Rolle spielen, die sich die meisten Menschen jetzt noch nicht vorstellen können, und die Vorbereitungen dafür sind in vollem Gange. Deutschland weist eine große Zahl von Menschen auf, die in ihrem Klärungsprozess schon sehr weit vorangeschritten sind, und diese werden als Vorbilder ein Leben führen, das sich nicht mehr an Materiellem ausrichtet, sondern an feinstofflichen Energien. Ganz automatisch wird man dabei auch sein materielles Auskommen haben, denn dieses muss in dieser dichten, materiellen Welt auch sein. Der Unterschied zu vorher liegt in der Ausrichtung.

Warum ausgerechnet Deutschland? Nun (nicht nur, aber) auch Deutschland hat als Nation Karma aufzulösen, und die beste Möglichkeit dazu ergibt sich im Dienst an anderen, und genau diesen Dienst wird es leisten. Zu Hilfe kommt diesem Land die geografische Lage, denn wie schon Kryon durch sein deutsches Channel Barbara Bessen verlauten ließ, sind in den feinstofflichen Bereichen „über" (genauso gut könnten man „neben" oder „unter" sagen) diesem Land Informationsenergien gespeichert, die ihm schon eine Weile zugute kommen. Viele weltbewegenden Erfindungen nahmen ihren Anfang hier. Warum wohl? Von diesen Energien ist noch viel zu entdecken, doch um verantwortungsvoll damit umzugehen, bedarf es Reife, und diese Reife bringen viele hier nun Lebenden mit. Das ist nicht auf die Deutschen an sich beschränkt, sondern auf die, die hier leben. Warum ist Berlin wohl so ein Dreh- und Angelpunkt von Entscheidungen, – Entscheidungen, die die ganze Welt betreffen? Was wäre wohl geschehen, wenn Deutschland nach dem 11. September „Ja" zum Krieg gesagt hätte? Seht ihr, dass dieses Land schon dabei ist, seine wahre Rolle zu erkennen?

Und so sind viele Menschen hier in ihrem Klärungsprozess und erhalten von sehr „hoher" Seite aus Unterstützung, damit sie diese tragende Rolle übernehmen können.

Es bleibt jedoch bei allem, was geschieht, immer der freie Wille bestehen. Und der nächste Schritt erfolgt immer nur dann, wenn der Mensch auch bereit dafür ist. Das gilt auch für eine ganze Nation. Es ist das Gesetz der Resonanz, das hier wirksam wird. Feinstoffliche Energien müssen immer auf Resonanz treffen. Ist die nicht gegeben, so erfolgt auch keine Wirkung. Die Resonanz wiederum ist nur da, wenn der Mensch (oder auch ein Land) die entsprechenden Entwicklungsschritte vollzieht. Das muss nicht heißen, dass er bewusst ein spirituelles Leben führt. Für die Entwicklung hat jeder seinen eigenen Weg. Der kann sogar so aussehen, als ob er gegen alles ist, was mit Spiritualität zu tun hat, und sie sogar bekämpft. Letztlich werden jedoch auch solche Menschen nicht vom globalen Aufstieg ausgeschlossen sein. Der Aufstieg für solch einen Menschen gestaltet sich einfach nur anders. Auch er erhält seinen speziellen Weckruf, und gerade entschiedene Gegner können dann durch das Tempo, mit dem sie aufholen, so manch einen bereits spirituell ausgerichteten Menschen zum Staunen bringen. Das

Prinzip lautet sogar: Je später der Weckruf, umso schneller die Entwicklung. (Aber auch hiermit ist keinerlei Wertung verbunden.) Also, gerade auch diese Menschen tragen das Potenzial mächtiger Energien in sich, weshalb es eine Einteilung in spirituell und nicht-spirituell auch nicht gibt. Jedes Leben verläuft spirituell. Da jeder Teil von „Spirit" ist, kann es auch gar nicht anders sein.

Die Aktivierung eines Chakras hat immer mit einer Beschleunigung, mit einer schnelleren Drehung zu tun. Sitzen an der betreffenden Stelle Blockaden aus diesem oder früheren Leben, so können diese also zu Rückenschmerzen in diesem Bereich führen. Geht mit eurem Bewusstsein dort hinein und schaut, was eine Störung im Energiefluss verursacht. Wie im Einzelnen vorzugehen ist, findet ihr in Teil II dieses Buches. Das führt zur Beseitigung der Blockaden und zu ungehindertem Energiefluss, und damit verschwinden dann auch die Schmerzen.

Da dieses neue Chakra auf der Höhe der Herzchakren sitzt, korrespondiert es natürlich auch mit diesen. Genau genommen ist es die „Rückseite" des Herzchakras. Beide sind durch einen Energiekanal miteinander verbunden. Das Herzchakra ist zweigeteilt, wie ihr schon gehört habt. Beide Teile sind aber mit diesem Energiekanal zur Rückseite verbunden. Das Wissenschakra führt die Energie dem Herzchakra zu, die zu einer 100%igen Öffnung beider Teile verhilft und außerdem zum Verschmelzen beider Teile. Der Teil der bedingungslosen Liebe und der der persönlichen Liebe können erst miteinander verschmelzen, wenn sie zu 100% geöffnet sind. Das Ergebnis ist ein einziges Chakra, das keinen Unterschied in der Liebe mehr macht, und dieser Mensch dann alles liebt. Sei es den Stein am Wegesrand, das grasende Tier, den vorbeihastenden Menschen oder den Planeten als Ganzes. Das schließt auch alle anderen Wesenheiten mit ein. Es ist die vollkommene Liebe zur Schöpfung, die wieder gelebt werden kann, wenn die Verschmelzung der Chakren vollständig ist.

Seht ihr, wie wichtig die neuen Chakren nun werden? Jedes erfüllt einen besonderen Zweck, der unmittelbar mit dem Aufstieg des ganzen Planeten zu tun hat, und da die Erde mit all dem verbunden ist, erhält auch sie neue Chakren, beziehungsweise werden vorhandene Kraftorte zu Erdchakren ausgebaut. So wird es mit der Zeit zwölf Chakren der Dritten Dimension geben, zwölf, der Vierten usw., und alle werden zu 100% geöffnet sein. Und das gleiche geschieht mit allen Energiekörpern der Menschen. In jedem werden nach und nach zwölf Chakren auf den verschiedenen Ebenen (re-)aktiviert. Sie waren bereits irgendwann einmal alle aktiv, doch wurden ihre Aktivitäten eingeschränkt, um der Erde und ihren Bewohnern das Sinken in die niedrigen Frequenzen zu ermöglichen. Dieses wird nun wieder rückgängig gemacht, und so geschieht eigentlich nichts Neues, und doch habt ihr Neues geschaffen durch die Erfahrungen, die ihr in der Dichte, der Tiefe der Frequenzen, gemacht habt.

Die Verschmelzung der beiden Herz-Chakrenhälften war bisher nur einzelnen Menschen möglich, doch mit der Energie des Aufstiegs wird es ein normaler Vorgang werden. Durch die Verschmelzung der „Vorderseite" des Herzchakras wird Energie freigesetzt, die in die „Rückseite" fließt, was dort zu einer Beschleunigung führt und mehr Energiefluss ermöglicht, und so „schaukelt" sich dieses Energiekarussell immer höher und führt schließlich zur Aktivierung weiterer neuer Chakren.

Das Vereinigte Herzchakra ist außerdem das Tor zur Multidimensionalität. Das heißt, ihr lebt zwar hier auf der Erde euer normales Leben, gleichzeitig seid ihr jedoch auch mit der feinstofflichen Welt verbunden, und diese Verbindung wird durch die Verschmelzung der beiden Herzchakren und der Energien des Wissenschakras nun von einer Landstraße in eine Autobahn umgebaut. Das bedeutet, dass nun direkte Kommunikation mit der feinstofflichen Welt möglich wird. Also backt ihr vielleicht gerade einen Kuchen und unterhaltet euch währenddessen mit dem für euch zuständigen Geistführer. Ihr seid somit gleichzeitig in mehreren Realitäten präsent und auch aktiv.

Vielleicht kennst du die Geschichte von Jakob Lorber, der sich Schreibknecht Gottes nannte, weil er von einer Stimme in seinem Herzen ein vielbändiges Werk diktiert bekam. Jakob Lorber besaß das Vereinigte Herzchakra und das neue Chakra am Rücken, das Wissenschakra (und das zu einer Zeit, wo man in der westlichen Welt nur wenig über Chakren wusste), und so konnte er mit der Geistigen Welt kommunizieren.

Leider sind in den Herzchakren viele Schwermetalle gelagert, und die „machen das Herz schwer". Schwermetalle korrespondieren mit Gefühlen. So hat Blei mit Wut zu tun und Kupfer mit Furcht. Diese Schwermetalle müssen parallel zur Öffnung der Herzchakren (Übungen zur Öffnung im zweiten Teil des Buches) ausgeleitet werden, da sonst eine beschleunigte Drehung, und damit Öffnung und Verschmelzung, nicht möglich ist (Öffnung der Chakren bedeutet eigentlich die Formänderung zu einer Kugel). Auch dies kann wiederum zu Schmerzen führen, und so besteht hier Handlungsbedarf. Es gibt verschiedene Verfahren zur Schwermetallausleitung. Dieses Channel bevorzugt das Trinken von Weizengrassaft und parallel dazu das Einnehmen von Spirulina. Das ist der passende Weg für sie, doch findet jeder das für ihn passende Mittel, wenn er darum bittet und danach Ausschau hält. Gerade das Herzchakra ist ja die Schaltzentrale für viele Dinge und sollte daher viel Beachtung finden. Schmerzen in der Brustbeingegend deuten auf eine Beschleunigung des Herzchakras hin, doch hole immer professionellen Rat ein, wenn du unsicher bist. Ratschläge aus der Geistigen Welt sind eben das: Ratschläge, doch die Verantwortung für dein Tun liegt ganz bei dir.

Bei den Botschaften aus der Geistigen Welt, dreht sich alles immer um das Thema Liebe, zwar in verschiedenen Variationen, aber dennoch. Das liegt daran, dass Liebe der Schmierstoff für das Funktionieren des Kosmos ist und somit die Grundlage für alles, und so ist es nun Zeit, sich um die Herzchakren zu kümmern, da die unteren Chakren schon längst in Bearbeitung sind, und dies bei allen Menschen. Auch der Aufstiegsprozess hat verschiedene Stufen, und für die meisten Menschen ist nun diese Stufe erreicht, was eine wundervolle Energie freisetzt, die den Kosmos zum Schwingen bringt.

Ich bin der Lenker des goldenen Strahls, und mir und meinen Mitarbeitern obliegt es, die Energien bereitzustellen, die zur Bildung dieses Chakras notwendig sind. Die Stimulierungsfarbe für dieses Chakra ist daher Gold! Hast du Probleme im vorderen und hinteren Bereich der Herzgegend, so kannst du meinen Strahl visualisieren und die Energie des Goldes für dich arbeiten lassen.

Das war Kuthumi, in Liebe.

Maha Cohan über das elfte Chakra

Um auf der Erde zu existieren, um den großen Plan erfüllen zu können, wurden die meisten Kanäle für die Kommunikation nach oben geschlossen. Das ist der Grund für das Gefühl des Abgetrenntseins vom Göttlichen. Im Laufe des Lichtkörperprozesses werden diese Kanäle wieder geöffnet. Für die meisten geschieht es langsam nach und nach, für „Kanalarbeiter" schneller.

Im Fall dieses Kanals geschah es in nur kurzer Zeit, und dadurch war es sehr heftig. Daher hat dieser Kanal zum Beispiel zwei Wochen lang zwischen Leben und Tod geschwebt, als die Leitung von der Halsrückseite zum Dritten Auge gelegt wurde. Es war äußerst schmerzhaft, da ihre Energiebahnen von Landstraßen zu Autobahnen umgebaut wurden. Es war vor allem auch deshalb schwer für sie, weil sie nicht wusste, was da eigentlich geschah und es trotzdem voller Vertrauen geschehen ließ in der Hoffnung, dass alles seine Richtigkeit hatte. Sie riskierte durch diese Geschwindigkeit tatsächlich ihr Leben und hätte „den Löffel beinahe abgegeben", wie es bei euch so schön heißt.

(Anmerkung des „Kanals": Ich bin wirklich fast gestorben, war aber nur am Anfang bei einem Arzt, da ich instinktiv merkte, dass mir hier niemand helfen konnte. Ich musste es einfach durchstehen und hoffen, dass ich überlebte.)

Ob es schnell oder langsam geht, hängt von der Aufgabe ab, die der betreffende Mensch für dieses Leben übernommen hat oder übernehmen will. Wenn sie Botschaften aus der Geistigen Welt auf die Erde bringen sollen, dann werden diese Kanäle im Eiltempo freigeschaufelt, und dementsprechend schmerzvoll oder zumindest anstrengend kann dieses geschehen. Kann sein, muss aber nicht. Es kommt auch darauf an, wie dringend die Botschaften „an den Mann" sollen, die durch den Kanal hindurchkommen sollen.

Jeder, der den Drang verspürt, göttliche Botschaften zu verbreiten (es muss nicht immer über Bücher geschehen) und sich daher diesen Dingen öffnet, muss damit rechnen, dass es schwierig werden kann. Aber nur, wer wirklich von vorneherein dafür vorgesehen ist, wird auch zum Botschafter, und derjenige weiß zum gegebenen Zeitpunkt auch genau, was er machen muss oder beziehungsweise nicht machen darf, um die Kanäle freizubekommen, da er dieses dann für sein Leben geplant und somit die richtigen Informationen in seinem „Koffer der mitgebrachten Aufgaben" parat liegen hat.

Es gibt im Menschen so viele Leitungen oder Kanäle nach oben, wie es „Dimensionen" gibt. Wobei der Begriff Dimension nicht sehr passend ist – Ebenen trifft es eher. Je nachdem, auf welcher Ebene die Seelengruppe des Kanals angesiedelt ist, dementsprechend hat er den Hauptkanal auch dorthin.

Channelt jemand zum Beispiel Erzengel Michael, so hat er den Hauptkanal zur Engelebene. Es kann sein, dass andere Leitungen eben-

falls offen sind und diese in andere Ebenen hineinragen. Damit empfängt er von dort auch Botschaften, doch die Hauptleitung und damit das Hauptgewicht der Botschaften liegt dann im Bereich der Engel.

Nur selten kommt es vor, dass ein Kanal alle Leitungen gleich weit geöffnet hat. Dies bringt sehr unterschiedliche Frequenzen mit sich, auf die sich der Kanal einstellen können muss. Für jede Leitung, die nach oben „online" ist, um einen Vergleich aus der Computersprache zu gebrauchen, wird eine bestimmte Bandbreite benötigt. Das ist ähnlich wie mit den Radiofrequenzen. Jeder Sender benutzt eine bestimmte Bandbreite, damit sie sich nicht in die Quere zu kommen.

Nimmt man nun den einen „Sender" und will dann einen anderen, so muss man die Frequenz wechseln. Im Falle der „Kanalarbeiter" ist es so, dass nicht sie die Frequenz bestimmen, auf die sie eingestellt sind, sondern der Sender. Nichts geschieht jedoch ohne das Einverständnis und den freien Willen des Menschen, wenn dies auch meist mit dem Höheren Selbst abgemacht wird und nicht mit dem verkörperten Ego. Das ist auch sinnvoll, da das Ego nicht den Überblick hat, der dafür nötig ist, einfach aus der begrenzten Sichtweise der Dritten Dimension heraus. Genau genommen ist die Erde ja schon in der Vierten, aber da diese mehr ein Schwebezustand ist und noch viele Energien der Dritten herrschen, und sogar schon einige der Fünften, ist eine eindeutige Zuordnung der Dimension zur Zeit nicht möglich, nicht sinnvoll und auch nicht nötig. Wichtig ist nur die Richtung, in die es geht: Nach oben! Welche Leitungen pro Kanal offen sein werden, wird also vor der Geburt bestimmt. Aber zwei Kanäle werden bei jedem Menschen freigelegt werden, so dass er mit den feinstofflichen Ebenen auch dann kommunizieren kann, wenn er kein Botschafter ist, der nach außen arbeitet, – die zu seinem Hohen Selbst und die zu seinem Geistführer. Jeder Mensch kann also in der Neuen Energie das Channeln lernen, und daher spreche ich hier so ausführlich über dieses Thema. Genau genommen ist genau das die Lernaufgabe dieser Zeit: Die Verbindung nach „oben" wieder herzustellen. Im Fall der meisten Menschen geschieht diese durch die Verbindung zum Höheren Selbst und über dieses zur eigenen göttlichen Natur. Jeder ist ein Channelmedium, wenn er es möchte!

Alle Channelmedien oder, um einen schönen deutschen Begriff mit Doppelbedeutung zu benutzen, die „Kanalarbeiter", sind Dolmetscher für die Lichtsprache, für die Energien, die von außen auf euch einströmen. Jeder Mensch ist in gewisser Weise Kanalarbeiter, denn jeder muss seine Kanäle freischaufeln, wenn er mit seinem Höheren Selbst und/oder seinem Geistführer in Kontakt kommen möchte. Und der Wunsch besteht bei jedem Menschen, ob er sich dessen bewusst ist oder nicht, denn durch die Führung, die dies beinhaltet, wird das Leben sehr viel leichter und bekommt eine spielerische, freudvolle, sogar lustvolle Qualität. Gebete sind nichts anderes als Botschaften nach oben, von denen aber kaum erwartet wird, dass sie beantwortet werden, doch genau dies ist nun möglich, denn ein beantwortetes Gebet ist ein Channeling!

Das Wechseln der Frequenzen bei den Channelmedien ist sehr belastend für den physischen Körper. Jeder, der als Kanal dient, um Botschaften nach außen zu tragen, muss in der Lage sein, den Kanal seiner Hauptleitung über einen längeren Zeitraum offen zu halten, sonst ist er gar nicht in der Lage, die Botschaften zu empfangen. Das erfordert eine Anstrengung des gesamten Organismus. Diese Anstrengung bildet Säuren, von denen später im Kapitel „Reinigung des physischen Körpers" noch die Rede sein wird. Diese Säuren müssen im Organismus verstoffwechselt und somit verarbeitet werden. Das ist sehr belastend. Wenn du dich also, zumindest für deine persönlichen Botschaften, öffnen möchtest, dann gilt das Folgende für dich genauso wie für die Medien, die nach außen gehen (werden)!

Bei den früheren Trancemedien war es so, dass die Frequenz zu halten so anstrengend war, dass das Medium dadurch schneller alterte, weil der Körper selbst bei optimaler Ernährung mit den anfallenden Säuren auf Dauer nicht fertig werden konnte. Jedes Trancemedium musste einkalkulieren, eine kürzere Lebensspanne als der Normalbürger zu haben. Dies war unter anderem deshalb so, weil der Unterschied zwischen den Energien vor dem Jahr 2000 und der gechannelten Frequenz noch sehr hoch war. Dieser Unterschied ist nun deutlich geringer geworden, und daher hat sich auch die Art der Übermittlung der Botschaften geändert. Nun muss das Medium nicht mehr in Trance verweilen, also das Ego den fremden Energien weichen, sondern es ist bei vollem Bewusstsein, während es channelt. Dieses volle Bewusstsein hat erhebliche Vorteile, denn es kann sofort vom Channel nachgehakt, Fragen gestellt werden, usw. Es entwickelt sich also oft mehr ein Dialog als ein Monolog.

Jeder, der nun bereits Kanal (oder Channel) ist oder werden will, sollte daher auf eine Ernährung achten, die sehr große basische Anteile (viel Obst und Gemüse) enthalten soll und wenig tierische Anteile. Das gilt auch für die Menschen, die zumindest mit ihrem Hohen Selbst und/oder dem Geistführer sprechen möchten. Die meisten Channels achten ohnehin schon darauf, da sie sich sonst gar nicht bis zu einem Channel hätten entwickeln können. Zusätzlich kann es jedoch erforderlich sein, große Mengen an Mineralien, Spurenelementen und Vitaminen, also, kurz gefasst, Vitalstoffen, zu sich zu nehmen, um der Säureflut, die durch die hohen Frequenzen den Körper überschwemmen, Herr zu werden. (Näheres dazu im Kapitel über das „Säure-Basen-Gleichgewicht".)

Eine weitere wichtige Hilfe, um hohe Frequenzen halten zu können, ist das Trinken großer Mengen Quellwassers, denn Wasser hält die Frequenzen optimal.

Um eine Botschaft aus der Geistigen Welt empfangen zu können, muss das Channel auf die eine oder andere Weise eine hohe Schwingung erhalten. Das kann eine Meditation sein, das kann der Besuch eines Kraftortes sein, aber auch eine Kombination dieser beiden Arten, oder auf ganz andere Weise. Jedes Medium hat seine eigene Methode, sich in hohe Schwingung zu bringen. Die Botschaft fließt über das Nackenchakra in den Menschen ein, nimmt seinen Weg zu den Stirnchakren, wo sie erst einmal gespeichert und auch verarbeitet wird. Um das Gespeicherte wieder abrufen zu können, muss die Frequenz wieder gesenkt werden, sonst kann die Information nicht in die Dichte der Materie einfließen. Das ist der Weg von gechanneltem Material.

Um die Botschaften in verständlichen Worten ausdrücken zu können, müssen also die hohen Frequenzen wieder etwas gesenkt werden, und das geht am schnellsten und wirkungsvollsten mit tierischer Nahrung. Doch auch die bildet wieder Säuren. Das heißt, tierische Bestandteile dürfen in der Ernährung vorkommen, manchmal müssen sie es sogar, ihre negativen Auswirkungen bedürfen jedoch der Neutralisierung. Das muss sich nicht unbedingt im Essen von Fleisch ausdrücken. Es reicht auch die Sahne auf (oder im) Kuchen, um tierische Bestandteile in genügender Menge zu erhalten.

Ist man ein Kanal oder will es werden, muss man diese Dinge beachten und sich hier vollkommen auf die Intuition verlassen bzw. auf seine spirituellen Helfer hören, weil diese auch die Körperfunktionen überwachen. Die Basen, die über die Ernährung zu sich genommen werden, reichen für einen Kanal in der Regel nicht aus. Er muss aber nicht unbedingt Nahrungsergänzungsstoffe schlucken, wenn er das nicht will. Im Kapitel „Chakraöffnung" wird ein Übungsprogramm vorgestellt, das zur vermehrten Basenbildung des Körpers führt, gleichzeitig die Chakren für höhere Drehzahlen beweglicher macht und zusätzlich zu einer engeren Einbindung des Höheren Selbst in die Erdenergien führt. Dieses Programm ist für jeden sich spirituell Entwickelnden wirkungs- und sinnvoll und nicht nur für die Channelmedien, weil ja jeder, der sich mit seinem göttlichen Selbst wieder verbinden will, ebenfalls ein Kanalarbeiter ist.

(Anmerkung von P. P.: Das Walken, also schnelles Gehen, bildet ebenfalls Basen und trägt zusätzlich zur Körperertüchtigung und zur Bildung einer engeren Verbindung mit der Natur bei und führt außerdem Sauerstoff zu, der für viele Körperfunktionen eine wichtige Rolle spielt.)

In den seltenen Fällen, in denen ein Kanal für mehrere Leitungen offen ist, kann es sogar lebensnotwendig sein, auf entsprechende Basenzufuhr zu achten. Lebensnotwendig ist auch eine Ernährung mit viel Zucker, weil das Gehirn durch die Tätigkeit der beiden Stirnchakren (Näheres dazu weiter unten) stark von Glukose entleert wird. Diese muss rasch wieder ersetzt werden, was durch Zucker am schnellsten geht.

(Anmerkung von P. P.: Da jedoch der normale Haushaltszucker wieder sehr viele Säuren bildet, muss ein Kanal darauf achten, den mild basisch wirkenden Sharkarazucker (siehe Information am Buchende) für alles zu verwenden, was er an Süßem zu sich nimmt. Das führt zwangsläufig dazu, wieder einen Großteil der Nahrung nicht im Supermarkt zu kaufen, sondern Marmelade, Kuchen usw. selbst zuzubereiten, zumindest solange, bis sich dieser Zucker allgemein durchgesetzt hat.)

Die hohen Schwingungen, die in den Körper einfließen, fordern also einen gewissen Tribut, doch muss deshalb niemand mehr früher sterben oder Krankheiten hinnehmen. Im Gegenteil. Viele Menschen leben in Gebieten, in denen sie keinen Mangel leiden müssen, und so können sie sich mit allem eindecken, was sie benötigen. Und wenn der Lichtkörperprozess für viele Menschen, und somit auch für die Erde, weiter fortgeschritten sein wird, wird es nirgendwo mehr Mangel an Nahrung geben.

Das Nackenchakra ist somit eines der neuen Chakren im Regenbogenzeitalter. Um es zu bilden, wird der Energiepunkt, der auf dem 31. Wirbel liegt (es ist der Punkt mit dem Namen „Glaube") zu einem Chakra „ausgebaut". Zusätzlich werden zwei weitere Energiepunkte „hinzugezogen", nämlich der der Klarheit (Wirbel Nr. 22) und der der Weisheit (Nr. 28). Dieses Chakra wird somit zum „Klarheitschakra", denn es führt zur Klarheit über sich selbst und zur Klarheit dessen, was ist, und dem, was als nächstes zu tun ist, was unter meine „Zuständigkeit" fällt.

Die Nackengegend eines Kanals wird extrem empfindlich, weil dort die Botschaften einfließen, und kann durch Massieren dieses Bereiches stimuliert werden. Es ist übrigens die gleiche Stelle, die dich dazu bringt, dich umzusehen, weil du spürst, dass dich jemand beobachtet. Für einen Kanal hat also der Hals und seine Chakren eine noch größere Bedeutung, als dies ohnehin der Fall ist, bildet der Hals doch die Verbindung des unteren Körpers mit dem oberen Bereich. Er ist die Schnittstelle zwischen den unteren Chakren und den oberen. Das Nackenchakra empfängt also die Botschaften, und das Kehlkopfchakra gibt sie weiter, doch vorher müssen die Botschaften die Kopfchakren durchlaufen.

Die Klarheit der Aussagen ist daran gekoppelt, wie gut die Halschakren auf beiden Seiten entwickelt sind und wie schnell sie sich drehen können. Das kann nur dann geschehen, wenn sie von Ballast befreit sind, der auch aus früheren Leben noch darin stecken kann. Gerade Menschen, die sich heute berufen fühlen, göttliche Botschaften weiterzugeben, haben das oft in früheren Leben schon versucht und wurden oft genug dafür getötet. Das bringt natürlich entsprechenden Ballast (sprich Angstgefühle) in den Halschakren mit sich, der geklärt werden muss. Und das ist eine der größten Barrieren, die ein Channel überwinden muss: Die Angst davor, für die Weitergabe der Botschaften wieder Leid erdulden zu müssen. Das ist dieses Mal nicht der Fall, denn die Zeiten haben sich geändert!

Diese Botschaften werden göttliche Botschaften genannt, weil sie alle von „höheren Dimensionen", eigentlich aus weniger dichten Ebenen, stammen und der Mensch dazu neigt bzw. früher dazu neigte, diese als göttlich anzusehen. Aber eigentlich habt ihr ja das Göttliche in euch selbst, es ist nicht irgendwo „oben", sondern ihr verkörpert es selbst. Ihr müsst es nur wieder erkennen, und schließlich wird es keinen Unterschied zwischen „Oben" und „Unten" mehr geben, der Schleier wird gelüftet werden.

Dieser Kanal hier hat mehrere Leitungen offen, was den Vorteil hat, dass verschiedene Gruppierungen unter dem gleichen Aspekt, nämlich dem des Regenbogenzeitalters, zu Wort kommen können. So ist ein Gleichgewicht, eine Ausgewogenheit gewährleistet, die für die Klarheit der gesamten Botschaft, die in diesem Buch vermittelt werden soll, wichtig ist. Dies gilt auch für die folgenden Bücher. In jedem gechanneltem Buch ist ein Schwerpunkt vorhanden, einfach aus der Notwendigkeit heraus, das weiterzugeben, was momentan gebraucht wird.

Im „Regenbogenzeitalter" werden grundsätzliche Dinge erörtert. Man könnte sagen, es wird eine Basis für ein neues Denken geschaffen, also fließt hier sehr viel „rote" Energie mit hinein. Auf diesen Grundlagen können wir dann in späteren Werken aufbauen. Die Informationen, die hier einfließen, handeln davon, warum die Erde existiert, warum sie „so tief gesunken" ist, aber tief im Sinne von niedrigen Frequenzen und nicht im Sinne einer Wertung, obwohl das Wortspiel dahinter sehr treffend ist. Es handelt auch davon, warum es nun Zeit ist, die Erde aus dieser Tiefe wieder herauszuholen und warum es dabei der Hilfe eines jeden Einzelnen bedarf. Dies ist deine Aufgabe, liebe Leserin, lieber Leser, darum bist du hier.

Betrachtet man sich Bilder in Kirchen, so sind manchmal Menschen zu sehen, die einem Lichtstrahl von oben ausgesetzt sind, was das Symbol für die göttliche Inspiration darstellt. Dieser Lichtstrahl müsste korrekterweise eigentlich nicht auf den Kopf, sondern auf den Nacken gerichtet sein. Von dort fließt die Botschaft Energiebahnen entlang, die in das Dritte Auge führen, wo die Botschaft übersetzt wird.

Alle heiligen Bücher in allen Religionen enthalten Material, das auf diese Weise empfangen wurde. Es mag von unterschiedlichen Ebenen kommen, weshalb es scheinbare Widersprüche enthält. Von einem übergeordneten Blickwinkel ergänzt sich jedoch alles.

Kommunikation ist eine grundlegende Eigenschaft, über die die Menschen ihre Entwicklung ermöglichen konnten. Ohne Kommunikation gäbe es diese Weiterentwicklung nicht. Die nächste Stufe ist dann die Kommunikation von Geist zu Geist, auch zwischen Menschen, wobei dann das Kehlkopfchakra seine Wichtung verlieren wird. Bei dieser Kommunikationsform gibt es keine Missverständnisse und keine Lügen mehr. Sie sind nicht möglich. Das liegt daran, dass hierbei Klang, Form und Farbe eine Einheit bilden, die nicht mehr missverstanden werden kann und in der somit immer Klarheit herrscht und damit keine Lüge enthalten sein kann. Das wird „Lichtsprache" genannt.

Ich bin Maha Cohan, der Lenker des aquamarinfarbenen Strahls, und mir und meinen Mitarbeitern obliegt es, mit Hilfe unserer Farbe die Bildung des Nackenchakras zu ermöglichen. Hast du Probleme in diesem Bereich, so visualisiere diese Farbe auf den problematischen Bereich und es wird sich etwas tun. Es kann allerdings sein, dass du dadurch mit Dingen konfrontiert wirst, die du am liebsten nicht ansehen willst. Möchtest du die Probleme jedoch beseitigen, so musst du dich ihnen stellen."

Tannara Solam über das zwölfte Chakra

Über das letzte neue körperliche Chakra möchte euch Tannara Solam etwas erzählen. Wer sie ist und welche Aufgabe sie hat, wird sie selbst erläutern:

ICH BIN Tannara Solam in der weiblichen Entsprechung. Mein „Strahl" ist der zwölfte der göttlichen Strahlen. Ich bin zwar nicht der Lenker dieses Strahles, das ist Sanat Kumara, aber ich bin eine Mitarbeiterin von ihm und ein Mitglied der Großen Weißen Bruderschaft. Ich war viele hundert Male in der Dichte der Erde inkarniert und weiß darum sehr gut, wie es ist, in dieser Schwere zu leben und wie schwierig es ist, diese Dichte abzuwerfen, den klebrigen Brei restlos vom Lichtkörper zu entfernen.

Meine Energie ist die der Veränderung, und so war ich immer dann inkarniert, wenn es um Veränderungen ging. Ich freue mich wirklich sehr, euch in diesem Neuen Zeitalter Informationen zu übermitteln, die Veränderung bringen werden, und ich bin stolz darauf, diese Meisterklasse unterrichten zu dürfen. Ihr alle seid in äonenlanger Ausbildung gewesen und nun in der Abschlussklasse. Das Wunderbare daran ist, dass es zu eurer Meisterschaft gehört herauszufinden, worin ihr eigentlich die Meister seid. Und so dürfte es euch nicht überraschen, dass der Punkt auf Wirbel Nr. 20, der für Meisterschaft steht, in das neue Chakra integriert wird und dabei auch seine Position wechselt, wie es bei einigen der anderen Energiepunkte, die zuvor erwähnt wurden, ebenfalls der Fall ist.

Beim fünften neuen Chakra geht es um Veränderung. Es ist nicht so, dass ihr euch radikal in einen „guten" Menschen verwandeln müsst, sollt und werdet. Nein, es geht einzig und allein darum, zu erkennen, wer ihr wirklich seid und schon immer wart, und das allein bringt automatisch eine Veränderung: Eine Veränderung in der Lebensweise, eine Veränderung in der Denkweise, eine Veränderung in der Handlungsweise, und sogar eine Veränderung in der Art, wie ihr fühlt.

Was geschieht, wenn nur ein einziger Mensch erkennt, wer er eigentlich ist? Er verändert sich dahingehend, dass er sein Licht ausstrahlt, weil er erkannt hat, dass er dieses Licht ist. Ein einziger Mensch lässt das Licht aufscheinen, das nun auf andere fällt. In diesem Licht können andere erkennen, dass auch sie nichts anderes sind als eben Lichtwesen. Diese lassen wiederum ihr Licht aufleuchten und bewirken bei weiteren Menschen dasselbe, und so kommt eine Lawine in Gang, die nicht mehr aufzuhalten ist, eine Lawine aus Licht, ausgelöst von nur einem einzigen Wesen.

Du, lieber Mensch, bist dieser Eine, der in seinem Wirkungskreis das Licht aufscheinen lässt, und nun leuchten schon viele einzelne kleine „Schneebälle", die sich zu Lawinen entwickeln, diese einzelnen Lawinen wachsen und wachsen, bis sie miteinander verschmelzen. Das Ergebnis ist ein Schneesturm der Veränderung, der die ganze Erde umfassen wird und seine Wirkung sogar schon darüber hinaus entfaltet.

Ermöglicht wird dies unter anderem natürlich vom „Veränderungschakra", das räumlich gesehen auf dem 33. Wirbel, also dem Wirbel, auf dem der Kopf ruht, liegt. Es ist keineswegs ein Zufall, dass das neue Chakra auf dem Wirbel Nr. 33 liegt, denn 33 gehört zu den Meisterzahlen, und die Zahl 3 steht für Veränderung.

Hier wird daher der Wille zur Veränderung entwickelt, denn nur wenn der Wille für Veränderung vorhanden ist, kann sie auch geschehen. Der Sturmwind wäre sonst nur ein laues Lüftchen, ohne große Wirkung. Und seht euch um in der Welt, liebe Menschen. Ist der Wille für Veränderung nicht bereits sehr stark? Hört ihr nicht überall den Satz: „Es muss etwas geschehen"? Und wenn der Wille da ist, dann wird auch etwas geschehen! Revolution? Nein, Evolution!

Wird dieses zwölfte körperliche Chakra neu gebildet bzw. aktiviert, so gehen Schritt für Schritt Veränderungen im Menschen vor. Erst langsam, wie der Schneeball, der erst einmal in Fahrt kommen muss, bevor er zur Lawine werden kann. Der Mensch öffnet sich dabei für höhere

Welten – für Welten, die er nicht unbedingt mit seinen Augen sehen kann, aber von denen er auf die eine oder andere Weise weiß, dass sie existieren. Er sieht es allein schon daran, welche Wirkung sie in seinem Leben zu diesem Zeitpunkt bereits entfalten. Eigentlich tun sie das schon immer, doch ein Mensch, bei dem dieses Chakra sich neu zu bilden beginnt, kann diese Wirkung auch erkennen. Mit dem Erkennen von Ursache und Wirkung, denn dieses geht damit einher, versteht der Mensch die Mechanismen, die in seinem Leben wirken, viel besser. Wer weiß, der kann handeln. Wissen ist Macht!

So ist es für euch wohl nicht mehr überraschend, dass das Veränderungschakra mit den Stirnchakren korrespondiert, denn dort ist die Schaltzentrale für Wissen, dort fließen Informationen ein, die zu Erkenntnissen führen. Dort werden Energien übersetzt, die alles enthalten, was der Mensch zum jeweiligen Zeitpunkt wissen muss, um den nächsten Schritt gehen zu können. Dort wird auch das Wissen aktiviert, das ihr in Äonen angesammelt habt. Durch das Veränderungschakra werden die Kristalle, in denen dieses Wissen gespeichert ist, aktiviert. Das freigesetzte Wissen fließt als Energie wiederum in das Veränderungschakra und bewirkt – ja, Veränderung, und so bedingen sich diese Chakren ebenfalls und erhöhen ständig gegenseitig die Frequenzen, und so kann immer mehr, immer „höheres" Wissen, einfließen, und das führt zu immer schnelleren, immer größeren Schritten der Veränderung.

Das neue Chakra bewirkt somit, dass der Mensch erkennt, dass er der Schöpfer seines Lebens ist, und niemand sonst. Er sieht, dass er die Verantwortung für alles trägt, was in seinem Leben geschieht, und so übernimmt er dann tatsächlich auch die Verantwortung für seine Gedanken, Taten, Worte und auch Gefühle. Verantwortungsvolles Handeln wiederum bewirkt Veränderung, und so wird in dieses Chakra auch der Energiepunkt auf Wirbel Nr. 24 integriert, der für Schöpfung steht, die Schöpfung eines neuen Lebens in einer neuen Gesellschaftsform in einer neuen Welt.

Hast du vielleicht Schmerzen an dieser Stelle des Hinterhauptes, oder möchtest du den Sturmwind der Veränderung in dir erwecken, so visualisiere den perlmuttfarbenen Strahl und richte ihn auf diese Stelle. Seine Energie wird eine Beseitigung der Blockaden bewirken. Vielleicht dauert es etwas, doch es wirkt. Blockaden haben die Menschen dort alle, denn sie sträuben sich gegen die Veränderung. Sie wollen, dass alles so bleibt, wie es ist, selbst wenn das bedeutet, dass sie in Schmerz und Leid verharren müssen. Schmerz und Leid sind altbekannte Weggefährten. Sie sind vertraut. Doch was die Veränderung bewirkt, ist unbekannt, und vor dem Unbekannten fürchtest du dich, lieber Mensch.

Kannst du das bereits vor dir selbst zugeben? Weißt du, dass du einerseits die Veränderung wünschst und dich andererseits davor fürchtest? Dann hast du bereits den ersten Schritt in Richtung Veränderung getan. Sieh dir diese Furcht an. Sie ist nichts Schlechtes, im Gegenteil, sie ist nützlich, denn durch ihr Vorhandensein wird dir aufgezeigt, dass da etwas ist, was du dir ansehen solltest. Also sieh dir an, wovor du dich eigentlich fürchtest. Was möchtest du verändert haben und andererseits wieder nicht? Versenke dich mit deinem Bewusstsein in das neue Chakra und sieh dir die Bilder an, die dort auftauchen, und du wirst verstehen, woher die Furcht rührt. Mit dem Verstehen kannst du sie gehen lassen, und zurück bleibt die Erkenntnis, dass Veränderung nichts Schlechtes bedeuten muss. Es liegt doch ganz bei dir, welche Veränderungen du haben willst. Du bist doch der Schöpfer deiner Veränderungen, deines Lebens, und niemand sonst!

Hat sich der Sturmwind der Veränderung erst einmal gelegt, zum einen in deinem persönlichen Leben, aber auch im globalen Geschehen, hat sich der Staub, der dabei aufgewirbelt wird, erst einmal gesenkt, so werdet ihr eine veränderte Welt vorfinden. Eine Welt, in der die Tiere auf euch zugehen werden, anstatt vor euch davonzulaufen, denn auch sie betrifft die Veränderung. Könnt ihr euch vorstellen, dass ihr im Wald spazieren geht und zum Beispiel ein Bär euch freudig begrüßt und um Leckereien bittet, anstatt davonzulaufen oder euch anzufallen?

Ist dies nicht eine Vision einer schönen neuen Welt, für die es sich lohnt, den ersten Schritt im eigenen Leben zu tun? Auch der längste Weg beginnt mit dem ersten Schritt! Und der erste Schritt ist, seinem **ersten Impuls** *zu folgen. Höre auf deine Impulse und analysiere sie nicht mit dem Verstand, sondern befolge sie einfach. So erfolgt die Führung aus der geistigen Welt!*

Das war Tannara Solam, mit unglaublichen Stolz und Liebe in der Brust, stolz auf die Menschen, auf alle Menschen, so wie sie sind, denn sie sind einfach wunderbar. Ihr seid wunderbar!

Energiekörper

Hier nun einige Erläuterungen der Anasasi zu den Energiekörpern:

Die Farben des Regenbogens fließen über die Chakren in den physischen Körper des Menschen ein und werden dabei über die feinstofflichen Körper soweit heruntertransformiert, dass der physische Körper sie verarbeiten kann. Auch hier vergrößern sich vorhandene Energiepunkte in den feinstofflichen Körpern zu neuen Chakren.

Das Endziel der transformierten Energien ist jedoch nicht der Mensch, sondern die Erde, da auch sie einen Entwicklungsweg und ein Bewusstsein hat. Ohne euch Menschen könnte sie diesen Weg nicht gehen und ihr Bewusstsein nicht weiterentwickeln. Sie braucht euch genauso wie ihr sie. Und auch hier werden die Energien nicht gehortet, sondern weitergeleitet.

Die menschlichen Körper fungierten bisher also als letzter Transformator, um die Erde in die niedrige Schwingung zu bringen, und nun sind sie die Energieumwandler, um sie wieder in die höheren Sphären zu hieven. Um diese Energien auf diese Art und Weise fließen zu lassen, benötigt ihr nicht nur die oben aufgeführten zwölf körperlichen Chakren, sondern auch die feinstofflichen Körper, die ja wiederum Chakren aufweisen. Waren diese Körper die ganze Zeit auch dazu da, dieses ständige Fließen an Energie am Leben zu erhalten, sind sie nun eher dafür da, die Energie in dem Moment zu stoppen, in dem sie automatisch auf tiefere Frequenzen wechseln will.

Das geschah über Äonen automatisch, wie ein physikalisches Gesetz. Es wird nun jedoch ein neuer Automatismus für diese Körper entwickelt, nämlich der, dass das automatische Tiefergehen einem automatischen Höhergehen weicht. Bei einzelnen Menschen wurde dies schon über längere Zeit so eingerichtet, da die Erde ja nicht erst jetzt wieder auf dem Weg nach oben ist, sondern schon sehr lange. Der Unterschied liegt nun in der Beschleunigung des Aufstiegs, und so müssen die Mechanismen generell geändert werden, und dazu war wiederum eine kritische Masse an „entwickelten" Menschen nötig. Nur so konnte die Erlaubnis für diese dramatische Änderung der feinstofflichen Gesetze gegeben werden.

Musste ein Mensch, der in höhere Dimensionen überging, früher seinen physischen Körper zurücklassen, kann er ihn nun mitnehmen, und zwar genau auf Grund dieses Mechanismus, da alle Körper nun höher schwingen. Auch die Merkabah spielt hierbei eine Rolle, und über die wird Metatron noch berichten.

Der physische Körper, der ja von allen feinstofflichen Körpern durchdrungen ist, wird somit zu eurem Vehikel für den Aufstieg, denn über ihn könnt ihr ständig eure Schwingung erhöhen. Indem ihr ihn zum Beispiel an Kraftorte bringt, indem ihr meditiert und anderen Schritte geht, von denen einige weiter hinten angeführt werden. Die schnellste Erhöhung der Schwingung ist die Klärung des Lichtkörpers, denn jede dunkle Stelle in ihm ist eine Stelle der niedrigeren Schwingung. Der Mensch kann erst dann vollständig in die Fünfte Dimension aufsteigen, wenn er alle dunklen Stellen in seinem Lichtkörper beseitigt hat, der sich wiederum innerhalb des physischen Körpers befindet. Man könnte sagen, das Fleisch deckt das Licht zu.

Der Lichtkörper ist nichts anderes als die verdichteten Anteile aller feinstofflichen Körper, von dem sich nur ein geringer Prozentsatz im physischen Körper ausdrückt. Aber es ist dieser Prozentsatz, ohne den eine Weiterentwicklung, zumindest der Menschen auf der Erde, nicht möglich ist, denn das habt ihr so geplant und gewollt. Diese Koppelung macht es unumgänglich für euch, euch um den physischen Körper (und mit ihm um die Anteile der anderen Körper, die in ihm verankert sind) zu kümmern, denn ohne ihn gibt es kein Wachstum.

Genau jetzt wird der Körper noch viel wichtiger, eben weil ihr ihn „ins Jenseits" mitnehmen werdet, was vorher nicht der Fall war. Ihr seid gestorben und habt den physischen Körper wieder der Erde übergeben, von der er genommen war. Der Schleier zwischen Jenseits und Diesseits hebt sich, und das bedeutet, dass ihr den Körper nicht mehr zurücklassen müsst, wenn ihr nicht wollt, also nicht mehr zu sterben braucht. Nur wenn ihr denkt, dass es für eure Entwicklung nötig ist, noch einmal oder öfter auf die herkömmliche Art zu gehen und zurückzukehren, dann tut ihr das auch.

Das wird noch für eine ganze Weile für die meisten Menschen der Fall sein, doch werden es immer weniger, und die, die nicht mehr sterben, werden die Welt dann verlassen, wenn sie glauben, dass es Zeit für sie ist.

Das bedeutet auch, dass die Bevölkerungszahlen sich reduzieren werden. Die befürchtete Übervölkerung der Erde wird es nicht geben. Und die, die sich in höhere Sphären begeben, ohne fortzugehen, werden für das normale Auge unsichtbar werden, weil ihre Frequenz einfach zu hoch ist, um sichtbar zu bleiben.

Das ist ja der Grund, warum ihr die Wesenheiten von der Fünften Dimension aufwärts nicht sehen könnt, obwohl sie durchaus vorhanden sind. Wesen aus der Vierten Dimension können durchaus sichtbar bleiben. Sie geistern dann als Gespenster durch eure Häuser, ohne euch jedoch in der Regel wahrzunehmen, weil sie sich ihre eigene Welt erschaffen. Sie können nur dann mit euch interagieren, wenn sie ihre Frequenzen noch mehr senken, aber auch das ist möglich, wie Seance-Sitzungen zeigen.

Versteht ihr nun, warum so viele Menschen derzeit hier sind? Die Energie eines jeden wird für den Aufstieg des Planeten benötigt, auch die derjenigen, die sich gegen ihre Entwicklung entscheiden. Auch ihre Chakren arbeiten für die Erde, ob sie das nun wissen oder nicht, spielt keine Rolle. Sie werden genauso benötigt wie die, die ihren Lichtkörper wieder freilegen. Eine Unterteilung in Lichtarbeiter und andere gibt es daher eigentlich gar nicht, und sich über die „nicht entwickelten" zu erheben, dafür gibt es also keinerlei Grundlage.

Es gibt wesentlich mehr Energiekörper als die, die gewöhnlich in der Literatur aufgezeigt werden. Je entwickelter eine Wesenheit ist, desto mehr Energiekörper hat sie, und desto weiter reichen sie. Sie sind natürlich latent in jedem Wesen vorhanden, denn wir sind ja über sie mit Allem-was-ist verbunden. Sie müssen jedoch „verdichtet" werden durch die geistige Entwicklung, um sich an ihnen entlang zurück zur Quelle zu „hangeln". Von ihnen erfahrt ihr mehr, wenn die Entwicklung der Menschen weitergegangen ist.

Energiekörper und Chakren bilden ein komplexes System der Energieumwandlung feinstofflicher Energien. Die sieben Hauptchakren besitzen in dieser Form nur die Menschen. Nicht verkörperte Wesen haben nur höhere Chakren und Energiekörper und können ihre Frequenz somit auch nicht so tief senken, wie es in der Menschenwelt erforderlich ist. Wenn sie sich bei euch bewegen und agieren möchten, müssen sie sich erst einen physischen Körper erschaffen, was ihnen jedoch ohne weiteres möglich ist. Allerdings unterliegen sie dann auch fast allen Einschränkungen, die ein solcher Körper mit sich bringt. Das sieht man an denen, die die Sternengeborenen genannt werden. Diese sind durch den normalen Geburtsvorgang hier aufgetaucht und mussten deshalb auch durch den Schleier des Vergessens. Nur die, die sich direkt einen

Körper schaffen und „wie aus dem Nichts" auftauchen können, sind nicht so stark eingeschränkt, aber auch sie sind durch die Stofflichkeit nicht im vollen Besitz ihrer Fähigkeiten.

Das Chakrensystem außerirdischer Wesenheiten, die auf anderen Planeten aufwuchsen, kann völlig anders sein als das eurige. Das hängt davon ab, wie tief sie in den Dimensionen angesiedelt sind und von der großen Aufgabe, die in ihrem System bewältigt werden soll.

Entwickelt sich der Mensch nun weiter, so verdichtet er nicht nur seine Energiekörper, sondern öffnet auch höhere Chakren. Das eine geht nicht ohne das andere. Das ist jedoch erst möglich, wenn die Merkabah aktiviert wurde. Unter Merkabah versteht man mehrere rotierende Energiefelder in bestimmten Formen und Abständen vom physischen Körper, die nichts direkt mit den feinstofflichen Körpern, wie sie oben beschrieben werden, zu tun haben. Sie haben eigene Aufgaben.

Die Rotation dieser Energiefelder muss erst in Übereinstimmung gebracht werden, bevor die Energien höherer Chakren in die anderen Körper einfließen und bis in den physischen Körper vordringen können. Das soll sicherstellen, dass dies nicht zu früh geschieht, denn um die Merkabah zu aktivieren, bedarf es intensiver Klärungsprozesse und auch der Hilfe von feinstofflichen Wesenheiten. Erst wenn hier alles „stimmt", gelangen die höheren Energien in den Körper. Man könnte die Merkabah als eine Art Schutzschild gegen höhere Einflüsse ansehen, der erst durchlässiger wird, wenn der einzelne Mensch und die Menschheit als Ganzes einen bestimmten Energielevel erreicht haben. Dies musste sein, um das Sinken in tiefere Frequenzen gewährleisten zu können.

Wie ihr seht, mussten eine ganze Reihe von Sicherungen eingebaut werden, um überhaupt zu ermöglichen, dass ein Teil dieses Universums so tief sinken kann. Werden diese Sicherungen nun weggenommen, so steigen die Frequenzen automatisch wieder an. Die persönlichen „Sicherungen" können auch nur von dir deaktiviert werden, von niemandem sonst! Es ist deine Entscheidung, und nur deine!

Was wir hier erwähnt haben, sind nur die Sicherungen am Menschen selbst. Für die Erde und das Sonnensystem gab es eigene Maßnahmen dieser Art. Diese Sicherungen wurden und werden allerdings nach und nach deaktiviert (das ist gleichbedeutend mit der Entfernung des Schleiers), so dass die Erde automatisch wieder höher steigt. Dies wurde aber nur dadurch möglich, weil eine kritische Masse von Menschen sich dafür entschieden hat, ihre „Sicherungen" abzubauen, indem sie ihre Lichtkörper aktivierte. Dadurch werden nun den anderen Menschen ihre Prozesse und ihre Entscheidungen erleichtert.

Ihr alle habt den meditierenden Menschen in aller Welt unglaublich viel zu verdanken. Es sind alles Menschen, die ihre Erfüllung im Inneren suchen und nicht im Außen! Sie finden und fanden ihre Ausrichtung nicht mehr im Materiellen, sondern im Geistigen. Letztlich sind alle auf der Suche nach Erfüllung, aber es gehört ein bestimmter Reifegrad dazu, sich nach innen zu wenden. Das heißt nicht, dass alle diese Menschen sich von den normalen Vergnügen fernhalten, denn dazu sind sie noch zu sehr Menschen, und das ist auch gut so, aber die wahre Erfüllung ist nur im Inneren zu finden. Der kosmische Witz dabei ist, dass das, was du im Inneren findest, ein viel größerer „Kosmos" ist als das, was du im Außen siehst.

Die Kundalini

Über diese Energie gibt es schon viele Informationen, aber da euer Planet über Äonen so dicht war, konnten nur bestimmte Informationen den Schleier passieren. Das gilt nicht nur für die Kundalini, sondern generell.

Der Schleier hebt sich, und das bedeutet, dass wesentlich mehr Botschaften hindurch können, was wiederum dazu beiträgt, dass der Vorhang sich noch mehr hebt. Bis dieses Buch erscheinen wird, kann und darf noch mehr hindurch, so dass der Informationsfluss nicht versiegen wird.

Wie du, lieber Kanal, ganz richtig vermutest, gibt es eine Sperre zwischen dem dritten und vierten Chakra, die jetzt aber nichts mit den Knoten zu tun hat, die wir schon erwähnten. Sondern diese Sperre ist anderer Art. Die Kundalini-Energie hat transformatorische Kraft, und solange ihr nicht den Reifegrad erreicht hattet, der benötigt wird, um diese Energie optimal zu nutzen, durfte sie euch nicht zur Verfügung stehen. Das hattet ihr so beschlossen.

In den Anfängen eurer Geschichte war das nicht so. Ihr hattet keinerlei Einschränkungen in euren Körpern. Ihr konntet alle Gliedmaßen nachwachsen lassen, wenn ihr das wolltet, nur war das gar nicht nötig, weil euch kaum etwas passierte, denn die vielen Einschränkungen wurden erst nach und nach entwickelt, als ersichtlich wurde, dass „im Paradies" zwar alles wunderbar ist, aber kaum Wachstum erfolgen kann. Aber für Wachstum wurde die Erde erschaffen, und daher mussten die körperlichen Fähigkeiten eingeschränkt werden.

Eure Sehfähigkeit, die weit über den Sichtbereich hinausreichte, wurde reduziert, wie es in manchen Heiligen Schriften auch tatsächlich noch nachzulesen ist. Sehen erfolgt ja nicht mit den Augen alleine, sondern im Sehzentrum des Gehirns. Mit Hilfe des Dritten Auges, das außer einem Übersetzungsmodul tatsächlich auch ein Auge ist, konntet ihr in die entferntesten Winkel der Erde und darüber hinaus sehen. Man könnte sagen, da war der Schleier noch so durchlässig, dass ihr hindurchblicken konntet. Der Schleier wurde also nicht nur vor eure Existenz gezogen, sondern auch vor eure Augen, oder vielmehr: Die Sehfähigkeit, die ja direkt mit der Erkenntnisfähigkeit gekoppelt ist, wurde reduziert, damit ihr euch auf das Leben im Hier und Jetzt des jeweiligen Erdenlebens konzentrieren konntet, denn wenn ihr mit eurem Geist im All umherstreift, seid ihr nicht in eurem Leben auf der Erde, oder zumindest nur zu einem geringen Teil. Mit den Leben auf der Erde wird aber ein Zweck verfolgt, und der kann nicht erreicht werden, wenn ihr nicht richtig hier seid.

Es wurden also mehrere Dinge veranlasst: Zum einen wurde die Seh- und damit die Erkenntnisfähigkeit verringert, und zum anderen wurden eure anderen körperlichen Fähigkeiten der Regeneration stark eingeschränkt, so dass viel mehr Erfahrungen möglich waren. Das hat zum einen damit zu tun, dass ihr nun schneller sterben und damit um so öfter zurückkehren konntet, um in einem neuen Umfeld neu zu beginnen, aber mehr noch hatte es damit zu tun, dass durch die fehlende körperliche Unversehrtheit ein unglaublich großes Spektrum an Erfahrungen möglich wurde, das sonst in der Bandbreite all dessen, was die Seelen hier erfahren wollten, gefehlt hätte.

(Versteht uns richtig: Das hat euch niemand „angetan", sondern ihr habt das sozusagen als Planungsgremium selbst beschlossen, weil sonst die Entwicklung, die euch vorschwebte, nicht möglich gewesen wäre. Wir wiederholen es an dieser Stelle noch einmal: Auf der Erde sind die mutigsten Seelen versammelt, die der Kosmos zu bieten hat (weshalb ja auch so viele hierher wollen, denn dieses Attribut möchten sie ebenfalls vorweisen). Es sind Seelen, die Veränderung bewirken wollten und diese auch bewirkt haben und noch bewirken. Ihr habt ein neues Kollektiv gegründet, wenn man so will, eine neue Rasse von besonderen Wesenheiten, die auf Grund ihrer Merkmale vorher eher einzelne Exoten auf zahllosen Welten und daher unverstanden waren. Diese Exoten wurden an einem Platz namens Erde „zusammengezogen", um ihr großes Potenzial ausschöpfen zu können, und das Ergebnis des großen Plans zeigt nun langsam Wirkung. Mit dem Einschalten des Lichts der Erde wird das restliche Universum verstehen, was ihr tun wolltet und getan habt. Ihr habt eine Veränderung bewirkt, die Allem-was-ist zum Vorteil gereicht!)

Um diese körperlichen Einschränkungen zu erreichen, wurde euer Kontakt zur Lebenskraft nicht völlig unterbrochen, doch einige Kanäle wurden geschlossen, und das betrifft nun die Kundalini, denn sie ist die Lebenskraft, die Energie, die für die Körperlichkeit notwendig ist. Sie ist die steuernde Kraft, die euren Körper in dem Zustand erhält, den er hat. Es ist nicht das Gehirn! Obwohl dort natürlich Hilfszentren dafür eingerichtet sind. Aber das Steuerelement ist die Kundalini!!

Sie benutzt dafür die Informationen, die in der DNA von euch in der Zeit der Bildung eures Körpers (die ihr immer persönlich überwacht, da es sich ja um euren künftigen Körper handelt) gespeichert worden sind, denn dort ist alles enthalten, was ihr je an Erfahrungen gemacht habt. Warum ist sie wohl so unglaublich lang? Weil sie viele Informationen enthält, und zwar über alle Leben, die ihr je hattet, mit allen kulturellen Informationen, die dir als betreffender Mensch damals zugänglich waren!

Würde jeder sich an alle Leben erinnern und alle Leben in einer riesigen Datenbank den jeweiligen Epochen zugeordnet und wie ein Puzzle zusammengesetzt sein, dann hättet ihr einen kompletten Abriss eurer wahren Geschichte, die nicht allzu viel mit dem zu tun hat, was in den Büchern steht. Vor allem wäre es eine lebendige Geschichte, von beteiligten Menschen erzählt. Eines Tages wird diese Datenbank jedem zur Verfügung stehen, denn es gibt sie ja bereits. Sie muss nur noch in eure materielle Welt übertragen werden. Es ist das, was Akasha-Chronik genannt wird, denn alle Erfahrungen, die je auf der Erde gemacht wurden, werden in dem Moment dort abgelegt, in dem sie gemacht werden.

Diese Datenbank einzurichten war nötig, denn es sollte später rekapituliert werden, wie das Experiment vor sich ging. Das ist nichts anderes als die Aufzeichnungen, die ihr Menschen führt, wenn ihr neue Techniken ausprobiert. Ihr wollt hinterher ja dann auch wissen, was schief gegangen ist, oder warum es so gut funktioniert hat. Im Falle der Erde hat es hervorragend funktioniert, und für spätere Experimente können die Daten in der Akasha-Chronik ausgewertet und verwendet werden. Es gibt für jedes Sonnensystem, in dem ein bestimmter Plan verfolgt wird, entsprechende Aufzeichnungen.

Da ihr mit dem Lichtkörperprozess sowohl eure persönliche als auch die globale Vergangenheit aus der Zukunft heraus verändert, das heißt, eigentlich sogar auslöscht, bleiben am Ende nur noch die Aufzeichnungen, um nachzulesen, was einst geschah, um das enorme Wachstum zu ermöglichen.

Der Mensch ist also ein lebender Datenspeicher für eine ungeahnte Fülle an Daten, und er ist gerade dabei, das herauszufinden. In der DNA sind also nicht nur die Daten für die Funktionen des Körpers abgelegt, sondern alles, was die einzelne Seele betrifft, und auch Informationen über den Großen Plan.

Der Blick in die Vergangenheit ist ja sehr interessant und wird noch viele Menschen für lange Zeit beschäftigen. Was aber noch faszinierender für euch sein dürfte ist, dass dort auch die Pläne für die Zukunft hinterlegt sind. Sobald ihr die Informationen über eure Vergangenheit entschlüsselt habt, seid ihr auch bereit für die Daten der Zukunft. Da die Zukunft jedoch nicht absolut feststeht, sondern mit den Erfahrungen der Menschen in der Gegenwart wächst, sind in der DNA lediglich die Potenziale für das aufgezeigt, was alles möglich sein kann, und wenn ihr diese Potenziale seht, werdet ihr erkennen, dass eine großartige Zukunft vor euch liegt und ihr aus all dem, was ihr in der Vergangenheit gelernt habt, eine wunderbare Zukunft für das Universum gestaltet, nicht nur für euch hier auf der Erde. Ihr habt jedoch die Freiheit, dies auf die euch eigene Weise zu tun. Ihr habt tatsächlich den freien Willen, mit allen Konsequenzen!

Wenn ihr euch die Entwicklung der Erde auf Millimeterpapier aufzeichnen würdet, hättet ihr, ausgehend von einem Höhepunkt, viele Höhen und Tiefen aufzuzeichnen (Stichworte wären hier Atlantis, Lemuria, der Mars usw.), und die wird es auch weiterhin geben, einfach um der Erfahrung willen. Was jedoch die absolut beste Neuigkeit für euch ist, ist die, dass ihr den tiefsten Punkt in der Tabelle längst überwunden habt und es nun stetig aufwärts geht. Wir werden euch (noch) nicht sagen, wann und wo der tiefste Punkt war, denn das werdet ihr selbst herausfinden, wenn ihr eure eigene wirkliche Chronik der Vergangenheit erar-

beitet habt, und das Ergebnis wird euch überraschen, soviel können wir euch verraten.

Jedenfalls ist der tiefste Punkt überwunden, und es geht, wie gesagt, insgesamt aufwärts. Dennoch wird es auch immer wieder einen „Zacken nach unten" geben; zieht man jedoch eine Gerade durch das Auf und Ab, so zeigt sie steil nach oben, und zwar weit über den Punkt hinaus, der der anfängliche „Höhepunkt" war, und das ist Sinn und Zweck des Ganzen. Was feststeht für die Zukunft, ist jedoch nicht in allen Einzelheiten festgelegt, denn wie ihr dorthin kommt, das könnt ihr frei gestalten, und ihr tut es, ihr Lieben, ihr tut es!

Ihr lebt im Moment in einer Zeit, in der die Kurve insgesamt sehr steil nach oben zeigt, auch wenn euch das im Moment noch nicht so vorkommen mag. Es tut sich jedoch in so vielen Gebieten der Erde (noch versteckt) etwas, was man mit Bewusstseinswandel bezeichnen könnte und was sich in Kürze auch immer offensichtlicher zeigen wird. Und dies setzt Tätigkeiten in Gang, führt zu Bewegung, für kurze Zeit vielleicht wieder etwas abwärts (das ist es, was ihr gerade empfindet), aber nur, um darauf neu aufzubauen und weiter und noch „steiler" nach oben zu streben. Habt keine Furcht, ihr alle macht das großartig!

Hilfe erhaltet ihr für diesen Prozess dadurch, dass die Sperre zwischen dem dritten und vierten Chakra aufgehoben wurde. Diese Sperre wird von eurem Höheren Selbst in dem Moment aufgehoben, in dem ihr für die Transformation bereit seid. Da euer Körper die ganze Zeit nur eingeschränkt funktionierte, sind umfangreiche Umbaumaßnahmen nötig, um die Einschränkungen wieder aufzuheben. Diese Umbauten leitet die Kundalini-Energie in Zusammenarbeit mit euerem Höheren Selbst und eueren spirituellen Helfern.

Die Kundalini ist unglaublich stark, und um sie „im Zaum" zu halten, braucht es entsprechend starke Energien, die „dagegen halten". Hierfür sind drei Helferengel notwendig, und wenn sie gehen, dann bedeutet dies ein Freisetzen der Energie. Diese hat kein Bewusstsein im eigentlichen Sinne, aber sie ist so etwas wie ein intelligentes Werkzeug für die Transformation. Sie ist auch dafür zuständig, dass die „dunklen Stellen" der niedrigeren Frequenzen in einem Körper angesehen werden müssen, indem die Energie dorthin gelenkt wird. Sie stößt dabei auf Hindernisse, und diese werden somit „beleuchtet".

Erst mit Hilfe dieses „Lichts" könnt ihr auch etwas sehen. Da diese „Lichtenergie", denn um nichts anderes handelt es sich, auf Widerstand an den dunklen Stellen stößt, ist man in der Lage, sich diese bewusst zu machen. Mit der Bewusstmachung wiederum kann man sich dann auch damit auseinandersetzen. Das kann durchaus so aussehen, dass die betreffende Stelle schmerzt, wenn subtilere Methoden nicht gleich greifen.

Mit Hilfe der Kundalini kommt jedenfalls Bewegung (im Sinne von Beschleunigung) in euer Leben, und dafür ist sie da.

Diese Helferengel, die die Lebenskraft Kundalini daran hindern, aufzusteigen, also den Energiefluss behindern, tun dies nicht vollständig, sondern je nachdem, was der Mensch gerade benötigt, wird der Energiehahn ein wenig aufgedreht, oder ein wenig gedrosselt. Sie sind also auch Energieregulatoren. Dies geschieht aber nicht auf Gutdünken der Helfer, sondern in Übereinstimmung mit dem Höheren Selbst, das wie ein Dirigent für das Erdenleben funktioniert. Die Helferengel sind Freiwillige, die durch den Dienst am Menschen ebenfalls Wachstum erfahren. Wir alle haben diese Dienste für andere bereits geleistet, auch alle Menschen, die nun auf der Erde sind. Dies gehört zu den Aufgaben, die man hat, wenn man gerade nicht inkarniert ist und eine längere Pause macht.

Etwas Energie geht also immer bis oben durch den Körper hindurch, denn sonst wäre der Mensch nicht lebensfähig. Am besten fühlt man dies beim Orgasmus, denn diese Energie steigt bis oben ins Kronenchakra und darüber hinaus, schafft eine Verbindung, ein „Tor nach oben". Plant der Mensch die Möglichkeit des Erwachens für ein bestimmtes Leben mit ein, so wird er vielleicht seine Helfer anweisen, diese Orgasmusenergie nicht hindurchzulassen oder nur zu einem geringen Teil, damit das Erwachen nicht vorzeitig erfolgen kann, sondern erst, wenn die Kanäle entsprechend gereinigt wurden.

Das hat den Vorteil, dass die Energien erst einmal im unteren Bereich für „Sauberkeit" sorgen können, bevor sie sich höheren Regionen zuwenden. Ob das dem betreffenden Menschen dann gefällt, ist eine andere Sache....

Ausführliche Erläuterungen dazu im nächsten Buch *(Die Regenbogenernährung)*.

Die Menschheit begann auf einem relativ hohen Energielevel, wobei wir in diesem Moment keine Aussagen dazu machen, wie der menschliche Körper zu der damaligen Zeit ausgesehen hat. Nur so viel, dass er anders beschaffen war als der heutige. Über einen wirklich langen Zeitraum erfolgte kaum eine Entwicklung, war nur wenig Wachstum möglich. An einem bestimmten Punkt wurde eine Entscheidung getroffen. Diese Entscheidung lautete: Reduzierung der zur Verfügung stehenden göttlichen Kundalini-Energie, und damit Reduzierung des Verbundenheitsgefühls mit Allem-was-ist. Das Endziel ist wohl klar: Es sollte schnelleres Wachstum produziert werden. Diese Reduzierung ging ziemlich drastisch vonstatten und stürzte die damalige Menschheit in ein Chaos. Dies wird als der tiefster Punkt bezeichnet. Dieses Chaos dauerte ziemlich lange, und es kam zu unvorstellbar großen Tragödien und Umwälzungen, die das Thema eines anderen Buches sein werden. Diese Zeit riss tiefe Wunden in die Seelen und Energiekörper der beteiligten Menschen, und diese Wunden sind noch immer nicht völlig verheilt. Aber nun ist die Zeit der Heilung angebrochen, denn diese Heilung enthält ein unglaublich hohes Energiepotenzial. Und nur dafür wurde dies alles inszeniert!

Anmerkung von P. P: Auch mir blieb nicht erspart, mir meine große Wunde anzusehen, und es hat mir nicht gefallen! Aber dadurch konnte ich einige Dinge in mir und über mich verstehen, die mir vorher rätselhaft geblieben waren, trotz aller Klärung, die ich bis dahin schon erledigt hatte.

Sind wir wieder im Jenseits, so weiß man, dass es keine Schuld gibt, nur Erfahrungen die man im Zuge des Großen Planes machen wollte. Nun ist es jedoch so, dass wir zwar die Erinnerung an alle unsere Leben in unseren Zellen gespeichert haben, nicht jedoch die Erinnerung an die Zeiten dazwischen. Als ich nachfragte, warum das so ist, bekam ich nur zu hören: *Aus Sicherheitsgründen.* Nun, das Ergebnis ist jedoch, dass wir „irgendwo" immer wissen, was wir getrieben haben, und auch die Erinnerung an die dunklen Zeiten in uns tragen. Und da damals die tiefsten Wunden in der Seele geschlagen wurden, haben wir daran auch die stärkste, wenn auch meist trotzdem nur vage Erinnerung. Es ist die vage Erinnerung an eine entsetzliche Schuld. Dieses Schuldgefühl hat Eingang gefunden in eine der größten Religionen und wird als Sündenfall bezeichnet.

Es gibt jedoch einen großen Unterschied zwischen schuldig sein und sich schuldig fühlen!

Dieses Schuldgefühl jedenfalls nagt an uns. Bei vielen wird es vielleicht auch so sein wie bei mir, nämlich, dass sie sich schworen: Nie wieder! Und dieses „Nie wieder" führte dazu, dass wir unsere Schöpferkraft einschränkten, damit wir sie nicht mehr „missbrauchen" konnten, obwohl in Wirklichkeit gar kein Missbrauch stattgefunden hat, sondern nur eine Auftragserfüllung im Rahmen des Großen Planes. Das ändert aber leider nichts daran, dass wir uns schuldig fühlen, und ich persönlich glaube, dass wir alle jetzt, zu dieser Zeit, hier auf der Erde sind, um dieses Mal nicht zu zerstören und wieder in Dunkelheit zu versinken, sondern, dass wir alle hier sind, um uns von der tiefen Wunde zu heilen, um uns vom Schuldgefühl (nicht vom Schuldigsein!) zu befreien. Und wie geht das? Nun, indem wir dieses Mal eben nicht zerstören, sondern aufbauen.

Sehen sich die Menschen ihre größte Wunde an (und, liebe Heiler, hier seid gerade auch ihr gefragt, denn nur wenn man weiß, dass sie existiert, kann man auch an ihr arbeiten, und nicht jeder kann und muss das für sich alleine tun!), wird der Wunsch übermächtig sein, diese zu heilen, und das schafft die großartige Energie, diesen Planeten in den Aufstieg zu führen und somit die Schwingung des Kosmos als Ganzes zu heben, und genau deshalb ist all dies geschehen!

Und nun kommt die Preisfrage: Wie kann ich dieses Schuldgefühl transzendieren? Die Antwort ist denkbar einfach: Finde die Aufgabe, für die du in dieses Leben getreten bist. Das kann die Herstellung von Schuhwerkzeug für den Ballengang sein, das Färben von besonderen Stoffen, sich um die Rettung der Delfine und Wale kümmern, oder göttliche Botschaften in Büchern und/oder Seminaren verbreiten, oder sich um die Erforschung der Kraftorte bemühen. Hier gibt es zahlreiche neue Möglichkeiten, und jede ist so viel wert wie die andere. Was es auch ist, wenn du deine Aufgabe gefunden hast, wird sie dir die größtmögliche Erfüllung verschaffen.

Hier meldeten sich die Engel zu Wort, also wieder Klammer auf:

(Glück ist die beste Heilmethode für alles und jeden. Die Lebensfreude, die den meisten Menschen abhanden gekommen ist (unter anderem durch die große Wunde), führt zum Glück. Empfindet man Freude an der Arbeit, heilt das alle Wunden. Und wenn es dann noch eine Arbeit ist, die dem ganzen Planeten in irgendeiner Form dient, sei es im Großen oder im Kleinen, dann ist das Glück perfekt und damit auch Heilung. Heilen die Menschen ihre Wunden, so wird auch die große Wunde der Erde geheilt, die die Menschen ihr in der dunklen Zeit zugefügt haben.

Das Herabkommen der Engel wird erleichtert, wenn die Menschen Freude empfinden, denn dann sind sie empfänglicher für unsere Energie und für unsere Botschaften. Seht euch eure Heiligen an, sie lebten oft in religiöser Verzückung, und dieses Glücksgefühl ermöglichte ihnen den Kontakt zu höheren Ebenen. Je glücklicher ein Mensch ist, umso höher kann er seine Frequenzen steigern und erfährt dabei noch mehr Glückseligkeit. Menschen, die in ihrem Unglücklichsein (und in ihrer Angst) verharren, bleiben auf niedrigen Frequenzen haften. Aber damit soll keine Wertung verbunden sein, denn jeder hat seinen individuellen Weg. Wir möchten nur das Bewusstsein für diese Dinge wecken und so neue Möglichkeiten schaffen, zu erwachen. Der Erweckungsvorgang ist nichts anderes als eine ständige Steigerung der Frequenzen.

Die Lebensfreude findest du wieder, indem du dir nach und nach ansiehst, was alles „schuld" daran ist, dass du keine Freude am Leben hast, und das ist wiederum nichts anderes als der Klärungsprozess, der Lichtkörperprozess. Es ist ein Wiedergewinnen der Lebensfreude! Dieses Ballastabwerfen führt zum Gefühl des Beschwingtseins, weil man sich leichter fühlt und auch wirklich „leichter" wird. Damit steigert sich die Freude, und das geht immer so weiter.

Du kannst also auf der einen Seite deine Vergangenheit klären, um die Freude zurückzugewinnen, und auf der anderen Seite deine Aufgabe finden (es können auch mehrere sein), um noch mehr an Lebensfreude zu erhalten. Egal, worum es sich handelt, die Aufgabe wird mit dem Aufbau von etwas Neuem zu tun haben und nicht mit Zerstörung, wie in der Vergangenheit, und indem du nun nicht zerstörst, sondern aufbaust, kann tiefgreifende Heilung erfolgen. Das ist wie eine Art Wiedergutmachung dessen, was in der Vergangenheit geschehen ist (obwohl Wiedergutmachung eigentlich gar nicht nötig ist), und somit weicht das

Schuldgefühl einem Glücksgefühl. Das ist Heilung, das ist Frequenzsteigerung, das ist der Große Plan!!")

Weiter nun mit den Ausführungen der Anasasi:

An diesem Punkt wurde die Energiezufuhr langsam, aber stetig erhöht, so dass die Menschen sich aus dem damaligen Chaos befreien konnten und eine hoch stehende Kultur entwickelten. Sie ist so tief in der Zeit verborgen, dass von ihr nur noch die schwache Erinnerung an den Höhepunkt und an den Untergang, also dem tiefsten Punkt, erhalten ist.

Eine Rolle spielt noch die Art der Energie, die durch die Kanäle hindurchgelassen wurde. In Lemuria führte dies zu einer Entwicklung, die sich mehr der geistigen Kräfte bediente. In der vedischen Epoche wurde mehr Wert auf die technische Entwicklung gelegt.

In der atlantischen Epoche lag der Schwerpunkt auf der Kristalltechnologie, die aber auch mehr eine geistige Art des Arbeitens erforderte und nur wenig Technik in dem Sinne mit sich brachte, wie ihr das heute versteht. Das jetzige Zeitalter nun konzentriert sich voll auf die Technologie und versucht, die geistigen Fähigkeiten völlig zu ignorieren.

Die Herausforderung im Regenbogenzeitalter besteht auch darin, eine Technologie zu entwickeln, die beide „Gehirnhälften" gleichermaßen einsetzt und zu einer Synthese der großen geistigen Kapazität des Menschen wie auch seiner technologischen Fähigkeiten führen soll. Es hätte auch anders weitergehen können. Sieht man sich die Entwicklung der Menschheit an, so führte jede Art der Zivilisation zu einer sehr gründlichen Zerstörung. Und das war ursprünglich auch der Plan für dieses Zeitalter: Es sollte wieder zu Zerstörung kommen, damit ihr dann erneut auf einem wieder höheren Level als bei der Zivilisation davor (Atlantis) hättet beginnen können.

Doch hier kam es zu einer weiteren wichtigen Entscheidung: Die kollektive Seele, die für die Entwicklung der Erde zuständig ist, beschloss, dass diesmal die Zerstörung nicht mehr notwendig sei und sie gleich auf die Zielgerade der Zeit einschwenken will. Dazu ist nur eine vergleichsweise kleine Talfahrt nötig (in der befindet ihr euch gerade), doch wenn ihr auf der Geraden, die euren Weg nach oben symbolisiert, einschwenkt, so geht es in der Summe nur noch aufwärts. Es kann noch kleinere Ausschläge nach unten geben, doch wurde beschlossen, dass nie wieder solche totale Zerstörungen notwendig werden, wie es in der Vergangenheit der Fall war. Der Punkt, an dem ihr diese Gerade er-

reicht, ist das viel gerühmte Ende des Jahres 2012 in das Jahr 2013 hinein.

Hier steht tatsächlich eine Entscheidung an, jedoch nicht so, wie es meist verstanden wird. Die Entscheidung, um die es hier geht, ist: Schwenkt die Menschheit gleich auf die Linie nach oben, oder ist es notwendig, dass der tiefste Punkt doch noch etwas unter der Linie liegen wird. Wie es nun ausgeht, steht noch immer nicht fest, das kommt darauf an, wie viele Menschen bis dahin erwachen und die nun zur Verfügung stehende Kundalini-Energie aufsteigen lassen und ihre Kanäle freischaufeln, damit sie ungehindert fließen kann.

Mit der zweiten Entscheidung haben die Menschen dem Verlauf der Geschichte (und nicht nur der Erde) eine neue (und für die geistige Welt noch gar nicht erwartete) Richtung gegeben. Und nun, da dies so ist, sind viele Wesen in heller Aufregung und in fieberhafter Tätigkeit, denn das ist der Punkt, der angestrebt, auf den hingearbeitet wurde. Der Zeitpunkt der Entscheidung war der Zeitpunkt, ab dem die Erde auf dem Weg in die Fünfte Dimension war und noch immer ist, denn nun seid ihr bereits auf einem höheren Niveau als zu Beginn des Experiments! Die kommenden Zeitepochen werden somit erst richtig interessant werden, weil ihr mit ihnen die Energie des gesamten Universums anhebt und neu definiert, so unglaublich dies auch klingen mag.

Wir leugnen nicht, dass es noch viel zu tun gibt, doch wie heißt es auf der Erde so schön: Packen wir's an! Wir alle gemeinsam, denn wir alle hier arbeiten am gleichen Projekt mit.

Vor den Zeiten der Lemurier und vor der Reduzierung der Energie floss die Kundalini in vollem Ausmaß durch den Körper der Menschen. Wir deuteten schon an, dass sie damals eine etwas anders geartete Gestalt hatten, in der nicht so viele Kanäle angelegt waren, wie es heute der Fall ist. Für das potenzielle Wachstum, das erwartet wurde, wurden nicht nur die Energiemengen im Aufstieg einer Zivilisation erhöht, sondern auch die Anzahl der Kanäle. Nur dadurch wurde es für jede Zivilisation möglich, auf einem höheren Niveau zu beginnen als die davor.

Diese Entwicklung kann und wird noch eine ganze Weile weitergehen, betraf aber nie die gesamte Menschheit, sondern immer nur eine kritische Masse. Dies ist im Moment zwar auch noch so, doch es ist ein langfristiges Ziel, die Menschen auf ein gleichmäßiges Niveau zu bringen, was dem Wachstum dann wieder eine neue Richtung geben wird. Um dies jedoch zu erreichen, bedarf es eines Sturmwindes an Verände-

rung, wie Tannara Solam es genannt hat, und der wird bald über euch hinwegbrausen.

Danach erfolgt ein etwas gemäßigteres Wachstum, aber es ist dann immer noch mehr Wachstum als in den Anfängen des Experiments! Das derzeitige Wachstum wird gerade durch den Unterschied der Verfügbarkeit der Energie bewirkt, denn letztlich sind alle Kämpfe auf der Welt Kampf um Energie, nämlich eigentlich der Energie der Lebenskraft. Viele haben dieses jedoch vergessen und suchen die Energiequelle im Außen und nicht im eigenen Inneren. Doch nur da ist sie zu finden."

5. Der Lichtkörperprozess

Was ist der Lichtkörperprozess?

Mit dem Erwachen der Kundalini (und nicht jeder kann dies spüren) wird dem Körper eine neue Schwingung hinzugefügt oder, genauer gesagt, der Körper wird dazu angeregt, seine Frequenz, seine Schwingung ständig zu erhöhen und zwar sehr viel schneller als ohne die Kundalini. Das lateinische Wort „informare" heißt übersetzt „gestalten, bilden". Die Schwingungen, die nun unsere Körper erreichen, informieren ihn, formen ihn um, nämlich zu einem Lichtkörper, oder besser gesagt, legen diesen frei. Niemand bleibt davon verschont. Wir sind alle in unterschiedlichen Stadien dieser Erweckung.

Die Schwingungen, die unsere Körper nun (über die Chakren) erreichen, durchströmen und durchdringen sich. Sie bilden dabei stehende Wellen, die sich drehend und/oder vibrierend in unterschiedlichen Strukturen und Mustern zeigen und auf diese Weise den Lichtkörper formen und gestalten. Die steuernde Intelligenz in diesem Prozess ist die Kundalini in Verbindung mit dem Höheren Selbst, nicht unser bewusster Wille. Vertrauen in sich selbst ist somit der Schlüssel, um den Vorgang optimal zu unterstützen. Widerstand lässt den Vorgang eher schmerzlich verlaufen, und so sollte man diesen Prozess voller Vertrauen einfach zulassen, denn er bedeutet großartige Veränderungen, auch wenn das von Zeit zu Zeit körperliche Schwierigkeiten bedeutet.

Da alles Frequenz, also Schwingung ist, ist auch alles Klang. Würde man den Lichtkörperprozess eines beliebigen Menschen in Tönen ausdrücken, würde eine wundervolle Sphärenmusik erklingen, die niemanden unberührt lassen könnte. Diese „Musik" ist es auch, die die Menschen an Erwachenden wahrnehmen, ob sie sich dessen nun bewusst sind, oder nicht. Andere nennen es „das Licht" im Erwachenden, das sichtbar wird. Dies sind nur Metaphern für einen Vorgang, auf den wir Hunderte von Leben hingearbeitet haben und der sich nun seiner Vollendung nähert.

Der Lichtkörper ist jedoch nicht etwas, das man aus Materie neu aufbaut, die nicht Licht ist (Materie ist nur verdichtetes Licht), sondern wir befreien uns „nur" von den dunklen Stellen, dem Panzer um den Lichtkörper, damit das Licht in uns wieder(!!!) sichtbar wird. Wir haben es verborgen, vor uns selbst und vor allen anderen. Nur so konnte das

Spiel in der Dritten Dimension funktionieren. Wären wir uns die ganze Zeit über unseres Lichtkörpers, unserer göttlichen Natur, bewusst gewesen, hätten wir nicht die Unmengen an Erfahrungen sammeln können, die wir nun unser Eigen nennen und die uns zu Wachstum führten.

Stellen wir uns eine Wohnung vor, die aus vielen Zimmern und Stockwerken besteht. Diese Wohnung ist die Erde, und sie ist dunkel. Wir haben nun unsere Zeit damit verbracht, einmal in dem einen Zimmer ein Leben zu verbringen, dann wieder in einem anderen, und zu einer anderen Zeit (ein anderes Stockwerk) vielleicht über dem ersten Zimmer. In diesen Leben haben wir Erfahrungen gemacht, die uns die Wände der Wohnung immer dicker erscheinen ließen, wir fühlten uns von dem, was sich außerhalb der Wohnung befand, völlig getrennt.

Der Lichtkörperprozess ermöglicht es uns nun, die Wände unserer Wahrnehmungen, unserer Erfahrungen, unserer Einsichten einzureißen. Wir fangen an irgendeiner Ecke an und kratzen und kratzen, um zu sehen, was wohl dahinter ist, auf der Suche nach Licht im Dunkeln. Dann entsteht ein Loch, ein Riss, und wir nehmen diesen und erweitern ihn, weil wir dahinter einen hellen Schein wahrnehmen, der das Dunkel erhellt. Uns erfüllt eine Sehnsucht, die immer stärker wird, zu diesem Licht zu gelangen, und so reißen wir bald ganze Wände unserer Glaubenssätze, unserer Vorstellungen, unseres Weltbildes ein.

Sind alle Wände eingerissen, so stehen wir in strahlendes Licht eingehüllt da und stellen voller Verwunderung fest: Das Licht, nach dem wir uns sehnten, das unbedingt zu erreichen wir alles Mögliche getan haben, sind wir selbst. Es war immer in uns vorhanden und nicht irgendwo außen. Wir hätten es nur einschalten müssen, und das Dunkel um uns herum wäre sofort erhellt worden. Oder anders ausgedrückt: Hätten wir nach oben geblickt, hätten wir die Lichtschnur gesehen, die uns mit Allem-was-ist verbindet, immer und überall, egal wie dick der „Panzer" um uns herum ist. Wir waren nie getrennt vom Licht, denn es steckte in uns! Wir haben uns freiwillig in die dunkle Wohnung begeben, um zu erfahren, ob wir zu diesem Licht, das wir selbst sind, wieder zurückfinden können, ob wir es einschalten können bzw. den Blick erheben, um es wahrzunehmen. Das Werkzeug hierfür sind die Schwingungen, die Frequenzen, die auf uns einstrahlen und über die Chakren in den Körper gelangen. Der Lichtkörperprozess hat keinen Selbstzweck, auch wenn das Schwelgen in diesen Energien sehr angenehm ist. Er ist nur das Instrument, um zu uns selbst, zu unserer göttlichen Natur, zu unserem

Licht zurückzufinden. Wir lernen durch diesen Vorgang, die Silber- oder Lichtschnur wieder zu spüren, die durch den „Panzer" nur ganz dünn war und nun wieder verstärkt wird. Sie ist tatsächlich ab einer gewissen Schwingung am Kronenchakra als leichtes Kribbeln, leichter Druck und warmer Hauch wahrnehmbar.

Wir besitzen einen Ätherkörper, der unseren Körper wie eine zweite Haut umgibt. Stellen wir uns nun vor, dass ein Scheinwerfer auf uns gerichtet ist und auf diesen Ätherkörper im Bereich des Kronenchakras kreisförmig einen leichten Druck ausübt. Es ist warm, aber nicht heiß, es kann ein bisschen kitzeln, muss aber nicht. Je mehr wir uns selbst klären und den Panzer dünner werden lassen, umso deutlicher ist dieser „Scheinwerferstrahl" zu spüren. Je deutlicher wir ihn spüren können, umso stärker sind wir mit unserem Höheren Selbst (dem Scheinwerfer) verbunden und damit mit unserer göttlichen Natur. Diese Anbindung bewirkt, dass wir uns „geführt" fühlen, und sind letztlich einfach nur im Einklang mit uns selbst. Dieser Druck auf den Schädel kann sich auch in Kopfschmerzen bemerkbar machen, wenn die „Verschlussplatte" noch nicht entfernt wurde. Sie kann durch die Säuren, von denen ich noch öfter sprechen werde, verursacht sein. (Um diese aus dem Körper zu entfernen, siehe Kapitel „Reinigung des physischen Körpers".)

Im Lichtkörperprozess haben wir eine Schar von unsichtbaren Helfern um uns herum, die uns so führen, dass wir Schritt für Schritt die Verschmelzung mit unserem Höheren Selbst bewerkstelligen können. Je weiter der Prozess voranschreitet, umso mehr können wir erkennen, dass wir geführt werden, und stellen fest, dass wir immer öfter zum richtigen Zeitpunkt am richtigen Ort sind, um vielleicht eine gerade benötigte Information zu erhalten oder gar um jemand anderem weiterzuhelfen.

Der Lichtkörperprozess ist somit der Brückenbau zu unserem Selbst, und von dort der Brückenbau zur Quelle allen Seins.

Der Lichtkörperprozess ist in erster Linie ein Klärungs-, Reinigungs- und Heilungsprozess. Gereinigt werden alle Körper des Menschen, sowohl der grobstoffliche als auch die feinstofflichen. Man reinigt den Lichtkörper von allen „Schlacken", also dem physischen, mentalen, geistigen, emotionalen und seelischen Müll, der sich im Laufe vieler Erfahrungen angesammelt hat. Man klärt dabei die gesamte Vergangenheit aus diesem und allen anderen Leben. Es ist ein Loslassen all der negativ besetzten Erfahrungen und ein Konzentrieren auf das, was man dabei gelernt hat, denn als Lernlektionen waren sie gedacht und nicht, um Verletzungen hervorzurufen, wobei alle Erfahrungen an sich neutral sind. Sie *sind* einfach. Unser Blickwinkel ist es, der sie negativ oder positiv erscheinen lässt. Dieser Blickwinkel ändert sich im Laufe der Zeit. Er wird umfassender, das Bewusstsein dehnt sich aus. Das Wissen vergrößert sich. Man erhält ganz allgemein einen größeren Überblick über das (Mensch-)Sein. Der Blickwinkel dehnt sich auch so aus, dass man erkennt, man ist nicht nur der Körper, der hier anwesend ist, sondern in erster Linie Geist, der einen Körper als Vehikel benutzt, um Erfahrungen zu sammeln, und zwar Erfahrungen aller Art. Die Größe des Geistes, der dabei zum Vorschein kommt, kann überwältigend sein und Angst einjagen. Doch auch (oder gerade) diese Angst gilt es zu bewältigen, denn Angst hält uns in der Wohnung namens Erde gefangen, und solange wir diese nicht überwinden, sind wir tatsächlich die (freiwilligen!) Gefangenen unserer Glaubenssätze. Wir haben uns mit ihnen die Wände aufgebaut und uns somit Grenzen gesetzt, die uns auch lange Zeit dienlich waren, doch nun nicht mehr benötigt werden.

Durch die Häufigkeit der Inkarnationen (möglich wurde dies durch die Verkürzung der Lebenszeiten) und der damit einhergehenden Erfahrungen verdichteten sich die Energien um den Lichtkörper, so dass sich mit den Jahrtausenden ein regelrechter Panzer bildete, der kaum noch Licht hindurchlässt. Weder nach außen, noch nach innen.

Lichten wir nun unseren Panzer, so beginnen auch wir zu strahlen, was wiederum Auswirkungen auf unsere Umgebung hat, so dass eine Kettenreaktion in Gang kommt oder genauer gesagt, seit den 80er Jahren massiv in Gang gekommen ist, die ihre Wirkung auf die Erde und sogar auf das gesamte Universum ausstrahlt. Die geistige Welt ist davon abhängig, wie weit wir es mit unserer Entwicklung bringen, denn auch die Wesen dürfen sich weiterentwickeln, denn das haben sie sich mit dem Dienst an uns verdient, und so geht die Spirale immer weiter nach oben.

Natürlich dauert es eine Weile, bis die Lichtwelle sich ausgebreitet hat, doch sie ist unaufhaltsam geworden. Wir sollten daher auch nicht darauf warten, irgendwohin gebracht zu werden, wo es uns besser geht, sondern hier und jetzt unser Licht leben und die Erde zu dem hellen und heiligen Ort machen, der im Bereich des Möglichen liegt. Gestalten wir die Erde so, dass niemand mehr fort möchte, sondern hier und jetzt seine Aufgabe findet, um mitzuhelfen, das Licht auf die ganze Erde scheinen zu lassen!

Schon 1999, als ich noch keine Ahnung von all diesen Dingen hatte, schrieb ich als Widmung für meine LeserInnen in mein erstes Buch: „Der Mensch setzt sich selbst geistige und körperliche Schranken. Lasst sie uns niederreißen und sehen, was dahinter ist!" Erkennt er erst einmal, dass er grenzen- und schrankenlos ist, dann kann er durch die Kraft seiner Gedanken sein Leben so gestalten, wie es ihm gefällt. Im Grunde macht er das schon die ganze Zeit, doch auf der unbewussten Ebene. Sobald er es aber bewusst tut, wird sich die Wohnung namens Erde völlig wandeln, denn sie wird durch die Kraft der Gedanken neu gestaltet werden.

Durch den Lichtkörperprozess erkennt man, dass all das, was einem zustößt, Lektionen sind, und zwar solche, die man sich selbst herbeigeholt hat, und je schneller man sie lernt, umso weniger wird man mit ähnlichen Situationen konfrontiert, denn ist die Lektion gelernt, ist eine Wiederholung nicht notwendig. Das Leben ähnelt also durchaus einer Schule, wie wir schon hörten.

Letztlich stellt sich für jeden heraus, dass auch Karma Illusion ist und nur dem Wachstum diente, daher lässt es sich auch auslöschen. Wir unterwarfen uns dem Gesetz des Karma, damit wir uns anhand unserer Erfahrungen darin selbst definieren konnten, damit sich Gott selbst in vielfältigen Ausdrucksformen darzustellen in der Lage war und ist.

Ist die Kundalini erwacht, so wird eine Evolution des menschlichen Geistes in Gang gesetzt. Diese Evolution findet jetzt in diesem Augenblick statt. Es ist nicht mehr so, dass nur Einzelne in Jahrhunderten diese Erfahrungen machen, sondern es findet jetzt, an der Zeitenwende, eine Massenerweckung statt, und zwar in Wellen. Benötigte Gobi Krishna noch zwanzig Jahre für seine Entwicklung und Erkenntnisse, so braucht jemand, der 1990 erweckt wurde, vielleicht nur noch zehn Jahre. Jemand, der im Jahre 2000 erweckt wurde, benötigt vielleicht noch fünf Jahre, und jemand, der heute erweckt wird, bei dem kann sich alles in Monaten abspielen, wozu die anderen noch Jahre Zeit hatten. Dementsprechend können alle Erfahrungen heftiger ausfallen, müssen es aber nicht. Damit dies überhaupt möglich ist, werden aus der Geistigen Welt entsprechende Hilfsmittel zur Verfügung gestellt. Es scheint Eile zu herrschen, damit eine „kritische Masse" erreicht wird.

Wer heute noch nicht erweckt ist, kann es morgen schon sein. Es geschieht wellenförmig, denn alle auf einmal zu erwecken, würde großes Chaos anrichten, doch die Menschen nacheinander zu erwecken (bzw. sich selbst zu wecken), lässt ihnen Zeit, sich der neuen Sichtweise, wie die Welt funktioniert, anzupassen und sich mit den neuen Fähigkeiten, die damit einhergehen, vertraut zu machen.

Es gibt inzwischen einige gute Bücher über den Lichtkörperprozess. Jedes hilft ein wenig mehr zu verstehen, was da vor sich geht, und enthält Meditationen, um zum Beispiel Gelübde (wie für Keuschheit und Armut) aus früheren Leben loszulassen. Faszinierend fand ich, dass man die geistigen Helfer dazu anrufen kann, außerirdische Implantate loszuwerden. Auch das gehört zum Klärungsprozess dazu. Als ich eine entsprechende Meditation durchführte, konnte ich spüren, wie im Sakralchakra „operiert" wurde, obwohl ich eher an das Dritte Auge gedacht hatte. Es war kein schlimmer Schmerz, doch er war vorhanden. Aber auch hier sind wir keine Opfer, das solltest du unbedingt beachten, wenn du dies durchführen lässt.

Das Buch von Tashira Tachi-ren *Der Lichtkörperprozess, 12 Stufen vom dichten zum lichten Körper* ist hier beispielsweise äußerst hilfreich.

Auf ein Wort:
Liebe Männer, die Männer lieben, und liebe Frauen, die Frauen lieben!
Ihr habt mit eurem Leben eine Abkürzung zur Erlernung einer Lektion gewählt. Anstatt vielleicht zehn oder zwanzig Leben zu leben, in denen ihr lernt, euch selbst (also sowohl den männlichen als auch den weiblichen Teil in euch) in Liebe anzunehmen, so wie ihr seid, und diese Liebe auch zu leben, wolltet ihr dieses in einem einzigen Leben lernen, und das tut ihr gerade. Ihr akzeptiert die gesellschaftliche Ausgrenzung, lernt, damit umzugehen und bildet im Grunde eine eigene Gemeinschaft. Nichts anderes tun Lichtarbeiter! Im Laufe ihres Prozesses müssen sie sich selbst bedingungslos annehmen, alle ihre Eigenschaften, Vorlieben, körperlichen Mankos und Gefühle. Alles muss in Liebe angenommen werden, denn wir haben uns diesen Körper selbst so zusammengestellt, um ganz bestimmte Erfahrungen zu machen.

Auch Lichtarbeiter lösen sich aus der bestehenden Gemeinschaft (oder Realität) und werden ausgegrenzt, bilden letztlich ebenfalls eine neue Gesellschaft, die stetig wächst und irgendwann das Massenbewusstsein sein wird.

Als ich ihm Internet nachforschte, was sich unter dem Regenbogen so tummelt, stieß ich darauf, dass es Homosexuelle sind, die sich auch unter diesem Zeichen erkennen und finden. So habt ihr vielleicht gedacht, als ihr den Titel dieses Buches gelesen habt, es geht hier um euch. Dann habt ihr anhand der Inhaltsangabe festgestellt, dass dem nicht so ist. Habt ihr es nun trotzdem gekauft oder anderswie erhalten, so seht ihr nun, dass es doch auch um euch geht, denn es richtet sich an *jeden* Menschen, der sich entwickeln will, und da gehört ganz besonders ihr dazu, ob ihr es nun wisst oder nicht.

Wer den Lichtkörperprozess antritt, löst sich von allen karmischen und vertraglichen Zwängen. Was übrig bleibt, seid ihr selbst, euer pures Sein. Wer den Prozess beendet (genauer gesagt, dann in eine höhere Schule geht), ist völlig frei von allem und kann sein Leben so ausrichten, wie er es wirklich will, ohne körperliche oder andere Zwänge. Das heißt, es kann sein, dass ihr danach die „Schiene" wieder wechselt, oder ihr entscheidet euch völlig bewusst zu einem Leben mit gleichgeschlechtlichen Partnern, weil *ihr es wirklich wollt* und nicht, weil es vorgeburtliche Verträge einzuhalten oder Karma abzutragen gilt. Hier liegt ein gewaltiger Unterschied. Der Unterschied liegt in der Empfindung dauerhaften Glücks!

Jeder, der im Lichtkörperprozess steckt, wird irgendwann feststellen, dass sein Körper nicht mehr so belastbar ist wie früher. Er wird ja auch völlig umgebaut und erhält eine 12-strängige, feinstoffliche DNS, die erweiterte Fähigkeiten mit sich bringt. Es ist jedoch auch nicht mehr nötig, ihn noch so zu belasten wie vorher, denn du bewegst dich auf ein müheloses Leben zu, das nicht mehr vom Überlebenskampf geprägt ist, sondern von der Freude an der Existenz. Es findet eine „Bejahung" des Lebens in allen Formen statt, die den Kampf überflüssig macht, denn von nun an bist du im Fluss des Lebens und nicht mehr ein Fels in der Strömung.

Botschaft der Anasasi zum Lichtkörperprozess
(gechannelt)

Da der Lichtkörperprozess so wichtig ist, möchten die Anasasi auch dazu gerne einige Aussagen beisteuern:

Wie ihr an den Ausführungen zur Kundalini gesehen habt, bedeutet der Lichtkörperprozess auch, dass euer Körper nun umgebaut wird. Er wird fähig sein, mit fünf geöffneten Kanälen zu leben, das heißt, große Mengen an Energie durchfließen zu lassen, die über die Chakren umgewandelt werden und in die Erde fließen. Die Erde wiederum ist ein Sammelbecken für die menschliche Energie und gleichzeitig ihr Transformator. Sie gibt diese Energie wiederum an den Kosmos ab, denn die Erde steht nicht separat im Weltall da, sondern ist eingebunden in ein großes Ganzes. Die Verbindungslinien der Erde zu anderen Himmelskörpern sehen anders aus als die der einzelnen Menschen. Zum Beispiel ist die Erde über so genannte synchronistische Linien sehr eng mit allen Planeten verbunden, deren Lebewesen ebenfalls eine Doppelhelix in der DNA aufweisen.

Mit dem Aufstieg der Erde steigen auch eine ganze Reihe anderer Planeten in höhere Dimensionen auf, und zwar genau die mit der Doppelhelix. Wenn man so möchte, ist die Erde der Anführer dieser Planeten und damit der Wegbereiter für die anderen. Diese Position konnte sie erst zu dem Zeitpunkt einnehmen, als sich entschied, dass ihr an dem Aufstieg (oder besser gesagt, an der Beschleunigung) teilnehmen würdet. Wäre es anders gelaufen, hätte ein anderer Planet diese Aufgabe übernommen. Da jedoch gerade in und auf der Erde so große Mengen an Energie gespeichert wurden, gestaltet sich nun der Aufstieg völlig anders, als es sonst der Fall gewesen wäre. Vor allem geht er sehr viel schneller voran, und das ist für die Geistige Welt wirklich erfreulich und für euch und alle anderen ganz hervorragend.

Hier müssen wir nun etwas weiter ausholen: Wir haben euch das Bild gegeben, dass die Erde wie eine Kugel in einer Gummimatte in die Materie des Kosmos eingebettet ist. Das gilt für die anderen Planeten natürlich ebenfalls. Über die oben genannten Verbindungen, nennen wir sie einmal Bänder, ist die Erde auch direkt mit den anderen Planeten des Aufstiegs verbunden und „zieht" somit an diesen. Sie zieht sie mit nach unten in die tieferen Frequenzen, aber wenn sie wieder höher steigt, zieht sie sie genauso mit nach oben. Es gibt auch Bänder, die mit Planeten verbunden sind, die eine andere DNS-Struktur aufweisen, doch sind sie nicht so „dicht", also die Verbindungen sind nicht so stark, und doch bestehen auch sie, und somit wirkt sich alles, was auf der Erde geschieht, tatsächlich auch auf diese anderen Planeten aus, auch wenn die Bewohner dort das nicht immer wissen. Es ist dennoch so.

So wie die Menschen einen Lichtkörper haben und diesen freilegen können, so hat auch die Erde einen Lichtkörper, der nun ebenfalls sichtbar wird. Für die Wesen, die noch nicht wissen, welche Rolle die Erde spielt, ist es dennoch unmöglich zu übersehen, dass auf der Erde ein Licht angegangen ist. Ein Mensch, der dabei ist zu erwachen, wirkt wie ein Leuchtturm auf andere. Diese anderen wissen zwar oft nicht, warum sie auf solch einen Menschen reagieren (das kann durchaus durch die herrschende Angst auch negativ sein), aber sie reagieren. Und so wirkt auch die Erde wie ein Leuchtfanal im dunklen All.

So wie es sowohl positive als auch negative Reaktionen auf einen Lichtarbeiter geben kann, so wird es auch positive oder negative Reaktionen aus dem All auf euch geben, denn was nicht verstanden wird, wird oft mit Angst betrachtet. Doch so, wie es ein Verstehen für die gesamte Menschheit geben wird, wird es auch ein Verstehen für die Brüder im All geben, die euch etwas ratlos beobachten und auch mit Sorge betrachten. Doch auch sie können das Licht im Prozess sehen, und so wie der Lichtarbeiter auf der Erde einfach durch sein beispielhaftes Leben und Verhalten alle Bedenken zerstreuen kann und wird, so wird euer Verhalten bei eurem Aufbruch ins All (der eigentlich noch gar nicht stattgefunden hat) auch diese Sorgen und Bedenken zerstreuen.

Es ist ein wenig so wie in der Serie „Enterprise", der Nachfolgeserie von „Star Trek". In „Enterprise" wird dem ersten Schiff, das interstellare Reisen antritt, ein vulkanischer Offizier zugewiesen, der das Verhalten der Menschen beim Kontakt mit anderen Völkern beobachten soll. Es kann durchaus wirklich so kommen, und das Potenzial dafür ist sehr hoch, dass genau das geschieht: Es werden Beobachter mitgeschickt, die beurteilen, ob die Sorgen berechtigt sind, oder nicht. Diese Zukunft liegt in gar nicht mehr so großer Ferne und sollte euch anspornen, Ordnung auf der Erde zu schaffen. Überhaupt sind alle eure Zukunftsfilme mögliche Visionen der Wirklichkeit. Man könnte sagen, es ist gechanneltes Material! Seht sie euch unter diesen Gesichtspunkten noch einmal an, und ihr werdet zahlreiche Botschaften in ihnen entdecken!

Die Erde hat also ihren „Point of Return" schon lange passiert und den Rückweg angetreten. Wenn man es genau nimmt, ist sie nun über den Punkt hinaus, an dem sie ursprünglich anfing, jedenfalls von einem gewissen Standpunkt aus. Sie schwingt nun also bereits höher als in den Anfangszeiten. Lasst uns das ein wenig näher erläutern.

Ihr Lichtarbeiter, die ihr schon von Atlantis und Lemurien gehört habt, ihr glaubt, damals waren die Menschen hoch entwickelt. Das stimmt. Ihr denkt, sie hatten damals eine wundervolle Kultur. Auch das ist richtig. Ihr sehnt euch nach der Blütezeit zurück, weil ihr glaubt, dass damals noch alles im Gleichgewicht war. In gewisser Hinsicht stimmt auch das, doch was nicht stimmt ist, dass die Frequenz damals höher war als heute. Die heutige globale Kultur mag noch ihre Macken und daher Entwicklungsmöglichkeiten haben, doch heute ist die Frequenz bereits höher als in der Vergangenheit. Das muss auch so sein, denn das Universum entwickelt sich ständig weiter. Es stimmt, dass es eine Anfangsfrequenz gab, die immer weiter herabgesenkt wurde. Aber dann gab es den „Point of Return", und von da an wurde sie kontinuierlich gesteigert, von euch, wohlgemerkt!

Zu einem bestimmten Zeitpunkt hattet ihr den Gleichstand erreicht, und an diesem Punkt fiel die Entscheidung: Sollte, wie schon einige Male zuvor, die Zivilisation wieder untergehen, um dann einen Neuanfang in höherer Energie zu ermöglichen und damit eine weitere kontinuierliche Steigerung ermöglicht werden? Oder sollte die ganze bereits angesammelte Energie (in Form von Erfahrungen) freigesetzt und somit festgestellt werden, ob sie bereits ausreicht, um den Aufstieg zu beginnen? Die Entscheidung fiel, und es wurde begonnen, durch die persönlichen Klärungsarbeiten erst einzelner und dann von immer mehr Menschen, diese Energie freizusetzen. Diese Energie wurde schließlich gemessen (das war 1987, dass 11:11 Ereignis, wie es Kryon nennt), und sie reichte tatsächlich, eine völlig neue Art des Aufstiegs zu kreieren.

Ihr seid zwar in gewisser Weise nun auf dem Weg nach Hause, aber ihr schafft dabei einen völlig neuen Weg dorthin, und durch diese „Neuschöpfung" ermöglicht ihr die Frequenzsteigerung des ganzen Kosmos. Ist euch die Tragweite dieser Aussage wirklich klar? Denkt einen Augenblick über die wahre Bedeutung der Erde nach und haltet hier erst einmal mit dem Lesen inne.

Die Erde befindet sich also in ihrem eigenen Lichtkörperprozess, und das bedeutet genauso Klärung und Säuberung ihrer „dunklen Stellen". Mit Flutkatastrophen zum Beispiel spült sie dunkle Energien an dieser Stelle fort, und die Menschen bauen dann auch prompt alles wieder neu auf, aber auf gereinigter Flur, wie es sein soll. Leider ist dies mit Opfern verbunden, aber so schlimm sich das auch ansieht, anhört und für die Beteiligten anfühlt, es geschieht mit deren Billigung! Eventuell sind an der gleichen Stelle mehrerer solcher Reinigungsvorgänge nötig. Das gilt auch für alle anderen Vorgänge, die als Naturkatastrophen angesehen werden. Natürlich gab es die schon immer, aber die Häufigkeit, die noch zunehmen wird, hängt eben mit dem Aufstieg der Erde zusammen. Sie hat Reinigung genauso nötig wie die Menschen selbst.

Die Menschen können sich aktiv an diesen Reinigungsvorgängen beteiligen und sie dadurch so abmildern, dass sie nicht mehr mit Opfern verbunden sein müssen. Dazu gehören dann Gruppen von Lichtarbeitern, die durch ihre Intuition angeleitet werden, die passenden Maßnahmen zu treffen. Die weltweiten Meditationstage sind ein Anfang in diese Richtung, und auch der Aufruf von Mr. Emoto, einmal im Monat Dankbarkeit und Liebe an das Wasser der Erde zu senden, sind gute Maßnahmen hierfür, da dann die Erde selbst weniger tun muss. Außerdem hilft jeder erwachende Mensch durch die Freilegung seines Lichtkörpers der Erde ebenfalls bei ihrem Prozess.

Wie ihr leicht erkennen könnt, gibt es für die Zukunft noch viel Arbeit zu erledigen, aber für ein wunderbares Ziel, für das es sich lohnt!

Botschaft von Erzengel Oriel zum Lichtkörperprozess
(gechannelt)

Am 24.08.04 entspann sich morgens folgender Dialog, nachdem ich ein Zeichen erhalten hatte, dass mich die Engelebene sprechen, bzw. etwas durchgeben wollte, und so setzte ich mich an den Computer:

„Liebe Engelchen, gibt es denn einen Namen, mit dem ich euch ansprechen kann?"

„Ja, du kannst mich Oriel nennen."

„Oriel? So einen Engelnamen habe ich noch nie gehört."

„Das macht nichts, die Menschen haben von vielen Dingen in ihrer Dimension noch nie gehört, hi, hi."

„Du scheinst mir ein recht lustiger Engel zu sein."

„Na, das will ich meinen, trotzdem sind meine Durchgaben an dich nicht so sehr lustig, sondern haben einen ernsten Hintergrund."

„Warst du das, der weiter oben immer mal dazwischengefunkt hat, an der ihm genehmen und, wie ich finde, immer passenden Stelle?"

„Hi, hi, ja, das hat dich wohl überrascht, hm?"

„Allerdings. Nun, lieber Oriel, du Scherzbold, was möchtest du mir denn so dringend sagen, dass ich meine morgendliche Routine unterbrechen musste?"

„Nun, ich möchte zu den Überlegungen, die du beim Walken angestellt hast, einiges beitragen."

„Aber kannst du mir nicht vorher sagen, wer du bist?"

„Nun, ich bin der von der Engelhierarchie dir zugeteilte „Verbindungsmann", könnte man sagen."

„Ich kenne mich mit der Engelebene nicht so sehr aus. Ich weiß, dass es Erzengel gibt, die sozusagen die Bosse sind, und darunter? Wie sieht es da aus?"

„Nun, die Erzengel sind nicht die Bosse in diesem Sinne, sondern die Koordinatoren der Engelheerscharen, was nicht unbedingt im kriegerischen Sinne gemeint ist. Es gibt übrigens mehr als die sieben Erzengel. Die sieben sind nur die, die bisher für die Erde in Erscheinung getreten sind. Sieben ist zwar eine schöne heilige Zahl, doch reicht sie heute in der neuen Phase der Entwicklung der Erde bei weitem nicht mehr aus. Daher wurden aus anderen Bereichen weitere sieben Erzengel herangezogen, die die anderen unterstützen sollen, denn es ist nun so viel Arbeit zu tun, und darüber sind wir so froh. Sieh mal, ein Mensch, der noch nicht erwacht ist, benötigt eine gewisse Anzahl an Engeln als Helfer. Erwacht nun der Mensch, dann gehen zwar einige davon fort, aber für die Arbeit, die dann erledigt werden muss, braucht man mehr Engel als zuvor, und dieses Mehr, das nun gebraucht wird, übersteigt die Zahl derjenigen, die bisher hier „stationiert" waren. Waren es immer nur Einzelne, die erwachten, so war das kein Problem, aber da ihr in einem globalen Erweckungsprozess steckt, kommen sie nun aus allen Richtungen und von allen Planeten hier an. Sie wurden hierher gerufen. Sie werden von Orten abgezogen, an denen sie im Moment noch nicht gebraucht werden. Diese Heere von Helfern und deren Arbeit muss natürlich koordiniert werden.

Was mich nun betrifft, bin ich sozusagen einer der „neuen" Erzengel und finde es nicht sehr nett, dass ich dich mit den Anasasi als Medium teilen muss. Ich hätte dich lieber für mich alleine gehabt. Das sage ich nicht aus egoistischen Motiven heraus, auch wenn es bei dir gerade so ankam, sondern es begrenzt einfach die Menge an Daten, die „durch" müssen, und das bedauere ich. Da ich aber eine ganze Weile bleiben werde, habe ich genug Zeit, wie mir deutlich klar gemacht wurde, als ich wagte, zu protestieren. Und es stimmt ja auch. Ich muss also immer abwarten, wenn du die für meine Durchgaben passende Schwingung hast, und kann nicht dafür sorgen, dass das ständig so ist, da die Schwingung für die Anasasi eine andere Frequenz hat und dieses ständige Hin- und Her für deinen Körper ziemlich belastend ist. Aber du kannst es vertragen und hast ja an anderer Stelle entsprechende Tipps für die Channels der Gegenwart und Zukunft erteilt, wie sie Schädigungen ihres Körpers vorbeugen können. Du musst nur selbst öfter deine eigenen Ratschläge befolgen.

Auf der anderen Seite bin ich so froh, dass du so schnell für den Kontakt bereit warst und ich noch entsprechende Anmerkungen in dein Buch einfließen lassen kann, so dass dieser Teil meiner Arbeit nun endlich beginnen kann. Ehrlich gesagt, habe ich zusammen mit den anderen schon ziemlich ungeduldig darauf gewartet, obwohl ich zugeben muss, dass du dich wirklich unglaublich beeilt hast.

Bitte stelle diesen Dialog komplett in dein Buch, weil ich genau hierzu für die Leserinnen und Leser etwas anmerken möchte:

Liebe Leserinnen und Leser, meine Partnerin hier musste ihre Klärung im Eilgang erledigen, um für die nun durchkommenden Botschaften „klar" zu sein. Bitte messt euch nicht an ihrem Tempo, denn für sie ist dies eigentlich eine Wiederholung eines Vorgangs, den sie immer wieder durchmachte und daher „weiß" sie im richtigen Augenblick, was zu tun ist. Für jeden anderen Menschen geht das Tempo wesentlich langsamer, weil der Körper an die Frequenzen gewöhnt werden muss. Diese Frau hier hat sich von vorneherein einen Körper geschaffen, der für den Fall, dass sie in diesem Leben noch erwacht, die Möglichkeit der raschen Frequenzsteigerung beinhaltet. Er verträgt es also. Das gilt für niemanden sonst, jedenfalls nicht auf die gleiche Weise, weil jeder einen individuellen Weg hat. Ich möchte das hier klarstellen, weil sie selbst das nie so geschrieben hätte, und sie wusste es bis zu diesem Augenblick, an dem sie es schreibt, auch nicht.

Also, seid bitte nicht ungeduldig mit euch selbst, wenn ihr glaubt, auf der Stelle zu stehen und nicht weiterzukommen, denn das ist nicht der Fall. Der Stillstand ist immer dann notwendig, wenn die Schwingung stark erhöht wurde und zeigt eigentlich eure guten Fortschritte. Das liegt daran, dass in vielen Bereichen eures Körpers die Zellen alle zwei Wochen erneuert werden. In anderen Bereichen dauert es länger, und so ist der Körper erst dann an die neue Schwingung „gewöhnt", hat sie also integriert, wenn alle Zellen mit ihr sozusagen „neu geboren" wurden, sich also erneuerten.

Es ist nun aber nicht so, dass in dieser Zeit nicht weiter an euch gearbeitet wird. Das Ergebnis dieser Arbeit wird nur manchmal erst später sichtbar.

Und nun noch einmal an meine Partnerin gerichtet: Es tut mir leid, dass ich heute morgen deine Routine unterbrechen musste, doch durch das Lesen des Buches, das du beim Laufen dabei hattest, warst du nun bereit für eine persönliche Kommunikation, und die Gelegenheit konnte ich mir einfach nicht entgehen lassen, vor allem in Anbetracht der vielen Arbeit, die heute noch vor dir liegt."

„Okay, kann ich nun in die Wanne gehen und frühstücken?"

*„Ja, das kannst du, und lass dir den Apfel schmecken.
Bis dann."*

Von den Anasasi hörte ich anschließend, dass es zur Zeit keinen anderen Kanal gibt, der sich auf die Schwingung von Oriel einstimmen kann, so dass er eben teilen muss, auch wenn ihn dies etwas zu wurmen scheint. Wir alle (die Anasasi, Oriel und ich) haben eine gemeinsame Schwingung, die wir von dem Ort mitbrachten, an dem wir gemeinsam arbeiteten (wo immer das auch gewesen sein mag), und darum geht es im Moment nicht anders. Vielleicht möchte sich eine der Leserinnen oder einer der Leser für Oriel zur Verfügung stellen?

Botschaft von Erzengel Michael zum Lichtkörperprozess
(gechannelt)

*Hier ist Erzengel Michael.
Diese Durchgabe erfolgt unter neuen Bedingungen, unter erhöhten Frequenzen, und um diese Frequenzen geht es heute auch. Je mehr die Schwingung auf der Erde steigt, desto höher wird die Qualität der Informationen, was den Sinn des Lebens und den Sinn der Erde betrifft. So sind die Aussagen von gestern zwar nicht falsch, sie waren zu dem durchgegebenen Zeitpunkt angemessen, doch können wir von der Geistigen Welt nur das durchgeben, was den Schleier, den Filter, auch passieren kann. Die Schwingungen der Worte, also die Energie dahinter, müssen mit der Schwingung der Menschen übereinstimmen. Diese muss auch zu der Schwingung des Channels passen, aber in erster Linie zu der kollektiven Schwingung, und die ist sehr viel höher, als die meisten spirituell denkenden Menschen heute glauben. Der Unterschied zu ihnen und den anderen ist bei weitem nicht so groß, wie sie denken.*

Das haben sie ihrer eigenen Arbeit zu verdanken, denn indem sie ihre persönliche Schwingung durch Klärungsarbeit erhöhten, erhöhen sie den allgemeinen Level. So sind die Aussagen der neuesten Durchgaben, also zum Beispiel der neuesten Bücher, die aktuellsten. Sieht man genau hin, so sind sie jedoch nur Erweiterungen der ursprünglichen Aussagen, Erweiterungen der bereits durchgegebenen Konzepte, obwohl sie sich manchmal scheinbar zu widersprechen scheinen. Von der höchsten Schwingung aus betrachtet, passt jedoch alles zueinander, wie ein gigantisches Zahnradsystem, greift alles ineinander und funktioniert tadellos, und obwohl das eine Zahnrad vielleicht glaubt, besser zu laufen als das andere, ist dem jedoch nicht so. Es passt alles perfekt. Alle Interaktionen mit Menschen sind perfekt. Selbst wenn sie von eurer Schwingung aus gesehen nicht so erscheinen, ist es dennoch so. Alles passt ineinander, alles gehört zusammen, alles bildet eine Einheit.

Und so könnt ihr euch über immer gigantischere Informationen freuen, die zu eurer Schwingung passen und letztere auch gleichzeitig erhöhen, denn das, was ihr zu lesen oder zu hören bekommt, jeder auf seinem Weg, jeder zu dem für ihn passenden Zeitpunkt, ist immer ein klein wenig höher in der Schwingung als ihr selbst, so dass ihr durch das Aufnehmen der Informationen auch die höhere Schwingung integriert. So war es schon immer, doch heute geschieht dies in solch einem rasanten Tempo, dass wir von der Geistigen Welt „ganz schön Dampf machen" müssen, um immer höhere Informationen für euch im rechten Moment parat zu haben. Das heißt, ihr haltet uns gut beschäftigt, und so soll es sein. Wir liegen nicht gerne auf der faulen Haut, was wir genau genommen auch nie tun. Gibt es hier nicht so viel Beschäftigung, so arbeiten wir eben noch anderswo.

Doch hier auf der Erde gibt es nun so viel zu tun, dass die himmlischen Heerscharen, die bisher hier „arbeiteten", bei weitem nicht mehr ausreichen, und so verkünde ich, auch wenn es manchen etablierten Kirchen nicht gefallen wird, dass es nun nicht mehr nur sieben Erzengel und ihre zahlreichen Helfer gibt, sondern dass sieben weitere Erzengel mit ihren Mitarbeitern ihren Dienst hier aufgenommen haben. Ihr mögt fragen, wann das wohl war? Nun, es war, wie Kryon es nennt, das Ereignis 11:11 im Jahre 1987 nach dem Unglück in Tschernobyl, als ihr so drastisch euer Licht angeschaltet habt, dass die zusätzlichen Helfer eilends herbeigerufen wurden. Sie warteten schon lange auf ihren Einsatz, und obwohl es erst nicht so aussah, als würden sie in der nächsten Zeit gebraucht, habt ihr uns eines Besseren belehrt. Ich kann euch gar nicht sagen, wie froh wir alle darüber sind. Die heiß ersehnte Zeit, auf die die Arbeit von Äonen hinzielte, ist nun da: Die Beschleunigung des Aufstiegs in die Fünfte Dimension, die raschere Entfernung der Schleier, die Erhöhung der Schwingung. Wie ihr diesen Vorgang auch nennen mögt, die Zeit ist jetzt da, nicht morgen, nicht gestern, jetzt, in dem Augenblick, in dem du dieses liest. Darum fordere ich dich ganz persönlich (und wenn du dieses liest, stehe ich mit meinem Schwert hinter dir. Das soll keine Drohung sein, sondern nur die Erwähnung einer Tatsache, vielleicht kannst du mich ja spüren?) auf:

Mache dich auf den Weg, mache dich auf den Weg, mache dich auf den Weg!

Hier halte einen Moment inne und spüre der Wirkung dieser Worte nach...

Wie du dir vielleicht denken kannst, sind dieses Schlüsselworte, die in dir verankert sind, um eine gewisse Bewegung auszulösen.

Hast du Kinder der Neuen Zeit, so lese ihnen bitte diese Worte vor, genau so, wie sie oben stehen! Es spielt keine Rolle, wie alt die Kinder sind, selbst bei Säuglingen werden diese Worte eine Öffnung bewirken, eine Öffnung, die die höheren Schwingungen, die sie schon „in ihrem Gepäck" mit sich schleppen, auf die Erde herabbringen und damit eine weitere Schwingungserhöhung erzielen. Das Gleiche geschieht mit dir, sogar du, der du vielleicht schon zu alt bist, um ein „Kind der Neuen Zeit" zu sein, hast diese Schwingung im Gepäck, denn das Potenzial war da, dass in diesem Zeitalter die Erhöhung erfolgen könnte, und jeder, der nun lebt, hat diese Schwingung oder, genauer gesagt, den Kanal für höhere Schwingungen vorsichtshalber in seinem Körper verankert, und darum bist auch du, der du vielleicht schon fünfzig, sechzig oder noch älter bist, ein „Kind der Neuen Zeit".

Überrascht es dich, das zu hören? Freust du dich darüber? Sind deine Gefühle eher gemischt bei dieser Nachricht? Wie auch immer deine Gefühle aussehen mögen, setze dich mit dieser Wahrheit auseinander, denn du bist ein Träger des Neuen Zeitalters. Ohne dich, ohne deine speziellen Talente, die du vielleicht erst noch entdecken musst, wird dieser Zeit etwas fehlen. Sei ein Zahnrad im großen Getriebe, das erkennt, dass es eine wichtige Funktion hat, denn ohne dieses spezielle Zahnrad gäbe es eine Lücke im Großen Ganzen. Erkenne, dass du Teil des Großen Ganzen bist, ein willkommenes Teil, und gleichgültig, was du an karmischem Gepäck mit dir noch herumschleppst oder glaubst, alles „angestellt" zu haben, – alles hatte seinen Sinn im großen Getriebe, hat den Motor des Getriebes laufen lassen, hatte einen tieferen und einen höheren Sinn. Alles, was du getan hast, gleichgültig, wie du es bewertest, ließ den Motor laufen, und nicht nur das, der Motor wurde durch deine Aktionen schneller und schneller und schneller. Das gilt für alle Geschehnisse auf der Erde, für alle Menschen, jenseits aller Bewertung.

Ihr Menschen seid ein etwas dichterer Teil des großen Motors, und wir von der Geistigen Welt sind etwas weniger dicht und dennoch Teil der gleichen großen Maschine und haben unsere Funktionen, wie auch ihr sie auf der Erde habt. Keiner ist mehr wert, und dennoch schätzen wir aus der Geistigen Welt eure Arbeit auf der Erde sehr, weil ihr euch, (freiwillig (!) wohlgemerkt), den schwersten Teil der Arbeit ausgesucht habt, indem ihr in eine Inkarnationskette eingetreten seid und euch dabei weiterentwickelt habt, und dies hat den Motor angetrieben, während die Geistige Welt durch ihre lichtere Struktur eher die „Schmierstoffe" darstellt und die Funktion des Ganzen überwacht. Jeder hat seine Aufgabe, jeder ist ein gleichberechtigter Teil des großen Ganzen, doch ihr treibt den Motor der Schöpfung an, ihr seid die Schöpfer, die Schöpfer eures einzelnen Lebens, und die Schöpfer des großen Ganzen. „Wo in uns liegt nun dieser Motor der Schöpfung?" werdet ihr vielleicht fragen. Habt ihr euren Prozess so weit vorangetrieben, dass ihr die beiden Sakralchakren verschmelzen könnt, dann werdet ihr den Motor der Schöpfung spüren und sogar hören, ja, man kann ihn hören! Das vereinigte Sakralchakra nimmt seinen alten Platz hinter dem Nabel wieder ein, und dort könnt ihr dann das Vibrieren des Motors spüren. Diese Vibration wird auch in das Kronenchakra gesendet, und dort könnt ihr dann das Geräusch des Motors mit euren spirituellen Ohren hören. Diese besondere Frequenz leitet nun Veränderungen in eurem Leben ein, die dazu führen, dass ihr die Aufgabe, die ihr dann schon gefunden habt, auch wirklich übernehmen könnt.

Diese Vibration, die ihr aussendet, wird natürlich auch in die Erde geleitet, so dass auch hier ein neuer, gewaltiger Schritt getan werden kann. Mit dem ersten Menschen, der diesen Motor hören und spüren kann, wird ein grundlegender Wandel eingeleitet, denn dieser Mensch ermöglicht mit seiner Frequenz, dass auch andere Menschen den Motor der Schöpfung in sich „anwerfen" bzw. stärker drehen können, als dies bisher der Fall war. Bisher lief dieser Motor äonenlang nur im Leerlauf, doch nun wurde der erste Gang eingelegt. Der erste Gang wiederum ermöglicht, dass es weitere Menschen geben wird, die ihren persönlichen ersten Gang einlegen und sich damit dieses gewaltigen Instruments der Schöpfung von Veränderungen bedienen können.

Und so verkünde ich hiermit:

Der Motor der Schöpfung wurde auf diesem Planeten von einem relativen Ruhezustand in Aktion versetzt, denn im Jahre 2004 legte der erste Mensch seinen persönlichen ersten Gang ein.

Und das ist die Veränderung, die in esoterischen Kreisen für dieses Jahr im Oktober erwartet wurde. Es war keine Katastrophe in irgendeiner Form und auch kein gesellschaftlicher Zusammenbruch. Das, was für Ende Oktober 2004 von der Geistigen Welt erwartet wurde, ist das Anlaufen des Motors der Schöpfung! Das sind großartige Neuigkeiten für euch, denn nun nimmt eine neue Entwicklung ihren Lauf, die dem Wohl aller dient. Trotzdem war das Jahr 2004 ein Schicksalsjahr, wenn ihr an die Flutwelle in Indonesien denkt.

Fühlt ihr, dass ihr bereits kurz davor seid, die beiden Sakralchakren zu verschmelzen, also die Polarität zu überwinden, dann könnt ihr auf den Begriff „Motor der Schöpfung" meditieren, und ihr werdet euren Motor bald ebenfalls spüren und die damit verbundenen Fähigkeiten für euch und das Wohl des Ganzen nutzen können.

So wie der Satz: „Mache dich auf den Weg" oder „Motor der Schöpfung" Schlüsselbegriffe sind, so sind alle Worte, und ich meine wirklich **alle** Worte, mit Energie beladen und sehr oft Schlüssel. Liest jemand viel esoterische Literatur, so erhält er viele Schlüssel, um seine innere Welt zu öffnen. Das macht sich zum Beispiel am Druck des Dritten Auges bemerkbar, oder am Kronenchakra, oder einfach an der Änderung eines Blickwinkels. Und genau dafür wurde die Vielzahl und Vielfalt an Literatur geschaffen, um jedem Menschen seine passenden Schlüssel zu verschaffen. Der eine benötigt viele Schlüssel und wird daher zu einem guten Kunden in Buchläden, und der andere braucht nur wenige, um den Fluss in Gang zu setzen. Doch damit ist keinerlei Wertung verbunden, denn die Anzahl der benötigten Schlüssel hängt mit der Vorarbeit in anderen Leben und noch viel mehr mit der Aufgabe zusammen, die sich der betreffende Mensch für das Regenbogenzeitalter ausgesucht hat.

Für manche Aufgaben wird keine so große Öffnung verlangt. Für andere Aufgaben, wie zum Beispiel das Channeln, wird eine immense Arbeit und Öffnung benötigt, und doch sind auch die Channels deshalb nicht mehr wert als ein Arbeiter, der am Fließband steht. Sie haben einfach andere Aufgaben und daher andere Anforderungen zu erfüllen. Niemand sollte sich daher jemand anderen als seinen eigenen Wertmaßstab aussuchen und diesem nacheifern. Jeder sollte sich alleine als Maßstab nehmen, denn Wege in die höhere Schwingung gibt es so viele, wie es Wesenheiten gibt. Ich sage absichtlich „Wesenheiten", denn dies bezieht sich nicht allein auf die Menschen, sondern auf alles Leben, ob materiell oder feinstofflich.

Jeder, der seine Schwingungen erhöht, – und in dieser Zeit bleibt eigentlich niemandem mehr eine wirkliche Wahl –, trägt dazu bei, dass der Zug in Richtung Aufstieg immer schneller fährt. Das Ziel ist eigentlich nicht so wichtig, denn eines ist ganz klar: Es geht zurück nach Hause, in die Einheit Gottes. Das bedeutet nicht, und ich betone es noch einmal: Es bedeutet **nicht**, dass sich alle Materie auflöst und nur noch das Nichts der Quelle existiert. Nein, dazu hat die Quelle zu viel Spaß an der Schöpfung, nein, nach Hause kommen heißt, weiter in der Schöpfung zu bleiben, jedoch in dem Bewusstsein „göttlichen Einsseins". Es gab tatsächlich Evakuierungspläne für die Erde, doch diese sind überholt! Zum Glück, möchte ich hinzufügen!

So werden die Menschen, deren Schwingung hoch genug ist, auch nicht einfach verschwinden, wie es mancherorts geglaubt und verbreitet wird. Nein, da der gesamte Planet aufsteigt und mit ihm die, deren Schwingung noch nicht so hoch ist, bleiben die meisten sichtbar und in dem Leben auf der Erde, aber nicht gefangen, sondern freiwillig. Da sie sich nun so weit entwickelt haben, können sie die Erde so gestalten, dass sie selbst nicht mehr fort wollen, und die, die erst noch am Anfang ihres Weges in Richtung Heimat sind, können eine Erleichterung für ihre Entwicklung vorfinden. Nicht mehr fort wollen heißt auch, den Tod hinter sich zu lassen und auf der Erde so lange zu verweilen, wie man möchte, und erst dann weiterzugehen, wenn man hier nichts mehr lernen und neu gestalten kann oder will. Da die Erde aber hervorragende Entwick-

lungsmöglichkeiten bietet, wird sich die Bevölkerung zwar nach und nach dezimieren, so dass keine Gefahr der Überbevölkerung mehr besteht, aber da es viele Besucher aus dem Weltall hierher ziehen wird, wird immer genügend los sein, um keine Langeweile aufkommen und die Erde nicht leer und öde zurückzulassen.

Stellt euch doch mal die Erde vor, wie sie von exotisch aussehenden Außerirdischen bevölkert wird. Was für ein buntes Treiben wäre das. Und sie werden kommen, angelockt von der göttlichen Präsenz auf diesem Planeten in jedem Menschen, auch in denen, die es noch nicht spüren. Die Besucher wollen lernen, wie ihr das gemacht habt, dem All-Einen so nahe zu kommen, dass es mit jedem Atemzug auch für andere spürbar wird. Sie werden kommen und lernen, und ihr werdet von ihnen lernen. Der Tag ist nicht mehr fern. Der Tag ist nicht mehr fern!

Wie fühlst du dich bei dieser Vorstellung? Bist du besorgt? Ist es dir gleich? Oder kommt Vorfreude auf diese spannenden Zeiten in dir auf? Wie fühlst du dich? Horche in dich hinein und erforsche die Quelle deiner Gefühle, ob angenehm oder unangenehm. Setze dich mit ihnen auseinander. Hast du die Quelle gefunden, dann stelle fest, ob es eine interne Quelle ist, oder wurden deine Gefühle durch Meinungen und Erwartungshaltungen von außen bestimmt? Finde deine Haltung zu dieser Vorstellung, ob du nun angetan bist oder nicht, wenn du in dich hineinhorchst, finde deine Haltung dazu, ohne dich von außen beeinflussen zu lassen. Glaubst du, du könntest auch in einem Außerirdischen, der morgen vor deiner Tür steht, das Göttliche erkennen, egal, wie er aussieht, egal, wie er wirkt? Wenn nicht, dann forsche nach Gründen, und du wirst viel über dich lernen.

Und das ist im Grunde das Ziel und gleichzeitig der Weg der Existenz der Erde und ihrer Bewohner: Sich selbst definieren, indem man etwas lernt. Mit dem Lernen wächst du, mit Erfahrungen wächst du und mit dir das All-Eine, und dieses will etwas über sich lernen, es will wachsen, genau wie du. Und zu lernen gibt es noch unermesslich viel, zum Beispiel, wie ihr das ökologische Gleichgewicht wieder herstellen könnt, wie ihr eine gleiche Haltung allen Menschen gegenüber entwickeln könnt, denn wenn ihr das schon nicht könnt, was macht ihr dann mit dem Außerirdischen vor eurer Tür? Holt ihr ein Gewehr und erschießt ihn, wie es vor vierzig oder fünfzig Jahren noch locker hätte geschehen können und auch geschah? Oder bittet ihr ihn herein und macht ihn mit den Sitten der Erde bekannt, indem ihr ihm einen Kaffee anbietet und damit süchtig nach diesem köstlichen Getränk macht, so dass du Handel mit ihm treiben kannst und dadurch dein Einkommen auf ewig sicherst? Was wäre dir denn lieber, hm?

Wie es für dich persönlich auch kommen mag, der Aufstieg der Erde ist unaufhaltsam geworden, und das ist wunderbar mit anzusehen.

Es ist eine Zeit des Feierns für die Geistige Welt, genauso wie für euch Menschen. Feiert diese besondere Zeit, die euch vielfältige Entwicklungsmöglichkeiten bietet und euch endlich ein erfülltes und glückliches Leben bereiten kann, wenn, … ja, wenn ihr bereit seid, eure Aufgabe zu übernehmen, die ihr euch für diese Zeit ausgesucht habt.

Mache dich auf die Suche nach dieser Aufgabe! Sie ist der Schlüssel zu deinem Glück, der Schlüssel zur Transformation, für dich persönlich, aber auch für alle anderen, denn alles, was du tust, hat Auswirkungen auf das Ganze. „Wie oben, so unten, wie unten, so oben", und wie du, so überall, könnte man ergänzen. Du bist der Spiegel des Ganzen, denn das Ganze ist in dir. Du repräsentierst dich selbst, aber auch Alles-was-ist, in deiner besonderen Ausdrucksform. Ist es nicht erstaunlich, wie vielfältig die Quelle sich repräsentiert? Es lebe die Vielfalt, es lebe die Einheit!, denn beide sind zwei Seiten der gleichen Medaille.

Wie vielfältig die Schöpfung wirklich ist, lernt ihr erst kennen, wenn die Besucher von außerhalb hierher strömen, um von euch zu lernen und euch im Gegenzug etwas beizubringen. Ihr Menschen, ob ihr es nun glaubt oder nicht, habt ein gewaltiges geistiges Wissen, und die anderen ein technisches, so ist ein Ausgleich auf gegenseitiger Basis gewährleistet und die Befürchtungen, die in manchen SF-Filmen gezeigt werden, erweisen sich als völlig grundlos bzw. entbehren der Notwendigkeit, denn wenn ihr freiwillig gebt, muss sich niemand etwas mit Gewalt holen, oder? Und was ihr geben könnt, ist Wissen, Wissen auf einem Gebiet, das den anderen völlig fremd ist, nämlich, wie man sich wieder mit der Quelle verbindet. Das lernt ihr gerade in millionenfacher Vielfältigkeit, und dies könnt ihr weitergeben in der gleichen Vielfalt, so dass die anderen erkennen können, dass auch sie ihren eigenen Weg haben und die Erlaubnis, ihn zu gehen. Sie werden sich ansehen, wie ihr es gemacht habt, und dann für sich entscheiden, wie sie es machen wollen. Das ist die grundlegende Erkenntnis, die ihr ihnen mitgeben könnt (und nebenbei könnt ihr mit Kaffee handeln).

Bist du also auf solch eine Begegnung vorbereitet? Wenn nicht, dann beginne damit, dass du dir selbst begegnest, und ich kann dir ver-

sichern, dass du dir manchmal selbst wie ein Alien vorkommen wirst und daher Verständnis für sie entwickeln kannst. Umso mehr, als dass viele von euch (genau genommen sogar alle) tatsächlich auch von außerhalb kommen und hier unbedingt Erfahrungen machen wollten. Es ist Zeit zu erkennen, woher du stammst, und gleichzeitig zu erkennen, dass das im Grunde nicht so wichtig ist, denn wichtig ist nur dein persönlicher Weg zurück zur Einheit mit Allem-was-ist. Es nützt dir wenig, dich nach einer Heimat zu sehnen, auf der du momentan nicht bist. Du bist hierher gekommen, um das, was dich an deiner Heimat erfreut, neu zu erschaffen, so dass nicht nur du dich hier geborgen und zu Hause fühlst, sondern auch alle, die noch kommen werden, egal in welcher Form.

Und nun noch zu einem Thema, das immer wieder angesprochen wird, wenn auch aus unterschiedlichen Blickwinkeln: Es ist das Thema Macht.

*Ihr seid nun dabei, eure Macht wieder anzunehmen, auf die ihr freiwillig verzichtet hattet, denn machtvolle Wesen können keine Erfahrungen der Ohnmacht machen, oder? Ihr seid jedoch alle nach hier gekommen, um Erfahrungen aller Art zu machen, und das geht nur mit eingeschränkter Macht, wohlgemerkt **nicht ohne** Macht, denn ihr schöpft die ganze Zeit euer Leben mit Macht. Anders geht es nicht, sonst gäbe es Stillstand. Ihr habt eure Macht, eure Fähigkeiten eingeschränkt. Das sollte aber von vorneherein keine Dauereinrichtung sein. Es gab ein Ziel all eurer Handlungen in allen Inkarnationen und Parallelwelten: Das Ziel, sich aus der tiefsten Ohnmacht heraus wieder so weit zu entwickeln, um die eigene Macht zu erkennen und sie erneut für sich in Anspruch zu nehmen. So kreiert ihr schreckliche Dramen in euren Leben, die euch in die tiefsten Abgründe werfen. Doch wozu das alles? Ihr wolltet ganz unten landen, um herauszufinden, ob ihr in der Tiefe erkennen könnt, dass nichts euch dort wirklich halten kann. Ihr wollt eure Kraft und Macht entdecken. Das geht aber nicht, wenn es euch leidlich gut geht, denn dann habt ihr ja keine Veranlassung, euer Leben zu hinterfragen, oder? Ihr kreiert also (mit aller Macht) Weckrufe, um euer eigentliches Wesen wieder zu entdecken. Diese Weckrufe führen euch also auf den Weg zu euch selbst. Jeder Weg endet darin, dass du dich selbst in der Allgegenwart der Quelle wiederfindest.*

Wie war es nun überhaupt möglich, die eigene Macht in Ohnmacht zu verwandeln? Die Quelle eurer Macht ist euer Schöpfungspotenzial, das euch von Allem-was-ist mitgegeben wurde. Ihr schränktet dieses Schöpfungspotenzial schon allein durch die Trennung in Geschlechter ein, dann schränktet ihr es weiter ein, indem ihr das Sakralchakra teiltet und auch noch mit einem Schutzmantel umgabt. Ihr reduziertet das Gefühl des Eingebundenseins in Allem-was-ist, indem ihr die Herzchakren aufteiltet und ebenfalls eine Art Schutzschirm darum legtet. Der Lichtkörperprozess bedeutet nun, nach und nach alle Einschränkungen aufzuheben. Das heißt, den Mantel um die Herzchakren aufzulösen, um sie wieder vereinen zu können, und dieses dann auch zu tun. Es bedeutet, die Schutzschirme um die Sakralchakren auszuschalten und auch diese wieder zu vereinen. Letztlich bedeutet es sogar, die Trennung der Geschlechter wieder aufzuheben. Aber das liegt noch in ferner Zukunft. Was der Lichtkörperprozess auch bedeutet, ist, wenn die geteilten Chakren (mit Ausnahme der Stirnchakren) wieder vereint sind, kann der letzte Mantel, das letzte Hindernis, um eure volle Macht, euer volles Potenzial anzunehmen und zu leben, ebenfalls fortgenommen werden. Dieser letzte Mechanismus, den ihr selbst kreiertet, liegt um das Solarplexuschakra, das eigentlich Machtchakra heißen müsste, und stellt eine sehr dicke „Schicht" dar, die es aufzulösen gilt.

Mit der Frequenz des Motors der Schöpfung wird auch die Erlaubnis erteilt, den Sicherungsmantel um das „Machtchakra" zu entfernen, denn von nun an ist solch einer Person der Missbrauch von Macht nicht mehr möglich, da sie völlig im Einklang mit der Schöpfung handelt. Genau genommen gab es den Missrauch nie, da alles im Großen Plan vorgesehen war. Aber Fähigkeiten zum Schaden anderer anzuwenden wird nun automatisch unterbunden, da ihr diese Art von Erfahrungen nicht mehr braucht.

Konfuzius ist der Lenker des gelben Strahls, und er ist es, der diese Farbe in der Intensität senden kann, die nötig ist, um diesen letzten Mantel zu entfernen. In seinen Inkarnationen wurde er mit allen Facetten der Macht und Ohnmacht vertraut gemacht, um optimal auf diese Aufgabe vorbereitet zu sein. Er hört den Motor der Schöpfung und weiß, nun ist der Zeitpunkt gekommen, die passende Frequenz zu senden, die den Mantel um das Machtchakra auflöst. Genau genommen liegen viele, viele Schichten um eure Chakren, die im Lichtkörperprozess aufgelöst werden müssen, doch die, die hier nun erwähnt wurden, sind „dicker" als die anderen, weil ihnen besondere Bedeutung zukommt. Sie sind nicht die letzten Schichten überhaupt, denn auch dann seid ihr mit eurer Entwicklung noch nicht fertig, aber es sind enorm wichtige Schichten, Schichten der größten Einschränkungen, für dich persönlich, und auch für die Erde.

Der Lichtkörperprozess bedeutet also zusammengefasst:
Alle Schichten um den Lichtkörper werden aufgelöst, alle Schichten in den und um die Chakren werden umgewandelt und dadurch in schnellere Drehung versetzt, und alles hat den Sinn der Frequenzerhöhung, für dich persönlich, und für das große Ganze.
Es bedeutet auch: Alle selbst auferlegten Beschränkungen werden wieder aufgehoben!

Dies war eine Durchgabe von Erzengel Michael, der in diesem Buch nicht fehlen wollte, da es das Regenbogenzeitalter klarlegt.

Botschaft von Metatron zur Merkabah (gechannelt)

Metatron, eine Engelenergie, die die Verbindung zum Ursprung herstellt, wird über die Merkabah sprechen. Der Name Merkabah kommt aus dem Hebräischen und wird mit „Wagen" übersetzt. Die Merkabah ist eine kristalline Lichtstruktur, mit der du in deiner Gesamtheit durch Raum, Zeit und Dimensionen reisen kannst. Sie besitzt ein eigenes Bewusstsein und bestimmt daher selbst, wann sie sich aktiviert. Im Regenbogenzeitalter werden viele dieser Merkabahs in Drehung versetzt, doch lassen wir nun Metatron selbst zu Wort kommen:

Hier spricht Metatron, der euch etwas über die Merkabah erzählen möchte, denn dieses „Gefährt" erlangt nun große Bedeutung, da seine Bildung ein Teil des Lichtkörperprozesses ist. Möchtest du mehr Informationen zur Merkabah, so findest du sie zum Beispiel in dem Buch „Die Blume des Lebens" von Drunvalo Melchizedek. Doch das Wissen in älteren Büchern kann nun in der neuen Schwingung ergänzt werden, und so möchte ich euch einiges erzählen, was ihr noch nicht wisst.
Bei der Merkabah handelt es sich um geometrische Energiefelder, die verschiedene Funktionen erfüllen. Sie haben nicht direkt etwas mit den feinstofflichen Körpern zu tun, aber interagieren natürlich mit ihnen. Im Regelfall „schlafen" diese Felder, das heißt, sie sind nicht in Bewe-

gung. Das war äonenlang der Fall, und es war auch notwendig, denn sie erfüllen erst dann ihre Hauptfunktion, wenn der Mensch (wieder) erwacht. Vor dem „Einschlafen" waren sie aktiviert und drehten sich mit annähernder Lichtgeschwindigkeit. Da das Erwachen jederzeit geschehen konnte und in Einzelfällen auch geschah, bekam jeder Mensch diese Merkabah mit auf den Weg, sozusagen für alle Fälle.

Werden diese Felder, es sind zunächst erst einmal zwei, aktiviert, so erfolgt eine rotierende gegenläufige Bewegung. Durch diese Bewegung erscheint die Merkabah kugelförmig. Die Aktivierung dieser Felder ermöglicht den Zugang zu höheren Bewusstseinsebenen. Die wichtigste persönliche „höhere" Bewusstseinsebene ist erst einmal das eigene Höhere Selbst. Um das Karma-Spiel zu ermöglichen, wurde ein Teil des Geistes sozusagen ausgelagert. Es ist der Teil, der alle Leben koordiniert, speichert, auswertet und die nächsten Leben plant, weil es sieht, was noch gelernt werden muss. Es ist emotional daran nicht beteiligt, denn es sieht alles von einer „höheren" Warte aus. Man könnte es als einen übergeordneten Computer betrachten, der über alle Leben (gleichzeitig) wacht. Das Höhere Selbst hat tatsächlich so etwas wie eine kristalline Struktur, wie auch in den Computern Kristalle integriert sind.

Das Bewusstsein der Merkabah erkennt, wann ein Mensch erwacht und versetzt sich bei der passenden Schwingung in die rotierende Bewegung. Damit „zieht" die Merkabah sozusagen das Höhere Selbst herab in den physischen Körper. Es wird also eine engere Anbindung an das Höhere Selbst ermöglicht. Man könnte sagen, das Höhere Selbst „fließt" in die Merkabah hinein, während es vorher, räumlich gesehen, etwas oberhalb des Kopfes angesiedelt war. Man könnte sich dieses Höhere Selbst als kleine Sonne über dem Kopf vorstellen. Dort befand es sich über einen für Menschen unvorstellbar langen Zeitraum. Je niedriger die Frequenz der Materie ist, umso größer ist der Abstand. Eine Annäherung ist erst möglich, wenn die Frequenzen steigen. Man könnte sagen, die Dichte im Körper und um den Körper herum hielt das Höhere Selbst auf Abstand. Nur unter größten Mühen und Anstrengungen, also mit absoluter Hingabe, schafften es einzelne Menschen, trotz des Widerstands der Materie, ihr Höheres Selbst herabzuholen. Sie sind die Aufgestiegenen Meister, da sie es trotz der großen Dichte schafften, „da hindurchzukommen", und daher kommt ihr Abstand vor den anderen. Meister bedeutet nicht, dass sie Meister über euch sind, sondern die

Dichte der Materie gemeistert haben, und das zu einem Zeitpunkt, als sie noch viel dichter war als heute. Sie haben also spezielle Fähigkeiten. Das macht sie nicht „höher" als euch, sondern befähigt sie einfach zu bestimmten Aufgaben.

Nun lichtet sich diese Dichte jedoch. Die Frequenzen steigen unaufhörlich. Durch die unterschiedlichsten Energien, die von außerhalb auf die Erde strömen und von den Menschen der Erde selbst ausgehen, werden Prozesse für viele möglich, die vorher nur durch unsägliche Mühen und Strapazen, wie zum Beispiel durch besondere Atemtechniken, in Gang gesetzt werden konnten. Nun jedoch können viele Menschen gleichzeitig zu Aufgestiegenen Meistern werden und das, ohne den Körper verlassen zu müssen. Es geschieht zwar auch nicht mühelos, es gehören noch immer Hingabe und Anstrengung dazu, aber es ist viel leichter geworden. Das geht allerdings nur, weil die Menschen sich in vielen Inkarnationen auch darauf vorbereitet haben. Sie haben viele Klassen absolviert, bevor sie nun die Meisterklasse erreicht haben. Im Prinzip gilt das für jeden einzelnen Menschen, der nun in dieser Zeit lebt. Manche entscheiden sich jedoch dafür, die eine oder andere Klasse noch einmal zu wiederholen, um dann schließlich „besser abschneiden" zu können. Sie wollen also erst noch das eine oder andere dazulernen, bevor sie ihren Abschluss machen.

Die früheren Aufgestiegenen Meister konnten in der Regel ihre Körper nicht mit in die höheren Dimensionen mitnehmen. Jesus und einige andere wenige bilden die Ausnahme. Doch hier und jetzt, in der Meisterklasse, dürfen alle ihre Körper mitnehmen, wenn sie das wollen. Diese Mitnahme des physischen Körpers ermöglicht die aktivierte Merkabah.

„Warum konnten die Aufgestiegenen Meister ihre Körper meist nicht mitnehmen?" werdet ihr nun vielleicht fragen. Das liegt daran, dass es noch keine aktivierte Merkabah für den gesamten Planeten gab. Wie ihr wisst, steigt auch die Erde in höhere Dimensionen auf. Für diesen Aufstieg benötigt sie genauso eine Merkabah wie ihr auch, und die muss erst „gebaut" werden. Wie, werdet ihr fragen, wird sie gebaut? Nun, mit Hilfe der Merkabahs der Erwachten. Diese Merkabahs „verströmen" eine besondere Schwingung, die dazu beiträgt, den Wagen für die Erde zu bauen. Genau genommen gibt es ihn schon. Er muss „nur" noch in Drehung versetzt werden, und genau das tut ihr gerade! Die Energiefelder der Erdmerkabah drehen sich bereits, und sie werden immer schneller, *und das, liebe Menschen, ist der Grund, warum sich alles zu beschleunigen scheint!*

Die rotierenden Felder der persönlichen Merkabah werden zum Gefährt des Höheren Selbst, das heißt, die Kugel über dem Kopf wird zu einer Kugel um den menschlichen Körper herum, und innerhalb dieser Kugel rotieren die Merkabahfelder, eines in der Vorwärtsbewegung, und eines gegenläufig. Auch weiten sie sich so weit, dass sie nun den ganzen Körper umschließen. Durch die Energie, die dabei „produziert" wird, kann die Merkabah für die Erde gebaut bzw. beschleunigt werden. Jeder erwachte Mensch arbeitet also an dem Aufstieg der Erde auch in dieser Weise mit. Und indem diese Merkabah erbaut wird, wird eine Energie produziert, die es ermöglicht, eure Körper zu behalten.

Sind diese Felder also aktiviert und das Höhere Selbst dort integriert, so kontrolliert es von dort aus den weiteren Lichtkörperprozess des Menschen. Das Höhere Selbst senkt sich also zunächst einmal in die Merkabah, um schließlich auch in den physischen Körper einzugehen, aber das ist dann eine weitere Stufe in Richtung Aufstieg und erfolgt erst bei entsprechender Entwicklung. Die Herabsenkung des Höheren Selbst bedeutet, dass der Mensch sich seiner Gottesnähe, ja, seiner Teilhaftigkeit an der Göttlichkeit bewusster wird, sie wird für ihn körperlich spürbar. Sie ist somit kein intellektuelles Konzept mehr, sondern ein spürbarer Teil des Alltags.

Mit dem Herabsenken des Höheren Selbst erhält der Mensch auch mehr und mehr Zugang zu den Erfahrungen in anderen Leben. Hier ist aber weniger die Interaktion mit Menschen und das Karma gemeint. Das geschieht schon vorher und gehört dazu, um die Merkabah überhaupt erst zu erwecken. Nein, nun erhält er Zugang zu den Fähigkeiten, die er in den einzelnen Leben entwickelt hat. Er hält somit den Schlüssel zu einem Wissensschatz in der Hand und kann nun die Türen dorthin öffnen. Wie wird wohl eine Welt aussehen, in der die Menschen sich an das Wissen aller Leben, gemacht in Äonen, erinnern? Sie wird bereichert werden in jeglicher Hinsicht, und sie wird sich verändern. Ihr verändert sie!

Je schneller nun die Drehung der Merkabah erfolgt, umso näher rückt das Höhere Selbst an den physischen Körper heran. Der Moment des Vereinigten Chakras ist nichts anderes als der Augenblick, in dem das Höhere Selbst vollständig in die Merkabah integriert wurde. Ab diesem Augenblick befindet sich ein Mensch in so hoher Anbindung zur

Quelle, dass er sein Leben eventuell so grundlegend ändert, dass er dem All-einen, dem Ganzen, besser dienen kann. Allerdings hat er die ersten Schritte in dieses andere Leben bereits während seines Erwachens getätigt, so dass es nun oft nur noch der letzten Konsequenzen bedarf. Manche Menschen können das Vereinigte Chakra tatsächlich spüren, weil sie entsprechende Fähigkeiten mitbringen, doch die meisten Menschen werden nur die Auswirkungen auf ihr Leben wahrnehmen und nicht die Energie selbst.

Hat die Geschwindigkeit der Merkabah (wieder) fast die Lichtgeschwindigkeit erreicht, so geht das Höhere Selbst in den physischen Körper über, und die betreffende Person wird sich des Gewahrseins Gottes noch stärker bewusst. Von nun an gibt es kein Gefühl der Trennung mehr, und die Person führt den Willen Gottes aus, lebt in dem Bewusstsein, dass alle Taten, Gedanken und Worte dem All-Einen dienen und dass selbst vermeintliche Fehler sich oft im nachhinein als notwendig und sinnvoll herausstellen. Diese Person (und ich sage bewusst nicht dieser Mensch), weiß um ihre Bestimmung, hat ihre Lebensaufgabe gefunden und führt sie auch aus. Dies kann sich durchaus so auswirken, dass ihre Taten von ihr selbst und auch anderen als irrational angesehen werden. Aber da sie trotzdem weiß, was sie tut, – denn sie empfängt die notwendigen Impulse direkt aus der Quelle –, lässt sie den anderen ihre Meinung und führt weiter Gottes Werk aus. Sie lebt vollständig in dem, was Christusbewusstsein genannt wird. Sie lebt als Ausdruck der Quelle auf Erden. Das gilt natürlich für jeden Menschen. Der Unterschied zwischen einem voll Erwachten und einem Erwachenden ist der: Der Erwachte weiß es, er fühlt es mit jeder Faser des Körpers (und auch der feinstofflichen Körper) und erhält auch entsprechende Bestätigungen von der Quelle, solange er sie braucht.

Er kann eigentlich nichts mehr tun, was nicht im Einklang mit der Quelle ist, denn er *ist* die Quelle!

Der freie Wille, der oft so hoch gehalten wird, schwindet mit dem völligen Einklang zu Allem-was-ist, und er wird von der Person auch nicht mehr so wichtig genommen, denn wichtig ist von da an nur noch der Wille der Quelle, **und dieser Wille dient immer dem Ganzen und nie nur dem Einzelnen!** Und so gestaltet sich von dem Zeitpunkt an auch die Arbeit einer erwachten Person! Sie ist frei, völlig frei, denn sie muss keine Angst mehr vor Missbrauch erwachender Fähigkeiten haben, denn die Quelle missbraucht sich nicht selbst. Das ist völlig unmöglich! Bis zu diesem Gewahrsein ist allerdings ein langer Weg zurückzulegen, und dieser lange Weg beginnt mit kleinen Schritten. Die Neue Zeit bietet nun eine noch nie da gewesene Gelegenheit, diese vielen kleinen Schritte in wenige große Schritte umzuwandeln und schneller an dieses Ziel zu kommen als jemals zuvor in der Geschichte der Menschheit. Nie gab es so viel Unterstützung wie jetzt, in diesem Moment. Und so spricht zu euch gerade Metatron, der euch die Energie spendet, die ihr benötigt, um die Merkabah zu aktivieren, und so sprechen andere zu euch, um andere Schritte in Richtung Quelle zu unternehmen.

Dies bedeutet nicht, diesen Planeten zu verlassen und irgendwo in ewiger Glückseligkeit zu leben, sondern es bedeutet, das göttliche Gewahrsam auf die Erde herabzuziehen, und indem ihr dieses tut, zieht ihr die Erde in Richtung Quelle. Es bedeutet, das Leben, wie es ist, als ein Geschenk Gottes anzusehen, ein Geschenk, das ihr dazu nutzen könnt, im Bewusstsein zu leben, ein göttlicher Ausdruck der Mannigfaltigkeit zu sein, und diese Mannigfaltigkeit auch zu leben. Es wird also keinen Einheitsbrei von Wesenheiten geben, die alle gleichgeschaltet sind, nein, die Individualität bleibt erhalten und mit ihr die besonderen Eigenschaften, die jeden auszeichnen, da die Vielfalt das Leben erst interessant macht. In der Vielfalt liegt die Kraft, – die Kraft für den Aufstieg, der kein Ausstieg ist, denn jeder bringt eigene Talente mit, die für die Entwicklung des Ganzen notwendig und bereichernd sind.

Die Neuen Kinder kommen bereits mit einer aktivierten Merkabah auf die Welt. Das bedeutet, sie haben ihr Hohes Selbst bereits in die Merkahbah integriert. Diesen Vorgang müssen sie, im Gegensatz zu den Generationen davor, nicht mehr vollziehen. Diese Kinder fangen also auf einer Stufe an, die die Erwachsenen der alten Generation meist erst noch erreichen müssen. Das ist Evolution!

Durch die Herabsenkung des Höheren Selbst in die Merkabah wird eine erneute Schwingungserhöhung großen Ausmaßes vollzogen. Diese Erhöhung baut den „Wagen" für die Erde, und so wird auch für sie das Herbziehen ihres eigenen Hohen Selbst möglich, mit allen Konsequenzen, die dieses nach sich ziehen wird. Eigentlich ist es auch kein nach „oben" Gelangen, sondern ein Entfernen von Dichtigkeit, von Schleiern, die erkennen lassen, dass man eigentlich längst da ist, wo man hingelangen möchte, denn was findest du jenseits der Schleier? Nur dich *selbst! Du kannst dir das so vorstellen: Die Erde und alle ihre Bewohner sind längst in der höchsten Dimension, sie sind jedoch von Schleiern „zugedeckt", so dass du das nicht sehen, nicht spüren, nicht wahrnehmen kannst. Je mehr Schleier entfernt werden, desto deutlicher kannst du sehen, spüren, wahrnehmen. Nun werden so viele davon entfernt, dass du die Fünfte Dimension erkennen kannst, und dann werden die nächsten entfernt usw., bis es keinen Unterschied mehr zwischen der höchsten Frequenz und euch selbst gibt.*

Die Merkabah der Erde ist zwar anders strukturiert, das ergibt sich schon aus der Natur der unterschiedlichen Körper, aber das Prinzip ist das gleiche. So wird noch deutlicher, dass die Erde für ihren Prozess die Menschen benötigt. Erst wenn der letzte Mensch seine Merkabah mit seinem Hohen Selbst verschmolzen hat, ist die Verschmelzung des Hohen Selbst der Erde mit ihrem physischen Körper möglich. Dann befindet sie sich allerdings schon längst nicht mehr in der Fünften Dimension, sondern weit höher. Man kann sich das nicht so vorstellen, dass das ein Sprung von einer Dimension in die nächste ist, sondern alles geschieht fließend, mit fließenden Übergängen. Es vollzieht sich nicht linear. Es können sich also Teile der Erde schon in der sechsten, siebten, achten Dimension befinden, während die letzten Menschen immer noch in ihrem Klärungsprozess sind.

So sind die Neuen Kinder zwar schon weiter als die meisten Erwachsenen, doch jeder der Erwachsenen hat die Möglichkeit, sich zu einem „Neuen Kind" zu entwickeln bzw. zu erkennen, dass er selbst eines ist und nie etwas anderes war.

Die Schwingungserhöhung oder Entfernung der Schleier setzt sich dann mit den anderen Planeten des Sonnensystems fort, dann mit dem ganzen System, mit der ganzen Galaxie, mit anderen Dimensionen usw. Es erfolgt also eine ständige Frequenzsteigerung. Somit ist die Merkabah ein wichtiges Instrument für den persönlichen Aufstieg genauso wie für den Aufstieg der Erde und das große Ganze, was man „Quelle", „All-eins" usw. nennt.

Diese Informationen gab euch Metatron in Liebe und Erwartung dessen, was ihr nun alles vollbringen werdet. Ich segne euch!

Wer sind die Erwachenden?

Es ist in diesem Buch immer wieder von Menschen im Lichtkörperprozess, von Lichtarbeitern, von Erwachenden usw. die Rede. Sehen wir uns einmal an, um wen es sich dabei handelt:

Nun, es sind Menschen, die auf der Suche sind. Es gibt passive Suchende, die einfach noch nicht wissen, dass sie und/oder wonach sie suchen. Und dann gibt es die Aktiven, die sich durch irgendein Ereignis aktiv auf die Suche machen. Sie öffnen die Augen und merken plötzlich, dass zu unserer Welt viel mehr gehört als das, was uns die fünf Sinne zeigen. Sie dehnen sich mal in die eine Richtung (suchen vielleicht einen Guru oder Meister), oder strecken sich in die andere (besuchen alle möglichen esoterischen Workshops), wie es Menschen, die gerade aus einem langen Schlaf erwachen, eben tun.

Wonach suchen sie? Nach dem Sinn des Lebens, nach Weisheit, nach Wissen, nach der Verbindung zu Gott, nach Liebe? Aus welchem Grund sich der Einzelne auch auf die Suche gemacht hat, oder wonach er auch sucht, letztlich kommt er irgendwann zu dem Schluss, dass er eigentlich nach sich selbst sucht, nach seiner Identität. Daher ist die Frage, die sich der Suchende am häufigsten stellt: „Wer bin ich?"

Diese Menschen durchlaufen bei ihrer spirituellen Suche, ohne es unbedingt zu merken, eine Schule, die sie darauf vorbereitet, sich immer weiter zu entwickeln. Manche haben sich auf diesem oft beschwerlichen Weg schon so weit vorgewagt, dass sie gar nicht mehr zu essen brauchen, sondern sozusagen nur noch von „Luft und Liebe" leben. Genauer gesagt, von Prana.

Der Entwicklungsstand des einzelnen „Aufgeweckten" ist derzeit noch sehr unterschiedlich. Wir leben jedoch in einer sehr merkwürdigen, aber aufregenden Zeit. Ich nenne sie die „Zielgerade der Zeit", denn bis zum Jahre 2012 sollen sich die meisten der Erwachenden auf ähnlichem Entwicklungsstand befinden (das bedeutet auch: je später man in Richtung dieses Zeitpunktes aufwacht, desto schneller geht die Entwicklung voran und umso dringender braucht man Unterstützung in vielfältiger Form), und dann steht eine Entscheidung an: In welche Richtung wollen und werden wir uns als Menschheit weiter entwickeln?

Eine der wichtigsten Entscheidungen überhaupt ist schon vorher gefallen, denn allen Prophezeiungen zum Trotz sind wir noch nicht vernichtet worden, auch nicht ansatzweise. Wir sind noch hier! Also haben wir die eigentlich festgelegte Realität verändert! Um eine ähnlich wichtige Entscheidung geht es im Jahre 2012. Bis dahin reichen alle alten Kalender, aber nicht weiter, denn hier entscheidet sich noch einmal das Schicksal der Welt. Aber nicht hinsichtlich Vernichtung oder Nicht-Vernichtung, sondern hinsichtlich: Wie nutzen wir das Wissen, das wir bis dahin angehäuft bzw. freigelegt haben? Und damit meine ich nicht nur alleine das wissenschaftliche Wissen, obwohl das auch eine Rolle spielt, sondern das spirituelle. Bis zum Jahre 2012 werden viele der Erwachten zum Beispiel darüber Bescheid wissen (nämlich über ihre eigenen Erinnerungen), was wirklich in unserer Vergangenheit geschehen ist, und auch darüber, welches die Potenziale der Zukunft sind. Für welche mögliche Zukunft werden wir uns entscheiden? Wir leben in spannenden Zeiten, den spannendsten, die es vielleicht seit Äonen überhaupt gab.

Nach meinem Erleben und meinen Erkenntnissen sind die Chakren Energiewirbel, die die einfließende Energie in eine andere Form bringen. Jeder Mensch (und überhaupt jedes lebende Geschöpf) ist also ein lebendiger Akkumulator und Transformator. Vor allem bei den Menschen, deren Kundalini erwacht ist, fließen ungeheure Energien durch den Organismus. Dadurch wird der Körper zwar einerseits zu „lichteren" Strukturen umgebaut, aber andererseits auch sehr belastet. Erwacht die Kundalini, öffnet sich das Herz immer öfter. Es ist wie das Gefühl des Verliebtseins. Es gehört jedoch sehr viel geistige Klärungsarbeit dazu, um in solch einem „Dauerverliebtheitszustand" verbleiben zu können.

Warum erwachen gerade jetzt so viele Menschen (Millionen!) aus ihrem Dämmerzustand? Die Antwort ist einfach: Es ist nötig! Kryon betont immer wieder, dass wir den großen Crash, der hätte kommen sollen (ein Meteorit?), durch unsere spirituelle Entwicklung der letzten Jahrzehnte verhindert haben, dass die Angst davor uns aber immer noch in den Knochen (oder genauer gesagt: In den Zellen) sitzt. Er sagt, wir hätten die Realität unerwartet geändert, und nun wäre unsere Zukunft völlig offen und niemand könne mehr vorhersagen, was geschehen würde. Das, was hätte geschehen können, war ein Potenzial, das allen bekannt war, die in diese Zeit inkarnierten, daher schwingt diese „Erinnerung an die Zukunft" auch noch so in uns nach und führt zu Ängsten, erst recht, wenn man sieht, was in der Welt derzeit so geschieht. Und wenn es stimmt, dass wir mit jeder Entscheidung Parallelwelten schaffen, dann haben wir in diesen Parallelwelten den Untergang unserer Zivilisation schon erlebt, und da wir mit unseren „Selbsten" in den Parallelwelten verbunden sind, sind es auch unsere Gefühle.

Laut Kryon (und einiger anderer Meister, die in diesem Buch zu Wort kommen) sind wir direkt an der Erweiterung (=Wachstum) des Kosmos beteiligt. Wir drücken dieser Erweiterung mit unseren Energien (transformiert durch unsere Chakren und die der Erde) unseren Stempel auf. Das birgt eine gewaltige Verantwortung, der wir uns nun so nach und nach bewusst werden. Das ist es, was die Erwachenden erkennen und dann auch leben: Verantwortung für alles zu übernehmen.

Erwachende neigen anfangs dazu, sich abzusondern, um mit ihrer „geistigen Arbeit" allein zu sein. Sie verlassen Großstädte, weil sie erkennen, dass ihre Entwicklung dort viel schwerer und langsamer abläuft, wenn nicht sogar völlig behindert wird. Einige entdecken, dass sie Heilkräfte entwickeln und entscheiden sich vielleicht, auf diesem Sektor eine neue Betätigung zu suchen. Oder sie verbinden sich mehr mit der Natur und suchen nach alternativen Anbaumethoden der Nahrung. Möglichkeiten gibt es hier viele. Für welche Arbeit sie sich auch immer entscheiden, sie ändern ihr Leben von Grund auf: Um zum Beispiel eine größere Harmonie mit dem Ganzen herzustellen, um der Erde den Respekt zu erweisen, der ihr als unser Lebensraum auch gebührt. Sie spüren, dass sie ihrem „Höheren Selbst" immer näherkommen und begrüßen die Beschleunigung und unterstützen sie, da sie fühlen, dass sie dadurch dem Göttlichen entgegengehen.

Wie kann man die Erwachenden charakterisieren?

- Es sind Menschen, die sich fragen: „Wer bin ich?"
- Es sind Menschen, die sich auf verschiedenen Stufen ihrer Entwicklung befinden.
  Sie ahnen, oder wissen bereits, dass jeder Mensch eine einzigartige Fähigkeit auf die Erde mitbringt und das Potenzial, diese auch zu leben.
- Sie sind auf der Suche nach dieser ihrer Fähigkeit und somit nach ihrer Aufgabe.
- Erwachende erkennen, dass nichts so ist, wie es scheint.
- Sie erkennen, dass jeder Einzelne Einfluss auf die Richtung hat, die die ganze Menschheit einschlägt, da alles eine Einheit bildet.

- Sie ahnen, oder wissen bereits, dass alles, was auf der Erde geschieht, auch Auswirkungen auf den gesamten Kosmos hat.
- Sie bemühen sich daher, sich zu verändern, alte Prägungen (vor allem die der Angst) hinter sich zu lassen, denn ihre Veränderung verändert wiederum das Ganze.
- Es sind Menschen in Mutation. Sie verändern ihre eigene Genstruktur (zur sogenannten 12-strangigen DNS) und damit sogar die Vergangenheit. Oder besser gesagt: die Sichtweise über ihre Vergangenheit.
- Sie sind durch die ständigen Veränderungen oft sehr, sehr müde. (Ihnen hilft ein Symbol, das in *„Gespräche mit Erzengel Michael"*, Bd. 2, gechannelt von Natara, durchgegeben wurde.) Da sie immer mehr von ihrem Höheren Selbst integrieren, ist das erst einmal mit Müdigkeit verbunden, da man sich an die erhöhten Schwingungen erst einmal gewöhnen muss.
- Sie überlegen ernsthaft, ob sie vielleicht mit dem Meditieren anfangen sollen, oder haben sogar schon angefangen, nach innen zu sehen und nicht nur nach außen.
- Es sind Menschen, die sich bemühen, ihr Leben auf die Herzebene zu stellen.
- Sie entwickeln ein starkes Umweltbewusstsein.
- Sie verbinden sich wieder mit der Natur, indem sie ihr Herz für sie öffnen. Sie versuchen, im Einklang mit ihr zu leben, soweit das in der momentanen Gesellschaftsform überhaupt möglich ist.
- Sie stellen sich ihren Ängsten (einer nach der anderen, oder vielen auf einmal, wobei sie sich manchmal überfordert fühlen können), gehen hindurch und zurück bleibt ein „lichterer" Mensch.
- Sie bauen einen Lichtkörper auf oder, besser gesagt, machen ihn sichtbar, indem sie die dunklen „gepanzerten" Stellen beseitigen, wodurch sie viele Prozesse durchlaufen, die ihnen Enormes abfordern.
- Sie dienen dem Ganzen und auch dem Einzelnen. Sie sind Diener dieser Welt.
- Sie folgen der „dritten Sprache", also der Intuition, indem sie zulassen, dass der Verstand nur noch die Hälfte ihrer Handlungen diktiert.
- Sie gehen auf Veranstaltungen, die ein „Normaler" nicht besuchen würde. Seien es UFO-Kongresse, Initiationsveranstaltungen, Seminare zur Öffnung von Chakren, Vorträge über das Wasser, und viele Dinge mehr.

- Sie sind gute Kunden in Buchläden und lassen dort vielleicht mehr Geld, als ihnen lieb ist.
- Sie bilden eine neue Kultur und prägen damit eine neue Lebensweise. Untersuchungen in Amerika haben gezeigt, dass es dort bereits jeder Vierte ist, der diese neue Lebensweise annimmt.
- Bei ihnen erwacht die Kundalini, die weibliche, „göttliche" Lebens- und Schöpfungskraft.
- Sie bringen ihre männlichen und weiblichen Anteile (mehr oder weniger leicht) in ein Gleichgewicht.
- Wenn dies geschieht, „springt" die Zirbeldrüse an, die bis dahin seit der Kindheit verkümmert war. Das ist erkennbar durch einen Lichtblitz im Gehirn. Die Zirbeldrüse von Erwachenden fängt von Erbsengröße wieder an zu wachsen und kann bis zu faustgroß werden.
- Sie glauben oft, sie wären zuckersüchtig, brauchen aber den Zucker tatsächlich für die neu erwachte Tätigkeit der Zirbeldrüse, denn diese verbraucht die Glukose im Gehirn, um die einfließenden kosmischen Energien umzuwandeln. Dies ist aber nur eine Übergangsphase. Irgendwann hat sich der Körper daran gewöhnt und benötigt den zusätzlichen Zucker nicht mehr. Hier ist der basisch und nicht säuernd wirkende Sharkarazucker von der Firma Govinda Versand zu empfehlen.
- Sie müssen aber unbedingt darauf achten, nicht zu viel normalen Zucker zu sich zu nehmen (schon gar nicht in Form von Alkohol), da dann ständig mit der Gesundheit gerungen wird.
  Auch die **Indigo-Kinder** sind Erwachende oder bereits Erwachte, und ihr großer Bedarf an Zucker, den sie sich zum Teil aus Alkohol holen, rührt auch daher.
  Für alle Erwachende ist Alkohol tatsächlich noch mehr Gift, als es das ohnehin ist. Eine erweckte Kundalini und Alkohol kann eine tödliche Mischung sein, und die Kundalini erwacht bei allen Jugendlichen, denn erst sie macht die Transformation des Kindes in einen Erwachsenen möglich. Das ist einer der Gründe, warum Alkohol auf Kinder viel verheerender wirkt als auf Erwachsene.
- Erwachende kommen langsam aus ihrem Schneckenhaus heraus und beginnen ihre Fühler auszustrecken und zu erkennen, dass sie (und auch die Welt) ganz anders sind, als sie bisher dachten.

- Sie ahnen oder wissen, dass die Erde, und mit ihr alle Bewohner, zur Zeit eine durchgreifende Veränderung durchmacht, eine, die nicht in den Nachrichten erwähnt wird oder ersichtlich ist und trotzdem stattfindet.
- Sie sehen immer wieder 11:11 Uhr auf den digitalen Uhren und wundern sich, was es bedeutet.
  Einige wissen bereits, dass in solchen Momenten ihre Engel sie umarmen. Schickt ihnen in diesen Momenten einen Gruß zurück. (Über das 11:11-und 12:12-Ereignis berichtet Kryon in seinen Büchern.)
- Sie sehen außerdem andere Doppelzahlen wie 12:12, 13:13 usw. Immer dann sind sie im richtigen Moment am richtigen Ort, oder zumindest unterwegs dorthin. 11, 22, 33 usw. sind Meisterzahlen.
  Sie verstecken sich oft in den Namen oder Geburtsdaten von Erwachenden. Erwachende ahnen, dass etwas Grundlegendes geschehen ist, etwas, das alles, unsere gesamte Realität, verändert hat.

Hier machen wir einen kurzen Exkurs:

Stellen wir uns einmal vor, es gäbe zehn Gleise nebeneinander. Die Erde ist der Zug auf Gleis 9 bis zu den 70ern gewesen. Wenn Propheten einen Blick in die Zukunft erhaschen, dann ist das kein Blick Gleis 9 entlang, denn da ist der „Zug" im Weg, so dass man nicht nach vorne sehen kann. Aber man kann seitlich auf Gleis 10 und Gleis 8 blicken. Was die Propheten also sehen, sind Realitäten „neben" Gleis 9. Sie sehen beispielsweise schreckliche Katastrophen in Form von Meteoriteneinschlägen oder Weltkriegen auf Gleis 10. Es ist jedoch nicht Gleis 9. Wir sind jedoch dieser Realität noch so „nahe", dass es durchaus das Potenzial gibt, dass sie noch wahr werden könnte. Kryon sagt nun, wir hätten das Gleis gewechselt. Was meint er damit?
Waren wir bis zu den Siebzigern noch auf Gleis 9, weshalb die Propheten die schrecklichen Ausblicke auf Gleis 10 hatten und davor warnten, was geschehen würde, scheinen wir in den Achtzigern das Gleis gewechselt zu haben, sozusagen auf Gleis 8. Die Katastrophen, die für die Neunziger angekündigt waren, trafen nicht ein, denn wir waren nicht mehr auf dem entsprechenden Gleis (9)! Jedoch konnten die Seher nun auf Gleis 9 blicken, und dort war es noch

schrecklich genug, so dass sie ihre neuen „Ausblicke" veröffentlichten.

Jetzt stellt sich aber ein interessantes Phänomen ein: Mit jedem Gleis einer niedrigeren Zahl wird das Potenzial dafür, dass unsere Lage auf der Erde nur durch Katastrophen geändert werden kann, geringer. Das bedeutet, dass der Weckruf, endlich etwas zu ändern, und zwar schnell, nicht mehr so drastisch ausfallen muss, je kleiner die Gleiszahl ist. Bei Gleis eins haben wir vielleicht so viel selbst geändert, dass gar kein (schon gar nicht schrecklicher) Weckruf mehr erfolgen muss. Auf Gleis 8 allerdings ist das Potenzial dafür noch durchaus vorhanden, und das spüren wir auch. Warum gibt es so viele „Survival-Handbücher"? Weil wir es noch in unseren Zellen stecken haben, dass etwas Schreckliches passieren könnte. Was war in den Achtzigern anders als sonst?

Erzengel Michael gibt erstmals in Bd. 2 seiner Zusammenarbeit mit Natara die Antwort: Wir wechselten 1986 die Realität, nachdem das Unglück mit Tschernobyl geschehen war. Danach lief die esoterische Welle, die gerade in Fahrt kam, erst so richtig an, und das brachte die Wende: Es begannen immer mehr Menschen zu meditieren, also nach innen zu sehen, und nicht nur das Vergnügen in Äußerlichkeiten zu suchen. Jeder einzelne Mensch, der dieses auch nur versucht, und diejenigen, die auch dabei bleiben, verströmen eine besondere Energie in das „Weltbewusstsein", also in das Bewusstsein, in dem wir alle miteinander verbunden sind. Anscheinend erreichten in den 80ern diese Menschen das erste Mal eine „kritische Masse", denn es geschah etwas oder vielmehr es geschah nichts, denn keine der vorausgesagten Katastrophen trat ein. Die Kraft dieser relativ wenigen Menschen reichte aus, um uns auf das nächste Gleis zu heben.

- Erwachende ahnen oder wissen, dass der 11. September einen weiteren dieser Realitätswechsel mit sich brachte. Diesmal hoben wir uns selbst von Gleis 8 auf Gleis 7. Und das kam wohl auch für die Geistige Welt wieder überraschend. Bis zu Gleis eins ist es allerdings noch ein weiter Weg. Die Tsunami in Indonesien am 26.12.04 haben mit den Vorbereitungen dafür zu tun, das Gleis erneut zu wechseln, sozusagen auf Gleis 6. Näheres dazu im letzten Kapitel.
- Erwachende haben oft Indigo-Kinder, die ihre besten Lehrer sind – wenn sie sie lassen.

- Sie fangen an, überwiegend vegetarisch zu leben.
- Sie fangen an, in ihrem Leben aufzuräumen, und wenn es nur die Unordnung in den Schränken ist. Sie krempeln die Ärmel hoch und entrümpeln alles, sei es das Haus, den Körper (von Giften) oder den Geist.
- Sie finden Methoden, um ihren physischen Körper von Schlacken (= Müll) zu reinigen, was zur Folge hat, dass auch die feinstofflichen Körper einen Reinigungsprozess beginnen können.
- Sie fangen an, sich an frühere Leben zu erinnern und können damit energetische Blockaden (also auch Müll) aus diesen Leben abbauen.
- Erwachende akzeptieren und transzendieren (durchdringen) auch die „dunklen" Seiten ihrer selbst.
- Sie erkennen, dass jeder irgendwann einmal der Täter oder das Opfer gewesen ist, und machen ihren Frieden damit.
- Überhaupt streben sie den Weltfrieden an und beginnen deshalb bei sich zu Hause mit einer friedvolleren Lebensweise, denn nur so kann er auch auf die Welt übergehen.
- Die Erwachenden zieht es zu „Kraftorten", wo sie eine besondere Schwingung aufnehmen. Sie sind daher oft müde nach solch einem Besuch, weil sie sozusagen wieder „mehr" geworden sind und sich an dieses zusätzliche „Gewicht" erst gewöhnen müssen. Man kann es auch so sehen: An Kraftorten ist der Schleier weniger dicht, und so kann man dem eigenen Höheren Selbst dort näher kommen und etwas davon in den physischen Körper „herabziehen", und das ist dann zu spüren. Sind Erwachende weit genug geklärt, stellen sie fest, dass die Kraftorte ihnen nicht mehr das Gleiche geben wie früher. Das liegt daran, dass Kraftorte Plätze erhöhter Schwingung sind. Hat der Erwachende diese selbst erreicht, kann er natürlich keinen Unterschied mehr spüren, und so entsteht der Eindruck, dass die Kraftorte sich ausweiten bzw. sich auflösen.
- Daran ist auch ersichtlich, dass ein Erwachender ein wandelnder Kraftort ist und seine Wohnung dadurch automatisch ebenfalls zu einem wird, da die Dinge dort diese Schwingung annehmen, und Besucher dies durchaus spüren können.
- Die Erwachenden „tragen" und zeigen (!) immer mehr ihr volles Potenzial. Man könnte auch sagen, sie verbinden sich immer mehr mit ihrem Höheren Selbst.

- Erwachende fangen an, sich abzusondern, um mit ihren Gedanken allein zu sein.
- Sie ertragen Menschenansammlungen und damit auch Großstädte nicht mehr so gut, weil sie feinfühliger werden. Sie bekommen daher Kopfschmerzen oder andere Symptome bei Menschenansammlungen. Sie sollten sich daher immer in eine rosa Blase hüllen, wenn sie unter Menschen gehen, denn diese gleicht den Schwingungsunterschied aus.
- Sie stoßen bei ihrer Umwelt auf Kopfschütteln ob ihrer Merkwürdigkeit.
- Sie stoßen mit ihrem Verhalten und ihren Ansichten oft auf Unverständnis und sogar auf starke Ablehnung.
Sie schlagen also einen individuellen Weg ein.
- Sie erkennen, dass sie schon immer „anders" waren, dies jedoch meist vor sich selbst und vor den anderen geleugnet haben.
- Sie haben Angst, wieder zu erwachen, weil sie in anderen Leben etliche Male getötet wurden, wenn sie auch nur anfingen die Augen zu öffnen. Sie durchlaufen daher oft einen schmerzhaften Prozess, weil Widerstand vorhanden ist. Lassen sie den Widerstand los, wird alles leichter.
- Sie spüren oft einen Druck zwischen den Augenbrauen, weil sie lernen und damit wachsen.
- Sie sehen ein, dass durch das „Sich-öffnen" sie auch „Negatives" beeinflussen kann und müssen sich daher energetisch schützen.
- Sie erkennen nach und nach den Engel in sich.
- Erwachende suchen intuitiv nach Methoden, den spirituellen Prozess zu unterstützen, wie zum Beispiel die *Sechs Tibeter*, eine spezielle Ernährung oder Ähnliches.
- Sie wehren sich auch schon mal gegen die rasanten Veränderungen, die mit ihnen vor sich gehen (allerdings vergebens).
- Sie erkennen, dass das Leben ständige Veränderung, ein ständiger Fluss ist. Aber sie haben (Gott-)Vertrauen in den Prozess und lassen ihn letztlich zu, weil sie spüren, dass sie Teil von etwas Großem, Wichtigem sind.
- Erwachende lassen sich anfangs erst zögerlich, aber dann immer mehr von ihren Engeln bzw. ihrem Höheren Selbst Schritt für Schritt führen.

- Erwachende erwerben „intuitives" Wissen, nicht nur, aber vor allem über sich selbst.
- Erwachende haben den dringenden Wunsch, die Welt so zu verändern, dass sie für alle besser wird.
- Sie suchen deshalb nach altem und neuem Wissen und finden es auch: In sich selbst.
- Sie erhalten Informationen aus Quellen, die man nicht wissenschaftlich nachweisen kann.
- Sie erkennen, dass die materielle Welt nur die Spitze eines Eisberges darstellt, und dass das Unsichtbare einen viel größeren Einfluss auf sie nimmt, als sie früher dachten.
- Sie schließen sich vielleicht einer esoterischen Schule an, nur um zu erkennen, dass es in der Neuen Energie des Regenbogenzeitalters nicht mehr heißt: „Alles hört auf mein Kommando, und du musst blind folgen", sondern sie erkennen, dass jeder Mensch seinen eigenen Pfad hat, dem er (allerdings manchmal auch blind) folgen muss.
- Sie übernehmen die Verantwortung für alles, was ihnen „zustößt", da sie erkennen, dass alle Erfahrungen Lernlektionen sind. Und sie übernehmen auch das Karma ihrer Vorfahren, womit diese nachträglich davon befreit werden und als hoch entwickelte, freie Wesen wieder inkarnieren können, sofern sie nicht schon hier sind.
- Erwachende erkennen, dass jede Krankheit oder jedes Zipperlein eine Botschaft des Körpers enthält, die letztlich von der Seele kommt. Sie versuchen, diese Botschaft zu verstehen, und wenn ihnen das gelungen ist, verschwindet das Krankheitssymptom wieder. (Hierbei sind das Buch von Louise Hay, *„Heile deinen Körper"* und die Angelina-Meditation hilfreich.)
- Sie fangen an, die Menschen in ihrer Umgebung besser zu behandeln als vor dem Erwachen.
- Sie sehen (irgendwann) alle, die ihnen begegnen, als Lehrer an.
- Sie haben *nicht* das Bestreben, über anderen zu stehen oder sich selbst herauszustellen.
- Sie fühlen sich oft einsam, bis sie realisieren, dass ständig „Engel" bzw. ihr Höheres Selbst um sie herum sind und sie nicht einmal auf der Toilette alleine sind.
- Sie leiden oft am Helfersyndrom, und zwar so lange, bis sie merken, dass sie zwar unterstützende Hilfe anbieten können, aber letztlich je-

der selbst durch seine Lernlektionen hindurch muss und die Hilfe nur dann angenommen wird, wenn der Zeitpunkt richtig ist.
- Erwachende achten auf ihre Träume und versuchen, ihre Botschaften zu entschlüsseln.
- Sie kommen immer wieder mit dem kosmischen Humor in Berührung und finden auch ihre eigene Lebensfreude wieder.
- Sie möchten am liebsten nur unter Ihresgleichen sein und schließen sich daher in Gruppen zusammen. Doch ihr Auftrag lautet, das Licht in die dunkelsten Ecken strahlen zu lassen, weshalb sie in die Welt hinaus müssen. Sie sind nämlich Leuchttürme, die für ihr Licht oft keinen Dank erhalten und ihn eigentlich auch nicht brauchen (sollten).
- Die Erwachenden sind Fackelträger eines neuen Bewusstseins.
- Sie lassen Altes hinter sich, um Platz für Neues zu schaffen. Das kann zu einer völlig neuen Orientierung im Leben führen.
- Ihnen öffnet sich das Herz, wenn sie genau das tun, weshalb sie hier auf Erden sind. So wie es mir erging, als ich diese Seiten schrieb.
- Sie haben oft den Auftrag, ihr Wissen weiterzugeben, um andere bei ihrem Prozess zu unterstützen.
- Wissen wird nicht mehr geheim gehalten: Esoterik ist „out", „Exoterik" ist „in".
- Erwachende studieren esoterische Schriften, aber vor allem studieren sie sich selbst.
- Sie versuchen vielleicht, zu meditieren. Die einen können es, die anderen nicht. Ihre „Meditation" ist vielleicht, einfach „nur" in die Natur zu gehen. Aber das reicht für viele völlig aus.
- Sie leben mit „Instantkarma", das heißt, alles was ihnen widerfährt, hat sofort eine Wirkung, und nicht erst in einem anderen Leben.
- Sie löschen in dieser Neuen Zeit ihr Karma vollständig auf und sind damit frei, alles zu tun, was sie gerne möchten – ohne noch karmischen Zwängen zu unterliegen.
- Erwachende sehen die Welt mit anderen Augen als noch vor ihrem Erwachen.
- Erwachende sehen die ständige Manipulation überall um sich herum und lassen irgendwann nicht mehr zu, ständig manipuliert zu werden.
- Erwachende nehmen ihr Leben (und vor allem auch ihre Gesundheit) selbst in die Hand.

- Die Erwachenden sind außerordentlich mutig, denn in den Spiegel zu blicken und dann all das zu ändern, was nicht gefällt, erfordert viel Mut, außerdem Initiative und Kreativität.
- Sie entwickeln eine neue Beziehung zur Sexualität.
- Sie haben oft Schwierigkeiten mit ihrem Partner, weil der sich auf einer anderen Erweckungsstufe befindet und/oder das gemeinsame Karma abgetragen ist. Sie suchen und finden oft einen neuen, der nun besser zu ihnen passt. Daher auch die vielen Trennungen in dieser Zeit, die sonst schier unerklärlich sind.
- Sie beginnen, mehr von der unsichtbaren Welt zu spüren.
- Sie sind oft zur richtigen Zeit am richtigen Ort.
- Sie bekommen immer dann große Liebe von ihren Engeln geschickt, wenn sich die Härchen der Haut aufstellen, (es sei denn, sie frieren).
- Erwachende akzeptieren, dass ihr Körper so etwas wie eine eigene Wesenheit ist. Diese Wesenheit hat alle Informationen aus allen Leben in der DNA gespeichert, weshalb sie auch dort abrufbar sind.
- Erwachende kommen sich nicht nur manchmal ziemlich verrückt vor. Sie überraschen manchmal sogar ihre Engel.
- Erwachende sind weniger belastbar als vor dem Erwachen und können als sehr krank diagnostiziert werden. Sie setzen sich mit den verschiedenen Symptomen auseinander und lassen die Krankheit hinter sich, oder sie gehen und kommen als Kind der Neuen Zeit wieder.
- Sie verändern sich sehr stark in ihren Eigenschaften und in ihrer Ausstrahlung. Dies ist oft auch körperlich sichtbar. Sie wirken jünger!
- Sie strahlen ein besonderes „Licht" aus, das andere stark anzieht.
- Sie sind vitaler als früher, wenn sie durch die gröbste Reinigung hindurch sind. Das kann allerdings einige Jahre dauern.
- Sie finden sich manchmal kniend und weinend vor einem alten Baum wieder und verstehen das selbst nicht so recht.
- Erwachende schlafen oft nicht sehr gut, weil ihre gesamte DNA vor allem nachts umgebaut wird. Sie sind deshalb oft unruhig und rastlos und brauchen daher viel Bewegung.
- Sie sind oft gegen drei Uhr nachts wach und fragen sich, weshalb. Sie brauchen anfangs mehr und später dafür viel weniger Schlaf als früher.
- Erwachende haben Schwierigkeiten mit elektrischen Geräten, weil ihr eigenes (elektrisches) Biofeld die Spannung so sehr erhöht, dass es

den Betrieb von Geräten stört oder sogar unmöglich macht. Als Folge davon gehen innerhalb kürzester Zeit viele Geräte kaputt, nicht nur elektrische! Zerplatzende Glühbirnen können zum täglichen Übel werden. Es wird daher nötig werden, neue Technologien zu erfinden, die nicht auf die Biofelder reagieren. Stichwort: Lichttechnologie. Für Erwachende bedeutet das, neue Geräte anzuschaffen, die die erhöhten Gesamtschwingungen besser aushalten, weil sie in der neuen Energie gebaut wurden.

- Erwachende sehen die Welt im derzeitigen Zustand als Baustelle an, die nach dem Umbau in eine wundervolle Zukunft weist. Eine Zukunft, bei der sie helfen, sie zu schaffen
- Erwachende können sich so weit entwickeln, dass sie nur noch Lichtnahrung benötigen.
- Erwachende werden eine längere Lebensspanne haben als die Menschen bisher, zum Teil einfach deshalb, weil sie die krankmachenden Blockaden im Körper beseitigt haben, zum Teil wegen des Lichtkörpers, und zum Teil wegen der Reinigungsprozesse, die sie durchlaufen, und schließlich einfach deshalb, weil sie besser auf ihren Körper aufpassen als vorher.

Erwachende sollten sich allerdings nicht zu ernst nehmen und sich und ihrem Inneren Kind genügend Spaß gönnen.

Du hast es vielleicht schon selbst bemerkt: Wir alle sind Erwachende, nur in unterschiedlichen Stadien des Erweckungsprozesses.

6. Botschaften zum Regenbogenzeitalter (gechannelt)

Als die Anasasi sich bei mir meldeten, war ich überrascht und erfreut. Als jedoch so viele Lenker von göttlichen Strahlen ebenfalls darum baten, diesem Buch ihre Energie zu schenken, war ich anfangs ziemlich verwirrt, nahm jedoch jede Botschaft auf und war mehr als erstaunt über deren Inhalt. Doch lassen wir die Meister selbst zu Wort kommen:

Den Anfang macht El Morya.

El Morya (blauer Strahl) über Karma

Hier spricht El Morya.

Liebe Freunde, das Regenbogenzeitalter bietet ungeahnte Möglichkeiten der Karmabearbeitung, viel mehr, als es euch in früheren Zeiten möglich gewesen war. Was Karma ist, solltet ihr inzwischen wissen, aber zur Einstimmung gehe ich noch einmal kurz darauf ein:

Karma ist nichts anderes als das Gesetz des Ausgleichs. Ihr habt den sinnigen Spruch: „Kleine Sünden bestraft der Herrgott sofort." Das ist nichts anderes als Karmaausgleich, dieser aber erfolgt nicht in Form einer Bestrafung, sondern als Ausgleich eines Karmas, so geht seine Erlösung damit einher. Das bedeutet, ihr müsst euch nicht noch einmal mit dem gleichen Problem herumschlagen. Könnt ihr also sofort etwas erlösen, so ist das eine Gnade, aber nur selten der Fall. Trittst du jedoch bewusst in den Lichtkörperprozess ein, so wirst du etwas erleben, was scherzhaft „Instantkarma" genannt wird, denn wenn du etwas Unangebrachtes tust, erfolgt nur wenig später der Ausgleich. Das gleiche gilt natürlich für „gute" Taten. Da wird es nur meist nicht bemerkt.

Zusätzlich seid ihr nun bereit, euer aufgehäuftes Karma zu erlösen. Dies ist die Hauptaufgabe, die ihr euch für dieses Leben gestellt habt. Alle anderen Aufgaben, die ihr noch haben mögt, treten neben dem Erlösen des Karmas (zunächst jedenfalls) in den Hintergrund.

Leider ist es so, dass ihr euch durch viele hundert Inkarnationen einen dicken Panzer von Karma in eurem Ätherkörper zugelegt habt und dieser nun im Neuen Zeitalter unweigerlich „aufgeweicht" werden muss. Je weiter ihr in diesem Leben damit kommt, umso weniger habt ihr in anderen Leben zu bearbeiten. Je dünner dieser Karmapanzer wird, desto mehr könnt ihr die Nähe der göttlichen Quelle spüren.

Was ich nicht verspreche ist, dass sich jeder seines Panzers in einem einzigen Leben völlig entledigen kann. Dies ist in Einzelfällen möglich, jedoch extrem selten. Was ich versprechen kann ist, dass, wenn ihr einmal den Weg der Karmabearbeitung bewusst eingeschlagen habt, das Leben leichter wird. Allerdings ist dafür zunächst harte Arbeit an sich selbst erforderlich. Das bedeutet, dass ihr mit Beharrlichkeit und Stärke in einem einzigen Leben unglaublich viel erreichen könnt. Das machen euch all die Channels, Medien, Heiler und sonstigen spirituell arbeitenden Menschen bereits jahrzehntelang vor, und es werden immer mehr, so dass auch ein entsprechender Mensch in deiner Reichweite sein wird, sobald du ihn benötigst.

Karma bedeutet also nichts anderes als: Was ihr sät, das erntet ihr. Jeder „böse" oder „gute" Gedanke, jedes entsprechende Wort oder Gefühl zeigt bereits Wirkungen, da ihr Schöpfer seid. Derzeit seid ihr Schöpfer von Karma, immer und immer wieder, „gutes", wie „schlechtes". Doch könnt ihr den Aufstieg in die Fünfte Dimension nicht bewältigen, wenn ihr nicht aus dem Rad des Karmas aussteigt, wenn ihr nicht diesen ewigen Kreislauf, der nun schon viel zu lange währt, durchbrecht.

Alles, was ihr denkt, fühlt und tut, hat also Wirkungen. Das ist das erste, was ihr euch klar machen solltet. Verurteilt euch nun nicht bei jedem „negativen" Gedanken, denn dann seid ihr wieder in der Wertung, und das ist hier nicht angebracht. Entwickelt einfach nur ein Bewusstsein dafür, dass alles Konsequenzen hat, und zwar wirklich alles. Wäre das jedem Menschen wirklich klar, sähe die Welt ganz anders aus. Und genau darauf wollen wir alle gemeinsam hinarbeiten: Allen Menschen dies klarmachen, und dann das Bild der Welt verändern. Versteht mich nicht falsch. Alles ist richtig so gelaufen, wie es ist, doch nun ist es Zeit, eine Veränderung herbeizuführen. Nicht wir wollen diese Veränderung: Ihr habt beschlossen, dass das Karmaspiel nun lange genug gedauert hat und ihr weitergehen wollt.

Merkt ihr das nicht schon selbst in eurem Leben? Habt ihr dieses Buch nicht deshalb in die Hand genommen, weil ihr an einer Wendemarke angelangt seid? Ihr jammert immer: „Es muss etwas geschehen". Ja, sicher, da habt ihr Recht, wenn ihr jedoch nicht bei euch selbst anfangt, wie soll dann etwas in der Welt geschehen? Jeder Einzelne von euch ist doch ein Teil dieser Welt. Wenn ihr anfangt, euch zu verändern, ändert ihr das Antlitz der Erde, und wie ihr den verschiedenen Aussagen in diesem Buch schon entnehmen konntet und noch entnehmen werdet, hat eure persönliche Arbeit sogar Auswirkungen auf das Große Ganze. Ist das allein nicht schon Anreiz genug, endlich zu beginnen? Die Änderung fängt bei dir an, der du dieses nun liest und dich womöglich bei meinen strengen Worten nicht ganz wohl fühlst.

Das ist doch ein Ansatzpunkt. Frage dich, warum du dich nicht ganz wohl fühlst. Wovor hast du Angst? Oder ist es ein anderes Gefühl? Glaubst du dich vor so viele Herausforderungen gestellt, dass du dich nicht auch noch mit deinem Karma aus vergangenen Leben beschäftigen kannst? Aber genau darum geht es bei deinen derzeitigen Herausforderungen doch! Hast du deine Arbeit verloren? Dann forsche nach, warum. Es ist nicht der offensichtliche Grund, der genannt wurde. Der Grund ist karmisch bedingt. Hast du eine schwere Krankheit, die dich dazu bewog, dich mit spiritueller Literatur wie dieser zu beschäftigen? Dann finde heraus, was die Ursache ist. Nicht immer verhilft das zur Heilung und dem Weiterleben, aber wenn es in deinem Lebensplan vorgesehen ist, dann kannst du auch die schwerste Krankheit überwinden, wenn du ihre Ursache kennst und dann bearbeitest. Das nennt man dann ein Wunder. Oft ist nur eine Änderung der Lebensgewohnheiten nötig oder eine Einsicht, dass man sich, oder auch Mitmenschen, ungerecht oder falsch behandelt hat. Oder aber die Ursachen, und das ist die Regel, liegen in der Vergangenheit begründet.

Möchtest du Fortschritte in deiner Entwicklung erreichen, aus welchen Gründen auch immer, so ist es unerlässlich, den Weg zurückzugehen. Der Weg zurück zur Quelle bedingt den Weg zurück ins Karma. Damit ist nicht gemeint, alle Leben zu durchforsten, um deine Neugier zu befriedigen, nein, gemeint ist, herauszufinden, was du in diesem Leben an Karma aufarbeiten sollst, was du jetzt mitgebracht hast. Beginnst du nun mit dieser Art Arbeit, so verzweifle nicht, wenn deine Situation sich zunächst erst einmal zu verschlimmern scheint und du alten Schmerz wieder spüren musst. Das ist wie in der Homöopathie das, was man Erstverschlimmerung nennt. Erst muss man den Schmerz, gleich welcher Art, noch einmal durchleben, zumindest aber ansehen, bevor man das damit verbundene Karma loslassen kann.

Wie funktioniert das nun, das Karma aufzubereiten? Nun, hier kommt die Hilfe aus der Geistigen Welt ins Spiel, und zwar der Aufgabenbereich des Erzengels Michael. Hast du dir angesehen, was du se-

hen solltest und es angemessen reflektiert, so durchtrennt Michael mit seinem blauen Schwert (die Farbe Blau ist auch die Farbe der Karmabearbeitung!) die Verbindung zum Schmerz (egal, ob seelisch oder körperlich), und du kannst ihn loslassen. So funktioniert die Karmabearbeitung! Nur wenn du dir ansiehst, was dich belastet, kannst du es loslassen. Was du nicht kennst, kann auch nicht erledigt werden!

Dies klingt nicht sehr lustig und ist es auch nicht. Es ist harte Arbeit. Wer jedoch bereit ist, diese Art von Arbeit auf sich zu nehmen und dies damit durch die entsprechenden Farben in seiner Aura signalisiert, wird dahingehend geprüft, ob er wirklich willens und zu diesem Zeitpunkt auch fähig ist, dieses Thema anzugehen. Wie ihr euch vorstellen könnt, gehören dazu gehöriger Mut, innere Stärke, Disziplin und noch einige andere Eigenschaften. Wie sagt ihr so schön: Dies ist nichts für Weicheier. Aber bei genauerem Hinsehen sind es oft die „Weicheier", die mehr für das eigene und das allgemeine Wohl tun als die so genannten harten Männer. Mit Weicheier ist hier mehr gemeint, dass Menschen, die (noch) nicht bereit sind, sich auch unangenehme Dinge anzusehen, einfach einen längeren bzw. anderen Weg zurück einschlagen. Sie benötigen noch etwas Zeit, und die sei ihnen gewährt, denn jede Seele hat ihren eigenen Plan für den Weg zurück.

Erst wenn diese Prüfung positiv verläuft, werden in einem Kongress der feinstofflichen Welt diejenigen Helfer bestimmt, die nun dafür sorgen, dass der willige Mensch mit seinen Themen stärker als bisher konfrontiert wird. Versteht mich nicht falsch, im Grunde ist jedes Leben an jedem Tag und mit jeder Begebenheit oder Begegnung bereits eine Konfrontation mit dem Karma, nur wird dies meist nicht so gesehen und daher auch nicht bewusst angegangen. Daher gibt es die „Weckrufe", seien es Krankheiten, der Verlust der Arbeit oder eines geliebten Menschen und Ähnliches, die innehalten lassen und dazu auffordern, sich sein Leben anzusehen. Diese Menschen, die dann sagen, „Ja, ich will etwas ändern", erhalten zusätzliche Helfer, und meistens gehen dafür frühere Helfer, und nun wird vereint dafür gesorgt, dass die Themen auftauchen, die anstehen.

Dazu gehört auch, dass nun oft nach und nach die beteiligten Menschen in deinem Leben auftauchen, so dass eine gegenseitige Erlösung des Karmas erfolgen kann. Dazu gehört wiederum, sich mit allen Gefühlen zu konfrontieren, die damit einhergehen – angenehme, wie unangenehme. Diese Konfrontation dient dazu, den Energiestau zu beheben, der vielleicht zu einer Krankheit oder zu einem Verbleiben in bestimmten Gefühlen geführt hat. Da hier ein Stau beseitigt wird, ist das der Grund für die „Verschlimmerung", denn was bedeutet es, wenn ein Staudamm bricht? Große Mengen Wasser werden freigesetzt, und die laufen solange ab, bis nur noch ein dünnes Rinnsal, der ursprüngliche Bach, oder gar nichts mehr aus der Bruchstelle läuft. Nun kann das betreffende Gefühl fließen, kommen und gehen, ohne einen Stau (und damit vielleicht Schmerz) zu verursachen. Nur ist es hier nicht Wasser, sondern Energie. Karma wurde erlöst!

Was geschieht nun mit der frei gewordenen Energie? Das gleiche wie beim Staudamm. Sie verläuft sich auf der Erde und kommt ihr nun zugute. Vorher war das nicht der Fall, denn das Wasser, hier eben die Energie, wurde ja festgehalten. Wie ihr aus den anderen Aussagen entnehmen könnt, dient diese Energie der Erde. Indem ihr euer Karma erlöst, erlöst ihr auch die entsprechenden Staus in und auf der Erde. Jeder, der an seinem Hass auf einen anderen Menschen arbeitet und ihn erlöst, trägt dazu bei, dass ein wenig von dem Hass im Energiefeld der Erde abgebaut wird. Hier ist wirklich die Hilfe von jedem nötig, denn ihr wart es ja auch, die diese Energie-Panzer um euch selbst und um die Erde herum aufgebaut haben. Das betrifft natürlich nicht nur den Hass, sondern alle Gefühle, die ihr als unangenehm empfindet.

Dies soll kein Vorwurf sein, denn alles läuft im Rahmen der göttlichen Planung ab. Es ist nur einfach jetzt die Zeit gekommen, alle Energiestaus nach und nach zu beheben, so dass all die Energie frei fließen und dem Ganzen dienen kann. Ihr erleichtert damit das künftige Leben, das ihr gerade lebt, und wenn ihr noch einmal oder öfter zurückkommt, erleichtert ihr auch diese Leben.

Seid ihr nun willens, dies anzugehen, so fragt ihr euch vielleicht, wo ihr anfangen könnt? Nun, dafür gibt es in diesem Buch schon viele Hinweise, aber das Wichtigste ist dabei einfach, sich tatsächlich mit sich selbst zu beschäftigen. Das geht jedoch nicht, wenn ihr vor dem Fernseher sitzt, in der Kneipe hockt oder am Bungee-Seil von der Brücke hopst. Sich mit sich selbst beschäftigen geht nur, indem man die Ablenkungen der Welt (ich will sie hier nicht verteufeln, sie haben auch ihren Sinn) zumindest für eine Zeitlang genau das sein lässt, nämlich Ablenkungen, und euch einfach nicht mehr ablenken lasst. Das bedeutet, in die Stille zu gehen!

Wer tatsächlich still sitzen kann, kann mit einer Meditation beginnen. Wem dies schwer fällt, und das dürften viele sein, die können einen flotten Spaziergang durch die Natur machen. Welche Methode ihr wählt, um eine Möglichkeit zu haben, still zu werden, bleibt euren Vorlieben und Neigungen überlassen. Selbst einfach nur Musik zu hören kann schon weiterhelfen.

Erwartet nun nicht sofort wunderbare spirituelle Erlebnisse. Sich mit dem Karma auseinandersetzen heißt, sich mit sich selbst zu konfrontieren, mit seinen Gedanken, Gefühlen, Worten und Taten. Verfolgt doch einfach mal über den Tag hinweg, was ihr so denkt, fühlt oder sagt und tut. Auch das ist ein Anfang. Schreibt es euch auf, wenn es hilft. Betrachtet euch und seht euch an, wo es eine Herausforderung gab. Wo seid ihr wütend geworden? Verurteilt euch nicht für die Wut, sie hat ihren Sinn, denn sie soll euch zeigen: Da ist etwas, das du dir ansehen sollst. Warum hat da jemand einen wunden Punkt getroffen?

Sich mit Karma auseinandersetzen heißt, nicht nur die unangenehmen Seiten zu betrachten, doch wird das meist übersehen, weil das Glücklichsein nicht schmerzt und daher kaum hinterfragt wird, doch auch dies solltet ihr euch ansehen. Dies ist ein guter Beginn: Sich selbst zu beobachten und zu lernen, wer man eigentlich ist. Dabei entwickelt ihr ein größeres Verständnis für euch selbst und fangt an, aus der Wertung über euch selbst herauszutreten und das Leben ein wenig von der Beobachterseite her zu betrachten. Was bedeutet das, die Wertung loszulassen? Seht eure Welt an, sie steckt so voller Wertungen! Fast in jedem Augenblick bewertest du dich oder andere. Wie kannst du je zufrieden sein, in Frieden leben, wenn du dich und andere ständig bewertest? Das geht einfach nicht!! Also verfolge deine (Be-)Wertungen eine Zeit lang aus einer neutralen Sichtweise heraus. Nur wenn du dir deiner Bewertungen bewusst wirst, kannst du dich mit der Zeit davon lösen.

Nehmt dieses jetzt bitte nicht zum Anlass, nur noch zu beobachten und nicht mehr zu leben. Es ist beides gleichzeitig möglich und auch notwendig. Hinterfragt alles, was euch aufregt, aber auch, was euch zufrieden macht. Alles hat karmische Ursachen, wirklich alles! Aus diesem Leben, aber mehr noch aus den vielen Leben davor. Hierbei kann es unerlässlich sein, Hilfe in Anspruch zu nehmen. Wird dies notwendig, so werdet ihr zu einem passenden Helfer (Heiler, Therapeut oder einfach nur ein Freund usw.) geführt. Sagt dieser euch nicht zu, und hier müsst ihr immer auf euer Herz hören, gibt es noch viele andere. Gerade in diesen Zeiten, gibt es so viel Hilfe wie noch nie, sowohl aus der Geistigen Welt, als auch auf der irdischen Bühne. Hierfür werden spirituelle Ratgeber entwickelt, wie z.B. „Impulse für das spirituelle Zeitalter" von Stella Maris, der im Juni 2005 erscheint. Darin werdet ihr Hilfestellungen für die verschiedensten Herausforderungen eures Klärungsprozesses finden, z.B. eine Meditation zum Loslassen von Kinderseelen, die nicht mehr weit in die Erdendichte vorzudringen brauchten, Hilfen zum Ausgleich der Schwingungsunterschiede, Einschlafhilfen und Ähnliches mehr. Solche Ratgeber werden mehrere Bände umfassen, da mit fortschreitender Spiritualisierung jeweils neue Hilfsmittel nötig werden.

Das Leben ist ein Schauspiel, das ihr selbst inszeniert. Möchtet ihr es nicht mit weniger Leid aufführen, das Stück eures Lebens? Jetzt, und genau jetzt! erhaltet ihr die Chance dafür. Nutzt sie, und ihr dient euch und gleichzeitig Allem-was-ist. Was kann sinnvoller sein?

In Liebe El Morya"

Wo kannst du anfangen? Beginne, indem du dich bei allem, was dir passiert, fragst, warum dieses geschieht. Frage nach dem Sinn aller Geschehnisse in deinem Leben. Jede Einzelheit ist wichtig. Frage nach, was du daraus lernen kannst. Frage dich, warum dir jemand dieses oder jenes „antut". Sind es zu erledigende Dinge aus früheren Leben, so erfährst du im zweiten Teil dieses Buches, wie du an die entsprechenden Erinnerungen herankommen und sie bearbeiten kannst. Beginne mit der Rückschau deines Lebens und sieh, was du aus den bereits gemachten Erfahrungen gelernt hast. Manchmal hast du einfach nur gelernt, was du nicht möchtest, was dir nicht gefällt. Aber ist das nicht bereits ein großer Fortschritt? Wie definieren wir uns selbst? Über das, was uns angenehm ist, und über das, was nicht!

Meister El Morya steht bereit, dir bei der Karmaauflösung behilflich zu sein, und so kannst du dich jederzeit an ihn wenden, wenn du nicht weiter weißt und in einem Problem feststeckst. Er wird dir den nächsten Schritt zeigen, *gehen* musst du ihn allerdings dann selbst.

Lady Rowena (rosafarbener Strahl) über die bedingungslose Liebe

Nun spricht zu euch die Lenkerin des rosafarbenen Strahls, die Rowena heißt. Dieser Strahl ist der Strahl der bedingungslosen Liebe, der Toleranz, der Menschlichkeit, der Freiheit, und nicht zuletzt der daraus entstehenden Kreativität. [9]

Hier spricht Rowena vom dritten Strahl
Ich bin die Lenkerin des rosafarbenen Strahls. Wie ihr schon wisst, ist Rosa eine der Farben zur Aktivierung des Herzchakras. Das Herzchakra ist in zwei Chakren aufgeteilt. Das eine ist „zuständig" für die persönliche Liebe und das andere für die bedingungslose Liebe. Die persönliche Liebe hat mit der Farbe Grün zu tun und die bedingungslose mit Rosa.
Die Erde wird in dieser Neuen Zeit nun mit so viel rosafarbener Energie überschüttet wie noch nie zuvor. Also wurde hier die Energieversorgung verstärkt, könnte man sagen, denn um den Aufstieg der Erde mitzugestalten, ist es notwendig, die bedingungslose Liebe zu entwickeln, genauer gesagt, wieder zu entdecken, denn ihr habt sie alle in euch, nur könnt ihr sie nicht immer spüren. Aber sie ist immer vorhanden, und hin und wieder zeigen eure Handlungen das, obwohl ihr euch dessen nicht bewusst seid.
Für uns hier „oben" (obwohl wir eigentlich direkt „neben" euch sind) ist eines der wunderbarsten Ereignisse, wenn ein Mensch beginnt, sich von seinem Panzer zu lösen und diese rosa Farbe, diese Liebe, plötzlich nicht nur indirekt, sondern direkt spüren kann. Was geschieht dann? Er spürt diese Liebe, die auf ihn einströmt, und beginnt automatisch, sie zu erwidern. Wisst ihr, wie wunderschön das für uns ist, wenn die Liebe, die wir euch senden, erwidert wird? Man könnte sagen, ihr werft den rosafarbenen Strahl mit Verstärkung zu uns zurück, und auch wir verstärken ihn dann wieder. So geht es hin und her und ermöglicht sowohl uns als auch euch Wachstum und Weiterentwicklung. Außerdem ist es ein wunderbares Gefühl, das Gefühl der erwiderten Liebe. Ist es nicht das, wonach ihr im anderen Menschen sucht? Ihr könnt es also im Prinzip nur in euch selbst finden, auch wenn wir dabei helfen. Das heißt nicht, dass ihr

---

[9] Claire Avalon, Die zwölf göttlichen Strahlen und die Priester aus Atlantis, S. 24

aufhören sollt, andere zu lieben, im Gegenteil, wenn ihr die bedingungslose Liebe entwickelt, dann beginnt ihr auch, alle Menschen bedingungslos zu lieben, nämlich so, wie sie sind, und nicht so, wie sie selbst gerne wären oder ihr sie gerne hättet.

Was bedeutet bedingungslose Liebe genau? Es bedeutet, andere ohne jegliche Erwartung zu lieben, sie einfach so zu nehmen, wie sie sind. Das geht sogar soweit, in Partnerbeziehungen keine Treue mehr zu erwarten. Könnt ihr ermessen, was das bedeutet? Haltet hier einmal inne und horcht in euch hinein, wie ihr euch bei diesem Gedanken fühlt. Erwartet ihr immer noch Treue, weil nur das beweist, wie sehr euer Partner euch liebt? Das sind abhängige Beziehungen, wie sie bisher üblich waren. Wie wäre es, Beziehungen ohne jegliche Abhängigkeiten zu pflegen? Gäbe das nicht euch und euren Partnern große Freiheit, euch so auszudrücken, wie die Quelle es durch euch tun möchte?

Wenn ihr bereit für solche Beziehungen sein wollt, dann gebe ich euch nun eine kleine Meditation mit auf den Weg:

Stellt euch euer achtes Chakra gegenüber des Sakralchakras am Rücken vor, indem ihr euch eine rosa Blase dort denkt. In dieser Blase sind zwei Hälften eines roten Herzens. Fügt die beiden Hälften zu einem Ganzen zusammen, so dass keine Naht mehr sichtbar ist. Haltet dieses Herz in beiden Händen und lasst nun die rote Farbe langsam in rosa übergehen, bis es die gleiche Farbe wie die euch umgebende rosa Blase angenommen hat. Legt dieses Herz nun ab und verlasst mit eurem Bewusstsein das achte Chakra. Dies wird euch den Weg zur bedingunglosen Liebe ebnen.

Warum wurde es nötig, das Herzchakra aufzuteilen? Wäre das Herzchakra komplett geblieben, so wären viele der Erfahrungen, die gemacht werden sollten, nicht möglich gewesen. Das Ziel war außerdem, herauszufinden, ob die Menschen in der Lage wären, über die bedingte Liebe hinauszuwachsen und in der dichten Materie die bedingungslose Liebe zu entwickeln oder vielmehr, sie wieder zu entdecken.

Was bedeutet bedingungslos? Das ist ganz einfach: Du kannst (wieder) lernen, alle und alles zu lieben, auch wenn dir wehgetan wurde. Du kannst auch (wieder) lernen, Alles-was-ist zu lieben, und zwar so, wie es ist (und nicht so, wie es sein könnte oder deiner Meinung nach sein sollte), mit all dem, was ihr Unvollkommenheiten nennt, und zwar ohne Wenn und Aber, also ohne Bedingungen dabei zu stellen. Um das noch genauer auszudrücken: Du entdeckst, dass du diese Liebe eigent-

lich längst in dir trägst. Du hast es nur vergessen. Dieses Vergessen war notwendig, und genauso notwendig ist es, sich nun wieder daran zu erinnern.

Alles zu lieben bedeutet zum Beispiel auch, die Unglücke, die viele Menschenleben kosten, als das zu nehmen, was sie sind: Verabredete Erfahrungen für die einen und Lernlektionen für die anderen!

Das ist gerade für die kommende Zeit sehr wichtig, denn da wird es einige davon geben, da nicht alle den Aufstieg mitmachen können oder wollen. Es werden Ereignisse sein, die aufrütteln sollen, und die aufrütteln werden, so wie es der 11. September getan hat, und das ist der Grund, weshalb er stattfand, egal, was ihr sonst darüber lesen oder glauben mögt.

Bist du in der Lage, diese Art Liebe zu leben, befindest du dich im Christusbewusstsein, das von Jesus auf die Erde herab gebracht wurde, und schon er sagte, dass man die andere Wange hinhalten soll, wenn man geschlagen wird.

Was bedeutet das? Natürlich dass du den anderen liebst, trotz seiner Taten, denn du lebst in dem Bewusstsein, dass alles seinen Sinn hat, auch das, was gemeinhin als „böse" bezeichnet wird. Erkennt ihr nun, wie weit entwickelt Jesus/Sanandá bereits war, als er zu euch kam? Mit seinem Kommen ermöglichte er es, dass jeder von euch sich ebenfalls dahingehend wieder erinnern kann. Er zeigte mit seinem Beispiel, dass es möglich ist. Er liebte auch die, die ihn ans Kreuz nagelten, denn er wusste, dass die Täter es nicht besser wussten, da sie sich nicht erinnerten, im Gegensatz zu ihm, und er wusste, was sein Opfer für alle bewirken würde, wenn es auch nicht so schnell ging, wie er es sich vorgestellt hatte.

Das Chakra für die persönliche Liebe völlig zu öffnen, fällt den Irdischen nicht so schwer, denn das ist die Liebe, die sie die ganze Zeit gelebt haben, in vielen Inkarnationen, wenn auch nicht mit der vollen Öffnung, also der kompletten Kapazität. Die völlige Öffnung dieses Chakras bringt eine Herzensqualität auf die Erde, die vorher nur Einzelne erreichen konnte, denn es bedeutet, ein völliges Öffnen dem anderen gegenüber, und das ist mit Ängsten verbunden, und dennoch ist es vergleichsweise leicht. Das Chakra für die bedingungslose Liebe (wieder) *zu öffnen ist etwas schwieriger, aber auch nicht unmöglich. Es fließen euch die entsprechenden Hilfsenergien in großer Fülle zu, und so ist es erklärlich, dass dieses Chakra heute bei allen Menschen bereits etwas geöffnet ist, und jeder, der bewusst in seinen Aufstiegsprozess eintritt, wird so geführt werden, dass er in der Lage ist, das Chakra und sich selbst völlig „aufzumachen" und sich auch dem selbstlosen Dienen hinzugeben, und damit ein erfülltes Leben zu führen.*

Bei einigen kann das mit speziellen Meditationen schnell geschehen. Das ist jedoch eher selten und erfordert von vorneherein einen speziellen Zellenaufbau, den nur die haben, für die eine schnelle Öffnung vorgesehen ist. Da eine schnelle Öffnung eine rasante Schwingungserhöhung mit sich bringt (das gilt für jedes Chakra), ist das nur für wenige verträglich, denn alle Zellen müssen sich den erhöhten Schwingungen anpassen, und das kostet Zeit. Da jedoch die Zeit auf eurer E-bene etwas drängt, werden euch wiederum (auch von mir) Energien zur Verfügung gestellt, die dieses beschleunigen können. Es werden neue Tore geöffnet, die spezielle Frequenzen hindurchlassen und euch in Energie „baden". Das ist keine Manipulation, denn ihr habt immer die Wahl, diese Energien an euch heranzulassen, oder sie an eurem „Panzer" abprallen zu lassen. Das gilt übrigens für alle Energieformen, die nun den Planeten überfluten und in Zukunft noch überfluten werden. Vom Gesetz der Resonanz habt ihr ja schon gehört. Ihr habt so viel Hilfe wie nie zuvor. Nutzt sie für euch, denn dafür ist sie da!

So, wie Kuthumi gesagt hat, dass ihr jederzeit auf eure Qualifikation für die nächsten Schritte geprüft werdet, wird auch euer Körper ständig überwacht, damit ihm nicht zu viel zugemutet wird. Es gab Menschen, die sich als „Versuchskaninchen" zur Verfügung stellten, und an ihnen wurde geübt, und nun haben wir schon viel Erfahrung und können das Tempo eines jeden schon im Vorfeld abschätzen und schon lange im voraus die passenden Energien bereit halten.

Ihr lebt heute schon in Energien, die die Menschen vor hundert Jahren hätten verbrennen lassen. Habt ihr das gewusst? Eure Schwingungen sind schon so hoch, dass ein Zeitreisender von damals heute nicht mehr existieren könnte. Das ist übrigens der Grund, warum es Zeitreisen in die Zukunft nicht geben kann, jedenfalls nicht nach euren Vorstellungen, denn die Schwingungen, die in fünfzig Jahren zum Beispiel auf der Erde herrschen werden, würden eure Körper nicht vertragen, selbst wenn ihr eure Schwingung nun schon sehr erhöht habt. Hier müsste ein spezieller Schutz angelegt werden. Umgekehrt würde ein Reisender in die Vergangenheit zwar nicht verbrennen, aber die niedrige Schwingung wäre sehr belastend für ihn und würde ebenfalls einen ständigen Schutz gegen die „Dichte" der Materie erfordern, die er eigentlich schon hinter sich gelassen hatte.

Channels müssen nun durch einen schwierigen Prozess der ständigen und raschen Schwingungserhöhung und werden ebenfalls so geführt, dass sie keinen Schaden erleiden. Die Trancemedien von früher hatten es da einerseits leichter, aber andererseits auch nicht. Sie hatten es leichter, weil sie nicht so viel Klärungsarbeit verrichten mussten, denn ihr Körper wurde nur zeitweise von der Energie übernommen, die Botschaften übermitteln wollte, und das Selbst des Mediums musste weichen. Der „Botschafter" legte einen passenden Schutz um den Körper, damit dieser durch die hohe Schwingung nicht so geschädigt wurde. Allerdings war dieser Schutz nicht vollkommen möglich, und so lebten diese Medien oft nicht so lange, wie es sonst der Fall gewesen wäre. Die heutigen Medien channeln kaum noch in Trance, und so muss ihr Körper eine permanente hohe Schwingung ertragen können, also sich so weit entwickeln, dass er die hohe Schwingung der „Botschafter" auf Dauer halten kann. Das hat den Vorteil, dass sie sich durch die Klärungsprozesse zu einem Körper verhelfen, der nicht schneller altert, sondern sich eher verjüngt, da er ja den Ballast abwirft. Das gilt aber für jeden, der in den Lichtkörperprozess eintritt. Das geht für die meisten jedoch nicht schnell, sondern gemäß dem Tempo, das der Körper vertragen kann.

Dies kann jeder für sich auch erreichen, denn sein eigenes Hohes Selbst oder seinen Geistführer channeln kann jeder erlernen, der diese Klärungsarbeit durchführt. Nur ist nicht jeder dafür bestimmt, seine Botschaften nach außen zu tragen, denn damit ist eine hohe Verantwortung und eine besondere Ermächtigung verbunden. Diese Ermächtigung wurde schon vor der Geburt erteilt und kann nicht nachträglich eingeholt werden. Sie wird jedoch nur dann zum Tragen kommen, wenn das Channel entsprechend an sich arbeitet.

Die Verantwortung, die damit verbunden ist, wurde durch unzählige Lektionen in vielen Inkarnationen erworben und erlernt. Das Channel muss durch zusätzliche Prüfungen immer wieder unter Beweis stellen, dass es tatsächlich noch verantwortungsvoll mit allem umgeht und nur die Botschaften weitergibt, für die die Menschheit auch wirklich reif ist.

Das zu beurteilen wird das Channel immer und immer wieder geschult.

Geschult wird aber jeder andere Mensch ebenfalls, nämlich, um die ihm gestellte Aufgabe, die er bereit war zu übernehmen, auch erfüllen zu können und sie überhaupt erst zu finden. Und jeder muss seine Klärungsarbeit durchführen, nur werden an ihn nicht solche extremen Anforderungen wie an Channels gestellt, indem er sein Tempo forcieren muss. Anforderungen gibt es auch für sie, jedoch ausgerichtet auf seine Aufgabe.

Die Zeit ist jedoch angebrochen, wo jeder sein Tempo beschleunigen kann und vielleicht auch muss, denn bis zum Jahre 2012 soll eine bestimmte Schwingungshöhe erreicht sein, die euch dann die Entscheidung bringt, in welche Richtung ihr euren Aufstiegszug steuern möchtet. So wie es jedoch aussieht, werdet ihr die erforderliche Schwingung sehr viel schneller erreicht haben, und die Entscheidung wird somit früher fallen. Der alte Zeitplan ist außer Kraft gesetzt, und nun wird von euch ein neuer erstellt. Das heißt auch, dass sämtliche Prophezeiungen null und nichtig sind, auch die neueren Datums. Im Moment weiß niemand mehr, was geschehen wird und wann, egal, was vielleicht jemand anderes behauptet. Und das ist gut so, oder wolltet ihr vielleicht in die alten Gleise von großen Katastrophen zurück in eine vorhersagbare Zukunft, oder wollt ihr frei sein und sie selbst gestalten?

Die gute Nachricht ist: Ihr seid frei, völlig frei!

Freiheit bedeutet jedoch auch Verantwortung, und um diese Verantwortung übernehmen zu können, bedarf es vieler Arbeit. Das wusstet ihr jedoch, als ihr in diese Zeit gekommen seid, und ihr wart bereit, diese Arbeit zu übernehmen. Genau genommen habt ihr diese Arbeit größtenteils in anderen Leben bereits erledigt, und nun ist eigentlich „nur" noch der Rest zu tun. Aber gerade dieser Rest hat es in sich, nicht wahr? Die Abschlussarbeiten in einem Examen sind ja auch nie die leichtesten. So ist es auch hier. Niemand behauptet, im Lichtkörperprozess zu stehen bedeute Leichtigkeit. Oh, es wird leichter, ja, wenn ihr da durch seid, doch zunächst wird es erst einmal schwieriger. Wenn ihr euer Examen gemacht habt, dann gönnt ihr euch meist eine Pause, bevor ihr dann in den Beruf eintretet, nicht wahr? Diese Pause wird nur kurz ausfallen, wenn es sie überhaupt gibt, aber nach dem Berg, der zu überwinden war, um das Examen zu schaffen, geht es mit großem Wissen, Fähigkeiten, Freude und Leichtigkeit in die Aufgabe, die nicht euren Beruf, sondern eure Berufung darstellt. Arbeitest du auf diesem Level, so wird alles leicht, spielend leicht. Alles fügt sich wie von alleine, auch wenn dies manchmal erst im Nachhinein feststellbar ist.

Dieses war Rowena, mit unendlicher Liebe und Freude im Herzen, denn auch unsere Arbeit kann nun durch die eure eine neue Qualität, eine Leichtigkeit annehmen. Seid gesegnet dafür."

Für mich besteht eine der größten Herausforderungen dieser Zeit tatsächlich darin, dass jeder Mensch wieder lernt, alle und alles zu lieben. Wer kann das schon von sich behaupten? Kannst du den lieben, der dir Furchtbares angetan hat? Kannst du ihm dankbar dafür sein, weil du dadurch gewachsen bist? Kannst du das? Es ist ein weiter Weg bis dorthin, und doch sind ihn schon viele gegangen und es gehen ihn zur Zeit noch viele mehr. Dein Weg des Aufstiegs mündet darin, die Schöpfung so zu lieben, wie sie ist, und das fängt bei dir selbst an. Kannst du dich mit allen Facetten deiner Existenz lieben? Kannst du die „dunklen" Seiten in dir genauso anerkennen wie die „hellen"? Bevor du das nicht kannst, kannst du mit deiner Liebe auch nicht nach außen gehen. Nur wer sich selbst bedingungslos annimmt und liebt, kann auch andere bedingungslos lieben. Um das zu erreichen, gibt es den rosafarbenen Strahl, und du kannst ihn jederzeit anrufen und Lady Rowena darum bitten, dir zu helfen.

Serapis Bey (weißer Strahl) über den Aufstieg

Nun spricht zu euch Serapis Bey, der Lenker des weißen Strahls. Es ist der Strahl der Reinheit, der Disziplin und des Aufstiegs. [10]

Hier spricht Serapis Bey.
Ich bin zuständig für den Aufstieg, der dieses Mal stattfindet. Wie bei allen anderen großen Aktionen gibt es verschiedene Aufgabengebiete. Es muss auch jemanden geben, der in Übereinstimmung mit dem Willen der Beteiligten und im Sinne der göttlichen Ordnung Entscheidungen trifft. Einen Teilbereich dieser Entscheidungen habe ich übernommen, und in dieser Eigenschaft möchte ich heute zu euch sprechen.
Wie ihr schon wisst, steigt ja nicht nur die Erde auf, sondern mit ihr

---

[10] Claire Avalon, Die zwölf göttlichen Strahlen und die Priester aus Atlantis, S. 25

eine ganze Reihe anderer Planeten, und lange sah es so aus, als würde es die Erde auch diesmal nicht schaffen, mit aufzusteigen. Sie hat schon mehrere Versuche hierzu gehabt, doch immer war die Dichte der Materie wie eine klebrige Masse, die ihr einfach nicht abschütteln konntet, und so musste wieder eine Zivilisation untergehen und ihr von vorne anfangen, erneut den Versuch machen, euch so zu entwickeln, dass es vielleicht diesmal klappen könnte. Habt ihr das gewusst? Habt ihr gewusst, dass in jeder Hochblüte einer weltweiten Zivilisation die Bewohner der Erde versuchten aufzusteigen? Alle sehnen sich zurück zur Quelle, weil das Leben in der Dichte der Materie so mühevoll ist. Aufstieg bedeutet, Leichtigkeit in das Leben einzubringen und nicht, irgendwo anders hinzugehen! Aufstieg heißt also nicht Ausstieg. Dieses Missverständnis möchte ich ein für alle Mal aufklären, obwohl es hier nun schon öfter angesprochen wurde.

Ja, es gab Pläne, die Lichtarbeiter zurückzurufen, eine Evakuierung vorzunehmen, aber das galt eher für den Fall, dass die Erde noch nicht bereit wäre. Dann hätten viele abberufen werden müssen, um in späteren Zeiten ihr Licht leuchten zu lassen und einen neuen Versuch zu starten. Doch die Pläne haben sich geändert. Ihr habt sie geändert!

Bei jedem Aufstiegsversuch haben es einige Völker geschafft (zum Beispiel die Maya), aber nicht die Menschheit insgesamt. Eure Archäologen rätseln über das plötzliche Verlassen blühender Landschaften, das Verschwinden ganzer Völker ohne ersichtlichen Grund. Sie gingen, ja, aber nicht an einen anderen Ort, sondern in eine andere Dimension. Sie sind noch immer um euch herum, ihr könnt sie jedoch nicht mit den physischen Augen sehen. Reist ihr jedoch an die Orte ihres ehemaligen Wirkens, so könnt ihr mit ihnen Kontakt aufnehmen, wenn ihr dies wünscht. Sie warten nur darauf, sich wieder mit euch zu verbinden. Die Trennung hat nun schon lange genug gedauert. Besucht die Kraftorte dieser Völker und meditiert dort. Ihr könnt in Kontakt kommen, wenn ihr das wirklich wünscht, und von dem Wissen der Alten profitieren. Wie, werdet ihr fragen, können wir dort in Kontakt kommen, welche Meditation ist hier angebracht und passend?

Passend hierfür ist folgendes: Stelle dir vor, du öffnest dein Kronenchakra, dann stelle dir weiterhin vor, darüber befindet sich ein Füllhorn. Bitte nun um das Einfließen von hilfreichen Informationen. Aus diesem Füllhorn ergießt sich nun ein unendlicher Strom weißen Lichts, gespickt mit Edelsteinen in allen Farben, in dein Kronenchakra. Dieses Bild halte dir stetig vor dein geistiges Auge, solange du es für angebracht hältst. Wenn du fertig bist, danke dem Ort, dass du dort sein durftest, und entferne dich mit der entsprechenden Ehrfurcht. Auch für diese Kraftorte gelten die Regeln, die an anderer Stelle in diesem Buch aufgeführt sind.

Es kann sein, dass du nicht gleich wahrnimmst, dass du von diesem Ort etwas mitnimmst. Doch wirst du es bemerken, wenn es an der Zeit für dich ist. Auf diese Weise kann das alte Wissen wieder zu Tage treten. Vielleicht hast du dann zu Hause das Gefühl, du musst dich an den Computer oder vor einen Block mit Papier setzen. Folge diesem Gefühl und schreibe ohne Wertung oder Kontrolle alles nieder, was aus dir herausfließt. Nicht immer ist das, was du erhältst, für andere bestimmt. Du wirst selbst erkennen können, was du mit den Informationen machen kannst, darfst und sollst. Sie werden Teil deiner Aufgabe sein, Teil deines Weges und Teil dessen, was für den Aufstieg wichtig ist.

Einige Völker schafften in der alten Energie den Aufstieg, andere nicht. Hadert jedoch nicht mit denen, die es damals nicht schafften, oder mit den Umständen. Seid zum Beispiel nicht zornig darüber, dass ihr immer noch hier seid, denn alles verläuft so, wie es sein soll. Und ihr seid hier, weil ihr es so wolltet.

Es gab immer eine Steigerung. Eine Steigerung der Anfangsfrequenzen für die nächste Zivilisation, eine Steigerung der Anzahl der Menschen, die aufstiegen, und eine Steigerung der Anzahl der Völker, innerhalb derer die Entwickelten aufsteigen konnten. Ihr habt eine ständige Steigerung bewirkt, und nun, als die Erde beantragte, dass dieses Mal alle gemeinsam aufsteigen dürfen, weil sie glaubte, dass ihr es schaffen könnt, wurde ihr stattgegeben, aber ich muss gestehen, nicht mit viel Hoffnung. Wir waren in der Mehrzahl der Meinung, dass ihr einen weiteren Untergang, einen weiteren Neuanfang, eine weitere Art der herkömmlichen Steigerung benötigen würdet, um es möglicherweise das nächste Mal zu schaffen. So war es ursprünglich geplant, und das „Untergangsgefühl" steckt euch auch noch in den Knochen.

Aber da Lady Gaia so überzeugt war, dass es dennoch möglich wäre, prüften wir euch, und zur Überraschung vieler hieltet ihr der Prüfung stand. Auch ich war überrascht, und wie ihr euch vorstellen könnt, geschieht das nicht sehr oft. Zu viele Versuche vieler Meister, gewisse Veränderungen herbeizuführen, waren nur zum Teil von Erfolg gekrönt gewesen oder gar gescheitert, denn die Dichte der Materie, in die ihr (absichtlich!) herabgesunken wart, ist nur schwer abzuschütteln, und selbst Aufgestiegene Meister haben ihre Probleme damit. Aber, und nun kommt etwas, das euch freuen wird: Da ihr die Prüfung bestanden habt, und das sogar mit Bravour, wurde eine konzertierte Aktion sondergleichen in Angriff genommen. Noch nie haben so viele geistige Wesenheiten in solch einem gigantischen Projekt zusammengearbeitet, denn die Erde aus der Umschlingung der Materie herauszuholen, erfordert nicht nur eine helfende Hand, sondern unzählige!

Könnt ihr euch vorstellen, dass Millionen von Wesen in der feinstofflichen Welt derzeit zusammenarbeiten, um euch endlich zu ermöglichen, wieder in höhere Dimensionen aufzusteigen? Könnt ihr euch solch eine Zusammenarbeit vorstellen? Wohl kaum, denn ihr selbst könnt so etwas bisher nur in relativ kleinen Gruppen, weil das Ego euch immer wieder dazwischenfunkt. Da das Ego im Laufe des Aufstiegs jedoch transzendiert wird, – das bedeutet, dass es zwar für das Leben auf der Erde benötigt, jedoch nicht mehr überbewertet wird –, wird euch im Laufe der Zeit Ähnliches möglich sein. Menschen, die bereits eine gewisse Entwicklungsstufe erreicht haben, arbeiten bereits auf diese Weise in Gruppen zusammen, und was schon diese kleinen Gruppen alles erreicht haben! Wenn ihr das nur sehen könntet! Während einer solchen Arbeit, zum Beispiel in einer zielgerichteten Gruppenmeditation, leuchten eure Farben in einer Pracht, die ihr euch kaum vorstellen könnt. Sie lodern wie Feuerzungen zum Himmel und können so von allen, die die Erde beobachten (und das sind sehr viele), wahrgenommen werden. So, wie ihr einen Hurrikan per Satellit von oben betrachtet, so sehen wir die Gruppenarbeit als Wirbel im Farbenmeer der Erde mit unglaublicher Pracht. Und selbst ein einziges Wesen in Meditation leuchtet in besonderer Farbzusammensetzung auf und durchstößt den Schleier.

Die Meditation wurde nun für euch viel leichter, da so viele helfende Aktionen im Gange sind. Wo früher stunden- ja tagelange Meditationen nötig waren, um einen bestimmten Bewusstseinszustand zu erreichen, genügt nun eine Zeit, die sich in Minuten zählen lässt. Das lässt sich in jeden gewöhnlichen Alltag durchaus einbauen, denkt ihr nicht? Heute und jetzt ist eine Spiritualität möglich, die im Alltag gelebt wird und nicht unbedingt einsam in einer Höhle. Auch das wird es noch geben. Doch die meisten Menschen werden ein „normales" Leben führen können, dürfen und wollen, und genau das ist jetzt gefragt: Ein Leben mit Meditation, ein Leben in Meditation, ein ganzes meditatives Leben. Das ganze Leben ist Meditation! Man kann die Meditation beim Kartoffelschälen genauso leben wie in der Lotushaltung. Ihr seid Meister des mehrgleisigen Arbeitens. Nutzt dieses für euch und für alle anderen!

Weltweite Meditationstage wirken wie ein globaler Sturm, in dem überall dort, wo ihr in Gruppen meditiert, die farbigen Blitze durch die Wolken des Schleiers leuchten und den Schleier dadurch durchlässiger, durchsichtiger machen, ja, ihn zeitweise sogar zerreißen. Diese Blitze reinigen die Orte, an denen sie aufleuchten, sie verbrennen „Schlacken", die sich in den Energiefeldern der Erde durch die äonenlange Geschichte gebildet haben. Könnt ihr auch nur ermessen, wie wichtig solche Tage sind? Jeder Einzelne, der daran teilnimmt, bewirkt eine größere Durchlässigkeit des Schleiers (sowohl seines als auch des globalen Schleiers) und trägt damit zum Aufstieg bei!

Ihr seid hiermit von Serapis Bey vom vierten (weißen) Strahl aufgefordert, so oft es euch nur möglich ist, solche Tage durchzuführen. Der 18.01.2005 war ein solcher Tag. Die Maya-Ältesten hatten ihn ausgerufen, weil sie das Potenzial erkannten, das in diesem besonderen Zeitraum steckte. Worum ging es da? Es ging darum, die notwendigen Reinigungsarbeiten der Erde, die ihr Naturkatastrophen nennt, mit so viel Energie zu versorgen, dass solche Geschehnisse, wie in Indonesien 2004, mit weniger Todesopfern verbunden sind. Wenn also das nächste Mal so etwas geschieht, denkt daran, dass viel mehr Leid geschehen wäre, hätten nicht so viele Menschen am 18.01.2005 meditiert! Am liebsten wäre der Geistigen Welt, dass ihr, eine Zeit lang zumindest, 365 Tage im Jahr dafür verwenden solltet, denn das würde der notwendigen Reinigung einen Raketenschub nach oben geben, und andere, härtere Maßnahmen zur Klärung wären dann nicht notwendig. Wir sehen sehr wohl, dass das normale Leben bei euch weiterlaufen will und soll. Dadurch müssen eben andere Maßnahmen getroffen werden. Doch seid versichert, dass nichts geschieht, ohne dass alle Beteiligten einverstanden sind. Seid in Frieden mit dem, was geschieht. Es ist notwendig, denn die Erde kann mit der Schwere ihres Schleiers unmöglich in höhere Dimensionen aufsteigen. Sie muss die Dichte abschütteln, und das kann sich durchaus in Schüttelbewegungen der Erde manifestieren. So wie ihr im Persönlichen euren Panzer klären müsst, um frei zu sein, so muss dies auch der ganze Planet. Jeder tut dies auf seine Weise.

Die Erde hat genauso ein Bewusstsein wie ihr auch, und sie geht durch die gleichen Klärungsvorgänge hindurch wie ihr. Sprecht mit ihr und fragt sie, was ihr für sie tun könnt! Das, was ihr für sie tut, tut ihr auch für euch. Jede einzelne Aktion trägt dazu bei, dass ihre „Schüttelbewegungen" zarter ausfallen können als geplant. Je mehr Menschen sich für eine solche Aktion zusammenschließen, desto größer ist natürlich die Wirkung! Was also könnt ihr tun? Geht an Kraftorte und meditiert auf den Namen Gaia, Erde, oder welchen Namen ihr für diesen Planeten auch immer bevorzugt. Dies bringt euch in die Schwingung, dass sie mit euch reden kann und euch sagt, was zu tun ist! Folgt eurer Intuition!

Um dies hiermit in aller Deutlichkeit zu sagen: Ihr alle habt mehrheitlich dafür gestimmt, dass die Erde aufsteigt, und so solltet ihr euch auch auf euren persönlichen Klärungsprozess konzentrieren und die Geschehnisse um euch herum als das betrachten, was sie sind: NOTWENDIG! Das bedeutet nicht, dass ihr zusehen sollt, wenn jemand Hilfe braucht! Das bedeutet, dass euer Herz entscheiden muss, wo ihr helft und damit eingreift, oder wo ihr es nicht tut, weil die Menschen ihr Karma bereinigen. Diese Geschehnisse, die anstehen, sind auch Prüfungen für euch, ob ihr unterscheiden könnt, wo ihr eingreifen dürft, und wo es gegen den göttlichen Willen wäre, etwas zu unternehmen. Es sind Prüfungen, ob ihr die ständigen Wertungen und Urteile über andere ablegen könnt, oder nicht. Über das Werten und Urteilen ist schon viel gesagt worden, weil es jedoch so wichtig ist, hier noch einige Gedankengänge zur Ausübung von Kritik:

Kritisiert ihr andere, weil sie da oder dort nichts bzw. etwas „Falsches" unternehmen? Kritisiert ihr oft und gerne? Was ist Kritik? Sie ist nichts anderes als eine Bewertung. **Wie könnt ihr euch erlauben, Kritik an anderen zu üben?** Ihr könnt doch gar nicht wissen, was für die betreffende Person gut oder schlecht ist. Das weiß nur sie allein. Wenn sie gewisse Erfahrungen machen will, dann lasst sie sie machen. Sie lernt doch daraus, und wenn nicht, macht sie die Erfahrungen so lange, bis sie daraus lernt. Genau dafür seid ihr doch hier: Um Erfahrungen zu machen! Ihr könnt euren Blickwinkel darstellen. Das ist in Ordnung und mag der Person dienen, ihren Blickwinkel zu überdenken, ja. Aber nicht in Form von Kritik. Sagt einfach, wie ihr es seht, aber ohne zu urteilen! Auch die konstruktive Kritik, die ihr so hoch einschätzt, ist nichts anderes als ein Urteil! Sie ist für euch sozusagen der Erlaubnisschein, an anderen herumzumeckern. Wenn ihr das nächste Mal Kritik an anderen ausübt, so prüft doch einmal, was euch denn da stört. Stört euch an dem anderen etwas, was ihr selbst auch habt, aber nicht ansehen wollt? Ist es vielleicht so, dass ihr neidisch seid oder andere Gefühle hegt, die ihr *vor euch selbst nicht zugebt? Ihr kritisiert sogar andere, wenn sie keine Kritik vertragen, aber auch das ist schon wieder urteilen. Diese anderen fühlen genau, dass Urteilen nicht berechtigt ist, von niemandem, und dafür werden sie wieder be- und verurteilt!*

Jeder, der einen Ansatzpunkt für seinen persönlichen Aufstieg sucht, kann damit anfangen, dass er überall da, wo er kritisiert, sich nun nicht deshalb verurteilt, weil er kritisiert, denn da urteilt er ja schon wieder! Nein, seht euch an, was euch stört, und seid ehrlich mit euch selbst. Nur schonungslose Ehrlichkeit kann zum Aufstieg verhelfen. Das gilt im Kleinen, wie im Großen. Ganze Nationen sollten sich ansehen, was sie an anderen Völkern verurteilen und ihre Gedankengänge bis an den Anfang zurückverfolgen. So werden sie sehr viel über sich selbst lernen und mit der Zeit die Verurteilung gehen lassen, da jeder irgendwo und irgendwann „Dreck am Stecken" hat, denn ihr seid lange genug auf der Erde, um auch Verbrecherlaufbahnen gehabt zu haben, um Könige gewesen zu sein, die ihre Macht missbraucht haben, um Länder aus Gewinnsucht erobert zu haben und, und, und. Das ist nun keine Kritik, sondern eine Tatsache.

Eure Abstimmung für den Aufstieg hat gezeigt, dass ihr dieser Dinge überdrüssig seid, dass ihr in der Mehrheit nun eine Welt gestalten wollt, die diese unangenehmen Erfahrungen nicht mehr in diesem gewaltigen Ausmaß benötigt. Sie sind in kleinen Maßstäben für das Wachstum der einen oder anderen „Nachzüglerseele" noch nötig, aber nicht mehr im großen Maßstab.

Was ist nun zu tun? Wartet nicht, bis andere etwas tun, tut es selbst! Zunächst könnt ihr in euren Klärungsprozess oder auch Lichtkörperprozess eintreten. Hinweise, wie das geht, gibt es in diesem und vielen anderen Büchern haufenweise. Dann fühlt in euch hinein und stellt fest, was euch stört an den derzeitigen Zuständen. Was möchtet ihr anders haben? Das gilt für euer persönliches Leben genauso wie für das globale. Und egal, was es ist, wenn ihr fühlt, dass ihr euch in der einen oder anderen Sache engagieren sollt, dann tut es! Dort liegt eure Berufung!

Wenn es ein Ziel ist, das in weiter Ferne zu liegen scheint, fangt mit kleinen Schritten an. Ist es das, wofür ihr hier eigentlich inkarniert seid, dann führen euch diese kleinen Schritte zu immer größeren, bis hin zu gewaltigen Schritten und bis zum Ziel. Ist es euer Auftrag, eure Mission, der ihr da folgt, gehen die Türen für die nächsten Schritte von ganz alleine auf. Da helfen wir natürlich etwas nach, denn wir kennen eure Auf-

träge. Das ist das, was ihr Zufälle (kommt von zu-fallen) oder Fügungen nennt. Folgt den glücklichen Fügungen, achtet auf sie. Sie sind schon immer in eurem Leben vorhanden, doch beachtet ihr sie nicht weiter. Lernt, sie zu sehen, ihnen zu folgen und nach ihnen regelrecht Ausschau zu halten. Dies geschieht jedoch nicht, indem ihr nur zu Hause sitzt und meditiert und nur darauf wartet, dass die Welt sich zum Positiven ändert. Nein, Taten sind gefragt, aber nicht sinnloses Losstürmen, Hauptsache ihr tut etwas. Nein, meditiert ruhig, hört auf eure innere Stimme, und erst wenn ihr wisst, was zu tun ist, dann tut es und wartet nicht darauf, dass jemand anderes es für euch tut!

Euch stehen Millionen, ja Milliarden von Helfershelfern zur Seite. Scheut euch nicht, sie um Hilfe zu bitten. Findet zum Beispiel heraus, auf welchem von den zwölf göttlichen Strahlen ihr inkarniert seid, und bittet dann den Lenker dieses Strahls um Schulung und Hilfe. Aus der Beschaffenheit, den Aspekten des Strahls, könnt ihr schon erkennen, in welche Richtung euer Leben eigentlich zielt: Dort, wo eure meiste Freude in der Arbeit liegt, liegt eure Berufung, nicht dort, wo ihr euch hinquält. Warum werden so viele Menschen zur Zeit arbeitslos? Es ist ihre Chance, sich darüber Gedanken zu machen, was sie eigentlich tun wollen und sollen. Und ganz egal, ob euch eingeredet wurde, dass eure Neigungen und Talente euch keinen Lohn einbringen, – wenn dort eure Berufung liegt, werdet ihr Schritt für Schritt dorthin geführt, und auch der weltliche Lohn wird nicht ausbleiben. Hierzu bedarf es vieler kleiner Schritte und hin und wieder einmal eines großen, und das kann euch viel abverlangen. Doch ein Leben mit der Tätigkeit, die man liebt und von der man dann auch lebt, ist das allemal wert, oder?

Ich will euch nichts vormachen: Es kann unter Umständen Jahre dauern, bis ihr dort seid, wo ihr hinwollt. (Fragt einmal die Channelmedien, wie lange sie gebraucht haben, um die Klarheit für gechannelte Botschaften zu haben und was sie alles dafür tun mussten.) Doch Teil des Aufstiegs ist, genau diesen Prozess einzuleiten und ihn dann auch durchzuziehen, wie es bei euch so treffend heißt. Jeder wird nun, da die Entscheidung gefallen ist, auf irgendeine Weise mit dem Gedanken konfrontiert, dass eine Änderung in der Lebensweise ansteht. Subtile Hinweise reichen in der Dichte der Erdmaterie jedoch oft nicht. Die „Holzhammermethode" ist leider, muss ich sagen, noch die wirkungsvollste. Und so wird jeder mit dem für ihn passenden Weckruf, seinem „Holzhammer", konfrontiert, und entweder er entscheidet sich aufzuwachen, oder nicht, oder erst später. Der freie Wille ist hier unabänderliches Gesetz. Niemand wird zu irgendetwas gezwungen. All die Energien, die auf die Erde und ihre Menschen einströmen, haben keinen manipulativen Charakter. Treffen sie auf einen „Panzer", so haben sie praktisch keine Wirkung. Nur dort, wo bereits eine Lücke im Panzer besteht, können sie auftreffen, aber dann ist immer noch der freie Wille maßgebend, ob man dem entsprechenden Impuls, den man verspürt, folgt, oder nicht.

Da jedoch die meisten Menschen endlich zurück zur Quelle wollen, werden sie irgendwann auf die Impulse achten und/oder durch ihren Weckruf aufwachen. Jeder zu der für ihn passenden Zeit. Auch hier gibt es keine Wertung, sondern nur Achtung vor der Entscheidung!

Ich für meinen Teil habe entschieden, dass es für den Moment genug ist, und ziehe mich nun zurück.

In Liebe und angenehmer Überraschung, Serapis Bey.

Aufstieg bedeutet nicht, sich über andere zu erheben und zu glauben, nur weil du den spirituellen Weg gehst, bist du besser als andere. Nein, Aufstieg heißt, sich jenseits der Bewertungen zu bewegen. Wir werden sicher noch lange weiter bewerten und beurteilen. Tun wir dieses jedoch in dem Bewusstsein, dass alles seinen Sinn hat, selbst unsere Bewertungen, so erhält alles seinen Platz in der Ordnung.

Mutter Maria (rubinroter Strahl) über die Liebe und den Weg nach Hause

Mutter Maria arbeitet auf dem rubinroten Strahl, deren Lenkerin Lady Nada ist, die oft auch mit dem rosafarbenen in Verbindung gebracht wird. Rosa ist jedoch in Rot enthalten, denn mischt man Weiß (Kronenchakra, oben) mit Rot (Wurzelchakra, unten), erhält man Rosa (Herzchakra, Mitte). Lady Nada hat diesem Buch eine Meditation mitgegeben, lässt jedoch Mutter Maria über die Liebe sprechen. Mutter Maria hat zwei Botschaften gesandt, die hier nun auf ihre Bitte hintereinander wiedergegeben werden.

Meine lieben Kinder, das Wort „Liebe" wird in der Spiritualität in verschiedener Bedeutung verwendet, aber im Grunde gibt es nur eine Bedeutung dafür: Liebe ist, wenn das Herz aufgeht. Das Herz geht auf, wenn du fühlst, wenn eine Energie einströmt, die dich belebt, die alle deine Körperfunktionen auf ihre maximale Leistung hochfährt, und das gilt genauso für den Intellekt wie für alle anderen Wahrnehmungen. Bist du in der Liebe, bist du im Vollbesitz all deiner Fähigkeiten. Man könnte sagen, du bist in der höchsten aller Schwingungen, und beschwingt gehst du dann auch durch das Leben. Leider war es bisher nur den wenigsten Menschen möglich, diese Schwingung auch zu halten. Sie wurden zu den Aufgestiegenen Meistern. Am besten gelingt euch Menschen dies, wenn ihr verliebt seid, doch auch das ist leider nicht von Bestand. Ihr seid bisher nur selten in der Lage gewesen, diese Schwingung zu halten. Doch haben wir von der Geistigen Welt nun eine wundervolle Nachricht: Ab sofort wird es Menschen, die ihren Lichtkörper entwickeln, möglich sein, immer in dieser Schwingung zu verweilen. Sie können dabei persönliche Liebe leben und/oder auch Liebe für das Große Ganze. Diese derzeit höchstmögliche Schwingung kommt der Schwingung der Liebe Gottes, dem Alles-was-ist, schon sehr nahe.

Was geschieht, wenn du in solch einer Schwingung lebst, wenn du die Gottesnähe spüren kannst? Im Grunde bist du dann ständig verliebt, verliebt in die Schöpfung und in jeden Ausdruck dieser Schöpfung. Wie gesagt, sind dann alle deine körperlichen und geistigen Funktionen auf Höchstleistung geschaltet, und das befähigt euch, mit allem aufzuräumen, was euch an der Erde nicht gefällt. Ihr könnt Mittel finden, allen Schmutz zu neutralisieren, so dass die Erde wieder rein wird. Ihr könnt eine Raumfahrt entwickeln, die euch rasch zu neuen Ufern führt. Ihr könnt Gebäude bauen, die ihresgleichen suchen. Eure Möglichkeiten sind wahrlich unbegrenzt, weil ihr grenzenlose Wesen seid. Jeder, der in der höchsten Schwingung der Liebe ist und diese halten kann, nutzt die volle Kapazität seines Gehirns. Das tut ihr sowieso, aber nur zu einem gewissen Teil in eurer materiellen Welt. Seid ihr in der Liebesschwingung, so könnt ihr das ganze Gehirn auch in der materiellen Welt nutzen, ihr werdet zu Genies.

Die Neuen Kinder nutzen bereits einen großen Teil ihres Gehirns, auch wenn ihr dies nicht immer bemerkt, oder sich das nicht in den Schulnoten ausdrückt. Es ist trotzdem so. Jeder, der anfängt, sich mit sich selbst auseinander zu setzen, kann so zu einem Kind der Neuen

Zeit werden. Er ist es eigentlich schon, er muss es nur noch entdecken, und dann auch leben. Das ist einer der Gründe, warum die, die ihr Außerirdische nennt, zu euch kommen werden. Sie werden wissen wollen, wie ihr es geschafft habt, in so kurzer Zeit einen solchen Entwicklungssprung zu machen. Sie werden es euch gleich tun wollen, obwohl sie oft technisch weiter entwickelt sind als ihr.

*Mein Aufruf gilt allen Menschen, die dieses lesen oder von dieser Botschaft hören (ihr dürft sie auch gerne kopieren und weitergeben.) Entwickelt eure volle Kapazität, indem ihr die Liebe zu Allem-was-ist entdeckt. Sie ist da, in euch, in jedem Herzen. Nur aus diesem Grund seid ihr auf der Erde, habt ihr einer schwierigen Mission zugestimmt: Aus Liebe. Aus Liebe zur Quelle, aus Liebe zu Allem-was-ist, aus Liebe zur ganzen Schöpfung. Jeder Einzelne auf der Erde zeichnet sich durch die besondere Intensität der Liebe zur Schöpfung aus. (Darin habt ihr vielen Wesen von außerhalb etwas voraus.) Ihr wolltet sie voranbringen. Jeder inkarnierte Mensch ist an diesem Projekt beteiligt. Jeder ist eine besondere Seele, die ein wenig von der Norm im Kosmos abweicht, und nur deshalb seid ihr qualifiziert für das Experiment Erde. Ihr stellt sozusagen eine eigene Gattung dar, obwohl ihr von überall aus dem Kosmos stammt. Ihr seid eine besondere Auswahl aller Seelen, und ihr habt alle etwas gemeinsam: Ihr wolltet das Ganze, die Schöpfung, voranbringen, Fortschritt erzielen, für euch persönlich und für alle gemeinsam, und daher habt ihr die Mühen des Erdendaseins auf euch genommen: **Aus Liebe**. Findet zu dieser Liebe. Sie ist da, sie ist Teil von euch, sie will entdeckt werden. Sie wartet darauf, wieder gelebt zu werden. Fangt damit an, indem ihr den ersten Stein, den ihr auf eurem Weg findet, aufhebt, ihn mit nach Hause nehmt und die Schönheit, die von ihm ausgeht, erkennt. Nehmt ihn in die Hand und meditiert über ihn, streicht über seine Außenhaut und dankt ihm für seine Existenz. Nehmt Kontakt zu diesem scheinbar ganz gewöhnlichen Stein auf und seht, was für ein Geschenk er für euch bedeutet. Lernt die Liebe zur Schöpfung an dem gewöhnlichen Stein wieder kennen. Vielleicht hat er ja sogar eine Botschaft für euch. Ja, auch mit Steinen kann man sprechen, auch sie sind „belebt".*

Als nächstes nehmt euch die Zeit, einen Sonnenuntergang zu bewundern. Setzt euch eine halbe Stunde vorher hin und bittet um die Öffnung eurer Herzen, und bleibt eine halbe Stunde, nachdem die Sonne untergegangen ist, sitzen und verfolgt das Farbenspiel am Himmel.

Spürt den Energien nach, die ein Sonnenuntergang freisetzt. Lasst eure Gedanken und Gefühle treiben, seid in diesem Moment wie ein Stein am Wegesrand, der einfach ist und seinen Gedanken nachhängt, ohne Sorgen für das Morgen, ohne Jammern über das Gestern. Genießt den Moment, seid ganz im Jetzt. Wären die Menschen mehr im Jetzt, hätten sie viel weniger Probleme. Sie vergeuden ihre Zeit mit der Trauer um die Vergangenheit oder der Angst vor der Zukunft. Wie kann man Angst vor etwas haben, das noch gar nicht geschehen ist? Wie kann man Angst vor etwas haben, das man selbst kreiert? Seid versichert, dass alles, was geschieht, im Sinne der göttlichen Ordnung ist und niemand irgendwo verloren gehen kann. Sicher, ihr könnt euren Körper verlieren, aber deshalb seid ihr doch trotzdem noch da. Ihr kommt zurück, wenn ihr es so entscheidet, und könnt einen neuen Versuch starten, die Liebe für die Schöpfung zu entdecken, in der persönlichen wie auch in der unpersönlichen Liebe. Doch müsst ihr dafür nicht gehen. Ihr könnt sofort damit anfangen.

Geh in den warmen Sommerregen hinaus und laufe barfuß darin herum, genieße das Leben so, wie du es in der Unschuld eines Kindes getan hast. Hast du Gelegenheit dazu, schließe dich spielenden Kindern an und sei wie sie, im Hier und Jetzt. Sie werden dich sofort mit einschließen, auch wenn sie anfangs etwas verwundert sein mögen. Doch sie werden es tun, denn sie wissen um den Wert des Inneren Kindes auch im Erwachsenen.

Lerne einfach zu sein, gehe in die Stille, gehe in die Meditation. Das muss nicht stundenlang dauern. Es reichen für den Anfang einige Minuten pro Tag. Einfach hinsetzen und still sein. Beginne damit, den Tag Revue passieren zu lassen, um festzustellen, wo du an diesem Tag Liebe erfahren oder Liebe gegeben hast. Gab es viele Momente, oder nur wenige? Öffne dich der Liebesschwingung, indem du deinen Tagesablauf beobachtest und überlegst, wo du etwas mehr Liebe hättest geben können. Das können winzige Kleinigkeiten sein, indem du zum Beispiel für einen dir lieben Menschen mal wieder Blumen kaufst, einen Zettel mit einem Herzchen malst oder solche Dinge. Liebe ist nicht, darauf zu warten, geliebt zu werden. Liebe ist ... zu geben, und Liebe ist auch zu nehmen, – sie anzunehmen, wenn sie dir begegnet. Schätzt du eine liebe Geste und nimmst sie an als das, was sie ist, – ein Zeichen von Liebe? Oder nimmst du die Liebe, die dir gegeben wird, als selbstverständlich hin? Das ist sie nicht, das ist sie nicht, und sie ist es aber wie-

der doch. Du wirst selbstverständlich von Gott geliebt. Diese Liebe ist selbstverständlich und immer da. Es ist die bedingungslose Liebe, die der gesamten Schöpfung entgegengebracht wird, aber es ist auch die persönliche Liebe für dich, der du ein einzigartiger Ausdruck dieser Schöpfung bist. Du wirst so geliebt, wie du jetzt bist, und nicht so, wie du vielleicht nach der Klärung deiner Vergangenheit sein wirst. Diese Klärung ist wichtig, ja, aber du musst dir die Liebe Gottes nicht damit verdienen. Du wirst unendlich geliebt, jetzt, in diesem Augenblick und immerdar.

Die persönliche Liebe von einem Menschen zum anderen wird oft als selbstverständlich, schon als Routine empfunden, doch wird sie als Routine, als normal angesehen und nicht mehr als etwas Besonderes, verblasst sie irgendwann und ist dann wirklich nur noch Routine und keine Liebe mehr. Wirst du geliebt, so nimm dies als Gottesgeschenk an, und pflege diese Liebe. Durch winzige Gesten kannst du sie aufrechterhalten, und durch Routine und Selbstverständlichkeit kannst du sie töten. Die Liebe ist wie eine Blume, die aufblüht, wenn sie gut behandelt wird, und verwelkt, wenn ihr das Wasser fehlt. Nicht umsonst wird die Blume, und insbesondere die Rose, als Symbol der Liebe angesehen. Schenke Blumen, und es richtet das liebende Herz wieder auf. Es muss kein teurer Strauß sein, du kannst auch in die Natur gehen und dir dort nehmen, was dir passend erscheint. Verwelken geschenkte Blumen schnell, so wird kaum noch Liebe in diesem Haus gezeigt, auch wenn sie vielleicht noch vorhanden ist. Halten sie sich lange, so werden sie von der ausgeströmten und gezeigten Liebe genährt. Lasst Blumen sprechen... Sie sagen mehr als tausend Worte.

Dies wurde durchgegeben von Mutter Maria, in Liebe."

Immer, wenn ich mit Mutter Maria in Kontakt stehe, habe ich Tränen in den Augen, weil die Liebe, mit der sie mich umgibt, mich tief berührt. Als ich sie fragte, warum ich dabei immer weine, meinte sie, es sei Heimweh, und so ist diese zweite Botschaft eine Botschaft über das Haus unserer Eltern, über das Zuhause, zu dem wir alle unseren Weg suchen, weil wir uns darin geborgen fühlen.

Meine lieben Kinder, ich grüße euch alle, ich sehe euch alle. Ihr seid endlich auf dem Weg zurück nach Hause, und darüber freue ich mich sehr. Ihr habt unglaublich viel erfahren in der Zeit der äonenlangen Trennung und dem Universum einen neuen Schwung verliehen, einen Schwung nach oben, denn auch die Quelle kann sich noch weiterentwickeln, es gibt kein Ende nach oben in der Entwicklung. Ihr habt alle, alle, auch die, die dies niemals lesen werden, euren Beitrag geleistet, den Schwung nach oben zu beschleunigen, ihn auf gewisse Weise erst zu ermöglichen. Ihr seid unglaublich!

Lasst euch mitteilen, liebe Kinder, der Große Plan, den ihr euch ausgedacht habt: Er funktioniert. Der Plan war, die Liebe der Quelle in allen Facetten zu erfahren und herauszufinden, ob es möglich ist, diese Liebe noch zu steigern, also die Frequenz des Universums noch zu erhöhen. Ja, es ist tatsächlich möglich, obwohl einige dies nicht für sehr wahrscheinlich hielten! Ihr habt es geschafft, durch große Aufopferung in vielen Leben eine Liebesenergie anzusammeln, die nun auf euerem Rückweg freigesetzt werden kann, freigesetzt werden darf und bereits freigesetzt wird. Ihr habt das schier Unmögliche geschafft. Lasst euch alle dazu gratulieren. Ihr seid dabei, über eure Eltern hinauszuwachsen, und obwohl es heißt, es gibt nicht Neues mehr im Universum, hat das Experiment Erde bewiesen, dass es doch möglich ist, Neues zu schaffen. Auf dem Weg zurück zu euren Eltern schafft ihr einen neuen Weg, und nicht nur einen, sondern so viele Wege, wie ihr Wesenheiten seid. Ihr geht nicht den Weg zurück, den ihr gekommen seid, nein, ihr baut euch einen eigenen, wundervollen neuen Weg, um nach Hause zu kommen.

Wenn ihr zurückkehrt, werdet ihr das Heim kaum wiedererkennen, das ihr verlassen habt, denn es ist tatsächlich größer, es ist strahlender geworden und mit vielen neuen Gegenständen ausgeschmückt, das Heim der Quelle. Ihr habt es ausgebaut, und jeden Tag, den ihr auf dem Weg zurück seid, „erwerbt" ihr neue Einrichtungsgegenstände, die das Heim noch wundervoller und strahlender machen werden. Das Heim wächst, und es schwingt in einer wunderbaren, noch nie da gewesenen Schwingung, und dies steigert sich noch, jeden Tag und mit jedem, der am „Point of Return" angekommen ist und dort beschließt, nun endlich nach Hause zurückzukehren! Jeder Heimkehrer schafft einen neuen Raum im Heim der Quelle und schmückt diesen mit dem aus, was er auf seinem Weg gelernt hat. Wie Jesus einmal gesagt hat: „In meines Vaters Haus sind viele Zimmer." Es sind nun mehr Räume als je zuvor, und jeder neue Raum hat eine eigene Ausstrahlung, eine eigene Schwingung.

Jeder von euch hat einen Raum im Haus der Eltern. Ihr schafft diesen Raum nun neu, erweitert ihn, damit das, was ihr mitbringt, darin auch seinen Platz findet, und wenn ihr dort wieder einzieht und euch betrachtet, wie ihr ihn nun eingerichtet habt, werdet ihr feststellen, dass ihr eigentlich gar nicht wirklich fort gewesen seid, dass ihr nie getrennt von den Eltern wart, dass sie immer bei euch gewesen sind, dass es noch der gleiche Raum ist, jedoch strahlender, heller, frisch gestrichen und eingerichtet. Es war jedoch nötig, dass ihr an die Trennung glaubt, um die neue Einrichtung in eurem Zimmer erst zu ermöglichen, und obwohl die Illusion der Trennung nötig war, ist es keine Illusion, dass ihr aus dieser Erfahrung wertvolle Dinge mit nach Hause gebracht habt. Jede Erfahrung ist ein Schmuckstück in eurem Zimmer, ein Einrichtungsgegenstand, ein Teil der Erweiterung und Erneuerung, und glänzt in seinem eigenen strahlenden Licht. Ja, auch das Leid gehört dazu, denn es ließ euch wachsen und ist daher genauso wertvoll oder vielleicht sogar noch wertvoller (?) als die angenehmen Erlebnisse, da ihr merkwürdigerweise aus dem Leid am meisten lernt.

Ihr fülltet euren vorher fast kargen Raum mit leuchtenden Gegenständen, so dass er, obwohl er auch vorher in wundervollem Licht erstrahlte, nun noch heller strahlt als zuvor. Mit eurem Zimmer erstrahlt das ganze Heim eurer Eltern in größerem Glanz, es strahlt auf Alles-was-ist und beleuchtet es neu. Stellt euch nur vor, wenn das schon bei einem neu eingerichteten Zimmer so ist, wie ist das dann mit Milliarden von Zimmern? Was für eine Wirkung wird das Licht eines jeden Zimmers haben, wenn der Bewohner zurückgekehrt ist, und es anschaltet. Oder anders ausgedrückt: Da er ja eigentlich gar nicht fort war, sondern nur schlief, – was ist, wenn der Bewohner aus seinen Träumen, die er „Leben" nannte, erwacht und erst die Nachttischlampe anschaltet, sich verwundert umsieht und dann auch die Deckenlampe anmacht, um zu sehen, wo er sich eigentlich befindet? Das Licht bringt die mitgebrachten Erfahrungen/Gegenstände erst richtig zum Leuchten, denn wenn es dunkel ist, sieht man sie ja gar nicht. Erst mit dem eingeschalteten Licht kann man überhaupt erkennen, dass da Einrichtungsgegenstände sind, dass der Raum neu gestaltet wurde, dass da jemand viele Erfahrungen gemacht hat, die nun jeder, der zu Besuch kommt, betrachten kann. Mit der Rückkehr bzw. dem Aufwachen wird automatisch das Licht ange-

macht, damit ihr selbst euren Weg erkennen könnt und auch demonstriert wird: Hier in diesem Zimmer ist jemand, er schläft nicht mehr, er ist nicht mehr fort, sondern anwesend und wach. Die Helligkeit des Lichtes zeigt, dass er viel erlebt hat. Dies alles wird mit dem Licht sichtbar.

Ihr, liebe Menschen, die ihr schon die Nachttischlampe angeschaltet habt, seid nun aufgefordert, auch die Deckenlampe anzumachen und alles in seinem vollem Licht erstrahlen zu lassen, und ihr seid auch aufgefordert, euch alles anzusehen, was da in eurem Zimmer herumsteht, hängt oder liegt. Seht euch an, was zu welchen Erfahrungen geführt hat. Lernt euer neues Zimmer kennen, denn dort werdet ihr nun lange wohnen. Betrachtet jeden Gegenstand, befühlt ihn, hebt ihn auf, lernt ihn genau kennen und erfahrt: Er gehört zu euch. Diese Erfahrung habt ihr gemacht, sei sie nun angenehm oder unangenehm. Jeder Teil dieses Zimmers gehört zu euch, schwingt in eurer unverkennbar eigenen Energie.

Führt vielleicht auch andere, die noch träumen, in eure Zimmer und zeigt ihnen, wie es dort in allen Ecken wunderbar funkelt und glitzert. Ihr müsst ihnen nicht jeden Gegenstand zeigen und erläutern, er gehört euch. Zeigt ihnen jedoch, wie hell es bei euch nun ist. Zeigt den Träumern, wo in ihren eigenen Zimmern der Schalter für die Nachttischlampe ist. Ihr könnt es ihnen zeigen, anschalten dürfen sie jedoch nur selbst. Versteht ihr, warum? Schaltet ein anderer das Licht an, werden die mitgebrachten Dinge nicht zu sehen sein, denn es war nicht die Entscheidung des Träumenden, sondern die eines anderen. Der Träumer muss selbst erwachen und sich zum Schalter bewegen, nur dann werden seine Erfahrungen für ihn sichtbar werden, nur dann wird das Licht erstrahlen, das alles für ihn sichtbar macht. Hat er erst einmal das kleine Licht eingeschaltet, wird er automatisch mit der Zeit auch das große anschalten (wollen).

Ganz dunkel war es in eurem Zimmer im Heim der Eltern ohnehin nie, es war jedoch so wenig Licht zu sehen, dass ihr dachtet, es wäre dunkel und ihr wärt allein. Das Licht brannte nur auf Sparflamme, damit es möglich wurde, in neue Erfahrungen fortzugehen, denn hättet ihr es in der alten Helligkeit gelassen, wärt ihr nie freiwillig fortgegangen.

Das Licht wieder einzuschalten betrifft vor allem auch die Frauen, die lange nur eine winzige Birne brennen ließen, so dass kaum etwas zu sehen war, damit niemand ihre wirkliche Größe erkennen konnte. Das gilt auch für den weiblichen Anteil im Manne. Auch das hatte seinen

Sinn und war so gewollt. Doch nun ist es Zeit aufzuwachen, ihr Frauen und Männer, die ihr euren weiblichen Anteil akzeptieren könnt. Lasst euer Licht in alter und gleichzeitig neuer Weise leuchten. Zeigt den weiblichen Weg, der der Ergänzung des männlichen dient. Beide sind gleichwertig und bedingen einander. Keiner ist mehr wert als der andere. Nur wer beide Wege in sich vereint, der kann den Pfad zum Lichtschalter finden, denn nur mit der gemeinsamen Energie von Männlich und Weiblich wird der Weg dorthin beleuchtet.

Mit dem Wiedererwachen der weiblichen Kraft in jedem Menschen wird euch gegenwärtig, dass auch das Gottes Antlitz zwei Gesichter aufweist, ein männliches und ein weibliches. Zusammen sind wir eins. Indem ihr diese beiden Hälften in euch vereint, seid ihr auf dem Weg zurück, denn beides sind Energieformen, die einander ergänzen und einander bedingen und nur zusammen vollständig sind. Die weibliche Kraft, die in euch erwacht und oft Kundalini genannt wird, reinigt euch und schafft die Möglichkeit der Wiedervereinigung, der Wiedervereinigung eurer <u>beiden</u> gegengeschlechtlichen Hälften im gleichen Körper, der Wiedervereinigung eures männlichen oder weiblichen Gegenstücks in einer heiligen Ehe, und der Wiedervereinigung mit euren Eltern, die zusammen die Quelle genannt werden. Wie es in vielen esoterischen Büchern geschrieben steht, wurdet ihr tatsächlich paarweise ausgesandt aus dem Elternhaus, (ihr bewohntet paarweise das Zimmer in eurem Elternhaus), um dieses große Experiment der Trennung zu vollziehen. Euer größter Schmerz war jedoch nicht der, das Elternhaus verlassen zu müssen, denn ihr wusstet, ihr würdet eines Tages wiederkehren, nein, der größte Schmerz ist die Trennung jeden Paares gewesen, und seit dieser Zeit seid ihr auf der Suche nach eurer anderen Hälfte. Dies ist der Antrieb von euch allen, der Antrieb, das Experiment durchzustehen und irgendwann als Belohnung mit eurem anderen Teil wiedervereint zu werden, und dann gemeinsam zur Quelle zurückzukehren und dort wieder einzutauchen in Alles-was-ist, gemeinsam das gleiche Zimmer dort zu bewohnen.

Das kann nur über persönliches Wachstum gelingen. So war der Plan angelegt, und er funktioniert! Nur wenn ihr über euch selbst hinauswachst und gleichzeitig innerlich die männliche und weibliche Seite verschmelzen könnt, könnt ihr euch paarweise wiederfinden. Inzwischen sind auf der Erde tatsächlich schon einige dieser ursprünglichen Paare, die direkt aus der Quelle kamen, wiedervereint worden, und diese ersten

Paare schaffen eine unglaublich starke Energie. Sie ist so wundervoll anzusehen, wie ihr es euch kaum vorstellen könnt, denn es ist die Energie der persönlichen und bedingungslosen Liebe. Ein solch vereinigtes Paar verdoppelt nicht einfach seine Leuchtkraft, es potenziert sie nicht einmal, nein, die Steigerung ist viel stärker, als ihr es euch vorstellen könnt.

Wir sind so stolz auf euch, denn in dem Augenblick, als das erste dieser Paare vereint wurde, wart ihr schon auf dem Weg zurück, und der Weg zurück wird umso schneller und umso kürzer, je mehr solcher Paare wiedervereint werden. Mit jedem vereinten Paar erhält das Raumschiff namens Erde eine weitere Beschleunigung nach oben, steigert sich die Frequenz gewaltig. Nicht alle können sich in der nächsten Zeit wiederfinden, doch ihr seid auf dem Weg, ihr seid auf dem Weg. Macht euch aber nicht auf die Suche nach dem anderen Teil von euch, denn dann würdet ihr euch verzetteln. Konzentriert euch auf euch selbst, und wenn beide soweit sind, dann werdet ihr euch automatisch wiederfinden, in diesem, oder einem anderen Leben. Hier ist es wirklich wichtig, nicht verzweifelt in der Welt umherzulaufen und nur nach dem anderen zu suchen, weil ihr dann vollständig seid. Nein, erst müsst ihr in euch selbst vollständig werden, und das kann auch mit einem Partner geschehen, der nicht die andere Hälfte darstellt. Ihr werdet trotzdem glücklich mit dem anderen sein können, denn auch ihr bedingt euch in eurer Entwicklung. Es kann auch sein, dass ihr ohne passenden Partner bleibt, dann ist in diesem Leben anderes wichtiger. Ihr benötigt den anderen nicht, ihr seid nicht abhängig von anderen, obwohl ihr meist noch abhängige Beziehungen lebt. Glück und Freude hängen nicht von anderen ab. Sie hängen davon ab, wie ihr in euch selbst ruht und wie ihr euer Leben lebt.

Ihr alle hattet Verkörperungen in männlichen und weiblichen Körpern. Aber eure Seele ist an sich geschlechtslos, und doch gibt es einen kleinen, aber feinen Unterschied in der Energie, die sich in eurer Vorstellung als Männlich und Weiblich bezeichnen lässt. Diese Bezeichnung trifft jedoch nicht wirklich, was der Unterschied ist, denn die Quelle hat nicht wirklich einen männlichen und einen weiblichen Körper oder Charakter. Es ist einfach eine unterschiedliche Energiequalität, von der beschlossen wurde, sie in männliche und weibliche Körper zu verankern, um die Unterschiede mehr ausarbeiten und gleichzeitig die Gemeinsamkeiten erkennen zu können. Über eure Geschlechtlichkeit konnte die Quelle diese feinen Energieunterschiede genauer für sich selbst definie-

ren, und genau das wollte sie auch. Sie erforscht sich durch euch selbst.

Wie oben, so unten! Jeder einzelne Mensch auf der Erde hat dies ermöglicht. Warum also beharrt ihr noch immer darauf, keinen wirklichen Wert zu besitzen, nur auf der Erde zu sein, um irgendwie zu überleben? Ihr habt einen viel höheren Sinn, einen unglaublich hohen Wert: Mensch, erkenne dich selbst, denn durch dich erkennt sich Gott! Wie könntest du da keinen Wert haben? Wie könnte da dein Leben ohne Sinn sein?

Hier spricht Maria. Ich liebe euch. Ich liebe jedes meiner Kinder und bin unglaublich stolz auf die Leistung, die ihr schon vollbracht habt und noch verbringen werdet. Die Energie des Universums steigert sich. Durch euch weiß die Quelle nun, dass selbst absolute Liebe noch steigerungsfähig ist und es selbst für Alles-was-ist noch Weiterentwicklungsmöglichkeiten gibt. Ihr habt das bewiesen, ihr habt es getan! Und ihr tut es noch. Dank euch geht die Entwicklung von Allem-was-ist stetig weiter. Von nun an gibt es wieder Neues im Universum, und ihr erschafft es gerade, in diesem Augenblick!

Wir beide, die Antlitze der Quelle, danken euch, und wir lieben euch dafür noch mehr, wenn das überhaupt noch geht."

Ich danke Mutter Maria für das wunderbare Bild des Zimmers im Hause der Eltern, denn diese Metapher hat mich tief berührt und ich fand sie wunderbar passend. Überhaupt arbeitet die Geistige Welt mit überaus treffenden Bildern, die oft auch noch vielschichtiger sind, als auf den ersten Blick vielleicht erkennbar ist.

St. Germain (violetter Strahl) über die violette Flamme der Reinigung

Nun möchte Saint Germain zu euch sprechen, der Herr des violetten Strahls. Es ist der Strahl der Transformation und Umwandlung, der Vergebung und der Hingabe. [11]

Hier spricht Saint Germain, der Herr des violetten Strahls.

Manche von euch werden schon von mir gehört haben. Einige meine Inkarnationen, die ihr noch kennt, waren Sir Francis Bacon, Roger Bacon, und eine andere der Graf von Saint Germain. Es amüsiert mich ein wenig, wie Autoren versuchen, meine Spuren zu verfolgen und finden dabei aber doch nur wenig von meiner Tätigkeit, die schon damals viel mehr umfasste, als in den Büchern berichtet wurde. Doch das soll hier und heute nicht das Thema sein.

Meine lieben Freunde, wisst ihr, dass die derzeitige Arbeit mit euch besondere Freude bereitet? Schon viele nutzen die violette Flamme zur Reinigung ihrer Energiefelder ...

(Anmerkung von P. P.: Möchtest du deine Energiefelder von Verunreinigungen säubern, so kannst du St. Germain um Hilfe bitten und dann eine violette Flamme in der linken Hand visualisieren, die sich immer mehr ausdehnt, bis sie sich so weit erstreckt, wie du es für sinnvoll hältst, und dort lässt du sie lodern, bis du das Gefühl hast, alles ist zu Asche verbrannt, was dir nicht dienlich ist, was fremd in deinen Feldern ist und was dir schadet, dann lässt du die Flamme wieder in deine linke Hand zurückgleiten und dort völlig verschwinden.)

... und haben ihre Wirksamkeit erfolgreich beobachtet bzw. vor allem gefühlt. Da ihr, meine Lieben, euch nun immer mehr öffnet, bekommt ihr auch manchmal Schmutz ab, der euch nicht dient. Das kann zum Beispiel durch euren Partner geschehen, der sich diesen Dingen vielleicht noch nicht so sehr geöffnet hat, oder durch andere Menschen, denen ihr begegnet. Es handelt sich hier um energetischen Schmutz

---

[11] Claire Avalon, Die zwölf göttlichen Strahlen und die Priester aus Atlantis, S. 26

aller Arten. Das schließt auch energetische Wesenheiten mit ein. All dies setzt sich in den Energiefeldern fest. Energetische Wesenheiten setzen sich gerne dort fest, wo das Licht angezündet wurde, weil sie selbst nach dem Licht suchen. Im Laufe des Lichtkörperprozesses reinigt jedoch der Erwachte sein Feld, indem er die Wesen in Liebe ins Licht schickt, und von nun an können sie sich an dir nicht mehr festsetzen. Sie suchen sich dann möglicherweise den Partner des Erwachenden aus, weil dieser oft noch nicht das Bewusstsein hat, um sich mit diesen Wesenheiten auseinander zu setzen. Ihr dürft dafür weder den Partnern noch den Wesenheiten böse sein, denn eure Partner wissen es nicht und schicken diese Wesenheiten erst dann ins Licht, wenn sie selbst aufwachen und zu leuchten beginnen. Denkt daran, auch ihr habt solchen „Schmutz" lange mit euch herumgeschleppt, bevor ihr ihn beseitigt habt.

Was für Schmutz ist noch gemeint? Stellt euch vor, in einer Gastwirtschaft ist Schnitzeltag, und es gibt zu kleinen Preisen viel Fleisch. Da kommt die Gier nach Fleisch auf. Diese Gier setzt sich in jedem Energiefeld fest, das in diese Wirtschaft gelangt. War nun dein Partner in dieser Wirtschaft, bringt er (ohne es zu wissen) die Gier mit nach Hause, und du wunderst dich, warum du dich in seiner Nähe so unwohl fühlst und kannst es dir nicht erklären. Erst wenn du nachfragst, was er so den Tag über getan hat, kommt die Schnitzelgeschichte zur Sprache. Nun, wo du weißt, was geschehen ist, kannst du handeln. Benutze die violette Flamme, wie oben von meiner Partnerin beschrieben, und du wirst merken, dass dein Unwohlsein verschwindet, weil es wirklich nichts direkt mit deinem Partner zu tun hatte. Wohlgemerkt, du reinigst nur dein Energiefeld. Dein Partner muss dies für sich selbst tun. Vielleicht ist er ja diesen Dingen gegenüber schon aufgeschlossen oder tut es einfach aus Liebe zu dir? Rede mit ihm, wenn du so eine Chance siehst.

Diese Wesenheiten verlassen mit der Zeit das Energiefeld deines Partners wieder, weil sie nach Licht hungern, und wenn sie es nicht erhalten, suchen sie sich jemand anderen. Sie bleiben also nicht lange. Während dieser Zeit kann es jedoch sein, dass du immer wieder einmal diese Reinigung vornehmen oder andere Schutzmaßnahmen treffen musst.

Anderes Beispiel: Du bist mit deiner Familie in einem Urlaubsort, in dem sich abends Massen von Touristen durch die Straßen wälzen, und du fühlst dich dabei müde und ausgelaugt, als hättest du schwere Arbeit verrichtet, obwohl du den Tag über eher gefaulenzt hast. Was ist geschehen? Du, der du deinen Panzer, wie Kosmonati ihn nennt, abgeworfen hast, oder zumindest dabei bist, kannst nun all das spüren, was die anderen mit sich herumschleppen. Du versuchst instinktiv dies abzuwehren, denn du allein kannst nicht mit den Sorgen und Nöten von Hunderten, vielleicht Tausenden von Menschen fertig werden, und das zehrt natürlich an deinen Kräften. Erkennst du nun, was geschehen ist, so kannst du wieder die violette Flamme hervorholen und dein Energiefeld reinigen. Hast du Kinder der Neuen Zeit, so erledige dies gleich für sie mit, wenn sie es noch nicht alleine können oder noch nichts davon wissen. Nur in diesen Ausnahmefällen ist es dir gestattet, bei anderen Menschen solche Dinge vorzunehmen, es sei denn, du bist Heiler, da gelten andere Regeln. Du wirst sofort spüren, wie du wieder leichter durch die Straßen läufst, weil du den Ballast der anderen, der dich niederdrückte, abgeworfen hast.

Um nun zu verhindern, dass du diesen Ballast (das gilt auch für die Wesenheiten) überhaupt erst aufnimmst, kannst du Vorkehrungen treffen, bevor ihr losgeht (sei es zu einem Konzert oder zu sonst einem Ort, an dem viele Menschen zusammenkommen). Visualisiere ein goldenes kugelförmiges leuchtendes Gitternetz um dein Energiefeld, dann lege eine rote Kugel darum und noch eine goldene Kugel, die dient zum Stabilisieren, sonst müsstest du die ganze Zeit über an das goldene Netz und die rote Kugel denken. Damit nun gar nicht erst der Schmutz (der kann auch aus Elektrosmog bestehen, wie er auf Rummelplätzen erzeugt wird) so nahe an dich herankommt, lege noch eine violette Kugel um das ganze Gebilde herum. Die violette Kugel wirkt wie ein Abwehrschirm, der den „Schmutz" abstößt, ähnlich wie die Schirme in den SF-Filmen. So werden zumindest auf einer gewissen Ebene die Dinge von dir abgehalten, die du nicht gebrauchen kannst. Das Ganze dauert nicht lange und lohnt die eine Minute allemal, wie meine Partnerin bestätigen kann.

(Anmerkung von P. P.: Ich habe die Erlebnisse gehabt, von denen St. Germain spricht, darum hat er sie als Beispiel genommen. Ich musste einen ganzen Abend über diesen Schutz in einem so genannten „Lunapark" über meiner Familie aufrechterhalten, was mich sehr müde machte, denn damals wusste ich noch nichts von der goldenen Kugel zur Stabilisierung (das heißt, dass sie über einen längeren Zeitraum anhält, ohne dass man dauernd daran denken muss), und auch nichts von der violetten. Ich hatte nur das goldene Gitternetz und die rote Kugel benutzt. Die goldene Kugel um diese beiden anderen bewirkt eine Stabilisierung, die etwa einen Tag anhält, dann muss man sie erneuern. Also visualisierst du sie am besten jeden Morgen, bevor du aus dem Haus gehst.

Und auch der Gang durch die überfüllten Straßen von Bibione war schrecklich anstrengend. Erst als ich mein Energiefeld gereinigt hatte (während die anderen ihr Eis aßen), ging es mir wieder sehr viel besser. Ich kann also nur sagen: Danke, lieber St. Germain, für diese Hilfsmittel, sie funktionieren!)

Also, auf der einen Seite ist es mir eine Freude, die violette Flamme als Hilfsmittel der Neuen Zeit zur Verfügung zu stellen und euch beizubringen, wie und wann man damit umgeht. Auf der anderen Seite ist es etwas traurig, dass sie überhaupt gebraucht wird. Dies wird jedoch nur so lange der Fall sein, bis genügend Menschen ihren Panzer abgeworfen haben. Auch hier wird sich bei Erreichen einer kritischen Masse (die allerdings vergleichsweise groß sein muss) etwas ändern, denn ihr schafft damit ein Morphogenetisches Feld, und wenn genügend Menschen ihren Panzer abgeworfen haben, wird sich der Schild der noch übrigen Menschen automatisch verringern. Das enthebt sie nicht der Eigenarbeit, um ihn abzuwerfen, aber er wird sich durch das Licht der bereits Befreiten verdünnen, und es wird damit leichter für sie sein, ihn loszuwerden. Er ist dann nicht mehr so schwer, und so könnte man denken, dass die übrigen ihn dann gar nicht loswerden wollen, aber da auch ein leichter Panzer an gewissen Schwachstellen kneift, werden auch die verdünnten Panzer irgendwann abgeworfen werden.

Ich betone noch einmal, dass ihr normalerweise nur für euch mit der violetten Flamme arbeiten dürft. Was jedoch erlaubt ist, ist, das eigene Heim zu schützen. Das könnt ihr auf folgende Weise tun: Bittet mich um Hilfe, wenn ihr möchtet, und visualisiert dann wieder die violette Flamme in eurer linken Hand. Lasst diese Flamme nun zu dem Eingang schweben, zu dem Fremde hereinkommen können. Dort weitet sie sich zu einem violetten Schleier oder Vorhang aus, der keine Lücke zeigt. Er wird also sozusagen vor die Tür gezogen. Dann zieht sowohl vor als auch hinter den violetten Schleier einen goldenen Vorhang. Dieser dient wieder zur Stabilisierung. Und sagt nun laut: „Diese Schleier bleiben solan-

ge vor der Tür, bis ich es widerrufe." Hast du Kinder der Neuen Zeit, so bitte sie, an diesem Vorgang teilzunehmen, denn vereint seid ihr stärker. Hast du mehrere Eingänge, so führe dies für alle durch. Somit wird zumindest auf einigen Ebenen der Schmutz ferngehalten, weil die Besucher sozusagen durch eine Dusche gehen. Dieses darfst du aber wiederum nur mit deinem Heim machen. Wenn du ein spirituelles Zentrum hast, können auch hier die Eingänge auf diese Weise behandelt werden, wenn du es für nötig erachtest.

Ist die Menschheit auf ihrem Weg etwas weiter, können diese Vorhänge von autorisierten Personen in Krankenhäusern und überall da angebracht werden, wo viele Menschen hindurchkommen, doch so weit ist es noch nicht. Und wie gesagt, es wird Menschen geben, die von mir bzw. von der Weißen Bruderschaft solche Aufträge bekommen. Dies darf nicht jeder machen, denn dazu bedarf es einer gewissen Klarheit, um der inneren Stimme folgen zu können und auch der Ermächtigung dazu.

Nun habt ihr also neue Anwendungsmöglichkeiten für die violette Flamme kennen gelernt, und sie wird auch bei anderen Anwendungen bald eine Rolle spielen, zum Beispiel bei der Erdkörperreinigung, von der im nächsten Buch die Rede ist, aber auch das kommt erst in naher Zukunft und wird von den Menschen durchgeführt, die dafür autorisiert sind. Nicht jeder hat die gleichen Gaben, und so wird es viele neue Aufgabengebiete für die Menschen geben, die nach ihrem Vertrag suchen, den sie vor dieser Inkarnation abgeschlossen haben.

Seid ihr euch bereits bewusst, dass ihr in der Transformation seid, könnt ihr das violette Licht auch noch anders benutzen: Ruft euch immer, wenn ihr daran denkt, während des Tages die violette Kugel um euch herum in Erinnerung. Innerhalb dieses Feldes geschieht eure Transformation. Die Kugel enthält unterstützende Energien, die euch mit dem konfrontieren, was für euch für die Weiterentwicklung gerade nötig ist. Sie dient also zum einen euch als Schutz, und zum anderen der Transformation.

Dies war Saint Germain, mit großer Liebe und aufrichtiger Bewunderung für das Licht, das ihr entzündet habt.

Die Erfordernis von Schutzmaßnahmen soll keine Angst hervorrufen, denn alles hat seinen Sinn, und wenn du einmal vergessen hast, dich zu schützen, so macht du eben deine Erfahrungen und lernst wieder daraus. Gehe all das ohne Angst im Herzen an, denn unser Panzer, von dem Kosmonati weiter unten noch spricht, besteht ja in der Hauptsache aus Angst. Angst, bestimmte Erfahrungen wieder machen zu müssen, Angst vor dem Getrenntsein usw. Diese Ängste sind es, mit denen wir uns im Lichtkörperprozess auseinander setzen müssen, und so auch hier. Du legst dir also deinen Schutz letztlich nicht aus Angst um, sondern um inzwischen unnötige Erfahrungen zu vermeiden. Wie du Wesenheiten, die sich vielleicht noch in deinem Energiefeld aufhalten und dir nun nicht mehr dienen, loswerden kannst, erfährst du ebenfalls in diesem Buch.

Sanandá (magentafarbener Strahl)
über das Gewahrsein Gottes

Sanandá ist der Name der Wesenheit, die als Jesus das Christusbewusstsein auf der Erde verankert hat. Da auch er sich weiterentwickelt, trägt er nun einen anderen Namen, zumal mit dem Namen Jesus zu viele Assoziationen verbunden sind.

Hier spricht Sanandá, der früher als Jesus bekannt war. Jesus war jedoch „nur" ein Ausdruck des Christusbewusstseins und hat als Mensch nicht mehr Bedeutung als jeder Einzelne von euch, denn ihr seid ebenfalls ein Ausdruck des Christusbewusstseins, und das ist es, was die Neue Zeit ausmacht: Ihr erwacht und erkennt, dass ihr bereits alles seid, was ihr anstrebt, und zwar jetzt, in diesem Moment. Ihr könnt all die Hilfsmittel, die hier und anderswo angeboten werden, in Anspruch nehmen, wenn ihr fühlt, dass sie jetzt passend für euch sind. Letztlich werdet ihr jedoch erkennen, dass alle Mühen, alle Änderungen gar nicht notwendig waren, denn ihr seid jetzt, so wie ihr jetzt seid, genauso geliebt wie nach den Änderungen. Sie mögen euch notwendig erscheinen, und vielleicht sind sie es von eurem Standpunkt aus gesehen auch, doch stellt der All-Eine keine Bedingungen, damit er euch lieben kann.

Es ist eine Entwicklung, die sich von selbst entfaltet. Vielleicht wacht ihr eines Tages auf, und ihr wisst: Nun ist es Zeit, den Fleischkonsum zu reduzieren. Ihr merkt, dass euer Körper sich dadurch nach und nach regeneriert und sich besser fühlt, also stellt ihr das Fleischessen vielleicht ganz ein. Ihr fangt an, den Körper intensiv zu reinigen, weil auch dadurch eine Besserung eurer Lebensumstände eintritt. Ihr beginnt vielleicht, spirituelle Literatur zu lesen und erkennt, dass dadurch eine Änderung von Blickwinkeln und Einstellungen eintritt. Ihr beginnt, nach eurer Aufgabe zu suchen, weil ihr fühlt, dass hierin Erfüllung liegen könnte. Vielleicht sucht ihr euch einen Wohnort in der Natur, raus aus der Stadt, weil ihr deren Energie nicht mehr vertragen könnt. Ihr spürt, dass ihr die Nähe zur Natur braucht, weil ihr euch mit ihr wieder mehr verbinden wollt. Vielleicht geratet ihr durch all die Änderungen in finanzielle Not, zumindest solange, bis ihr euren Weg gefunden habt. Vielleicht klärt ihre eure Vergangenheit usw. All dies unterliegt keinem Zwang, muss nicht sein, um von der Quelle geliebt zu werden. Es geschieht von alleine, alles zum richtigen, für dich passenden Zeitpunkt. Ist hier erst einmal etwas in Gang gekommen, geschehen die Dinge von alleine, und dann sind sie gut, so wie sie sind. Fühlt ihr also, dass ihr an einen Punkt gekommen seid, an dem etwas geschehen muss, dann lasst es geschehen, oder unternehmt etwas. Dann ist es für euch richtig und notwendig, aber es sind nicht die Bedingungen, die gestellt werden, damit ihr zurück zum All-Einen finden könnt.

Um in das Bewusstsein des All-Einen zurückzukehren, müssen keine Bedingungen erfüllt werden. Keine Bedingung, die etwa heißt: Esst kein Fleisch mehr, oder: Befreit euch von allen Süchten, und ihr werdet aufgenommen ins Reich des All-Einen, oder ähnliche Dinge. Ihr seid längst im Reich des All-Einen, denn ihr habt es nie verlassen. Das Reich des All-Einen ist Alles-was-ist, wie könnt ihr es da verlassen haben? Das ist unmöglich. Die Trennung von Gott ist nur eine Illusion. Sie war notwendig für den Großen Plan, aber nun dürft ihr erwachen und erkennen, dass es die Trennung nie gab. Es kann auch bedeuten, dass du erwachst und keine der oben genannten oder andere Änderungen vornimmst oder vornehmen musst. Es geschieht, was geschehen soll.

In dem Moment, wo du erwachst, wo du das Gewahrsein Gottes in allem erkennst, wirst du viele Dinge von alleine nicht mehr tun, die du vorher getan hast, oder nun Dinge tun, die du noch nie getan hast. Dadurch ändert sich die Welt, weil ihr erwacht aus dem Schlaf der Unkenntnis, der Unkenntnis darüber, dass ihr nie getrennt wart vom All-Einen. Du warst immer eingebunden und geliebt, bist es noch und wirst es immer sein. Die Änderung zu dem, was ihr als die perfekte Welt anseht, muss nicht forciert werden, sie geschieht von allein, wenn ihr die angebliche Trennung überwindet. Indem ihr akzeptiert, dass alles so in Ordnung ist, wie es ist, ändert sich eure Einstellung zu Allem-was-ist. Das bedeutet nicht, ein „Wurschtigkeitsgefühl" zu entwickeln und damit eine Freikarte für alle Taten zu erhalten, und zum Beispiel nur noch in „Saus und Braus" auf Kosten anderer zu leben. Es bedeutet, den Frieden im Herzen zu entdecken, und aus dieser inneren Ruhe das Leben zu leben und zu lieben.

Liebe das Leben und lebe, um zu lieben!

Die Herausforderung der Neuen Zeit ist nicht, sich in dauerhafter Meditation in eine Höhle zu verkriechen (obwohl auch das dein Weg sein kann). Die Herausforderung bedeutet, ein normales Leben zu führen, aber aus dem Standpunkt heraus, dass alles seinen Sinn, seine Ordnung hat, und ohne sich in die Geschehnisse wirklich verstricken zu lassen; denn letztlich sind sie alle Illusion, ein Spiel, das entwickelt wurde, um alle Möglichkeiten auszuloten, die das Leben bietet. Dazu gehören auch unangenehme Geschehnisse und auch das Gefühl, getrennt zu sein, nicht geliebt zu sein.

Alles-was-ist ist Liebe. Wie kann da jemand mehr geliebt sein als ein anderer? Gleichgültig, was ihr alles in diesem oder anderen Leben „angestellt" zu haben glaubt, – denkt ihr, ihr seid nicht geliebt? Das ist völlig unmöglich. Alles-was-ist ist Liebe, auch das, was ihr Dunkelheit nennt, gehört zum Reich des All-Einen, und auch die „Dunklen" sind so unendlich geliebt wie ihr.

Was ist das Dunkle? Denkt ihr wirklich, ein Mensch (oder meinetwegen auch ein Außerirdischer) verkörpert nur das eine oder das andere? Greift euch ein Außerirdischer an, ist er deshalb „böse"? Vielleicht führt er nur einen Befehl aus oder glaubt, einen Feind bekämpfen zu müssen? Wie oft war das in euren vielen Leben so? Seid ihr deshalb böse? Alles-was-ist verkörpert sowohl das eine als auch das andere, denn jede Wesenheit ist Alles-was-ist, weil es Teil davon ist. Es repräsentiert alle Eigenschaften vom All-Einen. Einige dieser Eigenschaften mögen im Moment nicht gelebt werden, gut, aber sie sind dennoch vorhanden. Ist euer Leben hier in dieser Zeit so „rein" gewesen, dass ihr glaubt, niemals etwas falsch gemacht zu haben, immer nur „gut" gehandelt zu haben? Wohl kaum. Wie kommt es dann, dass ihr die Dunkelheit verurteilt?

Erinnert ihr euch an meine Worte: „Wer ohne Sünde ist, der werfe den ersten Stein?" Ihr alle seid voller „Sünden". Ihr verurteilt daher im anderen das, was ihr selbst ebenfalls verkörpert. Ihr seid „hell und „dunkel". Ihr seid voller Sünden, und doch seid ihr es wieder nicht, weil der All-Eine keinen Unterschied macht zwischen sündhaften Wesen und guten Wesen, zwischen sündhaften Taten und guten Taten. Das heißt nicht, dass dies ein Freibrief dafür sein soll, anderen zu schaden. Es bedeutet nur, dass jeder, auch der schlimmste Verbrecher, „helle" Seiten hat. Wie wäre es, wenn ihr euch im Strafvollzug darauf konzentrieren würdet, diese „hellen" Seiten sowohl für den „Straftäter" als auch für euch selbst zu beleuchten? Denkt ihr nicht, es würde etwas am Verhalten des Täters ändern? Glaubt ihr nicht, er könnte dann irgendwann entlassen werden und keine Gefahr mehr für andere darstellen, wenn er selbst und auch ihr seinen Selbstwert anerkennt, indem ihr seht, dass er genauso vollkommen in der Unvollkommenheit oder unvollkommen in der Vollkommenheit ist wie die, die sich erlauben, über ihn zu richten (urteilen)?

Niemand hat das Recht, über andere zu urteilen. Auch wenn ihr dies verinnerlicht habt, werdet ihr einem Autofahrer vielleicht immer noch „Du Idiot" hinterher rufen, wenn er euch die Vorfahrt genommen hat. Gleichzeitig wisst ihr jedoch dann auch, dass auch er unendlich geliebt ist, und ihr segnet ihn vielleicht gleich sofort nach der Beschimpfung, weil er euch daran erinnert hat. Ihr erinnert euch dann vielleicht auch daran, dass ihr auch schon einmal so in Gedanken wart, dass ihr einem anderen die Vorfahrt genommen habt oder so in Eile, dass euch die Verkehrsregeln für kurze Zeit ziemlich egal waren.

Ihr werdet weiter urteilen und richten, da dies zum Menschtum dazugehört. Doch steht nicht mit eurem vollen Sein hinter der Verurteilung, denn dann richtet ihr euch selbst, und ihr möchtet doch auch nicht gerichtet werden, oder? Ärgert euch aber auch nicht, wenn ihr wieder einmal bewertet habt, was sein darf und was nicht, denn das gehört zum Menschsein dazu. (Doch nur Gott entscheidet letztlich, was sein darf und was nicht.) Der Unterschied liegt darin, dass ihr alles kommen und gehen lasst, wie die Brandung eines Meeres, auch die Verurteilung. Hängt jedoch an nichts fest. Lasst alles geschehen, was geschehen will. Lasst auch alle Gefühle kommen, aber auch dann wieder gehen. Macht euch von nichts abhängig, denn euer Gewahrsein im All-Einen ist nicht abhängig von Geschehnissen. Seid allen Vorkommnissen gegenüber, im Persönlichen wie im Globalen, wie ein Beobachter im Hintergrund. Erkennt, dass sogar im Leid die Vollkommenheit des All-Einen steckt. Fühlt mit den Leidenden und schickt ihnen Energie oder was auch immer, doch hängt euch nicht daran fest, macht euch nicht davon abhängig, denn ihr seid es nicht. Das Leid anderer hat zunächst einmal nichts mit euch zu tun, denn sie wollten und sollten diese Erfahrungen machen, so schmerzlich sie auch sein mögen. Lasst euch davon berühren, ja, aber verfallt nicht in Weltschmerz, denn der nützt niemandem. Schreitet zur Tat, wo es euch das Herz befiehlt, aber seid euch dennoch bewusst, dass alles, was geschieht, vollkommen ist, wirklich alles. Schreckliche Ereignisse haben auch ihren Sinn. Sie sollen diejenigen aufrütteln, die noch schlafen. Habt ihr euch das nicht auch schon manchmal gedacht?

Wie ihr schon wisst, ist nun die Zeit des Erwachens gekommen. Viele schlafen jedoch tief und fest und lassen sich von fast nichts erschüttern bzw. wachrütteln. Für sie sind die Ereignisse gedacht, die sie im Herzen treffen, entweder, weil sie oder ihnen nahestehende Menschen direkt daran beteiligt sind, oder aus anderen Gründen. Für manche muss es tatsächlich ein Erdbeben unter ihren Füßen sein, das sie weckt, und andere kreieren sich Weckrufe, die nur auf sie persönlich wirken, aber dadurch nicht weniger wirkungsvoll sind. Lasst euch jedoch gesagt sein, dass nicht alle in diesen Zeiten hier sind, um geweckt zu werden, und es ist schon gar nicht eure Aufgabe, sie mit Gewalt zu wecken. Jeder hat seinen Plan für sich selbst und darf ihn auch ausführen. Also lasst andere ihre Weckrufe kreieren und daraus lernen. Ihr könnt sie immer unterstützen, doch aufwachen müssen sie von alleine! Das ist eine absolute Grundregel. Oft möchtet ihr, dass euer Partner genauso aufwacht wie ihr selbst, weil ihr ihn nicht verlieren wollt, aber das ist Eigennutz und nicht der Nutzen des Partners! Ihr fürchtet die Veränderung, aber genau um die geht es im Regenbogenzeitalter, um Veränderung in jeglicher Hinsicht. Nicht, weil die Quelle es wünscht, oder weil ihr nur dann aufsteigen könnt. Nein, die Veränderung ergibt sich aus eurem Aufwachprozess automatisch, und so werden vielleicht nur für dich persönlich heftige Zeiten anbrechen, die du jedoch im Gewahrsein Gottes gut überstehen kannst.

Bist du in Frieden mit Allem-was-ist und sein darf, veränderst du Alles-was-ist hin zum Frieden. Wer Frieden im Herzen spürt, trägt keinen

Krieg in die Welt! Je mehr also erwachen, desto friedlicher wird es werden. Die Welt wird auch in nächster Zeit nicht völlig in Frieden und Harmonie sein, weil nicht alle gleichzeitig erwachen. Außerdem gibt es noch Einflüsse, die das Erwachen verhindern wollen. Aber auch dies geschieht in Liebe und nach dem göttlichen Plan, nach eurem/unserem Plan, und soll zeigen, ob ihr trotzdem erwachen könnt, und wenn nicht, seid ihr trotzdem über alles geliebt. Jeder erhält jeden Tag von neuem die Chance zu erwachen, immer und immer wieder.

Wo du handeln willst und/oder kannst, da handle.
Es entspricht dann deiner Aufgabe.
Wo du nicht handeln willst und/oder kannst,
schließe Frieden mit der Situation, und gehe weiter.

Hänge dir diesen Satz dort auf, wo du ihn oft sehen kannst, damit du es dir immer wieder in Erinnerung rufen kannst.

*Betrachte dein Leben in Liebe und alles, was darin geschieht, doch schenke ihm keinen Glauben. Du bist nicht der böse oder gute Gedanke. Du bist nicht deine Gefühle, du bist nicht dein Körper, du bist nicht die Geschehnisse. Sie alle sind Ausdruck der göttlichen ICH BIN-Gegenwart, die sich selbst durch das Spiel des Lebens definiert. Es gibt viele dieser Ausdrücke, und alle sind verschieden, und dadurch wird dieses Spiel erst interessant. Ihr seid jedoch nicht dieser eine Ausdruck, ihr seid Alles-was-ist. Ihr habt euch schon auf vielerlei Weise ausgedrückt, seid in vielen Leben gewesen und oft genug auf der „dunklen" Seite. Seid ihr deshalb auf der dunklen Seite? Nein, ihr seid aber auch nicht auf der hellen, lichten. Die ICH-BIN-Gegenwart ist all das, und ihr seid all das. Ihr **seid** einfach. Alles ist, wie es ist, und es ist vollkommen und in Ordnung so. Nichts muss geändert werden. Es ändert sich von ganz alleine, wenn ihr dieses erkennt.*

Ihr strebt nach Perfektion, nach der perfekten Welt, doch egal, wie sehr ihr Änderungen herbeiführt, glaubt ihr, dass ihr dann zufrieden seid? Ist es die typische menschliche Eigenschaft, zufrieden zu sein? Ihr sucht nach Zufriedenheit, nach Frieden, ja, weil ihr euch erinnert, dass ihr ihn schon einmal hattet. Ihr habt es nur vergessen. Ihr hattet den Frieden, bevor ihr euch von der Quelle gelöst habt, um Erfahrungen zu machen. Wenn ihr erwacht, erkennt ihr, dass die Zufriedenheit im Jetzt liegt, in jedem Moment eures Lebens, in euch selbst. Selbst wenn ihr euren Partner verlasst oder euer Leben vollkommen umkrempelt, auch darin ist Perfektion, ist Vollkommenheit, weil es ist, wie es ist. Lasst geschehen, was geschehen soll.

Und so sei es.

Dies war Sanandá mit unendlicher Liebe

Kuthumi (goldener Strahl) über Fülle

Nun spricht zu euch Kuthumi, der ehemalige Lenker des gold-gelben Strahls und nunmehrige Lenker des goldenen Strahls. Der goldene Strahl steht für Reichtum, Fülle und das Gefühl von großem Wert und Sicherheit. [12]

Hier spricht Kuthumi. Obwohl ich nicht mehr der Lenker des gelben Strahls bin, bin ich nach wie vor eng mit ihm verbunden und benutze ihn als mein liebstes Instrument. Und so spreche ich heute zu euch, sowohl für den gelben, als auch für den goldenen Strahl.

So wie die Menschen zusammen mit der Erde in der Hierarchie aufsteigen, so gibt es auch „hier oben" bei uns immer wieder einmal Änderungen und die Möglichkeit, zu einem höheren „Posten" aufzusteigen, der mehr Verantwortung und vielfältigere Aufgaben mit sich bringt als die Position davor, und das, liebe Menschen, steht auch euch bevor.

Indem ihr aufsteigt, als Einzelpersonen genauso wie als ganzer Planet, ändern sich für euch sowohl die Positionen als auch die Aufgabenstellungen. Was bedeutet das im Einzelnen?

Ein Teil eures Aufstiegsprozesses ist, eure Lebensaufgabe zu finden, wie ihr an anderer Stelle in diesem Buch nachlesen könnt. Genau das ist damit gemeint: Der bisherige Posten, den ihr einnahmt, egal ob er euch angenehm oder unangenehm war, wird nicht auf Dauer der Posten sein, auf dem ihr weiterhin wirkt. Er mag passend gewesen sein für die vorherige Zeit, doch kann er für die Zukunft unpassend werden. Es mag noch etwas dauern, bis sich eine Änderung für euch manifestiert. Das kommt ganz auf die Intensität an, mit der du dich deinem Klärungsprozess hingibst bzw. hingeben kannst. Doch entwickelst du dich, so ist damit logischerweise eine Erweiterung deiner Fähigkeiten (im Grunde ist

---

[12] Claire Avalon, Die zwölf göttlichen Strahlen und die Priester aus Atlantis, S. 24

es ja ein „Wiedererinnern") verbunden. Lernst du etwas dazu, so wendest du das neue Wissen auch an. Das ist logisch und konsequent und muss auch so sein, sonst wäre neues Wissen sinnlos, oder?

Mit dem Anwenden neuer Fähigkeiten erweitert sich automatisch dein Aufgabengebiet, auch das ist logisch. Vielleicht wirst du erkennen (müssen), dass dein bisheriges Aufgabengebiet deinen neuen Fähigkeiten oder auch wieder entdeckten Neigungen nicht mehr völlig entspricht, und so können und werden in den allermeisten Fällen große Umwälzungen im Leben ihren Lauf nehmen, erst langsam, fast unmerklich und dann immer schneller. Und wenn ihr euch umseht in der Welt, sind große Änderungen nötig, um ein Gleichgewicht von Allem wieder herzustellen und die Welt für alle erfreulicher zu gestalten. Diese Umwälzungen darfst du aber nicht von anderen erwarten. Sie müssen von dir kommen. Warum ändern sich Gesellschaftsformen? Weil die Mitglieder dieser Gesellschaft erkennen, dass eine Änderung notwendig ist, und dann beginnen sie, sich selbst zu ändern, und der Gesellschaft als Ganzes bleibt irgendwann nichts anderes übrig als gleichzuziehen. Es ist wieder einmal eine Sache der kritischen Masse. Genau dies geschieht gerade jetzt, und die Auswirkungen sind an vielen Ecken und Enden bereits zu sehen, wenn man weiß, wie und wo man hinsehen muss.

Neue Fähigkeiten erfordern aber auch die Reife, verantwortungsvoll damit umzugehen, und damit kein Missbrauch wie in der Vergangenheit mehr geschehen kann (damit ihr mich recht versteht, er war notwendig für die Erlangung genau dieser Reife, von der ich spreche), werdet ihr zum einen durch Erfahrungen im Alltag und zum anderen in der Nacht von uns geschult und ständig geprüft und immer wieder geprüft. Wenn du diesen Kanal einmal bei einer Channel-Veranstaltung oder einem Seminar treffen solltest, frage sie einmal, wie viele Prüfungen sie durchlaufen musste, um die notwendige Klarheit für die Botschaften in diesem Buch zu erlangen.

(Anmerkung von P. P.: Ich verrate es dir gleich: Unzählige, und zwar immer wieder, immer noch, und öfter als mir lieb ist, aber Kuthumi hat völlig Recht, es ist unumgänglich!)

Ihr werdet also ständig geprüft, darüber müsst ihr euch klar sein, wenn ihr euch auf die Suche nach eurer neuen (wahren?) Bestimmung begebt. Bei diesen Prüfungen gibt es aber kein Durchfallen, sondern nur ein längeres Warten, bis der nächste Schritt getan werden kann, wenn die Prüfung nicht wie erwünscht ausfällt. In der Regel werden die Prüfungen jedoch dann gestellt, wenn das Höhere Selbst glaubt, dass du bereit bist und sie auch bestehst, und das ist dann auch meist der Fall. Wie immer, gibt es von uns hier keine Wertungen, sondern einfach ein Abwarten, bis die Reife erlangt ist, wenn die Prüfung doch negativ ausfallen sollte. Nur auf diese Weise ist gewährleistet, dass ihr auf euren neuen Posten mit den neuen Aufgaben zum Wohle aller arbeitet und damit dem Aufstieg, dem Planeten und allen Wesen, die es betrifft, dient und nicht euch selbst, bzw. eurem Ego. Diese Prüfungen werden im Vorfeld nicht von euch erkannt, und so muss es auch sein. Oft stellt ihr dann hinterher fest, dass es eine war, nämlich dann, wenn ihr wieder einen Schritt vorwärts gekommen seid.

Auf der anderen Seite dient ihr euch aber doch selbst, denn es gereicht euch nur zum Vorteil, anderen zu dienen, denn es ist Teil eurer Entwicklung. Durch den Dienst an anderen erwirbt man sich die neuen Fähigkeiten, erprobt sie und wird dann Meister darin. Ein Meister kann auch Meisterlohn verlangen, denn ihr lebt in der Dichte der Materie und müsst euch von irgendetwas ernähren, kleiden und auch sonst versorgen. Im selbstlosen Dienen erhaltet ihr alles, was ihr zum Leben auf der Erde benötigt. Es bedeutet nämlich in der Neuen Energie nicht, allen weltlichen Gütern zu entsagen und ohne Lohn nur zu geben. Nein!! Die Neue Energie bedeutet, zu geben genauso wie zu nehmen, und hier liegt eine Herausforderung für viele, denn sie glauben, nur geben zu müssen, um ein „guter Mensch" zu sein, und können gar nicht mehr nehmen. Das muss wieder erlernt werden, von vielen!

Die einen erhalten mehr, damit sie Gelder in notwendige Projekte stecken können, zum Beispiel in die Erforschung der Sprache der Delfine. Die anderen erhalten so viel, wie sie benötigen, um sich keine Sorgen um den Unterhalt machen zu müssen, aber sie werden auch nicht im Überfluss leben. Es wird jedoch reichen. Hier ist Vertrauen angesagt, wie Vertrauen in den Fluss des Göttlichen, Vertrauen in die Geistige Welt und Vertrauen darauf, dass alles einen Sinn hat und richtig läuft. Wir von der geistigen Hierarchie können gar nicht genug betonen, wie wichtig Vertrauen ist. An erster Stelle steht jedoch das Vertrauen in dich selbst. Vertrauen in deine Intuition und Vertrauen darauf, dass du deinen Weg finden wirst, unabhängig von den Meinungen anderer.

Aber es ist nicht im göttlichen Sinne, Gelder, die ja auch Energie darstellen (und ebenfalls göttlich sind!), festzuhalten und somit den Energiefluss zu stoppen. Energie muss fließen, und so muss das Erhaltene auch wieder ausgegeben und nicht für Notzeiten auf das Sparbuch gelegt werden, denn bist du im göttlichen Fluss, wird es für dich keine Notzeiten geben, und so musst du auch nicht dafür sparen. Hier ist ein großes Umdenken erforderlich, ein Ablegen vieler Ängste, und sie bilden einen Teil des „Panzers", von dem Kosmonati so gerne spricht.

Die Prüfungen, von denen ich oben erzählte, sind auch Prüfungen des Vertrauens. Habt ihr den Kontakt zur Geistigen Welt hergestellt, so ist das ja „nur" eine weitere Stufe in der Entwicklung, die ja immer weitergeht. Jeder kann in der Neuen Energie zu seiner eigenen inneren Stimme, zu seinem Höheren Selbst finden, und auch zu den Lehren seiner Geistführer. Aber erwartet nicht, dass ihr dann eine fremde Stimme hört, die euch etwas einflüstert. Nein, es sind Gedankenströme, die so klingen wie eure eigenen, denn ihr übersetzt die einfließenden Energien in eure eigene Schwingung. Das ist zu spüren am Druck des Dritten Auges, und so ist Vertrauen in diese Gedankenströme angesagt. Auf der anderen Seite werdet ihr auch geprüft, ob ihr eine Abhängigkeit zu diesen Gedankenströmen entwickelt, denn das darf nicht sein! Der freie Wille muss unter allen Umständen gewahrt bleiben, und so könnt ihr die Ratschläge abschlagen und andere Erfahrungen machen, oder auf sie hören. Es wird immer wieder Prüfungen geben, die feststellen, ob ihr in der Lage seid, eigene Entscheidungen zu treffen.

Die Abhängigkeitsprüfungen sehen so aus, dass ihr zu Erfahrungen herangeführt werdet und dann selbst entscheiden müsst, was zu tun ist, ohne dass von uns jemand helfend eingreift. Wir sind Helfer, aber wir dirigieren nicht euer Leben! Das ist wichtig zu verinnerlichen. Den Aufstieg gestaltet ihr, wir stellen die Energien, zum Beispiel in Form von Informationen, zur Verfügung. Ihr habt jedoch die Entscheidungsgewalt darüber, was ihr mit den erhaltenen Informationen anfangt. Darin lag ja von Anfang an der Sinn und gleichzeitig das Problem des Projektes Erde. Ihr habt euch immer wieder entschieden, Ratschläge abzulehnen, und so verlängerte sich euer Weg. Doch ihr alle habt das so gewollt, und so ist es sinnlos, darüber zu zetern, was alles schief gegangen ist in euren oder unseren Augen.

Auch wir hätten uns gewünscht, dass das eine oder andere den geplanten Verlauf genommen hätte, doch war das nicht immer der Fall, und das war gut so, denn dadurch hat Alles-was-ist viel dazugelernt. Also auch das hatte seinen Sinn.

Nun endlich habt ihr euch für den Aufstieg entschieden, und so muss die Energie, die dabei freigesetzt wird, auch sinnvoll eingesetzt werden, und das findet seinen Ausdruck in deinem persönlichen Leben, wie auch im großen Ganzen. Es sind viele verschiedene Energiearten durch das Experiment Erde entstanden, und entsprechend werden sie auch unterschiedlichen Verwendungszwecken zugeführt. Wie Lady Gaia euch erläutert, wird ein Teil der Energie zum Ausbau, zum Wachsen des Universums verwendet. Ein anderer Teil verhilft anderen Planeten zum Aufstieg, wieder ein anderer Teil wird in direktem Kontakt mit denen, die ihr Außerirdische nennt, angewendet werden, denn die Energie, die ihr produziert habt, sind ja Lernlektionen, sind Wissen, und davon können viele andere profitieren.

Ihr seht, es wird sich vieles in der Welt verändern, und ihr seid Teil dieses Prozesses. Und du, der du dieses gerade liest, hast ebenfalls spezielle Gaben, die in die Umgestaltung eingebracht werden können, dürfen und auch sollen. Finde diese Gaben, erprobe sie, und werde Meister darin. Ein Meister, der du eigentlich schon bist. Du musst dich nur wieder daran erinnern. Und so ist der ganze Lichtkörperprozess eigentlich nur ein Wiedererinnern an alte Fähigkeiten, ein Erinnern, dass du Teil Gottes bist, denn wie könnte es anders sein? Es ist ein Erinnern, dass du einen großen Wert hast, dass du wertvoll bist, dass du gebraucht wirst. Du wirst dich daran erinnern, wer du eigentlich bist, wo du schon überall gewesen bist und was du dabei alles gelernt hast. Du wirst dich erinnern, wie und wo es zurück nach Hause geht. Du wist dich an zu Hause erinnern, so dass du dir nichts sehnlicher wünschst, als dorthin zurückzukehren, und du wirst dich erinnern, dass du dafür den Planeten nicht mehr verlassen musst, sondern dass du „zu Hause" hierher holen kannst, und du wirst dich daran erinnern, was du dafür tun kannst, für dich selbst und für alle anderen. Und letzten Endes wirst du dich daran erinnern, dass du eigentlich längst bist, was du gerne sein möchtest: Ein großartiges Wesen!

Dieses war Kuthumi, in Liebe

Kosmonati (pfirsichfarbener Strahl), ein Drache, über den Panzer um uns

Im Laufe von zwei Monaten wurde ich von Meister zu Meister geführt, der hier etwas beitragen wollte. Meist geschah das über Bücher, so dass ich überhaupt die Namen dieser Meister das erste Mal hören konnte. Ich wurde auch zu einem Buch über Drachen geführt und war dann doch überrascht, als sich da prompt auch ein Drache bei mir meldete. Ich habe viele Beziehungen zu Drachen in der Form gehabt, dass ich Romane über sie las, in meinem Horoskop einen Drachen fand und die erste Drachenlegende präastronautisch deutete (ein Buch, das noch erscheinen wird). Da hätte es mich eigentlich nicht überraschen sollen, dass die Drachenenergie auch bei mir präsent war und sich für dieses Buch zu Wort meldete.

Lassen wir also nun einen Drachen selbst sprechen, der sich Kosmonati nennt:

Hier spricht Kosmonati, ein Mitglied der Weißen Bruderschaft, wie alle, die hier zu Wort kommen. Meine Energie ist die der Drachenwesen, die schon immer auf der Erde tätig waren und euch den ganzen Weg der Evolution über begleitet haben. Wie ihr aus euren Sagen und Legenden erkennen könnt, haben wir manchmal auch materielle Gestalt angenommen in der Form, die unserer Energie am nächsten kommt, doch inkarnierten wir auch hin und wieder als Menschen, immer dann, wenn es uns erforderlich erschien. Wie bei allen anderen Völkern auch gibt es bei uns weit entwickelte und weniger entwickelte Wesen. Die am weitesten Entwickelten (wobei das, wie immer, keinerlei Wertung enthält, sondern einfach nur einen Tatbestand) aus allen Völkern (des gesamten Kosmos) werden als Mitglied in die Weiße Bruderschaft aufgenommen. Wie ihr wohl inzwischen wisst, kümmert sich diese Bruderschaft auch um die Entwicklung auf der Erde. Meist wird sie als die Bruderschaft bezeichnet, die ausschließlich für die Erde arbeitet. Das stimmt so jedoch nicht, denn auch alle anderen bewohnten Planeten haben ihre spirituelle Hierarchie, ihren geistigen Rat, der die Entwicklung überwacht und immer die passenden Energien bereitstellt. Nur für die Erde heißt sie Weiße Bruderschaft.

Es ist jedoch so, dass eine besonders große Abteilung, im Grunde tatsächlich die größte in diesem Unternehmen, für die Erde zuständig ist, weil sie derzeit das wichtigste Projekt der Bruderschaft darstellt.

So wichtig die Erde auch ist – und in den verschiedenen gechannelten Botschaften dieses Buches kommt dies ja auch deutlich zum Ausdruck – müssen wir uns auch um die Entwicklung der anderen Planetensysteme und ihrer Bewohner kümmern, und genau deshalb wurde die Erde geschaffen, denn das Wachstum im Kosmos ging nur langsam voran, langsamer, als sich viele Wesen dies wünschten. Daher wurde ein Programm gestartet, das dieses Wachstum beschleunigen sollte. Dieses Programm musste versteckt werden, weil es auch Wesenheiten gibt, die vom langsamen Wachstum profitieren, weil sie sich darin ganz gut eingerichtet haben und alles so belassen wollen, wie es ist. Diese Haltung ist auch unter euch Menschen sehr weit verbreitet und verständlich, denn Veränderung erfordert Anpassung, Anpassung erfordert Anstrengung und Anstrengung ist nicht bequem. Die meisten Wesenheiten wählen daher den bequemen Weg, doch der ist nicht immer der erfolgreiche.

Und daher hört ihr in meiner Botschaft eigentlich nichts wirklich Neues, sondern ich betrachte eure Aufgaben einfach aus einem anderen Blickwinkel als ihr, aus einem größeren Überblick heraus. Mein Blickwinkel ist auch etwas anders als der der anderen Wesenheiten, die hier schon zu Wort kamen, doch das Ergebnis ist letztlich das gleiche: **Es geht bei eurem Leben auf der Erde darum, zu wachsen, an den Herausforderungen zu wachsen.** *Und obwohl das Leben in vielen Gegenden wesentlich bequemer ist als beispielsweise zu mittelalterlichen Zeiten, sind die Herausforderungen keineswegs weniger geworden. Im Gegenteil, sie werden immer mehr und immer stärker, weil nun die Zeit größeren Wachstums gekommen ist. Dieses innere Wachstum wird sich immer mehr verstärken, immer mehr steigern, wie jeder sehen kann, der seine persönlichen Herausforderungen betrachtet und die der Welt allgemein. Warum gibt es wohl so viele Krankheiten, die ihr noch vor Jahrzehnten nicht kanntet? An ihnen kann man wachsen, und zwar in einem enormen Umfang. Dabei ist es nicht abhängig davon, ob du die Krankheit letztlich „besiegst" und überlebst, sondern es ist abhängig davon, wie du mit ihr umgehst. So kann vielleicht jemand, der zum Beispiel an Krebs stirbt, mehr davon profitieren und als „weiterentwickeltes" Kind der Neuen Zeit zurückkommen, als jemand, der zwar überlebt, aber nicht wirklich gelernt hat, worum es bei dieser Erfahrung für ihn persönlich eigentlich ging. Doch auch hier möchte ich keine Wertung aufstellen,* sondern verdeutlichen, dass jedes Individuum sich seine Wachstumsgeschwindigkeit selbst aussucht und entsprechend seine Erfahrungen plant. Doch das wisst ihr ja eigentlich bereits.

Was ist nun die spezielle Drachenenergie, die ich in diesem Buch zum Ausdruck bringen möchte? Nun, es ist die Energie des orangefarbenen Strahls, die Energie der Kreativität, der Schöpfung und der Kraft. Es ist aber auch die Energie der Lebensfreude, die ihr in eurem Leben so vermisst.

Was wird euch in den Legenden über Drachen erzählt? Sie hätten zum Beispiel besonderes Blut, in dem man baden kann, wodurch man unverwundbar wird.

Wie ist das zu verstehen? Es geht also um das Blut. In diesem Fall geht es nun um das Blut in euren menschlichen Körpern. Es spielt eine große Rolle, wie ihr wisst, und hat eine Hauptaufgabe in der Reparatur beschädigter Teile. Beobachtet doch einmal eine Schnittwunde, die ihr euch zugezogen habt. Was transportiert die Stoffe dorthin, damit neue Zellen gebildet werden können? Wer gibt die benötigten Informationen zur Regeneration an die Stelle? Wer sorgt für den „Klebstoff", damit die Wunde zugehalten und so geheilt werden kann? Wer stößt die beschädigten Zellen ab, wenn die neuen sich gebildet haben? Die Aufgaben des Blutes sind vielfältig, allein nur in diesem einen Fall.

Mit dem Aufstieg der Erde in höhere Dimensionen wird sich auch das Blut der Menschen verwandeln. Ihr bemerkt selbst, dass alles inzwischen beschleunigt abzulaufen scheint, und das gilt auch für die Heilungsaufgaben des Blutes. Je schneller ihr schwingt, desto schneller werden auch Wunden heilen können. Das gilt nicht nur für die Menschen, die Lichtarbeiter genannt werden. Nein, dies gilt für alle. Für die Lichtarbeiter gilt dies jedoch etwas eher. Ihr bemerkt es nur nicht, da ihr zum einen nicht darauf achtet, und zum anderen, weil sich ja insgesamt alles schneller abspielt, es auch nur für Außenstehende zu sehen ist, es sei denn, ihr werdet darauf aufmerksam gemacht und beobachtet es bewusst.

Könnte jemand aus der Vergangenheit in eure Zeit reisen und würde sich hier verletzen, so könntet ihr an ihm beobachten, wie langsam die Wunden heilen, weil seine Schwingung nicht mit der euren übereinstimmt. Und umgekehrt würde dieser Besucher darüber staunen, wie schnell die Wunden der heutigen Menschen heilen. Über Jahrtausende hinweg gab es hier kaum einen Unterschied, doch nun ist er im Ver-

gleich zum letzten Jahrhundert enorm gestiegen. Das gesamte Sonnensystem erfährt eine enorme Beschleunigung, und das ist tatsächlich im Sinne von schnellerer Geschwindigkeit (nämlich der Frequenzen) gemeint. Was sind höhere Frequenzen, schnellere Schwingungen? Die Atome und Moleküle aller materieller Körper bewegen sich in einer bestimmten „Geschwindigkeit" („schwingen"). In gewissem Sinne rotieren sie. Diese Rotationen nehmen nun beständig und in immer größerem Maße zu, und bei Erwachten kann der Unterschied zu Nicht-Erwachten enorm sein.

(Und so können auch nur noch Besucher zu euch gelangen, die an diese Geschwindigkeit gewohnt sind, und andere, die selbst niedriger schwingen, müssen gehen, denn sie sind in dieser Schwingung nur eine Zeitlang überlebensfähig. Sie haben versucht, die Erde in der für sie erträglichen Schwingung zu halten, doch hat es nicht funktioniert. Sie wissen es nicht, aber mit all ihren Maßnahmen haben sie im Grunde sogar zur Beschleunigung beigetragen, obwohl sie das Gegenteil vorhatten. Auch sie gehören in den Großen Plan, und auch sie sind unendlich geliebt, auch wenn sie es leider (noch) nicht wissen.)

Man könnte also im übertragenen Sinn sagen, ihr badet gerade alle miteinander in Drachenblut, denn für diese beschleunigte Heilung sorgt unter anderem unsere Energie. In diesem Zeitalter dreht sich fast alles um Heilung, Heilung der alten Wunden, sowohl körperlich als auch geistig, und sogar seelisch. Daher werden euch hoch frequente Heilungsschwingungen zur Verfügung gestellt, die zum Teil von der Drachenenergie herrühren, zum Teil aber von euch selbst „hergestellt" werden. Ihr bewältigt und bewerkstelligt also den Aufstieg nicht alleine, sondern mit Hilfe vieler verschiedener Hilfestellungen. Die konkrete Arbeit wird jedoch von euch erledigt, indem ihr euch mit euch selbst auseinandersetzt. Hier geht es in erster Linie nicht um aufregende, phantastische Projekte, die ihr auf den Weg bringen sollt, obwohl das eine Aufgabe sein kann. Nein, es geht in erster Linie um euch selbst.

Die Beschäftigung mit euch selbst habt ihr euch hervorragend abgewöhnt, indem ihr durch die Medien die Leben anderer (oft auch noch fiktiver Figuren) lebt. Oder wie nennt ihr es, wenn ihr gebannt vor dem Fernseher sitzt und den Geschichten der Menschen darin zuseht? Sie rufen oft starke Gefühle hervor. Doch sind es eure Gefühle? Sind es eure Geschichten, eure Leben? Nein, wohl kaum. Ihr fühlt aber dabei sehr stark, und deshalb können sie euch in ihren Bann ziehen. Ich will nicht allgemein gegen das Fernsehen wettern. Wenn man vom eigenen Leben einmal eine Pause braucht, ist dagegen nichts einzuwenden und kann sehr entspannend sein. Die Motivation steht hier aber im Vordergrund. Wenn ihr nur fernseht, weil ihr dann etwas fühlt (und glaubt mir, das ist oft so, denn wir können das Farbenspiel eurer Gefühle sehen, wenn ihr „vor der Glotze hockt") und euch nur dann lebendig fühlt, – dann läuft in eurem Leben etwas nicht so, wie es sollte.

Ihr alle habt ein reichhaltiges Gefühlsleben. Das ist eines der außergewöhnlichen Dinge auf dieser Welt. Aber die eigenen Gefühle sind für euch oft nicht, oder nur bei großem Leid und Schmerz, fühlbar. Woran liegt das? Warum benötigt ihr Kino, Fernsehen und auch Zeitungen, um stärker zu fühlen? Es liegt an dem, was ihr um eurer göttliches Licht herum tragt: Es ist ein Panzer, ein Panzer aus fleischlicher Substanz und gleichzeitig ein Panzer aus Energie. Der fleischliche Panzer ist zum Überleben notwendig, doch auch dieser ist viel dichter, als er sein müsste. Der energetische Panzer wurde von euch zum Schutz angelegt und hatte seinen Sinn, doch nun ist es Zeit, ihn abzulegen und damit auch zu riskieren, verwundbar zu werden. Doch was passiert, wenn man sich mit den unangenehmen Dingen auseinandersetzt und dabei die Panzerplatten ablegt? Es geschieht etwas Wunderbares.

Um das zu erläutern, bleiben wir einmal bei dem Bild des Panzers. Stellt euch eine Ritterrüstung vor, die euren Körper völlig umschließt, einschließlich des Helms, der nur einen schmalen Schlitz zum Hinausblicken besitzt. So ähnlich sehen wir euch, wenn wir euch von der feinstofflichen Ebene aus betrachten. Das Licht, das ihr seid, dringt fast nur durch eure Augen, dem Spiegel der Seele, hervor. Diesen Panzer habt ihr euch durch unzählige Inkarnationen in allen Zeitepochen angelegt. Er ist die Summe all der verletzenden Erfahrungen, und davon hattet ihr oft mehr als von den beglückenden. Da kein Wesen wirklich verletzt werden will, bildet sich ein Panzer aus diesen Erfahrungen und zum Schutz vor neuen Erfahrungen dieser Art. Aber stellt euch einmal wirklich vor, ihr seid in solch einem Panzer (als materieller Drache habe ich viele davon gesehen, daher ist dieses Bild wirklich passend). Wie viel könnt ihr sehen von dem, was um euch herum ist? Ihr könnt den Kopf nur etwas nach links und rechts drehen, nach unten nur in einem kleinen Winkel, und nach oben fast gar nicht. Was also seht ihr von der Welt wirklich? Nur einen kleinen Ausschnitt! Ihr nehmt nur einen Bruchteil dessen wahr, was wirklich ist. Glaubt mir, ich weiß das, denn ich habe oft genug

Ritter schimpfen hören, die in diesen Dingern steckten und damit kämpfen sollten, und so ist es auch im übertragenen Sinne: Der energetische Panzer hindert euch daran, das zu sehen, zu spüren, wahrzunehmen, was jenseits des Panzers alles vorhanden ist, und da ist so viel, so viel!

Nun, da seid ihr also: Gerüstet und gewappnet für euer Leben, das ihr in der Regel als Kampf, als Überlebenskampf anseht, und so marschiert ihr durch die Welt, zertretet Pflanzen und Tiere auf eurem Weg, weil ihr sie nicht wirklich wahrnehmen könnt, „kämpft" mit euren Waffen gegen die, die euch feindlich begegnen, bzw. die schon deshalb feindlich wirken, weil sie wie ihr gerüstet sind. Vielleicht greift ihr ja auch mal vorsichtshalber an, weil der andere feindlich sein könnte? Irgendwann auf diesem Weg kommt euch zu Bewusstsein, dass euer Panzer an manchen Stellen kneift und scheuert und reichlich unbequem ist. Nun kommt es zu einer Entscheidung: Entweder ihr nehmt diese Schmerzen, die euer Körper signalisiert (und damit meine ich sowohl körperliche als auch seelische Schmerzen) als zum Leben dazugehörend hin und marschiert weiter, bis die wunden Stellen so wehtun, dass ihr doch einmal stehen bleiben müsst, um sie euch anzusehen –oder ihr marschiert weiter, bis ihr so wundgescheuert seid, dass ihr an euren Wunden sterbt. Dies kann eine Krankheit sein oder ein Unfall, der deshalb geschehen konnte, weil ihr nicht alles auf eurem Weg sehen könnt und daher über die Hindernisse fallt. Dann könnt ihr vielleicht nicht mehr aufstehen, weil die Rüstung zu schwer ist und euch hinunterzieht, und da liegt ihr dann, bis das Ende kommt. Seid ihr stehen geblieben, so habt ihr wieder die Wahl und es kommt wieder zu einer Entscheidung: Verbindet ihr die Wunden und hofft auf Heilung und geht dann wie gewohnt weiter (das kann eine Weile gut gehen, und vielleicht heilen die Wunden ja auch, aber dann wird der Panzer an anderer Stelle scheuern und euch wieder dazu veranlassen, stehen zu bleiben und euch anzusehen, was eigentlich los ist). Oder seht ihr euch an, was die Wunden eigentlich veranlasst, was da eigentlich so scheuert und wehtut?

Das Ansehen allein genügt aber auch noch nicht, denn durch den Panzer könnt ihr ja die Wunde gar nicht sehen. Was ihr nun tun müsst, um eine wirkliche Heilung der Wunde herbeizuführen, ist, die Panzerung an der Stelle abzunehmen. Das bedeutet, sie noch einmal in die Hand zu nehmen, sie also zu fühlen. Im übertragenen Sinn bedeutet das, sich mit der Ursache des Panzers an dieser Stelle auseinander zu setzen, sich also wirklich die Panzerung genau zu betrachten. Da der Panzer ja aus einer Erfahrung besteht, kann man beim Ansehen erkennen, warum dort ein Panzer besteht. Warum wurdest du dort verwundet? Was ist da geschehen? Du fühlst noch einmal den Grund für die Panzerung. Vielleicht wurdest du ja in irgendeinem Leben grausam getötet, aus welchem Grund auch immer? Das heißt nicht, dass du noch einmal durch die Todespein gehen musst, aber es heißt, sich die Gründe anzusehen, warum du getötet wurdest. In gewisser Weise machst du die Erfahrung also noch einmal, aber mehr als neutraler Beobachter, der nicht so sehr in die Geschehnisse verwickelt ist.

Du hältst also die Panzerung noch in der Hand, gleichzeitig geschieht jedoch etwas Wunderbares: Es dringt endlich das Sonnenlicht an deine Haut, wo es eine Ewigkeit nicht hingelangte. Du kannst an der freien Stelle den Wind fühlen, wie er zärtlich die freie Stelle streichelt, vielleicht berührt dich dort jemand, und du kannst das nun viel intensiver fühlen, als du es mit Panzer konntest. Du nimmst auf einmal Dinge wahr, die du vorher nicht fühlen konntest. Nun können auch Energien an deine Haut vordringen, die vorher an dem Panzer abgeprallt sind. Es sind Energien, die die Heilung der Wunde begünstigen, ja sogar beschleunigen. Es sind Farbenergien, die Heilungsfrequenzen beinhalten. Es sind Energien, die von der Geistigen Welt zur Verfügung gestellt werden, damit genau das geschehen kann: Heilung!

Du erkennst, dass da mehr ist, als du dir erträumt hattest, obwohl du schon immer auf der Suche nach diesem „Mehr" warst. Nun wirfst du die Panzerung dieser einen Stelle fort, weil du möchtest, dass diese neuen Gefühle, die neue Wahrnehmung dessen, was an „Mehr" um dich herum ist, bleibt. Und du tust automatisch noch etwas: Du wendest dich den anderen „schmerzenden" Stellen zu. Und ich meine, du kannst wirklich damit beginnen, alles anzusehen, was in deinem Körper wehtut. Wie du diese Wunden ansehen kannst, erfährst du in diesem Buch etwas weiter hinten. Nimmst du dir eine Stelle nach der anderen vor, wird dir erst einmal bewusst, wie viele es eigentlich sind, obwohl du zu Beginn sicher dachtest, dass es nur wenige sind.

Als nächstes kannst du dir dann ansehen, was in deiner Seele schmerzt. Mit diesem „Ansehen" all der unangenehmen Dinge, die du meistens ignoriert hast, beginnst du, einen Teil der Rüstung nach dem anderen abzulegen, und du kannst immer mehr von dem spüren, wahrnehmen, was um dich herum ist. Du saugst dies alles auf, wie ein Schwamm. Du warst doch schon immer auf der Suche nach diesen

Wahrnehmungen, denn du erinnertest dich noch ein wenig an die Zeiten, als dein Körper immer so frei gewesen war, bevor der Körper seine Rüstungsteile anlegte, die mit jedem weiteren Leben nicht weniger, sondern mehr und somit schwerer wurden. So entstand deine persönliche Dichte, die du nun wieder entfernen kannst.

Deine Beweglichkeit wird nun immer größer (das kann auch wirklich körperliche Beweglichkeit sein, weil du die Belastungen ja abwirfst), bis sie schließlich (das dauert allerdings eine Weile) gar nicht mehr eingeschränkt ist. Du kannst überall hinblicken, überall hingehen und alles direkt berühren, alles wahrnehmen, was in deiner Reichweite, und auch was in weiter Ferne ist. Die Berührungen anderer Menschen sind nun viel intensiver. Alle deine eigenen Gefühle kannst du nun wahrnehmen, weil kein Panzer mehr das verhindert, denn die Panzerung besteht ja auch bzw. gerade in deinem Inneren. Du kannst sie wahrnehmen, annehmen und sie dann wieder loslassen. Du brauchst in keinem Gefühl mehr stecken zu bleiben und es aufzustauen, nur damit du überhaupt noch etwas fühlst. Selbst wenn es Leid ist. Du kannst alle, wirklich alle, Gefühle leben und dich daran erfreuen, und nun brauchst du auch keinen Fernseher mehr. Du kannst ihn benutzen, wenn du willst, aber der Unterschied ist: Du brauchst ihn nicht mehr.

Aus deiner Sichtweise nimmst du nun viel mehr von dem wahr, was um dich herum ist, und von unserem Standpunkt aus gesehen scheint aus jeder Stelle, die vom Panzer befreit wurde, ein Licht hervor, ein Licht, das sich mit jeder dazukommenden freien Stelle verstärkt. Ein Licht, das schon immer da war, aber erst wieder freigelegt werden musste. Das ist Lichtarbeit! Nicht nur die Arbeit im Außen, bist du nun Heiler oder Schuhputzer (ein ehrenwerter Beruf übrigens); die Arbeit, die du in deinem Inneren verrichtest, ungesehen, unbewertet von anderen; die Arbeit, die du an dir selbst verrichtest, das ist die wahre Lichtarbeit, die, für die man kein Lob, keine Anerkennung findet, ist die Wichtigste! Die Wirkung kannst zunächst nur du spüren und doch... mit dem Ablegen der ersten Panzerung scheint dein Licht auf, du beginnst dich in den Augen der noch Gepanzerten um dich herum zu verändern. Sie können diese Veränderung nicht nachvollziehen, denn sie stecken ja noch in ihrem Panzer fest, und so halten sie dich für unnormal, abgedreht, abgehoben, verrückt und was der Eigenschaftswörter mehr sind, die hier zu passen scheinen. Aber da du spüren kannst, was die Gepanzerten (noch) nicht spüren, bleibst du dabei und machst immer weiter. Das ent-

fremdet dich von ihnen. Gleichzeitig fängst du jedoch an, die Menschen anzuziehen, die ebenfalls Teile ihres Panzers bereits entfernt haben, und so schließt du dich ihnen an, denn nur sie können in etwa nachempfinden, was mit dir vorgeht, obwohl das auch nur zum Teil stimmt, weil jeder Prozess individuell ist.

Die noch Gepanzerten können dein Licht durch ihre Augenschlitze sehen, und auch hier fällt dann wieder eine Entscheidung: Entweder sie werden davon angelockt und fragen sich, was du gemacht hast, und beginnen dann, ihrerseits den Panzer abzulegen, oder sie werden davon geblendet, es tut ihnen weh und sie wenden sich daher ab von dir und gehen ihres Weges, während du deinen gehst... in eine andere Richtung. Ist es so, dann lass sie gehen. Nimm alle die begleitenden Gefühle wahr, aber respektiere und akzeptiere ihre Entscheidung zu gehen. Sie werden an einer eigenen Weggabelung ihre Wunden spüren und sich mit ihnen beschäftigen, und zwar dann, wenn es für sie richtig ist.

Das ist das, was im Regenbogenzeitalter geschieht: Es legt nicht nur ein einzelner Mensch seinen Panzer ab wie die Aufgestiegenen Meister der Vergangenheit, sondern es geschieht massenweise, wie im Schneeballsystem, denn es ist sozusagen ansteckend, und die Hilfestellung aus der Geistigen Welt begünstigt diese Vorgänge, unterstützt sie in jeglicher Hinsicht.

Was geschieht nun mit den abgelegten Panzerstücken? Liegen sie sinnlos in der Gegend herum, so dass man darüber stolpern kann? Nein, denn sie bestehen ja, wie jede feste Materie, aus Energie. Sobald die Panzerung auf dem Boden liegt, wird sie in die Energie umgewandelt, die die Erde verarbeiten kann, und diese Energie wiederum wird dafür verwendet, den Panzer der Erde nach und nach aufzulösen, der sich als Summe aller „negativen" Erfahrungen über Jahrmillionen um sie herum gebildet hat. Jeder, der seinen Panzer ablegt, bildet so etwas wie eine Lücke in der Erdpanzerung, und was kann man in dieser Lücke sehen? Licht, Licht, Licht!!! Das ist das Licht, das viele anlocken wird, aber auch viele, die schon da sind und in Kontakt mit Regierungen stehen, abschrecken wird, weil sie es (noch) nicht vertragen. Und dieses ist schon im Gange, dieses ist schon im Gange. Darum wird von den „kleinen Grauen" erzählt, dass sie abgezogen sind. Es sind noch nicht alle weg, aber fast. Und andere stehen in den Startlöchern, um zum richtigen Zeitpunkt Kontakt aufzunehmen. Auf der geistigen Ebene hat das über Channelmedien längst begonnen. Hier seid ihr längst in Kontakt. Er wird aber auch auf physischer Ebene stattfinden, bald, bald.

Einen Teil des Panzers bilden Schuldgefühle aller Arten. Ich möchte euch eine Meditation auf den Weg geben, die den Panzer namens „Schuldgefühl" auflöst. Wendet sie immer dann für eine Stunde an, wenn das Thema Schuld in eurem Leben auftaucht.

Visualisiert einen geschliffenen grünen Smaragd in Form eines Herzens. Im Inneren des Smaragds ist ein klarer Bergkristall zu sehen. Nehmt in Gedanken das Herz nun in die Hände, stellt euch einen Duschkopf darüber vor, und aus diesem Duschkopf kommt nun für eine Stunde weißes Licht, das sich über und durch das Herz ergießt. Findet immer wieder zu diesem Bild zurück. Vielleicht taucht ein feierliches Lied in euren Gedanken auf, lasst es zu, denn die Seele feiert die Reinigung von Schuld. Singt mit, wenn ihr wollt. Achtet darauf, wo im Körper Schmerzen auftreten, denn dort stecken noch Schuldgefühle. Kommt ihr nicht darauf, was gemeint ist, so nehmt die Angelina-Meditation aus diesem Buch zu Hilfe und seht nach, was es da noch anzusehen gibt. Aus dieser Meditation kommt ihr mit einer großen Lücke in euerem Panzer heraus! Das bedeutet, dass ihr einen Teil des Panzers ablegt, und zwar einen von überragender Bedeutung!

Einen anderen Teil dieses Panzers, der von eminenter Wichtigkeit ist, ist die Angst. Wäre es nicht großartig, wenn ihr die Angst ablegen könntet? Auch hierfür möchte ich euch eine Meditation mitgeben: Stellt euch vor, in eurem Solarplexuschakra sitzt ein Leuchtturm. Bisher glimmt dieser Leuchtturm nur mit einem Funken. Er hat kein bewegliches Licht, sondern eine große Lampe an der Spitze sitzen. Dreht dieses Licht nun immer stärker und stärker auf, so dass es den ganzen Raum, in dem der Leuchtturm steht, ausfüllt. Haltet das Bild für mindestens eine Stunde lang fest. Kehrt immer wieder zu ihm zurück. Welche Bedeutung hat diese Meditation? werdet ihr fragen. Ich sage es euch: Angst herrscht vor dem Dunkel, vor dem Unbekannten, also machen wir Licht, und dann können wir sehen!

Was geschieht nun, wenn ihr frei von allen Beschränkungen seid, die ihr euch freiwillig auferlegt habt, um die Energie für das große Wachstum, das nun stattfindet, bereitzustellen? Jeder Teil der Panzerung, der abgelegt wird, bringt Wachstum, bringt Energie. Und genau *darum wurde das ganze Experiment Erde ja überhaupt erst gestartet! Da ihre keine Beschränkungen mehr besitzt, könnt ihr von nun an im Vollbesitz eurer Schöpferkraft euer Leben neu gestalten, es so gestalten, dass kein Mangel mehr herrscht, in keinerlei Hinsicht, denn das „Sonnenlicht", das ihr nun spüren könnt, das aber immer da war, ist das Licht Gottes, das in euch ebenfalls scheint. Diese „Lichtfunken" vereinigen sich, und so könnt ihr ein Leben in „Gottes Strahlen" führen, euch nach euren wirklichen Talenten, Begabungen und Neigungen einrichten. Für viele wird dies heißen, dass sie anderen dabei helfen, ihre Panzer abzulegen, aber nicht, indem sie diesen gewaltsam herabreißen, sondern nur denen helfen, die willens sind, ihn abzulegen. Ablegen müssen sie ihn jedoch selbst. Das kann sich in Heilberufen auswirken, oder in ganz andere Bereiche gehen. Das kann aber auch einfach darin bestehen, im alten Beruf zu bleiben und mit gutem Beispiel voranzugehen. Es ist eure Entscheidung, es ist eure Wahl. In Gottes Strahlen zu leben bedeutet, immer die richtige Entscheidung zu treffen, weil es kein „Richtig" oder „Falsch" mehr gibt. Es gibt nur Verlängerungen des Weges, und da der Weg das Ziel ist, spielt es keine Rolle, ob du ihn verlängerst oder nicht. Manche kehren noch einmal um, um anderen den Weg zu weisen, manche marschieren geradeaus ins Licht und gehen darin auf.*

Die Drachenenergie ist die Energie der Schöpfung, es ist Schöpferkraft. Je mehr ihr davon als euer Eigen wieder annehmt, also je mehr ihr euren Panzer ablegt, umso mehr erhaltet ihr von der Drachenenergie, die auf euch abgestrahlt wird und die auch in eurem Inneren wirkt. Ihr könnt sie immer aufnehmen, auch über die Augenschlitze der Panzerung, aber wer erhält wohl mehr davon, die mit Panzer, oder die ohne? Wer „badet" in der Drachenenergie? Wer ist unverwundbar, der im Panzer, der nur einen kleinen Ausschnitt der Wirklichkeit erkennen kann, oder der, der den Blick ringsherum schweifen lassen und auf die kleinste „Gefahr" sofort reagieren kann? Das Wunderbare ist, dass der „Freie" erkennt, dass es eigentlich keine Gefahr gibt und darum in Frieden mit sich ist. Der im Panzer lebt im Kerker seiner Ängste und kann daher nie Frieden in sich finden, jedenfalls nicht auf Dauer.

Daher wirft der, der seinen Panzer ablegt, auch irgendwann seine Waffen ab, denn er braucht sie nicht mehr. Er hört auf zu kämpfen und lässt alles, wie es ist, ohne noch zu glauben, etwas bekämpfen zu müssen. Er nimmt stattdessen vielleicht die Feder in die Hand und beginnt über seine Erfahrungen zu schreiben, oder er sucht sich anderes Werk-

zeug, um etwas Produktives zu tun. Etwas, das den anderen dient, sogar oder gerade denen, die noch in den Panzern stecken.

Und nun kommt etwas, was ihr euch vielleicht schon gedacht habt, denn die Drachenenergie, die Lebenskraft der Schöpfung, ist auch in euch wirksam. Ihr ahnt es sicher schon: Die Drachenenergie ist die Kundalini-Energie, die Schlangenkraft, wie sie auch genannt wird. Sie ist die Schöpfungskraft pur, und so hat jeder einzelne Mensch einen schlafenden Drachen in sich, und wenn er aufwacht, gilt all sein Bestreben, die Panzerung abzuwerfen, die ihn behindert, und nur noch die energetische Panzerung zuzulassen, die nötig ist, um von den Panzern der anderen, die ja aus unangenehmen Erfahrungen bestehen, nicht mehr berührt zu werden. Berührt heißt hier, dass die belastenden Erfahrungen, die ihr alle mit euch als „Panzer" herumtragt, ihre Wirkung auch auf eure Mitmenschen haben und sie unangenehm beeinflussen können. Dieser Panzer ist nicht nur dicht um den physischen Körper herum, sondern auch in euren feinstofflichen Körpern, sei es als Gefühle im Emotionalkörper, sei es als Gedankenkonstrukt im Mentalkörper. Diese feinstofflichen Körper haben eine meterweite Ausstrahlung, und so „strahlt" ihr euren Panzer auf alles in eurer Umgebung ab. Das war schon immer so, und die Wirkungen waren immer da. Der Unterschied ist der, dass ihr es nun wisst und dementsprechend handeln könnt.

Betritt zum Beispiel ein Mensch voller Trauer einen Raum, in dem ein fröhliches Fest stattfindet, so kann die Stimmung sehr schnell umschlagen, weil der Traurige ein Energiefeld (in diesem Fall der Emotionalkörper) hat, in dem die Trauer festsitzt. Dieses Energiefeld ist groß genug, um alle Menschen in dem Raum einzuschließen, und so bleibt niemand von der Trauer unberührt. Da die Menschen ihren Panzer mit sich herumtragen, dringen nur die stärksten Gefühle durch ihn hindurch. Er ist nicht völlig dicht, sonst wäre eine Interaktion mit Menschen gar nicht mehr möglich.

Hast du deinen persönlichen Panzer abgestreift, ist es nun leider nötig, dich vor denen der anderen zu schützen, denn du bist ja nun völlig offen für das, was andere noch abstrahlen. Dies wird aber nur eine zeitlang nötig sein, bis genug Menschen ihre Panzer zumindest „verdünnt" haben.

Gerade die Energie der Trauer ist ungemein stark. Sie durchdringt jeden Panzer. Begegnet euch also ein Mensch in Trauer oder jemand, der von einer Beerdigung kommt, so ist es gerade dann nötig, sich zu schützen, zumal es energetische Wesenheiten gibt, die sich von solch starken Gefühlen ernähren. Meister Saint Germain hat dies ja schon angedeutet. Diese Wesenheiten hungern nach Gefühlen, erhalten sie sie nicht, wandern sie nach ca. drei Tagen wieder weiter. Damit diese sich nicht in eurem Energiefeld festsetzen, solltet ihr euch nach der Begegnung mit der Trauer immer wieder folgendes Schutzbild in Erinnerung rufen: Stellt euch einen dunkelblauen Strahl vor, der von oben kommt und euch umhüllt. Es ist der Strahl, den El Morya lenkt und der auch für Schutz zuständig ist. Umhüllt diesen dunkelblauen Strahl mit einem hellblauen und legt darum noch einen roten Mantel. Auch Rot hat mit Schutz zu tun, wie ihr weiter oben lesen konntet. Ideal wäre es, wenn ihr euch am ersten Tag die Zeit nehmen würdet, mindestens eine halbe Stunde immer wieder dieses Bild in den Fokus zu nehmen. Betrachtet dieses als eine Meditation. Diese halbe Stunde ist dafür da, den Schutz zu verankern. Es genügt dann, diesen Schutz immer wieder zu erneuern, indem ihr so oft wie möglich im Verlauf der nächsten drei Tage daran denkt. Verlasst euch auf eure Intuition für den Zeitpunkt, an dem dieses nicht mehr notwendig ist. Dieses als kleine Hilfe auf eurem Weg.

Oft wird vor dem unsachgemäßen Erwecken der Kundalini gewarnt. In diesen Neuen Zeiten jedoch stehen jedem Erwachenden so viele Helfer zur Seite, dass niemandem etwas geschehen kann, was er nicht selbst geschehen lassen möchte. Und so kommt es, dass nun viele schon eine erweckte Kundalini haben, es aber gar nicht ahnen, weil sie gar nicht wissen, was das ist. Doch auch diese Menschen erhalten zum richtigen Zeitpunkt die passenden Informationen. Es ist jedoch auf der anderen Seite auch so, dass viele dieser Menschen erst einmal mit den ersten Blockaden konfrontiert werden, die von der hochzüngelnden Kundalini spürbar gemacht werden. Dies kann sich durchaus in Krankheit oder Schmerzen ausdrücken. Nun kommt es darauf an, wie sie mit diesen Blockaden umgehen. Suchen sie nach den Ursachen? Gehen sie dem auf den Grund? Jeder wird auf seinem Weg immer wieder geprüft und geprüft, und erst wenn er einige dieser Hürden genommen hat, gehen ihm die Informationen zu, die ihm bei der Weiterentwicklung behilflich sind.

Das heißt nicht, dass jeder Kranke eine aktive Kundalini hat, denn für Krankheiten kann es viele Ursachen geben, auch karmische.

Es ist nicht nötig, das Erwecken der Kundalini-Kraft zu forcieren, denn es kommt bei jedem von allein, wenn der richtige Zeitpunkt gekommen ist. Viel wichtiger ist die Arbeit an sich selbst, die Arbeit an dem Panzer. Legt man die ersten Teile von sich aus ab, erwacht die Kraft der Kundalini von alleine und arbeitet von innen heraus weiter, so dass der ganze Prozess unaufhaltsam wird. Erst einmal erweckt, hält die Kundalini nichts mehr auf. Das bedeutet jedoch auch, dass man sich allen Blockaden stellen muss, die da so auftauchen. Die Arbeit an sich selbst wird mit dem Erwecken der Drachenkraft also intensiver. Trotzdem muss keiner Angst davor haben, denn jeder erhält nur so viel zu verarbeiten, wie er schaffen kann. Das sollte man respektieren und nicht das Tempo beschleunigen wollen. Versucht man, alles gleichzeitig zu erledigen, hat das Überforderung zur Folge und heißt, dass der Körper sich auf irgendeine Weise eine Ruhepause holt, durch einen Unfall oder sonstiges. Das Tempo bestimmt nicht das Tagesbewusstsein. Das Tempo bestimmt das Höhere Selbst in Zusammenarbeit mit den spirituellen Helfern. Das ist auch nötig, denn diese Art Arbeit hat eine ständige Schwingungserhöhung zur Folge. Diese müssen die Zellen erst integrieren, bevor es weitergehen kann, sonst könnten die Folgen katastrophal sein. Ihr unterliegt daher einer ständigen Überwachung. Da es einige Menschen gab, die freiwillig Versuchskaninchen gespielt haben, sind alle Prozesse nun bekannt, auch die der „dichtesten" Menschen, und so kann die Arbeit an vielen Menschen gleichzeitig beginnen und ist auch schon in vollem Gange.

Versucht im Zuge dessen unbedingt, auf euren Körper zu hören und nicht auf das, was andere sagen. Fordert euer Körper also über einen langen Zeitraum mehr Schlaf, dann gebt ihm diesen Schlaf. Lasst euch nicht davon beeinflussen, dass andere glauben könnten, ihr wäret faul geworden. In Wahrheit arbeitet ihr im Schlaf intensiver an euch, als wenn ihr wach seid. Auch benötigen eure Helfer die Nacht, um eure DNS umzuprogrammieren. Mit dem Lichtkörperprozess ist ja nicht nur eine geistige Änderung im Gange, sondern auch euer Körper wird ständig verändert, immer wieder den neuen Schwingungen angepasst. Hier spielt die Zellflüssigkeit eine große Rolle, denn ihr habt deshalb einen Körper mit über 70% Wasseranteil, weil dadurch sehr hohe Schwingungen möglich sind. Es kann also durchaus sein, dass ihr vielleicht über Jahre hinweg acht bis neun Stunden oder sogar mehr Schlaf benötigt, und die braucht ihr wirklich dann auch dringend.

Mit der Zeit gibt sich das wieder, und es kann genau das Gegenteil eintreten, nämlich dass ihr nur noch wenige Stunden benötigt und trotzdem leistungsfähiger seid als früher. Ihr habt dann Zugang zu anderen Energien, und die erlauben euch einen anderen Rhythmus, einen, der mit der Natur geht und nicht mehr gegen sie, mit der Natur eures Körpers und mit der Natur um euch herum. Leistungsfähiger bedeutet hier allerdings nicht schwere körperliche Arbeit, denn die verträgt nur der „dichte" Körper. Euer Körper wird immer „lichter" und damit nicht mehr so beanspruchbar. Dies wurde von der Wissenschaft auch prompt als Krankheit (CFS, Chronic Fatigue Syndrome) diagnostiziert. Doch das ist es nicht! Das ist es nicht! Dafür entwickeln sich geistige Gaben, die das mehr als wieder gut machen, denn sie erlauben mit der Zeit ein müheloseres Leben, so dass die körperliche Plackerei nicht mehr notwendig ist.

Mit der Drachenenergie ist auch ein Ansteigen der Lebensfreude gemeint, denn wenn ihr lichter werdet, eure Aufgabe findet, das Leben müheloser wird, gibt es viel mehr Grund zur Freude!

Drachenenergien wirken also um euch herum und in euch drinnen, und wenn ihr mehr über sie wissen wollt, dann leistet euch das Buch von Ava Minatti „Die Kinder des Drachen", denn darin sind viele Informationen über uns zusammengestellt worden.

Es grüßt euch in Liebe Kosmonati

Mit der Drachenenergie ist auch die weibliche Kraft der Schöpfung gemeint, die Kreativität, die in jedem Menschen steckt, egal, ob Mann oder Frau. Zieht man das Bild aus den Drachenlegenden heran: „Prinzessin muss aus den Klauen eines Drachen befreit werden", dann ergibt sich ein höchst interessantes Bild: Der Drache symbolisiert die starke Seite der weiblichen Kraft, und die hilflose Prinzessin, die schwache Seite. Mit dem Töten des Drachen wurde also die Stärke der Weiblichkeit getötet und dann der Rest als „Prinzessin" dem „Schutz" des Mannes anvertraut. Diesen Schutz benötigte sie auch, denn sie war ja ihrer Kraft beraubt.

Was geschah da im Mittelalter? Diese Legende erzählt den Übergang vom Matriarchat zum Patriarchat. Das Aufflackern der alten Kräfte in Form der „Hexen" und Hexer wurde systematisch beseitigt, so dass die weibliche Kraft nicht erwachen konnte. Sie wurde eingeschläfert oder, wie Maria es ausdrückte: Nur eine kleine Birne leuchtete weiter. Nur so konnte die Situation geschaffen werden, vor der wir heute stehen, und da sie sich in vielerlei Hinsicht nicht so angenehm gestaltet, ist nun die Zeit gekommen, die weiblich Kraft wieder aufleben, die Birne heller strahlen zu lassen.

Und da dieses notwendig ist, geschieht es auch. So hat alles seinen Sinn, selbst das.

Das soll nun nicht heißen, dass wir wieder ins Matriarchat verfallen, sondern dass sowohl im Mann als auch in der Frau beide Anteile, der männliche und der weibliche, gleichberechtigt nebeneinander existieren dürfen, ja sie müssen sogar zu einer Einheit verschmolzen werden. Dafür muss aber jeder seine Weiblichkeit selbst anerkennen und leben. Zu ihr gehört das Zulassen der Intuition jenseits des Verstandes. Sagt dir also die Intuition zum Beispiel: „Du musst dein Auto sofort anhalten und genau hier in den Wald gehen", und dein Verstand kontert sofort: „Was soll der Unsinn, dafür hast du keine Zeit", dann wird es Zeit, genau diesen Impulsen zu folgen, denn dort im Wald wartet vielleicht eine wichtige Erkenntnis auf dich, die dich weiterbringt und die du nicht hättest, würdest du deinem Verstand folgen. Also nimm dir die Zeit, deinen Impulsen zu gehorchen. Sie kommen von deinen spirituellen Helfern und deinem Höheren Selbst, das dich auf deinem Weg geleitet.

Wir können und dürfen also alle wieder lernen, dem ersten Impuls zu folgen, denn er ist es, der uns weiterbringt. Er ist es, der uns hilft, den Panzer, von dem Kosmonati spricht, wieder abzuwerfen. Das heißt nicht, dass du deinen Verstand ausschalten sollst, dafür wurde er dir nicht gegeben. Nein, beides darf und soll nebeneinander existieren und gleichberechtigt miteinander interagieren.

7. Über die Erde, von der Erde

Wasser

„Vielleicht, weil ich im Sternzeichen der Fische geboren bin, liegt mir das Wasser sehr am Herzen. Es ist das Blut unserer Erde. Die Erdoberfläche ist zum Großteil von ihm bedeckt, und unser Körper besteht ebenfalls zu einem großen Teil aus Wasser. Doch wie gehen wir mit ihm um? Respektvoll und voller Dankbarkeit? Leider oft nicht. Wir verschmutzen sowohl das Wasser der Erde als auch das Wasser des Körpers. Das Außen spiegelt das Innen, und umgekehrt."

Dies schrieb ich in meinem zweiten Entsäuerungsbuch zum Thema „Wasser":

Wasser
- behebt den Sauerstoffmangel im Organismus;
- wird als Transportmedium für die auszuschwemmenden Säuren benötigt;
- erfrischt, belebt und löscht wirklich Durst;
- hat eine fördernde „Schwingung", wenn es gutes Quellwasser ist;
- ist die Hauptsubstanz unseres Körpers;
- reinigt den Körper innen und außen;
- kann energetisch aufgeladen werden, was wieder dem Körper zu Gute kommt;
- ist Träger von Informationen, guten wie schlechten;
- versäuert den Körper, wenn es die falschen Stoffe enthält;
- macht Spaß, wenn man darin planscht;
- trägt den Körper wie schwerelos;
- ist bis zu 90% in Obst enthalten;
- fördert die Entsäuerung, wenn man darin turnt (Aquatraining);
- ist der Quell allen Lebens und auch der Gesundheit.

Diese Liste kann man noch beliebig verlängern. Wasser hat einfach phantastische Eigenschaften. So ist es die einzige Flüssigkeit, die sich ausdehnt, wenn sie friert. Außerdem bildet das Wasser Kristalle, wenn es eingefroren wird. Anhand dieser Kristalle kann man die Eigenschaften des Wassers ablesen, wie der japanische Wissenschaftler Masaru Emoto feststellte. Er belegte mit wissenschaftlichen (!) und damit weltweit anerkannten Beweisen, dass Worte, Gefühle und Gedanken sich auf das Wasser auswirken. Er belegte auch, dass Wasser noch immer schlechte Qualität hat, selbst wenn es chemisch gereinigt wurde, weil es die „Verschmutzungsinformationen" speichert. Sie müssen ebenfalls gelöscht werden, wenn es wieder völlig „rein" sein soll.

Das Problem, aber auch unsere große Chance, ist, dass alles Wasser der Erde untereinander und mit uns verbunden ist. So ist die Verschmutzungsinformation ebenfalls überall. Fangen wir jedoch an allen Ecken und Enden an, es zu reinigen, dann verbreitet sich diese „Nachricht" auf das gesamte Wasser, und es tritt eine größere Veränderung ein. Auch hier liegt sicher ein Geheimnis in der „kritischen Masse". Darin liegt die Chance: Schließen sich immer mehr Menschen zusammen und reinigen allein mit ihren Gedanken einen See, wie es Masaru Emoto bewiesen hat, kann dies im Großen auch funktionieren. Sobald genug Menschen ein entsprechendes Bewusstsein entwickelt haben, können wir daran gehen, unseren gesamten Planeten wieder zu säubern und das Paradies daraus machen, das er ursprünglich war.

Als ich 2003 auf dem Kryon-Channeling in Hamburg war, wurden uns Kristallbilder gezeigt, die Mr. Emoto erstellt hatte. Das Besondere an diesen war, dass die Anwesenden des Channelings vom Vorjahr (Masaru Emoto hatten einen Vortrag zu „seinem" Thema gehalten) ihre Energien und ihre Aufmerksamkeit durch Meditation auf eine Wasserprobe richteten, die Mr Emoto dann mitnahm und fotografierte. Die Bilder, die uns nun gezeigt wurden, zeigten etwas Erstaunliches: Meist bilden die Wasserkristalle sechs „Bäume" ringsherum. Dieses Wasser hatte jedoch einen siebten gebildet. Sieben ist als heilige Zahl bekannt, und mir scheint, hier wurde ein Zeichen gesetzt, ein Zeichen der Neuen Zeit. Bei solchen Channelings sind Menschen versammelt, die schon mitten in ihrem bewussten Klärungs- und Veränderungsprozess stecken und eine entsprechend hohe Schwingung aufweisen. Dies scheint sich in den Bildern widergespiegelt zu haben.

An dieser Stelle meldete sich Lady Gaia und teilte uns folgendes mit:

Liebe Menschen, hier ist Gaia, der Planet, auf dem ihr derzeit lebt. Viele von euch wünschen sich hier fort, weil ihr denkt, dass es anderswo schöner ist. Aber wie wäre es, wenn ihr die Schönheit anderer Planeten hierher bringt, indem ihr mit mir zusammenarbeitet? Dann werdet ihr nicht mehr fort wollen, denn ihr seid hier, um genau diese Art von Arbeit zu tun. Damit richte ich mich im Besonderen an die, die sich tatsächlich an die Schönheit ihrer Heimat noch erinnern, weil sie erst seit kurzem auf mir leben. Es ist wahr, euer Planet hat Schönheit. Doch seid ihr nun hier, und auch ich habe meine Vorzüge, denkt ihr nicht? Das, was euch hier nicht gefällt, hat in erster Linie mit dem zu tun, wie die Menschen hier leben, und nicht mit mir. Mir ist das klar, aber ist euch das auch klar? Ihr seid aber hier und jetzt als Mensch, also seid ihr mit euch selbst unzufrieden. Was könnt ihr also konkret tun?

Habt ihr keine Möglichkeit, Quellen aufzusuchen, so nehmt ein Glas Wasser oder legt euch in die Badewanne und schickt dem Wasser eure Liebe. Das Wasser ist das Transportmittel vieler Informationen. Schickt dem Wasser also eure Liebe, liebt das Wasser, damit liebt ihr mich. Selbst wenn es anfangs einfach nur ein Wort ist und das Gefühl noch nicht dahinter steht, reicht die Absicht. Schickt das Wort Liebe in das Wasser, und dann trinkt das Glas Wasser. Es wird euch verändern. Liegt ihr in der Wanne, so gebt ihr der Welt und den Menschen, die darauf wohnen, die Energie der Liebe, denn das Wasser legt einen langen Weg zurück in seinem Kreislauf. Diese Information geht im Kreislauf nicht verloren, denn sie ist in der feinstofflichen Struktur des Wassers gespeichert. Jeder Einzelne, der damit beginnt, bewirkt etwas. Er trägt dazu bei, den dichten Schleier um mich herum mit Liebe zu durchdringen und aufzulösen. Und so könnt ihr die Liebesschwingung an jeder Quelle verankern. Glaubt mir, das wird Veränderung bringen! Darum bitte ich euch durch dieses Channel.

In Liebe, Gaia.

Im Frühjahr 2004 hatte ich zahlreiche Quellen aufgesucht und herausgefunden, dass viele davon ausgetrocknet waren. Ich forschte nach den Ursachen, denn es lag nicht alleine an der Trockenheit von 2003, denn Quellen, die aus den Tiefen kommen, trocknen nicht so schnell aus. Sie spenden Wasser, das vor ca. 70 bis 90 Jahren als Regen zu Boden fiel und dann in den Boden sickerte, wo es sich irgendwo sammelte, nachdem es durch das Einsickern einen Filterungs- und damit

Reinigungsprozess durchlaufen hatte. Solche Quellen versickern nur, wenn ihre Sammelstelle sich leert, oder wenn ihre Quellbäume gefällt werden!

Der natürliche Fließ- und Aufenthaltszustand von Süßwasser ist eigentlich unterirdisch, das zeigen unter anderem riesige Unterwasserseen unter der Sahara. Warum ist das so? In der Sahara fehlen die Quellbäume, die dafür sorgen, dass das Wasser „nach oben gezogen" wird. Bäume holen sich bekanntlich ihre Nahrung, die Mineralien, aus dem Wasser, und dafür saugen sie es sozusagen in sich ein. Dieser Saugeffekt zieht das Wasser an. Nun gibt es unter den Bäumen solche mit höherer Schwingung als andere, sie können durch diese Schwingung das Wasser stärker „anlocken" als andere Bäume. Dieses sind die Quellbäume! Wie gesagt, kann dies nicht jeder Baum.

Bei jeder einzelnen Quelle, die ich ausgetrocknet vorfand, – und das waren erschreckend viele –, war der Quellbaum gefällt worden oder auf natürlich Weise umgestürzt. Letzteres allerdings nur in einem einzigen Fall. Wasser ist Leben, Wasser ist unser Überleben. Das wachsende Umweltbewusstsein und damit die wachsende Verbindung zur Natur, muss uns hier aufhorchen lassen, denn mit der einfachen Maßnahme des Pflanzens von Quellbäumen können wir sicherstellen, immer genügend Wasser zur Verfügung zu haben. Die besondere Schwingung solcher Bäume kann man durch verschiedene Maßnahmen erhalten. Eine ist, den Baumsamen in Wasser aus einer Quelle mit Heilkraft zu tränken. Eine andere, das natürliche Wasser eines erwachten Menschen hierfür zu verwenden. Vielleicht gehören noch mehr Maßnahmen dazu, bis die Quelle sprudelt, aber es wäre ein Anfang. Solche Aufgaben müssten Erwachte übernehmen, die durch ihre Intuition dann an Ort und Stelle erfahren, was noch zu tun ist, denn das kann von Ort zu Ort sehr unterschiedlich sein, da jeder Platz seine eigenen Qualitäten und auch seine eigenen Schwingungen besitzt.

Wie wäre es also, wenn du mit einer Gruppe zu einer versiegten Quelle fährst und dort zunächst eine Meditation durchführst, um zu erfahren, was zu tun ist? Es sollte eine geführte Meditation sein, damit sich alle auf die gleiche Schwingung einlassen können. Seht euch den Ort zunächst genau an, und lasst euch dann rings um den alten Quellbereich nieder. Zählt dann laut die Gruppenmitglieder ab, so dass jeder sozusagen für eine Zahl „zuständig" ist. Stellt euch dann vor, wie der Ort aussähe, wenn das Wasser dort wieder sprudeln würde. Stellt euch die

Frische der Bäume vor, das Murmeln des Wassers, die Feuchtigkeit in der Luft, die Geräusche der Tiere, den veränderten Bewuchs, zum Beispiel in Form von Moos. Trinkt in dieser Meditation von dem Wasser und erfreut euch an der Frische und an dem guten Geschmack. Ist es ein Ort, wo es wegen des Wassermangels schon lange keine Vegetation mehr gibt, dann stellt euch vor, wie es wäre, wenn das Wasser wieder käme. Nun seid ihr eingestimmt auf das, was werden soll. Bittet nun darum, gezeigt zu bekommen, was als nächstes zu tun ist.

Es kann sein, dass jedes Gruppenmitglied eine andere Information erhält, dafür sind die Zahlen da. Der mit der eins erhält die Anweisung, was als erstes zu tun ist. Der mit der zwei die nächste usw. Vielleicht haben auch alle die gleichen Informationen, dann ist es das, was ihr gemeinsam tun müsst. Vielleicht müsst ihr ja nur tönen oder andere Dinge tun. Vertraut darauf, dass Lady Gaia euch das eingibt, was an diesem Ort speziell zu tun ist, und dann tut es. Ohne Vorbehalte, ohne darüber zu diskutieren, ob es sinnvoll ist, ohne den Verstand einzuschalten. Hier ist die weibliche Intuition gefragt, und damit das Vertrauen darauf, dass es „richtig" ist, was ihr tut. Was auch an Anweisungen kommt, befolgt es, und wenn alles getan ist, was zu tun ist, dann verlasst den Ort wieder.

Wenn es nicht sein muss, dann kehrt nicht zurück, um auch zu kontrollieren, dass etwas geschieht. Lasst die Natur in Ruhe ihr Werk tun. Das ist das Schwere an der Lichtarbeit, auch wieder loslassen zu können, ohne dem Kontrollwahn zu erliegen. Lasst alles seinen Gang gehen. Bei dieser Art Arbeit gibt es kein Brüsten: Hier das habe ich (oder wir) getan. Die Arbeit wird einfach getan, und dann das nächste Projekt in Angriff genommen. Vielleicht kehrst du wirklich irgendwann zurück, um dich am Ergebnis der Arbeit zu erfreuen, doch meist wird dies nicht der Fall sein.

Auf diese Weise könnt ihr auch andere Orte wieder ihrer ursprünglichen Bestimmung zuführen. Das funktioniert nicht nur bei Quellen.

Möchte man übrigens, dass das Wasser auch weiterhin oberirdisch weiterfließt, also einen Bach oder Flusslauf bildet, müssen entlang des gesamten Verlaufs Quellbäume gepflanzt werden, denn sonst versickert das Wasser wieder und läuft unterirdisch weiter. Das muss gerade auch beim Städtebau in der Zukunft wieder berücksichtigt werden.

Das Versickern der Quellen sollte also nicht mit Sorge betrachtet werden, sondern als Chance, eine höhere Schwingung des Quellortes, und damit des gesamten Wassers dort zu erschaffen.

Da Wasser mit Musik in andere Schwingungen versetzt werden kann, wie Mr. Emoto an Hand seiner Wasserkristallfotografieren belegt hat, gehört zum Neuerschaffen der Quellen sicher auch Musik, also zum Beispiel das Tönen.

Was ist das, Tönen? Machst du eine Meditation, so kann es sein, dass unwillkürlich Töne aus dir heraus steigen wollen. Ist das so, dann lasse es zu und lasse alles erklingen, was in dir hochsteigt. Das ist Tönen. Die Heilkraft der Musik ist inzwischen hinreichend belegt und könnte dafür sorgen, dass wir Quellen neu erschaffen, die Heilkräfte aufweisen. Damit hätten wir eine weitere Methode, diesem Planeten Heilung zu bringen, denn die Heilschwingung würde sich ja auch überall dorthin ausbreiten, wohin das Wasser fließt. Welche Schwingung das Wasser erhält, ist demnach sehr davon abhängig, wer die Rituale dafür durchführt und welche Intentionen die Beteiligten mitbringen.

Der Anfang muss jetzt gemacht werden, nicht irgendwann später. Genau jetzt ist der Zeitpunkt zum Handeln gekommen. Sicher können auf diese Weise auch die trockenen Gebiete der Welt wieder fruchtbar gemacht werden, denn Wasser ist genug da, man muss es nur an Ort und Stelle bringen. Hat jemand die Möglichkeit und die entsprechenden Verbindungen, so kann er vielleicht in der Wüste die oben aufgeführte Arbeitsweise an den Tag legen und zusätzlich auch Quellbäume pflanzen lassen. Sie müssen allerdings vielleicht jahrelang gegossen werden, bis sie die Kraft entwickeln, ihr eigenes Wasser anzulocken. Das wäre an den Stellen sinnvoll, von denen schon bekannt ist, dass unterirdisch Wasser vorhanden ist. Im Vorfeld könnte man die Oasen untersuchen, die dortigen Quellbäume festlegen und untersuchen, unter welchen Bedingungen sie wachsen, ob vielleicht besondere Steine in der Nähe sind oder sonst noch Besonderheiten festzustellen sind, die man an anderen Plätzen dann nachahmen kann. Hier könnte ein neues Forschungs- und Tätigkeitsgebiet entstehen, das für viele Menschen nutzbringend wäre.

Um wieder respektvoll mit dem Wasser umzugehen, kann man eine ganze Reihe von Maßnahmen einleiten.

Als erstes kann man darauf achten, dass man kein Wasser verschwendet.

Dann kann man das Wasser benutzen, um seinen Körper innen (durch die Auslagebäder, siehe Kapitel „Reinigung des physischen Körpers) zu reinigen. Obwohl dabei das Wasser etwas verunreinigt wird, durch das Salz oder die Seife, wird uns das Wasser es insgesamt danken, denn reinigen wir uns innerlich, so hat das eine Auswirkung auf alles Wasser der Welt, das sich ebenfalls klären kann. Stell dir vor, dass mit der Reinigung deines Körpers nun eine kleine Stelle im Meer (vielleicht in Größe deines Körpers) wieder von Meerestieren bewohnbar wird, weil es dort nun sauber ist.

Fange an Quellwasser zu trinken, wenn du die Möglichkeit dazu hast. Von Hand selbst abgezapftes Wasser bewirkt eine veränderte Haltung gegenüber dem Blut der Erde. Oder energetisiere das Wasser auf andere Weise. Hierfür gibt es inzwischen zahlreiche Methoden.

Empfinde Dankbarkeit, dass es etwas gibt, das, in großen Mengen getrunken, die Gifte aus deinem Körper schwemmen kann. Danke bei jedem Glas dem Wasser.

Schreibe auf deine Wasserbehälter: Liebe, Dankbarkeit, Segen und Grüße. Die Schwingung dieser Worte richtest du damit auf das Wasser. Es wird dir dadurch besser schmecken und noch mehr im Körper bewirken. Und auch solche „kleinen" Maßnahmen wirken sich auf das große Ganze aus.

Wasche deine Wäsche nur mit Mitteln, die voll biologisch abbaubar sind. Es gibt zum Beispiel die sogenannten Waschnüsse aus Tibet, erhältlich bei den unten stehenden Adressen. Mit ihnen waschen die Inder schon seit Jahrhunderten und schaden damit ihrem Wasser nicht. Sonst wären die Gewässer Indiens allein durch die vielen Menschen wohl schon vollständig umgekippt. Starke Flecken schaffen die Waschnüsse nur mit Unterstützung anderer Mittel, aber verschwitzte oder verrauchte Kleidung wird damit einwandfrei.[13] Ich behandle jeden Fleck einzeln und nutze diese Tätigkeit, um meine Gedanken zu ordnen und Meditationen durchzuführen.

---

[13] Bezugsquellen:
1. CCV ges. Helmut M. Glöckler, Taunusstraße 27, 35792 Löhnberg, Tel.: 06571/98070, info@waschnuss.org.
2. Govinda-Versand, Waldstraße 18, 55767 Abentheuer, Tel.: 06782/989001, Govinda-Versand@t-online.de

Botschaften aus dem Wasser und über das Wasser

Passend zum Kapitel Wasser möchte jemand das Wort an euch richten, von dem ihr es vielleicht nicht erwartet. Mir jedenfalls erging es so.

Im Urlaub am Meer kontaktierte mich auf geistigem Wege eine Delfindame mit Namen Lara, die eine dringende Botschaft in dieses Buch einbringen wollte. Ich freute mich sehr über diesen Kontakt und auch über das, was uns Lara mitteilen wollte. Wie sie selbst sagt, ist auch sie ein Mitglied der Weißen Bruderschaft.

Botschaft der Delfindame Lara (gechannelt)

Im Buch von Claire Avalon, „*Die zwölf göttlichen Strahlen und die Priester von Atlantis*" fand ich eine Priesterin, die auf dem zwölften Strahl dient und ebenfalls Lara heißt. Sie ist Priesterin des atlantischen Wissens. Ob diese beiden Laras identisch sind, weiß ich nicht. Vielleicht sollte ich sie fragen?, dachte ich bei mir, und in dem Moment, als ich dies dachte, meldete sie sich wieder bei mir und meinte etwas schnippisch:

Wie wäre es, wenn du mich einfach fragst? In eine menschliche Inkarnation wollte ich nicht mehr, denn das liegt hinter mir, und normalerweise inkarniert niemand mehr, der die Inkarnationskette hinter sich gelassen hat. Da die Delfine und Wale jedoch eine so wichtige Rolle beim Aufstieg der Erde spielen, war es notwendig, dass sich bei diesem Volk (ja, es ist ein Volk) jemand von der Weißen Bruderschaft inkarniert, und ich übernahm freiwillig diesen Posten. Die folgende Durchgabe machte ich, damit die Menschen ein Bewusstsein dafür entwickeln, dass auch die Tierwelt sich mitentwickelt. Speziell die Delfine spielen eine Rolle, die sie ebenso freiwillig übernommen, und eine immense Wichtigkeit dabei haben, dass sich alle hier auf der Erde als Ganzheit, als eine Einheit ansehen. Nur mit gemeinsamer Anstrengung kann der Vorgang des Aufstiegs so gestaltet werden, dass er auch allen dient. Da er allen dienen soll, müssen auch alle daran mitarbeiten, jeder auf seine Weise und jeder so, wie er es mit seinen Gaben und Talenten eben kann. Die Delfine haben spezielle Talente, die dem menschlichen Körper und Geist nicht gegeben sind. Das werdet ihr bald erfahren. Ihr werdet auch he-

rausfinden, dass ihr uns braucht, und wir euch. Wir sind gegenseitig voneinander abhängig und bedingen einander. Nichts ist getrennt, nicht auf der Erde, und auch nicht anderswo. Alles ist eins und handelt auch so, auch wenn es oft anders erscheint. Doch nun hört, was ich meiner Partnerin in der Zeit, die sie für Urlaub hielt, durchgab:

Wie unter den Menschen auch, gibt es unter den Walen und Delfinen (Cetaceen) Wesenheiten, die schon sehr hoch entwickelt sind, und alle Stufen darunter bis hin zu jenen, die gerade erst anfangen, sich auf den Pfad zu begeben oder ihn noch nicht einmal betreten haben. Das liegt daran, dass auch bei uns Wesen von außerhalb kommen, die ihre Erfahrungen hier machen wollen, genau wie es auch unter euch Sternengeborene gibt, also solche, die noch nicht lange bei euch sind, und solche, die schon lange hier verweilen. Unter den Delfinen wurde allerdings die kritische Masse der spirituell Erwachten schon vor langer Zeit erreicht. Sie halfen mit am Umkehrpunkt der Erde (als ihre Schwingung am tiefsten war), sie wieder langsam zu erhöhen. Sie trugen mit dazu bei, dass die Erde ihren Aufstieg aus der tiefsten möglichen Frequenz beginnen konnte. Man kann die spirituelle Entwicklung der Menschen und der Delfine nicht getrennt ansehen, denn sie teilen sich den gleichen Planeten und sind daher miteinander verbunden. Sowohl räumlich gesehen, als auch geistig. Wir teilen ein Morphogenetisches Feld, das eine spezielle Schwingung enthält, eine Schwingung der Bewusstheit: „Ich denke, also bin ich!", wie es eure Philosophen ausgedrückt haben.

Das Bewusstsein auf diesem Planeten hat mehrere Ebenen, und auf einer der höchsten Ebenen tummeln sich die Delfine. Oder zumindest eine gewisse Menge von ihnen. Wie du, Patrizia, schon vermutet hast, war diese kritische Masse erreicht, als der Umkehrpunkt der Erde zurück in die Fünfte Dimension fällig war. Diese Ereignisse fielen zusammen, und das nicht zufällig. Dieser Umkehrpunkt ist allerdings schon sehr lange her. Die meisten glauben, dass der Aufstieg erst jetzt beginnt, doch in Wahrheit begann er vor langer Zeit, in einer Zivilisation, die euch nun nicht mehr bekannt ist. Es war allerdings so, dass dieser Aufstieg nur sehr langsam vonstatten ging, weil nicht genügend Menschen und Delfine weit genug entwickelt waren, um einen raschen Aufstieg zu gewährleisten. Es reichte für den Umkehrpunkt, doch für nicht viel mehr. Es kam immer dann zu einer kleinen Beschleunigung, wenn ein Mensch oder ein Delfin seinen Lichtkörperprozess durchlaufen hatte oder ihn überhaupt begann, da dieses Energie freisetzt, und Energie ist für den Aufstieg nötig. Und es waren ja in den letzten paar tausend Jahren der menschlichen Geschichte einige. Sie sind heute die Aufgestiegenen Meister, und im Laufe der Zeit wurden es immer mehr. So ähnlich ist es auch bei uns hier gewesen, nur dass wir von Anfang an mehr spirituell hoch entwickelte Wesenheiten hatten. Das soll keine Aufwertung unsererseits bedeuten, denn es liegt daran, dass wir im Wasser leben.

Eine Beschleunigung nach oben war auch immer dann gegeben, wenn eine Zivilisation unterging (Energiefreisetzung!), denn dann konnte eine neue Zivilisation mit einer höheren Schwingung wieder von vorne anfangen. Dieses Potenzial war auch diesmal gegeben, doch habt ihr euch anders entschieden! Die meiste Energie wird jedoch frei, wenn eine kritische Masse entscheidet: Nun ist es genug, wir sind reif für den Aufstieg, und zwar ohne Untergangsszenario, sondern mit bewusst freigesetzter Transformationsenergie. Sie bringt Beschleunigung, und zwar in einem Tempo, das ihr alle heute schon spüren könnt. Euer Zug in Richtung Aufstieg hat sich nun in einen ICE verwandelt, der ordentlich Gas gibt. Er hat noch nicht seine Höchstgeschwindigkeit erreicht. Dies ist ca. um 2012/13 möglich. Und dann fällt die Entscheidung, ob ihr den Zug in ein Flugzeug verwandelt, das wiederum höhere Geschwindigkeiten (und somit auch andere Orte!) erreichen kann als der ICE! Die Entscheidung liegt bei euch und auch bei uns! Sprecht mit uns darüber, bitte.

Da das Projekt Erde so wichtig war, wollte man nichts übereilen, weshalb es absichtlich nur langsam voranging. Doch nun hat die Menschheit eine kritische Masse erreicht, und das bedeutet eine enorme Beschleunigung „nach oben", auch für uns hier im Wasser. Warum wir hier im Wasser schneller eine kritische Masse erreichen konnten, hat mit dem Element Wasser direkt zu tun. Das Salzwasser reinigt ständig unsere Energiekörper, so dass wir von Anfang an nicht so mit „dunklen Stellen" belastet werden konnten. Daher war es für uns etwas einfacher, uns geistig schneller zu entwickeln. So war es auch geplant. Wir wurden vom Sirius hier angesiedelt, um den ganzen Prozess des tiefer Sinkens in die Materie und dann das Wiederaufsteigen vor Ort zu überwachen, und tatkräftig daran teilzunehmen.

Spirituelle Entwicklung ist nicht von einer Zivilisation abhängig, wie ihr sie entwickelt habt. Nur weil wir im Meer leben und keine Städte bauen, heißt das nicht, dass wir nicht intelligent sind und uns nicht unserer

Selbst bewusst sind. Das Selbst-Bewusstsein ist der Anfang der spirituellen Entwicklung: Die Selbsterkenntnis: Das Erkennen des „Ich-Bin". Erkenne ich, dass ich bin, fange ich an zu fragen, warum ich bin. Ich frage nach dem Sinn und Zweck meines Hierseins, und das ist der Anfang des Wegs zurück. Einige finden diesen Weg schneller, einige langsamer. Ihr habt den Weg trotz anfänglicher Langsamkeit erstaunlich schnell zurückgefunden, und das war die Hoffnung dieses Projektes, und darum werden andere kommen und euch fragen, wie ihr das gemacht habt. Seid nicht überrascht, wenn eines Tages ein Raumschiff hier auftaucht, das wie in dem Film „Star Trek, Flug in die Vergangenheit" mit Cetaceen besetzt ist und bei euch lernen will, denn auch die Cetaceen anderer Planeten können noch von euch und uns lernen. Die Frage, die dann diese Wesen stellen, ist nicht, ob noch andere Cetaceen hier sind, wie in dem Film, sondern die Fragen lauten: „Wie können auch wir den Weg zurück schneller finden? Könnt und wollt ihr uns auf unserem Weg helfen? Wo geht es bitte entlang?" Hilfreich wäre es allerdings für euch, wenn ihr uns bis dahin nicht ausgerottet hättet, denn das würde eure Entwicklung wieder sehr in Frage stellen, doch nun, da ihr wisst, wie es aussieht, werdet ihr dafür sorgen, dass sich etwas ändert, da bin ich sicher.

Jeder Mensch, der den Lichtkörperprozess bewusst unterstützen möchte, sollte Aufenthalte am Meer nutzen, um so viel wie möglich zu schwimmen und nicht nur ein wenig plantschen, sondern wirklich schwimmen, weil die gleichmäßige Strömungsbewegung am Körper entlang den Reinigungsprozess fördert. So wie beim Duschen die Seife abgespült wird, so wird der angesammelte „Dreck" in den feinstofflichen Körpern abgewaschen. Wenn du nicht jeden Tag ans Meer kannst, dann tut es ein Swimming Pool genauso, doch die Wirkung im Salzwasser ist am größten. Ansonsten sollte man eine Badewanne fleißig benutzen, und darin etwas Meersalz auflösen. Hier ist der Rat von Mutter Maria hervorragend, den sie in dem Buch: „Mutter Maria in ihren eigenen Worten" (Ileah, Edition Sternenprinz) gibt: Tauche jeden Tag den Kopf ganz unter Wasser, dann ist die Reinigung wirkungsvoller, denn gerade im Kopfbereich sammeln sich viele Schlacken an.

Wir Delfine warten schon ungeduldig darauf, dass die Menschen bereit sind, mit uns Kontakt aufzunehmen, und dieses nicht nur durch die „Kanäle", wie diesen hier, sondern auch direkt. Unsere Sprache ist nicht so sehr schwer zu erlernen. Wir sind auch bereit, eure Sprache zu erler-

nen. Wenn der richtige Zeitpunkt gekommen ist und die dafür vorgesehenen Menschen mit der passenden Absicht ans Meer kommen, werden Abgesandte von uns sie kontaktieren und mit ihnen auf freiwilliger Basis zusammenarbeiten. Der weltweite Meditationstag am 8. Mai 2004, an dem auf geistiger Ebene mit uns Kontakt aufgenommen wurde, war für uns ein deutliches Signal, und so werden nun einige junge Delfine in den nächsten Jahren darin ausgebildet, diese Kontaktaufnahme durchzuführen. Wir haben schon sehr lange auf dieses Signal gewartet und sind sehr erfreut, dass es zum richtigen Zeitpunkt kam. Bildet auch ihr euere Kontaktleute aus?

Im Namen aller Delfine möchten wir euch sagen: Obwohl wir von euch immer wieder verfolgt und getötet werden, durch Walfang, durch Fischernetze usw., wir also eine gewisse Verlustrate durch die Menschen haben, lieben wir euch. Wir lieben euch, wir lieben euch, wir lieben euch!, denn wir wissen, dass ihr alle an dem großen Projekt beteiligt seid und alles im Sinne des göttlichen Willens geschieht. Wie auch bei euch Menschen, wissen noch nicht alle Cetaceen von dem großen Projekt. Dieses erfährt und erkennt man im Herzen erst, wenn man einen gewissen Entwicklungsstand erreicht hat. Das ist auch bei uns noch nicht bei allen Wesenheiten der Fall, wenn auch das Gefälle zwischen hoch entwickelten und noch sehr niedrig schwingenden Wesenheiten bei uns längst nicht so groß ist wie bei euch. Es gibt also auch bei uns Wesenheiten, die Wut empfinden über das, was ihr uns antut. Werden also Cetaceen von euch angegriffen, so kann es vorkommen, dass sich die betreffende Wesenheit in ihrem Zorn wehrt, so ähnlich wie es bei Moby Dick geschildert wird, doch da wir insgesamt eine friedliche Rasse sind, geschieht das nicht sehr häufig, und mit der beginnenden Zusammenarbeit zwischen unseren Völkern werden sich solche Vorfälle kaum noch ereignen und mit der Zeit völlig aufhören, da durch die Beschleunigung des Aufstiegs auch bei uns immer mehr und immer rascher spirituelle Entwicklung stattfindet. Jeder von uns, der sich auf den spirituellen Pfad begibt, also nach innen sieht und die Weiten dort drinnen und die Verbundenheit mit der göttlichen Liebe entdeckt, kann euch dann anschließend nur noch lieben für alles, was ihr tut, wirklich für alles, da ihr, und gerade ihr, genauso ein Ausdruck der göttlichen Schöpfung seid, wie wir es sind.

Diese Vorfälle fänden natürlich gar nicht statt, wenn ihr nicht zuerst angreifen würdet. Hier solltet ihr euch das weltweite Konzept, die Ceta-

ceen betreffend, einmal neu ansehen und zeitgemäße Richtlinien erstellen.

(Ergänzung vom 26.1.05 von Lara: Hiermit verkünde ich, dass unter den Cetaceen beschlossen wurde, uns in keiner Weise mehr zu wehren. Wir werden von nun an ein anderes Verhalten zeigen, und zwar alle. Das soll ein Zeichen von uns sein, um den Menschen beim Erwachen zu helfen. Das bedeutet auch, dass einige von uns freiwillig in den Tod gehen, solange bis ihr aufhört, uns zu töten. Dieser freiwillige Tod wird besondere Energien freisetzen, die Allem dienen, denn niemand hat größere Liebe als der, der sein Leben gibt für den Nächsten. Ja, diese Worte sind auch bei uns bekannt, denn sie beinhalten universelle Weisheit. Bitte versteht unser Zeichen und reagiert entsprechend!)

In der Zukunft wird es viele Möglichkeiten der Zusammenarbeit geben, und die Geburtshilfe bei Geburten von Menschenkindern im Meer ist nur eine von zahllosen Möglichkeiten, aber es ist eine, die wir besonders gerne machen, weil jedes neue Leben, gerade jetzt in der heutigen Zeit, aber auch generell, uns alle dem großen Plan wieder ein Stück näher bringt. Jedes neue Leben in der neuen Schwingung verankert diese und erhöht sie gleichzeitig wieder. Also, bringt eure werdenden Mütter ans Meer, wir werden ihnen helfen.

(Anmerkung von P. P.: Chris Griscom hat ein Buch über ihr sechstes Kind geschrieben (*Meergeboren* (z.Z. vergriffen)), das im Meer geboren wurde. Dieses Kind weist keine Geburtstraumata auf, konnte mit sechs Monaten laufen und erweist sich insgesamt als ein ganz besonderer Mensch. Jede Mutter, die das Beste für ihr Kind will, sollte sich überlegen, das Angebot von Lara und ihren Artgenossen anzunehmen.)

Und noch ein weiteres Gebiet, auf dem wir zusammenarbeiten können, möchten wir euch vorstellen, und zwar das Gebiet der Krankheitsdiagnose. Da wir über ein Ultraschall-Ortungssystem für unser Leben im Wasser verfügen, kann man dieses nutzen, um jede Disharmonie in einem Körper festzustellen. Jede kranke Stelle ist ein Hindernis im Energiefluss, und so auch im Fluss der Schallwellen. Das uns natürlich gegebenen System übertrifft jede mechanische Apparatur bei weitem und ist auch deshalb noch viel wertvoller, weil ein intelligentes Gehirn die Daten sofort auswerten kann, ganz ohne Computer. Wir können also Diagnosen stellen, woraufhin behandelt werden kann. Sobald also ein

Kontakt, ein direktes Gespräch, zwischen unseren Völkern möglich ist, könnt ihr auch eure Kranken ans Meer bringen, und auch ihnen werden wir helfen.

Das Einzige, was wir als Gegenleistung von euch fordern, genauso genommen sind es zwei Dinge, ist: Bitte sorgt dafür, dass die Meere wieder sauber werden, damit wir alle davon profitieren!!!

Das Zweite ist: Verfolgt uns bitte nicht mehr!!!

Das ist die große Bitte der Cetaceen an die Menschheit.

Es werden sich dadurch viele positive Dinge entwickeln. Stellt euch nur einmal vor, welchen Spaß wir beim gemeinsamen Sport haben können: Von Delfinrennen mit menschlichen Partnern angefangen, bis zum Surfen auf einem Delfinrücken. Wie viel Spaß können und werden wir zusammen haben! Wir sind eine sehr verspielte Spezies, und etwas mehr Verspieltheit könntet ihr auch gebrauchen, oder nicht?

Es gibt auch im Meer Orte mit besonderer Schwingung, die ihr Kraftorte nennt. Wir können euch dorthin bringen, so dass ihr auch mit den Kraftorten des Meeres arbeiten könnt. Das Meer weist noch ein paar Geheimnisse, Überraschungen, auf, die eure Vergangenheit und eure Zukunft betreffen. Wie wäre es mit archäologischen Ausgrabungen, die von Delfinen unterstützt werden? Sie können euch Sachen aus dem Meer holen, die ihr sonst nie zu Gesicht bekämt, weil es für eure Technik Grenzen gibt. Ihr könnt so eure Meere, die ja eine viel größere Fläche einnehmen als das Land, sehr viel besser kennen lernen.

Eine Zusammenarbeit zum gegenseitigen Vorteil wird die Erde in ihrer Entwicklung noch einmal einen Riesenschritt nach vorne bringen.

Im Meer liegt eure Vergangenheit, und im Meer liegt auch eure Zukunft. Und hier verkünden wir nun eine Nachricht, die euch aufhorchen lassen wird. Es gibt einen Menschen, der Atlantis wirklich entdeckt hat, auch wenn er seine These noch nicht einem großem Publikum vorgestellt hat. Er ist ein großer Heiler, und Heilung ist in Sachen Atlantis gefragt, nicht wahr? Wir Cetaceen bieten unsere Hilfe an, wenn ihr Beweise für seine Ansichten aus dem Meer holen wollt. Aber Atlantis liegt nicht unter dem Meer vergraben. Man kann es tatsächlich besuchen, und das wird wirklich Heilung bringen, nämlich, wenn ihr physisch dorthin könnt und nicht nur in euren Meditationen. Vor der Küste dieses Landstrichs sind unzählige Beweise im Meer verborgen, weil eine Flutwelle die damalige Kultur hinweggespült hat. Wir bringen euch diese Beweise. Lasst uns hier zur Heilung beitragen, denn auch die Cetaceen haben Wunden davongetragen, als Atlantis, metaphorisch gesehen, „unterging".

Eure Verbindung zum Meer ist viel enger, als ihr euch gemeinhin vorstellt. Habt ihr euch schon einmal Gedanken darüber gemacht, warum ihr das Bedürfnis habt, wenn ihr im Wasser seid, euer Körperwasser mit dem Wasser um euch herum zu vermischen? Das liegt daran, dass ihr aus dem Meer stammt, denn dort ist das ein völlig natürlicher Vorgang. Im offenen Meer ist das kein Problem, denn dort wird alles auf natürlichem Wege abgebaut. Da dies in euren Schwimmbädern nicht der Fall ist, müsst ihr Gift einsetzen, um abzubauen, was im Wasser landet. Dieses Bedürfnis ist eine Erinnerung an eure Herkunft. Die kleinen Kinder wissen das noch und kennen das gesellschaftliche, und durch die Abgeschlossenheit der Becken auch notwendige Tabu nicht und lassen ihrem Drang freien Lauf. Auf diese Weise vermischen sich übrigens die Schwingungen der Wesenheiten miteinander, und das Gefühl des Getrenntseins, des Abgetrenntseins von den anderen ist längst nicht mehr so groß. Überwindet eure Scheu vor euren eigenen Körpersäften, denn sie sind so natürlich wie ihr auch und gehören einfach dazu, sowohl aus biologischer als auch aus ganzheitlicher Sicht.

Das Gefühl der Trennung schwindet im Zeitalter der Spiritualisierung, und dazu sind viele Maßnahmen nötig. Nutzt eure Aufenthalte am Meer, um eure Schwingung durch euer Körperwasser dem Meer zu übergeben, denn damit erhöht ihr auch die Schwingung des Wassers als Ganzes, denn ihr seid die Träger hoher Schwingung! Dieses Channel haute es von einem so genannten Bananaboot, das mit großer Geschwindigkeit über das Meer brauste, und zwar genau an der Stelle, an der wir eine Botschaft im Wasser für sie hinterlassen hatten. Ihr wurde das später gesagt, aber nicht, wie wir die Botschaft dort hinterlegt hatten. Wir hatten dies durch unser Körperwasser getan, das wir am Abend vorher dort gelassen hatten. Wasser jeglicher Form ist Informationsträger! Daher könnt ihr auf diese Weise eure „Aufstiegsinformationen", eure erhöhte Molekulardrehung überall dort hinterlassen, wo ihr durch den entsprechenden „natürlichen Drang" dazu aufgefordert werdet.

Glaubt ihr nicht auch, dass ihr schon damit etwas verändert? Oh ja! Und bitte habt Freude daran!

Von uns Delfinen könnt ihr wieder lernen, was die Freude am Leben ausmacht. Irgendwie ist euch die Freude abhanden gekommen, am Leben zu sein. Das Leben als inkarniertes fleischliches Wesen ist etwas Besonderes, nicht jeder erhält so eine Gelegenheit. Ein fleischlicher Körper, egal ob als Delfin oder Mensch oder in einer anderen Form, ermöglicht wunderbare Erfahrungen der Freude und aller anderen Gefühle. In einem fleischlichen Körper kann man mit einer Intensität fühlen, die mit einem reinen Geistkörper nicht möglich ist. Das Leben ist ein Geschenk und eine Gnade, aber auch eine Verpflichtung, in erster Linie eine Verpflichtung zur Liebe und Freude sich selbst gegenüber, aber auch eine Verpflichtung dem Ganzen gegenüber.

In Liebe, Lara

Anmerkung von P. P.: Kurz nachdem ich die Durchgabe von Lara in den Computer gegeben hatte, lief der Film: *„Waterworld"* mit Kevin Costner. Ich wurde von der Geistigen Welt darauf aufmerksam gemacht, dass der Film eine Botschaft enthält, also sah ich ihn mit aufmerksamen Augen an und erkannte, worum es ging: In dem Film ist die Welt wegen der abgeschmolzenen Pole fast völlig von Wasser bedeckt, und die wenigen Überlebenden fristen ein karges Dasein auf künstlichen Atollen. Der Held der Geschichte ist ein Mensch, der Kiemen entwickelt, sich also evolutionär angepasst hat und am Ende auch nicht an Land geht, als sie es endlich finden, sondern aufs Wasser zurückkehrt.

Schon in der Bibel steht, dass die Welt einst völlig von Wasser bedeckt war. Es wird berichtet, dass der hohe Wasserstand vierzig Tage währte. Waren es vierzig Menschen- oder Gottesjahre? Es heißt ja, ein Tag Gottes währt 1000 Jahre der Menschen. Das wären dann 40.000 Jahre. Es gibt ja auch zahlreiche Hinweise auf hohe Wasserstandsmarken, zum Beispiel in südamerikanischen Gebirgen. Man erklärte sich das mit Landanhebung. Was ist aber, wenn das Wasser tatsächlich über vielleicht Jahrtausende so hoch stand? Was ist, wenn es auch damals Überlebende gab? Nur so können die Berichte ja zu uns gelangt sein. War die Welt wirklich über so einen langen Zeitraum von Wasser bedeckt, so hatten die Menschen Zeit genug, sich dem Wasser anzupassen.

Lebten also für lange Zeit die Menschen im Wasser und hatten auch die entsprechenden körperlichen Voraussetzungen herausgebildet? Und verließen einige das Wasser, als das Land langsam wieder auftauchte? Ist es das, was Lara meint? Dann wären die Zeugnisse vergangener Kulturen unter Wasser zu finden, und genau da hat man inzwischen schon viele Ruinen gefunden, zum Beispiel vor der japanischen Küste. Ich denke, wir dürfen gespannt sein, was da noch alles zu finden ist.

Vielleicht leben ja noch immer einige Menschen im Meer, da es alte Geschichten von „Meerjungfrauen" gibt. Gingen also nicht alle an Land?

Wie unsere Vergangenheit und die der Erde auch ausgesehen haben mag, sie ist viel interessanter, als die meisten Menschen derzeit noch glauben.

Botschaft von Lady Gaia (gechannelt)
Faszinierenderweise meldete sich an dieser Stelle nun Lady Gaia erneut, mit dem folgenden Kommentar:

Liebe Menschen, wer kann wissen, ob eure Welt einst völlig mit Wasser bedeckt war? Die Antwort lautet natürlich: Eure Welt. Was einige Wissenschaftler schon längst wissen, aber noch nicht publizieren, ist, dass es genauso war, wie oben geschildert. Durch eine entsetzliche Katastrophe, die durch die Menschen selbst veranlasst war, kam es dazu, dass ich einst völlig von Wasser bedeckt war. Der Zeitraum misst aber nicht in Jahrtausende, sondern dauerte Hunderttausende von Jahren. In dieser Zeit veränderten sich die wenigen überlebenden Menschen tatsächlich drastisch, denn es blieb ihnen nichts anderes übrig. Als das Land dann wieder auftauchte, weil das Wasser sich nach innen in den Planeten zurückzog (Wohin sonst könnte es wohl verschwinden? Nicht alles ist im Eis gebunden, dafür war es zu viel.), tauchte das Land wieder auf, und einige mutige Menschen stiegen aus dem Wasser. Es dauerte lange, bis sie gelernt hatten, sich auf dem Land zu bewegen, und viele gingen auch wieder zurück ins Wasser, weil das Leben an Land sehr mühevoll war.

Doch einige blieben, deren Nachkommen ihr seid, und nun seid ihr viel zahlreicher als die, die noch im Wasser leben. Oh, ja, ihr habt noch Verwandte im Wasser. Ob sie allerdings je wieder Kontakt mit euch aufnehmen werden, liegt ganz bei euch und eurer künftigen Entwicklung.

Liebe Menschen, im Meer ist ein Großteil eurer Vergangenheit aufgezeichnet, und dort liegen auch die Zeugen dieser Vergangenheit. Ihr werdet über gechannelte Bücher von dieser Vergangenheit erfahren und dann diese über eure Forschungen bestätigen können. Die Delfine haben ihre Hilfe angeboten, und die werdet ihr auch gut gebrauchen können. Lass euch gesagt sein: Euer Planet, so wie er heute ist, hat eine große Wunde von der damaligen Katastrophe. Oberflächlich ist diese Wunde verheilt, doch auf der feinstofflichen Ebene muss hier noch einiges an Heilung geschehen. Näheres dazu erfahrt ihr bald. Diese Wunde findet ein Echo in allen Seelen, die damals anwesend waren, und auch diese Wunden müssen geheilt werden. Das kann jedoch nur geschehen, indem ihr sie euch bewusst macht, und die Zeit dafür ist jetzt gekommen. Ihr werdet im Laufe eures Lichtkörperprozesses auch Szenen aus früheren Leben sehen, die mit dieser Geschichte zusammenhängen. Erst mit der Bewusstwerdung ist Heilung möglich, und zwar auf allen Ebenen und bei allen Beteiligten, einschließlich mir. Ihr seid hiermit aufgerufen, euch diese große Wunde in eurer Seele anzusehen, aber seid immer in dem Gewahrsein, dass alles, selbst das, seinen Sinn hatte und die Energie in den Erinnerungen an diese Geschehnisse gleichzeitig zu der Heilung der Wunde beiträgt. Es gibt Computerbilder von mir, die mich ohne Wasser zeigen. Dort könnt ihr zumindest die materielle Wunde mit eigenen Augen sehen und somit erkennen, dass es wahr ist. Solche Beweise für frühere Leben und deren Ereignisse werdet ihr nur selten antreffen können. Trotz allem liebe ich euch, eure Gaia.

Meditation zur Reinigung der Gewässer

<u>Arbeiten auf der Makroebene:</u>

Wie setzen wir nun die Bitte von Lara und ihren Artgenossen, die Gewässer zu reinigen, praktisch um?, werdet ihr nun vielleicht fragen, und hierzu gibt uns die geistige Welt eine Anleitung: Arbeitet einzeln oder in Gruppen (Gruppenarbeit potenziert die fließende Energie, wie ihr wisst), aber jeder Einzelne hat die Kraft, Macht und die Ermächtigung, sich an der Reinigung der Gewässer zu beteiligen. Nehmt nun ein Bild der ganzen Erde (vielleicht aus einem Atlas), auf dem gut die Weltmeere zu erkennen sind. Es sollte groß genug sein, dass mindestens auf die Fläche eines Meeres ein Glas Wasser passt, denn das sollt ihr darauf stellen. Dieses Glas Wasser steht symbolisch für alles Wasser dieser Welt, denn jeder Tropfen Wasser ist mit allem anderen Wasser verbunden, und indem ihr das Glas auf das Meer stellt, wird eine noch größere Verbindung geschaffen, in der Informationen fließen können. Welche Informationen fließen da? Nun, natürlich die, die ihr dem Wasser mitgebt. Es spielt keine Rolle, welches Meer ihr aussucht, denn erstens sind alle verunreinigt, und zweitens alle miteinander verbunden, sowohl geografisch als auch feinstofflich.

Die notwendige Meditation sieht nun so aus:
Hüllt das Glas Wasser visuell in eine Kugel aus weißem (reinigendem!) Licht. Die Kugel sollte auch im Inneren mit weißem Licht gefüllt sein, und haltet dieses Bild über einen Zeitraum von mindestens einer Stunde fest.

Die Meditationsgruppen sind hiermit aufgefordert, regelmäßig diese Reinigungszeremonie durchzuführen. Habt ihr dies nun schon etwas geübt, kann man die Wirkung noch verstärken, indem man visuell um die weiße Kugel eine grüne Kugel legt. Im Prinzip ist dies dann eine grüne Kugel mit weißer Füllung. Grün steht für Heilung, und Reinigung ist Heilung, denn die Gewässer sind krank, und ihr wisst dies.

Fühlt sich jemand aufgerufen, einen weltweiten Meditationstag zur Reinigung der Gewässer zu organisieren, so sollte er dies allen als Bild geben: Eine grüne Kugel mit weißer Füllung um das Glas Wasser gelegt.

Ideal wäre ein weltweiter Meditationstag, an dem dieses Bild für vierundzwanzig Stunden auf der ganzen Welt ausgestrahlt wird, das hätte eine durchschlagende Wirkung. Aber auch die Arbeit im Kleinen hat bereits eine große Wirkung, denn es werden dadurch Schwingungen in das Wasser gegeben, die es zur Reinigung auffordern. Das heißt, dem Wasser wird Hilfe zur Selbsthilfe, durch euren Willen zu helfen, geboten. Je mehr Menschen dies durchführen, umso schneller geht die Reinigung. Aber auch die ersten einzelnen Menschen, die damit anfangen, gaben dem Wasser den Impuls, sich zu helfen. Je weniger es sind, desto länger dauert es eben, und je mehr es sind, desto schneller wird etwas geschehen. Woran nun merkt ihr, dass sich etwas in den Meeren verändert? Ihr werdet es daran merken, dass erst das Mikroleben und dann auch größere Lebewesen in Bereiche zurückkehren, die ihr schon als verloren betrachtet habt.

Arbeiten auf der Mikroebene:
Wie man im Großen arbeiten kann, so kann man das auch im Kleinen tun. Unsere Zellwasser sind genauso verschmutzt wie die Gewässer der Erde, und möchte man sie klären, sind umfangreiche Reinigungsarbeiten nötig. Hierzu gehört eine Umstellung der Ernährung auf Biokost, eine dankbare Einstellung der Nahrung gegenüber, eine Reinigungsmethode zu finden, wie die Wiederherstellung des Säure-Basen-Gleichgewichts, usw.

Zur persönlichen Reinigung gehört jedoch auch das Ansehen der restlichen karmischen Erinnerungen durch Methoden wie der Angelina-Meditation (siehe Kapitel *Meditationen*) und ähnliche Maßnahmen. Jeder wird zu den notwendigen Schritten geführt, die gerade anstehen, darauf kann er sich verlassen. Begleiten kann man jedwede Reinigungsmethode dadurch, dass man regelmäßig einen Tag einlegt, an dem man sich selbst visuell in die grüne Hülle mit weißer Füllung (oder für den Anfang zum Üben nur in die weiße Kugel) hüllt. Ideal ist ein Tag in der Woche, an dem man fastet, und diesen Tag für die Umhüllung mit Weiß und Grün nutzt, denn jeder Fastentag ist ein Reinigungstag.

Botschaft von Kwan Yin (gechannelt)
Hierzu möchte die Geistige Welt sich ebenfalls äußern und zwar ist es diesmal Kwan Yin, eine Aufgestiegene Meisterin, die bisher in diesem Buch noch nicht zu Wort gekommen ist:

Liebe Menschen, ihr habt gerade erst begonnen, zu begreifen, wie wichtig das Wasser auf der Erde ist, denn in all eure Überlegungen habt ihr noch nie mit einbezogen, dass das Wasser für den Spiritualisierungsprozess, der meist Lichtkörperprozess genannt wird, eine immens große Rolle spielt. Da die Erde dafür geschaffen wurde, zunächst sehr niedrige Schwingung anzunehmen, damit sie später dann in höhere Regionen aufsteigen konnte, musste dafür ein Medium geschaffen werden, das dies möglich machte. Damit meine ich nicht, dass das Wasser erst hier geschaffen wurde, nein, Wasser gibt es im gesamten Kosmos, ich meine, dass die Erde einen so extrem großen Anteil an Wasser erhielt, damit die Senkung und anschließende Steigerung der Frequenzen überhaupt erst möglich gemacht werden konnte, denn nur das Wasser hat die notwendigen Eigenschaften, die dichtere Materie (und damit auch eure Kontinente) in so niedrige Schwingungen zu ziehen. Wasser hat noch viel mehr als die Eigenschaften, die aus der Physik bekannt sind. Es gibt auch eine feinstoffliche Physik, von der nur die Menschen, die tief in die Mathematik und Physik eingetaucht sind, eine erste Ahnung haben. Sie nennen sie schlicht „Gott". Irgendwann wird es auch ein Studienfach geben, das feinstoffliche Physik heißt, denn damit kommt man der wahren Funktion und Bedeutung der Dinge sehr viel näher als mit der herkömmlichen Betrachtungsweise.

Worauf ich hinaus will, ist Folgendes: Wenn Wasser das Medium ist, das die Schwingungsunterschiede mit ermöglicht (überlegt mal, wie viel Wasser ihr Menschen im Körper habt) und das gesamte All davon erfüllt ist, und außerdem alles Wasser miteinander verbunden ist, dann wisst ihr nun, warum der Aufstieg der Menschen mit der Erde in höhere Dimensionen bzw. Schwingungen sich auf das ganze All auswirkt. Das Wasser ist zumindest eine der Ebenen, auf der ihr mit „Allem-was-ist" verbunden seid. Natürlich gibt es noch mehr Ebenen. Aber diese ist für euch sehr bedeutend, denn wenn ihr eure persönlichen wie auch die Erdgewässer säubert, gebt ihr damit sauberere Schwingungen in das Ganze.

Und umgekehrt ist es das Gleiche: Die Verunreinigung wirkt sich ebenfalls auf „Alles-was-ist" aus. Verunreinigung ist nichts anderes als Frequenzensenkung. Auch diese hatte ihren Sinn, denn mit der Reinigung, die ihr nun angehen könnt, setzt ihr die Energie frei, die mit der Verunreinigung festgehalten wurde. Und das Erstaunliche daran ist, dass die Verunreinigung mehr Energie stauen kann als Reinheit, und damit selbst die Verunreinigung eurer Gewässer einen Sinn hatte, denn damit wurde ebenfalls Energie für den Aufstieg angesammelt. Das soll kein Freibrief sein, immer munter weiterzumachen, sondern soll euch aufzeigen, dass selbst das seinen Sinn hatte. Es hatte sogar mehr als einen Sinn, denn es führte dazu, euch vor Augen zu führen, dass ihr keine schmutzigen Gewässer wollt, sondern saubere, weil ihr erkannt habt, dass ihr davon krank werdet. Also hat es euch gezeigt, was ihr nicht wollt, und auch das ist wunderbar, findet ihr nicht? Die Verunreinigung der Gewässer hat dazu geführt, dass viele Menschen anfingen *aufzuwachen und sich dagegen zu wehren, systematisch vergiftet zu werden. All das hatte einen Sinn, doch nun ist es Zeit, diese Dinge wieder rückgängig zu machen, die Energie zu nutzen, die gesammelt wurde, und das tut ihr, das tut ihr!*

Zum Aufstiegsprozess gehört also auch die Reinigung der Gewässer und damit die Nutzung der frei werdenden Energie, die euch ebenfalls einen „Schubs" nach „oben" gibt. Und so gibt es viele Maßnahmen, die zu Frequenzsenkung und Energiestaus führten, und all diese Maßnahmen dürfen nun nach und nach wieder aufgehoben werden, weil sie ihren Zweck erfüllt haben. Hat man erkannt, worum es geht, kann man handeln, und Handeln ist nun angesagt!

Das war Kwan Yin mit großer Freude über diese großartige Zeit.

Kraftorte

Irgendwann im Lichtkörperprozess beginnen viele ganz automatisch, verstärkt in die Natur zu gehen, sie suchen sogenannte Kraftorte auf, weil dort der „Schleier" zu unserem Höheren Selbst, ja zum ganzen „Jenseits", „dünner" ist als anderswo. In meinem Fall besuchte ich sämtliche Quellen der Umgebung, Höhenzüge und die Wälder ringsherum. Ohne es damals zu wissen, nahm ich eine höhere Schwingung mit und hinterließ eine niedere, die in die Erde geleitet und dort weiter verwendet wurde, weil ich sie nicht mehr benötigte. Damit wird schon klar, was Kraftorte bewirken: **Sie steigern deine Schwingung**. Und sie verleihen deiner Schwingung auch eine eigene Qualität. So kann es notwendig sein, über einen gewissen Zeitraum immer einen bestimmten Ort aufzusuchen, bis es irgendwann nicht mehr notwendig ist, oder viele verschiedene. Was zu tun ist, wird dir deine Intuition verraten.

Das Wort „Kraftort" passt nicht so ganz, denn man denkt dabei instinktiv, dass die physische Kraft gesteigert wird, oder die psychischen Fähigkeiten sich steigern, aber es steigert sich „nur" die Frequenz deines Körpers, weil jeder Kraftort ein Ort der erhöhten Schwingung ist. Erreichst du diese Schwingung, nimmt der Platz eine andere Qualität für dich an. „Magischer Ort" wäre schon passender, doch auch das impliziert geheimnisvolle Vorgänge, und das ist auch nicht zutreffend. Es sind Orte der besonderen Energien, energetische Orte, das trifft es am besten.

Es gibt aufladende, abladende und neutrale Kraftorte. In den neutralen kann man zur Ruhe kommen, wenn die Entwicklung allzu heftig und schnell verläuft. Genau genommen werden wir immer wieder einmal gebremst, denn die neuen Schwingungen brauchen auch Zeit, um integriert zu werden, dann hat man oft das Gefühl des Stillstands.

Bei den aufladenden Orten geschieht genau das, was der Name sagt, man lädt sich mit Energie des Höheren Selbst und auch der Erde auf. Bei den abladenden Orten kann man all den Ballast loswerden, den man überflüssigerweise mit sich herumschleppt. Ich besuche öfter eine Quelle in meiner Nähe, und wenn ich dorthin gehe, habe ich schon einen Stammplatz (der Baumstumpf eines abgesägten Baumes). Dort setzte ich mich dann hin und warte ab, ob ich ein Kribbeln im linken Arm, beginnend in der Hand (ich lehne mich zurück und stütze mich mit beiden Händen ab), spüren kann. Es beginnt kaum merklich und wird dann immer stärker. Hier fließt dann Energie, die ich nicht mehr benötige, in die Erde.

Wir Menschen sind so etwas wie Akkumulatoren, die Energie über die Chakren aufnehmen, umwandeln und wieder abgeben. Sind die Chakren erst einmal in einer beschleunigten Phase, verstärkt sich auch dieser Akkumulationseffekt. Der menschliche Körper kann dann größere Mengen an Energie speichern, umwandeln und abgeben. Dieses Abgeben geschieht, indem man es einfach zulässt. Man muss gar nichts dafür tun. Das erledigt Lady Gaia schon für uns.

Diese Energie fließt also über den linken Arm in die Erde und wird dort für deren Aufstieg verwendet. Je weiter entwickelt der Mensch ist, umso mehr von dieser Energie kann abgegeben werden. Und je mehr Menschen der Erde bewusst Energie zuführen, umso schneller geht der ganze Prozess. Dazu wird Lady Gaia selbst noch etwas sagen. Die folgenden Angaben erhielt ich in Meditationen an den Kraftorten. Wenn man so will, „sprachen" diese Orte mit mir.

Alle Kraftorte, und ganz besonders die Quellen, sind Dimensionstore. Hier kannst du mit deinen Parallelexistenzen in Kontakt kommen. Überlege dir das aber gut, denn es beeinflusst die andere Existenz ja auch.

Jedes religiöse Heiligtum ist, im Grunde genommen, ebenfalls ein Kraftort. Entweder schon von vorneherein, dann wurde der Ort deshalb ausgewählt, oder dadurch, dass eben gebetet wird und entsprechend Energien gespeichert werden.

Jedes Marienheiligtum mitten im Wald ist zum Beispiel vom Ursprung her der Mutter Erde geweiht. Dies lebte in Mutter Maria fort. Der Platz wurde deshalb ausgesucht, weil er besondere energetische Qualitäten aufweist. Oft ist auch noch eine Quelle am gleichen Ort, der man dann prompt heilende Wirkungen nachsagt.

Jede Kirche, egal welcher Konfession, ist ein heiliger Ort, – ein Kraftort, was er durch die Kraft der Gebete wird oder vorher schon durch natürliche Gegebenheiten war.

Natürlich ist auch jede Höhle ein solcher Ort, denn dort befindet man sich im Schoße von Mutter Erde. Auch überhängende große Steine, unter die man sich zum Meditieren setzen kann, sind möglicherweise Kraftorte. Da musst du dich von deiner Intuition leiten lassen. Manche empfinden an einem Ort gar nichts, und andere wieder sind vom gleichen Ort und seiner Qualität sehr inspiriert. Das hängt von der eigenen Schwingung und der Resonanz zu dem betreffenden Platz ab. Daher hat es wenig Sinn, dorthin zu gehen, wohin alle anderen gehen, denn vielleicht ist für dich dort gar nichts zu „holen". Lass dich von deinem Höheren Selbst zu den Plätzen führen, die für den jeweiligen Stand deiner Entwicklung gerade richtig und wichtig sind.

Nicht nur tief in der Erde, sondern auch in luftiger Höhe kannst du einen Schritt in deiner Entwicklung tun, denn Bergeshöhen haben bekanntlich eine besondere Aura. Der weite Ausblick lässt einen tiefen Blick ins eigene Innere zu, und auch auf Höhenzügen gibt es magisch-energetische Orte. Sehr alte Bäume sind ebenfalls solche Kraftplätze.

Alle Kraftorte zusammen, egal ob es nun ein alter Baum oder etwas anderes ist, bilden ein energetisches System, das durch „Tunnel" miteinander verbunden ist. Man kann es sich so vorstellen wie in der SF-Serie *„Stargate"*, wo durch Wurmlöcher Verbindungen zu anderen Welten hergestellt werden. In unserem Fall sind die Tore entweder Verbindungen zu anderen Orten auf der Erde (einem oder mehreren), oder auch zu anderen Welten. Die sind aber selten und besonders geschützt.

Der Unterschied zu Stargate ist, dass (momentan noch) nicht der Körper hindurchreisen kann, sondern nur der Geist. Die meisten Menschen sind aber nur in der Lage, eine Botschaft hindurchzuschicken, ohne Antworten vernehmen oder sehen zu können, was auf der anderen Seite ist. Beim derzeitigen Entwicklungsstand der meisten Menschen ist das auch gut so. Je weiter wir uns jedoch entwickeln, umso mehr können wir diese Tore nutzen, und umgekehrt. Diese Orte können nicht missbraucht werden, weil sie nur mit bestimmten Frequenzen zugänglich sind, und die kann man nicht mit Technik herstellen, sondern nur erreichen, indem man den eigenen Körper dazu benutzt, und dafür sind umfangreiche Klärungsvorgänge nötig. Jeder, der diese Vorgänge durchläuft, erlangt auch den Reifegrad, „richtig" mit diesen Orten umzugehen. Zu diesen Vorgängen gehört das Wiedererwachen des Respekts vor Mutter Natur, die Liebe zur Natur und der unbedingte Wille, sie zu schützen und sie vor Missbrauch zu bewahren.

Technische Versuche, entsprechende Frequenzen zu finden und zu nutzen, setzen ebenfalls diesen Entwicklungsstand des Forschers voraus. Man könnte sagen, dass vor diesen Toren eine Art Schutzschild existiert, der nur mit entsprechendem Bewusstsein durchdrungen werden kann, und ehrlich gesagt, bin ich darüber sehr froh.

Es gibt nun auch verschiedene Ebenen dieses Torsystems. Bäume sind zum Beispiel hauptsächlich mit anderen Bäumen verbunden. (Hier empfehle ich das Buch *Die Artuslinde* von Manuela Tietsch, die diesen Torgedanken in einen wunderbaren Roman verarbeitet hat, der im Mittelalter und in der Jetztzeit spielen. Frau Tietsch benutzt Schlüsselworte, die die Seele für bestimmte Erfahrungen „aufschließt", Erfahrungen, die mit der Sehnsucht nach Liebe zu tun haben.) [14]. Die Kirchen gleicher Konfession stehen ebenfalls untereinander in Verbindung, usw. Zwischen den Ebenen gibt es wieder Verbindungstore, also kann zum Beispiel eine sehr alte Kirche, die auf einem keltischen Wasserheiligtum steht, sowohl Verbindungen zu anderen Kirchen als auch zu anderen Wasserheiligtümern aufweisen. Hier gäbe es ein wunderbares neues Forschungsgebiet, das uns die Naturkräfte und das Funktionieren unseres Planeten sehr viel näher bringen würde.

Eines Tages wird es uns möglich sein, durch diese natürlichen „Stargates" tatsächlich auch körperlich zu reisen, mit minimalem technischem oder vielleicht rein geistigem Aufwand, und ohne die natürlichen Wirkweisen außer Funktion zu setzen oder irgendwelchen Schaden anzurichten. Das setzt aber eine gründliche Erforschung und einen gewissen spirituell-technischen Stand voraus. Und es setzt voraus, dass wir die Natur nicht länger zerstören, denn damit zerstören wir auch dieses

---

[14] Gudrun Strüber, Fabulosoverlag, Fabrikstraße 20, 37434 Bilshausen

erdeigene Wurmlochsystem. Und es setzt auch voraus, dass zwischen den Religionen ein Konsens und eine Zusammenarbeit entstehen, ein Miteinander und nicht ein Gegeneinander, so dass in der Zukunft ein Mensch zum Beispiel eine Kirche in München betreten und nur wenig später eine Moschee in Jerusalem verlassen kann. Wäre das nicht eine wunderbare Reisemöglichkeit, ohne Auswirkungen des Jetlags? Es setzt weiterhin voraus, dass man die Heiligkeit all dieser Orte anerkennt, gemeinsame Verhaltensweisen entwickelt, wie man sich dort zu verhalten hat, sodass der spirituelle Aspekt solcher Orte nicht verloren gehen kann, sondern, im Gegenteil, voll unterstützt wird. Unter Etikette verstehe ich, dass alle solcherart heiligen Orte mit Respekt behandelt werden, indem sie zum Beispiel barfuß betreten werden, wie es in manchen Religionen ohnehin schon praktiziert wird.

Wie in dem Roman *Die Artuslinde* geschildert, können derartige Tore auch in andere Welten, vielleicht sogar in andere Zeiten, führen. Im keltischen Glauben wird von der Anderswelt erzählt, in der die Feen, Kobolde, Zwerge und andere mythischen Geschöpfe leben bzw. sich nun völlig zurückgezogen haben, und zwar so lange, bis wir wieder einen Bewusstseinsstand erreicht haben, der einen Kontakt erneut erlaubt. Das wäre eine Bereicherung für alle Dimensionen und alle Wesenheiten, da bin ich sicher!

Dazu gehört zunächst einmal die Anerkennung, dass es solche Ebenen der Existenz gibt, und allein daran scheitert es momentan noch, doch sind wir auf bestem Weg, das alte Wissen wiederzuentdecken und neues hinzufügen, sodass die Wiederaufnahme des Kontaktes kein Schritt zurück ins Mittelalter ist, sondern ein riesiger Schritt nach vorne in eine gemeinsame neue Zukunft. Wie würden wohl Gärten aussehen, die mit Hilfe und Wissen solcher Wesen entstehen? Es gibt sie ohnehin, denn sie pflegen alle Pflanzen, doch wenn wir all dies nun bewusster tun, wenn wir sie um Hilfe bitten und ihre Ratschläge auch berücksichtigen, könnte jeder Garten, jede Anlage ein zauberhafter Ort sein.

Betrittst du nun solch einen heiligen Ort, egal welcher Art, so bedenke bitte, dass alles, was du sagst, fühlst, denkst oder dort tust, in das ganze System übertragen wird.

Stell dir dort vielleicht vor, wie du die Welt gerne hättest, ohne Sorgen, ohne Kummer, als glückseligen Ort. Solcherart Gedanken sind für die Neue Zeit passend und für die energetischen Plätze.

Um jede Quelle oder anderen Kraftort befindet sich eine Art Blase. Die Grenze zu dieser Blase kannst du spüren, wenn du dich näherst, in einigen Metern Abstand die Augen schließt und dich langsam vorantastest. Der Körper gibt meist ein eindeutiges Zeichen in Form eines Körper-Gefühls, sodass du diese unsichtbare Grenze erkennen kannst. Innerhalb solcher Blasen scheint die Zeit ein wenig anders zu verlaufen, denn ich konnte immer wieder feststellen, wenn ich wieder am Auto war (Uhr nehme ich prinzipiell keine mit), dass viel mehr Zeit vergangen war, als ich subjektiv dachte. Es geht aber um mehr als um subjektives Empfinden. An einem Marienheiligtum in meiner Nähe führte ich zum Beispiel im August 2004 eine Meditation durch. Ich schätzte, dass ich eine halbe Stunde dafür brauchte. Das Auto stand fast daneben, als ich wieder dort war, war ich sehr verblüfft: Es war eine geschlagene Stunde vergangen. Es ist fast ein wenig wie das „fehlende-Zeit-Phänomen" in UFO-Sichtungsberichten. Allerdings bildet ein Mensch in Meditation selbst so etwas wie einen Kraftort, und schon deshalb können ungewöhnliche Zeitphänomene beim Meditieren auftreten.

Das liegt an der beschleunigten Schwingung, denn sie hat auch eine Beschleunigung der Zeit zur Folge, wie wir ja selbst auf der ganzen Welt beobachten können. Man könnte sagen, die Erde selbst ist nun eine Art Kraftort im Universum geworden, weil sie ihre Schwingung ständig erhöht und dies immer schneller geschieht. So wie ein Kraftort die Menschen magisch anzieht, so werden nun auch Außerirdische von der Erde magisch angezogen…

Jeder, der einen Kraftort aufsucht, sollte das mit dem größtmöglichen Respekt tun, denn dort leben oft Wesen, die ihn hüten. Es herrschen dort andere Energien, was man im Wald manchmal am Baumwuchs feststellen kann. Vielleicht gibt es einen Ort in deiner Nähe mit vielen Krebswucherungen an den Bäumen, oder an einer bestimmten Stelle neigen sich die Bäume der Energie zu oder von ihr fort. Vielleicht sind die Bäume auch kreisförmig oder sonst außergewöhnlich angeordnet, und/oder der Ort ist mit markanten Steinen oder Steinformationen „gekennzeichnet". Solche Plätze solltest du dir näher ansehen und vor allem „erfühlen". Sieh dir Bäume mit außergewöhnlichen Wachstumsanomalien an, zum Beispiel einen Ast, der sich quer zu den anderen mit senkrechten Stämmen verwachsen hat, oder ähnliches. Du wirst feststellen, dass es so etwas wie „Mutterbäume" gibt, die eindeutig eine besondere Stellung einnehmen. Nötig ist nur, mit offenen Augen die Natur zu betrachten.

Immer wenn du einen solchen Platz erkennst und besuchen willst, solltest du dir ein gewisses Zeremoniell angewöhnen. Als erstes solltest du um Erlaubnis bitten, eintreten zu dürfen. Stellen sich keine negativen Empfindungen ein, so bist du willkommen. Rieseln zum Beispiel in einer Höhle jedoch ständig Steinchen und Sand auf deinen Kopf, solltest du gehen, dann bist du in diesem Moment nicht willkommen, und das sollte unbedingt respektiert werden. Vielleicht peitschen dir die Äste eines Baumes dort gerade „zufällig" ins Gesicht, auch dann bist du nicht willkommen. Achte einfach auf die Zeichen der Natur, und dabei lernst du gleichzeitig wieder ihre Sprache.

Solche besondere Orte kann man in jedem Wald finden, man muss nur auf die Sprache der Natur achten. Neigt sich zum Beispiel ein Ast oder ein ganzer Baum, so dass er eine Art Tor bildet, so ist dort auch eines, und man betritt heiligen Boden. Oft ist ganz klar erkennbar, an welcher Stelle man stehen bleiben muss, um Einlass zu bitten, zum Beispiel durch einen „Fragestein" am Boden oder Ähnliches. Dann solltest du ihn auch benutzen.

Darfst du nun eintreten, so tue es fühlend, also mit bloßen Füßen und im Ballengang (der stellt sich automatisch ein, wenn du barfuß läufst). Suche dir nun einen Platz und lasse dich bequem nieder. Begrüße den Wächter des Ortes, und/oder lasse eine kleine Gabe da. Das kann ein Apfel oder etwas Derartiges sein. Es könnte auch eine Feder oder ein anderer Gegenstand sein, den du zuvor gefunden oder auch mitgebracht hast. Es sollte sich nur um etwas Natürliches handeln. Übrigens, wenn du Federn auf deinem Weg findest, ist das keinesfalls ein Zufall, denn sie wurden dir sozusagen in den Weg gelegt, und zwar als Zeichen deiner Engel, dass du auf dem richtigen Weg bist. Es sind Zeichen ihrer Liebe zu dir, und so solltest du die Zeichen auch behandeln. Manchmal sind sie für dich bestimmt, dann nimm sie mit nach Hause, manchmal aber eben auch nicht, dann lasse sie da, wo du das Gefühl hast, dass sie hin sollen. Es kann auch etwas anderes als Federn sein, zum Beispiel ein Stein in Form eines Herzens, oder Ähnliches. Lass dich überraschen. Lass Lady Gaia mit dir sprechen!

Führe eine Meditation aus, wenn du möchtest, vielleicht eine, die du dir vorher überlegt hast, oder lasse dich von deiner Intuition leiten und warte ab, was kommt. Du kannst aber auch einfach in den Ort hineinhorchen (also genau genommen in dich), um zu sehen, ob da eine Botschaft auftaucht. Die Botschaft kann zum Beispiel einfach aus einem Lied bestehen, dann solltest du dir den Text genau ansehen und für dich Schlüsse daraus ziehen. Es kann ein Gefühl sein, dem du auf den Grund gehen kannst, es können Körperempfindungen sein, usw. Es können auch Rufe von Tieren oder Windstöße sein. All das kann eine Botschaft enthalten. Bist du vielleicht noch nicht fertig, mit dem, was du erledigen sollst, so kann es sein, dass ein Wind dir entgegenbläst, um dich aufzuhalten. Beziehe diese Dinge ruhig auf dich, denn Lady Gaia weiß genau, was auf ihr geschieht und wer da gerade über sie wandelt.

Sei achtsam und beobachte wie ein neutraler Beobachter genau, was geschieht, dann erkennst du auch, wann du den Ort wieder verlassen solltest. Das kann ebenfalls ein heftiger Windstoß, etwa in den Rücken, sein, oder eine Schar Insekten, die plötzlich um dich herumschwirren und auf dir herumkrabbeln, oder aber dir wird ungemütlich kalt. All das sind Hinweise, die es gilt, wieder zu verstehen. Sobald du dich nicht mehr wohl fühlst, solltest du das respektieren und wieder gehen. Aber nicht, ohne dich zu bedanken, dass du verweilen durftest, und auch nicht, ohne dich wieder zu verabschieden. Du kannst es in Gedanken tun, mit einer Verbeugung oder einem Kniefall. Tue das, was dir in diesem Moment richtig erscheint.

Du kannst es dir auch einfacher machen und darauf achten, wo eine kleine Kapelle mitten in der Natur steht, oder ein Kreuz oder ein Bildstock, und solche Plätze für Meditationen nutzen. Auch Gebete sind Meditationen und widersprechen ganz und gar nicht der Neuen Zeit, im Gegenteil.

Kraftorte kann es sogar mitten in der Großstadt und/oder in einem Park geben. Das ist jedoch eher selten. Vielleicht ist *dein* magischer Platz auch einfach „nur" ein alter Baum, der irgendwo einsam oder in Gesellschaft herumsteht. Finde „deinen" Kraftort und habe keine Scheu, ihn zu nutzen, denn dafür ist er unter anderem nämlich da. Oft genug spürst du an dem Ort gar nichts und denkst: „Was hat mir das gebracht?" Ich habe die Erfahrung gemacht, dass die Wirkung oft erst später eintritt, vielleicht auf dem Heimweg eine Melodie oder neue Gedankengänge auftauchen. Hier heißt es, achtsam sein und geschehen lassen, was geschieht.

Verspürst du einen natürlichen Drang, Wasser zu lassen, dann tue das getrost dort, wo du den Drang verspürst, denn das ist eine Aufforderung von Mutter Natur, dort deine Schwingungen zu hinterlassen. Abladende Kraftorte erkennt man oft daran, dass dort nicht nur Urin gelassen wird, sondern der Rest auch noch, und der Platz zu einer Kloake wird. Das ist dann zuviel des Guten, obwohl ich auch schon erlebt habe, dass ich genau an solch einem Platz auch noch aufgefordert wurde, meinen Teil beizutragen. Gerade in Quellblasen wirst du feststellen, dass du aufgefordert wirst, dein Wasser mit dem dortigen zu vermischen. Das ist ein völlig natürlicher Vorgang und hat nichts mit Schändung zu tun, sondern im Gegenteil. Das ist auch der Grund, warum laufendes Wasser (selbst aus dem Wasserhahn) den Harndrang auslöst. Es ist eine Verbindung zur Natur, die wir nun wieder erkennen dürfen.

Ein für mich oft magischer Ort ist der Staffelberg. Vor allem bei Sonnenauf- oder -untergang ist die Energie dort spürbar. Der Sonnenuntergang und der Sonnenaufgang beinhalten ganz besondere Energien. Erlebt man sie an einem Kraftort, so wird man wieder ein wenig verändert.

Wo ich auch sehr gerne bin, ist der Druidenhain, denn dort laufen zwei Leylines zusammen und bilden einen Ort mit besonderen Energien. Meine Kinder klettern wegen der ungewöhnlichen Felsen dort sehr gerne herum.

Wenn ich hier bestimmte Orte nenne, so sollen nun nicht alle Leserinnen und Leser dorthin gehen. Nur, wenn sie wirklich den Drang dazu verspüren. Sucht lieber die Kraftorte in eurer Umgebung. Je mehr diese Orte wieder erkannt und bekannt werden, umso mehr Menschen werden da sein, um sie zu schützen und davor zu bewahren, vielleicht einer Autobahn zum Opfer zu fallen. Läuft übrigens eine Straße über einen alten Kraftort, kann es an solchen Stellen durchaus zu vermehrten unerklärlichen Unfällen oder anderen Zwischenfällen kommen.

Auch der Kyffhäuser ist solch ein bekannter Ort, und ihn empfand ich als sehr stark. Dort befindet sich auch eine sehenswerte Höhle. Auch Plätze, die zum Beispiel Wichtelhöhlen heißen, können energetisch sehr stark sein. Hilfreich sind hier Landkarten in möglichst großem Maßstab, so dass man die besonderen Orte schon am Namen erkennen kann, wie Heiligenholz, Heiligenquell, oder Ähnliches. Unsere Ahnen waren noch sehr stark mit diesen magischen Orten verbunden, und das schlug sich oft in der Namensgebung nieder.

Auch ein besonderer Felsen in der Landschaft kann ein solcher Kraftort sein. Will man sich auf ihn setzen, so ist es angebracht, den

Deva, der im Stein lebt, zu begrüßen, und auch hier sollte man um Erlaubnis bitten, ansonsten zwicken dich vielleicht die Ameisen!

Sehr alte Bäume kennzeichnen auch Kraftorte, denn diese Bäume wurden wegen der besonderen Energien dort so alt. Auch hier kannst du eintauchen in die Ruhe und die Verbindung mit dir selbst. Erweise diesen Bäumen deinen Respekt. Vielleicht antworten sie dir, wenn du nach einer Botschaft fragst. Auch in ihnen leben Devas, nämlich Baumdevas. Es funktioniert aber auch anders herum: Lassen wir zu, dass Bäume sehr alt werden, dann entwickelt sich dort ein Kraftort. Es ist Zeit, für diese Dinge wieder ein Gefühl zu entwickeln.

Indem Erwachende Zeit an Kraftorten verbringen, erhöhen sie die Schwingung dort. Es ist ein wechselseitiger Prozess!

Botschaft von Lady Gaia vom 23. September 2004
(gechannelt)

Einen Tag, nachdem ich die Kryonbotschaft (siehe 1. Kapitel) aufgezeichnet hatte, fuhr ich zu einem Marienheiligtum in meiner Nähe (mit Kapelle, Quelle, Teich und Grotte), weil ich das Gefühl hatte, dorthin gerufen zu werden. Es war der gleiche Ort, an dem ich gefragt wurde, ob ich göttliche Botschaften verbreiten möchte. Es regnete damals, und auch an diesem Tag. Während der Fahrt kam mir der Gedanke, dass es wundervoll wäre, auch von der Wesenheit „Erde" eine Botschaft zu hören, denn diese würde wunderbar in das Buch passen. Bei dem Gedanken stiegen mir Tränen in die Augen, und so fuhr ich, gespannt, ob sich meine Ahnung erfüllen würde, durch die regennasse Landschaft.

Ich saß also schließlich wieder in der Grotte, um mich zum einen nicht völlig durchweichen zu lassen, und zum anderen, um festzustellen, was mich hierher getrieben hatte. Schon unterwegs wurde ich gebeten, die „Füllhornmeditation" zu machen (siehe Kapitel „Botschaft von Serapis Bey"), und diese führte ich in der Grotte fort. Vom Grottenboden her stieg dann eine Energie in meine Beine hoch und das Dritte Auge aktivierte sich, gleichzeitig spürte ich das Dritte Ohr, und so wusste ich: Es kam tatsächlich eine Botschaft von der Erde. Die ersten Sätze bekam ich noch direkt mit, doch dann konzentrierte ich mich auf die Meditation und ließ alles fließen. Ich wusste, es würde gespeichert werden und dann, wenn ich bereit war, abgerufen werden können. Die folgende Botschaft ist also die erste, die ich von Gaia erhielt, auch wenn von der Reihenfolge her eine andere Botschaft in diesem Buch vorangestellt wurde. Hier ist nun, was uns unser Planet zu sagen hat:

Liebe Menschen,

ich bin Lady Gaia, und ich nehme die Energie dieses Augenblicks zum Anlass, um mich das erste Mal auf diese Weise an euch zu wenden, nämlich in einem Buch, das weltweite Verbreitung finden wird. Es ist dringend notwendig, dass ihr die derzeitigen Geschehnisse auch von meinem Blickwinkel her betrachten könnt.

Der Vorgang, den ihr Aufstieg nennt, betrifft auch mich, wie ihr aus vielen Channelings erfahren könnt. Und wie dort auch zu lesen steht, stand es für die Geistige Welt lange nicht fest, ob ihr (= wir) bei diesem Aufstieg dabei sein würdet(n). Ich bin nun schon so viele Äonen lang mit euch verbunden. Wir haben viele Höhen und Tiefen gemeinsam durchgemacht, und für mich stand fest: Ihr werdet es schaffen, wenn ihr nur ein klein wenig mehr Hilfe bekommen würdet, könntet ihr es schaffen, und zwar in einer Weise, die alle Zuschauer verblüffen würde. Ich wusste, ihr könnt es schaffen, und daher bat ich die Geistige Welt, euch mehr Hilfe zur Verfügung zu stellen, als ursprünglich geplant gewesen war und normalerweise nötig ist. Da wir alle gemeinsam jedoch ein besonderes Projekt der Quelle darstellen, griffen die normalen Maßnahmen nicht genügend, um den Aufstieg sichern zu können, und auch einige besondere Maßnahmen reichten noch nicht aus. Und so kam es zu einer Konferenz, bei der sehr viele Wesenheiten zugegen waren, unter anderem auch ihr alle. Es gab heftige Diskussionen und kuriose Vorschläge, was zu tun sei, und man einigte sich auf einen Maßnahmenkatalog, der unter anderem die Neuausrichtung meines magnetischen Gitters beinhaltete und auch die Installation eines kristallinen Gitters. Eigentlich ist es eine Neuerweckung des vorhandenen Kristallgitters, denn seit den Zeiten von Atlantis lag es zerbrochen und außer Funktion sozusagen „einfach nur so herum". Es wird nun gerade repariert und bald neu strukturiert und dann aktiviert werden.

Diese Arbeit an den Gittern lüftete den Schleier etwas, wie Kryon es nennt, und nun konnte die eigentliche Hilfe für euch durchdringen, nämlich all die neuen gechannelten Botschaften, die Weckrufe, Schlüsselworte und Energien beinhalten, die die schlafenden Menschen aufwa-

chen lassen sollen. Dies war die Hilfe, die ich erbeten hatte und die nur ich beantragen konnte, da ich die verantwortliche Wesenheit für eure und meine Entwicklung bin. An der Konferenz nahmt ihr alle mit eurem Höheren Selbst teil. Auch wenn ihr nichts davon wisst, ist es dennoch so. Die zusätzlichen Maßnahmen wurden nur unter der Bedingung gewährt, dass ihr eine Prüfung bestehen musstet. Es war ein Test, ob ihr wirklich, obwohl es nicht so aussah, für den Aufstieg bereit wart.

Dann wurdet ihr tatsächlich geprüft. Die Prüfung war das Unglück in Tschernobyl, das mir und euch schwere Schäden zufügte. Doch wusste ich, dass es geschehen würde und ließ es zu, weil es die Entscheidung bringen sollte, ob ihr, wie ich der festen Überzeugung gewesen war, wirklich die richtige Reife hattet.

Habt ihr euch nie gewundert, dass trotz der radioaktiven Wolke, die über Europa hinwegzog, vergleichsweise wenig Schäden entstanden? Bei der Strahlenmenge, die austrat, wäre Europa zu einer Strahlenhölle geworden. Warum ist das nicht so? Warum wachsen rings um den Unglücksort Pflanzen, die die Strahlung wieder absorbieren? Weil die Geistige Welt euch zwar prüfte (dieses Ereignis war von euch Menschen in der Konferenz vorgeschlagen worden, und es erklärten sich viele Seelen bereit, dabei ihren Körper zu verlassen oder schädigen zu lassen, weil diese Prüfung so weit reichende Folgen haben würde. Sie taten es aus Liebe, ehrt und achtet sie bitte dafür), aber euch nicht unnötig leiden lassen wollte. Also geschah, was geschehen musste. Die Auswirkungen jedoch wurden von einem Heer von Helfern auf ein Minimum begrenzt. Es sollte schlimm genug sein, dass ein Weckruf möglich wurde, aber nicht so schlimm, dass die Verzweiflung überhand nehmen konnte.

Also waren unglaublich viele helfende Geister unterwegs und dämmten die Wolke ein, verminderten die Strahlung und reparierten die meisten der eingetreten Schäden in Windeseile wieder. Außerdem erhielt jeder, der mit der Wolke in Berührung kam und nicht zu den Seelen gehörte, die bereitwillig Schäden akzeptieren wollten, um zu der Entscheidung zu verhelfen, einen gesonderten Schild, einen Schutzschild. Könnt ihr euch vorstellen, wie viel Arbeit es war, so vielen Menschen in Europa rechtzeitig Schutzschilde zu verpassen? Es gab einen engen Zeitplan, doch wurde er eingehalten, weil alle zusammenarbeiteten wie eine große, gut geölte Maschine, um den Vergleich von Bruder Michael heranzuziehen. Diese Schilde wurden wieder gesenkt, nachdem die Wolke neutralisiert worden war.

Diese Schilde hatten aber noch einen weiteren Zweck: Die Frequenzen, die sie beinhalteten, sollten eine Öffnung der Menschen bewirken, wenn sie denn wirklich dafür bereit wären. Das Gesetz der Resonanz kam auch hier zum Tragen. Es öffneten sich nicht viele, aber so viele weltweit, dass eine kritische Masse erreicht wurde. Diese Schilde sind einer der Gründe dafür, warum eine geistige Erneuerung aus Europa kommen wird, und nicht von anderswo.

Dieses Ereignis wurde der Ausschlag, wie ich es gehofft hatte, denn ich kenne euch gut, jeden von euch! Die meisten von euch sind schon so oft da gewesen, immer in einem anderen Kleid, doch für mich immer erkennbar und das, obwohl ihr, wenn ihr in die Inkarnationskette der Erde eintretet, eure „Kennung", euren Namen, wie ihr es nennt, abgeben müsst. Fast alle Wesenheiten arbeiten hier anonym. Das ist eine der Bedingungen, wenn ihr hierher kommt. Ihr müsst vor euch selbst und vor allen anderen verbergen, wer ihr wirklich, wie groß ihr tatsächlich seid. Nur dadurch kann das Spiel funktionieren. Und nun kommt eine wirklich gute Nachricht: Auf einer bestimmten Stufe eures persönlichen Weges zurück zur Einheit erhaltet ihr eure „Kennung" zurück. Ihr könnt die Anonymität ablegen und offen zeigen, wer ihr wirklich seid! Bis dahin dauert es für die meisten von euch jedoch noch ein wenig, doch es wird geschehen, es wird geschehen. Ein Teil eurer Kennung ist euer Seelenname, und in diesem Buch findet ihr die Meditation, über die ihr ihn erfahren könnt. Er ist jedoch nur ein Teil eurer ganzen Kennung, wenn auch ein wichtiger.

Nach Tschernobyl wurde der Widerstand gegen die Atomkraft größer, fingen zahlreiche Menschen vermehrt an zu meditieren, und viele hinterfragten den Sinn des Lebens. All dieses, und die Hilfe von spirituellen Meistern auf der Erde, schuf eine Energie, die bei der Messung 1987, einige Monate nach dem Unglück (es ist das 11:11-Ereignis, von dem immer wieder einmal, vor allem bei Kryon, die Rede ist) so hoch war, dass die Geistige Welt verblüfft war, denn sie hatte nicht wirklich geglaubt, dass ihr schon so weit wart. Eine weitere Messung dieser Art wird etwa 2012/13 stattfinden, und diese entscheidet, in welche Richtung der Aufstieg gehen wird.

Wege gibt es viele zurück zur Quelle, auch solche, die mit großen Hindernissen gespickt sind. So, wie ich euch einschätze, habt ihr jedoch von Hindernissen wie einem weiteren Weltkrieg die Nase voll, und so werdet ihr den Zug auf andere Weise fahren, auf andere Gleise bringen, die nicht mehr so viele Hindernisse aufweisen. Davon bin ich überzeugt, und ehrlich gesagt, habe ich von den Hindernissen genauso die Nase voll wie ihr.

Ich habe euch schon gesagt, dass ich wusste, ihr würdet es schaffen. Es war nicht nur eine Hoffnung. Ihr habt besondere Hilfe erhalten, weil ihr (wir) besonders tief in den Frequenzen abgesunken seid, tiefer als jemals zuvor in der Geschichte des Kosmos. Und da musste uns herausgeholfen werden, da uns das „Gewicht" der Frequenzen so stark nach unten zog, dass wir helfende Hände benötigten, die uns aufhalten. Doch nun, da wir stehen, wird für die übrigen Bewohner des Kosmos erst ersichtlich, was da eigentlich steht, etwas, das noch nie da gewesen ist und aufzeigt, dass es eben doch Neues unter der Sonne (nämlich der Zentralsonne) gibt. Da wir so tief gesunken waren, dass wir Hilfe benötigten, um wieder herauszukommen, waren wir für viele Bewohner des Kosmos nicht sichtbar, und somit nicht existent. Doch nun müssen (und sollen) sie uns zur Kenntnis nehmen, und sie tun es, sie tun es.

Meine Partnerin denkt gerade darüber nach, dass meine Botschaft so gar nicht das ist, was sie erwartete. Sie dachte, ich würde euch mit Vorwürfen über meine Behandlung überhäufen und darum bitten, damit aufzuhören. Das ist jedoch nicht der Fall. Warum nicht? Nun, natürlich bin ich nicht glücklich über viele Dinge, die ihr mir antut. Ob es nun die Atombombenversuche oder das HAARP-Projekt sind. Es gäbe so vieles aufzuzeigen, so viele Verwundungen aufzuzählen, die auf und in mir existieren, die ihr mir beigebracht habt, aber das ist gar nicht nötig, denn ihr wisst das sehr wohl, ohne dass ich euch mit der Nase darauf stoßen muss. Ich ließ es geschehen, weil alles zum Experiment gehörte, selbst das, und noch Schlimmeres in der Vergangenheit, von dem ihr noch erfahren werdet. Alles gehörte dazu. Das heißt aber nicht, dass ich es willkommen heiße. Auch ich habe Gefühle, auch ich leide Schmerzen. Habt ihr das gewusst? Ich habe einen Emotionalkörper, so wie ihr, auch wenn er anders strukturiert ist. Jede Bohrung verursacht Schmerzen, und sogar wenn der Bauer den Acker umpflügt, ist das von mir als leichter Schmerz spürbar. Hier könntet ihr wirklich andere Methoden des Anbaus finden. Aber ich nehme alles hin, weil ich weiß, dass ihr den Zug in Richtung Aufstieg erreicht habt, wenn auch knapp, weil ich wusste, ihr (wir) würdet(n) es schaffen! Und kommt der Zug erst einmal auf seine Höchstgeschwindigkeit, – bisher hat er die noch nicht erreicht und muss noch seine Richtung finden, für die ihr die Weichen stellt –, so wird es ein Teil eurer Arbeit sein, meine Verwundungen zu heilen. Und auch dieses ist schon im Gange, auch dieses. Es wurden schon einige Stellen meines Körpers von spirituell Erwachten geheilt, und dies wird immer weiter fortschreiten. Hier sind vor allem die Menschen gemeint, die mit Kristallen aller Arten, auch der Kristallschädel, arbeiten. Aber auch jeder andere kann und wird dazu beitragen.

Das kann ich fühlen, und ich freue mich darüber, ihr könnt gar nicht ermessen, wie sehr, denn auch von mir seid ihr unermesslich geliebt, und wenn ihr leidet, so leide ich mit euch, und wenn ihr euch freut, so freue ich mich mit. Und so freut euch nun auch mit mir über das, was ihr bereits geschafft habt, und über das, was sich nun für unsere gemeinsame Zukunft in der neuen Energie ergeben wird. Ein Teil davon wird Säuberungsarbeit sein, wie ihr es in eurem Klärungsprozess macht, so geschieht es auch mit mir, auch ich kläre mich für den Aufstieg und fege Energien hinweg, die mir nicht mehr dienlich sind.

Dies kann ein Hurrikan sein, wie der, den ihr Ivan genannt habt, und der im September 2004 über euch hinweggebraust ist. Am Wichtigsten waren die unangenehmen Energien, die dabei neutralisiert wurden. Seid versichert, dass auch solche Aktionen nur mit dem Einverständnis der beteiligten Personen geschehen, nicht im Tagesbewusstsein, nein, aber das Höhere Selbst eines Menschen weiß immer, was kommt, und erklärt sich einverstanden oder bringt den Körper in Sicherheit. Das gilt für große Fluten genauso wie für Erdbeben und all die Maßnahmen, die ich für wichtig und richtig halte. Alles geschieht mit eurem Einverständnis und mit Hilfe der Geistigen Welt, denn wir bedingen einander, sind voneinander abhängig. Ich brauche euch, und ihr braucht mich. So war es geplant und so ist es auch, und so wird es auch noch eine Weile bleiben.

Bitte kommt zu mir an die Orte, die ihr Kraftorte nennt. Sie helfen euch in eurem Prozess, und auch ihr helft mir dabei, denn dort könnt ihr Energien loslassen, die ihr nicht mehr benötigt. Setzt euch auf den Boden und lasst zu (gebt mir die Erlaubnis), dass Energie aus euch herausfließen darf, aus den Händen, aus den Füßen, aus eurem Gesäß, was eben den Boden berührt (am besten mit bloßer Haut, aber es geht auch anders). Ihr lasst damit niedrige Schwingungen los, so dass ihr eure erhöhen könnt. Ich kann diese Energie umwandeln und für meinen Prozess nutzen. Das nennt man Win-Win-Situation. Was geschieht nun mit der Energie? Erst setzt ihr sie frei und übergebt sie mir. Ich kann dann meinerseits welche freisetzen und sie ebenfalls übergeben. An *wen? An das Universum, das zur Zeit „eine neue Ecke" schafft, eine, die die Schwingung erhält, die wir ihr zuweisen. Habt ihr das gewusst? Wusstet ihr, dass ihr gerade mit eurem Aufstiegsprozess die Energie produziert, die das Universum wachsen lässt? Es wächst durch uns, und wir mit ihm.*

Wir alle stecken nun im Lichtkörperprozess, jeder auf der Stufe, die ihm angemessen ist, und für uns alle wird noch viel Klärungsarbeit anstehen, doch es lohnt sich, es lohnt sich, es lohnt sich.

Dieses war Lady Gaia, eure beste Freundin."

Lady Gaia spricht davon, dass wir neue Anbaumethoden finden sollen, und das brachte mir in Erinnerung, dass ich mich damit schon einmal befasst habe. Das Stichwort hierfür lautet: Permakultur. Seht einmal im Internet nach, da steht viel darüber. Wer einen eigenen Garten oder Felder hat, sollte sich Gedanken darüber machen, ob er nicht auf die Permakultur übergehen möchte, denn bei ihr wird nicht ständig der Boden wieder umgegraben. Das ist gar nicht nötig. Es sind auch keine Chemikalien zur Düngung vonnöten, und es gibt auch noch viele andere Vorteile.

Permakultur bedeutet nämlich, dass man große Baumstämme, Zweige, Laub und anderes, was man sonst auf den Kompost werfen würde, zu einer 1,50 m hohen „Welle" auftürmt und darüber eine dicke Schicht Erde legt. Durch die Prozesse im Inneren wird eine ständige Wärme und Feuchtigkeit produziert, so dass auch in rauem Klima viel gedeihen kann. Außerdem ermöglicht es in einem Jahr Mehrfachernten, wie ich zum Beispiel bei den Erdbeeren feststellen konnte. Das ständige Umgraben der Äcker oder Beete wird dadurch für viele Jahre unnötig, und erst wenn alles im Inneren verrottet ist, muss neu angelegt werden.

Soll diese Anbaumethode im großen Stil betrieben werden, werden neue Maschinen benötigt, und das bietet viele neue Entwicklungsmöglichkeiten. Außerdem wäre dadurch ein dauerhafter ökologischer Anbau völlig normal und würde die giftdurchsetzten Nahrungsmittel aus unseren Regalen verschwinden lassen. Das wäre ein wundervoller Anfang einer wünschenswerten Entwicklung.

Hier ist noch einmal Lady Gaia. Als meine Partnerin den Teil über die Permakultur geschrieben hatte, bat ich ums Wort:

Liebe Freunde, die Permakultur wäre genau das, was ihr für die Übergangsphase, solange bis der Sturm der Veränderung über euch hinweggefegt ist, benötigt. Danach werdet ihr andere Methoden finden, doch hätte diese Anbaumethode für beide Seiten viele Vorteile, böte also wieder eine Win-Win-Situation. Das war schon alles, was ich dazu noch sagen wollte.

Hilarion (grüner Strahl) über den Solaren Kern (gechannelt)

Nun spricht zu euch Hilarion, der Lenker des grünen Strahles. Der grüne Strahl repräsentiert Wahrheit, Konzentration und auch Heilung. [15] Viele Heiler arbeiten heute schon mit der grünen Farbe. Das Potenzial für Heilenergien ist auch auf Aurafotos als grünes Licht erkennbar. Gerade die nächsten Seiten tragen eine große Heilenergie. Daher kopiert sie, legt sie unter euer Kissen, oder wo immer Heilung benötigt wird, und lasst sie wirken!

Hier spricht Hilarion von der Großen Weißen Bruderschaft.

Ich möchte euch Informationen über den Solaren Kern der Erde vermitteln. Man könnte ihn als das Herzchakra der Sechsten Dimension der Erde bezeichnen. Die Erde hat im Inneren keinen Kristall, wie manche Wissenschaftler glauben. Sie hat auch keinen flüssigen Kern. Im Inneren der Erde strahlt eine Sonne, eine Sonne mit einem Lebensfunken, so ähnlich wie es bei den Menschen im Inneren ist. Auch sie sind göttliche Funken, Sonnen, also Sterne, um die herum ein physischer Körper gebildet wurde. Indem ihr euch wieder mehr mit der Erde verbindet, jeder auf seine Weise, und Energie in die Erde abgebt, speist ihr den Solaren Kern und helft der Erde bei der Transformation in die Fünfte Dimension. Der Solare Kern war bisher ein schwacher Funke, der nun wie ein Dimmer immer heller strahlt und strahlt und immer leuchtender wird, so wie es im menschlichen Lichtkörperprozess auch der Fall ist. Er wird von innen den Erdkörper so ausleuchten, wie es den erwachten Menschen mit ihrem physischen Körper ergeht. Sie strahlen ein Licht aus, das von innen kommt, durch den fleischlichen Körper hindurch. Sie

---

[15] Claire Avalon, Die zwölf göttlichen Strahlen und die Priester aus Atlantis

müssen dieses Licht nicht „entwickeln". Es ist immer da, es muss nur freigelegt werden, und so ist es auch beim Erdkörper. Auf diese Weise wird die Erde zu einem Leuchtturm im Universum werden, der entsprechend die Wesenheiten anzieht, die lernen wollen, genauso wie die, die euch etwas lehren wollen. Schon jetzt strahlt die Erde weit ins All hinaus.

Jeder persönliche Klärungsvorgang setzt Energie frei, und diese Energie wird in die Erde geschickt, in den Solaren Kern. Dadurch wurde das Anschalten des Lichts oder, besser gesagt, das Höherdrehen der vorhandenen Leuchtkraft der Erde ermöglicht. Und, genau genommen, ist es auch hier so, dass die Erde eigentlich bereits in ihrem vollen Licht erstrahlt, dies jedoch zugedeckt ist durch die Schleier. Mit dem Entfernen eines jeden Schleiers wird dieses Licht mehr und mehr erkennbar, erfühlbar, ganz allgemein wahrnehmbar. Das betrifft die Wesenheiten, die die Erde von außen betrachten, aber auch die, die auf ihr leben. Es ist das, was ihr Schwingungserhöhung nennt.

Es sind nun schon sehr viele Schleier entfernt worden. Aber so, wie es mit den Schutzschilden um die Chakren bestellt war, so gibt es auch „dickere" Schleier um die Erde und die Erdchakren. Das heißt, dass bestimmte Frequenzen erreicht werden müssen, um diese Schleier zu entfernen. Auch die Erde hat so etwas wie einen Motor der Schöpfung, von dem ihr bei Erzengel Michael schon gehört habt. Mit dem höheren Gang, den nun der erste Mensch in diesen Motor eingelegt hat, kann auch ein höherer Gang für den Motor der Erde erreicht werden. Hierfür ist wiederum eine kritische Masse nötig, die in diesem Fall jedoch vergleichsweise gering ist. Und nun können wir auch das erste Mal eine Zahl nennen. Durch die Informationen in diesem Buch wird die kritische Masse für den Erdmotor erreicht werden, und diese Zahl liegt genau bei 111 Menschen. Diese Zahl kommt euch bekannt vor, nicht wahr? Es sind 111 Menschen nötig, um den Schöpfungsmotor der Erde in einen höheren, den zweiten Gang, zu schalten, und Kryon lässt durch mich ausrichten, dass es auch genau diese Menschenzahl ist, die das kristalline Gitter in Gang setzt. Hier bestehen Zusammenhänge, die ihr nach und nach verstehen werdet. Und es sind genau diese 111 Menschen, die den Motor der Schöpfung binnen einen Jahres nach Erscheinen dieses Buches spüren können, da sie im Eiltempo ihren Lichtkörperprozess weiterbetreiben. Und somit wären wir im Jahre 2006, in dem der Erdmotor beschleunigt wird. Welche Auswirkungen das auf die gesamte Erde *hat, werdet ihr sehen, wenn ihr dieses Jahr erreicht. Es werden mehr Auswirkungen sein als im Jahre 2004. Und da war es schon viel, nicht wahr?*

Wer sind diese 111 Menschen? Die meisten davon werden dieses Buch lesen! Sie wurden darauf vorbereitet und haben den nötigen Reifegrad erreicht, wenn sie entweder die meisten Empfehlungen dieses Buches durchgeführt haben, oder auf anderen Wegen dorthin gelangten. Doch auch die, die danach kommen, haben wichtige Aufgaben. Wie die Automotoren auch, hat der Motor der Schöpfung, sowohl im Menschen, wie auch in der Erde, mehrere Gänge, und im Fall der Erde sind es sogar viele Gänge. Was geschieht, wenn ein höherer Gang eingelegt wird? Das Fahrzeug kann beschleunigen! Die Menschen bauen also in das Gefährt der Erdmerkabah nun auch einen neuen Motor mit mehr Gängen ein, und so sind weitere Reisen als zuvor möglich. Diese Reisen führen in höhere Dimensionen! Für den nächsten Gang wird wiederum eine kritische Masse benötigt, die aber nun schon deutlich höher liegen wird, und so geht es immer fort. Durch eure Reise „zieht" ihr aber nicht nur die Erde vorwärts, sondern noch viel mehr, so viel mehr!

Mit den höheren „Gängen" und somit der Beschleunigung der Reise wurde eine Entwicklung in Gang gesetzt, die nun für das ganze Universum sichtbar wird. Das war vorher nicht der Fall. Die Erde war versteckt. Sie ist ein Experiment, um die Schwingung des ganzen Universums zu erhöhen, aber nun, da sie ihr Licht angeschaltet bzw. den Motor höher gedreht hat, kann sie sich nicht mehr verstecken, und es ist auch nicht mehr notwendig. Sie wurde versteckt, damit das Experiment nicht von außen gestört und damit beeinflusst werden konnte. Nur die, die Einfluss nehmen sollten, taten das auch, auch wenn sie nicht immer wussten, dass sie zu diesem Experiment gehörten.

Nun ist der Moment gekommen, an dem keine Störungen von außen mehr die Entwicklung aufhalten können und die Erde sichtbar werden darf, da sie sich soweit entwickelt hat und immer weiter entwickelt, dass sie in ihrer eigenen Mitte ist, und von den Ereignissen um sie herum nicht mehr aus der Bahn geworfen werden kann. Das gilt für die Menschheit, das Kollektiv insgesamt, auch wenn es bei vielen Individuen noch nicht der Fall ist. Die kritische Masse zur Erhaltung der Mitte ist erreicht. Und das, meine Lieben, ist eine wirklich gute Nachricht, deren Tragweite ihr noch gar nicht ermessen könnt.

Da die Erde nun ein so strahlender Ort im Universum ist und immer heller leuchtet, kann es durchaus zum Streit kommen zwischen denjenigen, die Anspruch auf die Erde erheben und dieses leuchtende Fanal des Universums für sich benutzen wollen. Doch die Erde und ihre Bewohner haben nun soviel Kraft getankt, sind so weit, dass sie sich nicht mehr zum Zankapfel anderer Mächte machen lassen. Ihr habt soviel Selbstvertrauen entwickelt (und durch die SF-Geschichten wurdet ihr darauf vorbereitet), dass ihr mit den Wesenheiten außerhalb der Erde Kontakt aufnehmen könnt, ohne allzu großen kulturellen Schock, und ohne in Minderwertigkeitsgefühle zu verfallen. Es wurde eine kritische Masse von Menschen erreicht, die dafür sorgen werden, da dieser Tag der Begegnung immer näher rückt, dass die Menschen gefasst auf diese Kontaktaufnahme reagieren können. Sie werden von den spirituellen Zentren aus entsprechende Energien schicken, um die Begegnung so verlaufen zu lassen, dass sie für alle Seiten Gewinnsituationen werden. Es ist an der Zeit für euch Erdenwesen, euch endlich der Raumfahrt zuzuwenden, und zwar nicht nur halbherzig, sondern mit voller Kraft. Es muss keine Raumfahrt sein, die mit technischen Vehikeln Erfolg hat, obwohl auch dies machbar ist. Es gibt noch andere Möglichkeiten, denn eure Geisteskräfte sind hoch entwickelt. Das bedeutet: Bündelt eure Geisteskräfte und erforscht den Raum um euch herum, um auf die Begegnungen vorbereitet zu sein, die euch bevorstehen, denn in eurem Raum gibt es Zeugnisse der Anwesenheit anderer Wesen als Menschen. Diese Erkenntnis wird euch noch mehr auf die tatsächliche Begegnung vorbereiten.

In den verschiedenen spirituellen Zentren wurde bisher kein großer Wert darauf gelegt zu erforschen, woher die vielen medialen Botschaften stammen bzw. nachzuforschen, wie es dort wirklich aussieht. Nehmt nicht alles als gegeben hin, forscht nach, woher die Botschaften kommen, welchen Inhalt sie hinter den Worten haben, und was sie wirklich für euch bedeuten.

Von der Wissenschaft wird argumentiert, die betreffenden Sterne seien noch nicht alt genug, um zivilisiertes Leben hervorzubringen. Es gibt jedoch Botschaften von dort. Liebe Wissenschaftler, ist es nicht Zeit, diese Diskrepanz einmal näher zu erforschen? Ihr seid doch da, um Wissen zu schaffen, oder nicht? Ist es nicht Zeit, dort einmal hinzufliegen und nachzusehen, ob eure Theorien über diese Orte stimmen? Es sind doch bisher nur Theorien, ohne harte Fakten, die man nur vor Ort erlangen kann. Ihr müsst aber nicht unbedingt in Raumfahrzeugen dorthin gelangen, obwohl dieses vieles untermauern, aber auch vieles verwerfen würde.

Ihr in den spirituellen Zentren seid dazu aufgerufen, euch darum zu kümmern und mediale Reisen dorthin zu unternehmen. Veröffentlicht euere Erkenntnisse, sie werden auf fruchtbaren Boden fallen. Stellt euch vor, verschiedene Gruppen machen, unabhängig voneinander, dabei die gleichen Entdeckungen, würde da eure Glaubwürdigkeit, auch in wissenschaftlichen Kreisen, nicht immens steigen? Vielleicht fliegen dann wirklich Menschen mit ihren Körpern in ihren Raumfahrzeugen hin, um festzustellen, was dran ist an euren Geschichten.

An alle Sterngeborenen, die ihr euch an eure Herkunft (noch oder wieder) erinnert und oft noch Bilder der Heimat in eurem Herzen tragt: Es wird Zeit, dass ihr all die Informationen, die zu den einzelnen Sternen und Planeten in euch existieren, sammelt und veröffentlicht. Sie sind in eurem Inneren vorborgen, doch dort nutzen sie nur euch. Sie müssen an die Öffentlichkeit, als Vorbereitung auf die Begegnungen, die bald erfolgen werden, und als Vorbereitung auf die anderen neuen Entdeckungen.

Der Solare Kern, von dem ich sprach, ist auf feinstofflicher Ebene angesiedelt, das heißt aber nicht, dass man ihn nicht mit wissenschaftlichen Methoden entdecken kann. Sucht danach, genauso, wie ihr nach Informationen über die Sterne sucht.

Ihr lebt im Informationszeitalter, also gebt die Informationen auch preis. Die wahre Bedeutung des Wortes „Globalisierung" heißt, ein Einheitsbewusstsein dafür zu entwickeln, dass ihr Menschen der Erde seid, egal, aus welchem Kulturkreis, egal, aus welcher Religion, egal, aus welchem Gesellschaftssystem ihr auch stammt. Es wird Zeit, klar zu erkennen, dass Wesen, die von außerhalb kommen, keinen Unterschied machen, ob ihr beispielsweise vom asiatischen Bereich stammt oder australische Ureinwohner seid. Eine Begegnung zwischen Menschen und Außerirdischen bedeutet, dass Letztere euch als Bewohner der Erde ansehen, die ihr ja auch seid, und damit repräsentiert ihr auch den gesamten Planeten. Überlegt euch, ob ihr nur das repräsentieren wollt, was ihr darstellt, zum Beispiel einen religiöser Führer, einen Unternehmer oder eine Hausfrau usw., oder wollt ihr die Erde als Ganzes, mit all ihren schillernden bunten Facetten repräsentieren, indem ihr sagt: Ich bin ein Mensch mit der und der Funktion und diesem Hintergrund? Und nicht, ich bin Moslem, ich bin Chef dieser oder jener Firma usw. Identifiziert euch in erster Linie mit dem, was ihr wirklich seid, nämlich ein Mensch, und dann erst mit dem, was ihr als Mensch tut bzw. mit eurem Rang.

Mensch, du bist ein Teil des Menschheitskollektivs (auch wenn du von außerhalb stammst), und als solches repräsentierst du einen Planeten, der wie ein Leuchtfanal im Universum immer heller und heller scheint und als Juwel des göttlichen Einheitsprinzips funkelt. Was erwartet also ein Wesen von außerhalb, das mit euch zusammentrifft? Informationen der Trennung, oder solche der Gemeinsamkeit? Gefühle des Getrenntseins, oder Gefühle der Einheit? Das gemeinsame Licht, das ihr ausstrahlt, hat nicht ein Einzelner entfacht, hat nicht eine einzelne Religion gestiftet. Nein, ihr wart es gemeinsam, als Einheit. Jeder einzelne Mensch hat seinen Beitrag dazu geleistet, über viele Äonen hinweg. Keiner ist hier mehr oder weniger wert als der andere. Ihr seid lediglich unterschiedliche Ausdrucksformen der Quelle mit verschiedenen Fähigkeiten und Talenten, die ihr in die Gemeinsamkeit einbringen könnt und auch müsst, denn dazu sind sie da. So werden manche Menschen befähigt sein, mit außerirdischen Wesen Kontakt aufzunehmen, und andere nicht. Das beinhaltet aber keinerlei Wertung, sondern hat einfach mit den Fähigkeiten zu tun. Und Fähigkeiten habt ihr so unglaublich viele, doch die meisten davon sind noch versteckt, müssen erst noch entdeckt werden. Es ist Zeit, es ist Zeit, es ist Zeit!

Also sollte die Auswahl eines Empfangskomitees auf Grund solcher Talente erfolgen, und nicht auf Grund von Machtbefugnissen oder auf Grund von Ängsten. Sucht euch einige Channelmedien, die willens sind, mitzuarbeiten, und bereitet sie vor, denn sie können fremde Energien (channeln ist nichts anderes als telepathische Kommunikation) in Sprache übersetzen. Wie sonst wollt ihr mit euren Besuchern sprechen? Ihr habt die Leute mit den dafür erforderlichen Talenten. Sie sind nicht zufällig in dieser Fülle zur Zeit auf der Erde. Sie sind hier, weil sie gebraucht werden, zum Beispiel für diese Art Arbeit.

Channels sind Übersetzer, und ihr solltet sie daher auch endlich ernst nehmen, denn von ihnen hängt es ab, wie der Kontakt mit der Welt außerhalb der Erde verläuft. Ihr Regierungsvertreter: Lest gechannelte Informationen, um einen Eindruck zu erhalten, was wirklich in der Welt geschieht, jenseits eurer Politik und jenseits von dem, was ihr bisher glaubtet. Der Vorteil der Channelmedien gegenüber „normalen" Über-

setzern (nichts gegen diese, aber sie haben andere Aufgaben) ist, dass sie auch fühlen können, was hinter den gesprochenen oder telepathisch gesendeten Worten steckt. Sie können die Wesen auf ihre Wahrhaftigkeit hin überprüfen, und das ist nötig, da es auch jenseits eurer Welt Wesen gibt, die euch nützen würden, und solche, die euch schaden können. Hier ist äußerste Sorgfalt vonnöten, um das Beste für die gesamte Erde zu bewirken, und nicht das Beste einer elitären Minderheit. Wählt daher mit großer Umsicht aus, wer den Besuchern entgegentreten darf. Sollen es Privilegierte mit großer Macht sein oder solche, deren Weisheit groß und deren Fähigkeiten im Umgang mit Fremden noch größer sind?

Sucht die für ihre Weisheit bekannten Menschen aus den Naturvölkern und bittet sie, für die Erde zu sprechen. Sie werden anders vorgehen als ein Regierungschef, der die speziellen Interessen seiner Nation im Auge behalten muss. Wählt Menschen aus allen Völkern, allen Gesellschaften, allen Religionen, und bildet einen Rat, der für die gesamte Erde steht, und aus diesem Rat wählt einige Wenige, die dann den tatsächlichen Kontakt herstellen sollen. Dies wäre die für alle Beteiligten beste Vorgehensweise. Ihr habt jedoch die freie Wahl und daher die Möglichkeit, anders zu entscheiden, und damit auch andere Erfahrungen zu machen. Entscheidet euch!

Es gilt jedoch noch viel Vorarbeit zu leisten, bevor ihr solch ein Empfangskomitee zusammenstellen könnt, denn auch Fähigkeiten müssen geschult und ausgebildet werden, bevor ihr bereit für den Kontakt seid, doch der Anfang ist gemacht, denn das Licht ist entfacht, und das ist eine wirklich gute Nachricht für das gesamte Universum, und ganz besonders für euch. Es wird Zeit, sich aus dem Bett zu erheben und gänzlich aufzuwachen, für euch persönlich, für die Erde und für das große Ganze.

Das war Hilarion, in großer Liebe für alle Menschen.

Was ist es nun eigentlich, das die Außerirdischen anlocken soll? Von ihnen ist fast in jeder gechannelten Botschaft in diesem Buch die Rede, und so werden wir eindringlich auf ihr Kommen vorbereitet.

Der erste gechannelte Satz, den ich hörte, war ein Jahr, bevor ich „richtig" channelte, und dieser eine Satz war tatsächlich wie eine fremde Stimme in meinem Kopf, im Gegensatz zu all den Botschaften, die hier enthalten sind. Sie sind Gedankenströme, die ich übersetze, und somit als meine eigenen Gedanken höre und dann aufschreibe. Dieser eine Satz rüttelte mich jedoch auf, und ich dachte viel über ihn nach. Er lautete: „Der soll mich erkennen, der die Macht (Kraft) in seinem Innern sieht (spürt)." Genau genommen waren es zwei Sätze, die ineinandergeflochten waren, und so lautete sie in Langform:

„Der soll mich erkennen, der die Macht in seinem Inneren sieht. Der soll mich erkennen, der die Kraft in seinem Inneren spürt."

Wir alle sind in dem Prozess, diese Macht und Kraft wieder zu finden, und viele haben schon zu ihrer Kraft und ihrer Macht gefunden. Ich schätze, das ist ein Teil dessen, was so weit ins All leuchtet, dass wir nun „sichtbar" wurden.

Die Anasasi über die Energiekörper der Erde (gechannelt)

Die Aura ist der farblich sichtbare Beweis dessen, was wir euch erzählen, denn in ihr spiegelt sich all das wider, die Entwicklung des menschlichen Lichtkörpers, wie auch die der Erde. Schickt jemanden hoch ins All, von dem bekannt ist, dass er die Farben um die Menschen wahrnehmen kann, er soll euch die Farben schildern, die jetzt um die Erde herum sichtbar werden. Wie auch der Mensch Chakren hat, so hat sie auch die Erde, auch durch sie werden die Farben, und damit die dazugehörenden Energien hindurchgeschickt und umgewandelt. Die Energien, die die Erde produziert, haben über die verschiedensten Verbindungen wiederum Auswirkungen auf andere Bereiche im All.

So wie auch im Menschen höhere Chakren aktiviert werden, so geschieht das ebenso mit der Erde. Der Unterschied liegt darin, dass die neuen Chakren der Erde von Menschen mit entsprechend hohem Bewusstsein und Auftrag „gebaut" werden. Sie werden zwar als Potenziale von der Geistigen Welt in die vorgesehenen Gebiete gelegt, doch aktiviert werden sie von den Menschen! Hierfür benötigt die Erde die Hilfe der Menschen.

Die Aktivierung kann sehr unterschiedlich aussehen. Das kann der Bau von besonderen Gebäuden sein, die man mit einem altertümlichen Wort als Tempel bezeichnen würde, oder das Legen eines riesigen Medizinrades, wie es im Jahre 2004 geschehen ist. Es wird noch mehr in dieser Art geschehen, und das ist richtig und gut so.

Die Angst treibt allerdings Menschen dazu, dass sie versuchen, dieses zu verhindern, da sie es noch nicht verstehen. Doch wird ihnen das nicht gelingen. Auch die Mauer, die gerade um die große Pyramide von Gizeh gebaut wird, wird nicht verhindern, wofür die Pyramide unter anderem gebaut wurde. Um sie zu aktivieren, müssen die Menschen die Pyramide nicht betreten. Es reicht, wenn sie ihr Bewusstsein dorthin schicken, und wenn der passende Tag erreicht ist, wird dies auch geschehen. Wie sollte dies verhindert werden? Denkt immer daran, dass der Mensch sehr viel mehr ist, als er selbst weiß, und über große Fähigkeiten verfügt. Der menschliche Geist ist im wahrsten Sinne des Wortes grenzenlos!

Ist einmal allgemein bekannt, welches Chakra der Erde welche Funktion hat (also, wo das Wurzelchakra ist oder wo das Herz, usw.), so kann man diese Chakren dadurch in der Drehung beschleunigen, dass man in einer Meditation die entsprechenden Aktivierungsfarben hinschickt. Das genügt schon. Je mehr Menschen das zum gleichen Zeitpunkt tun, umso wirkungsvoller ist es für die Erde. Ihr seht also, dass euer Planet wirklich den Menschen benötigt, um sich weiter zu entwickeln.

So wie der Mensch nicht nur die sieben Hauptchakren besitzt, so hat auch die Erde zahlreiche Nebenchakren, die ebenfalls wichtige Funktionen ausüben, und auch diese können und werden aktiviert werden. Einige dieser Nebenchakren sind mit Kraftorten identisch. Das trifft aber nur auf wenige zu. Diese wenigen sind dafür aber umso bedeutungsvoller, da sie mehrere Funktionen auf sich vereinigen, und somit wichtige Knotenpunkte bilden. Sämtliche Kraftorte der Erde kann man vielleicht mit den zahlreichen Akupunkturpunkten des Menschen vergleichen. Sie bilden das Energiesystem des Erdkörpers, oder zumindest eine Ebene davon. Dabei spielt es keine Rolle, ob es natürliche Kraftorte sind, oder ob sie Kraft des Gebetes der Menschen erst dazu wurden, denn, wie schon gesagt, arbeiten die Menschen bewusst und unbewusst immer für die Erde. So wurde die Energie der bereits erwachten Menschen dazu verwendet, ein besonderes Chakra zu aktivieren, das Kryon am Ende des Buches das Tor der Harmonie nennt. Jeder bis dahin Erwachte hat seinen Beitrag zum Bau dieses Tores geleistet, und nur so kann und darf es funktionieren!

Da die Chakren der Erde so wichtige Funktionen ausüben, sollten sie auch entsprechend mit Respekt behandelt und geschützt werden und von allem überflüssigen Ballast (das können zum Beispiel unpassende Gebäude sein) befreit und gründlich gereinigt werden, und zwar mit allen Mitteln, die euch Menschen zur Verfügung stehen. Mit der Reinigung dieser Orte auf allen Ebenen wird die Drehung der Chakren beschleunigt, und somit wieder ein Beitrag für den Aufstieg der Erde geleistet.

Die Erdchakren sollten so natürlich wie möglich belassen oder in einen natürlichen Zustand zurückversetzt werden. Aber nicht immer und überall müssen die Gebäude dort abgerissen werden. Manchmal wird durch das bereits dort bestehende Gebilde das Chakra erst aktiviert. Das ist aber nur selten der Fall. Das entsprechende Wissen, um die richtigen Maßnahmen treffen zu können, wird bald wieder entdeckt werden, oder ist sogar zum Teil schon bekannt.

Hier öffnen sich großartige neue Berufszweige, die allen zugute kommen!

Die Chakren der Erde sind also genauso bedeutungsvoll für den Erdkörper wie die Chakren im menschlichen Körper. Im Gegensatz zu den Chakren der Menschen werden die Chakren der Erde nicht nacheinander in der Reihenfolge mit den Farben Rot, Orange, Gelb, Grün, Blau, Purpur und Weiß im ersten „Erweckungsdurchlauf" geweckt, denn diese sind ohnehin schon zu einem gewissen Grad in Bewegung (was bis zu einer bestimmten Schwingungshöhe, natürlich auch für die Menschenchakren, zutrifft). Doch auch die Drehungen der Erdchakren müssen für den Aufstieg beschleunigt werden. In welcher Reihenfolge dieses geschieht, hängt immer von den Notwendigkeiten des jeweiligen Zeitpunktes ab. Innerhalb der Erdchakren hat sich durch all die Menschenalter hindurch genauso viel Ballast angesammelt wie bei den Menschen selbst auch, und bei den Erdchakren ist dies auch für jeden sichtbar, wenn man weiß, wo sie sind und sich dann die dortige Landschaft ansieht. Meist ist die Natur auch dort schon zerstört, oder es stehen eben unpassende profane Gebäude dort, anstelle von Tempeln usw.

Was es bei der Erde nicht gibt, ist die Verschmelzung von Chakren, wie weiter oben für die Menschen beschrieben. Das liegt daran, dass in die Erdchakren unabhängige Energien einfließen, die nicht direkt an die anderen gekoppelt sind. Die Erde hat keine Kundalini – also Lebenskraft in dem Sinne. Die Kundalini der Erde sind die Menschen! Die Erde hat also sieben Hauptchakren, und für sie gilt das gleiche wie für den Menschen: Es kommen fünf weitere hinzu. Mit der Zeit wird es also für jede „Dimension" zwölf Chakren geben, und immer wenn auf der untersten Ebene alle zwölf in der ihr höchstmöglichen Schwingung drehen, löst sich die betreffende Ebene auf. Die Dritte Dimension, wie ihr sie bisher kanntet, ist schon sehr in Auflösung begriffen, und das zeigt sich auch in der Auflösungserscheinung der Gesellschaft. Das ist jedoch kein Grund zur Beunruhigung, im Gegenteil!

Auch die Zweiteilung einiger Menschenchakren gibt es bei der Erde nicht. Der Aufbau des Erdkörpers erforderte keine Zweiteilung, denn die Erde hat zum Beispiel keine zwei Geschlechter, die die Teilung des Sakralchakras beim Menschen nötig machten. Das Bewusstsein von Mutter Erde macht auch keinen Unterschied zwischen persönlicher und unpersönlicher Liebe, denn sie strahlt die Liebe von Allem-was-ist aus, und die beinhaltet jede Form der Liebe. Außerdem benötigt die Erde auch kein Drittes Auge als Übersetzungsmodul für Energie, weil sie einen Teil der einströmenden Energien direkt lesen kann und den anderen die Menschen für sie „übersetzen".

Was jedoch gleich ist zwischen Erdkörper und Menschenkörper, sind die Aktivierungsfarben ihrer Chakren.

Wurzelchakra	Rot
Sakralchakra	Orange
Solarplexuschakra	Gelb
Herzchakra	Grün
Halschakra	Blau
Stirnchakra	Purpur
Kronenchakra	Weiß

Bei den Erdchakren muss man also unterscheiden zwischen den Chakren der Dritten, Vierten und Fünften Dimension. Die der Dritten Dimension brauchen euch nicht mehr zu interessieren, denn die sind zu 100% geöffnet. Über die der Fünften Dimension findet ihr in den von Natara gechannelten Bücher Informationen. Hier die Übersichtstabelle aus Band 1:

Erdchakra der Fünften Dimension	Lage	Ist geöffnet zu
Das 1. Erdchakra	In Neuseeland	50 Prozent
Das 2. Erdchakra	Auf den Kanarischen Inseln	30 Prozent
Das 3. Erdchakra	In Peru	75 Prozent
Das 4. Erdchakra	Auf Bali	50 Prozent
Das 5. Erdchakra	In Santa Fé	70 Prozent
Das 6. Erdchakra	Auf Hawaii	30 Prozent
Das 7. Erdchakra	Auf den Bahamas	95 Prozent
Das 8. Erdchakra	In Brasilien	45 Prozent
Das 9. Erdchakra	In der Schweiz	95 Prozent
Das 10. Erdchakra	In Thailand	75 Prozent
Das 11. Erdchakra	In Nepal	35 Prozent
Das 12. Erdchakra	In Indien	85 Prozent

Stand 2003

Die Erde befindet sich gerade in der Übergangsphase von Dimension vier (der Astralwelt) zu Dimension fünf. Das bedeutet, dass es nicht sinnvoll ist, die Erdchakren der Fünften Dimension noch viel weiter zu öffnen, bevor nicht die der Vierten Dimension vollständig geöffnet sind, und das ist noch nicht der Fall. Gelingt den Menschen dieses, so bekommt die Erde sozusagen einen „Schubs" in Richtung Fünfte Dimension, und die dortigen Chakren können vollständig und ohne Gefahr geöffnet werden.

Die Chakren der Vierten Dimension umfassen zunächst genauso sieben Hauptchakren. Da jedoch die Chakren der Vierten Dimension räumlich an der gleichen Stelle liegen wie die der Fünften, sind somit auch die Standorte der restlichen bekannt. Wie gesagt, ist es in dieser Phase der Erdentwicklung jedoch nur nötig, die ersten sieben der Vierten Dimension vollständig zu öffnen. Die Chakren liegen zwar räumlich am gleichen Platz (dies wurde aus praktischen Gründen so eingerichtet), aber sozusagen einige Ebenen „tiefer".

Erdchakra der Vierten Dimension	Lage	Ist geöffnet zu	Ist zu aktivieren mit:
1. Erdchakra	In Neuseeland	50 Prozent	Rot
2. Erdchakra	Auf den Kanarischen Inseln	65 Prozent	Orange
3. Erdchakra	In Peru	75 Prozent	Gelb
4. Erdchakra	Auf Bali	82 Prozent	Grün
5. Erdchakra	In Santa Fé	91 Prozent	Blau
6. Erdchakra	Auf Hawaii	86 Prozent	Purpur
7. Erdchakra	Auf den Bahamas	99 Prozent	Weiß

Stand: 27. Januar 2005. (Zum Harmoniechakra, siehe letztes Kapitel.)

Wie man sehen kann, herrscht hier noch ein großes Ungleichgewicht, das dadurch behoben werden kann, indem man diesen Zentren in der Meditation die entsprechende Farbe sendet. Je mehr Menschen innerhalb einer Gruppe sich darauf konzentrieren, umso wirkungsvoller ist es. Hierfür ist es nicht nötig, genau zu wissen, wo sich die Energiewirbel befinden, denn die Absicht allein lenkt die (Farb-)Energie dorthin, wo sie hin soll. Außerdem gibt es ja viele Helfer ringsherum, die dafür sorgen, dass die Energie in die richtige Richtung fließt.

Indem die Menschen von sich aus die Erdchakren zu höheren Drehzahlen aktivieren, werden Signale an die spirituelle Hierarchie gesendet, die dieser die Erlaubnis zu weiterem Handeln erteilen. Es ist sehr wichtig, dass ihr mit dem astralen Müll, der sich über die Jahrtausende in den feinstofflichen Körpern der Erde angesammelt hat, selbst aufräumt, denn ihr habt ihn auch selbst produziert. Der Müll, um den es sich hier handelt, sind Gefühle der Gewalt, des Hasses, das Leid aller Kriege, aller Gewaltverbrechen, und die Auswirkungen der Zündung von Atom-, Wasserstoffbomben und ähnlichen Waffen, usw.

So wie es dunkle Stellen durch solche Erfahrungen in den Chakren der Menschen gibt, die durch die höhere Drehzahl spürbar und damit ansehbar werden, so gibt es sie erst recht und in viel stärkerem Ausmaß auch in den Erdchakren.

Die vollständige Öffnung der dreidimensionalen Chakren hat sich auf die Erde durch entsprechende Naturkatastrophen ausgewirkt, die eine Reinigung brachten, und diese wiederum machte die Öffnung höherer Chakren möglich. Diese Reinigung muss nun in den vierdimensionalen Chakren fortgesetzt werden, damit die fünfdimensionalen sich ebenfalls schneller drehen können, und so geht es immer fort. Auch dieses Mal wird sich das durch Katastrophen auswirken, doch wie es Kryon schon in seinen Büchern darlegte, werden sie viel harmloser ablaufen, weil in den Gebieten, in denen sich die Öffnung auswirkt (es sind nicht unbedingt die, in denen die Chakren liegen, wie sich auch eine Krankheit im menschlichen Körper weit entfernt vom zuständigen Chakra manifestieren kann), viele Lichtarbeiter, oder, besser gesagt, Erwachte, stationiert sind, die mit ihrem Licht die Energien im Zaum halten. Die sind immer dort zahlreich, wo sich energetischer Müll angesammelt hat und eben aufgeräumt werden muss. Das ist auch der Grund, warum sich manche Erwachte an Orten wiederfinden, an denen sie sich nicht wirklich wohl fühlen, denn sie können den „Müll" dort spüren. Ist der jedoch erst einmal beseitigt, schwindet das Unbehagen. Dann kann es jedoch sein, dass diese Menschen wieder an den nächsten Ort geschickt werden, an dem sie die gleiche Arbeit tun müssen. Von diesen „Wanderarbeitern" gibt es zum Glück viele.

Jetzt kannst du dir vielleicht vorstellen, warum es am Ende jeder Zivilisation zu den ganz großen Katastrophen kam. Es war ein gründlicher Reinigungsprozess, der die Erde in die Lage versetzte, auf einem höheren Niveau wieder neu zu beginnen. Diese Reinigung geschah in einem einzigen heftigen Akt, doch dieses Mal hat das kollektive Selbst der Menschheit beschlossen, aus diesem Kreislauf auszubrechen und die Reinigung nach und nach in kleinen „Häppchen" geschehen zu lassen, um so viele Menschen wie möglich mit „nach oben" zu nehmen und nur die gehen zu lassen, die partout nicht bleiben wollen oder können.

Um hier gezielt arbeiten zu können, ist es notwendig, die Energie der Erwachten (und all derer guten Willens) an einem bestimmten Tag zu sammeln und dann an das Chakra zu senden, das gerade „dran" ist. Diejenigen, die diese Aufgabe übernehmen, werden durch ihre Intuition geführt werden, so dass alles perfekt ablaufen kann. Über das Internet ist es möglich, viele Menschen darüber zu informieren und auf diese Weise eine weltweite Resonanz in das Chakra zu senden.

Der Tenor der Welt soll, wird und muss in die Chakren eingehen, um sie zu reinigen, und damit so von Ballast zu befreien.

Die Aktivierungsfarbe für das Erdherzchakra ist Grün, wogegen sie bei den Menschen Grün und Rosa ist. Grün für die persönliche und Rosa für die bedingungslose Liebe. Die Aktivierung für das menschliche Dritte Auge erfolgt mehr über die Violetttöne, und sowohl für das Erdstirnchakra als auch für das menschliche Stirnchakra ist es Purpur. Wenn wir hier die Bezeichnungen für Mensch und Erde gleich verwenden, so liegt das daran, dass die Art der Energien, die dort einfließen, die gleiche ist und auch die Funktion der Chakren, obwohl die Erde mit ihrer Kugelgestalt natürlich keine „Stirn" oder andere ähnliche Körperteile hat. Die Namen sind hier mehr als Analogie gedacht.

So wie der Mensch eine Aura hat, so hat die Erde ebenfalls feinstoffliche Energiekörper, die jedoch anders strukturiert sind als die des Menschen, einfach weil die Erde andere Funktionen erfüllt. Die Ähnlichkeiten sind wiederum darin begründet, dass Menschen und Erde für den Großen Plan eine Einheit bilden, und somit ein Austausch von Informationen möglich sein muss, und das geht nur über ähnliche „Organe".

Die Lebenskraft der Kundalini ist (zusätzlich zu den Menschen) bei der Erde nicht, wie man vielleicht annehmen könnte, das Magma des Erdinneren mit seiner Feuerkraft, sondern schlicht und einfach das Wasser! Die Kundalini kennt eigentlich nur eine Fließrichtung: Nach oben. Beim Wasser ist das anders, und das ist auch nötig, und zwar wiederum wegen der Kugelgestalt der Erde. Die Erde hat also auch deshalb so viel Wasseranteil im (äußeren) Aufbau, weil hierin ihre Lebenskraft gespeichert ist.

Außerdem hat das Wasser die wunderbare Eigenschaft, sehr hohe Schwingungen annehmen zu können, und das macht den Unterschied in der Wasserqualität aus, und auch darum hat die Erde so viel von dem Leben spendenden Nass, denn sie war und ist von Anfang an dafür vorgesehen, eine sehr hohe Schwingung zu erreichen, – eine, die alles andere mit „nach oben" zieht. Es ist also die Lebenskraft der Erde, in Zusammenarbeit mit den Menschen, die die Schwingung des Universums erhöhen wird und jetzt in diesem Moment bereits nach oben zieht.

Da alle Wasser dieses Planeten miteinander durch ein einziges „Bewusstsein" verbunden sind, wird eine kollektive Schwingungserhöhung überhaupt erst möglich. Das betrifft natürlich auch das viele Wasser im menschlichen Organismus. Auch der menschliche Aufstieg erfolgt mit Hilfe seines Körpers, eben weil er durch die Flüssigkeiten darin zur Schwingungserhöhung befähigt wird. Wird nun klar, warum diese Körperwässer gereinigt werden müssen? Je klarer das Zellwasser, umso höher kann die Schwingung sein, und je trüber es ist, desto niedriger schwingt man.

Nun habt ihr das Wasser in den letzten hundert Jahren nicht gerade mit Respekt behandelt, und die dadurch bedingten Verschmutzungen haben an vielen Orten die Frequenzen gesenkt, anstatt sie zu erhöhen. Das ist jedoch wieder umkehrbar und eine der Herausforderungen des Neuen Zeitalters. Die spirituelle Entwicklung ist jedoch stetig vorangeschritten, und dies spiegelt sich auch im Wasser wider, denn, auch wenn es an vielen Stellen noch verschmutzt ist, wurde an anderen Plätzen, zum Beispiel an heiligen Quellen, die Schwingung stetig erhöht, so dass insgesamt trotzdem eine Steigerung erfolgen konnte.

Die Kundalinikraft ist mehr eine explosive, weiter strebende Kraft, wohingegen das Wasser mehr eine ausgleichende und doch auch stetig nach oben drängende Kraft bedeutet. Beide bewirken jedoch dasselbe: die Erhöhung der Schwingung.

Je mehr ihr euch nun dem Wasser wieder zuwendet, desto höher wird auch dessen Frequenz werden. Indem ihr die Frequenz erhöht, reinigt ihr das Wasser. Das haben die Experimente von Masaru Emoto ja deutlich gezeigt.

Die Fähigkeit des Wassers, hohe Schwingungen zu halten, ist ein Grund für die hohen Schwingungen von Walen und Delfinen. Das ist auch der Grund dafür, dass sie im Meer immer wieder Orte aufsuchen, die so etwas wie die Kraftorte des Meeres darstellen. Es können auch durchaus Süßwasserquellen sein. Dort tanken sich die Cetaceen wieder auf, da sie durch die stark verschmutzten Meere und die damit verbundene Frequenzverringerung an Kraft, an Schwingung verlieren. Aber sogar das ist notwendig, damit sich die unterschiedlichen Schwingungen der verschiedenen Rassen angleichen können. Doch die Säuberung der Meere wird dann wieder notwendig, weil ihr ja gemeinsam die Schwingungen steigern wollt und könnt.

Auch bei den Cetaceen gibt es unterschiedliche Entwicklungsstufen, wie bei den Menschen auch. Ist erst einmal eine Verständigung zwischen den Delfinen und den Menschen möglich, so können sie euch zu diesen Orten führen, die für die Weiterentwicklung des menschlichen Bewusstseins noch eine wichtige Rolle spielen werden. Hierfür ist es erst einmal nötig, die Meere wieder zu säubern. Das könnte man als Akt des guten Willens ansehen, um den Cetaceen ein Signal zu schicken: Es ist soweit, die Zusammenarbeit kann beginnen. **Habt ihr eure Verantwortung erkannt?**

Das vollständige Eintauchen in Wasser reinigt die Energiekörper, und so war die Taufe auch ursprünglich gedacht. Schon deshalb müssen die Energiekörper der Cetaceen schon sehr weit entwickelt sein. Und auch beim Menschen hat dies solche Auswirkung, weshalb Vollbäder auch so gut tun, vor allem nach emotionaler Aufruhr oder sonstigen Vorkommnissen, die „Verschmutzungen" in den Energiekörpern hinterlassen. Beginnst du zu erwachen, sind solche Bäder ein wunderbares Hilfsmittel, den gelösten Müll zu entfernen. Hast du keine Wanne, so wirf die Dusche hinaus und baue eine Wanne ein. Es gibt ja bei Platzmangel auch Sitzwannen.

Je höher der Anteil des Wassers im Körper ist, umso höhere Schwingungen kann er halten.

Das Wasser hat also für die spirituelle Entwicklung des Menschen und des ganzen Sonnensystems eine viel größere Bedeutung, als den meisten Menschen bis jetzt klar ist. Wasser ist das Element, das die höchste Wachstumsmöglichkeit bietet. Schon deshalb ist es wichtig, sehr viel Wasser hoher Qualität zu trinken, und wenn sich dieses Bewusstsein erst einmal verbreitet hat, wird die Forderung nach der Erhältlichkeit solchen Wassers ständig steigen, und dies wird Bewegung bringen.

Die Anasasi, mit Liebe."

Teil II
Die neue Lebensweise im Regenbogenzeitalter
Schritt für Schritt in ein neues Leben

Es gibt viele verschiedene Möglichkeiten, sich eine neue Lebensweise anzueignen, um sich dem Neuen Zeitalter anzupassen. Hierzu möchte ich einige Vorschläge unterbreiten. Alles, was ich hier aufzeige, habe ich auf meinem persönlichen Weg selbst durchgeführt, und ich möchte meine Erfahrungen mit euch teilen. Allerdings ist mir klar, dass jeder Mensch seinen eigenen Weg finden muss. Wege gibt es so viele wie Menschen, und jeder ist individuell verschieden, und das ist auch gut so und macht den Reiz unserer Welt aus. Hier herrscht keine Gleichförmigkeit, obwohl versucht wurde, jeden von uns zu einem „Stein in der Wand" zu machen. Doch diese Zeiten sind vorbei: Es lebe der Unterschied! Es lebe die Gemeinsamkeit.

1. Wo fange ich an?

Finde deinen Namen

Begibt man sich auf die Suche nach seiner Bestimmung, um die Fragen zu beantworten: Wer bin ich? Wo komme ich her? Wo gehe ich hin? Es ist ein guter Ansatzpunkt, bei dem eigenen Namen zu beginnen. Namen haben eine Bedeutung. Sie wurden nicht zufällig ausgesucht. Im Namen liegt eine erste Ahnung, dass man nicht nur hier ist, um zu überleben, sondern um eine Aufgabe zu erfüllen.

Nehmen wir als Beispiel meinen Namen. Ich heiße Patrizia Alexandra Pfister. Patrizia leitet sich von „vornehm, edel" ab und Alexandra bedeutet „Beschützerin". Er bedeutet also edle Beschützerin. Ich war von klein auf der Meinung, dass jeder Mensch die Kraft und Macht hat, auf dieser Welt etwas zu verändern. Durch mein ganz normales Leben trat diese fundamentale Erkenntnis in den Hintergrund. Als ich jedoch nachzuforschen begann wer ich bin, wurde mir klar: Ich betrachtete mich schon immer als Beschützerin, nur hatte ich es durch den Alltag vergessen. Ich hatte meinen Wert vergessen. Doch diesen Wert muss jeder für sich wieder erkennen und annehmen. Das ist Teil des spirituellen Weges. Das hat nichts mit Hochmut zu tun, sondern mit dem Erkennen der eigenen Großartigkeit.

Mein Mädchenname lautete „Eisenstein". Das deutet schon eine gewisse Härte an, die sich mit der Zeit um mein Herz gebildet hatte und mir von den Ahnen auch noch mitgegeben worden war. Die schmolz mit der fortschreitenden Entwicklung dahin, bis ein offenes Herz übrig blieb.

Mein Ehename lautet Pfister, was Bäcker bedeutet, und tatsächlich backe ich sehr gern, und vor allem esse ich das Ergebnis mit großer Hingabe auf!

Namen haben auch eine numerologische Bedeutung, denn jedem Buchstaben kann man eine Zahl zuordnen. Auf diese Weise kommt man zu noch tieferen Bedeutungen, und der Pfad des Schicksals beginnt sich zu formen. Um hier mehr zu erfahren, kann man zum Beispiel die Bücher von Penny McLean heranziehen, in denen leicht nachvollziehbar mit diesen Zahlen umgegangen wird.

Natürlich kann man auf diese Weise auch das Geburtsdatum mit in die Analyse heranziehen. Auch das weite Feld der Astrologie zeigt auf, womit wir uns in diesem Leben beschäftigen sollen, was wir uns als Lernaufgaben uns vorgenommen haben und in welche Richtung unser Auftrag führen könnte.

Um ein umfassenderes Bild der eigenen Wurzeln zu erhalten, kann man die Namen und Geburtsdaten in der numerologischen Bearbeitung der Familienmitglieder mit einbeziehen. So bekommt man einen ersten Überblick und versteht im Nachhinein manche Familiensituationen besser.

Um über den irdischen Namen hinaus Informationen zu erhalten, kann man in einer Meditation nach seinem Seelennamen fragen. Der Seelenname beinhaltet alle Erinnerungen aus sämtlichen Inkarnationen, alle erworbenen Fähigkeiten und somit das gesamte Potenzial, das du in dieser wunderbaren Zeit nun in Anspruch nehmen kannst. Da dies eine so gewaltige Energie beinhaltet, kann es sein, dass du nicht gleich den eigentlichen Namen empfängst, sondern zunächst einen „Hilfsnamen", mit dem du dann arbeiten kannst. Ich habe vier Namen erhalten, bis ich meinen Seelennamen erfuhr, und jeder hat mich weiter geöffnet für das, was ich mir für dieses Leben vorgenommen habe, und für das, was ich bin.

Wichtig ist hierbei, dass du dem vertraust, was du empfängst. Forsche über die Bedeutung des Namens in Namensbüchern oder im Internet. Benutze den Namen wie ein Mantra und wiederhole ihn in deinen Meditationen oder im Alltag, sozusagen im Hintergrund deines Denkens.

Wir können alle (nicht nur die Frauen!) mehrere Dinge gleichzeitig tun! Denke so oft es geht an den erhaltenen Namen, und er lässt eine Öffnungsenergie in dich einfließen, die weitere Schritte in der Entwicklung ermöglicht. Je intensiver und öfter du das tust, umso schneller geht es!

Hier die Methode zur Namensfindung:

Begib dich an deinen Meditationsplatz, atme dreimal in alle zwölf Chakren hinein, damit aktivierst du sie für das, was du vorhast. Stelle dir nun visuell eine Sonne über deinem Kopf vor. Es ist der Seelenfunken, der du bist, dein Höheres Selbst, deine Verbindung zur Quelle. Diese Sonne wird nun nacheinander die Farben aller zwölf Chakren annehmen: Beginne mit der Farbe Rubinrot. Stelle dir die rote Sonne über dir so lange vor, bis du den Impuls verspürst, die nächste Farbe zu nehmen. Die ist Orange. Pause. Nun kommt Gelb. Pause. Grün. Pause. Dunkelblau. Pause. Purpur. Pause. Weiß. Pause. Perlmutt opalisierend. Pause. Aquamarinblau. Pause. Gold. Pause. Magenta. Pause. Rosa.

Leuchtet deine Sonne rosa, dann frage nach deinem Seelennamen. Die Silben, die du nun vernimmst, egal wie gewöhnlich oder ungewöhnlich sie dir erscheinen mögen, beinhalten eine Energie, die speziell für dich bestimmt ist und dir Zugang zu deinem inneren Wesenskern verschaffen wird. Klingen sie sehr ungewöhnlich, so schreibe sie gleich auf, um sie nicht zu vergessen. Frage auch nach der Bedeutung des Namens. Es kann durchaus eine Bedeutung sein, die du in keinem Buch findest. Beende dies, indem du wiederum dreimal in alle Chakren hineinatmest und dann die Augen öffnest.

Mit diesem Namen kannst du nun in der beschriebenen Weise arbeiten. Er führt dich in dein Inneres. Er ist für dich persönlich bestimmt, und so ist es nicht notwendig, dass du jemandem davon erzählst. Die meiste Arbeit eines Erwachenden findet im Verborgenen statt und geht andere schlichtweg nichts an!

Heile dein Inneres Kind

Jeder Mensch macht in seinem Leben Erfahrungen, und oft sind sie traumatischer Natur, schon in der Kindheit. Diese Traumata können unser heutiges Verhalten beeinflussen. Dieses Verhalten ist oft nicht so, wie wir es gerne hätten. Möchtest du dich von diesen Dingen befreien, so kannst du anfangen, mit dem Inneren Kind zu arbeiten.

Der Lichtkörperprozess läuft auch darauf hinaus, dass der Mensch wieder so unschuldig und verspielt wird, wie er es als kleines Kind war, ohne die negativen Prägungen, die ihn belasten. Indem du Kontakt mit deinem Inneren Kind aufnimmst und dir anhörst, was es zu sagen hat, kommst du diesem Zustand wieder näher.

Das Innere Kind ist durch ein Trauma meist in einem bestimmten Alter in der Entwicklung stehen geblieben. Du gehst also zu dieser Situation zurück, siehst sie dir an, besprichst sie mit dem Kind, und dann bist du in der Lage, sie zu lösen. Es kann sein, dass du hier professionelle Hilfe benötigst, nämlich dann, wenn du selbst nicht mehr weiterkommst. Es können auch mehrere „Innere Kinder" in dir stecken, nämlich dann, wenn du mehrere traumatische Erfahrungen gemacht hast. Mache einfach einen Schritt nach dem anderen, dann kommst du schon dahin, wohin du möchtest.

Wie geht das nun konkret?

- Nimm dir Zeit.
- Nimm dir einen Block Papier und einen Stift.
- Mit der rechten Hand (wenn du Rechtshänder bist) kündigst du dem Kind an, dass du nun Kontakt mit ihm aufnehmen willst, indem du etwas in der Art aufschreibst. Dann begrüßt du es. (Diese beiden Schritte kann man auch in einem zusammenfassen.)
- Mit der linken Hand (bei Linkshändern die rechte) schreibst du die Antwort auf, die dir in den Sinn kommt.
- Bewerte nicht, was du schreibst, sondern schreibe es nur auf. Es ist nicht unbedingt notwendig, doch hilfreich, wenn du es dir später noch einmal ansehen willst, und das wirst du wollen.
- Kümmere dich nicht um die krakelige Schrift des Kindes. Nur die Antworten sind wichtig.
- Frage das Kind nach seinem Namen. Es muss nicht der sein, den du in deinem Pass stehen hast, denn Namen spiegeln hier den inneren

Zustand. (Sich ein Buch auszuleihen oder anzuschaffen, in dem die Herkunft und Bedeutung von Namen enthalten sind, lohnt sich also unbedingt.)

- Frage dann nach dem Alter des Kindes. Diese Zahl zeigt dir, zu welcher Zeit ein Trauma stattfand, oft können wir uns bewusst gar nicht mehr daran erinnern. Das Kind weiß es jedoch.
- Frage dann das Kind, wie es sich fühlt, und dann, warum es sich so fühlt.
- Den weiteren Dialog musst du nach den Antworten, die du erhältst, gestalten, denn jeder Mensch hat seine individuellen Erfahrungen gemacht. Forsche nach, was das Kind vielleicht verängstigt hat oder warum es wütend, enttäuscht oder verzweifelt ist. Fühlt diese Gefühle gemeinsam. Lasse die Gefühle unbedingt zu, denn unterdrückte Gefühle bewirken einen Stau, und dieser Stau hat viele Auswirkungen. Lass den Damm brechen, fühle die Emotionen, lasse sie heraus. Oft genügt das schon, um den Stau zu beseitigen und die Ursache für Krankheitssymptome und/oder unangemessenes Verhalten zu beseitigen.
- Eventuell reicht das nicht. Zeige dem Kind dann auf, wozu diese spezielle Erfahrung gut gewesen ist, was du daraus gelernt hast und wie sie dich weitergebracht hat. Dazu musst du allerdings erst selbst herausfinden, wozu sie gut war. Oft ist uns nämlich gar nicht bewusst, dass eine Erfahrung uns zu Wachstum verholfen hat. Vielleicht hat sie uns einfach nur stark genug gemacht, um den Weg, den wir jetzt eingeschlagen, auch gehen zu können. Hast du dir das erst selbst klar gemacht, kannst du das auch dem Kind vor Augen führen. Dann ist Heilung möglich. Da wir oft viele derartige Erfahrungen gemacht haben, kann es notwendig sein, diese Dialoge immer wieder zu führen, bis alles erledigt ist.

Mir hat es zu faszinierenden Einsichten verholfen, und auch bei Kindern kann man das durchführen. Ich fragte zum Beispiel meine beiden Jungs, welcher andere Name im Moment zu ihnen passen würde, wenn sie ihren jetzigen einmal beiseite lassen. Der jüngere sagte spontan: „Felix". Darüber war ich richtig glücklich, denn Felix heißt „der Glückliche". Noch ein Jahr zuvor hätte sein Name ganz anders gelautet, da bin ich sicher, denn wir hatten in dieser Zeit viel geklärt. Der Ältere sagte „Manuel", was mich sehr erstaunte, denn er bedeutet „Gott mit uns".

Es dauert eine Weile, um aus dem Gefühl der Wertlosigkeit, das uns meist vermittelt wird, herauszutreten, seinen Selbstwert anzunehmen und zuzugeben: „Gott ist mit mir." Im Prinzip kann dies auch gar nicht anders sein, denn wir sind ja Teil des göttlichen Ausdrucks! Das zu erkennen hat nichts mit Hochmut oder Selbstsucht zu tun, sondern mit der völlig normalen Entwicklung des Regenbogenzeitalters.

Nur wer erkennt, dass er Teil des Regenbogenkreises ist, ein Tropfen Gottes, kann sein Licht für sich selbst und andere leuchten lassen, so dass auch sie den Weg nach Hause finden. Dies geschieht solange, bis alle den Weg gefunden haben. Eine Beschleunigung dieser Entwicklung findet gerade in diesem Moment statt. Wir alle gemeinsam sind der Ansicht, wir hätten das Spiel der Dritten Dimension bis zur Neige ausgekostet und aufgezeigt, was darin alles geschehen kann, und nun sei es unsere Aufgabe, allen im Universum zu zeigen, was sich daraus Großartiges entwickeln kann.

Bitte um das neutrale Implantat

Ein weiterer Schritt in ein neues Leben und einer der wichtigsten noch dazu, ist die Bitte um ein neutrales Implantat. Dieses Implantat hat nichts mit den Implantaten zu tun, die Außerirdische angeblich in unsere Körper setzen, um uns zu überwachen und zu kontrollieren. Die Wortwahl ist nicht ganz so glücklich, weil Implantat dadurch negativ behaftet ist, trifft aber die eigentliche Bedeutung am besten.

Wir alle kommen mit Programmen und Kodierungen auf die Welt, die wir uns selbst „eingesetzt" haben. Wir haben uns vor der Geburt überlegt, wen wir treffen wollen, um Karma abzuarbeiten, was wir tun sollen, um vielleicht etwas wieder gut zu machen. Wir haben ganz allgemein geplant, welche Erfahrungen wir machen wollen, die uns zur Weiterentwicklung verhelfen. Diese Programme sind in unserem Körper gespeichert. Das ist hier mit Implantat gemeint.

Bittet man nun um das neutrale Implantat, wie es Kryon in seinem ersten Buch *Das Zeiten-Ende* schreibt, so bittet man um die Auslöschung aller Programmierungen, die für dieses Leben vorgesehen waren. Das bedeutet, dass man nach dem Prozess, völlig frei von allen Zwängen, sein Leben neu gestalten kann. Damit wird man frei dafür, die Seelenverträge zu erfüllen, die für den Fall vorgesehen waren, dass man sich weit genug entwickelt, um diesen Weg gehen zu können. Man ist also frei, seine eigentliche Mission zu finden und dadurch ein glückliches und harmonisches Leben zu führen, angefüllt nur noch mit den Herausforderungen, die man benötigt, um sozusagen in die „nächste Schule", die Fünfte Dimension, „aufsteigen" zu können.

Es herrscht kein Zwang mehr, zum Beispiel bei einem Partner zu bleiben, mit dem noch etwas erledigt werden muss. Es wird einfach erledigt. Auf diese Weise erhalten beide die Chance, neu zu beginnen, auch wenn die Anfangs- und Übergangsphase meist nicht einfach ist. Sein Leben völlig umzukrempeln ist eine der größten Herausforderungen überhaupt, vor allem, wenn man dieses Leben außerhalb des Massenbewusstseins leben möchte. Da es jedoch inzwischen viele derartige Aussteiger gibt, bilden sie eine neue Realitätsmasse mit größeren Schnittmengen, wie ich anfangs schon ausführte. Das erleichtert heute diesen Aussteigeprozess ungemein, denn die Wegbereiter für diesen Vorgang, die Verbindungstropfen des unteren und oberen Regenbogens, schufen diese Realitätsblase, in die nun jeder eintreten kann, der dies wünscht.

Als ich im Jahre 2003 die Kryon-Bücher in die Hände bekam, bat ich um das neutrale Implantat (allerdings erst, nachdem eine Freundin von mir den Mut dazu gefunden hatte). Ich suchte mir für diesen Zweck eine Insel an der Saale (da ich dort lebe), auf der uralte Weiden stehen, und wo eine besondere Atmosphäre herrscht. Mit anderen Worten, einen Kraftort mit hohen Bovis-Einheiten.

Ich bat also um das Implantat, hörte einen Moment in mich hinein, und da nichts weiter geschah, wollte ich weiter in dem Kryon-Buch lesen. Doch dann merkte ich plötzlich, wie mir Tränen in die Augen schossen. Hinterher wurde mir klar, was geschehen war:

Bittet man um das Implantat, so findet eine Art Wachablösung statt, denn nun treten andere spirituelle Helfer in unser Leben, ein Wechsel der Engel, wenn man so will.

Ich erkannte mehrere Dinge:

- Mein Implantat musste schon vor Jahren ausgewechselt worden sein, ohne dass ich darum gebeten hatte. Ich war einer der „Verbindungstropfen" (auch wenn ich das lange nicht wusste), und bei diesen kann es geschehen, ohne dass sie darum bitten, wenn sie einen bestimmten Bewusstseinsgrad erreicht haben, denn sie haben spezielle Aufgaben (freiwillig übernommen), so dass eine Erlaubnis nicht erforderlich ist. In den meisten Fällen muss man die geistigen Helfer um Hilfe bitten, sonst dürfen sie nicht eingreifen.

Das Einsetzen des Implantats ist nichts anderes als der Aufstieg der Kundalini und die Reinigung der Chakren von Blockaden, denn Kundaliniaufstieg bedeutet Karmaauslöschung, auch wenn es Kryon nicht so bezeichnet.

Es gehen also die Engel, die das Aufsteigen bisher verhindert haben (auf unsere Bitte hin und in Ausübung eines Vertrages), und es kommen neue, die nun unseren Lichtkörperprozess gemeinsam mit unserem Höheren Selbst steuern.

Meine Helfer, die die Kundalini eingegrenzt hatten, bis ich soweit war, gingen an diesem Tag an der Saale endgültig, als ich um das Implantat bat, denn nun wussten sie, dass ich meinen Weg bewusst weitergehen konnte und ihre Hilfe nicht mehr benötigte. Daher die Tränen des Abschieds.

Inzwischen musste ich schon mehrmals Abschied von alten Freunden der Geistigen Welt nehmen, und immer war es tränenreich.

Entschließt du dich zu diesem Schritt, musst du dir bewusst sein, dass einige Jahre oder vielleicht auch schon Monate danach dein Leben völlig anders sein wird als zu diesem Moment. Ist es das, wonach du dich sehnst, nämlich deinem Leben einen höheren Sinn zu geben als nur zu überleben, sein Einkommen zu haben und sich möglichst gut durchzuschlagen, – willst du also wirklich herausfinden, warum du eigentlich hier bist, – dann tue es! Willst du Genaueres wissen, besorge dir die Kryon-Bücher. Kryon hat wundervolle Neuigkeiten und Informationen für uns. Die Anschaffung lohnt sich!

Schalte den Fernseher aus

Eine weitere Möglichkeit eines Neuanfangs ist es, den Fernseher ausgeschaltet zu lassen. Abgesehen davon, dass durch den Geldmangel der Sendeanstalten das Programm eh immer langweiliger wird, hat der Fernseher noch eine Reihe von Nachteilen: So strahlt das Gerät Frequenzen aus, die in Hertz [16] gemessen werden und das Herzchakra beeinflussen. In welcher Weise, kann sich jeder selbst überlegen.

Es gibt aber noch mehr Auswirkungen, die mir deutlich wurden, als die Europameisterschaft 2004 ausgestrahlt wurde. Im letzten Spiel, das die Deutschen bestritten, bevor sie nach Hause mussten, saß ich am Computer, um an diesem Buch zu schreiben. Mein Mann und die Kinder saßen vorne im Wohnzimmer. Ich konnte jede kitzlige Situation, jede Ungeschicklichkeit oder das Pech der Spieler und erst recht die Tore des Gegners anhand der geäußerten Gefühle „meiner Männer" ablesen. Die Heftigkeit an Gefühlen überraschte mich, denn das war ich nicht gewohnt. Hier wurde ganz klar, was in der Psychologie schon lange bekannt ist: Alle Menschen, die das Spiel sahen, bildeten ein gemeinsames Morphogenetisches Feld, verbunden durch das Fernsehgerät, in dem die Gefühle sich gegenseitig überlagerten und damit verstärkten. Auf diese Weise kommt auch die Wut der Hooligans nach einem verlorenen Spiel zustande. Diese Bildung einer gemeinsamen „Realitätsblase" tritt aber nicht nur beim Fußball auf, sondern bei jeder ausgestrahlten Sendung. Damit können Fernsehsender ganz gezielt bestimmte Stimmungen und damit eine genau definierte Art der Realität erzeugen.

Ganz besonders gilt das natürlich für die Nachrichten, die wirklich kaum etwas Gutes zu berichten haben, obwohl davon so viel in der Welt geschieht. Aber sehen wir etwas davon? Stellt man nun das Gerät ab, kann man zwar nicht mehr so gut mitreden, aber man hat einen Schritt mehr getan, um sich aus dem Massenbewusstsein auszuklinken.

Um es noch einmal klarzustellen: Dieses Bewusstsein hat uns bisher gut gedient, aber nun ist es Zeit, sich weiter zu entwickeln, hin zu einem individuellen Bewusstsein, und viele Individualisten bilden dann wieder eine neue Realität.

Einen überraschenden (und doch auch längst bekannten) Effekt fanden wir heraus, als die Kinder das einzige Mal ein vierwöchiges

---

[16] Maßeinheit der Frequenz, Schwingung/Minute

Computer- und Fernsehverbot erhielten, weil sie etwas Schlimmes angestellt hatten (Im Nachhinein fand ich über zehn positive Wirkungen ihres „Streiches").

Es waren nämlich die friedlichsten, harmonischsten und damit angenehmsten vier Wochen seit zehn Jahren. Wir fanden uns in Spielen, alle vier oder in Zweiergruppen, zusammen, oder es machte jeder das, wozu er Lust hatte, denn endlich war Zeit dafür! Die beiden Jungs kramten nach und nach alle Spiele und Bausteine hervor und bewiesen eine enorme Kreativität. Es war einfach toll.

Will man sich übrigens von den Manipulationen frei machen, die überall anzutreffen sind, hat wieder Erzengel Michael durch Natara eine Methode durchgegeben, die zwar etwas dauert, aber danach ist man frei.

Hierzu sucht man den Punkt an beiden Schläfen, an dem man den Puls fühlen kann. Es sind auch wichtige Akupunkturpunkte. Man nimmt die Zeigefinger und drückt diesen Punkt mindestens neun Minuten lang. Wer schon etwas sensibilisiert ist, kann spüren, was für gewaltige Energien da fließen. Die Finger können heiß werden, stark kribbeln, oder andere Empfindungen vermitteln. Dies muss man an 48 aufeinanderfolgenden Tagen durchführen und zwar ohne Unterbrechung. Vergisst man einen Tag, muss man wieder von vorne anfangen. Das ist mir auch passiert. Hier empfiehlt sich eine Markierung im Kalender. Um die Stellen an den Schläfen leichter zu finden, beugte ich mich nach vorne und stützte die Ellenbogen auf die Oberschenkel.

In der Nacht zum 49. Tag, also am Ende des Rituals, hatte ich einen Traum. Ich fuhr von einem Vortrag nachts nach Hause und verirrte mich so sehr, dass ich nicht mehr zurück konnte, aber auch nicht wusste, wo ich nun hinfahren sollte.

Da Träume wichtige Hinweise enthalten können, überlegte ich natürlich, was das zu bedeuten hatte. Die Antwort hatte ich schnell gefunden. Wir werden durch verschiedene Dinge auf einen bestimmten Weg programmiert. Zum Teil programmieren wir uns selbst, zum Teil werden wir jedoch auch von außen programmiert (dies geschieht jedoch mit unserer Zustimmung, auch wenn uns das nicht bewusst ist). Löscht man nun durch das Drücken mit den Zeigefingern alle Programme, ist man erst einmal verwirrt, denn man weiß nicht mehr, wohin es geht. Man hat keinen Plan mehr. Als mir das klar wurde, sang ich den ganzen Tag in meinem Kopf: Ich bin frei, ich bin frei, denn das war ich wirklich. Dann setzte ich mich hin und schrieb alles auf, was ich mir für die Zukunft an Zielen vorstellen konnte. Alle Wünsche wurden schriftlich fixiert. Dies war meine Methode, mir darüber klar zu werden, was ich eigentlich tun wollte, wenn ich die freie Wahl hätte. Ich erstellte also einen neuen Plan für mein Leben. Und nun realisiert er sich schon langsam.

Schau in den Spiegel

Jeder Mensch, mit dem du Umgang hast, kann dir als Spiegel dienen. Es erfordert sehr viel Mut, in diesen Spiegel zu blicken, doch es lohnt sich, willst du in der Entwicklung vorankommen. Hat dein Partner kein Vertrauen in deine Entscheidungen? Dann sieh dir einmal an, wieviel du selbst dir vertraust. Sind deine Kinder ständig wegen irgendetwas wütend? Schau dein Verhalten an. Wie oft bist du wütend? Kommst du im Berufsleben nicht voran, weil dein Vorgesetzter ständig an dir etwas auszusetzen hat, dann sieh dir seine Argumente einmal näher an.

Die Wahrnehmung, die andere über dich haben, geschieht aus ihrem Blickwinkel heraus. Diese andere Sicht der Dinge ist eine Erweiterung deines eigenen Blickwinkels. Du musst dir ihre Ansichten über dich nicht zu Eigen machen, aber nimm für einen Moment ihren Blickwinkel ein und betrachte unvoreingenommen, was du siehst.

Fühlst du dich ungeliebt, so überlege, ob du dich denn selbst überhaupt magst, geschweige denn liebst. Wie kann dich jemand anderer lieben, wenn du es selbst schon nicht tust? Und wenn du dich selbst nicht liebst, wie kannst du dann jemand anderen lieben? „Liebe deinen Nächsten, wie dich selbst" ist eine universelle Wahrheit.

Regst du dich über die ständig steigende Gier in deiner Umgebung auf? Wie gierig bist du selbst? Willst du ständig mehr, Größeres, Besseres?

Ärgerst du dich über den Neid anderer? Wie neidisch bist du selbst?

Ziehst du ständig Dinge an, die dir Angst machen? Dann überlege einmal, woher das kommt. Vermutlich hast du ohnehin ständig Angst vor diesem oder jenem. Dann steckst du Energie genau in die Dinge, die du eigentlich nicht haben willst. Konzentriere deine Gedankenkraft (und hier ist von einer mächtigen Kraft die Rede) doch auf die Sachen, die du wirklich haben willst. Du wirst sehen, das macht einen Unterschied aus!

Der Blick in den Spiegel erfordert gnadenlose Ehrlichkeit, zunächst einmal Ehrlichkeit mit dir selbst. Beginnst du damit, so wirst du mit der Zeit eine erstaunliche Veränderung an dir und auch an den Menschen in deiner Umgebung feststellen. Diese Ehrlichkeit wirst du so verinnerlichen, dass du anfängst, ein wahrhaftes Leben zu führen, und das ist der Beginn, der Beginn der Veränderung der Welt, denn die fängt mit dir selbst an.

Der Blick in den Spiegel offenbart aber nicht nur „negative" Einsichten, sondern im Gegenteil, er zeigt dir auch deine wunderbaren Eigenschaften. Erfreue dich an ihnen, denn sie gehören zu dir. Und das, was als negativ empfunden wird, ist oft, wenn man es von der anderen Seite her betrachtet, gar nicht negativ. Es hängt alles mit dem Blickwinkel zusammen, unter dem man eine Sache betrachtet. Wirst du beispielsweise wegen jeder Kleinigkeit wütend, so zeigt es dir, dass du hier etwas zu erledigen hast, also ist es doch nicht negativ, denn dadurch erhältst du die Möglichkeit zu handeln.

Nun gibt es noch eine Möglichkeit, sich im Spiegel zu betrachten, indem man wirklich einen benutzt. Nimm dir dafür mindestens fünfzehn Minuten Zeit, verdunkle den Raum und zünde zwei weiße Kerzen an. Und dann sieh dir in die Augen, die der Spiegel reflektiert. Blicke in deine Seele. Nimm die Bilder, die in dir aufsteigen, an. Vielleicht siehst du dich in anderen Leben, vielleicht in schwierigen Situationen dieses Lebens. Betrachte es, ohne zu urteilen, und überlege dir, was du wohl aus den Herausforderungen gelernt hast. Vielleicht siehst du auch „nur", dass dein Gesicht sich verändert und verschiedene andere Gesichter auftauchen. Es sind Seiten deiner Seele, vielleicht Gesichter, die du in anderen Leben hattest. Was du auch siehst, nimm es an und lerne daraus.

Dieses Ritual wurde von Diane Cooper in dem Buch *Die 12-Strang-DNS* vorgeschlagen, um sich anzusehen, welche Gelübde noch losgelassen werden müssen, bevor die feinstoffliche DNS an das endokrine System angeschlossen werden kann. Sie ist jedoch auch geeignet, sich die Erfahrungen aus anderen Leben generell anzusehen und zu erkennen, wer und wie man ist.

Suche die Verbindung mit der Natur

Ein guter Anfang für Veränderung ist, alleine in die Natur zu gehen. Nicht mit Freunden (das kann man zusätzlich tun), denn durch die Gespräche wird man abgelenkt. Nein, gehe alleine an Orte, die dich anziehen. Nur wenn du alleine bist, wirst du auch mit dir selbst konfrontiert, mit deinen Gedanken, mit deinen Gefühlen, mit deinem Geist. Nur die Natur gibt dir Gelegenheit, dich mit dir zu beschäftigen. In der Stadt hast du dazu keine Chance, zu viel Ablenkung. Willst du dich wieder mehr mit deiner Intuition verbinden – und das ist Teil des Aufstiegsprozesses – so kannst du sie anfangs nur „hören", wenn du alleine bist. Es ist dann auch einfacher, das auszuführen, was die Intuition dir vielleicht rät. Sind es Dinge, die du für etwas verrückt hältst, würden es andere erst recht oft so bewerten.

Mache den Anfang, indem du die Blumen, Sträucher, Bäume einfach nur bewusst ansiehst. Spüre den Wind, der sie bewegt, halte dein Gesicht in den Regen, der die Natur (und auch dich) nährt. Umarme einen Baum und spüre seine alterslose Kraft. Sieh an seinen Konturen vorbei in den Himmel und nimm die Aura wahr, die ihn und alles andere umgibt. Dieses Energiefeld ist genau das, was in den SF-Filmen der Star-Wars-Serie „Die Macht" genannt wird. Es gibt sie wirklich und wir können sie wahrnehmen und auch nutzen. Wir tun es eigentlich schon die ganze Zeit, nur unbewusst. Nun ist die Zeit gekommen, sie wieder bewusst zu gebrauchen. Der Name „Macht" passt hervorragend und drückt eigentlich alles aus, was es darüber zu sagen gibt.

Durch viele Wanderungen in der Natur lernst du wieder, ihre Sprache zu verstehen. Kleine Zweige, die einen Pfeil bilden, zeigen zum Beispiel, dass du genau in diese Richtung gehen sollst. Auf einer meiner Wanderungen suchte ich einen kürzeren Weg zurück zu meinem Auto und kam an eine Kreuzung, wo tatsächlich kleine Zweige „zufällig" einen Pfeil bildeten. Er deutete nur in die entgegengesetzte Richtung. Ich folgte ihm und letztlich war ich dann tatsächlich viel schneller beim Auto, weil ich eine Abkürzung fand.

Die Sprache der Natur neu zu erlernen heißt, eins werden mit ihr.

***Erst wenn wir uns wieder mit der Natur verbinden,
können wir auch die Verbindung nach oben finden.***

Beides hängt voneinander ab und bedingt einander. In einem Jahr sammelte ich, durch Intuition angeleitet, auf den Waldwegen Eicheln, Bucheckern und andere Samen ein, tränkte sie mit Wasser aus einer heiligen Quelle, ging dann auf die Suche nach Quellgebieten und pflanzte Bäume in der Schwingung des Neuen Zeitalters.

So erhältst auch du schon während deines Lichtkörperprozesses Aufgaben, die zum einen der Erde, zum anderen dir selbst und letztlich dem Ganzen dienen. Diese Aufgaben sind auch Tests, inwieweit die Verbindung zum Höheren Selbst bereits funktioniert und ob du für die nächsten Schritte bereit bist.

Du musst dir nicht irgendetwas vornehmen, lasse einfach geschehen, was geschehen soll. Vielleicht musst du auch gar nichts tun, sondern einfach nur **sein**, nur deine Schwingung an einem Ort zum Erklingen bringen, indem du einfach dort bist.

Suche dir Wege, auf denen du noch nie gewesen bist, vielleicht in Gebirgen, oder auf Hügeln.

Suche dir neue Ausblicke auf deinen Wanderungen, und du wirst neue Einblicke in dein inneres Wesen erhalten.

In der Natur zu sein ermöglich einen inneren Reinigungsprozess, denn dort erhält man die Stille zur Einkehr, die Stille, die eigenen Gedanken zu hören, was in der Stadt fast unmöglich geworden ist.

Überall wird man mit Geräuschen berieselt, sei es im Supermarkt, oder auf der Toilette eines Einkaufszentrums. Nirgendwo herrscht wirklich Ruhe, und so kann auch keine Ruhe in dir selbst einkehren. Meditieren zu lernen ist unter solchen Umständen wirklich schwierig, zumal der Elektrosmog das fast unmöglich macht. Um diesen zu neutralisieren, kannst du dir einen schwarzen Turmalin besorgen, der ist wirkungsvoller als Rosenquarz. Die beste Meditation für den Anfang ist, einfach in der Natur zu „sein".

Willst du eine Steigerung der Naturverbundenheit erreichen, so kannst du dir einen einsamen Ort aussuchen, bei dem du sicher sein kannst, dass du alleine bist, und dich nackt durch die Gegend bewegen. Ein Bekannter von mir erzählte mir, seit er das tut, hat er nicht mehr nur sieben Haare auf der Brust, sondern es sprießt dort wieder ganz ordentlich. Als Frau möchte ich zwar keine Haare auf der Brust, es zeigt jedoch, dass der Körper diese größere Verbundenheit auf seine Weise widerspiegelt. So verbindest du dich tatsächlich „hautnah" mit den natürlichen Energien.

Falls du es noch nie getan hast, dann bade doch einmal in einem See (oder falls du abgehärtet bist, in einem Fluss) ohne Badebekleidung. Hierbei werden auch einige Ängste abgebaut, was ja der Grundzug des Lichtkörperprozesses ist. Es bewirkt, dass du nichts durch Kleidung beschönigen kannst, und du lernst, deinen Körper so zu akzeptieren, wie er ist. Das ist ein wichtiger Schritt zur Selbstliebe!

Die Aufgabe der Naturvölker und ihr Erbe

Der weiße Mann hat die Verbindung zur Natur verloren und errichtete daher eine Zivilisation, die sich gegen die Erde wendet. Damit die Erde nicht völlig dieser Art des Lebens ausgesetzt war, denn das hätte sie auf Dauer vernichtet, erklärten sich die Naturvölker, wie die Aborigines und die indianischen Völker beider Amerika bereit, die Verbindung solange aufrecht zu erhalten, wie es nötig wäre. Die Ältesten von ihnen wussten, dass dies sehr schwierig sein würde, sie wussten aber auch, dass ohne sie die Erde verloren wäre. Also erfüllten sie ihre Aufgabe quer durch die Zeiten hindurch und trotz der Verfolgung durch die Weißen. Zumindest einige behielten also die alte Lebensweise bei und wandelten weiter barfuß und halbnackt über die Erde. Sie schützten die wenigen Kraftorte, die sich noch in ihren Gebieten befanden, und nutzten sie zur Aufrechterhaltung der Verbindung zur Quelle und zu den anderen magischen Plätzen, indem sie dort weiterhin ihre Rituale abhielten, die sehr viel mehr Bedeutung und Kraft enthalten, als dem weißen Mann klar ist. Ihnen allen gebührt unser Dank und unsere Bewunderung, denn sie haben diese extrem schwierige Aufgabe gut gelöst.

Warum gehen diese Völker nun nach und nach, wenn sie doch so lange der Verfolgung trotzen konnten? In dem Moment, in dem genügend weiße Menschen ihre Verbindung zur Natur wieder hergestellt haben, also wieder eine kritische Masse erreicht wurde, ist die Aufgabe der Naturvölker erfüllt, denn in gewisser Weise werden auch die Weißen wieder zu einem Naturvolk werden. Es wird eine andere Lebensweise sein als die der ursprünglichen Naturvölker, schon deshalb, weil es immer nur ein Vorwärts und niemals ein Zurück gibt. Es wird jedoch eine Lebensweise sein, die wieder im Einklang, in Verbindung mit der Natur ist. Vielleicht so, wie es in den Celestine-Büchern beschrieben wird, nämlich dass wir die restlichen Wälder von nun an schützen und alt werden lassen, so dass sie zu magischen Orten mit viel Energie werden und man dort drinnen leben und Kraft auftanken kann.

Die Devise heißt also: Zurück zur Natur, aber nicht zurück in der Entwicklung. Unsere Aufgabe ist es somit, unser modernes Leben in der Zivilisation so umzugestalten, dass es sich im Einklang mit der Natur befindet, und wir sind bereits auf dem Weg dorthin, aber es bleibt noch viel zu tun, bis wir dort sind. Hierbei haben wir eine große Hilfe, der wir uns jedoch erst einmal bewusst werden müssen. Es stimmt zwar, dass die Naturvölker gehen, doch hinterlassen sie uns ein großartiges Geschenk, und das trotz der Verfolgung, der viele von ihnen ausgesetzt waren.

Das Geschenk sind die Kinder, die es zwischen Weißen und Eingeborenen gab.

Was ist so Besonderes an diesen Kindern? Ganz einfach, Menschen, die sowohl Weiße als auch Eingeborene in ihrem Stammbaum haben, vereinen in sich das Wissen beider Rassen, denn das gesamte Wissen der Menschheit ist in den Genen gespeichert, und in den Genen von Mischlingen sind dann beide Stränge vereint. Das bedeutet, dass diese Menschen die ganz besondere Aufgabe übernommen haben, eine Synthese zwischen altem und neuem Wissen herzustellen. Ihnen fällt die Aufgabe zu, diese Polarität zu überwinden und damit etwas Neues zu schaffen. Ich hoffe sehr, dass diesen Menschen das nach und nach bewusst wird und wir alle bald davon profitieren können. Dafür ist von ihrer Seite jedoch auch viel Wut zu klären.

Kläre deine Vergangenheit

Die Vergangenheit klären bedeutet, sie loszulassen, um frei für die Gegenwart zu werden, die in die Zukunft mündet.

Wie gehst du das nun an?

Sieh dir zunächst nacheinander alle derzeitigen Beziehungen an. Das kann die Beziehung zu deinem Partner sein, zu deinen Freunden, oder gar die zu den Nachbarn. Überall dort, wo es keinerlei Probleme gibt, brauchst du nichts zu tun. Doch gibt es eine Dissonanz zwischen zwei Menschen, so haben diese etwas zu klären. Dazu musst du in den meisten Fällen mit dem anderen Menschen nicht sprechen. Es reicht oft aus, wenn du die Sache in dir klärst. Hierbei ist nicht wirklich wichtig, was im Einzelnen die Probleme mit dem anderen sind, sondern wichtig ist, den Grund der Dissonanz herauszufinden, der die Probleme erst auftauchen lässt. Sehr oft liegen die Ursachen nämlich gar nicht in diesem Leben, sondern in der fernen Vergangenheit, und darum kann es sinnvoll sein, dorthin zurückzugehen (im Geiste natürlich), um sich anzusehen, was vorgefallen ist. Laut El Morya sind sogar alle Dissonanzen auf frühere Leben zurückzuführen.

Hierzu kannst du die Angelina-Meditation anwenden, die im Kapitel „Meditationen" aufgeführt ist.

Oft kann man Situationen nicht alleine klären. Dann ist es ratsam, professionelle Hilfe in Anspruch zu nehmen, zum Beispiel durch Clearing. Eine Freundin namens Monika fand durch die Arbeit mit ihrem Inneren Kind heraus, dass die Seele einer verstorbenen Schwester, die Maria hieß, sich noch immer bei ihr befand, weil sie zum Trost geblieben war. Doch dieses Bleiben behinderte die Seele von Maria, denn sie konnte nicht ins Licht zurückgehen und damit auch kein neues Leben in Angriff nehmen. Gleichzeitig behinderte es Monika, sich frei zu entfalten. Auf diese Weise können auch mehrere Seelen haften bleiben. Doch ist es in diesem Zeitalter ratsam, auch hier loszulassen. Dazu stellst du dir ein Tor aus Licht vor, bittest Aufgestiegene Meister oder Erzengel deiner Wahl um Hilfe (Michael ist hier ein guter Ansprechpartner) und schickst die Seelen oder Wesenheiten mit aller Liebe und mit Nachdruck ins Licht, wohin sie gehören, und wohin sie auch wollen.

Du kannst sie hierzu in einen ICE setzen und diesen ins Licht fliegen lassen, durch das Tor hindurch, und dich dann für die Hilfe bei Michael bedanken.

Bist du Raucher, so kannst du alle feinstofflichen Wesenheiten, die „mitrauchen", auf diese Weise fortschicken, solltest du aufhören wollen mit dem Rauchen. Das gilt für Süchte aller Arten. Es gibt immer noch Wesenheiten um dich herum, die an deinen Suchterfahrungen teilhaben, und so ist es viel schwieriger, die Süchte loszulassen.

Die Klärung der Beziehungen ist ein Schritt; ein weiterer ist die Klärung von Entscheidungen. Wie oft hast du dir schon überlegt, dass du da oder dort besser eine andere Entscheidung hättest treffen sollen? Versuche, dir solche Weggabelungen in deinem Leben einmal aus einer neutralen Position heraus zu betrachten und stelle fest, was du aus deiner „falschen" Entscheidung alles gelernt hast. Welche Folgeentscheidungen kamen hinzu? Verfolge den ganzen Weg und überlege dann, ob deine Entscheidung wirklich so falsch gewesen ist, oder ob du sie deshalb getroffen hast, um noch bestimmte Erfahrungen zu machen, die dich letztlich wieder haben wachsen lassen. Lasse den Gefühlen, die bei diesem Prozess hochkommen mögen, freien Lauf und akzeptiere sie. Komme jedoch irgendwann zu dem Punkt, an dem du jede deiner Entscheidungen, die auf deinem Weg lagen, deinen Segen gibst, dich dafür liebst, sie getroffen zu haben, und dir selber dankst, da du aus ihnen lernen konntest. Du lerntest etwas, was für dein Leben wertvoll ist. Und wenn du „nur" gelernt hast, was du nicht möchtest oder was dir nicht gefällt, dann ist das doch unendlich wertvoll, oder nicht?

Du kannst auf diese Weise auch noch einmal alle schwierigen Situationen durchgehen und erforschen, was sie dir gegeben haben, und auch diesen deinen Segen, deine Liebe und deine Dankbarkeit schicken, und das gilt auch für alle beteiligten Menschen, denn sie haben dir zu Lernlektionen verholfen, die dich in deiner Entwicklung wieder einen oder sogar mehrere Schritte vorwärts gebracht haben.

Bitte sei dir darüber klar, dass du mit jedem Fortschritt, den du persönlich bei deiner Klärung erfährst, am Fortschritt und Wachstum des Ganzen beteiligt bist, denn du bist Teil des Ganzen. Du bist wie eine Zelle in einem Organismus. Wächst die Zelle, dehnt sie sich aus und drängt benachbarte Zellen weiter nach außen, also wächst dadurch der gesamte Körper.

Erforsche deinen Körper

Dieses Kapitel gehört eigentlich zur Klärung der Vergangenheit, denn man tut hier nichts anderes. Der Ansatz ist jedoch ein anderer, und daher möchte ich es gesondert behandeln.

Stelle dich nun nackt vor einen Spiegel und betrachte deinen Körper. Sieh dir jede Einzelheit an, als wäre er dir völlig neu und völlig fremd. Mache dir bewusst, welche körperlichen „Anomalien" du aufweist und ob sie dir gefallen, oder nicht.

Es mag vielleicht merkwürdig klingen, doch dein Körper, so wie er ist, mit allen auffallenden Muttermalen, Narben oder sonstigen Besonderheiten, stellt einen Spiegel dessen dar, was du aus früheren Leben noch zu klären hast, selbst Narben, die du dir erst in diesem Leben zugezogen hast, denn sie sollen dich daran erinnern, dass da etwas anzusehen ist!

Du hast dir den Körper so geschaffen, damit du in diesem Leben die Möglichkeit hast, dir darüber bewusst zu werden, warum er genau so und nicht anders aussieht, denn in jeder Anomalie stecken Informationen, die du dir ansehen sollst, und damit ist wirklich jede ungewöhnliche Einzelheit wichtig.

Es geht nicht um Bewertung dieser Dinge, sondern um ihren Informationsgehalt!

Wenn du nicht weißt, welche Besonderheiten sich auf deiner Rückseite befinden, weil du nicht noch nie so richtig dafür interessiert hast, dann bitte deinen Partner oder einen Freund/Freundin, dir darüber Auskunft zu geben.

Wenn es viel zu betrachten gibt, dann schreibe dir eine Liste aller Besonderheiten auf. Wenn du bereit bist, dich diesen Dingen zu stellen, dann begib dich an deinen Meditationsplatz und lege die Liste neben dich. Wenn du willst, kannst du Kerzen anzünden, um eine passende Atmosphäre zu schaffen. Sieh dir nun Punkt eins auf der Liste an. Atme in diese Stelle hinein, bis du dich dort fokussiert fühlst, und nun tauche mit deinem Bewusstsein hinein oder benutze die Angelina-Meditation aus dem Kapitel „Meditationen" und bitte die Körperzellen, die Botschaft, die dort gespeichert ist, freizugeben.

Nimm die aufkommende Botschaft ohne Wertung auf und betrachte dir die Lektion, die du dir damit erteilt hast. Betrachte alle Geschehnisse als Lernlektionen und sieh dir an, was du speziell aus dieser einen Sache gelernt hast. Versuche so weit zu kommen, dass du dich über den Erfolg der Lektion freuen kannst. Das Mindeste ist jedoch zu akzeptieren, dass du lernen konntest und nun solche Lektionen nicht mehr benötigst. Segne alle Beteiligten und die Geschehnisse, egal, worum es sich handelt, schicke ihnen Liebe und Dankbarkeit, und dann gehe zurück. Das mag starke Emotionen auslösen, denn die Segnungen führen zu einem Echo und zum Lösen von Bändern, die nicht mehr benötigt werden. Es befreit von Lasten, die du nun nicht mehr mit dir herumschleppen musst. Du legst den Panzer ab, von dem Kosmonati gesprochen hat.

Führe dieses mit jedem Punkt auf der Liste durch. Ist die Liste kurz, kannst du alles auf einmal erledigen, ist sie jedoch lang, dann brauchst du vielleicht mehrere solcher „Sitzungen". Ich empfehle allerdings, dir immer nur eine Geschichte vorzunehmen, denn mit den auftauchenden Bildern musst du dich ja erst einmal auseinandersetzen, und das geht nicht gründlich genug, wenn du zu viel auf einmal bearbeiten willst.

Auf diese Weise kannst du nun deine ganze Liste abhaken und verstehst dich hinterher sehr viel besser und kannst deine körperlichen Unzulänglichkeiten auch ganz anders annehmen.

Kommst du mit den von mir vorgeschlagenen Methoden nicht direkt an die Informationen in deinen Zellen heran, bitte die Geistige Welt darum, dich zu „deiner" Methode zu führen, denn es gibt viele gute Bücher, mit vielen unterschiedlichen Hilfsmitteln. Wichtig ist letztlich nur das Ergebnis und nicht, wie man hingekommen ist.

Sogar dein Gebiss gibt dir Auskunft über frühere Leben. Sieh dir alle Zähne an und notiere dir, wo Füllungen vorhanden sind. Jede zeigt eine Schwachstelle auf, die sich in deinem Körper befindet. Jeder Zahn hat nämlich einen Bezug zu deinem restlichen Körper. Eine Aufstellung, welcher Zahn zu welchem Körperteil gehört, findest du *in dem Handbuch für „Heilende Hände"* (S. 138) von Horst Krohne. Mit dieser Aufstellung kannst du also auch an Organen arbeiten. Da zum Lichtkörperprozess ja intensive Heilungen gehören, fängt man auf einer bestimmten Stufe an, sein Gebiss zu sanieren. Das liegt daran, dass die damit verbundenen Organe nun ausgeheilt sind und daher auch die Reparatur der Zähne ansteht.

Ganz wichtig für alle diese Klärungsmethoden ist Folgendes:

Schweifen deine Gedanken immer wieder ab, kannst du dich also bei der Bearbeitung einer Körperstelle absolut nicht darauf konzentrieren, so versuche es nicht weiter. Dann ist der richtige Zeitpunkt für diese Information noch nicht gekommen. Es gibt für alles den richtigen Zeitpunkt. Streiche in der Liste alles, was du erledigt hast, durch und versuche es mit dem, was übrig bleibt, später noch einmal.

Entwickle dein Körpergefühl weiter

Jeder Mensch hat ein Körpergefühl, sonst könnte er in der Welt gar nicht agieren. Bei dem einen ist es sehr ausgeprägt, bei dem anderen weniger. Gleichgültig, wie es um deines bestellt ist, wird es nun im Lichtkörperprozess weiterentwickelt, da dein physischer Körper dein Gefährt für den Aufstieg ist. Das kannst du unterstützen, indem du dein Körpergefühl bewusst schulst.

Achte doch einmal einen Tag lang (vielleicht am besten am Wochenende) darauf, bei welchen Gelegenheiten du etwas im Körper spürst. Schreibe auf, welches Gefühl es ist und wann es auftritt. Du wirst feststellen, dass Schmerzen in bestimmten Körperregionen auch mit bestimmten (oft stressgeladenen) Situationen korrelieren. Schmerzende Stellen solltest du dir unbedingt aufschreiben und dann mit den in diesem Buch beschriebenen Methoden „bearbeiten", denn darin stecken Erinnerungen an ähnliche Situationen, die du erlösen kannst.

Ich habe schon erwähnt, dass, wenn sich deine Körperhaare aufstellen, dieses Signale sind. Wenn du eine für dich, oder auch für andere, wichtige Wahrheit ausspricht oder Erkenntnis hast, so senden dir die spirituellen Helfer über diese sogenannte Gänsehaut ein Signal, damit du auch spürst, dass etwas Wichtiges im Gange ist. Das gilt auch für Situationen generell, also wenn du zum Beispiel eine Information hörst, die dich weiterbringen wird. Hast du dieses beim Lesen dieses Buches erlebt, so finde die Stelle wieder und lese sie noch einmal. Dann wurde etwas erwähnt, was große Bedeutung für dich hat.

Auch wenn du genau zum richtigen Zeitpunkt die richtige Farbe „isst", kannst du dieses erleben. Probiere einmal die Regenbogenernährung, die ich noch erläutern werde, aus, und du wirst dieses Gefühl öfter erleben. Bei wirklich grundlegenden Wahrheiten geht diese Gänsehaut mit einem Gefühl einher, das den ganzen Körper durchdringt. Es ist so stark, dass man es nicht übersehen kann. Immer dann halte inne und überlege, was gerade geschehen ist, auch wenn du vielleicht nur einen Gedanken gehabt hast. Oft sind wir so schnell schon wieder beim nächsten Gedanken, dass wir nicht einmal mehr nachvollziehen können, was wir gerade Wichtiges gedacht oder gesagt haben. Das Innehalten bei solchen Signalen muss geübt werden, damit wichtige Botschaften aus der Geistigen Welt nicht verloren gehen. Dies ist die erste Stufe der Kommunikation mit „oben".

Zum Thema Haare wurde (zu meinem eigenen Erstaunen) ebenfalls eine Botschaft durchgegeben:

Botschaft der Anasasi zum Thema Haare (gechannelt)

Ihr habt am ganzen Körper Haare. Habt ihr euch schon einmal überlegt, wofür die gut sind? Genügt euch die Erklärung, dass sie Relikte aus eurer Vergangenheit sind? Wozu hat der Mensch die Körperbehaarung damals denn benötigt? Nur als Fell, zur Erhaltung der Wärme? In den Anfängen war es auf der Erde warm, da sie gar nicht schräg auf der Ekliptik stand. Da wären die Haare doch völlig überflüssig gewesen. Sie kamen auch nicht später als Anpassung an raueres Klima. Als der Mensch seine heutige Form erhielt, waren die Haare bereits vorhanden. Sie können sich zu einem Fell entwickeln, wenn es kalt ist, und sich zurückziehen, wenn der Mensch als Rasse lange genug in der Wärme lebt. Aber sie werden nie ganz ausgehen, weil sie noch andere Funktionen erfüllen.

Haare sind Antennen, die nach außen fühlen. Sie sind eine Erweiterung der Haut, die die Abgrenzung nach außen bildet. Ihr habt schon einiges über diese Energiefelder gehört, doch wie könnt ihr fühlen, dass sie in Aktion sind? Über diese haarigen Antennen ist es euch möglich, die Energiefelder anderer Menschen zu erfassen und ihre Inhalte zu erkennen. Die Haare fangen also als erstes diese Botschaften auf. Dies geschieht nicht über das Gehirn. Die Haare leiten diese Informationen über die Haut in die Nadis, das Energieleitsystem des Menschen, und diese geben sie weiter, aber wieder nicht an das Gehirn, sondern an das Sonnengeflecht im Solarplexus. Hier treffen alle sinnlichen und übersinnlichen Signale zusammen.

Da der Mensch in seinen Anfängen kaum gesellschaftliche Anforderungen zu erfüllen hatte, wurde kein hoch entwickeltes Gehirn benötigt. Solange sich sein Dasein hauptsächlich ums Überleben drehte, reichte das Sonnengeflecht zur Verarbeitung der Daten aus. So wurde zum Beispiel ein gefährliches Tier gesichtet und das Sonnengeflecht meldete: Es ist Zeit, Angst zu haben und fortzulaufen. Mit dieser Angst reagiert der Mensch noch immer jedes Mal, wenn er etwas als bedrohlich empfindet, und das ist leider oft auch dann der Fall, wenn er etwas nicht versteht. Auch das findet er bedrohlich, und es kommt Angst auf. Wenn er nicht davor weglaufen kann, dann wechselt er zu einer aggressiven

Strategie und greift an. Das gilt auch für die Menschen, die die Esoterik angreifen. Sie haben einfach nur Angst. Daher geht verständnisvoll mit ihnen um und findet Wege, ihnen die Angst zu nehmen.

Jedenfalls genügte das Sonnengeflecht irgendwann nicht mehr, und so wurde das Gehirn entwickelt, das zur Auswertung von vielen verschiedenen Botschaften (also nicht nur überlebensabhängigen) besser geeignet war. Hierbei war die rechte Gehirnhälfte für die Signale aus dem Sonnengeflecht zuständig und die linke für die logischen Prozesse (also für die Zusammensetzung der Botschaft), die unabhängig von den äußeren Reizen arbeiten konnte. Die heutige Gesellschaft beschränkt sich fast nur noch darauf, mit der linken Gehirnhälfte zu „denken" und ist auch noch stolz darauf. Dabei hat sie meist gar nicht alle Signale bearbeitet, die nötig sind, um eine Botschaft voll zu verstehen. Ihr fehlt also die Hälfte der Daten. Was geschieht, wenn einem Computer nicht alle Daten zur Verfügung stehen? Seine Auswertungen lassen sehr zu wünschen übrig, und für das menschliche Gehirn gilt das gleiche.

Hauptsächlich die so genannte westliche Gesellschaft lässt völlig außer Acht, dass die rechte Gehirnhälfte einen Sinn hat und für ein volles Funktionieren des Menschen genauso nötig ist wie die linke. Heilung ist das Thema in diesem Aufstiegsprozess, und sie bedeutet auch die Heilung und damit die Integration beider Gehirnhälften, also die Fähigkeit, in Zukunft ein Zusammenspiel beider Gehirnhälften zuzulassen. So werden Genies geboren...

Die Redewendung: „Mir stehen vor Angst die Haare zu Berge" lässt schon erkennen, dass über die Haare Signale ankommen, die Angst entfachen. Es ist ein gegenseitiges Wechselspiel: Über die Haare kommen die Informationen, die Angst einjagen, und über die Haare drückt sich diese Angst auch aus, damit der Geist in dem Körper auch sicher bemerkt, dass er Angst hat und möglicherweise etwas unternehmen muss, um der Gefahr zu entkommen.

Auf die gleiche Art erhaltet ihr Informationen jeglicher Art. Auf die Angst reagiert ihr sogar heute noch, weil sie nicht so leicht ignoriert werden kann wie andere, subtilere Energien. Da durch einen gemeinsamen Beschluss die menschliche Sehfähigkeit eingeschränkt wurde, entwickeltet ihr eine Art Ersatzfähigkeit, um über die Augen hinaus Informationen sammeln zu können.

Menschen, die sich freiwillig ihrer Antennen berauben, zum Beispiel durch Kahlrasieren, berauben sich damit der Möglichkeit, über die Kopf-

haare zusätzliche Informationen aufzunehmen. Würden sie in einer Gesellschaft leben, die vom Jagen und Sammeln lebt, würde das auch auffallen, da sie nicht so überlebensfähig wären wie die anderen, die noch alle Haare, also in diesem Fall „alle Sinne" besitzen. Heute fällt es also kaum auf, und doch sind diese Menschen in zwischenmenschlichen Bereichen „blinder" als andere, und so kommt es vermehrt zu Beziehungsproblemen, da sie nicht mehr so ein großes Gespür dafür haben, ob der andere auch wirklich zu ihnen passt. Das soll nicht heißen, dass die mit voller Behaarung nicht auch ihre Erfahrungen machen, doch hier spielen natürlich noch andere Dinge wie Karma usw. mit herein. Es hat also auch hier alles seinen Sinn. Doch ist man mit solchem Wissen erst einmal vertraut, so kann man entsprechend reagieren und anfangen, Änderungen in seinem Leben vorzunehmen, wie es oft geschieht, denn wenn ein Mensch sich verändert, äußerst sich das oft in einem anderen Haarschnitt.

Wie wichtig die Kopfhaare sind, erkennt man schon daran, dass ihr ganze Modeformen mit ihnen kreiert habt. Das hat allerdings in den Augen der Geistigen Welt seltsame Auswüchse angenommen, indem ihr jemanden nach seinem gepflegten Äußern beurteilt, nach seinem Haarschnitt genauso wie nach seiner Kleidung. Die Haare sind wichtig, aber nicht in dem Sinne, dass ihr daran erkennen könnt, wer oder wie jemand ist. Durch diese Beurteilungen kann sich ein Mensch hervorragend tarnen oder etwas vorgeben zu sein, was er nicht ist. Das öffnet der Täuschung Tür und Tor, womit genau das Gegenteil von dem erreicht wird, was eigentlich der Sinn ist. Oder glaubt ihr wirklich, anhand des Äußeren erkennen zu können, wie eine Seele geartet ist?

Anhand der Frisuren könnt ihr jedoch erkennen, ob jemand seine Antennen nach außen gerichtet hat und alles, was da so sein könnte, aufnehmen will, also offen für alle Informationen ist, oder ob sie (praktisch immer künstlich) nach innen gerichtet sind und so weniger Informationen aufgenommen werden können und wollen. Das muss keine Absicht sein, uns ist schon klar, dass es hier Modeerscheinungen gibt, und doch spielt hier das Unterbewusstsein auch eine große Rolle. Wenn ihr eure Haare wascht, wellen sie sich dann eigenwillig in alle Richtungen, nur nicht in die, die ihr wollt? Dann lasst sie. Es hat alles seinen Sinn, auch das.

Um Kontakt mit der geistigen Ebene aufzunehmen, können die Haare ein wichtiges Hilfsmittel sein. Wie unsere Partnerin schon an anderer

Stelle gesagt hat, fiel ihr auf, dass ihre Körperhaare sich immer dann aufrichteten, wenn sie etwas Besonderes, etwas Wichtiges, etwas Richtiges gesagt hatte. Hier fand eine Kommunikation von uns mit ihr statt, da wir sie damals nur so direkt erreichen konnten, und auch heute noch setzen wir dieses Mittel ein, um ihr das eine oder andere deutlich zu machen. Und so arbeitet die Geistige Welt auch mit dir, und wenn du dich entschließt, mehr darauf zu achten, dann wird diese Kommunikation auch intensiver und damit hilfreicher für dich in deinem alltäglichen Leben. Und es kann sich nach und nach auch eine gegenseitige Kommunikation entwickeln. So ist sie ja erst einmal einseitig.

(Anmerkung von P. P.: Mir wurde erst im Urlaub in Italien 2004 klar, was genau da geschah, wenn meine Haare sich aufrichteten: Meine spirituellen Helfer badeten mich in ihrer Liebe, wenn ich eine wichtige Erkenntnis gewonnen oder geäußert hatte. Sie sandten mir eine Energie, die wohlige Schauer über meinen Körper schickte.)

Nun, ihr Lieben, achtet doch bitte von nun an darauf, wann sich eure Körperhaare aufstellen. Ihr werdet feststellen, dass dies nicht nur geschieht, wenn ihr friert oder Angst habt, sondern eben zu Gelegenheiten, an denen ihr euch wundert, und nun wisst ihr, was da geschieht und habt einen wunderbaren Anhaltspunkt für den Kontakt zur Geistigen Welt. Wir warten nur darauf, endlich direkter zu euch sprechen zu können, also scheut euch nicht, den Kontakt zu suchen. Es werden euch daraus nur Vorteile erwachsen, das können wir versprechen!

Gleichzeitig ist es eine Schulung dafür, mehr darauf zu achten, was ihr sagt, denkt und fühlt, denn alles hat seine Wirkungen, wie schon öfter erwähnt. Vielleicht bemerkt ihr dann, dass ihr für andere wichtige Botschaften mit euch herumtragt, dass eure Worte Gewicht haben, egal welche Tätigkeit ihr ausübt. Und auch andere tragen wichtige Botschaften für euch mit sich herum. Lernt, sie zu hören.

Verflucht ihr jemanden wegen irgendetwas, so hat das auf den Betreffenden seine Wirkung. Überlegt euch, ob ihr das wirklich wollt. Lest einmal bei El Morya nach, was das für karmische Wirkungen hat. Er hat ein ganzes Buch dazu gechannelt, „Was ihr sät, das erntet ihr", mit Claire Avalon).

Wenn ihr etwas bewusst tut, ist die Wirkung viel größer, als wenn ihr etwas unbewusst tut. Das ist einzusehen, oder? So ist es auch hier.

Die Haare im Kopfbereich sind hauptsächlich auf die Geistige Welt ausgerichtet, und die restlichen Körperhaare bilden auch eine Kommunikation mit eurem Körper, der so etwas Ähnliches wie ein Bewusstsein hat. Auch er hat euch hin und wieder etwas zu sagen. Vielleicht stellen sich gerade die Haare auf, wenn ihr etwas zu euch nehmt, das schädlich ist. Dann fürchtet sich der Körper davor, denn er muss das wieder ausbaden und sehen, wie er damit fertig wird. Oder aber er begrüßt, was ihr gerade zu euch nehmt. Lernt, beides zu unterscheiden.

Immer, wenn ihr euch etwas wirklich Gutes tut (vielleicht eine Massage zum richtigen Zeitpunkt), etwas, das eurem Wachstum zum Vorteil gereicht, dann kann euer Körper dieses Signal senden, damit ihr wisst, dass es gut für euch ist. Wie ihr seht, ist auch hier eine Schulung der Aufmerksamkeit nötig, denn wer beachtet so etwas heute schon?

Bei dem Körperübungsprogramm, das in diesem Buch vorgestellt wird, solltet ihr einmal verstärkt auf die Reaktionen eures Körpers achten.

Euer Schönheitsideal sieht vor, dass eine Frau keine Körperbehaarung auf den Beinen haben soll, zumindest keine sichtbare. Ihr raubt der Frau damit eine Kommunikationsmöglichkeit. Hat sich das Bewusstsein für diese Dinge erst einmal weiterentwickelt, werdet ihr erkennen, dass die verschiedenen Körperbereiche auch für verschiedene Informationen stehen, die zu euch gelangen. Grundsätzlich gilt: Je weniger Haare, desto weniger Kommunikation, weder mit der Geistigen Welt, noch mit den Mitmenschen. Auch die Länge spielt dabei eine Rolle. Nicht umsonst lassen sich Menschen, die ihre „magischen Macht" nicht verlieren wollen, niemals die Haare schneiden. Seht euch einmal in den Herrscherhäusern um. Es gibt noch einige, die das wissen und danach leben. Sie sind dadurch weniger in ihrer Wahrnehmung eingeschränkt als andere.

Fallen dir nun die Haare ohne äußeren Grund aus, weigerst du dich, in Kommunikation mit der geistigen Ebene zu treten. So kann es sein, dass dies ein Zeichen dafür ist, dass du dich (aus Angst) der Geistigen Welt verschließt.

(Anmerkung von P. P.: Die Angst bildet Säuren, diese müssen gebunden werden, wofür die Mineralien des Haarbodens herhalten müssen, und dadurch wird den Haaren der Nährboden entzogen. Willst du also daran etwas ändern, kannst du damit anfangen, deinen Körper mit Mineralien aller Sorten zu verwöhnen, ihn damit zu überschütten. Es wird einige Zeit dauern, je nachdem, wie „versäuert" du bist, doch werden die Haare wieder wachsen und damit die Möglichkeit der Kommunikation. Zu viele Säuren im Körper unterbinden also auch in dieser Form die Verbindung „nach oben".)

Finde den Strahl, auf dem du inkarniert bist

Du hast nun schon einiges über die zwölf göttlichen Strahlen erfahren, und nun ist es an der Zeit, herauszufinden, auf welchem du inkarniert bist. Jeder Mensch hat sich einen der sieben ursprünglichen Strahlen ausgesucht, um auf ihm zu inkarnieren. Seit die fünf neuen hinzugekommen sind, ist die Auswahl für die Neuen Kinder größer geworden, und damit bringen sie auch neue Qualitäten in die Existenz auf Erden mit ein. Allerdings sind auch einige Vorläufer der neuen Strahlen bereits seit längerem unter uns.

Hier ist nun eine Meditation, die dir helfen wird, „deinen" Strahl zu finden. Kennst du ihn, so solltest du so viel wie möglich über ihn und die Bedeutung seiner Farbe herauszufinden versuchen, weil er das aufzeigt, was du auf Erden repräsentierst. Auf ihm sind deine Gaben verankert, mit denen du die Welt beschenken kannst.

Meditation:

Stelle dir vor, du gehst einen Weg entlang auf einer Wiese. Die Sonne scheint auf deine Haut, die Insekten summen, du riechst den Duft der Blumen. Auf einer Seite (links oder rechts, je nach deiner Intuition) siehst du ein steinernes Tor. Dieses Tor zieht dich magisch an und du gehst hindurch. Dahinter siehst du eine durchsichtige Pyramide, die du durch einen Eingang auf einer der Seiten betrittst. Du setzt dich ins Zentrum dieser Pyramide und stellst dir vor, wie du deinen Körper verlässt und durch die Spitze der Pyramide, die eine Öffnung aufweist, nach oben gleitest. Du reitest auf einem weißen Strahl nach oben, bis du dich wieder in einer Pyramide befindest, die eine Öffnung im Boden aufweist, durch die du hindurchgekommen bist.

Die Wände der Pyramide im Inneren haben eine Farbe. Sieh sie dir genau an. Das ist die Farbe, auf der du inkarniert bist.

In der Mitte befindet sich ein bequemer Sessel, in dem der Lenker deines Strahls sitzt. Er hat die Gestalt angenommen, die du ihm geben möchtest. Er begrüßt dich freudig, weil er schon so lange auf deinen Besuch gewartet hat. Ein zweiter Sessel erscheint, und in ihm nimmst du Platz. Du kannst diesem Meister nun Fragen stellen, oder dich einfach mit ihm unterhalten. Lasse alle Gefühle zu, die in dir auftauchen werden. Gib dich ihnen hin, sie sind das Zeichen, dass du angekommen bist.

Ist die Unterhaltung beendet, verlasse die Pyramide auf dem umgekehrten Weg, auf dem du gekommen bist. Du tauchst also in die Öffnung am Boden ab, reitest den weißen Strahl wieder hinunter und fährst durch die Spitze der durchsichtigen Pyramide zurück in deinen Körper. Dann verlässt du die Pyramide, gehst durch das steinerne Tor zurück auf die Wiese, und nun kannst du die Augen wieder öffnen. Es ist wichtig, dass du diesen Weg zu Ende gehst, weil du sonst nicht gut genug geerdet bist für den Rest des Tages. Am besten isst du etwas hinterher, dann bist du wieder voll im Hier und Jetzt.

Du kannst diesen Meister jederzeit besuchen. Er oder sie wird immer für dich da sein. Er geleitet dich auf deinem weiteren Weg.

Hier möchte ich einen kleinen Exkurs einfügen, weil mir die Sache mit den Parallelwelten und den Leben in der Vergangenheit und die zwölf göttlichen Strahlen nicht so richtig klar war. Ich überlegte mir ein Bild, wie ich es mir selbst, und damit auch dir, verständlicher machen kann.

Stelle dir bitte einen Angler vor, der viel Freude am Angeln hat, weil Fische so schön bunt und abwechslungsreich aussehen. Er hat aber keinen Teich mit Fischen darin, also legt er einen an. Er schafft Fische, indem er Teile von sich selbst in den Teich plumpsen lässt. Da sie Teile von ihm sind, haben auch sie die Gabe, Teiche mit Fischen zu schaffen, da sie gleichzeitig auch Angler sind, und so fort. Mit jeder Entscheidung eines Fisches wird ein neuer Teich angelegt.

Nun wäre der Angler kein Angler, wenn er die Fische nicht auch wieder würde fangen wollen, um sich anzusehen, wie sie sich verändert haben, seit sie in den Teich gesetzt wurden. Er legt also zwölf Angelruten aus, von denen jede eine der Farben der zwölf göttlichen Strahlen hat. An jeder hängen zahlreiche Köder, nicht nur ein einziger. Diese Angelruten sind gleichzeitig die Hauptströmungen, entlang deren die Fische schwimmen und ihre Erfahrungen im Teich machen. Doch mit jeder Entscheidung kreieren sie ja neue Teiche mit neuen Angelruten, und so könnte es immer weitergehen.

Nun lässt der ursprüngliche Angler eine Klingel ertönen, die das Zeichen für die Fische ist, sich einmal die Köder, die im Wasser schwimmen, anzusehen, weil sie den Weg nach Hause, in den ursprünglichen Teich, verheißen. Die meisten Fische ignorieren das Klingelzeichen zunächst, doch der erste Fisch sieht den Köder, schluckt ihn und erkennt in diesem Moment, dass er der Angler an einem größeren Teich ist. Gleichzeitig ist er aber auch noch Fisch, und nun sieht er den nächsten Köder und schluckt auch diesen, so dass er wieder die Erkenntnis hat: „Oh, mein Teich ist viel zu klein, es gibt ja einen noch größeren. Vielleicht gibt es ja dahinter einen noch größeren?" Und so geht es immer fort, bis der Fischangler „seine" Angelrute erkannt hat und weiß, wie er nach Hause kommen kann, denn der Weg ist nun nicht mehr weit. Er hat aber den Wunsch, den anderen Fischen auch den Weg zurück zu zeigen, und so sendet er ebenfalls Klingelzeichen aus, die immer heftiger und lauter werden, so dass irgendwann auch der letzte Fisch neugierig wird und sich auf die Reise nach Hause macht. Indem ein Fisch sich auf den Weg zurück macht, zieht er gleichzeitig alle Angelruten, die er je geschaffen hat, mit sich und löst sie auf, wenn er im nächst höheren Teich angelangt ist. Die dort gemachten Erfahrungen sind nach wie vor vorhanden, aber die Teiche selbst existieren nicht mehr.

So ist jeder „Teich" ein Leben in den verschiedenen Zeiten oder in den verschiedenen Paralleluniversen, und nach und nach werden sie in die zwölf Hauptströmungen integriert, so dass nur noch diese übrig bleiben. Letztlich wird auch der ursprüngliche Angler irgendwann alle Fische aus seinem ersten Teich gezogen haben, und die zwölf Angelruten werden sich auflösen. Dabei wachsen die einzelnen Fische zu einem einzigen zusammen, und der Fischer kann sich an all den bunten Farben seiner Fische (= die gemachten Erfahrungen) erfreuen. Da Angler und Fisch aber Teile voneinander sind, sind auch sie irgendwann wieder vereint, und zwar dann, wenn alle gemachten Erfahrungen aller Fische betrachtet und gewürdigt wurden. Wer weiß, vielleicht kreiert der Angler ja dann einen neuen Teich, der wieder neue Erfahrungen ermöglicht?

Unser derzeitiger Teich ist die Erde, und mit jedem Menschen, der sich der Klärung hingibt, wird auch anderen bewusst, dass sie in einem größeren Teich schwimmen, als ihnen bisher bekannt war. Die Klärung bewirkt, dass wir uns Parallelidentitäten ansehen können, die wir dann wieder in unser Wesen integrieren. Wir werden im gewissen Sinne wieder „mehr". Die Aufsplitterung der Seelen löst sich auf.

Mit der obigen Meditation kannst du nun „deine" Hauptangelrute finden. Jede dieser „Farben" beinhaltet bestimmte Arten von Fähigkeiten, und da du den Klärungsprozess durchläufst, erkennst du nach und nach deine neuen, aber eigentlich alten Fähigkeiten, und durch verschiedene Initiationen, die bei jedem anders aussehen können, erwirbst du dir das Recht und die Ermächtigung, diese Fähigkeiten auch zu benutzen. Zum einen, um deinen Weg nach Hause zu finden, und zum anderen, um anderen den Weg weisen zu können, die den Klingelton noch nicht oder nur schwach vernommen haben.

Um dich näher an diese deine Fähigkeiten heranzutasten, kannst du nun, so oft es dir deine Intuition eingibt, die folgende Meditation machen, – überall, wo du gehst und stehst, weil sie im Hindergrund deiner Gedanken ablaufen kann. Wichtig ist nur, immer wieder den Fokus darauf zu richten. Also, bei langweiligen mechanischen Arbeiten kannst du zum Beispiel deinen Geist darauf richten. Hierzu wandeln wir die Füllhornmeditation von Meister Serapis Bey etwas ab. Stell dir also folgendes vor:

Meditation:

Du öffnest, bildlich gesehen, das Kronenchakra (klappe ruhig in Gedanken eine Krone auf) und bittest um das Einfließen allerhöchster kosmischer Weisheiten. Dann stellst du dir das Füllhorn vor, wie es einen Strahl farbigen Lichts, und zwar das Licht, das du in der Meditation „Finde deinen Strahl" gesehen hast, in einen ununterbrochenen Strom in deine Krone ergießt. Führst du das längere Zeit durch (mindestens eine Viertelstunde), so wirst du die Wirkung auf deinem Kronenchakra bemerken. Am wirkungsvollsten ist dies natürlich, wenn du nichts nebenbei machst und dich voll darauf konzentrierst.

Auf diese Weise öffnest du die Schubladen der Erinnerungen an frühere Erfahrungen und erworbenen Kenntnisse. Von da an wirst du selbst deinen weiteren Weg finden.

2. Reinigung

Ich kann gar nicht genug betonen, wie wichtig die Reinigung aller Körper (!) ist. Will man zurück zur Quelle, sich dem Massenbewusstsein entziehen, oder einfach nur seinem Leben einen Sinn geben, der große Freude auslöst, ist eine Reinigung unerlässlich. Hierfür gibt es viele Möglichkeiten, die alle ihren Sinn und ihre Wirkung haben. Das regelmäßige Besuchen einer Sauna, eines Dampfbades oder gar eine Sole-Inhalation (wer die Möglichkeit hat, sollte sie nutzen) sind ein guter Anfang, denn diese Anwendungen reinigen gleich alle Körper auf einmal.

Die vielen Säuren, Schlacken und sonstigen Gifte, die wir im Laufe eines einzigen Lebens (wodurch auch immer) angesammelt haben, müssen aus den Körpern entfernt werden. Nur dann ist eine Transformation, oder auch nur eine Verbesserung der Lebensumstände, möglich. Warum das so ist, haben wir in den Channelings über die Rolle des Wassers bereits gehört.

Reinigung des physischen Körpers

Wiederherstellung des Säure-Basen-Gleichgewichts.

Zunächst sei einmal festgehalten, dass die Säuren, die sich im Körper bilden (und das sind tatsächlich Salzsäure, Salpetersäure und ähnlich gefährliche Giftstoffe), sich mit der Zeit im gesamten Organismus ausbreiten, und daher auch im Gehirn anzutreffen sind. Das hat vielerlei organische Auswirkungen. Mir geht es hier zunächst einmal um die spirituelle Dimension. Diese Säuren bilden so etwas wie eine undurchdringliche Platte unter dem Kronenchakra. Von „unten" her gesehen können wir dadurch die Verbindung zu unserem Höheren Selbst und damit zur Quelle nicht spüren, und von oben her gesehen kann die göttliche Energie nur eingeschränkt in unseren Körper einströmen.

Sicher gibt es viele Methoden der Reinigung, doch habe ich mit der Wiederherstellung des Säure-Basen-Gleichgewichts gute Erfahrungen gemacht und möchte diese mit euch teilen, denn damit wird diese „Platte" aufgeweicht und schließlich aufgelöst.

Immer wenn ich ein Stück Wurst gegessen hatte, ohne dass es für die Erdung notwendig war (oder ein Zuviel an Süßem), meinen Gelüsten also nachgegeben hatte, konnte ich spüren, wie sich mein Kronenchakra wieder schloss. Den gleichen Effekt bemerkte ich beim Fasten. Durch das Fasten werden Säuren aus den Zellen gelöst.

Um die vielen Säuren aus dem Körper zu lösen, ist es grundsätzlich unerlässlich, große Mengen an Vitaminen, Spurenelementen und Mineralien (Vitalstoffe) zuzuführen (nicht nur beim Fasten). Die Vitamine dienen dabei als Transportmedium für die Mineralien. Mit großen Mengen meine ich weit mehr, als es die Gesundheitsbehörden empfehlen.

Du kannst ganz leicht selbst feststellen, was dein Körper braucht. Generelle Empfehlungen kann und darf ich nicht geben, weil jeder eine individuelle Geschichte hat. Hinzu kommt, dass sich im Lichtkörperprozess die Klärung von geistigem Schmutz (auch aus früheren Leben) auch als Schlacken und Säuren manifestiert. Das heißt, du brauchst noch viel mehr Vitalstoffe, als sonst für den physischen Körper notwendig wären, weil du sonst sehr schnell dein Gewicht erhöhst und dir das gar nicht erklären kannst, wenn du deine Ernährungsweise nicht geändert hast.

Mit der folgenden kinesiologischen Methode kannst du jederzeit feststellen, was du alles brauchst und wie viel davon:

Forme mit den Daumen und den Zeigefingern beider Hände je einen Kreis, so dass du mit der linken Hand einen formst und mit der rechten den anderen. Hake die beiden Kreise ineinander, wie die Ringe bei einer Zaubervorführung. Stelle nun eine Frage, die mit ja oder mit nein beantwortet werden kann. Zum Beispiel: „Brauche ich Mineralien?" Ziehe nun die beiden Kreise auseinander. Bleiben sie zusammen, so lautet die Antwort „Ja". Gehen sie leicht auseinander, so lautet die Antwort „Nein". Lautet die Antwort wirklich ja, so wirst du mit Muskelkraft die beiden Kreise nicht auseinander bekommen. Bei „ja" kannst du dann weiter fragen: „Brauche ich Calcium, brauche ich Magnesium" usw. So kannst du die ganze Palette durchtesten. Ganz allgemein brauchst du aber für die verschiedensten Säuren auch ein breites Spektrum an Mineralien, so dass ein Rundumschlag am sinnvollsten und auch finanzierbar ist. Kapseln oder Pulver, die die gängigsten Vitalstoffe enthalten, gibt es eine ganze Reihe. Ich habe gute Erfahrungen mit Schindele's Mineralien gemacht, doch nachdem ich sie in meinen Entsäuerungsbüchern empfohlen hatte, verschwanden sie aus den Reformhäusern. Sie sind aber noch über das Internet erhältlich.

Sicher gibt es für die „Platte" vor bzw. unter dem Kronenchakra auch Gründe aus früheren Leben, aber irgendwo muss man ja anfangen, und wenn wir „von unten" anfangen, die Brücke zur Quelle zu bauen, kommt man uns von oben entgegen und fängt ebenfalls mit der dortigen Hälfte der Brücke an. Irgendwo und irgendwann treffen dann beide „Brückenbauer" aufeinander, und das Ergebnis ist ein Mensch, der sich seiner göttlichen Natur bewusst ist; ein Mensch, der göttliche Liebe ausstrahlt und diese lebt und weitergibt; ein Mensch, der die Dichte der Dritten Dimension gemeistert hat und wieder sein volles Potenzial ausschöpfen kann; ein Mensch, der in Glück und Freude lebt und dabei dem Ganzen dient, und der die Eingebundenheit in Allem-was-ist fühlen kann. Es ist ein Mensch mit geöffnetem Kronenchakra. Also, genau genommen, wird erst ein Tunnel durch die Platte gebohrt, bevor die Brücke erbaut werden kann.

Noch nie war es so wichtig wie in dieser Zeit, genau darauf zu achten, was man isst, was man trinkt, was man atmet und … was man fühlt.

Ich habe bereits zwei Bücher über das Säure-Basen-Gleichgewicht geschrieben und wiederhole mich nur ungern, aber ein paar grundlegende Gedanken möchte ich doch hier mit einfließen lassen, denn diese Grundkenntnisse sollte man haben, wenn man sich und/oder seine Kinder von den Giften befreien und das darunter liegende Potenzial freilegen und ausleben möchte.

Unsere Körper sind so voller Schlacken, dass sie sozusagen „dunkel" vor Ablagerungen sind und daher viele Stellen mit niedriger Schwingung aufweisen. Willst du einen von Licht durchdrungenen Körper, reicht es nicht, auf die spirituelle Suche zu gehen und alles Mögliche zu lesen oder Workshops zu besuchen. All dies ist wichtig, sicher, aber es gibt noch mehr zu tun! Auch, oder vielmehr gerade bei Menschen, deren Kundalini bereits aktiv ist (und somit die dunkelsten Stellen „verbrennt"), sind diese „Schlacken" (mit Mineralien neutralisierte und im Körper abgelagerte Gifte) vorhanden und müssen hinausbefördert werden. Das kann nicht die Kundalini machen.

Es gibt vielfältige Gründe, warum sich in unseren Körpern Säuren (durch Mineralien gebundene, aber noch nicht abgelagerte Stoffe) sammeln und dort Krankheiten erzeugen. Es ist wissenschaftlich erwiesen, dass bei jeder Krankheit auch eine Übersäuerung (Azidose) des Körpers vorliegt. Ich möchte die Gründe für Übersäuerung nur kurz anreißen. (Ausführlicheres kannst du in *Entsäuerung des Körpers, der ultimative*

Jungbrunnen und Schlankmacher und in *Entsäuerung in 10 Schritten* nachlesen.) „Schuld" sind unsere Böden, die Jahrhunderte lang durch konsequente „Düngung" vergiftet wurden; Umweltgifte aller Arten, wie Handystrahlung, Strahlung des Fernsehers, Stress usw.

Ein weiterer Faktor, an den kaum jemand denkt, sind unsere Gedanken. Alle Gedanken, die wir als „schlecht" bewerten würden, produzieren ebenfalls Säuren im Körper. Alles, was wir erleben, was wir fühlen, wird genauso verstoffwechselt wie unsere Nahrung. Wenn jemand permanent in Trauer ist und diese nicht loslassen kann, wird sich das über kurz oder lang in einer Übersäuerung und als Folge davon in einer Krankheit niederschlagen. Ist es die Trauer über ein verstorbenes Kind, kann sich dieses zum Beispiel als Krebs in den Fortpflanzungsorganen manifestieren. Wichtig ist also auch für unsere Gesundheit, dass wir alles verarbeiten und dann loslassen. Dieses „Nichtloslassenkönnen" schlägt sich in einem Übermaß an Säuren (und auch in Verstopfung) nieder. Kombiniert man also meinen Vorschlag zur Entgiftung des physischen Körpers (siehe unten) mit den Methoden zur Reinigung des emotionalen und mentalen Körpers, hat man eine optimale Wechselwirkung und gleichzeitige Entgiftung aller Körper, die wir von „hier unten" aus erreichen können.

Da du aber auch die unangenehmen Erfahrungen aus früheren Leben in deinen physischen Körper „herunterholst", kannst du dir vielleicht vorstellen, wie viel hier zu neutralisieren ist. Das kann sich in Übergewicht ausdrücken, weil du ja nicht weißt, was vorgeht, nimmst du zu wenige Vitalstoffe zu dir, und so müssen die Säuren erst einmal bis zur endgültigen Ausschwemmung abgelagert werden. Unerklärliche Gewichtszunahme während des Lichtkörperprozesses haben hierin ihre Ursache. Allerdings kann es auch erforderlich sein, Gewicht zuzulegen, um geerdet zu bleiben. Das ist vor allem bei den Menschen der Fall, die sehr rasch ihre Schwingungen erhöhen (müssen und wollen). Mich machte das sehr unglücklich, da ich erst seit zwei Jahren richtig schlank gewesen war und dann wieder fast wie vorher aussah. Doch auch hierin stecken Liebe und Notwendigkeit und so fing ich erst wieder mit dem Abnehmen an, als der Zeitpunkt dafür richtig war.

Verstehen wir uns nicht falsch: Der Körper braucht manche Säuren, um mit den Einflüssen fertig werden zu können, aber ein Zuviel ist schädlich. Der Organismus benötigt auch die Basen (das Gegenteil der Säuren). Basen können (im Normalfall) jedoch nicht im Körper hergestellt werden (im Gegensatz zu den Säuren), sondern müssen von außen zugeführt werden. Sie sind reichlich in Obst und Gemüse enthalten. Oder vielmehr sollten sie reichlich darin enthalten sein, doch nimmt der Vitalstoffgehalt in unserer Nahrung derzeit drastisch ab, was einer der Gründe für die vielen Mangelkrankheiten ist.

Der ph-Wert ist der Messwert für den Grad der sauren bzw. basischen Reaktion eines Stoffes, in unserem Fall der Körperflüssigkeiten. Er kann grob im Urin abgelesen werden. Der Wert im Urin kann natürlich nicht mit den im Labor gemessenen Werten standhalten, was die Genauigkeit und die Aussagefähigkeit angeht, doch ist es der beste Anhaltspunkt, den wir im Hausgebrauch erhalten können und der für unsere Zwecke völlig ausreicht. Man hält ein kleines Stück eines Streifens in den Mittelstrahl des Harns und kann dann anhand der Verfärbungen erkennen, ob der Körper mehr basische Stoffe ausscheidet, oder saure.

Bei den Streifen von Uralyt-U bedeutet Gelb zum Beispiel sehr sauer, Mittelgrün neutral, Blau basisch. Anhand der Tabelle, die in der Packung enthalten ist, lässt sich das spielend leicht ablesen. In Zahlen drückt sich das so aus: 7,0 ist neutral, also in Ordnung. Alles, was darunter liegt, ist sauer, und zwar logarithmisch. Ein Wert von 6,0 ist also 10-mal schlechter als 7,0; 5,0 ist jedoch schon 100-mal schlechter als 7,0. Hast du also einen Basenwert von 8,0 (weiter geht die Tabelle gar nicht, weil die meisten Menschen im Westen permanent sauer sind, und das auch noch als normal angesehen wird), hast du Werte wie ein gesundes, neugeborenes Baby. Es gibt jedoch eine Ausnahme: Liegt eine Säuresperre vor, weil der Körper mit der ungeheuren Menge an Säuren gar nicht mehr fertig werden kann, scheidet er sie auch nicht mehr über die Nieren aus, und dann können gar keine Säuren angezeigt werden, sondern nur die Basen. Da musst du nach deinem Gefühl gehen, ob du dich völlig gesund fühlst und ohne Beschwerden bist. Dann stimmen die basischen Werte. Schwitzt du jedoch viel, hast Fußschweiß und/oder bist übergewichtig, liegt vermutlich eine Sperre vor.

Die Vitalstoffe binden und transportieren die Säuren, und erst dann können sie aus dem Körper entfernt werden. Die körpereigenen Depots (Haare, Fingernägel, Knochen, Zellwände usw.) an Vitalstoffen sind schnell leer geräumt, wenn über die Nahrung kein Nachschub kommt. Dieser Nachschub besteht kaum aus Fleisch, denn darin sind die wenigsten Vitalstoffe enthalten. Wenn man vom Wasser absieht, besteht der Körper praktisch aus Mineralien und Spurenelementen. Werden die

Schlacken nicht aus dem Körper entfernt, weil das Blut durch die ständig nachkommenden Säuren überfordert ist (es hat nur eine geringe Säuretoleranz), werden sie erst einmal zwischengelagert.

Der Blutzuckerspiegel ist hier eine Art Engpass, denn er hat nur eine geringe Schwankungsbreite, sonst würde der Organismus absterben. Das Blut lässt also nur eine bestimmte Anzahl an Säuren „durch". Werden mehr Säuren produziert als abgebaut, müssen sie zwischengelagert werden. Das geschieht bei den Frauen im Oberschenkel- (Cellulite!) und Bauchbereich, und bei den Männern ebenfalls im Bauch. Erhält der Körper, zum Beispiel durch Fasten, eine Verschnaufpause, so nimmt er die Gelegenheit wahr und baut die Säuren schnellstens ab. So kommt es zu den Fastenkrisen, die sich durch ausreichende Einnahme zusätzlicher Mineralien vermeiden lassen.

Frauen haben eine Möglichkeit, die überschüssigen Säuren loszuwerden, die die Männer nicht haben. Da wir Frauen die Kinder bekommen, war es wohl aus arterhaltungstechnischen Gründen notwendig, uns mit einem derartigen Schutz auszustatten. Wir „entsäuern" nämlich über die Regelblutung, weshalb wir Frauen vorher auch so reizbar (sauer!) sind, denn die Säuren sammeln sich, um dann ausgeschieden zu werden. Der große Nachteil dieses „Schutzes" liegt darin, dass die Säuren sich auch noch alle vier Wochen sammeln, wenn die Frau schwanger ist, und so bekommt der Fötus den „Dreck" ab, weshalb es nicht verwunderlich ist, dass in der westlichen Gesellschaft die Kinder mit Krankheiten auf die Welt kommen (zum Beispiel Neurodermitis, eine typische Säurekrankheit), die Eingeborene gar nicht kennen. Das Säure-Basen-Gleichgewicht hat sich bei uns in Richtung Säure verschoben, so dass wir das für normal halten. Die Bewegung in Richtung Säure begann vor ca. 150 Jahren, nämlich mit der Industrialisierung und dem vermehrten Konsum von Zucker, weißem Mehl, Fertignahrung usw. Auf das „süße" Leben, das wir heute führen, ist unser Körper von der Evolution her nicht eingestellt, weshalb es auch immer mehr Diabetiker gibt, sowohl bei den Älteren, aber auch schon bei Kindern.

Botschaft der Anasasi (gechannelt)

Liebe Menschen, das Thema Gesundheit hat unmittelbar mit dem Lichtkörperprozess zu tun, denn nur ein völlig gesunder, gereinigter Körper kann die hohen Schwingungen halten, die die Erde schon hat und noch haben wird. Denkt daran, ihr nehmt den Körper ja mit! Jede Verunreinigung wirkt sich frequenzsenkend aus.

In diesen Zeiten dreht sich alles um das Gleichgewicht, um Harmonie. Ein Gleichgewicht zwischen Männlich und Weiblich, zwischen bedingungsloser und bedingter Liebe, zwischen Polaritäten aller Arten usw. Und so müssen auch die Körperflüssigkeiten wieder ins Gleichgewicht gebracht werden. Der Körper braucht Säuren. Er braucht auch Basen, doch das Verhältnis ist bei den meisten der Menschen heute nicht ausgewogen. Nicht einmal bei den meisten Lichtarbeitern, obwohl sie schon sehr auf sich achten.

Diese Ausgewogenheit muss unbedingt wieder hergestellt werden, da sonst alle anderen Prozesse, die im Körper noch ablaufen, nicht optimal geschehen können. Der Abfall, der sich angehäuft hat, und zwar in jeder einzelnen Zelle, muss beseitigt werden, nur dann können die Körperzellen auf die höhere Schwingung, auf Heilung in jeder Hinsicht, „umprogrammiert" werden. Die darin enthaltenen Schlacken und Säuren behindern diese Umprogrammierung. Es müssen also alle jahrzehntelangen Altlasten aus dem Körper entfernt werden. Hierfür gibt es viele Möglichkeiten. Zwei werden in diesem Buch vorgestellt. Wir raten euch dringend:

Befreit euch vom Abfall!"

Über Fleisch muss ich nicht viel sagen, es senkt die Frequenzen (bildet Harnsäure), was manchmal auch angebracht ist, steckt man jedoch in der Reinigungsphase, sollte man es weitgehend vermeiden.

Der normale Haushaltszucker bildet hochprozentige Säuren und sollte vermieden werden, wo es nur geht. Die einzige wirkliche Alternative, die ich gefunden habe, ist der Sharkarazucker, eine ayurvedische Mischung. Dieser Zucker wirkt zum einen leicht basisch und zum anderen aktivierend und ausgleichend auf die Chakren. Ist jemand noch sehr übersäuert, nützt allerdings auch dieser Zucker nichts.

Jahrelang lag ich mit mir selbst „im Clinch", weil ich von den Süßigkeiten nicht lassen konnte. Das drücke ich in meinen beiden Entsäuerungsbüchern auch immer wieder aus. Inzwischen habe ich jedoch herausgefunden, dass der Zucker unbedingt für die spirituelle Entwicklung notwendig ist. Ab einer gewissen Frequenz springt die Zirbeldrüse an. Das bedeutet, dass das Gehirn dadurch ständig von der Glukose entleert wird. Dies ist für einige Zeit notwendig, um die „spiritualisierenden" Energien in den Körper fluten zu lassen. Man hat also drei Möglichkeiten. Entweder neutralisiert man ständig mit einem Übermaß an Mineralien, die sich durch den Zucker bildenden Säuren, oder man nimmt den ayurvedischen Sharkarazucker, und die dritte Möglichkeit ist die Umstellung der Nahrung auf biologisch angebaute Frischkost. Eine vierte Möglichkeit, die Spiritualisierung durch Reinigung und Versorgung mit optimalen Stoffen zu unterstützen, ist die Regenbogenernährung.

Auch die Gifte, die aus den feinstofflichen Körpern ausgeleitet werden, schlagen sich zum Teil in Säuren nieder, die den physischen Körper belasten, weshalb eine ständige Entgiftung nötig ist und zwar solange, bis kein Übermaß an Säuren mehr auftritt. Das kann durchaus Jahre dauern.

Wir haben nun gesehen, dass in vielen Körpern der Menschen im Westen Säuren und Schlacken stecken. Die Schlacken werden zum Beispiel auch in den Gelenken abgelagert, und da es Kristalle sind, pieksen und stechen sie dort.

Willst du nun alle Formen der Gifte aus dem Körper treiben, so reicht es nicht, sich mit den Vitalstoffen zu versorgen, denn dann werden die Gifte zwar neutralisiert, aber sie stehen immer noch Schlange, um hinausbefördert zu werden, da hier wirklich große Massen freigesetzt werden.

Hast du Indigo-Kinder, sollten diese unbedingt ebenfalls von den Giften befreit werden, die sich schon angesammelt haben. Ich führte dies zwei Jahre lang mit meinen Kindern durch, und vor allem bei dem Jüngeren kam erst da seine Intelligenz richtig zum Vorschein, weil die Schlacken auch aus dem Gehirn ausgeschwemmt wurden. Auch sein Verhalten, bedingt durch die Hyperaktivität, wurde sehr viel ruhiger. Er ist nun umgänglicher geworden und Argumenten viel zugänglicher als früher, da sie nun tatsächlich bis zu ihm durchdringen. Dadurch wurde das Familienleben sehr viel angenehmer.

An dieser Stelle meldeten sich die Anasasi erneut zu Wort:

Liebe Menschen, eure Kinder sind ein wertvolles Gut. Sie kommen mit minimalem Karma hier herein, doch auch dieses Karma muss erledigt werden, und so wird bei ihnen ebenfalls ein Übermaß an Säuren, bedingt durch die früheren Leben, freigesetzt. Ein Teil ihres herausfordernden Verhaltens hat damit zu tun. Befreit auch eure Kinder von diesem Abfall, den sie nicht mehr benötigen. Ihre Reinigung ist dringend erforderlich, damit sie ihre Lebensaufgabe finden können. Auch ihre Fähigkeiten werden durch diese Säuren eingeschränkt, und ihr viel engerer Kontakt zur Quelle kann dadurch gestört werden. Vor allem auch, wenn ihr ihnen eine Ernährung aufzwingt, die sie nicht wollen. Diese Kinder wissen ganz genau, was sie im Moment brauchen, egal, was ihr glaubt. Viele der neueren Kinder ernähren sich schon nach der Regenbogenernährung. Achtet einmal darauf. Sind sie jedoch voller „alter" und „neuer" Säuren, ist auch ihre Intuition in dieser Hinsicht gestört. Versorgt die Kinder mit genügend Vitalstoffen. Den Rest erledigen sie dann selbst."

Und nun kommt die wichtigste Frage: Was kann man also tun, um die Säuren loszuwerden? Das Rezept ist relativ simpel: Führe zunächst deinem Körper genügend Mineralien zu. Sind genügend Mineralien im Körper, kann die nächste Phase beginnen: Ausschwemmen! Dies geht ganz einfach durch basische Bäder. Hier nimm entweder eine basische Seife und reibe so viel davon ab, dass das Badewasser gut trüb, also eine Lauge, wird. Dann lege dich für ein bis zwei Stunden (wer mag, auch länger) in das Badewasser und bürste alle fünf bis zehn Minuten die Haut ab, soweit du hinkommst. Das setzt die Lymphe (das Drainagesystem des Körpers) in Gang. Da die Lauge ein basischer Angriff auf die Haut ist, wehrt der Körper diesen Angriff mit dem Gegenteil, mit Säuren ab (Base + Säure = Neutralisation), und, schlau wie er ist, nimmt er natürlich die überflüssigen, krankmachenden Säuren als Gegenmittel.

Es kann jucken, wenn man empfindlich ist. Das ist aber ein gutes Zeichen, denn das sind Kristalle, die sich durch die Poren nach draußen schieben und den Juckreiz auslösen. Je öfter man das macht, umso besser. Die warmen Bäder haben noch einen weiteren großen Effekt, der mir gar nicht klar war, als ich sie durchführte: Sie reinigen nämlich auch die feinstofflichen Körper von negativen Gefühlen und „fremden" Gefühlen aus der Umwelt.

Hast du die Möglichkeit eines offenen Kaminfeuers, solltest du dich auch so oft wie möglich davor setzten, denn hier werden durch das Feuer ebenfalls Negativitäten „verbrannt".

Hast du nun schon Kristalle in den Gelenken (bemerkbar durch Schmerz), kannst du diese herauslösen, indem du Kräutertee von Herba (auch nur noch per Internet erhältlich) oder die Teemischungen von Orgon (erhältlich im Reformhaus) trinkst. Der Tee löst die Kristalle, aber damit sind sie noch nicht aus dem Körper. Erst Mineralien in ausreichender Menge binden sie und viel Wasser trinken (oder Auslaugebäder zu machen) schwemmt sie aus dem Körper.

Wer nicht gerne badet, hat zwei weitere Möglichkeiten, die auch zusätzlich zu den Bädern angewandt werden können und besonders für Kinder hilfreich sind:

Besorge dir das Alexandersalz, oder auch Himalayasalz genannt. Bereite daraus eine Sole, indem du mehrere Brocken (bei Pulver mehrere Esslöffel) über Nacht in zwei Liter Wasser legst. Wenn sich kein Salz mehr löst, ist die Sole gesättigt. Die Reste können wieder verwendet werden. Tauche am Abend ein paar weite Baumwollsocken hinein, wringe sie aus und ziehe die nassen Socken an. Darüber werden ein paar Wollsocken gezogen. Wer schnell friert, kann sich noch eine Wärmflasche (um einer Erkältung vorzubeugen) machen und ins Bett gehen.

Du wirst feststellen, dass es auch hierbei irgendwann zu jucken anfängt, und zwar nicht nur an den Füßen, doch dort am schlimmsten. In den Füßen sammeln sich durch die Schwerkraft die meisten Gifte (deshalb auch Raucherbeine) und können dort am wirkungsvollsten aus dem Körper gezogen werden. Wird der Juckreiz zu groß, so dass du nicht schlafen kannst, ziehe die Socken aus (nach ca. einer halben Stunde ist der Juckreiz vergangen) und wiederhole die Prozedur, so oft du kannst und so lange, wie du es für nötig erachtest.

Spürst du das Jucken, wird dir klar, wie nötig diese Reinigung ist. Aber auch bei Menschen, die nichts spüren, liegt eine Wirkung vor. Sie sind dann eben nicht empfindlich. Bisher habe ich allerdings noch niemanden getroffen, der nichts bemerkte. Probiere es! Zipperlein werden schon bald verschwunden sein und größere Erkrankungen sich deutlich bessern.

Eine weitere Möglichkeit ist, Fußbäder in der beschriebenen Seifenlauge oder der Lauge des Himalayasalzes zu nehmen. Letzteres hat den

Vorteil, dass schon sehr viele Mineralien enthalten sind und nicht mehr so viele eingenommen werden müssen, ist aber kostspieliger. Es gibt inzwischen schon günstige Fußwannen, die das Wasser immer wieder aufwärmen. Das kann man gemütlich vor dem Fernseher machen, oder wenn man länger am Computer sitzt. Das gilt auch für die Salzsocken.

Eine wunderbare, jedoch sehr, sehr kostenintensive Möglichkeit fand eine Nachbarin von mir. Sie fand im Internet einen Chinesen, der die Kinatokarapflaster entwickelt hatte. In diesen Pflastern, die man auf die Fußsohle klebt, ist eine Mineralienmischung enthalten, die die Schlacken aus dem Körper zieht. Als ich dies das erste Mal durchführte (über Nacht), wusste ich, warum das Zeug Schlacken heißt, denn die Fußsohle ist dann an der Stelle des Pflasters mit dickem Schlamm überzogen, der vorher eben noch in deinem Körper war und mit dazu beiträgt, krank zu werden. (Bezugsquelle: www.kinota.com/long.)

Ich gebe hier wirklich nur einen kurzen Abriss. Das Thema ist sehr viel umfassender und kann in anderen Büchern nachgelesen werden.

Die Reinigung des physischen Körpers mit den oben vorgestellten Methoden geht relativ schnell. Er braucht dann zwar auch noch oft ein paar Jahre, bis er einigermaßen aufgeräumt ist, aber es geht immer noch schneller, als wenn man lediglich auf vegetarische Rohkost umstellt und dann abwartet.

Möchtest du das Ganze jedoch beschleunigen, so kannst du fasten.

Fasten

Ich habe das Fasten schon mehrmals erwähnt, weil es eine grundlegende Reinigungsmöglichkeit darstellt, die sich seit Jahrtausenden bewährt hat, sowohl aus gesundheitlicher als auch aus spiritueller Sicht.

Als ich vor Jahren versuchte, das erste Mal zu fasten, hatte ich schon am ersten Tag meine Fastenkrise. Das heißt, mir ging es da schon so schlecht, dass ich abbrechen musste. Das war allerdings, bevor ich mich mit dem Säure-Basen-Gleichgewicht befasst und es wiederhergestellt hatte.

Das nächste Mal hielt ich ein Viertage-Fasten durch, bei dem ich mir hin und wieder Schokolade erlaubte. Bei meinem nächsten „richtigen" Fastenversuch hatte ich immer noch ziemliche Probleme, denn am dritten Tag bekam ich in der Nacht eine Fastenkrise, bei der ich glaubte, ich müsse sterben, so schwach und elend war mir zumute. Ich brach also ab. Ich wusste eigentlich, wie ich es hätte vermeiden können, nur hatte ich nicht daran gedacht. Leben und lernen!

Der nächste Versuch war vor und während einer Esoterikmesse in Kamp-Lintfort. Auch hier hatte ich am dritten Tag eine Krise, obwohl ich dachte, ich hätte es verhindert. Sie war aber längst nicht mehr so schlimm. Das nächste Mal allerdings war ein (aus meiner Sicht) voller Erfolg, denn ich hatte keinerlei Fastenkrise mehr und konnte die große Wirkung im spirituellen Bereich (nämlich am Kronenchakra) sehr gut spüren und damit den Vorgang richtig genießen.

Wie in den meisten Fastenratgebern empfohlen wird, soll man nicht einfach von einem Tag auf den anderen aufhören zu essen, sondern die Mengen einige Tage vorher langsam reduzieren und währenddessen hauptsächlich leicht verdauliche Speisen zu sich nehmen, wie zum Beispiel im Dampfkochtopf gegartes Gemüse und frisches Obst.

Frage deinen Körper kinesiologisch oder per Pendel unbedingt vorher, wie lange du fasten sollst. Er weiß genau, was du verträgst, und was nicht!

Was man unbedingt zur Hand haben sollte, sind große Mengen an Mineralien, und ich meine wirklich große Mengen! Teste mehrmals am Tag kinesiologisch aus, wie viele du benötigst.

Aus welchen Gründen man auch immer mit einer Fastenkur beginnt, ich empfehle für das erste Mal, und im Grunde für jedes weitere Mal auch, eine Fastenkur nach der Regenbogenernährung. Hierbei geht es darum, jedem Chakra eine harmonisierende und aktivierende Farbe in Form von flüssiger Nahrung zuzuführen.

Da man aber nichts isst, erfolgt es hier in Form einer Saftfastenkur. Gemüse- und Obstsäfte gibt es in jeder benötigten Farbe. Besonders empfehle ich diese Art des Fastens, wenn man sich anschließend nach Art der Regenbogenernährung ernähren will. Dies erleichtert den Übergang und stimmt den Körper darauf ein, was in Zukunft auf ihn zukommt.

Mit dieser Art der Ernährung nimmt automatisch ein spiritualisierendes Leben seinen Anfang bzw. erhält eine Steigerung, da die Harmonisierung und Aktivierung der Chakren zu einem Anstieg der Lebensenergie führt.

In einem gesonderten Buch über die Regenbogenernährung gehe ich ausführlicher darauf ein, doch hier kurz das Prinzip: Die folgenden Farben aktivieren die Chakren:

Mahlzeit:	Zu aktivierendes Chakra.	Aktivierungsfarbe:	Beispiel für Säfte:
1. Frühstück Bis 8.30 Uhr	Wurzelchakra	Rot	Tomatensaft
2. Frühstück 8.00 Uhr bis 10.30 Uhr	Sakralchakra	Orange	Mohrrübensaft
3. Frühstück oder Mittagessen 10.00 Uhr bis 12.30 Uhr	Solarplexuschakra	Gelb	Goldenfarbene Obst-Gemüsemischung
1. oder 2. Mittagessen 12.00 Uhr bis 14.30 Uhr	Herzchakra	Grün oder Rosa mit Schwergewicht auf Grün	Weizengrassaft
Kaffeezeit 14.00 Uhr bis 16.30 Uhr	Halschakra	Blau	Holunderbeersaft
Später Nachmittag bis ca. 17. Uhr 16.00 Uhr bis 18.30 Uhr	Stirnchakra bzw. Drittes Auge	Purpur bis Violett	Rote-Beete-Saft
Frühes Abendessen 18.00 Uhr bis 20.30 Uhr	Kronenchakra	Weiß	Kokosmilch oder Sojamilch

Von der Reihenfolge her aktivieren wir also von unten nach oben, so dass in der Nacht die stärkste Wirkung am Kronenchakra auftritt und am Umbau eures Körpers verstärkt gearbeitet werden kann. Die neuen Chakren sind hier noch nicht mit berücksichtigt, weil erst einmal eine Harmonisierung der ersten sieben angestrebt werden sollte. Wie das 12-Chakrensystem optimal durch die Ernährung stimuliert wird, wird im nächsten Buch dargelegt.

Trinke viele Liter Quellwasser am Tag, um die vielen auszuschwemmenden Gifte auch loswerden zu können!

Frage unbedingt deinen Körper, was er benötigt, und glaube ihm! Ich konnte auch erst nicht glauben, dass ich für zwei Tage Fasten 250 (!) von den Schindele's Mineralienkapseln brauchen würde und doch war es so, denn dadurch hatte ich nur eine geringe Krise (sie kam überhaupt nur, weil ich durch die weite Anfahrt, nämlich 400 Kilometer, die Mineralien nicht so nehmen konnte, wie es erforderlich war).

Beim Fasten werden auch Schwermetalle freigesetzt, die sonst nur schwer aus dem Körper zu entfernen sind. Ist der Zeitpunkt erreicht, an dem solche Schwermetalle auszuschwemmen sind (und das kann durchaus auch außerhalb einer Fastenkur und mehrmals der Fall sein), muss man das auch unbedingt angehen. Bemerkbar ist dies an einem Druck im Herzchakra, der sich zu einem Schmerz steigern kann.

Wie bekommst du nun diese Metalle, die zum Beispiel durch Zahnfüllungen oder zu viel Orangensaft (Quecksilber) aus der Tüte im Körper festsitzen, wieder heraus? Es wurde in einem Channeling schon erwähnt:

Der Trick ist einfach: Besorge dir Weizengrassaft (es gibt eine Sorte, die schon Spirulina enthält), so viel, wie dein Körper verlangt, und so lange, wie er es möchte. Der Saft bindet die Schwermetalle, und mit Hilfe der Alge Spirulina können sie dann aus dem Körper geschwemmt werden. Hier ist zu empfehlen, noch zusätzlich Spirulina im Haus zu haben, denn die Menge im Saft reicht nur selten aus.

Wunderbar zu integrieren ist dies in der Saftfastenkur nach der Regenbogenernährung, denn da nimmst du den Weizengrassaft als „grünes" Mittagessen. Die Spirulina in Tablettenform sind einfacher einzunehmen als das Pulver.

Willst du den Hunger während des Fastens vermeiden, solltest du den Darm entleeren. Das geschieht auf schnelle und doch schonende Weise durch das Einnehmen von Glaubersalz, nach Packungsangabe. Hast du die stärkere Dosis gewählt, so dauert es circa vier Stunden, und dann solltest du zu Hause sein, denn dann bist du Dauergast auf der Toilette. Das zieht sich über mehrere Stunden hin, daher solltest du das Salzwasser nicht unbedingt abends trinken, denn sonst ist die Nachtruhe hin.

Nach den vorher festgelegten Fastentagen solltest du nicht gleich an Schlemmerorgien teilnehmen, sondern es langsam angehen lassen. Also beispielsweise morgens ein paar Erdbeeren (falls gerade Saison ist), dann wieder orangefarbenen Saft und dann gelben Saft, und mittags etwas gedämpften Brokkoli mit etwas gewürzter Butter übergossen. Nachmittags blauen und purpurnen Saft, und abends gedämpften Fenchel. Auf diese Weise kann man die Saftreste noch verwenden und gewöhnt sich noch schneller an die Regenbogenernährung.

Am nächsten Tag kann man dann wieder einen Saft weglassen und ihn durch ein entsprechend farbiges Nahrungsmittel ersetzen. Näheres im nächsten Buch und im letzten Kapitel.

Hier melden sich noch einmal die Anasasi:

Das Fasten ist seid vielen tausend Jahren das wirkungsvollste Mittel gewesen, um sich mit seinem Höheren Selbst, und damit der göttlichen Natur, zu verbinden. Es war in der Dichte der Energie sogar oft die einzige Möglichkeit, selbst lichter zu werden. Hierfür waren allerdings sehr sehr lange Fastenzeiten nötig. Das hat sich durch die höhere Schwingung nun geändert, und nun kann eine viertägige Fastenkur die gleiche Wirkung zeigen wie eine vierzigtägige. Sind das nicht gute Neuigkeiten? Die Askese, die ihr in anderen Leben oft lebenslang durchführen musstet, kann nun drastisch reduziert werden und die Effekte sind deshalb nicht geringer. Alleine daran werdet ihr merken, wie sehr die Schwingung sich nun schon erhöht hat. Immer, wenn ihr also eine Umstellung eurer Ernährung oder der Lebensweise angehen wollt, ist Fasten eine gute Methode. Es ermöglicht auch das schnellere Aktivieren von feinstofflichen Kristallen, in denen Erinnerungen gespeichert sind, die ihr für die neue Lebensweise benötigen werdet.

Reinigung des Emotionalkörpers

Was ich hier vorschlage, ist eigentlich ganz simpel, aber dennoch nicht weniger wirkungsvoll. Die Methode geht von der Tatsache aus, dass alles Energie ist, auch unsere Gefühle. Ein Mensch mit voll entwickelten Chakren hat noch genauso viele, oder sogar stärkere Gefühle, wie vorher. Er wird also nicht gleichgültig, aber gleichmütig, weil ihn nichts so schnell mehr aus der Fassung bringt. Der Unterschied zu jemand anderem liegt darin, dass er die Gefühle zulässt, sie auslebt (natürlich ohne jemanden dabei zu verletzen), und sie dann hinter sich lässt. Er lässt also keinen Energiestau mehr zu. Viele Krankheiten und Verhaltensweisen lassen sich auf einen Energiestau zurückführen, der dann zu einem „Zuviel" an Energie an einer Stelle führt, und damit zu einem Mangel an anderer.

Gefühle jedweder Art sind also Energie. Auch Gefühle vergiften uns. Ein vergifteter Emotionalkörper kann sich in einem vergifteten physischen Körper zeigen. Mit den Giften in diesem Körper anzufangen, macht also Sinn. Aber dann geht es weiter. Die Energien (oder eben Gefühle), die nun im Emotionalkörper gestaut sind, können ebenfalls entfernt, „ausgeschwemmt" werden.

Hier kommen nun die Hand- und Fußchakren zum Einsatz. Jeder Heiler weiß, dass er seine Heilenergien über die Hände abgeben kann. Das gilt für jede Art der Energie. Natürlich wird sie dann nicht auf jemand anderen übertragen, aber das Prinzip ist dasselbe. Das heißt, sie wird doch jemandem übertragen, aber jemandem, der sie transformieren und dann sinnvoll nutzen kann, nämlich Mutter Erde.

Über die Hand- und Fußchakren kannst du also die Energie hinausfließen lassen. Je nachdem, was du gerade bearbeitest, nimmst du ein Wort, das dieses Gefühl ausdrückt. Willst du zum Beispiel Wut loswerden, so mache einen Spaziergang in der Natur und bitte Mutter Erde, die frei werdende Energie zu transformieren. Wenn du willst, kannst du auch noch deine spirituellen Helfer, die Erzengel oder Aufgestiegenen Meister um Hilfe bitten.

Konzentriere dich nun auf das Wort „Wut" und auf das Wort „raus". Benutze also „Wut raus, Wut raus" wie ein Mantra, indem du es ständig wiederholst. Währenddessen denkst du an deine Hände. Auf diese Weise leitest du die „Wutenergie" in die Hände und aus ihnen heraus. Je nachdem, wie geübt du im Visualisieren bist, kannst du nach einigen

Minuten spüren, wie aus deinen Händen „etwas" herauskommt; es ist ein Fließen spürbar. Es kann bis zu einer Viertelstunde dauern, bis du etwas spürst. Bitte gib nicht auf. Doch egal, ob du etwas spürst, oder nicht, es geschieht. Es wirkt. Je länger du das durchhältst, umso effektiver ist es natürlich. Führe das so oft durch, bis du keine Wut mehr empfindest, oder bis eine Entzündung (entflammt sein, Wut!) verschwunden ist.

Noch wirksamer ist diese Methode, wenn du dabei zu einem Kraftort läufst. Deine Intuition wird dich an den richtigen Ort führen. An diesem Kraftort kniest du dich hin und stützt dabei die Hände auf den Boden. Mutter Erde weiß, was sie zu tun hat. Sie zieht die überflüssige und schädigende Energie aus dir heraus. Bist du schon etwas fühlig geworden, kannst du einen starken Sog, wie von einem Staubsauger, fühlen. Die Energie fließt durch die Hände, durch die Knie oder, wenn du stehst, aus den Fußsohlen heraus. Es ist ein prickelndes Gefühl, dabei aber nicht unangenehm. Hierbei entsteht eine sogenannte Win-Win-Situation, denn du bist das los, was du nicht mehr willst, und Mutter Erde erhält, was sie für ihre eigene Transformation benötigt.

Kannst oder willst du aus irgendeinem Grund nicht in den Wald oder überhaupt laufen, dann kannst du es dir in deinem Sessel bequem machen. Schicke die Energie durch die Füße nach draußen. Im Grunde benötigt man den Kraftort nicht, doch durch ihn geht es etwas schneller. Diese Methode kannst du nun für alle Gefühle anwenden, die du transformieren oder deren Stau du beheben möchtest.

Umgekehrt funktioniert es auch bei Energiemangel. Den bemerkt man durch Kraftlosigkeit, chronische Müdigkeit, Freudlosigkeit, Depressionen und Ähnliches.

Hier konzentrierst du dich auf die Energie, die du einfließen lassen willst, zum Beispiel „Freude hinein, Freude hinein". Auch das setzt einen Energiefluss in Gang. Gehst du hierbei in die Natur, nimmst du dort entsprechende Energien auf. Das kannst du so lange durchführen, wie du es für notwendig hältst, oder bis die Symptome verschwunden sind. Bedenken musst du nur: Willst du zum Beispiel Freude erhalten, musst du erst einmal Platz machen, das heißt, „negative" Gefühle entfernen, damit die Freude sich ausbreiten kann. Auch hier kannst du die Kraftorte nutzen. Mutter Erde weiß, wann du kommst, und hält die richtige Energie dort für dich bereit.

Läufst du barfuß durch den Wald oder über Wiesen, nimmst du dabei automatisch die Lebensenergie der Erde auf. Das ist an einem Prickeln an den Füßen zu spüren. Es reicht schon, eine viertel- oder halbe Stunde in einem Park über die Wiese im Kreis zu laufen, um merkbare Energien in dein System einzuspeisen. Das liegt daran, dass wir an den Füßen Minichakren in der Reihenfolge und Arbeitsweise der sieben Hauptchakren besitzen. Über sie fließt die Energie in den Körper. In der Ferse „steckt" das Wurzelchakra, in der Mitte das Herzchakra und in den Zehen das Kronenchakra. Die große Zehe spielt beim Aufstieg der Kundalini eine bedeutende Rolle und kann zu Zuckungen der Beine führen.

Reinigung des Mentalkörpers

Nach dem, was ich bisher vorgeschlagen habe, kannst du leicht ablesen, was nun kommt: Vor den Gefühlen steht der Gedanke. Denke ich: „Der Nachbar hat schon wieder ein neues Auto", folgt das Gefühl des Neides.

Möchtest du also aufgestaute Gefühle, die dir nicht mehr dienlich sind, abbauen, musst du dir die Gedanken, die dahinter stecken, ebenfalls anschauen, sonst kommen die Gefühle, die du gerade aus dem Körper herausgeleitet hast, wieder zurück. Es ist im Grunde ganz einfach, wie alles, was ich hier vorschlage, und dennoch nicht leicht durchzuführen. Warst du jahrelang neidisch auf den Nachbarn, kannst du das Gefühl nicht einfach abschalten. Das ist auch gar nicht gemeint. Das Gefühl muss umgewandelt, nicht unterdrückt werden, nur dann kannst du es loslassen, und das fängt eben bei den Gedanken schon an.

Glaubst du, der Nachbar hat zu viel, so denkst du eigentlich, dass du zu wenig hast. Letztlich lassen sich solche Gefühle und Gedanken immer auf einen Mangel zurückführen. Welchen Mangel? Den Mangel an Liebe im Leben. Fängst du nun an, deine Gedanken zu analysieren, kommst du immer wieder letztlich zu diesem Mangel. Die Quelle liebt alles und jeden, denn alles ist ja Teil von ihr, wie kann sie sich/dich also nicht lieben? Sie drückt sich in uns und durch uns aus, macht Erfahrungen, also steckt in jedem von uns eine Art Engel. Diesen zu entdecken und freizulegen ist Teil des Lichtkörperprozesses und Teil des mentalen Klärungsprozesses.

Dazu gehört natürlich auch, in den Mitmenschen ebenfalls den Engel anzuerkennen, egal, was er uns „angetan" hat. Vielleicht hatten wir mit diesem Menschen ja einen Seelenvertrag, dass er uns genau das antut, was er getan hat, um uns eine Erweiterung unserer Erfahrungen, einen Lernprozess, zu ermöglichen. Je schlimmer die Tat, umso mehr Liebe muss dahinterstecken, denn nur dann erklärt sich jemand bereit, uns diesen Lernprozess zu ermöglichen.

Das ist, zugegeben, ein völlig anderer Blickwinkel als das Täter/Opfer-Szenario, in dem wir meist stecken. Was ist angenehmer, zu glauben, dass letztlich alles seinen Sinn hat und wir aus allem nur lernen können, oder dass das Schicksal (oder Gott?) unbarmherzig und wahllos zuschlägt, wo, wann und wen es gerade treffen will?

Um vom Täter/Opfer-Bewusstsein fortzukommen, musst du deinen Blickwinkel, und damit auch dein Bewusstsein, erweitern. Das fängt schon bei Rachegedanken an. Glaubst du, du musst dich an jemandem für irgendeine Tat rächen und vollziehst es vielleicht sogar, bist du dann nicht genauso der Täter, wie das Opfer davor? Wo ist da eine Grenze zu ziehen? Gibt es sie überhaupt?

Doch wie fängst du es an, aus diesem Bewusstsein herauszukommen? Wie immer, empfehle ich, mit kleinen Schritten zu beginnen, denn es hat viel Zeit gebraucht, dieses Täter/Opfer-Bewusstsein aufzubauen, und nur die wenigsten können sich von einem Tag auf den anderen daraus lösen.

Vielleicht so: Betrachte dir dein Leben und nimm ein paar kleinere Vorfälle, die dich geärgert haben. Überlege dir dann, was du aus diesen Vorfällen gelernt hast (oder vielleicht hättest lernen können) und frage dich dann, ob es den Ärger nicht wert gewesen ist. Hat dir jemand mit seinem Verhalten vielleicht dein eigenes unangemessenes Verhalten gespiegelt, auch wenn du es damals nicht so gesehen hast?

Eine Möglichkeit, deinen mentalen Körper zu reinigen ist auch zu lernen, wahr-haftig zu werden. Auch das geht nicht von heute auf morgen, sondern nur Schritt für Schritt. Wahrhaftig sein heißt, nicht zu lügen, auch sich selbst nicht zu belügen, und darin sind wir wahre Meister. Versuche also einfach einmal, bei deinen Unterhaltungen die Übertreibungen (sie sind nichts anderes als Lügen) wegzulassen. Auch wenn du glaubst, du lügst, um jemanden zu schonen, solltest du bei der Wahrheit bleiben. Es gibt immer einen Weg, dem anderen die Wahrheit zu sagen, ohne zu verletzen. Meist hast du allerdings Angst davor, weil die Reaktion so sein könnte, dass sie für dich unangenehm ist. Also denkst du dabei gar nicht an den anderen, sondern an dich. Versuche auch zu erkennen, wo du dich selbst belügst. Beginnst du erst einmal damit, werden dir deine spirituellen Helfer schon aufzeigen, wo du etwas ansehen musst. Bitte Maha Cohan um Hilfe, dich Schritt für Schritt zu führen.

Ein nächster Schritt wäre, dir klar zu machen, dass du selbst es bist, der dein Leben gestaltet, nicht die anderen. Hast du zum Beispiel Angst vor Krebs, kannst du darauf warten, ihn zu bekommen, denn du steckst Energie in diesen Gedanken. Die Gedanken, in die viel Energie gesteckt wird, werden zur Realität. In der esoterischen Literatur nennt man das „manifestieren". Jeder einzelne Mensch hat diese Kraft.

Beginnst du nun, nicht mehr die für dich unangenehmen, negativen Dinge in Gedanken hin und herzuwälzen, sondern dir das Gegenteil (Stichwort: Positives Denken) vorzustellen, dann erlebst du Wunder, und zwar immer mehr, je mehr du diese Kraft entwickelst.

Das Büchlein *Bestellungen beim Universum* von Bärbel Moor zeigt einen Ansatz in diese Richtung. Du fährst nicht mehr mit dem Gedanken los, „Oje, hoffentlich bekomme ich einen Parkplatz", oder „Es ist so voll, ich bekomme bestimmt nie einen Parkplatz" (dann bekommst du ihn auch nicht), sondern bestellst ihn beim Universum. Das Manifestieren geht jedoch noch einen Schritt weiter, denn da bestellst du dir den Parkplatz nicht, sondern du „kreierst" ihn dir. Das ist ein kleiner, aber feiner Unterschied. Wir alle haben die Macht und die Kraft, auf diese Art zu leben. Wir müssen sie nur (wieder) annehmen.

Wir alle sind Schöpfer unserer eigenen Realität. Warum sollen wir uns also weiterhin Leid und Frustration schöpfen, warum nicht Freude, Friede, Fülle und Erfüllung?

Um diese Art Leben führen zu können, müssen wir uns jedoch von den Zwängen befreien, die uns durch Gelübde aus diesem, vor allem aber aus all den früheren Leben auferlegt sind. Diese Gelübde haben wir freiwillig getan, als Schutz, um zu dienen, oder aus anderen Gründen. Es sind Gelübde der Armut, der Keuschheit und/oder des Dienens einer Gottheit, und Ähnliches. Wunderst du dich, warum du einfach nicht zu der Fülle kommst, die du dir ersehnst und auch verdienst? Du warst in einem früheren Leben vielleicht Mönch, der Armut gelobt hat, ohne zu bedenken, dass Gelübde für alle folgenden Leben aufrecht erhalten bleiben. Das gilt auch für Schwüre, die ewige Treue versprechen, usw.

Meditation, um Gelübde aufzulösen:

Begib dich bitte an deinen Meditationsplatz. Atme 3-mal rote Farbe in das Wurzelchakra hinein und sprich: **„Ich bin frei, kein Gelübde soll mich nun noch binden. Ich bin frei."** *Diese beiden Sätze benutzt du nun wie ein Mantra, indem du 3-mal in jedes Chakra atmest und das Mantra dann aussprichst.*

Atme 3-mal die Farbe Orange in das Sakralchakra hinein und sprich das Mantra.

Atme 3-mal gelbe Farbe in das Sonnenchakra hinein und sprich das Mantra.

Atme 3-mal grüne Farbe in das Herzchakra hinein und sprich das Mantra.

Atme 3-mal dunkelblaue Farbe in das Halschakra hinein und sprich das Mantra.

Atme 3-mal purpurne Farbe in das Stirnchakra hinein und sprich das Mantra.

Atme 3-mal weiße Farbe in das Kronenchakra hinein und sprich das Mantra.

Atme 3-mal die Farbe Perlmutt in das Veränderungschakra am Hinterkopf hinein und sprich das Mantra.

Atme 3-mal aquamarinblaue Farbe in das Klarheitschakra am Nacken hinein und sprich das Mantra.

Atme 3-mal goldene Farbe in das Wissenschakra gegenüber dem Herzchakra hinein und sprich das Mantra.

Atme 3-mal die Farbe Magenta in das Harmoniechakra gegenüber dem Sonnenchakra hinein und sprich das Mantra.

Und nun atme noch einmal tief die Farbe Rosa ein und sprich das Mantra.

Mit dieser Meditation wirst du in den silbernen Strahl der Gnade gehüllt, da du mit ihr tatsächlich alle Gelübde auflöst, die dich an Personen, Dinge oder Institutionen fesseln.

Wenn du glaubst, du bist bereit dazu – höre auf deine Intuition – dann kannst du das obige Ritual durchführen. Möglicherweise werden hierbei noch nicht alle Gelübde aufgelöst. Bei mir war es so, darum benötigte ich später noch ein Ritual, das in *Zwölf-Strang-DNS, Das Erbe des Lichts* von Anne Brewer aufgezeigt wird. Sie unterscheidet zwischen „Gelübde, die bestimmte Verhältnisse betreffen", – die musste ich nicht mehr auflösen, das war anscheinend bereits getan – und „Gelübde, die auf Fehleinschätzungen in früheren Leben beruhen". Das musste ich noch durchführen.

Hierzu musst du zwei weiße Kerzen aufstellen, das Zimmer verdunkeln, und dich fünfzehn Minuten lang im Spiegel anschauen und dir die aufkommenden Bilder betrachten, und das an drei aufeinander folgenden Tagen. Ich sah mich bei einem Sturm auf dem Meer eine Gelübde tun: „Wenn ich hier heil herauskomme, dann….", in einer Schlacht unter Wikingern, „Wenn ich hier heil herauskomme, dann….", als Nonne, als Priesterin bei den Kelten, in Atlantis usw. All das konnte ich nun loslassen.

Es kann durchaus sein, dass dann immer noch nicht alle Gelübde erledigt sind, denn in Atlantis haben wir zum Beispiel alle mit Kristallenergien gearbeitet, auf die wir eingeschworen wurden. Die Kristalle mögen zwar zerstört sein, doch die damit verbundenen Energien sind es nicht, und so führe folgendes durch, wenn du glaubst, es wäre notwendig (du kannst wieder kinesiologisch oder per Pendel fragen, wenn du unsicher bist):

Meditation:
Begib dich, wirklich, oder in Gedanken, auf eine wundervolle Wiese. Bitte Erzengel Michael, dir beizustehen. Visualisiere nun ein Tor, das nach Atlantis führt und von hinten beleuchtet ist. Gehe durch das Tor und schau dir an, was dort zu sehen ist. Vielleicht siehst du Bänder, die irgendwohin führen. Ziehe dein eigenes Schwert. Was immer du auch siehst, bitte Michael, die Verbindungen dorthin gemeinsam mit dir zu durchtrennen. Sind alle Verbindungen durchtrennt, gehe durch das Tor zurück auf die Wiese. Nun bist du wirklich frei! Eines der Themen in dieser Zeit ist die Heilung der atlantischen Vergangenheit, was du mit dieser Meditation beginnst.

Es gibt Verbindungen nach Atlantis, die dir Energie spenden, und solche, die dir Energie entziehen. Um wirklich frei zu sein, durchtrenne alle. Versichere dich aber, dass du wirklich dazu bereit bist.

3. Godo, mit dem Herzen gehen

Dieses Kapitel schreibe ich besonders gerne, denn die neue Art zu gehen, die Peter Greb in seinem Buch *Godo, mit dem Herzen gehen*, vorstellt, kam mir sozusagen aus vollem Herzen entgegen. Er nannte die neue, oder vielmehr eigentlich alte Art, zu laufen „Godo", was sich mit schlechtem Deutsch „gehen tun" übersetzen lässt und darauf anspielt, dass man bewusst gehen soll.

Peter Greb zeigt ausführlich auf, dass der natürliche Gang des Menschen nicht der Hackengang ist, sondern der Ballengang. Hackengang bedeutet, der Fuß tritt zuerst mit der Hacke, (also mit der Ferse) auf den Boden auf, bevor er dann über die Zehen hin abrollt. Man hackt sich sozusagen in die Erde, tritt sie mit Füßen, könnte man sagen.

Der Ballengang dagegen ist ein fühlender Gang, denn man tastet sich mit den Zehen voran und rollt dann über die Ferse ab. Das ist auf den ersten Blick ungewöhnlich, denn alle Menschen laufen doch anders. Selbst die Naturvölker haben den Hackengang angenommen. Innerhalb des gleichen Morphogenetischen Feldes blieb ihnen wohl auch nichts anderes übrig.

Dass der Ballengang unser natürlicher Gang ist, möchte ich mit ein paar wenigen Beispielen belegen. Stell dir einen Raum voller Leute vor, die in gespannter Stille auf etwas warten, du jedoch musst den Raum verlassen. Um keinen unnötigen Lärm zu machen, gehst du automatisch „auf Zehenspitzen", also auf dem Ballen. Bergauf und bergab, treppauf und treppab gehen wir auf dem Ballen. Wie laufen wir rückwärts? Auf dem Ballen! Laufen wir barfuß, tasten wir uns mit den Zehen voran, um Gegenstände, die uns verletzen könnten, zu vermeiden. Wir tanzen auf dem Ballen! Wenn wir rennen, rennen wir nicht auf der Ferse, wir rennen auf dem Ballen, warum also sollte man beim normalen Gehen auf der Hacke zuerst aufkommen? Das ist im Grunde wider die Natur und vermutlich auch wider die Anatomie.

Wie kam es also zum Hackengang? Ich glaube, in dem Moment, in dem der Mensch anfing, es eilig zu haben und sich nicht mehr die Zeit nahm, auf jeden spitzen Stein zu achten, erfand er die Schuhe. Sicher hatten die Menschen damals dickere Hornhäute an den Sohlen, solange sie barfuß gingen, und sie mussten auch nicht auf jeden Stein achten, aber es gab ja noch Schlangen und ähnliches Getier, vor dem man sich in Acht nehmen musste. Vielleicht kam ein Klimaumschwung dazu, so dass das Barfußgehen auf gefrorenem Boden ungemütlich wurde. Es soll ja einmal ein Erdzeitalter gegeben haben, in dem es auf der ganzen Erde ein gemäßigtes Klima ohne Jahreszeiten gegeben hat.

Es gab wohl mehrere Faktoren, die eine Rolle spielten. Vielleicht war der Zeitpunkt, an dem wir anfingen, Fleisch zu essen, mit ausschlaggebend. Fleisch (und viele andere Dinge) bilden zu viele Säuren im Körper. Die Säuren lagern sich im Bindegewebe ab. Auch im Bindegewebe der Füße! Das macht sie überaus empfindlich. Das ist der Grund, warum heute nur die Wenigsten barfuß gehen können, denn es piekst zu sehr. Fängt man an, den Körper durch Fasten und andere Maßnahmen zu reinigen, stellt man irgendwann fest, dass man viel besser barfuß laufen kann. Vielleicht war die Ernährungsumstellung der Menschen also „schuld", dass sie Schuhe brauchten. Heute können wir diesen Prozess wieder umkehren, und damit uns selbst und der Erde einen großen Gefallen tun.

Als wir anfingen, den Fuß zu schützen, mussten wir nicht mehr so sehr darauf achten, was sich unter unseren Füßen befand, wir richteten den Blick mehr nach oben, was vielleicht auch zur besseren Entwicklung unseres Gehirns führte, wer weiß. Wie genau die Umstellung vor sich ging, weiß ich nicht. Was ich jedoch weiß ist, dass wir zu dieser Art des Gehens zurückkehren können, um damit unsere Verbindung zur Erde wieder zu festigen. Sicher muss nun nicht jeder barfuß gehen, obwohl ich persönlich jede Gelegenheit in Wald und Wiese dazu benutze, aber eine generelle Umstellung vom Hackengang auf den Ballengang bedeutet eine Umstellung in der Denkweise.

Barfuß zu gehen ermöglicht uns, die Erdenergien direkt über unsere Fußchakren aufzunehmen. Der Fuß ist, genau wie die Hand, ein Spiegel des gesamten Körpers. Er besitzt dort sieben Minichakren, die angefangen in der Ferse (Wurzelchakra), bis hin zu den Zehen (die Zehen haben Verbindung zum Kronenchakra) in einer Linie verlaufen.

Indem wir mit der Hacke zuerst auftreten, bekommt das Wurzelchakra eine Art Schock, denn der ganze Körper wird dadurch erschüttert, was sich auf das Skelett ebenso auswirkt wie auf den restlichen Körper. (Auch hieraus resultieren Krankheiten.) Die Hauptbetonung liegt dadurch auf dem „Ich bin hier", also auf der Dritten Dimension, und nicht auf dem „Ich bin" (also auf unserem geistigen Aspekt, der auch in höheren Dimensionen präsent ist). Geht man nun im Ballengang, wird der Aspekt des „Ich bin" (Kronenchakra) mehr betont und fördert somit die geistige Entwicklung und beschleunigt die Verstärkung unserer Verbindung „nach oben".

Durch meine Beschäftigung mit dem Säure-Basen-Haushalt weiß ich, dass sich in den Füßen die Säuren stauen, die eigentlich aus dem Körper müssen. Die Säurepumpe, die dafür zuständig wäre, ist durch den Hackengang außer Funktion gesetzt, so dass dem Körper eine wichtige Entgiftungsmöglichkeit fehlt. Der Ballengang setzt nun diese Pumpe wieder in Gang, wie ich feststellen konnte, als ich das erste Mal auf diese Weise barfuß durch den Wald marschierte. Meine Schienenbeine fingen nämlich an zu jucken, was zeigte, dass Säuren in Form von Kristallen ausgeschieden wurden. Der Ballengang ist also, zusätzlich zu vielen anderen Effekten, eine wunderbare Reinigungsmöglichkeit für den Körper. Je länger du also am Stück im Ballengang gehst, desto mehr reinigst du dich dabei.

Pfarrer Kneipp wusste es wahrscheinlich nicht, doch seine „Wassertretkuren" wurden automatisch im Ballengang absolviert, und damit diese Pumpe benutzt. Zusammen mit den wechselnden Temperaturen und dem Druck des Wassers auf die Lymphe (dem Müllentsorgungssystem) ist dies eine phantastische Heilmethode, die sich ja auch in der Schulmedizin etabliert hat. Eine Synthese aller Heilmethoden würde uns sicher sehr weit bringen.

Der Ballengang ermöglicht es uns, die Erde mit mehr Respekt zu „begehen", und das wird sich nicht nur für uns persönlich auswirken, sondern für alle, da wir „in einem Boot", auf dem gleichen Planeten, im gleichen Morphogenetischen Feld „sitzen" bzw. gehen.

(In dem Moment, in dem ich dies schreibe, sind alle meine Chakren aktiviert, so wichtig halte ich persönlich (und alle meine spirituellen Helfer) diese Sache!)

Als ich den Ballengang das erste Mal ausprobierte, – es waren nur wenige Minuten bis zur Schule meiner Söhne –, öffnete sich mein Herzchakra, so gut fühlte ich mich dabei. Darum nennt Peter Greb den Gang ja auch „mit dem Herzen gehen". Ich habe dieses dann solange geübt, bis es zu meinem normalen Gang geworden ist. Das schafft man, indem man sich immer wieder daran erinnert, anders zu gehen, sozusagen bei jedem Schritt. Hin und wieder falle ich noch in die alte Gewohnheit, doch auch dies wird irgendwann vorbei sein. Wie so oft, ist Geduld hier gefragt. Anfangs geht man etwas gestelzt, doch das legt sich schnell.

Der Gang, den man dabei entwickelt, ist etwas hüftbetonter als der Hackengang und für Männer vielleicht im ersten Moment etwas mit Scham behaftet. Tatsache ist jedoch, dass noch niemand in meiner Umgebung (nicht einmal mein Mann) den neuen Gang bemerkt hat, also kann er *soo* auffällig nicht sein…

Peter Greb führt noch viele Vorteile und gesundheitliche Auswirkungen in seinem Buch auf. Wer mehr darüber wissen will, sollte dort nachsehen.

Wer sich wieder mit der Quelle verbinden will, hat mit dieser Gangart eine wundervolle, einfache Möglichkeit. Sie hat auch mich in meiner Entwicklung wieder einen riesigen Schritt, oder vielmehr viele Ballenschritte, vorwärts gebracht.

Ich danke Peter Greb an dieser Stelle für den Mut, ein Buch über diese Gangart zu schreiben, denn es ist die Gangart der Zukunft und auch der Vergangenheit. Somit schließt sich auch dieser Kreis wieder.

Auch hierzu möchten die Anasasi noch etwas sagen:

Liebe Menschen, der Ballengang ist der Gang der allerersten Wurzelrasse. Sie schritten noch respektvoll über die Erde und behandelten sie auch entsprechend. Indem ihr euch dieser alten Gangart wieder erinnert und sie anwendet, schließt sich der Kreis zum Wiederaufstieg in höhere Dimensionen. Er ist tatsächlich mit dem Hackengang nicht möglich! Die Erschütterungen des Hackenganges trugen zur Senkung in tiefere Frequenzen bei, denn viele Menschen, die so gehen, erzeugen eine bestimmte Frequenz. Wie ihr seht, waren viele, viele Maßnahmen nötig, um dieses Herabsinken überhaupt erst möglich zu machen. Um das Herauskommen zu ermöglichen, müssen alle diese Maßnahmen wieder rückgängig gemacht werden, und hier tatsächlich auch mit einer anderen Art zu gehen.

Stellt euch nun die vielen Milliarden Menschen vor, die die Hackengangfrequenz erzeugen. Sie erzeugt Erschütterungen im Gefüge der Materie, Erschütterungen, die tatsächlich auch auf anderen Planeten spürbar sind, so stark sind sie. Als nun die ersten Menschen anfingen, wieder anders zu gehen, wurde diese Frequenz schwächer. Mit jedem Menschen, der sich nun Schritt für Schritt umstellt, wird diese Erschütterungsfrequenz wiederum schwächer. Irgendwann wird dann der Punkt erreicht sein, wo diese stehende Welle zusammenbricht und das damit erzeugte Morphogenetische Feld ebenfalls. Dazu ist mal wieder die kritische Masse gefragt. Das heißt, es müssen genügend Menschen die Erde respektvoll begehen, dann löst sich dieses Feld auf, und alle Menschen gehen automatisch so, wie es die kritische Masse vorgemacht hat. Das wird wiederum eine enorme Beschleunigung für eure Schwingungen bedeuten.

Ihr könnt heute noch nicht ermessen, was es bedeutet, diese, für die spirituelle Hierarchie tatsächlich sehr unangenehme und auch für euch in der Wirkung nicht gute Frequenz aufzulösen. Man könnte sagen, ihr macht viel Lärm im geistigen Äther, und eine der stärksten Geräuschquellen wäre dann ausgeschaltet. Das hätte auf euch und auf uns enorme Auswirkungen, denn es würden starke Belastungen wegfallen, die zur Zeit immer noch neutralisiert werden müssen. Das heißt auch, dass dann zusätzliche Kraft, die nicht mehr für die Neutralisierung dieser Auswirkungen benötigt wird, frei für andere Dinge wird. Mit dem Übergang auf den Ballengang werden also enorme Kraftreserven frei, und zwar sowohl für den Menschen, der so geht, als auch für das große Ganze! Ist euch klar, was das heißt? **Mit dem Ballengang potenziert ihr eure Schöpferkräfte.** *Der Motor der Schöpfung erhält also so etwas wie ein „Tuning". Und das, liebe Freunde, wird euch wirklich gut voranbringen."*

4. Meditationen?

Zur Lebensweise im Neuen Zeitalter gehört auch, oder vielmehr gerade, die Werte nicht mehr nur im Außen zu suchen, sondern auch nach innen zu sehen. Wir haben uns durch viele Blockaden (entwickelt in vielen Leben) von der wirklichen Lebensfreude abgeschnitten und versuchen daher krampfhaft, sie mit irgendwelchen Aktivitäten im Außen wiederzufinden. Das kann bis hin zu den Extremsportarten führen, in denen es darum geht, den „Kick" zu erhalten. Manche können nur noch dadurch wirklich fühlen, dass sie am Leben sind.

Wahre (göttliche) Lebensfreude finden wir jedoch nur innen. Um diese wieder zu erhalten, ist die Meditation eine gute Methode. Hinter der Überschrift dieses Kapitels steht deshalb ein Fragezeichen, weil die Meditation auch heute noch vielen Menschen verdächtig, ja vielleicht sogar gefährlich erscheint. Ich muss zugeben, es ging mir viele Jahre nicht anders. Ich möchte daher einige einfache Meditationen für den Anfang vorstellen und gleichzeitig zeigen, dass man einige davon während der alltäglichen Verrichtungen durchführen kann, denn das ganze Leben ist eine Meditation!

Vor einer Meditation ist es hilfreich, die Geistige Welt zu bitten, Schutz und Führung zu gewähren. Diese Helfer stehen schon in den Startlöchern, um endlich mit dieser Art Hilfe anfangen zu können. Hier kann man sich an die verschiedenen Erzengel und/oder Aufgestiegenen Meister wenden. Frage dich innerlich einfach, wer momentan dein persönlicher Helfer ist, und der erste Name, der dir in den Sinn kommt, ist der, an den du dich immer wenden kannst. Oder du nimmst den Lenker „deines" Strahles. Aber auch die anderen stehen jederzeit hilfreich zur Seite, weil wir uns in einer ungemein wichtigen Zeit befinden. Sie ist nicht nur für uns wichtig, sondern auch für die Geistige Welt. Entwickeln wir uns weiter, haben auch „die dort oben" zahlreiche neue Chancen, weiterzugehen, und so sind sie begierig, dieses durch den Dienst an uns zu ermöglichen. Es ist also durchaus zum gegenseitigen Nutzen, und so muss man keine Befürchtungen hegen, die „Jungs und Mädels" da oben über Gebühr zu beanspruchen.

Atmen

Hat man noch nie meditiert, so fängt man am besten mit dem bewussten Atmen an. Es reicht für den Anfang, einfach nur den Atem zu verfolgen, hinein und hinaus... Bringe dich dazu, den Fokus immer wieder auf den Atem zu lenken. Es macht nichts, wenn die Gedanken abschweifen. Richte einfach immer, wenn du dich dabei erwischst, den Fokus wieder auf den Atem.

Übst du das jeden Tag für einige Minuten, vielleicht am frühen Morgen, wenn es noch ruhig ist, kannst du schon bald eine deutliche Belebung spüren. Mit der Zeit wirst du automatisch zu einer vertieften Atmung übergehen und kannst dabei einige Effekte beobachten. Führst du das lange genug aus, werden die Hände und Füße zu kribbeln beginnen, weil das Blut von außen nach innen fließt. Das geschieht, weil das viele Prana, das plötzlich über den Ätherkörper in großen Mengen in den Organismus strömt, überall hintransportiert wird und jede Zelle erreichen soll. Das ist völlig normal, und kein Grund zur Sorge. Wird es zu unangenehm, kannst du wieder normal atmen.

Der zweite Effekt, den du spürst, ist Schmerz. Überall da, wo ein Hindernis im Energiefluss existiert, also das Prana auf Widerstand stößt, macht sich das durch Schmerzen bemerkbar. Auf diese Weise kannst du Blockaden für die Angelina-Meditation finden, die du anders nicht wahrnehmen kannst. Bitte erschrick nicht, wenn es viele Stellen sind, die auf einmal schmerzen. Du erhältst genug Hilfe, um alle Blockaden nach und nach aufzulösen. Notiere dir am besten alle Schmerzpunkte, denn sie sind die Stellen mit niedriger Schwingung, die den Panzer um deinen Lichtkörper bilden und aufgelöst werden sollen.

Hier noch einmal die Anasasi zu diesem Thema:

Liebe Menschen, seid euch darüber klar, dass ihr mit dem Atem auch die Farben aufnehmt, die von der Geistigen Welt auf euch gerichtet werden. Alle zwölf Farben wirken auch über den Atem auf euch ein, und so trifft jede Farbe auf Blockaden, die auch mit ihrer Hilfe aufgelöst werden können. Wie das geht, schildert euch nun Ucarus.

Heilatmung von Ucarus, Priester aus Atlantis (gechannelt)

In dem Buch *Die zwölf göttlichen Strahlen und die Priester aus Atlantis* von Claire Avalon kommt auch Ucarus, der Priester des Atems, zu Wort, der über den Atem und über die Verwendung von Farben zu therapeutischen Zwecken bei der Atmung spricht. Dabei hatte ich den Gedanken, dass es schön wäre, wenn er einen Beitrag für dieses Buch liefert. Und als hätte er nur auf diese Einladung gewartet, meldete er sich prompt und gab nun eine Anleitung, wie man mit den Farben arbeiten kann. Ucarus ist ein Mitarbeiter des roten Strahls. Hier ist nun, was er uns gerne mitteilen möchte:

Hier ist Ucarus, und mein Spezialgebiet in Atlantis war der Atem. Wie ich an anderer Stelle schon einmal erwähnte, kann man über das Einatmen von Farben Mangelzustände beheben. Da es in diesem Buch unter anderem um Farben geht, komme ich der Bitte des Channels nach, ein wenig „aus der Schule zu plaudern", wie sie es nennt.

Um Heilungserfolge zu erzielen, kann eine Maßnahme das bewusste Ein- und Ausatmen von Farben sein. Auf der einen Seite kann man also bestimmte Farben einatmen, und auf der anderen Seite kann und muss man aber auch das, was das Unwohlsein ausgelöst hat, die Blockade, oder, genauer gesagt, die Energie der Blockade, wieder ausatmen. Dabei ist es unerlässlich, sich diese Blockade auch anzusehen, denn sonst kann man sie nicht lösen. Welche Farben sind nun wofür zuständig?

Gehen wir anatomisch von unten nach oben vor. Gibt es ein Ungleichgewicht, eine Disharmonie in dem Bereich, für den das Wurzelchakra zuständig ist, also die Beine und der unterste Bereich des Unterleibs, so ist es logisch und somit auch wirkungsvoll, wenn man mit der roten und auch der braunen Farbe arbeitet. Wie ihr bei der Regenbogenernährung noch hören werdet, kann man seine Ernährung so gestalten, dass alle Chakren gleichmäßig stimuliert und damit beschleunigt werden. Die beschleunigte Drehung der Chakren lässt die Energie stärker auf die Blockaden einwirken, die sich mit der Zeit auflösen, da dort nun ständig verstärkt Energie hinströmt. Das macht die Blockade sichtbar bzw. für den Menschen spürbar. Oft äußert sich das in Schmerz, oder gar schon in einer Krankheit.

Die Farben werden hier genauso angewendet wie in der Regenbogenernährung. Es werden also die Farben des Regenbogens für das passende Chakra der Vorderseite und für die neuen Chakren der Rückseite, die Farbstrahlen der zusätzlichen Strahlen, verwendet. Ein versierter Heiler wird mehr Farbnuancen benutzen können, abgestimmt auf das jeweilige Problem, und somit die Farben noch vielfältiger und differenzierter anwenden, sobald er sich mit diesen Heilmethoden vertraut gemacht hat. Ich werde ihm dabei helfen, dieses Wissen wiederzuerlangen. Lieber Heiler, der du dich hier angesprochen fühlst, rufe mich, und ich werde dich unterweisen.

Anstatt mit Lebensmitteln arbeite ich mit dem Atmen, und das kannst du, liebe Leserin und lieber Leser, auch. Ich werde dich dabei unterstützen. Hast du Beschwerden in dem Bereich des unteren Vorderkörpers, bzw. der Vorderseite der Beine oder, liebe Heiler, habt ihr Patienten, die mit solchen Problemen zu euch kommen, so hilft hier grundsätzlich die Farbe Rot. Zum einen über die schon wieder übliche Farbtherapie, die über die Augen läuft, aber auch, indem rote Farbe in den zu behandelnden Bereich eingeatmet wird. Sucht euch einen Platz zum Ruhen und sorgt dafür, dass ihr nicht gestört werdet, das ist überaus wichtig. Da die Menschen heute das Visualisieren nicht mehr gewohnt sind, müssen sie es neu erlernen, und dazu gehört Ungestörtheit.

Nun visualisiert einen roten Farbstrahl, der von oben herabkommt und euch völlig umhüllt. Es ist der Strahl, mit dem ich am häufigsten in Atlantis gearbeitet habe, da die Wurzel vielen, wenn auch nicht allen Übels tatsächlich im Wurzelchakrabereich zu suchen ist. Es ist daher die Grundfarbe, die immer als erstes visualisiert wird. Atmet nun diese rubinrote Farbe in den Körperbereich hinein, der behandelt werden soll, und nehmt mit dem Ausatmen den Energiestau, denn um nichts anderes handelt es sich hier, mit nach draußen, indem ihr nun die braune Farbe ausatmet. Das Braun symbolisiert den Stau, und es symbolisiert auch die Erde. Übergebt dieses Braun der Erde, denn sie kann alle Energie gebrauchen, die sie bekommt. Die Farben sind Symbole mit großer Wirkung, und schon das Bewusstsein, dass ihr euch dem stellen wollt, was euch widerfährt, indem ihr den Stau beseitigen wollt, bewirkt Großes.

Auch bei dieser Form der Behandlung einer Störung ist es wichtig – und ihr kommt nicht umhin –, dass ihr euch die Ursache für den Energiestau anseht. Führt die oben beschriebene Atmung etwa fünf Minuten lang durch. Wenn ihr das Gefühl habt, ihr braucht länger, dann folgt dem

Gefühl. Lasst euch durch euer Höheres Selbst führen, denn es wartet nur darauf, dass ihr diese Art der Arbeit beginnt. Für den Anfänger kann es durchaus sein, dass zehn Minuten das Minimum sind, oder sogar noch mehr. Habt ihr es lange genug durchgeführt, können Schmerzen auftreten, denn ihr „zieht" sozusagen am Damm, der die Energie aufhält. Dann geht mit eurem Bewusstsein dorthin, wo es schmerzt, oder wo sich in irgendeiner Form der Körper meldet. Vielleicht juckt es auch, oder es geschieht etwas anderes.

Ihr „bohrt" mit dem Atmen der roten Farbe ein Loch in den Damm, damit ihr überhaupt an die Ursachen herankommen könnt, die für euch oft völlig verborgen und meist unerreichbar sind. Es können Erlebnisse aus anderen Leben sein, aber auch solche aus diesem, die ihr längst vergessen hattet, aber die dennoch ihre Wirkung im Körper entfalten, denn dieser vergisst nichts.

Geht dorthin mit euren Gedanken und bittet die Körperzellen, die Information freizugeben, die dort gespeichert ist. Es können Bilder, Gefühle, Klänge, Farben oder gar Gerüche sein, die nun auftauchen. Lasst alles aufsteigen und seht es euch an, wie ein neutraler Beobachter sich einen Film anschauen würde. Registriert, was geschieht, ohne Wertung, ohne einzugreifen, ohne gefühlsmäßig zu stark beteiligt zu sein. Was dann geschieht hängt davon ab, was ihr gesehen habt. Lasst euch auch hierbei wieder führen. Ich werde bei euch sein und euch die entsprechenden Impulse senden, denn fängt jemand an, auf diese Weise an sich zu arbeiten, läutet bei mir sozusagen ein Glöckchen, und ich kann zur Stelle sein, um zu helfen.

Vielleicht wird es erforderlich, zusätzliche Farben zu Hilfe zu holen, um mit dem Gesehenen erst einmal fertig zu werden, „um es verdauen" zu können und an dem Damm zu arbeiten. Fragt in Gedanken nach, und ich sende euch den Impuls für das, was nötig ist. Vielleicht müsst ihr auch diese Übung erst einmal beenden, um zu reflektieren, was ihr erlebt habt und welche Bedeutung es für euch hat.

Setzt euch damit auseinander und beleuchtet es von allen Seiten, und überlegt schließlich, ob ihr nicht mit dem, was da war, trotz allem in Frieden sein könnt. Macht euch bewusst, dass alles Liebe ist, auch die unangenehmen Dinge. Alles geschieht in Liebe. Das kann ein längerer Prozess sein und ist vermutlich kaum mit einer „Sitzung" zu schaffen, vor allem, wenn schon schwerwiegende Krankheiten da sind. Es kommt auf die Ursachen an, die dahinter stecken. Vielleicht müsst ihr diese

Übung noch oft wiederholen, weil ihr viele Blockaden habt, die sich dann als Summe in einer einzigen Krankheit manifestiert haben. Das heißt, es können bei jeder Sitzung wieder andere Bilder auftauchen, die ebenfalls zu dem Ungleichgewicht beitrugen und daher auch verarbeitet werden müssen.

Was auch geschieht, lernt auf eure innere Stimme, auf eure Intuition zu hören, mit der ich euch helfe, Klarheit für das anstehende Problem zu finden. Wenn nötig, macht einen langen Spaziergang in der Natur, um mit euren Gedanken alleine und nicht abgelenkt zu sein. Der Klärungsprozess generell ist etwas, das man alleine durchführen muss und das viel Zeit mit sich selbst erfordert. Dieser Rückzug ist unbedingt notwendig und wird für etwas Unruhe in eurer Familie sorgen. Doch auch damit müsst ihr euch auseinandersetzen, denn oft grenzt ihr euch nicht genügend ab und müsst auch noch mit den Problemen anderer fertig werden.

Diese Farbvisualisierung durch den Atem könnt ihr nun mit allen Körperbereichen durchführen, die Probleme aufweisen. Der Unterschied zu den weiteren Chakren liegt darin, dass ihr immer zuerst den rubinroten Strahl ruft, dessen Lenkerin Lady Nada ist (ihr könnt sie auch direkt um Hilfe bei euren Aktionen bitten), und innerhalb dieses Strahles visualisiert ihr eine weitere Lichtsäule, und zwar mit der Farbe, die ihr jetzt nehmen möchtet. Für den Bereich des Sakralchakras wäre das dann eine rote Säule mit einer orangefarbenen in der Mitte; für das Solarplexuschakra Rot mit einer gelben Säule usw. Der rote Strahl ist auch eine Schutzzone, innerhalb derer ihr arbeitet, ohne dass Einflüsse von außen stören können.

Für das Herzchakra gelten eigene Regeln, weil es ein Zentrum der Liebe ist. Herzprobleme haben immer mit der Liebe zu tun, entweder mit der persönlichen, oder mit der bedingungslosen Liebe. Da ihr anfangs meist nicht wisst, wodurch euer Problem verursacht wird, sind in diesem Bereich innerhalb des roten Strahls sowohl der rosafarbene für die bedingungslose Liebe als auch der grüne Strahl für die persönliche Liebe parallel nebeneinander zu visualisieren. Das ist für Anfänger nicht einfach durchzuführen, es braucht ein wenig Übung. Wenn es euch nicht gleich gelingt, seid nicht unzufrieden. Probiert es einfach noch einmal, bis ihr das Bild über einen gewissen Zeitraum aufrechterhalten könnt. Eure Gedanken werden immer wieder abschweifen. Das ist nicht schlimm. Versucht einfach, den Fokus immer wieder zu diesem Bild zurückzulenken. Das gilt für alle diese „Behandlungen" ebenfalls. Die Ab-

sicht ist auch hier die Lenkerin der Energien. Ihr seid großen Störfeldern in Form von Elektrosmog ausgesetzt, und so ist diese Art der Arbeit heute viel schwerer als zu meinen Zeiten.

Hast du das Gefühl, du benötigst einen Heiler/Arzt, dann gehe zu ihm. Bei vielem braucht man tatsächlich professionelle Hilfestellung, und dafür ist Hilfe ja auch da.

Findet nun heraus, bei welchem der beiden Strahlen innerhalb des roten es zu Verwirbelungen, zu Schwankungen, zu sonstigen Reaktionen im Farbverlauf kommt. Dieser Strahl ist der, den ihr weiterhin braucht, denn er ist auf Widerstand im Energiefluss gestoßen. Den anderen könnt ihr mit einem Dankeschön entlassen, indem ihr ihn nach oben zurücksausen lasst. Aber vielleicht braucht ihr ja auch beide. Das ist durchaus möglich. Folgt hier eurem Gefühl, eurer Intuition. Ansonsten gilt für diese Chakren das gleiche, wie oben gesagt, also ausatmen mit der braunen Farbe und das bestehende Problem anschauen.

Für das Halschakra vorne wird der dunkelblaue Strahl benutzt, und für das Chakra an der Halswirbelsäule hellblau. Beide Chakren sind äußerst wichtig, will man die Kommunikation mit der Geistigen Welt, und auch mit dem eigenen Höheren Selbst, in Gang setzen. Hier müssen viele, viele Blockaden beseitigt werden. Nur die Menschen, die Channels werden sollen, haben hier verhältnismäßig wenige, dafür aber sehr starke Blockaden, aber auch diese müssen beseitigt werden.

Für das Dritte Auge (und generell Augenprobleme) nun ist die Farbe Purpur einzuatmen, und für die, die Channels werden bzw. ihr Höheres Selbst channeln, müssen auch noch die Blockaden im Stirnchakra beseitigt werden. Das geschieht über die Farbe Lila, und zwar das helle, fliederfarbene Lila.

Wer oft Kopfschmerzen oder andere Probleme hat, vor allem im Bereich des Scheitelchakras, sollte es mit der Farbe Weiß probieren. Für das Veränderungschakra am Hinterhaupt ist die Farbe Perlmutt zuständig, für das Wissenschakra in Höhe des Herzens Gold, für das Harmoniechakra in Höhe des Sonnengeflechts Magenta, und für das Polaritätschakra in Höhe der Geschlechtsorgane Rosa. Es werden also immer die Farben verwendet, die die Chakren beschleunigen, weil der beschleunigte Energiefluss an der Blockade „nagt" und sie nach und nach erst „sichtbar" macht, und dann beseitigt.

Das Ausatmen ist für alle Chakrenbereiche gleich, nämlich in der Farbe Braun. Ihr assoziiert dies mit Schmutz, obwohl diese Farbe viele andere und gute Bedeutungen hat. Es geht hier jedoch auch um Symbolik, und daher könnt ihr ein schmutziges Braun als Symbol für die „Schlacken" benutzen, die ausgeatmet werden. Aber für alle diese Übungen gilt: Seht euch die Ursache an und verarbeitet sie. Indem ihr euch die Ursachen bewusst macht, habt ihr die Möglichkeit, sie zu be- und verarbeiten, sonst nicht. Nur so kann man an den Kern einer Sache herankommen. Hierfür gibt es viele Methoden, und ich habe euch nun, zumindest im Groben, gezeigt, wie ich in Atlantis arbeitete. Ich muss allerdings zugeben, dass die Menschen damals, zumindest anfangs, nicht mit so viel „Schmutz" beladen waren. Ihr habt euch daher keinen leichten Weg ausgesucht, hier und heute zu leben und euren Lichtkörper wieder zu finden. Ich beglückwünsche euch zu diesem Entschluss und kann euren Mut nur bewundern.

Mit dem Ausatmen dieser geistigen Schlacken senken sich diese in euren physischen Körper, und erst wenn diese mit Mineralien neutralisiert, mit Vitaminen transportiert und über die Nieren ausgeschieden wurden, ist der ganze Vorgang abgeschlossen. Und das wiederholt sich natürlich, so oft ihr das durchführt.

Wollt ihr eine generelle Reinigung aller Blockaden durchführen, ohne dass ihr direkt Problemzonen aufweist, dann könnt ihr nacheinander alle Chakren auf die oben beschriebene Weise bearbeiten. Seid versichert, es werden Dinge auftauchen, mit denen ihr nicht gerechnet habt, denn seit atlantischen Zeiten hat jede Seele viele Erfahrungen angesammelt, die noch nicht unbedingt zu Beschwerden geführt haben, aber dies in Zukunft durchaus könnten. Führt diese Reinigung für jedes Chakra solange durch, bis nichts Besonderes mehr in diesem Bereich geschieht, und geht dann zum nächsten über. Auch hier arbeitet ihr euch bitte von unten nach oben durch, angefangen an der Vorderseite, und über den Kopf dann die Wirbelsäule wieder hinunter.

Durch die Klärung der Vorderseite bleibt für die Rückseite nicht mehr so viel zu tun übrig, und so wird es dort weit weniger zu tun geben. Habt ihr allerdings Beschwerden in irgendeinem Bereich, müsst ihr dort beginnen, und dann geht es von unten nach oben weiter, wie beschrieben.

Hierfür könnt ihr euch jeden Tag einige Minuten gönnen, vielleicht begleitend zu den Reinigungsmethoden für den physischen Köper. Das erspart Zeit, da ihr parallel arbeitet. Nehmt euch aber immer die Zeit, das, was auftaucht, auch wirklich zu verarbeiten, sonst taucht es ir-

gendwann später erneut auf und muss noch einmal angesehen werden. Eile ist hier unangebracht, unangemessen und auch gar nicht nötig, da ohnehin jeder „sein" Tempo erhält und dieses nicht beschleunigt werden kann.

Dieses war Ucarus."

Meditationen zur Öffnung des Herzchakras
(Erzengel Michael, Mutter Maria und Lady Nada)

Eine einfache und wenig Zeit benötigende Meditation ist, die Verbindung mit dem neuen Gitternetz der Einheit herzustellen. Erzengel Michael erläutert in *Gespräche mit Erzengel Michael*, gechannelt von Natara, dass um die Erde ein neues Gitternetz gelegt wurde. Es wird das „Gitternetz der Einheit" genannt, weil wir uns im Neuen Zeitalter immer mehr bewusst werden, dass alle Trennungen, die wir aufgebaut haben, sei es durch Religion, Rasse, Hautfarbe usw., nur in unserem Bewusstsein existieren, also im Grunde künstlich aufgebaut wurden. Das hatte seinen Sinn und erfüllte seinen Zweck, doch heute ist der Trennungsgedanke überholt, und wir werden uns der Einheit mit allen Menschen, ja mit der gesamten Schöpfung, bewusst. Sogar Wissenschaftler arbeiten mit diesen Gedankengängen. Man hat zahlreiche Universitätscomputer zu einem Projekt „verdonnert": Man lässt sie Zufallszahlen generieren. Immer wenn ein weltbewegendes Ereignis eintritt (der 11. September zum Beispiel), gleichen sich diese Zahlen an. Man kann auf diese Weise lokale Ereignisse erahnen (wenn auch natürlich nicht, worum es geht), und auch Weltereignisse. Auf diese Weise wurde deutlich, dass alles miteinander vernetzt ist.

Das zeigt, dass wir wirklich alle miteinander verbunden und nicht getrennt sind. Trennung ist eine bewusst herbeigeführte Illusion. Wird dieses genügend Menschen klar – und wir sind mitten in diesem Prozess –, wird es bald keine Kriege mehr geben, denn es gibt einfach keinen Grund mehr für sie. Die krampfhaften Bemühungen, uns in Kriege zu verstricken, sind in letzter Zeit immer wieder gescheitert, und sie werden weiter scheitern, denn wir haben uns weiterentwickelt! Um es einmal salopp auszudrücken: „Wir haben keinen Bock mehr auf Krieg"! Uns wird klar, dass wir in solchen Auseinandersetzungen auf Teile von uns selbst schießen, und wer möchte das schon. Du würdest ja auch nicht auf deinen rechten Arm oder deinen Kopf schießen, oder?

Willst du dich der Einheit annähern, kannst du dich, so oft du willst, mit diesem Gitternetz verbinden: Für dieses Buch wurde die ursprüngliche Meditation, gechannelt von Natara, von Erzengel Michael abgeändert, da wir ständig wachsen und uns verändern und diese Veränderungen nun immer rasanter vonstatten gehen. Dazu setze dich bequem hin, und dann sagt dir Erzengel Michael, was zu tun ist:

Meditation:

Ihr schließt eure Augen und legt eure
Hände auf euer Herzchakra.

Lasst den Kopf ganz leer werden von Gedanken ...
Einfach nur sein...
Ihr nehmt neun Atemzüge in das Herzchakra hinein:
Durch die Nase einatmen, durch den
Mund ausatmen.

Nach den neun Atemzügen öffnet ihr
eure Hände nach vorne und sagt:
Ich bin *das Gitternetz der Einheit.*

Dann lasst ihr die Hände wieder auf das
Herz sinken und spürt nach in diese
Kraft und in diese Liebe.
Nun könnt ihr eure Hände wieder
zurücklegen.

Dies öffnet das Herzchakra.

Eine Meditation, die von Mutter Maria durchgegeben wurde, dient ebenfalls dazu, das Herzchakra, also die Liebe zu Allem, zu öffnen. Ich wurde dazu geführt, sie an verschiedenen Kraftorten durchzuführen, so dass diese Schwingung der Liebe dort verankert wurde. Am wirksamsten ist es, wenn man sie an Quellen durchführt, denn dann gibt man diese Schwingung dem Wasser mit. Hast du die Intuition, diese Meditation durchzuführen, dann tue es. Du brauchst dabei nicht einmal mit deinen üblichen Tätigkeiten innezuhalten.

Stell dir vor, dass du in deinem Herzchakra eine Handvoll glühender Kohlen liegen hast. Atme dort hinein. Beim Einatmen leuchten diese Kohlen hell auf.

Nun bildet sich eine rosafarbene Kugel um das Herzchakra. Mit jedem Ausatmen „bläst" du diese Kugel auf, so dass sie immer größer wird.

Führe dieses einige Zeit durch, dabei wird die Kugel immer größer: Erst umschließt sie deinen Körper, dann die Ortschaft, in der du wohnst, dann den nächst größeren Ort, dann die Hauptstadt deines Landes, dann das ganze Land, den ganzen Kontinent, und schließlich die ganze Erde. Vergiss auch nicht, den Mond mit einzubeziehen. Das Erde-Mond-System ist nun völlig von der rosafarbenen Energie der bedingungslosen Liebe eingehüllt. Wenn du möchtest, kannst du diese auf das ganze Sonnensystem ausdehnen."

Diese Meditation ist sehr kraftvoll. Als ich sie das erste Mal durchführte, ging die andere Person, die noch im Raum war, hinaus, weil sie es in dieser „Liebesenergie" nicht aushielt (ohne zu wissen, was passiert war).

Meditation von Lady Nada, der Lenkerin des rubinroten Strahls:

Meditation:

Mache es dir bequem und entspanne dich. Stelle dir dann eine Rose in deinem Herzchakra vor. Sie hat die Farbe Rosa. Lass nun mit jedem Atemzug beim Ausatmen diese Rose größer werden, sich in alle Richtungen gleichmäßig ausbreiten. Blase sie wie einen Ballon auf. Hat die Rose die Größe deines Körpers erreicht, umgib sie und deinen Körper mit einer grünen Blase von Heilenergie. Führst du diese Meditation durch und kannst in deinem Körper irgendwo ein Jucken, einen Schmerz oder sonst ein auffallendes Gefühl spüren, merke dir die Stelle(n) und gehe anschließend mit deinem Bewusstsein hinein, denn dort ist ein Bereich, der den Fluss von Liebesenergie behindert. Lass die Bilder, oder Gefühle, die du wahrnimmst, so sein, wie sie sind. Bewerte sie nicht, sieh sie dir jedoch an. Es sind Erinnerungen an Erfahrungen, die mit Liebesmangel, Liebesentzug, mit Liebe allgemein zu tun haben und unangenehme Gefühle wachrufen."

Kommst du auf diese Weise nicht an die Informationen heran, verwende die Angelina-Meditation.

Erdungsmeditation

Für den Aufstieg ist es unerlässlich, sich immer wieder gut zu erden, mit der Erde zu verbinden, denn der Aufstieg erfolgt ja gemeinsam. Eine wunderbare Meditation ist die folgende: Wenn die Jahreszeit es zulässt, führe sie draußen im Freien auf dem Rasen aus, sonst im Haus:

Meditation:

Stelle dich aufrecht, mit bloßen Füßen auf den Boden (Rasen). Visualisiere nun, dass aus deinen Füßen Wurzeln wachsen. Erst einzelne kleine, die dann immer größer und dicker werden. Auch ein Stamm bildet sich nach oben, erst ein kleiner dünner, der dann immer dicker wird. Äste und Zweige bilden sich, so wie sich die Wurzeln bilden. Stelle dir die Blätter an den Ästen vor, so dass der Baum eine Krone erhält. Mit dem Wachsen des Baumes wächst auch das Wurzelwerk. Führe das solange durch, bis du dich eins mit der Erde fühlst.

Auf diese Weise stellst du die Verbindung zur Mutter Erde immer wieder her, wenn du glaubst, den Boden unter den Füßen zu verlieren. Führst du dieses an Kraftorten durch, ist diese Meditation entsprechend stärker.

Namensmeditation

Mit Hilfe von Namen zu meditieren ist ein alter „Trick" der Meister. Es ist eine Hilfe, das ständige Plappern des Verstandes zu beruhigen. Wir benutzen die Namensmeditation aber, um eine weitere Wirkung hervorzurufen. Du hast nun verschiedene Möglichkeiten:

Nimm den Namen, den du jetzt trägst, und wiederhole ihn immer wieder und wieder. Mache das, so lange es dir die Intuition eingibt.

Dieser Name ruft Informationen in dir wach, die dir für Probleme, die gerade anstehen, hilfreich sein werden, denn du hast dein Leben ja im voraus geplant und zumindest einige grundlegende Lernaufgaben eingebaut. Gleichzeitig weißt du aber auch die Lösung dieser Aufgaben, so wie der Lehrer sowohl die Aufgabe als auch die Lösung parat hat. Du *bist* dein eigener Lehrer! Kommst du also mit einer Lernlektion (vielleicht in der Partnerschaft oder im Beruf) einfach nicht weiter, finde die Lösung deiner Aufgabe über deinen Namen heraus. Sozusagen zwischen diesem Namensmantra, denn um nichts anderes handelt es sich, wirst du Gedankenblitze haben, die dir die Lösung zeigen. Ist das nicht der Fall, musst du die Lösung auf herkömmliche Weise finden. Da aber die Zeit drängt, wirst du in den allermeisten Fällen hier Hilfe erhalten.

Hast du bei der Namensmeditation einen Seelennamen erhalten? Wenn du diese Meditation noch nicht durchgeführt hast, dann hole das nun bitte nach (sofern du dafür bereit bist, natürlich).

Begib dich an deinen Meditationsplatz, atme dreimal in alle zwölf Chakren hinein, damit aktivierst du sie für das, was du vorhast. Stelle dir nun visuell eine Sonne über deinem Kopf vor. Es ist der Seelenfunken, der du bist, dein höheres Selbst, deine Verbindung zur Quelle. Diese Sonne wird nun nacheinander die Farben aller zwölf Chakren annehmen: Beginne mit der Farbe Rubinrot. Stelle dir die rote Sonne über dir so lange vor, bis du den Impuls verspürst, die nächste Farbe zu neh-

men. Die ist Orange. Pause. Nun kommt Gelb. Pause. Grün. Pause. Dunkelblau. Pause. Purpur. Pause. Weiß. Pause. Perlmutt opalisierend. Pause. Aquamarinblau. Pause. Gold. Pause. Magenta. Pause. Rosa.

Leuchtet deine Sonne rosa, dann frage nach deinem Seelennamen. Die Silben, die du nun vernimmst, egal wie gewöhnlich oder ungewöhnlich sie dir erscheinen mögen, beinhalten eine Energie, die speziell für dich bestimmt ist und dir Zugang zu deinem inneren Wesenskern verschaffen werden. Klingen sie sehr ungewöhnlich, so schreibe sie gleich auf, um sie nicht zu vergessen. Frage auch nach der Bedeutung des Namens. Es kann durchaus eine Bedeutung sein, die du in keinem Buch findest. Beende dies, indem du wiederum dreimal in alle Chakren hineinatmest und dann die Augen öffnest.

Mit diesem Namen kannst du nun in der beschriebenen Weise arbeiten. Es führt dich in dein Inneres. Er ist für dich persönlich bestimmt und so ist es nicht notwendig, dass du jemandem davon erzählst. Die meiste Arbeit eines Erwachenden findet im Verborgenen statt und geht andere schlichtweg nichts an!

Auch hierdurch fließen dir Informationen zu, die du gerade benötigst. Dieser Name ist voller Energie, die dir zufließt.

Durch diese Art der Meditation werden Speicherkristalle über den Augenbrauen aktiviert, die alles enthalten, was du für dieses Leben geplant hattest. Du bemerkst das vielleicht an einem Jucken oder einem anderen Gefühl über der Mitte der Augenbrauen. Vielleicht fängt dort an, eine Energie zu fließen, die über die Haut spürbar ist. Das kommt darauf an, wie gut dein Körpergefühl schon entwickelt ist. Vertraue den Informationen, die nun in deinem Bewusstsein auftauchen, denn alles, was du je brauchst, hast du in dir, alles! Du hast die Kraft, du hast die Macht, dein Leben (neu) zu gestalten, und mit ihm das der Erde!

Angelina-Meditation (= Karmameditation)

Jeder, der um das neutrale Implantat bittet, und den entsprechenden Reifegrad erreicht hat, erhält es auch. Was bedeutet das nun? Es bedeutet, dass die Energie des Karmas an die Erde abgegeben werden darf und dadurch eine Beschleunigung in Richtung Aufstieg stattfindet, und zwar sowohl für den, der Energie abgibt, als auch für die Erde insgesamt. Karmafreiheit heißt jedoch nicht, dass man sich nicht von den Restenergien selbst befreien muss, also keine Arbeit mehr zu erledigen ist. Wie kann man sich nun von den noch verbliebenen Energien befreien, und welche sind das? Nun, es sind Energien, die hauptsächlich damit zu tun haben, wie man in einigen Leben gestorben ist oder sonstiges starkes Leid erfahren hat.

Wie die Geistige Welt mir erklärt hat, lässt sich Glück nicht speichern, sondern es fließt durch uns hindurch. Leid in jedweder Form jedoch lässt sich hervorragend speichern, das sehen wir an uns selbst, da wir oft aus der Trauer oder der Wut nicht herausfinden können. Das gespeicherte Leid, aus vielen Leben angesammelt, darf nun gehen, darf nun unser Energiefeld verlassen, wird umgewandelt und von der Erde und in ihrem Prozess verwendet. Und genau dafür wurden diese Erfahrungen gemacht, um Energie anzusammeln und dann, zum richtigen Zeitpunkt, die Frequenzen zu steigern!

Wie kommt ihr nun an diese „Geschichten heran?" Nun, betrachtet all eure schmerzenden Stellen mit der folgenden Meditation, alles, was euch zustößt und Schmerzen oder Wunden verursacht, enthält eine Botschaft, die angesehen werden will. Erzengel Michael steht dann bereit, um die Verbindungen zu trennen, so dass ihr endgültig frei seid davon. Dies ist eine sehr intensive Phase des Lichtkörperprozesses und erfordert viel Aufmerksamkeit und Energie und vor allem Mut, sich all das anzusehen, denn es sind nicht die angenehmen Dinge, die ihr mit in dieses Leben gebracht habt, um davon frei zu werden, sondern die unangenehmen, und das kann mit vielen Tränen verbunden sein. Tränen lügen nicht, sie befreien!

Kryon sagte dazu in einer Botschaft an drei liebe Bekannte:

Ihr alle, die ihr euch Menschen nennt, tragt so viele ungeweinte Tränen mit euch herum. Ihr drei dürft sie nun weinen. (Dies gilt auch für alle Leser, die ich im Hier und Jetzt bereits sehe.) Lasst alle Gefühle zu, die da auftauchen. Lasst sie durch euch hindurchfließen und dann auch wieder gehen.

Liebe Mädels, es stimmt, ich habe gesagt, ihr seid karmafrei. Karmafreiheit bedeutet, ihr baut in der Regel kein neues Karma mehr auf, lebt im "Instantkarma", d.h., wenn ihr doch welches aufbaut, wird dies sofort, oder sehr schnell danach, wieder auf die eine oder andere Weise abgebaut.

Karmafreiheit bedeutet auch, dass ihr kein "altes" Karma mehr abtragen müsst! Was es nicht bedeutet ist, dass ihr euch die Erinnerungen des Karmas nicht noch ansehen müsst, um es endgültig aus eurem Energiefeld entfernen zu können. Versteht ihr den Unterschied?

Ihr müsst euch noch von den schmerzlichen Erinnerungen trennen, die die innerste Schicht eures Panzers bilden. Abtragen müsst ihr nichts mehr, aber ansehen, und das ist die wahre Herausforderung, vielleicht größer als Karma in Streitgesprächen mit anderen abzubauen, denn indem ihr anseht, was ihr noch mit euch herumschleppt, geht ihr durch den Prozess, der euch klarmacht, wie sinnlos jedwede Wertung ist, denn ihr seid selbst oft genüg "böse Buben (oder Mädels)" gewesen, aber immer im Auftrag der Quelle und in eurem Auftrag, weil ihr auch diese Erfahrungen machen wolltet. Was nun also die nächste Stufe eures Lichtkörperprozesses ist, ist aus der Wertung herauszutreten! Und nur darum geht es letztlich beim Ansehen all der Geschichten, die noch an eurem Energiefeld "nach unten" zerren. Sie machen euch schwer, und das verhindert den Aufstieg in noch höhere Schwingungen.

Ihr könnt euch jede Geschichte als einen schweren Ball vorstellen, der mit einer Schnur hinter euch hergezogen wird und euch somit unten hält. Indem ihr an der Schnur zieht, den Ball heranholt, ihn anseht und dann wieder loslasst, darf Michael die Schnur durchtrennen, und es existiert ein Ball weniger, der an euch zerrt. So gesehen, schleift ihr noch so manchen Ball mit euch herum. Karmafreiheit bedeutet, ihr müsst den Ball nun nicht mehr jemand anderem zuwerfen, der ihn euch zurückwirft, damit ihr ihn auf diese Weise auffangen könnt und damit ansehen müsst, nein, ihr dürft die Bälle nun ohne die Interaktionen anderer heranholen und dann endgültig loslassen.

Die Energie, die in jedem Ball gespeichert ist, wird in dem Moment freigesetzt, in dem Michael seine Schwer(s)tarbeit getan hat! Diese Energie fließt in den großen Ball, der sich um die Erde befindet. Die Erde hat noch einen mächtigen Ball zu bewältigen, aber jede "kleine" Energie eines "kleinen Balles" trägt dazu bei, den großen Ball in seiner Struktur leichter werden zu lassen, und je mehr Menschen diese Art der Arbeit angehen, umso schneller geht der Aufstiegsprozess der Erde vor sich. Haben nun die 111 (ich liebe diese Zahl!) die meisten ihrer "Bälle" angesehen, so ist die Erde so leicht geworden, dass der nächste Gang im Motor der Schöpfung eingelegt werden kann, was wiederum zu einer Beschleunigung des Aufstiegs führen wird. Die nächste Welle kümmert sich um den nächsten Gang, und so fort. Bald wird eure Welt so leicht sein, dass die Erde tatsächlich endlich Gas geben darf, und wie rasend schnell dann die Umstrukturierung eurer Gesellschaft geht, davon habt ihr in „Anthael" schon gelesen. (Anmerkung des Channels: Anthael ist ein Buch, das die Geschichte eines Buches erzählt, das die Energie der Veränderung trägt, Bezugsquelle: Smaragd Verlag.) *Benutzt also die Angelina-Meditation, um eure Bälle anzusehen und zu durchtrennen, und ihr werdet merken, wie ihr immer "leichter" werdet. Es wird sich in geänderten Gewohnheiten niederschlagen und auch in geänderten Betrachtungsweisen. Ihr selbst werdet all das für völlig normal und natürlich halten, doch anderen wird auffallen, wie ihr euch verändert, und daran könnt ihr sehen, dass es "wirkt", was wir euch hier vorschlagen.*

Dieses war Kryon, in Liebe.

Wie sieht man sie sich nun an, diese „Bälle"? "Hier hilft die folgende Meidtation, die von Angelika/Angelina übermittelt wurde.

Angelika ist eine Aufgestiegene Meisterin der Transformation der Vergangenheit.

Dunkle Stellen auf deinem Lichtkörper sind nichts anderes als Plätze für die Erinnerung an unangenehme Erfahrungen, und zwar sowohl dieses Lebens, mehr jedoch noch die vergangener Leben und somit Orte niederer Schwingung.

Benutzt du nun die folgende Meditation, so hilft dir Angelina mit ihrer rosafarbenen Energie, alte Erfahrungen, Verletzungen und Wunden zu heilen. Wir werden so lange mit ihnen konfrontiert, bis wir sie auflösen. Angelina hilft, die unaufgelösten Energien in aufgelöste zu verändern, so dass die Energie genutzt werden kann (und nicht mehr blockiert wird), und zwar sowohl von dir als auch von der Erde!

Der Panzer um uns herum, mit dem wir uns nun beschäftigen müssen ist also nichts "Schlechtes", sondern im Gegenteil: Er wurde gebildet, um genau jetzt, in dieser Zeit, Energie für die Transformation zur Verfügung zu stellen, und so betrachte alle Dinge, die du zu sehen bekommst, bitte unter diesem Aspekt.

Angelina-Meditation

Begib dich an deinen Meditationsplatz und atme einige Male tief ein. Stelle dir nun vor, wie du mit jedem Ausatmen eine rosafarbene Blase „aufbläst", und zwar so lange, bis sie groß genug ist, um von dir betreten zu werden. Betritt sie nun. In dieser Blase findest du einen Sitzsack. Werde dir der Farbe des Sitzsackes bewusst. Es ist die Energie, die nun gebraucht wird. Lasse dich auf ihm nieder. Er passt sich perfekt deinen Konturen an, so dass du nun bequem sitzt. (Wenn du die Kraft hast, kannst du dir mehrere „Filme" früherer Leben ansehen, nimm dir aber nicht zu viel vor, denn die erhöhte Schwingung, die du anschließend erhältst, muss sich in deinen Körper integrieren, und das dauert eine Weile und kann auch zu Müdigkeit führen.)

Nun bemerkst du einen Flachbildschirm an der Wand dir gegenüber. Er ist groß und breit, so dass du alles darauf deutlich erkennen kannst. Wenn es dir leichter fällt, dann begib dich mit deinem Bewusstsein in die Fläche des Bildschirms und sieh dir an, was es dort zu sehen gibt. Dort nimmst du die Ursache dessen wahr, was dich konkret veranlasst hat, diese Meditation durchzuführen.

Möchtest du mehrere Lebensfilme ansehen, so blicke neben den Bildschirm, wenn ein "Film" fertig ist. Dort ist ein Fenster, sieh zu diesem Fenster hinaus, registriere und genieße, was du dort siehst und dann wendest du dich wieder dem Bildschirm zu und bittest darum, dir das ansehen zu dürfen, was du dir nun vorgenommen hast. So kannst du fortfahren, bis alles erledigt ist.

Bist du fertig, so danke Angelina, verlasse die Blase und ziehe draußen an einem Stöpsel, der die Luft aus der Blase entlässt, so dass sie schließlich nicht mehr zu sehen ist. Atme noch einige Male tief ein und aus und schlage dann die Augen wieder auf.

Eine optimale Vorbereitung für diese Meditation ist, zumindest einen Tag lang nach den Farben des Regenbogens zu speisen und ca. eine Stunde vor der geplanten Meditation ungefähr einen Liter Quellwasser (oder stilles Wasser) zu trinken. Warum das?, wirst du fragen. Wasser hat die Eigenschaft, sehr hohe Schwingungen halten zu können, und so fällt dadurch der ganze Prozess leichter.

Jede Geschichte, die du auf diese Weise ansiehst, bedeutet eine Schwingungserhöhung für dich und für das Ganze!

Nach Monaten intensiver derartiger Arbeit kann es geschehen, dass du keine „Geschichten" mehr siehst, sondern „nur noch" Informationen aus der Geistigen Welt erhältst. Das ist dann das Zeichen, dass du dich dem Ende dieser Art der Arbeit näherst und nur noch wenige Geschichten anzusehen sind. Auch hier geht es um eine kritische Menge. Das heißt, dass du schneller fertig bist, je intensiver du das betreibst, denn dann hast du deine persönliche kritische Masse erreicht. Das heißt nicht, dass dich nichts mehr „zwicken" wird, auch dann solltest du mit dieser Meditation nachsehen, was los ist, denn auf diese Art darf dir die Geistige Welt direkt Informationen übermitteln. Du gehst also ganz bewusst nachsehen, welche Informationen in deinem Körper für dich ganz persönlich stecken, und somit darf die Geistige Welt direkt arbeiten. Zunächst also erfährst du karmische Informationen und dann auch andere. Hierbei kann es dann vorkommen, dass du hinter der Tür einen grünen Raum vorfindest und dir Hilarion Tipps für deine Heilung geben möchte, oder Serapis Bey erzählt dir in einem weißen Raum, wo eine gründliche Reinigung deines Körpers nötig ist. Vielleicht gibt dir Lady Rowena in einem rosafarbenen Raum auch Tipps in Liebesdingen usw. Hier gibt es Raum für viele Dinge.

Wichtig ist nicht, ob diese Geschichten von dir oder anderen als wirklich real angesehen werden. Wichtig ist, dass dadurch eine Heilung von Beziehungen eintritt, da du auf diese Weise Vergangenes loslassen kannst und nur so zu den neuen Schritten in die Zukunft bereit bist.

Hierzu möchte Kryon noch eine Anmerkung machen:

Liebe Menschen, könnt ihr nun sehen, dass ihr eure Vergangenheit ändert, indem ihr sie betrachtet und von heute aus damit auch beeinflusst? Das ist es, was ich in den Büchern mit Lee Caroll gemeint und immer wieder erwähnt habe. Ihr ändert nicht nur gerade eure Zukunft, sondern auch eure Vergangenheit. Ihr habt eure prophezeite Zukunft ausgelöscht, und mit dem Erledigen des Karmas löscht ihr auch die Vergangenheit, so dass am Ende nur die Aufzeichnungen in der Akasha übrig bleiben werden.

Es können durchaus mehrere Schichten von ähnlichen Erfahrungen an der gleichen Stelle sitzen. Es hat lange gedauert, bis sich eine Krankheit materialisiert hat. Seid bitte nicht enttäuscht, wenn sie auch nicht sofort nach der Klärungsarbeit geht. Materie ist träge, und vielleicht hat ja auch die Verweildauer der Krankheit noch einen Sinn? Diese Art der Klärung ersetzt keinen Arzt! Sei dir hier deiner Verantwortung bewusst.

Du kannst Hilarion vom grünen Strahl bitten, diese Stellen, die du schon „bearbeitet" hast, mit seinem heilenden Licht zu beleuchten und selbst eine grüne Kugel um diese legen. Dann kann die Heilung schneller erfolgen.

Ziehe bei diesen Betrachtungen auch immer das „zuständige" vordere oder rückwärtige Chakra heran und beleuchte die schmerzende Stelle mit dem Licht, das für das Chakra passend ist. (Eine Aufstellung habe ich hier eingefügt.) Das erleichtert es, die Information hervorzuholen, und gleichzeitig den Heilungsprozess.

	Zu aktivierendes Chakra:	Aktivierungsfarbe:
1. Chakra	Wurzelchakra	Rot
2. Chakra	Sakralchakra	Orange
3. Chakra	Solarplexuschakra	Gelb
4. Chakra	Herzchakra	Grün
5. Chakra	Halschakra	Blau
6. Chakra	Stirnchakra bzw. 3. Auge	Purpur bis Violett
7. Chakra	Kronenchakra	Weiß
8. Chakra	Polaritätschakra	Rosa
9. Chakra	Harmoniechakra	Magenta
10. Chakra	Wissenschakra	Gold
11. Chakra	Klarheitschakra	Aquamarin
12. Chakra	Veränderungschakra	Perlmutt

Stell sicher, dass du hinterher ausruhen kannst und auch, dass du ungestört bist. Diese Art der Karmaklärung ist privat. Das heißt, zu lernen, im richtigen Moment zu schweigen. Alles, was du auf diese Weise erfährst, betrifft zunächst einmal nur dich und deine Sicht der Welt. Wie gesagt, du musst und darfst in der Regel dem anderen nichts von diesen Geschichten erzählen, weil du damit viel Schaden anrichten kannst und kaum einen Nutzen davon hast, und der andere auch nicht.

Ich bin so alle konfliktbeladenen Situationen in meinem Leben durchgegangen, die mir noch eingefallen sind, und das ist ein gutes Stück Arbeit, doch sie hat sich gelohnt, denn mit jeder geklärten Situation verschwindet eine dunkle Stelle im Lichtkörper und dieser wird damit „lichter und leichter". Es kann sein, dass du lange nichts davon bemerkst, doch irgendwann zahlt es sich aus. Ich habe für meinen Klärungsprozess fünf Jahre gebraucht, ohne zu wissen, wohin mich das führen würde, und nun channele ich Informationen aus der feinstofflichen Welt. Auch du wirst auf diese Weise irgendwann deine Aufgabe finden. Was dazu nötig ist, ist Geduld!

Öffnungsmantra

Hast du Schwierigkeiten, über die Angelina-Meditation Zugang zu deinem inneren Wissen zu erlangen, so kann das verschiedene Ursachen haben. Es könnte zum Beispiel sein, dass du erst einmal mit deinem jetzigen Leben und allen Schwierigkeiten darin Frieden schließen musst, denn bevor du nicht mit dem Jetzt (diesem Leben) in Einklang bist, kannst du dich nicht auf neutraler Ebene mit dem Gestern (früheren Leben) befassen. Um die Resterinnerungen aus früheren Leben ansehen zu können, musst du emotional im Gleichgewicht sein. Du wirst trotzdem noch Emotionen (meist Tränen) herauslassen können/müssen/dürfen. Um dies zulassen zu können, benötigst du eine gewisse Stabilität, sonst verstrickst du dich zu sehr in der Vergangenheit und kommst mit dem Jetzt nicht mehr klar. Also, halte bitte die Reihenfolge im Kapitel „Wo fange ich an?" auch ein. Das heißt, du solltest dich mit allen schwierigen Situationen, Entscheidungen und Personen auseinandergesetzt haben, bevor du die Arbeit mit der Angelina-Meditation beginnst.

Hast du dies getan und gelangst auch nach mehrmaligen Versuchen nicht an die Bilder der früheren Leben heran, so hast du dir eine zusätzliche Sicherung eingebaut, damit du nicht zu früh an diese Informationen kommst. Das bedeutet, du benötigst ein Öffnungsmantra, das diese Sicherungen ausschaltet. Dieses Mantra kannst du in deinen Meditationen benutzen. Du kannst es im Alltag im Hintergrund laufen lassen. Es gilt die Regel: Je öfter und intensiver du das tust, desto schneller werden die Hindernisse abgebaut. Es mag sein, dass du längere Zeit keine Veränderung bemerkst, halte trotzdem durch! Probiere von Zeit zu Zeit einfach, ob die Angelina-Meditation nun funktioniert.

Wie erhältst du nun dein Öffnungsmantra?

Begib dich an deinen Meditationsplatz, atme drei mal in alle zwölf Chakren, angefangen am Wurzelchakra am Vorderkörper nach oben, über das Kronenchakra, am Rücken wieder hinunter bis zum Polaritätschakra. Nun bist du zentriert.

Führe nun erneut die Angelina-Meditation durch, nur wandeln wir sie nun ab:

Begib dich an deinen Meditationsplatz und atme einige Male tief ein. Stelle dir nun vor, wie du mit jedem Ausatmen eine rosafarbene Blase „aufbläst", und zwar so lange, bis sie groß genug ist, um von dir betreten zu werden. Betritt sie nun. In dieser Blase findest du einen Sitzsack. Werde dir der Farbe des Sitzsackes bewusst. Es ist die Energie, die nun gebraucht wird. Lasse dich auf ihm nieder. Er passt sich perfekt deinen Konturen an, so dass du nun bequem sitzt.

Nun bemerkst du einen Flachbildschirm an der Wand dir gegenüber. Er ist groß und breit, so dass du alles darauf deutlich erkennen kannst. Erscheint darauf nichts, so hast du dir eine zusätzliche Sicherung eingebaut, damit du erst dann an diese Erinnerungen herankommst, wenn du die erforderliche Reife hast. Wende den Kopf, sieh einen Augenblick zu einem Fenster hinaus, das nun aufgetaucht ist, und dann sieh wieder auf den Bildschirm. Dort findest du nun in weißer Schrift vor schwarzem Hintergrund einige Silben. Es ist ein Öffnungsmantra, das du dir vor langer Zeit selbst kreiert hast, um es zum passenden Zeitpunkt zu benutzen. Sprich dieses Mantra nun neunmal laut aus.

Dann wende dich wieder dem Fenster zu, sieh dort den Sonnenschein und blicke nun wieder zurück auf den Bildschirm. Nun wirst du dort sehen können, was du sehen wolltest. Sind alle Bilder betrachtet worden, so blicke wieder zum Fenster, falls du noch andere „Filme" sehen willst, und dann wieder auf den Bildschirm.

Bist du fertig, so danke Angelika, verlasse die Blase und ziehe draußen an einem Stöpsel, der die Luft aus der Blase entlässt, so dass sie schließlich nicht mehr zu sehen ist. Atme noch einige Male tief ein und aus und schlage dann die Augen wieder auf."

Niemand sonst kann mit diesen Silben etwas anfangen. Selbst schon sehr lang spirituell Arbeitende haben oft noch solche Sicherungen eingebaut. Sie merken das daran, dass sie irgendwann nicht mehr vorankommen. Auch sie können nun auf diese Weise wieder Fortschritte erzielen. Vor allem die Einbindung der nun ausgebauten Rückenchakren ist ja noch gar nicht bekannt und konnte daher bei aller Arbeit an sich selbst noch gar nicht berücksichtigt werden.

Beispiele für solche Öffnungsmantren sind: TILL NEEH, EL NA DO und OM WARAH. Es können also völlig unerwartete Klänge sein. Benutze diese Klänge, so oft es dir möglich ist. Du wirst mit der Zeit Veränderungen in dir wahrnehmen.

Du kannst dieses Öffnungsmantra auch bei der Angelina-Meditation benutzen, wenn du nicht gleich Zugang zu deinen Erinnerungen hattest. Es ist so etwas wie deine Eintrittskarte in deine „Geschichten".

5. Chakraöffnung

Um ein erfolgreiches und glückliches Leben im neuen Jahrtausend zu führen, ist es sehr hilfreich, wenn nicht vielleicht sogar unumgänglich, alle Chakren nicht nur von Blockaden zu reinigen, sondern auch Verletzungen zu heilen. Hierzu müssen sie jedoch erst einmal geöffnet oder, besser gesagt, in der Drehung beschleunigt werden. Sind Blockaden beseitigt, bleibt oft eine Verletzung übrig, aber auch durch andere Umstände können Chakren verletzt werden, und somit ist Heilung erforderlich.

Da die Chakren von vielen Schichten umgeben sind, die aus den Erfahrungen aller Leben, die noch nicht erledigt wurden, bestehen, dauert es eine Weile, diese abzutragen. Da auch die aus Paralleluniversen noch hinzukommen, ist es kein Wunder, dass alles jahrelang dauert und nicht in wenigen Monaten abgefertigt werden kann. Erleichtert und beschleunigt wird dieser Prozess nun durch die ständig höher werdenden Schwingungen der Erde. Wodurch steigert sich das nun immerzu? Durch die Klärungsarbeit jedes einzelnen Menschen! Jede Chakrabeschleunigung, jede Beseitigung einer Blockade, jedes Bearbeiten eines früheren Lebens, – alles erhöht die Schwingungen des ganzen Systems.

Möchtest du nun aktiv an diesem Prozess teilnehmen, stellt die Geistige Welt dir die folgenden Hilfswerkzeuge zur Verfügung. Ich habe alles selbst durchgeführt und weiß daher, dass es funktioniert! So ist dies keine reine Theorie, sondern erprobte Praxis.

Ziel der folgenden Werkzeuge ist es, die Chakren noch weiter zu öffnen, sie schneller rotieren zu lassen. Aktiviert sind sie ohnehin schon alle durch die derzeit hohen Schwingungen. Mit der Öffnung beginnt dann allerdings erst der eigentliche Heilungsprozess. Das heißt, die folgenden Hilfsmittel sind Mittel zur anschließenden Selbsthilfe, da jeder für sich selbst verantwortlich ist.

Hierbei ist es sinnvoll, erst einmal festzustellen, wie weit die eigenen Chakren schon geöffnet sind. Hierzu kannst du wieder den Muskeltest oder das Pendel benutzen. Frage zum Beispiel: „Ist mein Wurzelchakra zu 20% geöffnet?" Lautet die Antwort „Ja" – kannst du die Finger also nicht auseinanderziehen –, dann frage solange weiter, bis du eine genaue Prozentzahl erhalten hast. Führe dieses mit jedem Chakra durch und schreibe dir die Zahlen auf. Unterlasse bitte jede Bewertung der

Ergebnisse. Es ist nicht wichtig, wie viel sie schon geöffnet sind oder nicht. Wichtig ist nur, dass du jetzt daran gehst, sie weiter zu öffnen.

Es gibt Aktivierungsmantren für die Chakren, die aber nichts mit den unten genannten zu tun haben. Diese hier sind sowohl Öffnungs- als auch Heilungsmantren, die hauptsächlich auf der emotionalen Ebene (Emotionalkörper) arbeiten. Die Gefühle werden von dort, wo sie festsaßen, wieder in Bewegung (E-Motion) gesetzt. Deshalb muss man sich dann mit manchen unangenehmen Dingen auseinandersetzen.

Wenn du dich also zu dieser Art der Heilung bzw. Öffnung entschließt, können auch Themen im Leben auftauchen, die du am liebsten ins Unterbewusstsein vergräbst und nicht ansehen willst, weil sie schmerzen. Daran kommst du bei dieser Art der Heilung aber nicht vorbei. Heilung im Ganzen kann nur erfolgen, wenn die Verletzung geheilt wird.

Haben wir uns verletzt, säubern wir die Wunde und wickeln einen Verband darum, bis die Wunde geheilt ist, und dann nehmen wir ihn ab. So in etwa kann man sich das hier auch vorstellen. Um die Chakrawunde zu säubern, muss man sie sich jedoch anschauen und dann vorsichtig die Verunreinigung daraus lösen.

Bist du nicht bereit, dir auch unangenehme Dinge anzusehen, dann lass die Finger davon!

Willst du deinen Lichtkörper entwickeln, musst du dich auch, oder vielmehr gerade!, den unangenehmen Dingen stellen. Das blieb auch mir nicht erspart. Ich betone es wieder und wieder: Gnadenlose Ehrlichkeit sich selbst gegenüber ist die einzige Bedingung, unter der es funktioniert.

Ich erhebe nicht den Anspruch, eine vollständige Heilung auf allen Ebenen anbieten zu können, doch gehst du diesen Weg, kommst du ein gutes Stück auf deinem Weg weiter.

Um das komplette Chakrensystem zu heilen, stehen uns verschiedene Methoden zur Verfügung, die erst jetzt, in der Neuen Zeit, bekannt gemacht werden dürfen:

Wir arbeiten mit:
- Symbolen und Mantren
- Körperübungen
- Der Regenbogenernährung (Sie hat leider nicht mehr in dieses Buch gepasst und wird daher nur kurz umrissen und in einem weiteren Buch ausführlich besprochen werden.)

Vor „meinen" Heilungsmethoden (ich erhielt sie aus der Geistigen Welt) habe ich eine Heilmethode eingefügt, die von Erzengel Michael (gechannelt von Natara) stammt und die durch künstliche Erdbeben verletzten Wurzelchakren heilt, weil dieses einen sinnvollen Beginn darstellt. Mit ihr habe ich auch angefangen. Inzwischen gibt es dazu ein weiterführendes Buch, so dass man mehrere Ebenen gleichzeitig bearbeiten kann.

Ich möchte jedoch betonen, dass ich nur das ausführende Werkzeug bin und mir hier jede erdenkliche Hilfe aus der Geistigen Welt zuteil wurde, für die ich mich an dieser Stelle herzlich bedanken möchte.

Als ich die folgenden Übungen und Mantren durchführte, hatte ich noch keinen direkten Kontakt mit den vielen Meistern, die hier im Buch aufgeführt sind. Oder genauer gesagt, sie hatten schon Kontakt zu mir, aber ich konnte noch keinen Dialog mit ihnen führen. Ich führte diese Methoden voller Vertrauen durch, und als Ergebnis konnte ich dann Botschaften channeln. Sie haben mich also ein gutes Stück weitergebracht! Ich folgte mehr oder weniger meinen ersten Impulsen.

Die ganze Zeit wurde und werde ich so geführt, dass ich die wichtigen Erkenntnisse durch Lernen und Üben erwerbe. Ich befolge also nicht einfach irgendwelche Anweisungen von oben, ohne sie zu hinterfragen und zu analysieren, sondern ich bekomme einen Hinweis, der mich zu bestimmten Überlegungen führt, die in einer Erkenntnis gipfeln. Das nächste ist auszuprobieren, ob es funktioniert. Ich möchte nichts weitergeben, was ich nicht selbst getestet habe und von dem ich nicht weiß, dass es wirkt.

Du wirst bei den Mantren mit dem kosmischen Urlaut OM arbeiten, der wohl allseits bekannt ist. Das OM soll der urzeitliche Klang, die Quelle aller Manifestationen, aller Alphabete, aller Sprachen, aller musikalischen Töne, aller Materie, also von Allem-was-ist, sein. Alles, was geschaffen ist, kommt von OM und geht zurück dorthin, heißt es in den alten indischen Schriften. OM gilt also als bedeutendes Mantra. Mantren wirken durch ihre Laut-Energie und nicht durch ihren Sinngehalt. Alles ist Klang, alles ist Frequenz, daher kann man auch alles durch Klänge und Frequenzen beeinflussen.

Das OM wandelt blockierte Energie in fließende Energie um. Daraus resultiert Heilung. Fließt die Energie wieder, wird man automatisch mit dem entsprechenden Thema konfrontiert.

Da ich ein Mensch bin, der sich gerne rückversichert, benutzte ich die Chakrapendeltafel auf S. 49 in dem *Chakrapraxisbuch* von Kalashatra Govinda, um herauszufinden, ob die mir durchgegebenen Mantren auch wirklich auf die jeweiligen Chakren einwirken.

Du bist aufgefordert, das selbst auszuprobieren, bevor du dich auf „meine" Heilmethoden einlässt, denn so musst du nicht blind Anweisungen befolgen, sondern kannst dich vorher davon überzeugen, dass die Anweisungen auch sinnvoll sind. Vertrauen ist gut, Kontrolle ist besser, wie es im Volksmund so schön heißt.

Pendelst du ohnehin, dann brauchst du dazu aber nicht das angegebene Buch, sondern zeichnest dir einen großen Kreis und unterteilst ihn in 14 Segmente. Immer zwei gegenüberliegende gehören zu einem Chakra. Beschrifte das Ganze mit Zahlen von eins bis sieben oder schreibe den Chakranamen hinein. Und dann fragst du zum Beispiel: „Wird das Mantra OHM FARAH mein zweites Chakra heilen?" Ich gebe erst einmal alle Mantren auf einen Blick, ohne dass ich gleich verrate, welches zum jeweiligen Chakra gehört, damit du ein unvoreingenommenes Ergebnis haben kannst.

Du kannst es dir auch einfacher machen und mit der kinesiologischen Methode, also dem Muskeltest, den ich schon aufgezeigt habe, alle Chakren austesten.

Hier also die Mantren in nicht geordneter Reihenfolge: OHM FARAH, OM NATIKA; OHM MARAH; OHM NEEH; OHM MAH, OHM DOH. Das OM wird normalerweise ohne „H" geschrieben, doch aus irgendeinem Grunde ist es hier etwas länger gezogen in der Aussprache. Das ist wichtig, denn du musst die Mantren laut vor dich hersagen. Die Ausnahme bildet OM NATIKA, da dieses Mantra von Erzengel Michael stammt und er mit anderen Schwingungen arbeitet.

Zur Unterstützung der hier angegebenen Heilungsmethoden eignen sich sehr gut Edelsteine in den chakraaktivierenden Farben. Man kann sie zusammen mit den Symbolen auf das Chakra legen. Ich selbst habe allerdings intuitiv nur einen orangefarbenen Stein für das Sakralchakra verwendet, und das nur hin und wieder.

Wie geht man die Chakraöffnung nun systematisch an? Wie kann man sie in meinen Tagesablauf unterbringen?

Ich empfehle, die folgenden Methoden noch vor dem Frühstück anzuwenden, denn sie benötigen nicht viel Zeit, und es ist auch ein begrenzter Zeitraum, in dem man sie nutzen muss. Möchtest du die Übungen mit integrieren, so räume dir eine halbe Stunde am Morgen für alles ein. Du heilst, stimulierst, harmonisierst und aktivierst grundsätzlich immer die Chakren von unten nach oben, also angefangen beim Wurzelchakra, und arbeitest dich dann nach oben durch. Das gilt für alle drei hier vorgestellten Methoden.

Als erstes solltest du die Mantren mit den Symbolen anwenden, danach die einfachen Körperübungen und dann erst frühstücken. Damit hast du zwei Heilmethoden angewendet. Übernimmst du die Regenbogenernährung, ist das deine dritte Hilfe. Außerdem befrage deinen Körper mit Pendel oder kinesiologisch, welche Mantren du als erstes benötigst und wie viele du gleichzeitig bearbeiten sollst. Es könnte durchaus sein, dass eines so verletzt ist, dass es noch vor den anderen behandelt werden muss (zum Beispiel das dritte Chakra, was mit Selbstwertgefühl zu tun hat) und daher für dich die grundsätzliche Reihenfolge nicht gilt. Es kann ebenso sein, dass du einen kürzeren oder längeren Zeitraum als den von mir angegebenen benötigst, da jeder Mensch ein Individuum mit eigenen Erfahrungen ist.

Frage also immer deinen Körper, was für ihn gut ist. In ihm sind alle Erfahrungen, alle Erinnerungen, alles, was dich ausmacht, gespeichert, denn du hast ihn dir gestaltet, bevor du auf die Erde kamst. Vertraue seinen Aussagen!

Ich erhielt immer die richtigen Eingebungen zu dem für mich passenden Zeitpunkt, so dass sich alles zeitversetzt abspielte. Du hast den Vorteil, dass du sofort alles abfragen kannst. So steht auch die Anzahl der Übungen nicht fest, sondern du kannst sie deinem Entwicklungsstand anpassen. Weißt du, dass ein bestimmtes Chakra gerade sehr aktiv ist, kannst du für dieses einige Übungen mehr machen.

Die angegebenen Zeiträume mögen dir sehr lang erscheinen, wenn du jedoch bedenkst, dass du dir dadurch die schwierigen und viel langwierigeren Prozesse, die die Lichtarbeiter vor dir durchmachen mussten, ersparst, ist es dir das vielleicht (hoffentlich) wert.

Möchtest du das volle Programm „durchziehen", so kann dein Ablauf am Morgen folgendermaßen aussehen:

Aufstehen (wenn du willst, ausziehen).

Die weiter unten stehenden Körperübungen durchführen.

Die Morgenwäsche, die im Grunde auch nichts anderes als ein Ritual darstellt, erledigen.

Auf den Rücken legen und die Mantren und Symbole der Reihe nach benutzen, je nachdem, wie viele du gerade „bearbeiten" sollst.

Frühstücken (wenn du willst nach Art der Regenbogenernährung, also mit roter oder weißer Nahrung den Tag beginnen).

Mantren und Symbole

Es ist sinnvoll, sich einen festen Platz für die Übungen zu suchen. Wenn du immer denselben Ort für die folgenden Methoden benutzt, verstärkt dies den Effekt, denn der Platz lädt sich mit deiner Energie auf, die du dann selbst wieder „tanken" kannst, wenn du einmal unter Energiemangel leidest. Auch die Energie der Mantren und Symbole geht in diesen Platz über, so dass du dir gut überlegen solltest, wo du sie ausführst. Hier wird mit starken Energien gearbeitet! Ich habe mir für Meditationen (der Lotussitz ist nicht nach meinem Geschmack) einen „Sitzsack" angeschafft. Er passt sich den Körperkonturen an, so dass ich immer die optimale Lage einnehmen kann. Die Blätter mit den Symbolen hatte ich griffbereit daneben, so dass ich zwischendurch nicht aufstehen musste. Damit sie nicht mit der Zeit zerfleddert werden, habe ich sie in eine Mappe gepackt.

Die sieben Hauptchakren (mit Ausnahme des Herzchakras) verhalten sich zueinander komplementär. Das bedeutet, wenn wir zum Beispiel die Öffnung des Halschakras angehen, ist diese erst dann abgeschlossen, wenn auch die Zeit für das Solarplexuschakra eingehalten wurde. Obwohl die Zeiten für die oberen Chakren kürzer sind, sind sie dennoch mit ihrem Komplementärchakra verbunden und in das gesamte Energiesystem eingebunden, so dass alles erst dann komplett abgeschlossen ist, wenn auch das letzte Chakra fertig bearbeitet wurde.

Hier eine Übersicht, welches Chakra zu welchem sich komplementär verhält, und die Farben der Edelsteine, die du zusätzlich benutzen kannst.

Hauptchakra	Aktivierungsfarbe	Komplementärchakra	Aktivierungsfarbe
Wurzelchakra	Rot	Kronenchakra	Weiß/Gold
Sakralchakra	Orange	Stirnchakra	Purpur/Lila
Solarplexuschakra	Gelb	Halschakra	Blau
Herzchakra	Grün und Rosa	-	-

Wurzelchakra-Heilmethode nach Erzengel Michael

Das Wurzelchakra hat in jeder Hinsicht mit unserer Anwesenheit auf der Erde zu tun, daher wirkt sich auch alles, was wir mit der Erde tun, auf uns aus: Jedes künstliche Erdbeben, das als Folge unserer Atombomben und anderer Versuche stattfindet, verursacht eine Verletzung des Wurzelchakras, die wir so nicht heilen können, sagt Erzengel Michael. Dazu brauchen wir Hilfe, und diese Hilfe steht zur Verfügung. Erzengel Michael gab durch seinen Channel eine Zeichnung durch, die ich mit freundlicher Genehmigung des Kamasha Verlages hier wiedergebe.

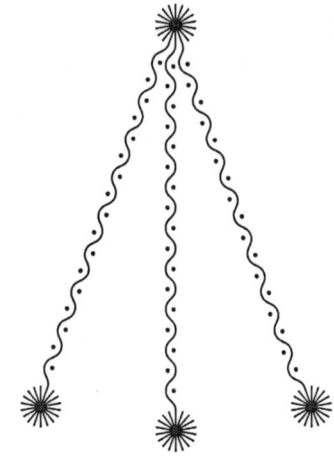

Diese Wurzelchakra-Heilmethode behandelt eine bestimmte Ebene in unserem Energiesystem. Was alles geschehen kann, wenn man diese Methode anwendet, schildere ich an meinem Beispiel.

Dieses Symbol ist so stark, dass sich die Katze meiner Tante immer dann darauf niederlässt, wenn sie das Blatt liegen lässt. Katzen sind bekanntlich Strahlensucher und liegen gerne auf strahlenden Orten. Übrigens haben Katzen auch die Fähigkeit, die Aura von Menschen zu sehen. Achtet doch einmal darauf, wohin eine Katze auf deinem Körper blickt. Dort manifestiert sich eine Krankheit oder ist zumindest eine Blockade vorhanden, an der man arbeiten kann, oder es sitzt eine Fremdenergie an dieser Stelle, die entfernt werden muss.

Erzengel Michael sagt wörtlich in dem Buch *Gespräche mit Erzengel Michael, Bd. 2*: „Und mit jedem Erdbeben bröckelt euer erstes Chakra in euch."[17] Es gibt nun eine Möglichkeit, dieses Chakra wieder zu heilen. Er sagt, man muss sich auf dieses Symbol setzen, was auch logisch ist, denn es betrifft ja das unterste Chakra. Dann soll man das Mantra „OM NATIKA" sagen, und zwar neun Mal an einundzwanzig aufeinander folgenden Tagen. Nach diesen einundzwanzig Tagen soll dann das Wurzelchakra geheilt sein.

Ich führte dies durch und „zufällig" war ich am letzten Tag, also am 21., auf dem Kyffhäuser, einem Minigebirgszug in der Nähe des Harzes. Dieser Berg ist als sehr energetischer Ort bekannt. Wir waren allerdings nicht am Kyffhäuserdenkmal, sondern auf einer Burg ganz in der Nähe, die etwas versteckt liegt und nicht ausgeschildert ist. Ich wollte dort eine bestimmte Meditation durchführen. Doch plötzlich befand ich mich in einer roten Blase und mir wurde gesagt, das wäre mein Wurzelchakra. Ich sah dort noch drei dunkle Stellen, die ich durch Berührung auflöste, also heilte. Im Anschluss hatte ich zwei Tage lang Durchfall, weil die Blockaden, die sich in den Chakren bilden, geistige Schlacken sind, die sich als materielle Schlacken im Körper manifestieren und auf diese Weise entfernt werden können. Außerdem war mir mehrere Tage fürchterlich kalt. Laut Cyndi Dale geschieht so etwas, wenn man tief sitzende Blockaden aufgelöst hat.

Ich erzähle das, damit du dir eine Vorstellung machen kannst, welche Wirkungen solche Symbole und Rituale haben. Das bedeutet allerdings nicht, dass du auch zum Kyffhäuser musst, um ähnliche Wirkun-

---

[17] Natara, Gespräche mit Michael Bd. 1, S. 23

gen zu erzielen, oder dass es bei dir auch so heftig abläuft. Jeder Weg ist individuell.

Jeder wird so geführt, wie es für ihn persönlich am besten ist.

Hast du vor, die Heilung des Wurzelchakras mit Hilfe des Symbols vorzunehmen, solltest du unbedingt genügend Mineralien (lass dich von deiner Intuition leiten, welche, und frage deinen Körper, wie viele) zu dir nehmen. Tust du das nicht, wirst du dich über mehrere Kilogramm unerklärliche Gewichtszunahme wundern, so wie ich es tat. Doch dann wurde mir klar: Hätte ich während der ganzen einundzwanzig Tage meinen Körper über die Vitalstoffe befragt, die er benötigte, hätte ich mir ersparen können, das wieder abspecken zu müssen.

Und noch einen Effekt hatte diese Kur: Es wurden auch Schwermetalle freigelegt, die ebenfalls wieder neutralisiert werden mussten.

Botschaft der Anasasi zu den Wirkungen der Mantren
Hier melden sich nun die Anasasi wieder:

Liebe Leserin und lieber Leser, über den ganzen Zeitraum, in dem du die Mantren und Symbole benutzt, werden große Energien freigesetzt, die sich in Form von Säuren im Körper niederschlagen. Vieles davon ist Angst. Dein Schutzbedürfnis könnte wachsen, und so kann dies ebenfalls ein Grund für die Gewichtszunahme oder auch drastische Abnahme sein. Es genügt also nicht, nur Vitalstoffe zu schlucken, um dies zu verhindern, sondern du musst dich mit den aufkommenden Ängsten tatsächlich auch auseinandersetzen. Gehe ihnen auf den Grund! So wie du dir jede schmerzende Stelle in deinem Körper ansehen kannst, ist dieses mit aufkommenden Gefühlen möglich. Wann das nötig wird, merkst du dann schon. Gehe also mit deinem Bewusstsein voll in das aufsteigende Gefühl hinein und lasse die Bilder, die dort auftauchen, frei fließen. Sieh sie dir an, aber bewerte nichts, was du siehst. Letztlich sind alles nur frühere Erfahrungen, um zu lernen! Führe dir das immer vor Augen.

Mit dem Betrachten der Bilder, dem Hören von Klängen oder durch andere Wahrnehmungen, die du dabei hast, gehst du durch diese Gefühle hindurch und lässt sie hinter dir auf deinem Weg zurück. Du brauchst sie nicht mehr. Sie sind dir nicht länger dienlich. Die Angst wird dich oft überwältigen wollen. Lasse es nicht zu. Sieh dir die Gründe an und sie vergehen! Klappt das nicht, wie beschrieben, kannst du es wieder mit der Angelina-Meditation versuchen. Blase also mit deinem Atem eine rosafarbene Kugel auf, begib dich hinein, setze dich auf den Sitzsack und siehe dir an, was auf dem Flachbildschirm zu sehen ist. Begib dich dann wieder nach draußen und lasse die Luft aus der Blase wieder heraus. Aufkommende Fragen wird dir dein Höheres Selbst schon während der „Filmvorführung" beantworten.

In Liebe und Respekt vor dieser Arbeit, Anasasi

Etwas solltest du noch bedenken, wenn du das Wurzelchakra heilen willst: Iss viel rote Nahrung, denn das unterstützt den Prozess.
Hier meldete sich nun Erzengel Michael noch zu Wort:

Lieber Mensch, führst du diese Heilung des Wurzelchakras durch, so sei dir der Konsequenzen bewusst. Um hier eine dauerhafte Heilung zu erreichen, ist es natürlich notwendig, die künstlichen Erdbeben, gleich welcher Ursache, einzustellen, sonst musst du diese Heilmethode immer wieder durchführen, da es wieder neue Verletzungen gibt. Hier besteht also Handlungsbedarf, und ihr werdet handeln, das kann ich sehen! Auch die anderen Chakren sind auf dieser Ebene verletzt und ich gebe nach und nach die Heilmethoden dafür bekannt und auch die Gründe für die Verletzungen. Beginnst du also mit dieser Heilmethode, solltest du konsequenterweise auch die weiteren Chakren auf „meine" Weise „behandeln". Mit den folgenden Öffnungsmethoden von Patrizia haben sie nichts zu tun. Sie arbeitet auf einer anderen „Ebene".
Dieses war Michael in Liebe.

Zusammenfassung:
Mantra: OM NATIKA
Dauer: 21 Tage
Symbol: Siehe oben.

Wurzelchakra/Sakralchakra

Hat man die Heilung nach Erzengel Michael durchgeführt, ist die nun folgende eine logische Weiterführung, wenn auch auf anderer Ebene angesiedelt. Das Wurzelchakra und das Sakralchakra gehören, was das Hiersein auf der Erde und auch was die Sexualität betrifft, zusammen. Gerade was die Zeugung von Nachwuchs betrifft, arbeiten die beiden eng zusammen. Zur weiteren Öffnung beider gleichzeitig, kannst du folgendes Ritual durchführen: Male ein Auge auf ein weißes Blatt Papier. Größe und Form lass dir von deiner Intuition eingeben, oder benutze das in der Zusammenfassung gezeigte. Lege dich bequem auf den Rücken und entspanne dich. Lege die Zeichnung mit dem Auge (bzw. die Kopie aus diesem Buch) nach oben auf den Bereich zwischen Wurzel- und Sexualchakra, also zwischen Nabel und Schambein. Atme neun Mal in diesen Bereich hinein und sage dann neun Mal das Mantra: „OHM FARAH". Das Ganze muss allerdings an fünfundfünfzig **aufeinanderfolgenden** Tagen durchgeführt werden. Markiere dir den Tag im Kalender, an dem du begonnen hast, sonst weißt du irgendwann nicht mehr, bei welchem Tag du bist. Ich führte hier jeden Tag Buch, weil mit der Zeit immer mehr dazukamen. Das Wort „Farah" bedeutet Geliebte und passt für diesen Bereich des Körpers besonders gut.

Der Atem ist eines der wichtigsten Instrumente, um den spirituellen Weg zu gehen, weil wir über ihn verstärkt Prana, also Lebensenergie, aufnehmen können. Das ist altbekannt und wird in allen esoterischen Schulen erfolgreich benutzt. Atmest du nun in einen bestimmten Bereich hinein, leitest du die Lebensenergie genau dorthin und machst ihn für die Heilenergien, die dorthin strömen sollen, empfänglich. Das Symbol verstärkt diesen Vorgang, genau wie das Mantra.

Ich ließ mir nun am dreizehnten Tag dieser Chakraöffnungsmethode auf einer Esoterikmesse die Aura fotografieren, und siehe da, sie war voller Orange und der Fotograf meinte: „Ah, die Hausputzfarbe. Sie sind in einem sehr starken Reinigungs- und Heilungsprozess, der alle anderen Farben überlagert, solange er andauert."

Ich hatte ihm nichts von dem Mantra gesagt, und ich wollte auch eigentlich die Farben meines inneren Wesens sehen, darauf hatte ich mich gedanklich konzentriert, doch ich erhielt einen Beweis für das Funktionieren der Mantras, nach dem ich (zumindest in diesem Moment) gar nicht verlangt hatte.

Wer sich also zu diesem Heilungsvorgang entschließt, muss sich darüber klar sein, dass auch bestehende Beziehungen betroffen sein können. Ist eine Beziehung nicht völlig in Ordnung, so kann es dazu kommen, dass man sie löst, da die karmischen Umstände, die zu ihr führten, oft längst erledigt sind und nun der ursprünglich vorgesehene Seelenpartner ins Leben treten kann. Eine völlige Öffnung des Sexualchakras zieht eine Heilung von Beziehungen nach sich. Es kann auf der anderen Seite auch dazu führen, dass man sich noch enger an den Partner bindet, da dieser bereits der Seelenpartner für dieses Leben ist.

Auch andere zwischenmenschliche Beziehungen können hiervon berührt werden. Liegst du mit einem Menschen wegen irgendeiner Sache „im Clinch" oder triffst du negative Beurteilungen, kann es heilsam sein, in ein früheres Leben zu gehen, um nachzusehen, worin die Ursachen liegen. Dazu hast du nun schon einige Hilfsmittel erhalten.

Es könnte auch durchaus sein, dass bei dieser Heilungsphase jemand, den du kennst (oder auch nicht kennst), in deinen Träumen auftaucht und bei der Heilung durch „Aktionen" hilft. Das können sexuelle Träume oder auch andere sein, je nach Art der Beziehung, die gerade geheilt werden muss. Lass diese Hilfe geschehen. Sie war, wie auch immer, vorher abgemacht.

Am letzten Tag, am 55., oder dem, den dir dein Höheres Selbst angibt, führst du die folgende Meditation durch:

Dafür bleibst du entspannt liegen, nachdem du das letzte Symbol benutzt und das Mantra gesprochen hast. Atme ruhig und stelle dir bei jedem Atemzug vor, wie du mit dem Ausatmen ein orangefarbenes Licht aus deinem Sakralchakra fließen lässt, das sich, wie ein Ballon, mit deinem Atem aufbläst. Es sollte so groß werden, dass du dich im Geiste mit deinem ganzen Körper hineinbegeben kannst, was du dann auch tust. Blicke dich um und sieh, ob noch irgendwelche Blockadereste beseitigt werden müssen.

Dies kannst du an Verfärbungen des klaren, reinen Orange oder an irgendwelchen geometrischen Formen und Figuren erkennen. Berühre diese „Fremdkörper" des Chakras (wobei es symbolisch auch für das Wurzelchakra steht) mit der linken (heilenden) Hand und löse sie damit auf. Falls du noch andere Anweisungen hörst, führe sie durch. Sie kommen von deinem Höheren Selbst. Wenn der „Ballon" keine Verfärbungen oder andere Hindernisse mehr aufweist, kannst du dem Chakra für seine harte Reinigungsarbeit danken und es verlassen. Lasse den orangefarbenen Ballon wieder in das Sakralchakra einfließen, so als ob dem Ballon die Luft ausgeht, atme noch einmal tief ein und aus und gehe dann frühstücken.

Es ist durchaus möglich, dass dich deine Intuition an anderen Tagen dazu anleitet, für dieses Chakra noch mehr zu tun. Das ist individuell verschieden. Ich musste zum Beispiel während einer Autobahnfahrt noch einmal in mein Drittes Auge, dort eine weiße Kugel „zusammenquetschen" und die Energie dann der Erde übergeben. Dazu machte ich an einem Parkplatz halt und „ging in die Büsche", wo ich mich hinkniete und eine so gewaltige Energie meinen Körper verließ, dass meine Arme und Beine vibrierten.

Zusammenfassung:
Mantra: OHM FARAH
Dauer: 55 Tage (oder die von deinem Höheren Selbst angegebene Zahl)
Symbol: Auge

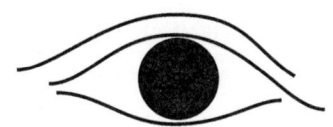

Solarplexuschakra

Auch für dieses Chakra gibt es eine Öffnungsmöglichkeit: Diese dauert nun allerdings schon sechzig Tage. Dazu musst du dir einen vierarmigen Stern auf ein Blatt Papier malen, dessen Enden im Inneren durch eine Linie verbunden sind, so dass ein Kreuz entsteht. Oder benutze den, der in der Zusammenfassung steht. Auch hier musst du das Blatt mit dem Symbol auf das Chakra legen. Atme auch hier neunmal in den Solarplexus und sage dann neunmal das Mantra: OM MAH! Ich weiß nicht, wie viele dieser Chakrenheilungen du gleichzeitig verträgst. Das musst du selbst herausfinden. Zwei parallel laufen zu lassen, dürfte jedoch machbar sein, vielleicht auch mehr. Je nachdem, wie viele auftauchende Themen du bewältigen kannst. Es ist wohl auch davon abhängig, wie stark dein Wunsch ist, dein Leben zu ändern und ihm einen neuen Sinn zu geben.

Mache dir jedoch keine Illusionen. Es geht nicht schneller, wenn du drei, vier oder fünf Chakren gleichzeitig öffnen willst! Stehst du noch im normalen Berufsalltag, kannst du dich gar nicht mit allem beschäftigen, was da so auftaucht. Es gibt keine Möglichkeit, deinen Lichtkörperprozess zu beschleunigen, auch wenn das viele glauben. Jeder erhält das Tempo, das er vertragen kann.

Führt man die Chakraöffnungen der unteren drei Chakren durch, so hat das Auswirkungen in diesem Bereich. Vor allem der Verdauungstrakt lässt dann alte Schlacken los, die vielleicht schon Jahrzehnte festgesessen haben. Das kann sich in Verstopfung äußern, weil man sich mit dem Loslassen schwer tut, oder, im Gegenteil, in Durchfall, weil man es gar nicht schnell genug loswerden kann. Bei mir war beides der Fall.

Das Solarplexuschakra hat viel mit Macht zu tun, und daher werden auch entsprechende Themen in deinem Leben auftauchen.

Botschaft der Anasasi zum Thema Macht

Liebe Freunde, Macht auszuüben oder sich beherrschen zu lassen, sind Themen, die so alt sind, wie die Menschheit selbst. Ihr habt alle Facetten dieses faszinierenden Themas beleuchtet und über die Zeitalter hinweg alle zahlreiche Erfahrungen, sowohl auf Seite der Mächtigen als auch auf der der Ohnmächtigen, gemacht. Doch seid ihr dieses Spiels jetzt nicht überdrüssig? Möchtet ihr noch andere beherrschen oder von anderen beherrscht werden? Möchtet ihr nicht lieber im Gewahrsein der eigenen Macht leben, ohne von anderen Vorschriften zu erhalten, wie das auszusehen hat, oder jemandem sagen zu müssen, was er zu tun hat?

Wie sähe eine Welt wohl aus, in der sich keiner mehr beherrschen lässt und keiner mehr den anderen beherrscht? Unmöglich, sagt ihr? Es muss hierarchische Strukturen geben, sagt ihr? Ja, es muss eine Organisation des Zusammenlebens geben, keine Frage. Das ist bei uns nicht anders als bei euch. Doch wir hier nehmen die Aufgaben wahr, für die wir geeignet sind und für die wir Talent haben, und tun nicht irgendetwas aus dem falschen Sicherheitsgefühl heraus, dadurch versorgt zu sein.

Dieses wird es auch in Zukunft auf der Erde geben, denn je mehr Menschen ihren Klärungsprozess hinter sich haben, umso mehr leben ihre eigene Macht. Oh, es wird noch immer Firmen mit vielen Mitarbeitern geben, die irgendetwas herstellen, aber es wird kein „Übereinander" mehr geben, sondern ein Miteinander, bei dem die Toilettenfrau genauso geachtet wird (wer möchte schon auf eine schmutzige Toilette gehen) wie der, der Entscheidungen für das Unternehmen trifft.

Die Anasasi.

„MAH" bedeutet groß und ist sehr passend für die große Macht des Solarplexuschakras.

Am letzten Tag führst du wieder eine abschließende Meditation durch.

Dafür bleibst du entspannt liegen, nachdem du das letzte Symbol benutzt und das Mantra gesprochen hast. Atme ruhig und stelle dir bei jedem Atemzug vor, wie du mit dem Ausatmen gelbes Licht aus deinem Solarplexuschakra fließen lässt, das sich, wie bei einem Ballon, mit deinem Atem aufbläst. Es sollte so groß werden, dass du dich im Geiste mit deinem ganzen Körper wieder hineinbegeben kannst. Blicke dich dort um und schau, ob noch irgendwelche Blockadereste beseitigt werden müssen. Dies kannst du an Verfärbungen des klaren, reinen Gelbs oder an irgendwelchen Formen erkennen. Berühre diese Verfärbungen mit der linken (heilenden) Hand und löse sie damit auf. Falls du noch andere Anweisungen hörst, führe sie durch. Wenn der „Ballon" keine Verfärbungen oder andere Hindernisse mehr aufweist, kannst du dem Chakra für seine harte Reinigungsarbeit danken und es verlassen. Lasse den gelben Ballon wieder in das Solarplexuschakra einfließen, als ob dem Ballon die Luft ausgeht, atme noch einmal tief durch, und dann ist diese Arbeit getan.

Es ist durchaus möglich, dass du durch deine Intuition an anderen Tagen noch dazu angeleitet wirst, für dieses Chakra noch mehr zu tun.

Bei mir war es so, dass ich am sechzigsten Tag, also am letzten, einen Ausflug zu einem See unternahm. Während der einstündigen Fahrt kam ich auf die Idee, die Wesen, die sich um mich gesammelt hatten, ins Licht zu schicken. Als Erwachender muss man das anscheinend immer wieder machen, weil man wie ein Leuchtturm aus der Menge heraussticht und deshalb viele Wesenheiten angezogen werden, die auf der Suche nach dem Tor ins Licht sind.

Ich bat also wieder Erzengel Michael um Hilfe, stellte mir das Sonnentor von Tiahuanaco vor, stellte einen ICE bereit und lud alle Wesen ein, sich dort hineinzubegeben, die mir nicht mehr dienlich waren und für die es Zeit wurde, zurück ins Licht zu gehen. Ich sandte ihnen meine Liebe und Dankbarkeit. Weiter kam ich nicht, denn ich wurde durch das mir nun schon vertraute Gefühl im linken Ohr darauf aufmerksam gemacht, dass jemand mit mir sprechen wollte. In der Annahme, es seien die Anasasi, fragte ich nach und wurde völlig überrascht, als sich die verstorbene Mutter (Luise) meines Mannes (wie sich später herausstellte, ebenfalls eine Anasasi) meldete und mir eröffnete, dass sie mich nun verlassen müsse. Über viele Jahre hinweg hätte sie mich und ihren Sohn begleitet, doch nun wäre es an der Zeit, sie gehen zu lassen. Sie wollte sich nun nur noch um ihren Sohn kümmern, denn er hätte nun ihre volle Hilfe nötig, und ich bräuchte sie nun nicht mehr. Durch verschiedene Vorkommnisse in der Kindheit meiner Kinder hatte ich schon vermutet, dass Luise bei uns war und uns beschützte, hatte mich aber nie ernsthaft mit diesem Gedanken auseinandergesetzt. Umso mehr überraschte mich meine Reaktion, denn ich heulte und heulte und heulte. Sie war anscheinend so sehr mit mir verbunden gewesen, dass mir der Abschied unglaublich schwer fiel. Sie entschwand meiner Kommunikation, doch weil ich gar nicht aufhörte zu weinen, kam sie noch einmal für wenige Minuten zurück und erklärte mir noch einiges. Dann ging sie endgültig.

Nun erst konnte ich die noch warteten anderen Wesenheiten dorthin schicken, wohin sie wollten. Ich schloss im Geiste also die Türen des ICE. Dann tauchten im Kopf automatisch die Worte aus den Bahnhoflautsprechern auf: „Die Türen schließen selbsttätig, Vorsicht bei der Abfahrt" und der unvermeidliche Pfiff, dann ließ ich den Zug durch das Sonnentor fliegen, dankte Erzengel Michael und beendete den Vorgang.

Zusammenfassung:
Mantra: OM MAH
Dauer: 60 Tage (oder solange, wie dein Höheres Selbst es dir vorgibt)
Symbol: Stern

Herzchakra

Das Herzchakra ist sozusagen das Herzstück des Energiesystems, um das sich alles dreht. Durch den „Mantel", der um das Herzchakra gelegt war, waren tiefe und lang andauernde Gefühle für die Menschen eher selten. Natürlich ist das Herz offen, wenn man verliebt ist. Doch wie lange dauert dieser Zustand?

Das hat sich nun geändert, und wir haben die Chance, die Tiefgründigkeit und Dauer von Gefühlen in jeder Hinsicht neu auszuloten.

Auch das Herzchakra darf nun in der Neuen Zeit völlig geöffnet werden. Auch hierfür stehen uns ein Symbol und ein Mantra zur Verfügung. Als ich das Symbol erhielt, musste ich wirklich innerlich lächeln, denn darauf hätte ich auch von alleine kommen können, denn es ist das Symbol, das wir verwenden, wenn wir das Herz meinen. Es steht in der westlichen Kultur ohnehin für die Liebe und wird oft genug in Bäume eingeritzt. Das dazu passende Mantra lautet: OHM NEEH. Wohl weil das Herz so lange verschlossen war, dauert diese Öffnung am längsten. Sie beträgt siebzig Tage! Auch hier muss man das Blatt mit dem Symbol auf das Chakra legen, neunmal in das Herzchakra hineinatmen und dann neunmal das Mantra laut sagen.

Auch für diese Öffnung gilt: Es können Herzensthemen auftauchen, die angegangen werden müssen, damit das Herz wirklich heilen kann. Es kann auch vorkommen, dass du dich spontan verliebst, weil das Herz endlich wirklich frei ist. Hier solltest du jedoch etwas zurückhaltend sein und prüfen, ob es nicht einfach nur das Auskosten der Freiheit ist, oder wirklich mehr. Hier ist also ein wenig Vorsicht geboten, um unnötiges Durcheinander im Leben zu vermeiden. Auf der anderen Seite soll man vielleicht auch daraus etwas lernen.

Am letzten Tag führst du wieder eine abschließende Meditation durch.

Dafür bleibst du entspannt liegen, nachdem du das letzte Symbol benutzt und das Mantra gesprochen hast. Atme ruhig und stelle dir bei jedem Atemzug vor, wie du mit dem Ausatmen ein leuchtendes, grünes Licht aus deinem Herzchakra fließen lässt, das sich wie bei einem Ballon mit deinem Atem aufbläst. Es sollte wiederum so groß werden, dass du dich im Geiste mit deinem ganzen Körper hineinbegeben kannst und dieses auch tust. Blicke dich um und schau, ob noch irgendwelche Blockadereste beseitigt werden müssen. Wenn ja, berühre diese mit der Linken. Falls du noch andere Anweisungen hörst, führe sie durch. Wenn der „Ballon" klar ist, kannst du dem Chakra für seine Reinigungsarbeit danken und es verlassen. Lasse den grünen Ballon wieder in das Herzchakra einfließen, so als ob dem Ballon die Luft ausgeht, atme noch einmal tief durch.

Es ist durchaus möglich, dass du durch deine Intuition an anderen Tagen dazu angeleitet wirst, noch mehr für dieses Chakra zu tun.

Zusammenfassung:
Mantra: OM NEEH
Dauer: 70 Tage (oder solange, wie dein Höheres Selbst es dir vorgibt)
Symbol: Herz

Halschakra

Das Mantra für das Halschakra wurde mir erst gegeben, nachdem ich das für die Stirn schon erhalten hatte. Die Reihenfolge ist also auch bei mir nicht schön brav hintereinander gewesen, weshalb ich auch darauf hinweise, dass du dein Höheres Selbst zum richtigen Vorgehen befragen sollst, da wir alle, zumindest auf dieser Ebene der Existenz, Individuen sind. Da die Dauer jedoch sehr kurz sein kann, ist man mit dem Hals unter Umständen früher fertig als mit anderen Chakren.

Das hängt damit zusammen, dass die unteren Komplementärchakras das dazugehörige obere schon zum überwiegenden Teil „mitgeöffnet" haben und das obere nun nicht mehr so lange braucht wie das untere.

Ein weiterer Vorteil ist der, dass du nun das Symbol des Solarplexuschakras, nämlich den Stern, auch für den Hals verwenden kannst. Es ist also kein neues Symbol notwendig. Nur das Mantra ist anders, was auf die unterschiedliche Funktion der komplementären Chakren hinweist. Es lautet hier: OHM DOH. Auch hier musst du das Blatt mit dem Symbol nach oben auf das Chakra (also auf den Hals) legen, neunmal in das Halschakra hineinatmen und dann neunmal das Mantra laut sagen.

Wer nun mit der Kommunikation Schwierigkeiten hat, wird in dieser Zeit sich mit den Gründen hierfür auseinandersetzen können und auch müssen. Auch hier kann es hilfreich sein (wie bei allen anderen Chakraheilungen auch), in früheren Leben nachzuforschen, wenn du in diesem Leben keine Ursache hierfür finden kannst. Oft liegen die Ursachen jedoch auch verschüttet in den Kindheitserinnerungen und können mit Hilfe des Inneren Kindes herausgefunden, damit umgewandelt und somit geheilt werden.

Am letzten Tag führst du erneut eine abschließende Meditation durch.

Dafür bleibst du entspannt liegen, nachdem du das letzte Symbol benutzt und das Mantra gesprochen hast. Atme ruhig und stelle dir bei jedem Atemzug vor, wie du mit dem Ausatmen ein dunkelblaues Licht aus deinem Halschakra fließen lässt, das sich wie bei einem Ballon mit deinem Atem aufbläst. Es sollte so groß werden, dass du dich im Geiste mit deinem ganzen Körper hineinbegeben kannst. Blicke dich um und schau, ob noch irgendetwas beseitigt werden muss. Berühre die entsprechenden Stellen mit der Linken und löse sie damit auf. Falls du noch andere Anweisungen hörst, so führe diese durch. Wenn der „Ballon" keine Verfärbungen oder andere Hindernisse mehr aufweist, kannst du dem Chakra für seine Reinigungsarbeit danken und es verlassen. Lasse den dunkelblauen Ballon wieder in das Halschakra einfließen, atme noch einmal tief durch.

Es ist durchaus möglich, dass dich deine Intuition an anderen Tagen noch dazu anleitet, für dieses Chakra mehr zu tun.

Zusammenfassung:
Mantra: OM DOH
Dauer: 10 Tage (oder solange, wie dein Höheres Selbst es dir vorgibt)
Symbol: Stern

Gerade das Halschakra spielt mit die größte Rolle bei der Wiederaufnahme der Verbindung mit der Geistigen Welt, und so möchte ich hier eine heilende Meditation vorstellen, die du immer dann machen kannst, wenn Kommunikationsthemen auftauchen, oder du Probleme mit dem Hals hast, oder du rasch die Verbindung „nach oben" erhalten willst. Rechne aber nicht damit, dass die Probleme bzw. Schmerzen sofort verschwinden. Es kann durchaus sein, dass zunächst eine Erstverschlimmerung eintritt, damit die Verschleimungen und Verkrustungen sich aus diesem Chakra lösen können.

Meditation:
Stelle dir dein Halschakra als dunkelblaue Blase vor. In deinen Händen hältst du einen Kelch. Vielleicht ist es ja der Gral? Du gießt aus diesem Kelch reines, weißes Licht der Reinigung auf die Blase, die davon umspült und durchdrungen wird. Führe dies für ca. eine Stunde durch. Du wirst merken, dass etwas passiert...

Hast du dadurch noch mehr Schmerzen im Halschakra, so nimm die Heilungsatmung von Ucarus und führe sie mit der Farbe Blau durch und du wirst Linderung erfahren. Begleitend kannst du dir angewöhnen, aus blauen Gläsern zu trinken, weil die Schwingung des Blau auf das Wasser übergeht.

Stirnchakra/Kronenchakra

Da auch die Stirn ein Komplementärchakra hat, können wir das entsprechende Symbol benutzen, nämlich das Auge, das wir für die beiden unteren Chakren bereits angewendet haben. Außerdem können wir Stirn- und Kronenchakra zusammenfassen, da das Stirnchakra im Grunde ein besonderer Bestandteil des Kronenchakras ist, weshalb auch erklärlich ist, dass für das Kronenchakra in manchen Büchern die Aktivierungsfarbe Violett bis Purpur angegeben wird, denn mit dem aktivierten Stirnchakra aktivierst du auch das Kronenchakra. Ihr habt ja nun schon erfahren, dass es sowohl zwei Sakralchakren, zwei Herzchakren als auch zwei Stirnchakren gibt. Die werden jeweils wie eines behandelt, weil sie auch letztlich miteinander vereint werden sollen.

Ganz allgemein geht es bei den Stirnchakren natürlich um das „Sehen". Das Sehen des Wissens, der Erkenntnis einerseits und das räumliche Sehen andererseits. Zum räumlichen Sehen gehört auch das Wahrnehmen der Aura und anderer energetischer Erscheinungen, was in früheren Zeiten selbstverständlich war. Im Regenbogenzeitalter gewinnen immer mehr Menschen diese Fähigkeiten zurück. Das hat zur Folge, dass wir uns nichts mehr vormachen können, denn in den Farben liegen Klarheit und Wahrheit. Wie sieht wohl eine Gesellschaft aus, in der Lügen nicht mehr möglich ist? Nun, jedenfalls anders als unsere momentane Gesellschaft. Es wird spannend sein, zu beobachten, wie die Menschen damit umgehen lernen.

Bevor du beginnst, kann es sinnvoll sein, außerirdische Implantate loszuwerden, die das Dritte Auge blockieren. Frage auch hier deinen Körper oder dein Höheres Selbst, ob es notwendig ist.

Hier die Übung, um negative Wesenheiten und Implantate Außerirdischer zu entfernen:

Begib dich bitte an deinen Meditationsplatz.

Stell dir vor, du befindest dich an einem weiten See, im Hintergrund sind schneebedeckte Berge zu sehen. Der Himmel ist blau und der See schimmert aquamarinfarben. Du liegst am Strand dieses Sees und hältst eine kleine Pyramide aus Bergkristall in deiner linken Hand. Lege diese Pyramide nun auf dein Stirnchakra. Bitte Djwal Khul und Erzengel Michael um Mithilfe. Hülle dich nun in eine Kugel aus purpurfarbenem Licht. Du atmest dieses Licht mit der Nase ein und braune Farbe (als Symbol, für das, was nun entfernt wird) wird mit dem Mund ausgeatmet. Führe dies solange durch, bis keine braune Farbe mehr aus deinem Mund strömt. Dann entferne die Pyramide wieder, danke der Geistigen Welt für diese Hilfe und sei wieder ganz im Hier und Jetzt.

Denke daran, dass du Gnade und Segen erfahren hast und dein Weg damit eine Abkürzung erfährt.

Nun kannst du mit der Öffnung der Stirnchakren beginnen.

Du legst das Blatt mit dem Symbol auf deine Stirn, atmest neunmal in den Bereich ca. einen Zentimeter höher als die Mitte zwischen den Augenbrauen. Dann sagst du ebenfalls neunmal laut das Mantra „OM MARAH" an zehn aufeinander folgenden Tagen. Bist du schon ein wenig sensibilisiert, wirst du spüren können, wie sich dabei feinstoffliche Kristalle im Kronenchakra aktivieren.

„MARAH" bedeutet „Das große Meer" und ist für den oberen Kopfbereich sehr treffend, denn mit der Heilung und Öffnung der Stirnchakren tauchen wir ein in das große Meer des Wissens, das die Menschen im Laufe einer langen Erdgeschichte angehäuft haben, und du tauchst auch ein in den großen Ozean des Alles-was-ist. Du näherst dich nun dem Zustand, den man als „Aufstieg" oder „Erleuchtung" betitelt hat, bei dem du dich mit deinem Höheren Selbst immer mehr verbindest und sowohl in der physischen Welt lebst, als auch in der feinstofflichen. Das ist dann der Zustand, der so beschrieben wird: „Mit den Füßen auf der Erde und mit dem Kopf im Himmel". Menschen, die nur noch mit dem Kopf im Himmel sind, nutzen den Menschen hier unten nicht mehr viel.

Im Regenbogenzeitalter geht es darum, die Spiritualität in den Alltag zu integrieren und nicht mehr nur darum, einsam in Höhlen zu sitzen und zu strahlen. Erleuchtung in dieser Zeit bedeutet, hier zu bleiben und sein Leben optimal und gänzlichen zur eigenen Freude zu meistern im bedingungslosen Dienst am anderen. Das ist die Lebensart, wie wir den

Regenbogen zu einem Kreis vollenden können!

In Sanskrit bedeutet „Mahra" (also etwas anders geschrieben) „Großes bewirkend", und auch das ist passend, denn wer diese Chakren zu 100% öffnet und dann heilt, kann wahrlich Großes bewirken.

Mit dem Dritten Auge sind natürlich auch die physischen Augen gekoppelt, und Sehfehler haben grundsätzlich damit zu tun, dass man etwas nicht sehen will. Sei es das Verhalten anderer, das eigene Verhalten, seine eigenen Lebensumstände, den Zustand in der Welt, usw. Hier gibt es viele Ursachen, die man ebenfalls wieder mit dem Inneren Kind herausfinden kann, oder aber mit der Meditation in frühere Leben.

Am letzten Tag führst du wieder die abschließende Meditation durch.

Dafür bleibst du entspannt liegen, nachdem du das letzte Symbol benutzt und das Mantra gesprochen hast. Atme ruhig und stelle dir bei jedem Atemzug vor, wie du mit dem Ausatmen ein purpurfarbenes Licht aus deinem Stirnchakra fließen lässt, das sich, wie bei einem Ballon, mit deinem Atem aufbläst. Es sollte so groß werden, dass du dich im Geiste mit deinem ganzen Körper hineinbegeben kannst. Blicke dich um und schau, ob noch irgendetwas beseitigt werden muss. Berühre diese Verfärbungen mit der Linken und löse sie damit auf. Falls du noch andere Anweisungen hörst, führe sie durch. Wenn der „Ballon" keine Verfärbungen oder anderen Hindernisse mehr aufweist, kannst du dem Chakra für seine Reinigungsarbeit danken und es verlassen. Lasse den purpurfarbenen Ballon wieder in das Stirnchakra einfließen, so als ob dem Ballon die Luft ausgeht, atme noch einmal tief durch und widme dich deinem Tagewerk. Es ist durchaus möglich, dass dich deine Intuition an anderen Tagen dazu anleitet, für dieses Chakra noch mehr zu tun.

Zusammenfassung:
Mantra: OM MARAH
Dauer*: Zehn Tage (oder solange, wie dein Höheres Selbst es dir vorgibt)
Symbol: Auge

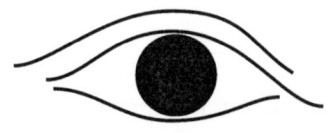

Einige Bemerkungen möchte ich noch zu den Symbolen machen. Das Auge ist in vielen Religionen, und besonders in der römisch-katholischen Kirche, ein Symbol Gottes, nämlich dafür, dass Gott uns beobachtet. Schon bei den Ägyptern war das so. Wenn wir nun dabei sind, das Göttliche in uns selbst zu entdecken, geht das nur über Selbstbeobachtung in vielerlei Hinsicht. Das Auge wird hier gleich für vier Chakren verwendet und zeigt damit seine Wichtigkeit.

Der Stern deutet ganz klar auf das Machtzentrum hin, denn das Solarplexuschakra liegt über dem Sonnengeflecht, das in der Esoterik als das ursprüngliche Gehirn angesehen wird. Ein Stern ist nichts anderes als eine Sonne und deutet auch auf den göttlichen Funken in uns. Der Stern wird ebenfalls für das Halschakra verwendet, weil diese beiden Chakren sich ergänzen und es im Hals um die Kommunikation, aber auch um die Verbreitung göttlicher Botschaften geht, und auch um die Kommunikation mit dem Stern, der wir sind.

Das Herzsymbol ist eigentlich kein Symbol für das eigentliche Herz, sondern für das Herzchakra. Es symbolisiert einerseits die Vereinigung von männlichem und weiblichem Anteil in einem Menschen und andererseits die persönliche und die unpersönliche Liebe. Es symbolisiert also auch hier die Trennung in Polaritäten, aber gleichzeitig die Synthese der Polarität. Die Kraft, die die Dualität (oder Polarität) überwinden kann, ist wieder einmal die Liebe.

Du wunderst dich vielleicht, warum es keine Symbole und Mantren für die neuen rückwärtigen Chakren gibt, doch werden durch die Anregung der vorderen automatisch auch die am Rücken mit mehr Energie versorgt. Falls es hier doch noch Mantren und Symbole geben sollte, wurden sie mir bisher nicht übermittelt.

Körperübungen

Wenden wir uns nun den Körperübungen zu, die zeitlich allerdings vor den Mantren und Symbolen liegen sollten. Führst du bereits andere Übungen am Morgen durch, kannst du sie mit in dieses Programm integrieren. Es gibt hier kein „entweder – oder"! Wenn du zum Beispiel die *Fünf Tibeter* bereits in deinen Alltag eingebaut hast, dann ergänzen sich diese Abläufe.

Wie lange sollst du nun diese Körperübungen durchführen? Mindestens solange, bis der Zeitraum abgeschlossen ist, der für die Mantren und Symbole benötigt wird. Danach kannst du dich entscheiden. Ich habe jedoch die Beobachtung gemacht, dass mir die besten Ideen während dieser Übungen kommen, weshalb ich nun auch immer Zettel und Bleistift parat liegen habe, um mir gleich alles zu notieren.

Bei diesen Übungen können Schmerzempfindungen auftreten. Da die Übungen dazu dienen, Energiestaus zu beseitigen, kann Schmerz sich auf diese Weise äußern. Verschwindet der Schmerz nicht mit der Zeit von allein, ist es angebracht, dass du dich an deinen Meditationsplatz begibst, einige Male ruhig atmest und dann mit dem Bewusstsein in die betreffende Körperstelle gehst und fragst, was sie dir zu sagen hat. Vermutlich stecken an dieser Stelle wieder Erinnerungen, die du dir ansehen solltest. Oder du machst die Angelina-Meditation.

Beachte, dass jede dieser Übungen dich deinem Höheren Selbst näher bringt. Das kann sich durch einen Druck auf dein Kronenchakra bemerkbar machen, oder du kannst die feinstofflichen Kristalle in deinem Kronenchakra spüren, usw.

Beachte weiterhin, dass diese Übungen auch zur Re-Aktivierung der Sehkraft dienen und daher ohne Brille durchgeführt werden müssen.

Außerdem soll sie jeder so durchführen, wie sein Körper es zulässt. Es sind jedoch so einfache Übungen, dass kaum jemand damit Schwierigkeiten haben wird, der nicht gerade behindert ist. Und wenn du es bist, führe aus, was du bewerkstelligen kannst, selbst wenn es nur das Augenyoga ist. Wichtig ist auch noch zu wissen, dass diese Übungen den ph-Wert des Urins um 1,0 verschieben, und zwar in Richtung Basen. Das bedeutet, dass nach den Übungen der Wert 10-mal besser ist als vorher. Bist du noch sehr übersäuert, kannst du dies auf dem Säuremessstreifen vielleicht noch nicht gleich sehen, doch mit zunehmender Reinigung ist es für jeden feststellbar.

„Rhythmische Übungen können Körperrhythmen anstoßen, beeinflussen und regulieren und uns auch mit den übergeordneten Rhythmen der Natur in Einklang bringen, so dass wir den eigenen Rhythmus wieder finden können",[18] verspricht ein Artikel in *Natur und Heilen*. Wer möchte, kann die folgenden Übungen mit spiritueller Musik unterlegen oder eine CD auflegen, die genau die Heilungstöne für die Chakren enthält.

Nachdem ich das Kapitel zum Ballengang geschrieben hatte, waren alle sieben Chakren aktiviert, wie ich schon beschrieben habe. Gleich danach machte ich die folgenden Augenübungen, die ich eigentlich „nur" zur Heilung meiner physischen Augen durchführte, wie ich dachte. Doch da ich so hypersensibilisiert war, konnte ich bei jeder Übung fühlen, dass hier alle Chakren aktiviert wurden, was der amerikanische Augenarzt William Bates (1860 – 1931) sicher nicht wusste. Das überraschte mich völlig, denn damit hatte ich nicht gerechnet. In diesem Moment erkannte ich auch, warum ich den langen Weg zur Heilung meiner Augen gehen musste, denn hätte ich die Abkürzung nehmen dürfen, hätte ich das nicht herausgefunden. Und es gäbe dieses Öffnungsprogramm für die Chakren nicht.

Die Übungen sind zwar einzelnen Chakren zugeordnet. Da es sich bei unserem feinstofflichen Energienetz jedoch um ein ganzes System handelt, wirkt sich jede Übung des einen Chakras auch auf alle anderen aus. Das kann man auch direkt sehen. Wenn man sie nämlich nackt durchführt, sieht man die einzelnen Muskelpartien, die dabei angesprochen werden. Beginnend bei der Wurzelchakraübung werden mit jeder zusätzlichen Übung zusätzliche Muskeln mit einbezogen, so dass etwa bei der Übung zum Herzchakra auch die unteren Chakren gleich mitbearbeitet werden. Ab dem Halschakra geht die Stimulierung nicht mehr bis ganz nach unten, einfach weil die Halsmuskeln nicht bis zum Gesäß reichen, aber immerhin noch bis zur mittleren Rückenpartie. Ab den Halsübungen gleitet die Stimulierung von den unteren Chakren in die Kopfchakren. Obwohl sie also getrennt dargestellt werden, bilden sie doch eine Einheit zur Heilung des Ganzen.

Durch die Übungen werden die Chakren sozusagen „geknetet". Das fördert einerseits die Entfernung von Blockaden und macht andererseits die Chakren beweglicher, so dass sie sich schneller drehen können. Die

---

[18] Natur und Heilen, 6/2004, S. 32

Beschleunigung der Drehung erfolgt dann über die Mantren und Symbole.

Besonders effektiv werden sie, wenn man sie unter freiem Himmel oder gar an einem Kraftort durchführt. Und auch das Ablegen der Kleider hat seinen Sinn, denn dann gibt es keine Reibungsflächen bei den Übungen und somit keinerlei Störungen. Die Chakren befinden sich ja im Ätherkörper, der um die Haut herumreicht. Außerdem kann die ganze Haut mitatmen, sie ist Teil unseres „Prana-Inhalationssystems". Das kann aber, wie immer, jeder so handhaben, wie er es möchte und vor sich selbst verantworten kann.

Kryon deutet in seinen Channelings an, dass man in Atlantis eine Methode zur Bearbeitung der Chakren gefunden hatte, die durch Drehungen auf einem Tisch erfolgten. Nach der Behandlung (wie lange sie dauerte, wird nicht gesagt), verließ der Klient deutlich verjüngt das Gebäude. Man muss sich das wohl in etwa so wie den Dreiachsentrainer der Astronauten vorstellen. Der Tisch muss also in mehrere Richtungen drehbar gewesen sein.

Mein jüngerer Sohn verwunderte mich immer wieder, da er, bis er etwa neun Jahre alt war, sich immer wieder auf dem Bett oder auf dem Boden hin und herkugelte. Es wirkte nicht wie gedankenloses Spielen oder sinnloses Bewegen, sondern als hätte er ein unbewusstes System, das er anwandte. Leider ging das wieder verloren, und ich habe es auch nicht genau genug beobachtet, um Rückschlüsse ziehen zu können, aber genau in diese Richtung zielen die nun folgenden Übungen, wenn sie auch nicht auf dem Boden, sondern im Stehen erfolgen.

Auch die *Fünf* (bzw. sechs) *Tibeter* bearbeiten die Chakren im Grunde durch Drehungen. Es gibt also sicher mehrere Systeme, die funktionieren, und eines davon möchte ich nun vorstellen.

Bevor du mit den eigentlichen Übungen beginnst, streiche über die Haut deines Körpers, soweit du eben kommst. Du streichelst ihn regelrecht, und er wird es dir mit einem wohligen Gefühl danken. Das regt den Ätherkörper an und macht ihn bereit für die folgenden Übungen. Beginne mit dem linken und dann dem rechten Bein und arbeite dich dann weiter nach oben, und vergiss auch nicht, leicht über die Kopfhaut zu streichen, sie vielleicht ein wenig zu massieren. Besonders empfänglich für diese „Streicheleinheiten" ist der Nacken. Du demonstrierst dabei deinem Körper gleichzeitig, dass du ihn liebst und akzeptierst, so wie er ist. Das musst du auch, denn er ist dein Gefährt für deinen Aufstieg.

Ohne Liebe zum eigenen Körper kann die Frequenzerhöhung nur bis zu einem gewissen Grad erfolgen.

Wurzelchakra

Die erste Übung ist eine Abwandlung des Ballengangs, weshalb sie auch so effektiv ist. Ich nenne sie die Wackelübung, weil man dabei ein wenig hin und herwackelt.

Stelle dich so, dass du zum Beispiel einen Baum oder einen Fensterrahmen oder einen anderen Gegenstand fixieren kannst.
Stelle deine Füße schulterbreit auf den Boden.
Lasse die Arme locker an der Seite herunterhängen oder lege sie auf die Oberschenkel, wie es für dich am bequemsten ist.
Hebe nun die Ferse des linken Fußes so weit, dass du nur noch auf den Zehen und Ballen des linken Fußes stehst, also ziemlich weit hoch, dann senkst du sie wieder herab.
Nun führst du dies mit dem rechten Fuß durch. Immer im Wechsel, so dass eine Art Gehen auf der Stelle erfolgt, ohne jedoch dabei den ganzen Fuß zu heben.
Halte dabei den restlichen Körper ziemlich steif, so dass du wie das Pendel einer Uhr hin und her wackelst. Gehe bei diesem Wackeleffekt ruhig mit, also etwas mehr zur linken und dann zur rechten Seite neigen. Fixiere dabei den ausgesuchten Gegenstand und beobachte, wie er bei der Bewegung links nach rechts wandert und bei der Bewegung rechts nun nach links ausschert.
Zähle bis 61, dann hast du ungefähr eine Minute.
Dann schließe die Augen und zähle weiter bis 122. Stelle dir bei geschlossenen Augen vor, wie der Gegenstand vor dir hin und her wackelt.
Führe dies mindestens zehn Minuten durch. Je länger, desto besser.
Lege dich nun für einen Moment auf den Boden, wenn du willst und spüre der Wirkung dieser Übung nach. Du wirst bemerken, wie alles in dir fließt. Überall ist Bewegung in die Energie gekommen.

Den letzten Punkt brauchst du nur beim ersten Mal zu machen. Er dient dazu, dir zu zeigen, dass die Erdenergien, die du bei dieser Übung aufgenommen hast, bis in jede einzelne Zelle gelangen und dort reinigend und energetisierend wirken. Je länger du diese Übung machst, desto mehr Energie kann dir die Erde schicken.

Durch diese Variante des Ballengangs auf der Stelle werden die Fußchakren (als Spiegel der „großen") angeregt, und zwar vom Kronenchakra an abwärts, also eine Betonung des Spirituell-geistigen, während beim Hackengang das Wurzelchakra, also der Überlebenswille und das Sicherheitsdenken, überbetont wird.

Wer sich ein wenig mit den Bedeutungen von Zahlen auskennt, wird feststellen, dass bei der Zählung bis 122 gleich 11 Meisterzahlen (11, 22, 33, 44, 55, 66, 77, 88, 99, 111,122) enthalten sind. Ob das in diesem Zusammenhang irgendeine Wirkung hat, weiß ich nicht, denn dem bin ich noch nicht nachgegangen. Da jedoch nichts auf Zufall beruht, kann ich es mir gut vorstellen. Überhaupt wirst du feststellen, dass du diesen Zahlen verstärkt in deinem Leben begegnest. Sie zeigen dir an, dass du auf dem Weg zur Meisterschaft bist. Das gilt auch für 11:11, 12:12, 13:13, usw. Auch darin sind die Meisterzahlen versteckt.

Es kann durchaus sein, dass du an einem Tag eine andere Anzahl der Übungen benötigst als am nächsten, denn alles ist im Fluss und nichts ist endgültig festgelegt! Lass dich hier von deiner Intuition leiten. Benutze meine Vorschläge einfach als den Rahmen, um dich darin zu entfalten.

Es ist durchaus möglich, dass du in den ersten Tagen Muskelkater verspürst. Das kommt vielleicht von der ungewohnten Bewegung. Außerdem hat diese Übung einen Pumpeffekt, der die gestauten Säuren aus dem Bindegewebe löst. Der Muskelkater kann also längere Zeit anhalten, je nachdem wie viele Säuren dein Körper noch enthält. Neutralisieren kannst du ihn, wenn du entsprechend viele Vitalstoffe zu dir nimmst, so dass die Säuren den Organismus auch wirklich verlassen können. Mit Salzsocken kannst du sie über Nacht ebenfalls entfernen (siehe Kapitel zum Säure-Basen-Haushalt). Frage auch hier wieder deinen Körper, was und wie viel er benötigt.

Wenn du einen weiblichen Körper hast, kann es sein, dass du am Gesäß ein Jucken verspürst. Das kommt daher, dass die Lymphe, also das Müllentsorgungsorgan deines Körpers, durch die Gehbewegung in Gang kommt und Müll dort ausgeschieden wird. Er sammelt sich ja bei den Damen bekanntlich an Po und Oberschenkeln an. Bei den Herren kann sich das am Bauch bemerkbar machen.

Du wirst auch feststellen, dass deine Atmung sich bei dieser und den folgenden Übungen vertieft. Dabei wird mehr Sauerstoff in den Körper befördert, was wiederum zur Entgiftung beiträgt. Deshalb wäre es auch ideal, wenn du die Übungen zumindest bei geöffnetem Fenster oder gar im Freien durchführen könntest.

Vielleicht spürst du bei dieser Übung dein Drittes Auge, was dir zeigt, dass sie das gesamte Chakrasystem energetisiert und nicht nur das Wurzelchakra. Oder du kannst ein Kribbeln in den Füßen wahrnehmen. Dies zeigt dir die Erdenergien, die du über die Fußchakren aufgenommen hast und die ihren Beitrag zur Transformation leisten werden. Es kann auch sein, dass du einen leichten Druck auf das Kronenchakra spürst. Das zeigt den Komplementärcharakter des Wurzelchakras zum Kronenchakra. Damit wird auch an der Säurebarriere gearbeitet, die viele von uns im Kronenchakra aufweisen und die verhindert, dass wir unser Höheres Selbst spüren können.

Die nächsten beiden Übungen dienen nicht nur den Chakren, sondern sind auch Ausgleichsbewegungen für die Muskeln, die bei der „Wackelübung" in Anspruch genommen wurden.

Sakralchakra/Polaritätschakra

Die nächste Übung dient dem Sakralchakra und dem damit verbundenen Polaritätschakra am Rücken. Es stimuliert jedoch zusätzlich das Wurzelchakra und auch das ganze System, weil durch die Dehnung alle Chakren ebenfalls gedehnt werden.

- Du stehst wieder schulterbreit.
- Nun beugst du deinen Oberkörper in die Waagerechte, während du die Arme ebenfalls waagerecht neben die Ohren bringst. Die Knie bleiben dabei durchgedrückt.
- Atme dabei aus und ziehe den Oberkörper so weit nach vorne, wie es geht.
- Dabei entsteht ein Dehneffekt, der bis in die Füße reicht und die vorher beanspruchten Muskeln wieder lockert.
- Nun gehst du wieder in die Senkrechte, lässt die Arme sinken und atmest dabei ein.
- Führe dieses 25-mal (bzw. 26-mal, Quersumme 8! – 8. Chakra!) durch.

Durch das Gehen in die Waagerechte sind alle Chakren, bis auf das Kronenchakra in Richtung Erde gerichtet. Über das Dritte Auge ist jedoch auch das Kronenchakra dann waagerecht ausgerichtet. Durch das Auf und Ab entsteht auch hier ein Pumpvorgang. Du kannst es dir so vorstellen, dass für jedes Chakra die passende Regenbogen-Farbe von der Erde in das Chakra gepumpt wird und von dort auch wieder Energie nach unten fließt. Durch das langsame Dehnen ist genügend Zeit für den Energieaustausch.

Solarplexuschakra/Harmoniechakra
Die nächste Übung mag dir primitiv erscheinen, gehört jedoch in den Kontext, und wenn du dir die Muskeln ansiehst, die dabei in Bewegung sind, erkennst du leicht, dass mit dieser einfachen Übung drei Chakren angesprochen werden, nämlich die drei unteren.

- Stehe wieder schulterbreit und stemme die Hände in die Hüften.
- Lasse die Hüften 25-mal (bzw. 26-mal) kreisen – erst in die eine Richtung, und dann in die andere Richtung, wieder 25-mal (bzw. 26).

Das war schon alles.
Diese und die vorherige Übung gehören nicht zum Augentraining nach Dr. Bates, sondern wurden von mir eingefügt, damit alle Chakren gleichmäßig bearbeitet werden und wir nichts vernachlässigen. Die folgenden gingen wieder aus dem Augentrainingsprogramm von Dr. Bates hervor.

Herzchakra/Wissenschakra
Auch die nächste Übung ist recht einfach, doch auch hier sind alle unteren Muskelpartien um die Chakren herum mit involviert.

- Stehe immer noch schulterbreit.
- Nun ziehst du die Schultern, so hoch es geht, in Richtung Ohren.
- Bewege die Schultern auf dieser Höhe nach hinten, nach unten, wieder nach vorne, und dann nach oben.
- Mache also eine kreisende Bewegung daraus, und zwar 25-mal (bzw. 26-mal) nach vorne.

- Und dann 25-mal (bzw. 26-mal) nach hinten.

Als ich diese Übung die ersten Tage durchführte, wurde ich von meinen spirituellen Helfern regelrecht angefeuert, denn mir stellten sich wieder einmal alle Körperhaare auf, vor allem die der Kopfregion. Diese Übung scheint also besonders wichtig zu sein. Durch sie werden die feinstofflichen Kristalle im Kronenchakra wieder aktiviert, die bei der Transformation eine wichtige Rolle spielen.

Bei dieser Bewegung wird der Brustraum gedehnt, so dass sich das Herz, nicht nur allegorisch gesehen, ausbreiten kann.

Hast du Probleme mit dem Wissenschakra auf der Höhe der Herzchakren am Rücken, bringt diese Übung die Energie in Fluss, so dass du dort Linderung verspüren wirst.

Halschakra/Kopfchakra

Für das Halschakra gibt es mehrere Übungen, die alle einfach sind, jedoch entscheidend für die Dehnung der Halsmuskulatur. Das ist für ein klares Sehen, also die Heilung der physischen Augen, genauso wichtig wie für die inneren Augen, denn wir wollen im Neuen Zeitalter mehr nach innen blicken als nach außen, und dafür braucht man einen klaren Blick.

Das Halschakra ist außerordentlich wichtig für den Empfang medialer Botschaften. Führst du die unten genannten Übungen aus, wirst du die Lichtsprache empfangen können, sofern du sie im Sonnenlicht durchführst. Vielleicht kannst du sogar die Schriftzeichen der Lichtsprache sehen? Hast du zeichnerisches Talent, kannst du diese Zeichen festhalten. Was sie bedeuten, brauchst du im Moment des Empfangens nur nachzufragen. Wer sie nicht sieht, empfängt sie trotzdem, und sie entfalten ihre Wirkung im Körper. Diese Schriftzeichen ähneln chinesischen und auch den Zeichen aus dem Sanskrit.

Wer den Lichtkörperprozess durchlebt, kann manchmal eine Verschlechterung der Sehqualität feststellen. Das liegt daran, dass über das Klarheitschakra sehr viele Botschaften einströmen, die zu einer Versteifung der Muskulatur führen können. Steife Nackenmuskeln wirken sich auf die Sehfähigkeit aus, daher kann man den Hals durch diese Übungen lockern.

Erste Übung für den Hals:

- Stehe immer noch schulterbreit.
- Senke nun das Kinn bis zur Brust und atme aus.
- Öffne leicht den Mund.
- Bewege nun den Kopf so weit es geht nach hinten, so dass das Kinn nach oben in die Luft gereckt wird, also eine Kippbewegung, als würdest du den Helm eines Ritteranzugs nach hinten klappen, und atme dabei wieder ein.
- Nun bewege den Kopf wieder zur Brust.
- Führe dieses 25-mal durch.

Zweite Übung für den Hals:

- Stehe immer noch schulterbreit und halte die Augen geöffnet.
- Drehe nun den Kopf so weit es geht nach links und dann nach rechts.
- Führe dieses wieder 25-mal durch.

Diese Übung fördert die Beweglichkeit der Augen, und zwar die der physischen zwei als auch die der inneren Augen, denn wir haben noch ein Drittes, Viertes und Fünftes Auge. Die letzten beiden sind senkrecht über dem Dritten Auge angeordnet. Sie haben mit Hellsichtigkeit zu tun. Durch diese Drehbewegung werden die Blockaden aus dem dritten und vierten Ohr „geschleudert", die sich auf den Trommelfellen der physischen Ohren befinden. Sie haben mit Hellhörigkeit zu tun. Das dritte Ohr ist im linken Ohr, das vierte im rechten. Ein Druck auf dem rechten Ohr bedeutet, dass dein Höheres Selbst mit dir sprechen will; Druck auf dem linken, dass eine geistige Wesenheit mit dir Kontakt aufnehmen will. Lass einfach die Gedanken fließen. Vertraue dem, was da „hereinkommt".

Dritte Übung für den Hals:

- Stehe immer noch schulterbreit und halte die Augen geöffnet.
- Senke das Kinn bis zur Brust
- Führe nun eine Kreisbewegung mit dem Kinn durch.
- Erst eine volle Drehung nach links, dann eine volle Drehung nach rechts.
- Dieses immer im Wechsel 25-mal, weil man sonst schwindelig wird.

Die drei Übungen für die Halschakren (vorne und hinten) bearbeiten ebenso die Kopfchakren, weshalb hier die Übungen zusammengefasst werden. Nun noch drei Übungen der Augäpfel, die speziell im oberen Kopfbereich wirken, obwohl eigentlich nur die Augen bewegt werden.

Erste Übung für die Augen:

- Stehe immer noch schulterbreit und halte die Augen geöffnet.
- Bewege nun die Augäpfel so weit es geht nach oben, atme dabei ein.
- Bewege nun die Augäpfel nach unten und atme aus. Halte den Kopf dabei ruhig.
- Führe dieses siebenmal durch und schließe dann kurz die Augen.
- Führe dieses siebenmal durch und schließe dann kurz die Augen.
- Führe dieses siebenmal durch und schließe dann kurz die Augen.

Zweite Übung für die Augenpartie:

- Stehe immer noch schulterbreit und halte die Augen geöffnet.
- Bewege nun die Augäpfel so weit es geht nach links und dann nach rechts. Halte den Kopf dabei aber ruhig.
- Führe dieses siebenmal durch und schließe dann kurz die Augen.
- Führe dieses siebenmal durch und schließe dann kurz die Augen.
- Führe dieses siebenmal durch und schließe dann kurz die Augen.

Dritte Übung für die Augenpartie:

- Stehe immer noch schulterbreit und halte die Augen geöffnet.
- Bewege nun die Augäpfel in einer vollen Kreisbewegung erst nach links, dann nach rechts. Halte den Kopf dabei aber ruhig.
- Führe dieses viermal durch und schließe dann kurz die Augen
- Führe dieses viermal durch und schließe dann kurz die Augen
- Führe dieses viermal durch und schließe dann kurz die Augen

Diese Übungen sind so abgestuft, dass jemand, dessen Augen relativ wenig Bewegung erhalten, – und das ist bei vielen Menschen durch das Fernsehen und die Computerarbeit der Fall –, erst einmal an eine neue Beweglichkeit herangeführt werden und daher zwischendurch Pausen brauchen. Hast du dich daran gewöhnt, dass die Augen so viel bewegt werden, kannst du diese Übungen am Stück 25-mal und mehr machen, ohne die Pausen. Dann ist es nicht mehr so anstrengend für die Augen und sie halten mehr aus, ohne zu schmerzen.

Nun sind wir mit dem „Chakraknetprogramm" fertig! Führst du die erste Übung ca. zehn Minuten durch, so benötigst du insgesamt ca. fünfundzwanzig Minuten.

Dieses komplette Übungsprogramm kannst du so oft am Tag ausführen, wie du es für nötig hältst. Im Gegensatz zu dem Teil mit den Mantren und Symbolen, die nur einmal am Tag nötig sind. Je nachdem, wie viele Chakren du gleichzeitig bearbeitest, verlängert sich die Dauer dann pro Chakra um jeweils ca. eine Minute.

Bist du im Lichtkörperprozess schon weit vorangeschritten, oder hast sonst das Gefühl, es wäre der richtige Zeitpunkt, kannst du diese Körperübungen auch mit den Meisterzahlen durchführen. Für die erste, das Ballengehen im Stand, wäre es dann zweimal die 66, einmal mit offenen, einmal mit geschlossenen Augen. Und dann immer eine kleinere Meisterzahl weiter nach oben. In der folgenden Tabelle kannst du auf einen Blick sehen, was ich meine:

Körper-übung	Wirkung auf Chakra	Anzahl	Meisterzahl	Summe
Ballengang auf der Stelle	Wurzelchakra und alle anderen Chakren	2-mal (einmal mit offenen Augen, einmal mit geschlossenen Augen) und dann solange, wie es dir richtig erscheint. Gut wäre zum Beispiel mindestens 6-mal.	Je 66-mal	792 bei 2-mal 66, und das 6-mal
Rumpfbeugen	Sakralchakra	1-mal	Je 55-mal	110
Beckenkreisen	Solarplexus-chakra	2-mal (einmal linksherum, einmal rechtsherum)	Je 44-mal	88
Armkreisen mit angewinkelten Ellenbogen	Herzchakra	2-mal (einmal nach vorne, einmal nach hinten)	Je 33-mal	66
Die drei Kopfbewegungen: Nicken Links und rechts zur Seite drehen Kopfkreisen links und rechtsherum	Kopfchakren (Hals-, Stirn-, Kronenchakra)	1-mal 1-mal 1-mal	Je 22-mal Je 22-mal Je 22-mal	66

Körper-übung	Wirkung auf Chakra	Anzahl	Meisterzahl	Summe
Augenyoga: Die Augen nach oben und unten bewegen	Kopfchakren (Stirn-, Kronen-chakra)	1-mal	Je 11-mal	
Die Augen nach links und rechts bewegen		1-mal	Je 11-mal	
Die Augen links und rechtsherum kreisen lassen		1-mal	Je 11-mal	33

Ich spiele gerne mit Zahlen, weil sie Harmonie ausdrücken und Bedeutungen haben (auch wenn ich nicht viel von ihrer Bedeutung verstehe). Außerdem merke ich an meinen Körperreaktionen, dass sie Wirkungen zeigen.

Laut wissenschaftlichen Aussagen ist der menschliche Organismus nicht in der Lage, die meisten Basen selbst zu bilden. Was der Körper kann, ist die körpereigenen Basendepots (Haare, Nägel, Knochen und letztlich die Zellen) aufbrauchen, wenn von außen nicht genug zugeführt wird. Meinen Beobachtungen zufolge kann der Organismus aber doch selbst Basen herstellen, und zwar, wie ich vermute, durch Transmutation.

Durch jahrelange Beobachtung habe ich herausgefunden, dass regelmäßiges Walken (also flottes Gehen immer im gleichen Tempo, bergauf und bergab) die ph-Werte des Urins deutlich verbessert. Das lässt sich auch dadurch erklären, dass Bewegung Säuren ausscheidet, zum Beispiel durch Schwitzen über die Haut. Allerdings habe ich nicht jedes Mal geschwitzt. Aber die Niere ist ja auch noch da und arbeitet durch die Bewegung besser. Isst man vor dem Walken Obst und/oder Gemüse, werden die Werte noch deutlich besser. Dafür muss man ca. eine ¾ Stunde laufen. Ideal ist ein Berg mit ordentlicher Steigung.

Den gleichen Effekt, nämlich eine Verbesserung des ph-Wertes um ca. 1,0, haben die hier angeführten Übungen, wobei der Laufanteil im

Vergleich zum Walken eher gering ist und die Dauer nur ca. 15 – 20 Minuten beträgt. Also kann das nicht das ganze Geheimnis sein.

Basische Werte, und damit optimale Werte, erhältst du, wenn du dem Körper einige Zeit vor den Übungen mehrere Minuten lang befiehlst, Basen zu bilden. Wenn dein Körper zu diesem Zeitpunkt wirklich Basen benötigt (manchmal sind ja auch die Säuren notwendig), dann werden sie auch gebildet werden. Du hast die Macht und Kraft dazu, deinen Körper gesund zu erhalten! Nutze sie!

Bist du im Lichtköperprozess und entledigst dich vieler Ängste, kann das durch einen verstärkten Körpergeruch zum Ausdruck kommen. Ist das der Fall, musst du besonders auf die Hygiene achten. Die tierischen Eiweiße aus unserer Nahrung haben sich im Organismus angesammelt und werden nun nach und nach entfernt, und auch sie riechen nicht gerade angenehm!

Obwohl wir ursprünglich Vegetarier waren, haben wir uns im Laufe der Evolution an tierische Nahrung gewöhnt, jedoch nicht in der hohen Dosis, die in den sogenannten zivilisierten Ländern momentan üblich ist. Auch hier macht, wie immer, die Menge das Gift.

Bemerkungen der Anasasi zur Ernährung (gechannelt)

An dieser Stelle möchten die Anasasi noch etwas hinzufügen:

Ihr Lieben, für das Neue Zeitalter ist es wichtig, alle Ernährungsvorschriften, von denen du je gehört hast, über Bord zu werfen, denn nun herrscht eine andere Zeit, und mit ihr wird sich ein anderer Zeitgeist entwickeln. Es stimmt, dass du im Reinigungsprozess möglichst wenig tierische Nahrung zu dir nehmen sollst, weil du all den angesammelten tierischen Abfall erst einmal aus deinem System entfernen musst, denn er bildet unnötige Energieverwirbelungen, die die ganze Entwicklung stören.

Bist du jedoch erst einmal durch diese Phase durch, dann ist es wichtig, auf die ersten Impulse zu achten, auch, oder vielmehr gerade, was das Essen betrifft. Die Menschen werden noch viele Jahre in ihren Klärungsprozessen stecken und dabei die eigene Frequenz und die der Erde ständig erhöhen. Um dem Körper jedoch eine Verschnaufpause zu gönnen, damit er sich auch an die neuen Frequenzen gewöhnen kann, wird es hin und wieder wichtig und richtig sein, tierische Nahrung zu sich zu nehmen.

Ja, das gilt auch für die Vegetarier. Es muss ja kein Fleisch sein. Es gibt ja Käse und andere Produkte. Aber selbst ein Vegetarier, der Heißhunger auf ein schönes Steak bekommt, sollte diesem Verlangen unbedingt nachgeben, denn es ist dann dringend notwendig, die Frequenz zu senken, willst du keinen Schaden nehmen.

Die Ernährung der Zukunft wird so aussehen, dass jeder isst, was ihm die neu entwickelte Intuition eingibt. Hierbei wird es eine zeitlang gut sein, die Regenbogenernährung einzuhalten, aber auch die soll keine feste Vorschrift sein, sondern ein Rahmen, in dem du dich bewegen kannst, wobei es auch hier sein kann, dass du diesen Rahmen hin und wieder ignorieren musst. Wie gesagt, der erste Impuls ist hier wieder der entscheidende Wegweiser. Lernt, auf ihn zu achten, in allen Lebenslagen und zu allen Zeiten. Außerdem wird euch euer Körper auch Zeichen geben, ob ihm das, was ihr gerade zu euch nehmt, behagt oder nicht. Ihr müsst nur einmal darauf achten. Das tut er nämlich immer schon.

Eure Anasasi, in Liebe.

Warum werden beim Laufen auf der Stelle im Ballengang und den anderen Übungen vermehrt Basen gebildet? Das hat zwei Gründe: Einmal, weil der Ballengang die Säurepumpe in den Waden in Gang setzt. Es werden also die Säuren, die sich in den Füßen durch die Schwerkraft (und weil dort die Säurepumpe sitzt) sammeln und über die Lymphe hinausgepumpt. Zum anderen wird die Energie, die zur Basenbildung benötigt wird, in den Körper hineingepumpt, indem man auf der Stelle läuft. Je schlechter der ph-Wert anfangs war, umso mehr muss man dann auch auf der Stelle laufen, will man ihn deutlich verbessern.

Aber warum funktioniert das? Ich denke, es tritt hier etwas ein, was von den keimenden Samenkörnern bekannt ist und Transmutation genannt wird. Im Samenkorn ist bekanntlich die Anlage der gesamten Pflanze enthalten. Keimt nun der Samen, bilden sich viele verschiedene Mineralien und Spurenelemente in hoher Konzentration. So viele, wie später in der ganzen Pflanze vorhanden sind. Das Besondere hieran ist, dass oft Stoffe gebildet werden, die vorher nicht vorhanden waren, auch nicht als Einzelbestandteile, aus denen sich neue hätten zusammensetzen können. Außerdem ist die Konzentration so hoch, weshalb Keimlinge ein Geheimtipp für Gesundheitsbewusste sind. Hier geschieht also etwas, was die Wissenschaft nicht recht erklären und genauso gut Magie oder der Wille Gottes genannt werden kann. Der Keimling greift hier anscheinend auf eine besondere Energie zurück, die aus nichts alles bilden kann, könnte man sagen. Ich schätze, diese Energie ist das Prana oder Chi, aus dem letztlich tatsächlich alles gebildet wurde und wird.

Bei diesen Übungen werden also Schlacken, Gifte, Säuren und auch alles andere Belastende ausgeschieden. Das kann sich über ein Jucken auf der Haut, Schwitzen oder den Gang zur Toilette äußern. Auch über die Atmung werden Abfallstoffe ausgeschieden. Es ist daher wichtig, den Körper danach zu reinigen und dann erst mit den Mantren und Symbolen zu beginnen.

Die Regenbogenernährung

In diesem Buch wurde nun schon öfter die neue Art der Ernährung erwähnt. Ich möchte sie an dieser Stelle nur kurz umreißen, weil es dazu in Kürze ein eigenes Buch geben wird, das das Thema so ausführlich behandelt, wie es das verdient.

Kreiert hat diese Ernährung Gabriel Cousens, der sie in seinem Werk *Ganzheitliche Ernährung und ihre spirituelle Dimension* das erste Mal vorstellte. Lassen wir ihn daher zuerst zu Wort kommen:

„Um ein Bewusstsein für die Regenbogen-Ernährung zu entwickeln, führen wir uns zunächst einmal vor Augen, dass alles von Gott stammt und von der göttlichen Kraft erhalten wird. Diese Kraft hat viele Namen, unter anderem Om, universelles Prana, universelles Bewusstsein, kosmische Kraft und virtueller Energiezustand. Es handelt sich dabei um die ursprüngliche Schwingung, aus der die gesamte Schöpfung hervorgegangen ist. Alles, einschließlich der Nahrung, steht über ein System natürlicher Harmonien mit dieser ursprünglichen Schwingung in Verbindung. Bei der Regenbogen-Ernährung sieht dieses System so aus, dass alle Nahrungsmittel schwingungsmäßig auf die sieben Chakren und deren Farben ausgerichtet sind und sich in diesen Farben das Spektrum des Regenbogens widerspiegelt." [19]

---

[19] Cousens, Gabriel, Ganzheitliche Ernährung, Deutsche Ausgabe 2002, S. 125

Der Regenbogen gilt schon von alters her als das Symbol für den Bund Gottes mit den Menschen, wie wir schon eingangs festgestellt haben, und diese Art der Ernährung bekräftigt diese Verbundenheit. Als ich die Wirkungen in meinem Körper beobachtete, wurde dies bestätigt, denn mein gesamtes Chakrensystem wurde harmonisiert, wodurch ich sehr schnell Fortschritte machte, was in den vielen Channelings in diesem Buch gipfelte. Dies bedeutet nichts anderes, als dass unsere Verbindung zunächst mit dem Höheren Selbst und dadurch auch mit dem All-einen enger wird.

Wann man welche Nahrungsfarbe zu sich nehmen soll, wurde von Mr. Cousens aufgezeigt, der empfahl, am Vormittag die unteren Chakren zu stimulieren, indem man morgens rote, dann orangefarbene und goldgelbe Nahrung zu sich nimmt. Über Mittag sind dann die Farben Grün und Blau an der Reihe, nämlich für das Herz- und das Halschakra. Der späte Nachmittag ist der Farbe Purpur gewidmet, die das Stirnchakra bearbeitet. Weiß harmonisiert alle Chakren, aber insbesondere das Kronenchakra. Unter Anleitung der Geistigen Welt wandelte ich die Chakrenfarben der letzten beiden Chakren ab, da in der Neuen Energie (Cousens schrieb sein Werk in den 80er Jahren) neue Erfordernisse anfallen. Wir befassen uns also von unten mit den Chakren, so dass am Abend dann alle harmonisiert wurden und du mit der Stimulierung des Kronenchakras dann schlafen gehst. Das ermöglicht das Einfließen göttlicher Energien in dieses Chakra, und zwar über den gesamten Schlafzyklus hinweg. Dadurch kommst du mehr und mehr ins Gleichgewicht.

Gabriel Cousens schrieb dazu:
„Nahrungsmittel nach ihren Farben zu sich zu nehmen ist, als ob man eine bestimmte Farbe des Sonnenlichtes isst. Es bringt uns den Kräften der Natur näher." [20]

Am einfachsten haben es mit dieser Ernährung die Rohköstler, denn sie müssen nur die Reihenfolge der Farben beachten, ohne mehr Mühen als vorher aufzuwenden.

---

[20] Cousens, Gabriel, Ganzheitliche Ernährung, Deutsche Ausgabe 2002, S. 134

Das sieht dann zum Beispiel so aus:

Morgens rote Äpfel und frischer Orangensaft. Zum zweiten Frühstück gibt es Bananen. Das Mittagessen besteht aus einem Salat mit grünen Zutaten und als Nachtisch, oder gleich im Salat, blaue Trauben. Nachmittags gibt es rote Beete und abends Fenchelsalat mit Nüssen. Ich habe allerdings eine etwas andere Reihenfolge als Mr. Cousens gewählt, weil sie sich bewährt hat. Für das Dritte Auge sind es die Purpur- und Violetttöne und für das Kronenchakra Weiß.

Die meisten Menschen sind jedoch keine Rohköstler und haben durch ihren Tagesablauf auch nicht die Möglichkeit, sich den Hafersack siebenmal umzuhängen. Das Schöne an dieser Ernährungsweise ist, dass sie auch für diese Menschen (also die Mehrheit) funktioniert. Natürlich dürfen kleine Mengen von allen anderen Farben in den Mahlzeiten enthalten sein. Es sollte jedoch ein deutlicher Schwerpunkt herrschen.

Um alles zu nächst so einfach wie möglich zu halten, werden die Komplementärchakren und die fünf neuen noch nicht berücksichtigt.

Mahlzeit	Zu aktivierendes Chakra	Aktivierungsfarbe
1. Frühstück Bis 8.30 Uhr	Wurzelchakra	Rot
2. Frühstück 8.00 Uhr bis 10.30 Uhr	Sakralchakra	Orange
3. Frühstück oder Mittagessen 10.00 Uhr bis 12.30 Uhr	Solarplexuschakra	Gelb
1. oder 2. Mittagessen 12.00 Uhr bis 14.30 Uhr	Herzchakra	Grün oder Rosa mit Schwergewicht auf Grün
Kaffeezeit 14.00 Uhr bis 16.30 Uhr	Halschakra	Blau

Mahlzeit	Zu aktivierendes Chakra	Aktivierungsfarbe
Später Nachmittag bis ca. 17.45 Uhr	Stirnchakra bzw. 3. Auge	Purpur bis Violett
Frühes Abendessen 18.00 Uhr bis 20.30 Uhr	Kronenchakra	Weiß

Weiß und Gold-Gelb als Farben des Kronenchakras dürfen jederzeit zu jeder Farbe dazu genommen werden. Dadurch können wir den ganzen Speiseplan abwechslungsreicher gestalten. Noch mehr Abwechslung kommt hinzu, wenn wir die Komplementärchakren mit einbeziehen. Doch sollte das Schwergewicht immer auf der „richtigen" Farbe liegen.

Botschaft der Weißen Bruderschaft zur Regenbogenernährung

Ihr Lieben, wir möchten hier an dieser Stelle betonen, wie außerordentlich wichtig diese Art der Ernährung für die Zukunft sein wird. Ganze Wirtschaftszweige werden sich danach ausrichten (müssen), wenn die Forderungen danach laut werden. Wir haben diesen Channel nun beobachtet, wie sie sich danach gerichtet hat, und die Leuchtkraft der Chakren wächst auf diese Weise in rasantem Tempo und ist ein wunderbarer Anblick.

G. Cousens machte den Anfang, doch beschränkte er diese Art der Ernährung auf vegetarische Rohkost. Das, Ihr Lieben, ist nicht notwendig. Wie wir schon anderer Stelle sagten, sind in diesen neuen Energien immer wieder einmal Frequenzsenkungen durch tierische Produkte „angesagt". Auch kann es sein, dass dir dein Höheres Selbst eingibt, zum Beispiel einen Tag lang nur rosafarbene Speisen zu dir zu nehmen, weil das entsprechende Chakra gerade in Bearbeitung ist. Hier gibt es viele Möglichkeiten. Den Rahmen bilden jedoch zunächst die sieben Regenbogenfarben.

Da jedoch nun auch die fünf rückwärtigen Chakren aktiviert wurden, müssen auch diese gesondert behandelt werden. Wie, wird im Folgebuch „Ernährung im Regenbogenzeitalter" ausführlich erläutert werden.

Für die erste Phase und die erste Welle von Menschen, die sich an diese, zum gegenwärtigen Zeitpunkt noch für die meisten ungewohnt wirkende Art der Ernährung halten möchten, reichen die sieben Farben aus. Du kannst zwar das Komplementärchakra mit einbauen, aber wichtiger wäre tatsächlich für die ersten Monate, vielleicht auch Jahre, sich an die Reihenfolge des Regenbogens zu halten. Ihr werdet zunächst einmal genug damit zu tun haben, die ersten sieben Chakren ins Gleichgewicht zu bringen. Das gilt auch für die Menschen, die schon seit Jahren auf dem spirituellen Pfad sind, denn wie ihr gehört habt, müssen die geteilten Chakren wieder zusammengeführt und erst dann können die fünf neuen voll entwickelt werden.

Wir von der Weißen Bruderschaft empfehlen diese Art der Ernährung hiermit ausdrücklich und freuen uns schon auf den Anblick, den eure Chakren, euer ganzes Energiesystem und damit ihr selbst noch bieten werdet. Für uns wird dies ein grandioses Feuerwerk sein, das zeigt, dass die Erde dem Heimathafen schon sehr nahe ist.
Die Weiße Bruderschaft, in Erwartung des Kommenden.

6. Die Neuen Kinder

Last but not least möchte ich auf die Neuen Kinder dieser Zeit eingehen. Ursprünglich sollte dieses Buch ja ein Buch für und über Indigo-Kinder werden, doch hat es nun völlig andere Züge angenommen, wobei mir klar (gemacht) wurde, dass wir alle Kinder der Neuen Zeit sind, was in den gechannelten Botschaften ja auch deutlich zum Ausdruck kommt.

Trotzdem brauchen die Kinder, die in den letzten fünfzehn Jahren geboren wurden, dringend unsere Hilfe. Sie wurden in eine dichte Dimension hineingeboren, obwohl sie selbst schon viel „lichter" sind. Das heißt, ihr Panzer, den sie, genau wie wir, ablegen müssen, ist viel weniger dicht als der der Erwachsenen. Es gilt: **Je jünger ein Kind, desto dünner der Panzer!** Jeder, der ein solches Kind zu betreuen hat, ist hiermit aufgerufen, es nicht zu erziehen, sondern es sein zu lassen wie es ist und es stattdessen sanft zu führen. Mit seinem oft ungewohnten Verhalten zeigt es uns einen Spiegel, in den wir blicken müssen, wollen wir weiterkommen. Ist das Kind wütend, spiegelt es oft unsere Wut. Ist es durcheinander, so zeigt es wiederum oft unseren Gemütszustand. Diese Kinder haben sich keine leichte Aufgabe gestellt, denn sie wollen unseren Panzer durchbrechen, damit wir in der Lage sind, diesen Panzer bewusst wahrzunehmen und ihn dann abzunehmen. Da wir dann wissen, dass er existiert, können wir dann wiederum den Kindern behilflich sein, ihren abzulegen. So etwas nennt man wieder einmal „Win-win-Situation".

Meine Kinder haben mir in den letzten dreizehn Jahren genau dazu verholfen, und sie stellten (und stellen) mich dabei immer wieder vor große Herausforderungen, die mir zeigen: Hier ist Handlungsbedarf! Ohne sie wäre ich heute nicht das, was ich bin.

Ich musste erst durch meinen gröbsten Klärungsprozess hindurch, bevor ich meinen Kindern helfen konnte, doch du kannst parallel arbeiten, so dass viel weniger Zeit „verbraucht" wird als bei uns.

Was du tun kannst, ist Folgendes:

- Stell die Ernährung für dich und deine Kinder auf die Regenbogenernährung um. Dabei sind rote Gummibärchen mit Erdbeeren als Frühstück durchaus erlaubt. Deine Kinder werden sich freuen.
  Haben die Kinder Lernbehinderungen oder Verhaltensstörungen in irgendeiner Form, dann führe mit ihnen, sobald sie das können, die Meditation zur Entfernung der Implantate im Dritten Auge durch.
  Dadurch werden Ereignisse in Gang gesetzt, die die Kinder ihren Panzer nach und nach ablegen lassen.
- Hülle dich und sie bei all diesen Arbeiten immer in eine grüne Lichtkugel heilender Energie, die von Hilarion gelenkt wird.
- Beginnen Körperteile der Kinder zu schmerzen, weil der Panzer abgelegt werden soll, führe sie durch die „Angelina-Meditation" in die Leben, die sie sich ansehen sollen, und der Schmerz wird verschwinden. Mache ihnen klar, dass sie alles, was sie sehen, wie in einem Film betrachten sollen. Sie werden mit den aufsteigenden Bildern leichter fertig werden als die Erwachsenen.
- Nutze all die anderen Hilfsmittel, die es für die Kinder inzwischen gibt, als da sind: Aura-Soma-Öle und die Essenzen von Erzengel Michael vom Kamasha Verlag, oder die La Sylphide-Essenzen (Bezugsquelle: Blaue Lichtburg). Sicher gibt es schon mehr. Du wirst zu dem geführt werden, was deine Kinder brauchen!
- Gib ihnen viele Mineralien, um die Schlacken aus der Vergangenheit und die aus der Ernährung der Gegenwart neutralisieren zu können. Du wirst erstaunt sein, welche Veränderungen in ihnen vorgehen. Nur angenehme, selbstredend!
- Schicke sie mit den „Schutzkugeln" des Meisters St. Germain in die Schule.
- Bringe ihnen bei, dass alles, was sie tun, auf sie zurückfällt, und zwar noch in diesem Leben. Nicht erst später.
- Streiten sie untereinander, lass sie ihr Karma austragen.
- Gehe mit gutem Beispiel voran, in allem.
- Führe die Kinder auf ihrem Weg.
- Zeige ihnen den Weg, doch lass sie ihn selbst gehen. Dazu gehört auch, sie Erfahrungen machen zu lassen, die die Erwachsenen ihnen so gerne ersparen möchten. Auch die Kinder sind hier, um Erfahrungen zu machen, genau wie du. Sie wollen lernen!
- Behandle sie so, wie du auch behandelt werden möchtest.

- Lies die Bücher, die es über diese Kinder gibt. Ich kenne inzwischen acht deutschsprachige, aber es sind sicher schon mehr. Jedes enthält etwas, das dich dem Verständnis und der Hilfe für diese Kinder näher bringen wird.
- Lies ihnen die Botschaften der Meister und Engel aus diesem Buch vor. Sie enthalten Schlüsselenergien für sie genauso wie für dich.
- Und das ist das Wichtigste: Liebe diese Kinder bedingungslos, egal, wie sehr sie dich nerven. Es ist ihre Aufgabe, dich zu nerven, um dir zu zeigen, dass etwas zu tun ist.
- Höre dir alles an, was sie zu sagen haben!
- Behandle sie als das, was sie sind (und was auch du bist): Großartige Wesen, die wichtige Aufträge auf Erden erfüllen (sollen, können, dürfen)!

Diese Liste ließe sich noch seitenlang verlängern, doch hast du erst einmal gelernt, dem ersten Impuls zu folgen, so wirst du selbst herausfinden, wie du die Kinder behandeln musst.

Einige Tipps möchte ich jedoch noch geben, und einer davon hat mit den Farben zu tun, um die es in diesem Buch immer wieder geht. Wie man speziell mit den Farben im Alltag lernen kann umzugehen, wird in einem späteren Buch stehen. Die Neuen Kinder haben oft in mancher Hinsicht große Schwierigkeiten, aber jede einzelne Sache, die ihnen Probleme bereitet, kann man mit der nun folgenden Meditation angehen, die von Kwan Yin, der Göttin des Mitgefühls durchgegeben wurde:

Hier ist Kwan Yin und mir ist es ein großes Anliegen, den Kindern durch ihren „dunklen Tunnel" hindurchzuhelfen, der bei ihnen viel kürzer ist als bei den Erwachsenen. Daher gebe ich nun eine Meditation als Hilfe, die man mit kleinen Kindern durchführen kann, die bereits sprechen können, und auch mit den größeren.

Meditation:
Liebes Kind, bitte begib dich in Gedanken auf eine Wiese. Betrachte dir die Pflanzen und die Tiere, die dort leben. Nun siehst du einen Waldrand. Aus dem Wald kommt vorsichtig ein Reh. Es hat gar keine Angst und kommt ganz nah an dich heran. Es kniet nieder und du weißt: Du darfst aufsteigen, weil ihr nun eine kleine Reise machen werdet. Du reitest auf dem Reh bis zum Waldrand. Dort siehst du, dass sich zwei

Bäume so zueinander neigen, dass sie ein Tor bilden. Von diesem Tor hängen Schlingpflanzen wie Efeu und Ähnliches wie ein Vorhang herunter. Neugierig geworden, reitest du auf dem Reh hindurch, und nun kannst du Bilder sehen, Bilder aus fernen Zeiten und fernen Orten. Betrachte dir alle Bilder, die du siehst wie ein Zuschauer, der sich einen Film ansieht. Dann kehrst du zusammen mit dem Reh durch den Vorhang aus Pflanzen zurück bis an den Platz, an dem du gespielt hast. Hier steigst du wieder ab, bedankst dich bei dem Reh, streichelst es zum Abschied und lässt es dann in den Wald zurückkehren. Nun öffnest du die Augen wieder und bist wieder im Hier und Jetzt.

Sprecht dann über das Gesehene, lasst die Kinder mit ihren Bildern nicht alleine. Beide „Parteien" werden dann die Verhaltensweisen der Kinder sehr viel besser verstehen.

Kwan Yin möchte noch einige Bemerkungen ergänzen:

Liebe Betreuerinnen/Betreuer von Kindern. Das Wohl der Kinder liegt der Geistigen Welt, und besonders mir, sehr am Herzen, denn alles, was ihr als Kinder schon auflösen könnt, schleppt ihr als Erwachsener nicht mehr als Ballast mit euch herum. Fangt ihr in der beschriebenen Weise an, mit euren Kindern zu arbeiten, dann bereitet ihr sie viel besser auf das Leben vor als das herkömmliche Erziehungssystem, das Eltern und Kinder ein bestimmtes Verhalten aufdrängt. Alles, was ihr an karmischen Lasten auflösen könnt, ist kein Hindernis mehr auf dem Weg des Kindes, um seine Mission, seinen Auftrag herauszufinden und dann vor allem auch leben zu können.

Ihr lieben spirituell Arbeitenden, gerade ihr wisst, wie hart es ist, den Panzer um sich herum aufzulösen und an den Kern des eigenen Auftrags im Koffer des Lebens heranzukommen. Wie wäre es euch wohl ergangen, wenn ihr dies schon als Kind hättet erledigen können? Ja, ihr hättet viel Zeit gespart! Doch war alles für euch genau so passend, wie es geschehen ist, denn mit der Leichtigkeit, mit der die Neuen Kinder an ihre karmischen Lasten herankommen, hättet ihr es auch damals nicht gekonnt, weil erstens die Hilfsmittel aus der Geistigen Welt noch nicht bereitstanden und zweitens auch die Schwingungen für diese Art der Arbeit mit Kindern noch nicht hoch genug waren.

Also gibt es auch hier für alles den richtigen Zeitpunkt, und daher ist es nun Zeit, den Kindern ihren Weg auf diese Weise zu ebnen, nicht indem man ihnen die eigenen Ansichten und Überzeugungen aufzwingt, sondern indem man sie eigene Schlüsse ziehen lässt, zum Beispiel über das in den Meditationen Gesehene. Lasst sie sich selbst äußern, was sie von dem halten, was sie gesehen haben, fragt sie, was sie aus dieser Situation wohl gelernt haben, was sie gefühlt haben, welchen Auftrag sie gehabt haben könnten, usw. Stellt Fragen, aber lasst sie sich ihr eigenes Bild der Bedeutung der Geschehnisse formen und dann erst äußert eure eigenen Ansichten dazu. Diese Reihenfolge ist sehr wichtig für die freie Entwicklung des Kindes. Möchte ein Kind absolut nicht über das Gesehene sprechen, so möchte es mit den Erfahrungen darin selbst fertig werden, und auch das solltet ihr respektieren und es nicht aus der eigenen Neugier heraus drängen. Wenn ihr es erfahren sollt, dann erfahrt ihr es auch, ansonsten geht es euch schlicht und einfach nichts an!

Das war Kwin Yin, in Liebe zu allen Kindern dieser Welt, <u>zu denen auch ihr so genannten Erwachsenen gehört</u>!

Sofern du keine Hinweise aus der Geistigen Welt zur Heilung oder Lösung eines Problems bekommst, musst du dich von deiner Intuition leiten lassen, oder du reitest selbst mit dem Reh durch den Vorhang und fragst dort, was du in deinem besonderen Fall für das Kind tun kannst.

Hat dein Kind Lernschwierigkeiten, Legasthenie oder ähnliche Probleme, wende das gerade oben Beschriebene ebenfalls an. Du kannst aber noch mehr tun. Um dem Kind das Lernen in der Schule und zu Hause generell zu erleichtern, kannst du dir vorstellen, wie ein grüner Strahl aus dem Himmel das Kind einhüllt und es zusätzlich von einer rosaroten Kugel aus bedingungsloser Liebe eingehüllt wird. Ich habe diese Farbvisualisationen als sehr hilfreich beim Lernen bzw. für Schulaufgaben usw. kennen gelernt. Das heißt jedoch, dass du für die Schule morgens mindestens eine Viertelstunde an diese Farbkonstellationen denken musst (und zwar um dieses Bild um das Kind herum entstehen zu lassen, vielleicht speziell an Tagen, an denen Tests anstehen), und solange das Kind in der Schule ist, also in der Regel den Vormittag über, immer wieder einmal dir dieses Bild vorstellen musst, um es aufrecht zu erhalten.

Botschaft der Aufgestiegenen Meister an und über die Neuen Kinder

Hier nun noch eine letzte Botschaft der Aufgestiegenen Meister über die Neuen Kinder dieser Welt:

Ihr Lieben, obwohl das Kapitel über die Kinder am Schluss steht, ist es nicht das unwichtigste, im Gegenteil. Um euch selbst und den Kindern in dieser neuen Energie zu helfen, wurden euch allerhand Werkzeuge zur Verfügung gestellt. Nimm die für dich passenden und wende sie an, und lass beiseite, was für dich und die Kinder im Moment nicht in Frage kommt. Du unterliegst keinerlei Zwängen. Es geschieht alles so, wie es für dich richtig ist, und das gilt auch für die Kinder.

Betrachte ein Kind als ein Geschenk Gottes, denn das ist es. Und wenn es dich vor Herausforderungen stellt, dann danke erst recht, denn dann seid ihr auf eine Lernaufgabe gestoßen, die es zu bewältigen gilt und die euch alle wieder ein Stück weiterbringt. Bist du offen dafür, wirst du die passenden Informationen im richtigen Moment erhalten. Dafür ist es jedoch nötig, auf die Fügungen, die ihr Zufall nennt, zu achten, denn sie wurden arrangiert, um weiterzuhelfen. Öffne dich den Impulsen aus der feinstofflichen Welt. Die Kinder handeln längst impulsiv, und auch wenn du nicht immer erkennen kannst, was für einen Sinn ein Impuls hat, vertraue dennoch darauf, dass er einen Sinn hat, denn den hat er. Das ist so!

Ihr lebt mit euren Kindern in großartigen Zeiten, die viele Entwicklungsmöglichkeiten bieten. Es wird viel mehr Berufe und damit eine größere Auswahl in den Betätigungsfeldern geben, als das momentan der Fall ist. Das sind wundervolle Aussichten, nicht nur für eure Kinder. Das Grundlegende, was sich ändern wird, ist, dass es viel mehr „Einmannunternehmen" geben wird, weil jeder sehr spezielle Gaben hat, die es gilt herauszufinden und dann auch anzuwenden. Jeder kann von dem leben, was er an Gaben in seinem Koffer des Lebens mitgebracht hat. Jeder kann seine eigene Fülle kreieren, denn das Leben auf der Erde ist keine Bestrafung, sondern eine Belohnung. Nicht jeder darf hierher kommen! Er muss ganz besondere Energien mitbringen, und das gilt ganz besonders in dieser aufregendsten aller Zeiten.

Wir alle, die das irdische Leben bereits hinter uns gebracht haben, nehmen trotzdem daran teil, nur in anderer Form als ihr. Eine Trennung von euch und uns gibt es nicht. Das werdet ihr immer mehr spüren, je mehr ihr euch von den Altlasten befreit. Immer mehr werdet ihr die Einheit hinter allen Dingen erfahren, und damit dies geschieht, stehen wir euch jederzeit zur Verfügung, denn das ist Teil unserer Aufgabe. Wir schicken euch Energien, um die nächsten Schritte erkennen zu können; den Mut, sie zu gehen; und das Vertrauen in die eigene Kraft und Macht.

Wir alle, die an diesem Werk beteiligt waren, danken, dass ihr offen für seine Energie wart. Nichts ist nun mehr so, wie es vorher war.

Die Meister, Engel und alle anderen, die hier geholfen haben, - wir schicken euch unsere Liebe und unsere Grüße.

☆☆☆

Das Thema „Neue Kinder" füllt nun schon viele Bücher. So wurden die Menschen zuerst auf das Phänomen der Indigo-Kinder aufmerksam gemacht. Ein Kennzeichen dieser Kinder ist der Zorn, den sie anscheinend in sich tragen (neben vielen anderen „guten" und „schlechten" Eigenschaften). Meiner Meinung nach tragen diese Kinder in ihrer Jugend das restliche Karma ab, das sie noch mitgebracht haben, um als Erwachsene davon frei zu sein. Je später jemand geboren wurde, desto weniger Karma hat er mitgebracht. Dies gilt für die nun schon Erwachsenen genauso wie für die Kleinen. Kinder, die ab der späten 90er geboren wurden und zu den „neuen" Kindern zählen, nennt man Kristallkinder. Sie fallen durch eine erstaunliche Sensitivität und große Liebesfähigkeit auf. Sie haben fast kein Karma mehr in ihrem Lebensgepäck. War der „Panzer" um die Indigos schon recht dünn, ist er um die Kristallkinder fast nicht mehr wahrnehmbar.

Für mich ist das, was hier immer wieder „Lichtkörperprozess" genannt wird, eigentlich etwas ganz anderes. Das Wort Licht wird oft verwendet, weil es die Hinwendung zum „Guten" andeuten soll, fort von der Finsternis. Aber wer nur dem Licht nachstrebt, hat nicht verstanden, worum es wirklich geht. **Wir leben in dem Zeitalter, in dem die Polarität überwunden werden muss.** Strebt man also fort von der Dunkelheit (in sich und in der Welt) hin zum Licht, so überwindet man die Polarität nicht, sondern man leugnet sie vor sich selbst. Das kann nicht im Sinne der göttlichen Quelle sein, die alles beinhaltet, sowohl Licht also auch Finsternis. Der Lichtkörperprozess ist daher mehr ein Spiritualisierungsprozess, der dazu anleitet, auch die dunkelsten Flecken in sich selbst zu betrachten und sie in Liebe anzunehmen, und das gilt erst recht für die

Vorgänge in der Welt. Das heißt nicht, sich alles fatalistisch gefallen zu lassen, sondern zu erkennen, dass alles seinen Sinn und Zweck hat. Der Zweck kann durchaus sein, zu erkennen, was man nicht will und dann auch zu handeln, um eine Änderung herbeizuführen.

Genauer gesagt ist der Lichtkörperprozess noch etwas anderes: Er ist die Veränderung hin zu größerer Liebesfähigkeit, und darum sind diese Kristallkinder schon so anders als wir: Wir müssen durch jahrelange Arbeit an uns selbst dazu gelangen, Gefühle aller Art, nicht nur der Liebe, wieder zuzulassen. Die Neuen Kinder können dies schon, ohne es erst wieder lernen zu müssen.

Warum sollen wir die Liebesfähigkeit wieder erlernen? Der ursprüngliche Seinszustand der Quelle ist von Liebe geprägt, Liebe zum Sein, Liebe zu allem, was ist, und vor allem auch Liebe zu sich selbst. Der Lichtkörperprozess trägt dazu bei, zunächst einmal sich selbst in Liebe anzunehmen und dann auch alles, was ist. Aus meiner Sicht beschloss die Quelle, herauszufinden, ob man die Liebesschwingung, die sie ist, noch steigern kann, ob es auch für sie noch Wachstum gibt. Das Ergebnis ist die Schöpfung und somit auch wir. Viele Teile spalteten sich ab, um als Einzelaspekte Erfahrungen zu machen, vor allem auch Erfahrungen von Liebesmangel. Alles, was wir als „schlecht" bezeichnen, ist auf Liebesmangel zurückzuführen. Dabei entfernten wir uns immer mehr von der Quelle, sonst wäre dieses nicht möglich gewesen.

Der Spiritualisierungsprozess trägt dazu bei, aufzuwachen und zu erkennen, dass wir nie völlig von der Quelle getrennt waren, sondern nur weit davon entfernt. Durch die Arbeit an uns selbst ziehen wir uns wie an einem Gummiband, das uns mit der Quelle verbindet, wieder näher an sie heran. Je weiter fort man war, umso länger dauert es, bis man die Nähe der Quelle wieder spüren kann. Der Panzer ist dann entsprechend dick. Auch das soll keine Wertung enthalten, sondern spiegelt nur den Zustand wider, den der Einzelne erfährt. Wir haben uns ja freiwillig von der Quelle entfernt, um Trennungserfahrungen zu machen. Niemand ist unrettbar weit entfernt, niemand! Jeder Einzelne kann den Weg zurück antreten und hat das in vielen Leben hindurch schon getan. Was die Neue Zeit ausmacht ist, dass wir alle (und damit meine ich wiederum wirklich alle!) nun so nahe an die Quelle herangerückt sind, dass wir sie innerhalb eines einzigen Lebens wieder deutlicher spüren können, wenn, ja wenn wir bereit sind, uns aktiv darauf einzulassen!

Der Sinn all dessen war in meinen Augen, dass wir, sind wir wieder zurück (und das heißt nicht, dass wir diesen Planeten verlassen müssen, sondern, wir sind dann wieder zu einem anderen Bewusstsein zurückgekehrt), nun erfahren haben, was Liebesmangel bedeutet. Ohne dieses könnten wir nicht in einer völlig neuen Sichtweise die unendliche Liebe der Quelle erspüren. Wir haben erfahren, wie es ohne sie ist! Sie ist uns somit nicht mehr selbstverständlich, sondern nimmt eine völlig neue Qualität an, und somit wurde eine Schwingungssteigerung erreicht! Eine Steigerung der Liebe!

Diese ständige Schwingungssteigerung ist nun schon von vielen spürbar und wurde durch jeden Einzelnen, der im Spiritualisierungsprozess steckt (und im Grunde sind dies alle, auch wenn es die meisten noch nicht wissen), erreicht, und dies ermöglicht das Hereinkommen von Seelen, die der Quelle noch näher sind als wir, bzw. sich nicht so sehr getrennt fühlen wie noch die meisten Menschen. Diese Seelen sind die Neuen Kinder, und wie ich kurz vor Drucklegung dieses Buches erfahren habe, trifft nun eine weitere Gruppe ein, die von Doreen Virtue die Regenbogenkinder genannt wird. Dieser Ausdruck hat mich überrascht und erfreut, bestätigt es doch die Sichtweise der Vorgänge, die hier in diesem Buch vorgestellt wurden. Was den Spiritualisierungsprozess kennzeichnet, ist ein Neuerwachen der weiblichen Energie, die lange Zeit eher im Verborgenen wirkte. Die Polarität wird auch von dieser Seite her nun ausgeglichen.

Doreen Virtue schreibt dazu:

„Die Engel sagen: „Die Rückkehr der weiblichen Energie zu diesem Planeten erweckt die Energie, welche die Regenbogen- und die Kristallkinder wieder auftauchen lässt. Diese neugeborenen Menschen bringen eine Qualität der vollkommenen energetischen Balance zu diesem Planeten, um uns ein Vorbild für die Fähigkeiten der Menschheit zu sein. Die Regenbogenkinder, die zurzeit zurückkehren, helfen der Erde, wieder in den Fluss der Liebe zurückzufinden. Sie zeigen, dass wir mit Spaß und Lachen und einem leichten Herzen „produktiver" sind als mit Mühen und Leiden." [21]

---

[21] Virtue, Doreen, Die Kristallkinder, S. 121

Die Geistige Welt möchte hierzu noch einige Anmerkungen machen:

Hier ist Erzengel Michael, der euch noch einmal deutlich vor Augen führen möchte, dass diese Kinder ein Geschenk der all-einen Quelle sind, um euch in der kommenden Umbruchzeit beizustehen, und noch deutlicher möchte ich euch sagen, dass ihr alle Kinder der Neuen Zeit und damit alle im Spiritualisierungsprozess seid! Es gibt keinen Grund, einen Trennungsstrich zwischen „spirituellen Menschen" und „nicht spirituellen Menschen" oder den „nicht spirituellen" und „spirituellen Kindern" zu ziehen, denn den gibt es nicht! Es ist einfach nur so, dass es verschiedene Zeitpunkte des Aufwachens gibt, und der Zeitpunkt, an dem die meisten Menschen auf einmal aufwachen, rückt nun schon deutlich näher. Es gab Erweckungswellen, die mit Einzelnen begannen. Jede weitere Welle wurde nun schon von mehr Menschen getragen, und so ging es fort wie eine Pyramide, die auf dem Kopf steht. Sie alle schufen die Energien für eine Massenerweckung großen Stils. Es ist gar nicht nötig und auch nicht möglich, dass alle Menschen aufwachen. Es muss nur die „kritische Masse" erreicht werden, die das Morphogenetische Feld „umprogrammiert", das die Menschheit bildet. In diesem Falle geht es um die Umprogrammierung in Richtung Liebe.

Auch Kryon möchte noch seinen „Senf" hinzufügen:

Liebe über alles geliebte Menschen. Nach den ausführlichen Informationen in diesem und den vielen anderen gechannelten Büchern wird euch nun langsam eure Rolle bei der Schwingungssteigerung des Kosmos klar. Natürlich gibt es zahlreiche weitere Planeten, die ebenfalls an dem großen Projekt teilnehmen, und so wird es in naher Zukunft interessante Begegnungen für euch geben. Seid euch bei allem, was die Zukunft bringen wird, darüber im klaren, dass jede Welt die ihr zugedachte Rolle spielt und jedes einzelne Wesen unendlich geliebt ist, so wie ihr auch, gleichgültig wie es aussehen oder wie es sich verhalten mag. Ihr seid als Planet insgesamt der Quelle schon wieder recht nahe gekommen und nähert euch immer mehr an. Andere können dies sehen, wenn sie auch nicht verstehen, was da vor sich geht. Die Neugier treibt sie daher zu euch. Ihr macht einen evolutionären Sprung ohnegleichen, ausgelöst durch verschiedene äußere Ereignisse, doch vor allem durch euch selbst. Ihr habt als Kollektiv beschlossen, nun größere Schritte in

Richtung Quelle zu unternehmen, und ihr tut es, ihr tut es! Warum ausgerechnet jetzt und nicht schon viel früher oder sehr viel später? Die Antwort ist einfach: Es gibt für alles den passenden Zeitpunkt!

Senf Ende!

Am 23. Dezember 2004 bat mich Kryon, noch ein letztes Channeling in dieses Buch einzubringen. Es ging um den 24. Dezember 2004, also dem Weihnachtstag. Und hier folgt nun, was er zu diesem Tag zu sagen hat:

Liebe Menschen, in all den Vorbereitungen zum Weihnachtsfest, den dieses Channel zu erledigen hatte, kam nun auch noch ich mit dieser Bitte. Es war wichtig, dass sie einen Tag vor einem bedeutenden Ereignis aufzeichnet, was geschehen soll, damit sie selbst es versteht und vor allem bewusst erleben kann. Für den Leser liegt dies in der Vergangenheit, doch erhält er durch dieses Buch Zugang zu der Energie, die an jenem Tag freigesetzt wurde und kann sozusagen nachträglich noch daran teilhaben. Ich sehe jeden, der dieses Buch jemals in die Hand nehmen wird, – und das sind viele. Und jeder Einzelne kann sich nachträglich diese Energie für seinen Spiritualisierungsprozess sichern, die in dieser Nachricht nun eingebunden wird, eigentlich jedoch am 24. Dezember 2004 freigesetzt wurde. Für uns spielt sich die Zeit jedoch nicht linear ab, und so verfügen wir über Möglichkeiten, die euch (noch) verschlossen sind.

Liebe Leserin, lieber Leser, wenn du, ohne zu wissen, was nun kommt, Vertrauen in die Geistige Welt setzt, dann öffne bitte dein Kronenchakra.

Jeder, der dies nun tut, erhält zum einen eine besondere Schwingung, quasi als Geschenk, zum anderen bringt er seine eigene Schwingung in diese Nachricht mit ein, so dass sie energiegeladen wie selten ein Channeling ist. So etwas nenne ich gerne eine Win-Win-Situation, wie ihr vielleicht wisst. Auf diese Weise entsteht ein Schwingungspaket der besonderen Art. Es besteht zum einen aus der Energie aller Leserinnen und Leser und zum anderen aus der besonderen Energie, die an diesem Tag zur Erde geleitet wurde.

Am 24. Dezember 2004 wurde ein besonderes Tor geöffnet. Wer sich ein wenig mit Zahlensymbolik auskennt, sollte dieses Datum einmal genauer unter die Lupe nehmen, und wer sich mit Astrologie auskennt, dem sei noch gesagt, dass der genaue Zeitpunkt der Öffnung in der ersten Sekunde dieses Datums liegt. Welche Zeitzone damit gemeint ist, werde ich noch erörtern.

Ihr, die ihr dieses nun lest, lebt bereits in dieser besonderen Energie, so dass ihr sie in dieses Buch leitet, und zwar in jedes Exemplar, das jemals gedruckt wird. Das wird seine Wirkung auf alle entfalten. Ihr erhaltet also zum einen eine Verstärkung der Energie, in der ihr bereits lebt, indem ihr dieses nun mit geöffnetem Kronenchakra lest (könnt ihr die Wirkung am Kopf bereits spüren?), und zum anderen macht ihr erst möglich, dass alle Leserinnen und Leser diese Energie überhaupt erst erhalten können. Das stellt euer Denkmodell von Ursache und Wirkung etwas auf den Kopf, nicht wahr?

Das Tor, das am Weihnachtsabend geöffnet wurde, hat tatsächlich auch mit dem christlichen Weihnachtsfest zu tun, das ein Fest der Harmonie sein soll. Man könnte es Kryons Tor der Harmonie nennen, obwohl Sanandá sehr viel mehr mit dessen Schaffung zu tun hatte. Ich möchte nun nicht die christliche Religion als die einzig wahre hinstellen. Das wäre den anderen gegenüber nicht fair und auch nicht sinnvoll. Vor allem auch deshalb, da das Tor der Harmonie nicht auf die Christen beschränkt bleibt (natürlich nicht!), sondern für alle Menschen gedacht ist (und, wenn sie denn eingetroffen sind, auch auf Außerirdische wirken wird, und selbst eine Wirkung auf Tiere hat!). Wie immer bei den Maßnahmen der Geistigen Welt, können sie nur greifen, wenn eine entsprechende Resonanz in den Lebewesen vorhanden ist. Diese Resonanz ist hier das Bedürfnis nach Harmonie. Es wird mir wohl keiner widersprechen, wenn ich sage, dass sich jeder mehr Harmonie im persönlichen Leben wie auch in der Welt wünscht.

So wie es im Ätherkörper der Menschen ein Harmoniechakra gibt, so wurde also ein Erdchakra der Harmonie gebildet. Solch ein Harmonietor gibt es für jede „Dimension" und für die dritte, vierte und fünfte sind sie auch bereits geöffnet. Das, welches sich am 24. öffnete, ist nun eines der 8. Dimension! Ja, ihr habt richtig gelesen!! Es hat sich das erste Tor der 8. Dimension geöffnet, und weil für alle kommenden Ereignisse dringend Harmonie benötigt wird, ist dies das erste aus dieser „Klasse". Die Erlaubnis und die Energie dazu kam von eurer Seite, und zwar durch das Erreichen einer bestimmten Schwingungshöhe und -art, und auch durch die Arbeit, die von eurer Seite aus an diesem Tor erbracht wurde. Nur deshalb durfte es in niedrigere Schwingungen hinunter „geschoben" werden. Wo befindet sich dieses Tor nun, werdet ihr fragen, und ich sage es euch: Es liegt „in" Deutschland und befindet sich somit in der mitteleuropäischen Zeitzone. Warum ausgerechnet dort? Ist das Harmoniebedürfnis dort besonders groß? Nun, in gewissem Sinne schon, doch nicht mehr als in jedem anderen Land auch. Deutschland hat eine besondere Verbindung zu der Energie, die ihr Atlantis nennt. Im feinstofflichen Bereich über diesem Land wurden Energiekristalle angelegt, die mit Wissen aus alter Zeit gefüllt sind. In einer Zeit, in der Atlantis in voller Blüte stand und einen hohen energetischen Wissensstand erreichte, wurden Depots dieses Wissens angelegt und auf der ganzen Welt verteilt, oder vielleicht sollte ich sagen: Es wurde auf der damals sichtbaren Landmasse verteilt, und einige davon liegen in Deutschland. Diese Wissenskristalle werden nun nach und nach aktiviert, und der erste, auf den ihr Zugriff haben werdet, befindet sich in Deutschland. Wo die anderen liegen, werden wir nach und nach enthüllen. Doch um an dieses „Wissen" heranzukommen, bedarf es einer größeren Harmonie auf der Welt, und so sind das nunmehr geöffnete Tor und der Wissenskristall miteinander gekoppelt und liegen sogar geografisch an der gleichen Stelle. Habt ihr die notwendigen Umgangsformen erlernt, wie man mit einem solchen Ort verfahren muss, so wird euch mitgeteilt werden, wo er sich befindet. Meditationen an diesem Ort werden Öffnungsenergien in euch selbst aktivieren, so dass eine Rückkopplung stattfindet. All dies wird euch zu vermehrtem Wissen führen und dies wiederum zu mehr Harmonie, denn das Wissen um die Dinge schafft Verständnis, Verständnis schafft Gelassenheit, Gelassenheit führt zu Harmonie! Zunächst sucht jedoch nicht nach dem Harmonietor im Außen, sondern sucht es in eurem Inneren, denn dort ist letztlich alles, was ihr braucht.

Dieses neue Tor benötigt „Zweigstellen", das heißt, es werden „Nebentore" gebraucht, die ebenfalls zunächst in Deutschland liegen werden. Sie werden durch euch gebildet werden, liebe Leser. Wie?, werdet ihr fragen, und ich werde es euch sagen: Lest das Seminarprogramm dieses Verlages und jeder, der das Gefühl hat, dass er hier direkt mitarbeiten möchte, wird zur richtigen Zeit an den richtigen Ort geführt werden. Die Zeit des Konsumierens spiritueller Literatur ist nicht vorüber, aber es hat sich doch etwas geändert: Nun sind direkte Aktionen gefordert, nicht nur zu Hause im stillen Kämmerlein, wo ihr eure Klärungsarbeit ungesehen verrichtet, nein, nun muss sich die Familie zusammenfinden und handeln, denn die Klärungsarbeit geht nun im Großen weiter! Eure vielen kleinen Schritte führen nun zu größeren und immer größeren, bis ihr letztlich fliegt und nicht mehr lauft.

Viel Spaß beim Laufen, genauso wie beim Fliegen, wünscht euch Kryon! **Ihr seid unendlich geliebt.**

Als ich diese Nachricht erhielt, ging mir tagelang in Bruchstücken ein Weihnachtslied im Kopf herum. Ich wusste, es enthielt eine Botschaft, die dieses Tor betrifft. Es dauerte eine Weile, bis mir der ganze Refrain wieder einfiel, doch dann ging mir auf, was mir die Geistige Welt damit klar machen wollte. Der Text des Liedes, dessen Titel und Verfasser mir gerade nicht geläufig sind, lautet: „Can you hear the angels sing? A king was born tonight. Mary´s boychild Jesus Christ, was born on Christmas day". Mir werden oft Bruchteile eines Puzzles hingeworfen, das ich dann jedoch selbst zusammensetzen muss. Und das tue ich dann prompt, weil mich Puzzles faszinieren. In diesem Fall ist nun nicht gemeint, dass Jesus wieder an Weihnachten geboren wurde, wir also einen neuen Messias haben. Nein, am 24. Dezember 2004 wurde das Christusgitternetz, an dem schon eine ganze Weile „gebaut" wurde, auf die Erde herabgeholt. Das heißt, das Christusbewusstsein wurde neugeboren, sozusagen in einer höheren Schwingung als vor 2000 Jahren. Die Arbeit von Jesus/Sanandá hat nun eine noch größere Auswirkung, und so ist auch er der Hüter dieses Tores und auch derjenige, der die Energien hindurchsteuert. Wenn ich an dieses Tor denke, so sehe ich eine kupferfarbene Kugel (da Kryon daran gearbeitet hat), die rasend schnell rotiert, wie die menschlichen Chakren, wenn sie eine bestimmte Geschwindigkeit erreicht haben. Diese Kugel besitzt einen magentafarbenen Halo, da diese Farbe aus ihm herausströmt. Diese „Harmonie-Energie" durchdringt und umhüllt die ganze Erde, so wie es die Chakren der Menschen ebenfalls tun und eine Aura bilden. Man könnte sagen, um die Erde wird nun eine magentafarbene Energiestruktur gelegt.

Dieses „Kind" namens Harmonie konnte dadurch entstehen und wachsen, weil viele einzelne Zellen (sprich: erwachende Menschen) sich zu einem „Körper", zu einem Bewusstsein, zusammenschlossen. Es wurde eine kritische Masse an Menschen erreicht, die sich selbst wieder in Harmonie brachten, indem sie Furcht und Zorn ablegten. Dies erlaubte die Öffnung des Tores, und so strömt nun eine Energie herein, die für viele Menschen die Basis schafft, das gleiche zu tun. Es wurde also von zwei Seiten her daran gearbeitet. Wie jedes andere Kind auch braucht es Hege und Pflege, um wachsen und gedeihen zu können, und so ist jeder Mensch dazu aufgerufen, an seiner eigenen Harmonie zu arbeiten, sie Schritt für Schritt herzustellen, auch wenn es Jahre dauern mag. Die Voraussetzungen sind dafür ausgesprochen gut, und so wird es uns auch gelingen.

Mit der Öffnung dieses Tores ist die Erde wieder auf ein Gleis in Richtung Quelle gesprungen, hat also ihre Realität erneut verändert. Bis dahin gab es noch die potenzielle Möglichkeit einer weltweiten Katastrophe. Dieses Energiepotenzial hing die ganze Zeit immer noch wie ein Damoklesschwert über uns, doch nun hat sich etwas grundlegend verändert und daher muss diese Katastrophen-Energie abgebaut werden, nicht mehr mit einem einzigen Schlag, sondern in mehreren kleinen, und dies zeigte die Seebeben-Katastrophe (das Wort Katastrophe bedeutet übrigens *Wendezeit*), die am 26. Dezember 2004 in Südostasien für viele tausend Tote und Verletzte sorgte. Es war ein entsetzliches Ereignis, aber es wäre noch viel schlimmer geworden, wenn wir dieses Harmonietor nicht geöffnet hätten. Nach allem, was ich bisher so gesehen, gehört und gelernt haben, wird wohl noch öfter etwas Ähnliches geschehen (und zwar bis zum Jahre 2012/13), und wir müssen lernen, damit in Frieden zu leben. Wir können uns engagieren, wo und wann wir das wollen, aber wir müssen auch akzeptieren, dass die Katastrophenenergie umgewandelt werden muss, denn die können wir in die höhere Schwingung nicht mitnehmen. Gleichzeitig gibt es noch so viel Karma zu erledigen, das wir ebenfalls nicht mitnehmen können, und solche Großereignisse geben vielen Menschen Gelegenheit, ihre Karmaenergie abzugeben, die wiederum dem Ganzen zugute kommt. Der Kummer, der uns dabei durchflutet, reinigt gleichzeitig unsere eigenen Kanäle, und so hat alles seinen Sinn, selbst solche Dinge, und nicht nur einen einzigen, denn die Geistige Welt, und damit auch wir, fährt immer mehrgleisig.

Liebe Menschen, hier spricht der Engel, der für das Tor der Harmonie „zuständig" ist. Es war ursprünglich noch nicht vorgesehen, dass ich mich schon in diesem Werk äußere, doch die sich überschlagenden Ereignisse auf eurer Welt haben eine Änderung im Plan ermöglicht. Diese Änderung hat direkt mit der Katastrophe am 26.12.04 zu tun. Die

Menschen, die damals gestorben sind, und auch die vielen Menschen, die ihr Mitgefühl für die Zurückgebliebenen entwickelten, haben eine ganz besondere Energie geschaffen, die in dieser Stärke von der Geistigen Welt nicht erwartet wurde. Daran könnt ihr auch sehen, dass nun nichts mehr vorherbestimmt ist und ihr tatsächlich den Ablauf der Ereignisse bestimmt. Diese besondere Energie ermöglicht ein einmaliges Szenario, denn euch wird nun die Möglichkeit gegeben, die restliche Karmaenergie auf sanftere Weise abzubauen. Das heißt, dass alles, was jetzt noch an Großereignissen ablaufen muss, einen anderen, sanfteren Verlauf nehmen darf. Dazu ist eine Gleichschaltung aller nötig, die diese Botschaft je lesen oder hören werden. Wie könnt ihr diese Gleichschaltung erreichen, um vielen Menschen das Bleiben zu ermöglichen? Die Antwort lautet: Nehmt meinen Namen als Meditationshilfe. Dabei kommt es in diesem speziellen Fall nicht auf einen besonderen Zeitpunkt an, nein. Mein Name ermöglicht die Bündelung der Energie und nicht ein bestimmter Tag. Dein Name?, werdet ihr fragen, du hast ihn doch noch gar nicht genannt! Das ist wahr, denn ihr sollt erst wissen, wofür er steht und mit welcher Energie ihr euch damit verbindet und auch, was dadurch in euch verändert wird. Nehmt ihr meinen Namen als Meditation an eurem Meditationsplatz oder einfach als „Hintergrundgedanken" bei eintönigen Arbeiten, die solche Gedankengänge erlauben, so werdet ihr das Schicksal dieser Welt verändern, und zwar jeder Einzelne von euch. Gleichzeitig verändert ihr euer eigenes Schicksal, denn indem ihr diesen Namen als Mantra benutzt, harmonisiert ihr die Energie eures Herzens, denn **ich bin der Engel des Herzens** und wurde am 24.12.2004 „geboren". Ich bin in euren Augen also noch sehr jung, doch wurde ich mit den Energien, Erfahrungen und dem Wissen meiner „Eltern" ausgestattet, so dass ich die nötige Arbeit, die nun zu tun ist, auch verrichten kann. Meine Energie ist eine Mischung aus den Erzengeln Michael und Uriel, und daher lautet mein Name auch „**Muriel**". Dies ist das Mantra, das eine Veränderung herbeiführen wird, denn meine Energie ist auch die der Veränderung.

Dies war Muriel, in Liebe für alle Menschen dieser Welt.

Djwahl Kuhl, einer der jüngsten Aufgestiegenen Meister, bat mich, noch folgendes Gebet zum Abschluss einzufügen, das er Alice A. Bailey schon vor vielen Jahren durchgab:

Die große Invokation

*Aus dem Quell des Lichts im Denken Gottes
Ströme Licht herab ins Menschen-Denken.
Es werde Licht auf Erden!*

*Aus dem Quell der Liebe im Herzen Gottes
Ströme Liebe aus in alle Menschenherzen.*
Möge Christus wiederkommen auf Erden!

*Aus dem Zentrum, das den Willen Gottes kennt,
lenke plan-beseelte Kraft die kleinen Menschenwillen
zu dem Endziel, dem die Meister wissend dienen!*

*Durch das Zentrum, das wir Menschheit nennen,
entfalte sich der Plan der Liebe und des Lichtes
und siegle zu die Tür zum Übel.*

*Mögen Licht und Liebe und Kraft
Den Plan auf Erden wieder herstellen!*

Die Christusenergie steckt in jedem von uns (ganz unabhängig jeglicher Konfession) und wartet nur darauf, wieder geweckt zu werden. Mit dem neu geschaffenen Tor ist dies allen Menschen möglich und vielleicht auch denen, die uns besuchen werden...

Nun möchte die Weiße Bruderschaft noch ein Schlusswort an alle Leserinnen und Leser richten:

Geliebte Menschen, liebe Engel in fleischlicher Hülle. Welche großartige Arbeit leistet ihr auf der Erde. In diesen besonderen Zeiten ist diese Arbeit auf der einen Seite schwerer geworden, auf der anderen wieder leichter. Letztlich dient eure Arbeit dem großen Ganzen, dem Alles-was-Ist, also sowohl euch als auch uns. Dies solltet ihr euch immer vor Augen führen und alles zulassen, was in euer Leben treten möchte. Ihr lebt in Zeiten großer Veränderungen, sowohl in eurem persönlichen Leben als auch in eurer Gesellschaftsstruktur. Aber auch für uns nicht inkarnierten Wesen gibt es nun große Veränderungen. Zum einen sind wir nun viel zahlreicher bei euch als früher. Zum anderen hat sich die Art und Qualität der Arbeit mit euch verändert. Darüber sind wir sehr glücklich, denn dadurch bieten sich auch uns Veränderungen und somit neue Entwicklungsmöglichkeiten. „Wie unten, so oben". Wir alle bedingen einander, wir sind alle eins.

Das Regenbogenzeitalter bedeutet somit auch, dass die Familie zusammengerufen wird, weil es viel Arbeit zu tun gibt. Und diesen Ruf der Familie hören immer mehr. Durch dieses Buch und ähnliche Bücher kann der Ruf der Familie verbreitet werden, so dass er weltweit gehört werden kann und wird. Wie lautet dieser Ruf? Er lautet: Kehrt heim, kehrt heim, kehrt heim! Die Familie erwartet euch und möchte ein Fest zu Ehren eurer Rückkehr feiern, und das ist die Arbeit, die es zu tun gibt: Es sind Festvorbereitungen! Es wird ein großes Fest werden, denn die Familie hat viele Mitglieder. Wir alle sind die Mitglieder dieser einen Familie, wir sind eins, wir sind eins, wir sind eins, und so ist es!

Mir bleibt eigentlich nur noch zu sagen, dass ich maßlos erstaunt bin, welche Dimensionen dieses Buch angenommen hat, und ich bin sehr dankbar für die Mithilfe der Geistigen Welt. Liebe Leserinnen und Leser, bitte denkt immer daran:

*Wir alle sind mächtige Energiewesen,
die ein wenig Dritte Dimension spielen,
uns dabei köstlich amüsieren
und nebenbei auch noch sinnvolle Arbeit leisten,
auch wenn es nicht immer so aussieht!*

In Liebe, Patrizia Pfister, ein Familienmitglied.

Der Folgeband *Ernährung im Regenbogenzeitalter* erscheint im Januar 2006 im Smaragd Verlag.

Nachrichten für die Neue Zeit

Liebe Leserinnen und Leser,

wir freuen uns, Ihnen einen neuen Service des Smaragd Verlags anbieten zu können:
Auf unserer Internetseite www.smaragd-verlag.de finden Sie ab sofort Nachrichten für die Neue Zeit, die so wichtig sind, dass sie nicht warten können, bis ein neues Buch erscheint.

Dazu gehören:

- Gechannelte Texte aus der Geistigen Welt zu wichtigen Ereignissen oder Themen;
- Neue Begriffe, die als Folge von Durchsagen aus der Geistigen Welt für das Verständnis dessen, was zur Zeit geschieht, wichtig sind;
- Nachträge zum *Lexikon für die Neue Zeit* (1. Auflage erschienen im Juni 2005);
- Hinweise auf Meditationstermine;
- Hinweise auf Seminare und ihre Themen;
- Weitere wichtige Informationen für die Neue Zeit.

Diese Seite im Internet wird nach Bedarf regelmäßig aktualisiert.
Sollten Sie kein Internet haben, werden wir Ihnen gerne die Nachrichten per Fax oder per Post zukommen lassen.

Kontaktadressen

Waschnüsse, Kristallsalz aus dem Himalaya und Sharkara-Zucker:

Blaue Lichtburg
(Seminare und Vertrieb)
In der Steubach 1
D-57614 Woldert (Ww)
Tel.: 0049-2684-978808
Fax: 0049-2684-978805
e-Mail: info@blaue-lichtburg.de
www.smaragd-verlag.de

Weitere interessante Titel, die auch in diesem Buch zitiert werden, sind erschienen bei:

Kamasha Verlag
Rheingoldstraße 1
D-55413 Manubach
Tel.: 0049-6764-30109-11
Fax: 0049-6764-30109-9
e-Mail: spirit@kamasha.de
www.kamasha.de

Hans-Nietsch-Verlag
Hans Nietsch
Poststrasse 3
D-79098 Freiburg
Tel.: 0049-0761-2966930
Fax: 0049-0761-2966960
e-Mail: mail@nietsch.de
www.nietsch.de

Patrizia Pfister
Leben und Ernähren im Regenbogenzeitalter
296 Seiten, Großformat, gebunden, mit Lesebändchen
ISBN 10: 3-938489-09-X
ISBN 13: 978-3-938489-09-3

Die Autorin stellt die Regenbogenernährung detailliert vor, ergänzt durch entsprechende Nahrungsmitteltabellen und Rezepte.
Durch zahlreiche Channelings, unter anderem von **KRYON**, den **Erzengeln Metatron, Gabriel** und **Uriel**, den **Aufgestiegenen Meistern Sanandá, Lady Rowena, Sanat Kumara** und **Kuthumi**, erhalten wir neue Informationen über das menschliche Energiesystem, das 12-Chakrensystem und die damit zusammenhängenden Energiefelder. Themen, die mit den Chakren und den Energiefeldern zusammenhängen und sich in den jeweiligen Körperbereichen manifestieren, können somit erkannt und bearbeitet werden.
Mit zahlreichen Rezepten, jeweils passend zu den entsprechenden Farben.

Claire Avalon
Die zwölf göttlichen Strahlen und die Priester aus Atlantis
384 Seiten, gebunden
ISBN 10: 3-934254-12-8
ISBN 13: 978-3-934254-12-1

Dieses umfangreiche, ausschließlich gechannelte Werk enthält hochinteressante Informationen über das Wirken der zwölf göttlichen Strahlen und macht uns mit dem neuen und doch alten Basiswissen aus Atlantis vertraut, das uns bisher nicht zur Verfügung stand. Wir lernen 84 atlantische Priester und Priesterinnen kennen, die von EL MORYA vorgestellt werden und dann selbst zu ihren speziellen Aufgaben sprechen. Ein wichtiges Buch, das auch viele Therapeuten, Heilpraktiker und Helfer der Menschheit erreichen möchte.

Barbara Bessen
KRYON – Vertraue in Gott
240 Seiten, A5, broschiert
ISBN 10: 3-938489-22-7
ISBN 13: 978-3-938489-22-2

In seiner gewohnt humorvollen und eindringlichen Weise erklärt KRYON, wie wir es schaffen können, uns selbst immer besser zu erkennen und Kontakt zu unserem eigenen goldenen Engel, unserem Höheren Selbst, zu finden und das notwendige Vertrauen dafür zu entwickeln. Denn das Ziel – GOTT – liegt nicht im Außen, sondern in jedem von uns, da wir alle ein Teil von Gott sind.
Weiterhin verrät KRYON, warum wir erwachenden und suchenden Menschen im deutschsprachigen Raum inkarniert sind, welche Aufgaben uns hier erwarten und wie wir sie umsetzen können.

Ines Witte-Henriksen
Hilarion – Flamme der Wahrheit
168 Seiten, broschiert
ISBN 10: 3-934254-95-0
ISBN 13: 978-3-934254-95-4

Ines Witte-Henriksen, deren Geistführer Hilarion ist, berichtet über den grünen Strahl von Hilarion, auf dem auch Erzengel Raphael dient und der die Bereiche *Wahrheit, Konzentration* und *Heilung* berührt. Und so geht es hier vorwiegend um Heilung nach dem Motto: Heiler, heile dich selbst! Die Kraft der Konzentration von Hilarion führt uns nach innen, wo wir unserer eigenen Kraft und Stärke, aber auch unserem eigenen Licht- und Schattenreich begegnen, damit wir uns aus der Opferrolle befreien und ganz in die eigene Schöpferkraft gehen können. Die goldenen Engel der Weisheit unterstützen die Heilkraft des grünen Strahls, indem sie dem Menschen immer wieder Impulse geben, der eigenen Weisheit zu vertrauen und der inneren Stimme zu glauben.
Die Autorin macht Mut, der eigenen Wahrheit zu begegnen und diese im Alltag zu leben.

Michael Grauer-Brecht
Interview mit Elyah
392 Seiten, A5, gebunden, mit Lesebändchen
ISBN 10: 3-938489-27-8
ISBN 13: 3-938489-27-7

Elyah, eine Sternenwesenheit von Kassiopeia, gibt durch Michael Grauer-Brecht, mit dem sie vor einiger Zeit verschmolzen ist, nicht nur liebe- und humorvoll Antworten auf Fragen, die jeden Menschen bewegen, sondern bringt gleichzeitig Schwingungen in die Antworten, die sich mit der Energie des Lesenden verbinden und ihm so helfen, diese neue Sichtweise anzunehmen und im Alltag umzusetzen, denn dadurch bekommen wir Menschen die Chance, unsere Sicht zu verändern und das Sternenwesen zu erkennen, das wir letztendlich sind.

Kerstin Simoné
Thoth – Projekt Menschheit
384 Seiten, A5, gebunden, mit Lesebändchen
ISBN 10: 3-938489-21-9
ISBN 13: 978-3-938489-21-5

In "Projekt Menschheit" erklärt Thoth, der als ägyptischer Gott der Weisheit bezeichnet wird und uns aus Atlantis als Lehrer bekannt ist, anschaulich die grundlegenden Strukturen innerhalb unseres Universums und ihr Wirken auf das Schicksal der Menschheit.
Er spricht u.a. über *Die sieben Siegel und ihre Tore*, die *Schöpfergötter*, die *Quellexistenzebene*, die *Blume des Lebens*, die *Aktivierung des Schlüssels zum Wissen*, die *Polarlichter*, die *12-Strang-DNS*, aber auch eindringlich und dennoch immer liebevoll zum Thema *Tierhaltung, Fleischverzehr, Impfungen, störende Elektrofelder*, und gibt praktische Hinweise, wie wir die schädigenden Wirkungen all dieser Beeinflussungen unserer Göttlichkeit vermeiden bzw. ändern können.
Mit praktischen Übungen und Anrufungen.

Stella Maris
Impulse für das spirituelle Zeitalter
Energetischer Ratgeber
176 Seiten, A5, gebunden
ISBN 10: 3-934254-93-4
ISBN 13: 978-3-934254-93-0

Stella Maris bietet mit ihren neuartigen, spirituellen Ratschlägen praktische Lebenshilfe, um den verschiedensten Herausforderungen der Neuen Zeit im Alltag besser begegnen zu können. Dazu gehören u.a. Konzentrationsmangel; Einschlaf-/Durchschlafhilfen; Schutz von Haus und Wohnung oder beim Autofahren; Energieverlust; Hilfe bei der Entwöhnung von Nikotin, Fleisch und anderen Süchten; u.v.m.
Ein energetisch-spiritueller Ratgeber mit Gebeten, Mantren, Symbolen, Affirmationen, vielen (zum Teil gechannelten) praktischen Tipps und Übungen, die für jeden schnell und einfach umsetzbar sind, und wunderschönen Meditationen.

Eva-Maria Ammon
Aufgestiegene Meister *bringen* Heilung für die Welt
176 Seiten, A5, broschiert
ISBN 10: 3-938489-19-7
ISBN 13: 978-3-938489-19-2

Eva-Maria Ammon dient seit mehr als 20 Jahren als Channel Medium der Großen Weißen Bruderschaft, und so ist auch dieses Arbeitsbuch gemeinsam mit den Aufgestiegenen Meistern **Sanandá, St. Germain, Sanat Kumara, Lady Nada, Kwan Yin, El Morya** sowie dem **Erzengel Ezechiel** entstanden.
Nach intensiver Klärungsarbeit erfolgt eine Einweihung von St. Germain in die Violette Flamme des Aufstiegs, um dann im nächsten Schritt mit Lady Kwan Yin Karma erlösen zu dürfen – altes wie auch neues, das wir im Alltag immer wieder neu kreieren können. Diese wunderschönen Botschaften und Übungen sind daher für viele Menschen eine praktische Hilfe auf dem spirituellen Weg.

Ava Minatti
Engel helfen heilen
Lass deine Flügel wieder wachsen
400 Seiten, A 5, broschiert
ISBN 10: 3-938489-06-5
ISBN 13: 978-3-938489-06-2

Viele der uns vertrauten Engel sprechen zu den unterschiedlichsten Themen:
So laden uns Raphael, Uriel, Gabriel und Michael in ihren Botschaften ein, uns mit den vier Elementen Erde, Feuer, Luft und Wasser auszusöhnen. Metatron spricht über die Liebe, und Melchisedek über die Weisheit, während uns Ariel hilft, unser inneres göttliches Licht zu erkennen und strahlen zu lassen. Chamuel befasst sich mit dem Thema „Partnerschaft in der Neuen Zeit" und Zadkiel mit der Kraft der Transformation und dem Licht der Gnade. Eine Begegnung mit unserem Schutzengel wartet auf uns ebenso wie unser Mond- und unser Sonnenengel. Wie immer, wenn wir sie darum bitten, helfen uns die Engel dabei, die momentanen Veränderungen zu verstehen und in unserer Mitte zu bleiben, was auch immer geschieht.
Mit wunderschönen Meditationen und Durchsagen von der Engelebene.